i+ Interactif de Chenelière Éducation, le nouveau standard de l'enseignement

- **Créer** des préparations de cours et des présentations animées.
- **Partager** des annotations, des documents et des hyperliens avec vos collègues et vos étudiants.
- **Captiver** votre auditoire en utilisant les différents outils performants.

Profitez dès maintenant des contenus spécialement conçus pour ce titre.

Créer | Partager | Captiver

CHENELIÈRE
ÉDUCATION

PRJ000929 ISBN 978-2-7650-5145-9

CODE D'ACCÈS ÉTUDIANT →

HCO6-76070-14315627-22D0

VOUS ÊTES ENSEIGNANT ?
Communiquez avec votre représentant pour recevoir votre code d'accès permettant de consulter les ressources pédagogiques en ligne exclusives à l'enseignant.

http://mabibliotheque.cheneliere.ca

Histoire de la civilisation occidentale

6ᵉ ÉDITION

Georges Langlois
Gilles Villemure

Avec la collaboration de

Guillaume Breault-Duncan, Cégep André-Laurendeau

Chantal Paquette, Cégep André-Laurendeau

Lucie Piché, Cégep de Sainte-Foy

Simon Rainville, Cégep régional de Lanaudière à Terrebonne

Conception et rédaction des outils
pédagogiques en ligne

Guillaume Breault-Duncan, Cégep André-Laurendeau

Georges Langlois

Karine Laplante, Cégep du Vieux Montréal

Chantal Paquette, Cégep André-Laurendeau

Louise-Édith Tétreault

Achetez
en ligne ou
en librairie
En tout temps,
simple et rapide!
www.cheneliere.ca

CHENELIÈRE
ÉDUCATION

Histoire de la civilisation occidentale
6ᵉ édition

Georges Langlois et Gilles Villemure

© 2016 **TC Média Livres Inc.**
© 2012 Chenelière Éducation inc.
© 2005, 2000, 1996, 1992 Groupe Beauchemin, Éditeur Ltée

Conception éditoriale : Sophie Jaillot
Édition : Maxime Forcier
Coordination : Benoit Bordeleau
Recherche iconographique : Marie-Chantal Laforge
Révision linguistique : Jean-Pierre Regnault
Correction d'épreuves : Maryse Quesnel
Conception graphique : Pige communication
Illustrations : Marc Tellier
Impression : TC Imprimeries Transcontinental

Source iconographique

Illustration de la couverture : Damien Vignaux, Colagene.com

**Catalogage avant publication
de Bibliothèque et Archives nationales du Québec
et Bibliothèque et Archives Canada**

Langlois, Georges, 1939-

   Histoire de la civilisation occidentale

   6ᵉ édition.

   Comprend des références bibliographiques et un index.
   Pour les étudiants du niveau collégial.

   ISBN 978-2-7650-5145-9

   1. Civilisation occidentale – Histoire   I. Titre.

CB245.L35 2015   909'.09821   C2015-941329-X

CHENELIÈRE
ÉDUCATION

5800, rue Saint-Denis, bureau 900
Montréal (Québec) H2S 3L5 Canada
Téléphone : 514 273-1066
Télécopieur : 514 276-0324 ou 1 800 814-0324
info@cheneliere.ca

ISBN 978-2-7650-5145-9

Dépôt légal : 2ᵉ trimestre 2016
Bibliothèque et Archives nationales du Québec
Bibliothèque et Archives Canada

Imprimé au Canada

5 6 7 8 9 ITIB 26 25 24 23 22

Gouvernement du Québec – Programme de crédit d'impôt pour l'édition de livres – Gestion SODEC.

Ce projet est financé en partie par le gouvernement du Canada

AVANT-PROPOS

Ouvrage de prédilection pour des générations d'enseignants et d'étudiants, votre manuel d'histoire de la civilisation occidentale se renouvelle une fois de plus. Riche des atouts éprouvés au fil de ses éditions antérieures, cette 6e édition présente en effet plusieurs nouveautés minutieusement choisies et élaborées.

Le manuel exploite d'abord ses forces incontestées : des approches chronologique et thématique qui s'entremêlent habilement, des contenus vulgarisés et hautement pédagogiques, des centaines de documents, une iconographie qui continue de se raviver, une cartographie abondante et bonifiée, une vaste offre numérique et plus encore !

Après avoir longtemps fait équipe avec Gilles Villemure, Georges Langlois met de nouveau sa plume gracieuse et accessible au service de ses lecteurs, mais en s'entourant cette fois d'une équipe de collaborateurs aussi chevronnés que créatifs. De cette collaboration sont nés des nouveautés et des outils pédagogiques hors pair. Ils vous rapprocheront encore davantage des notions d'histoire vues en classe et favoriseront le développement de votre esprit critique et analytique.

• Une histoire des femmes solidement étayée dans l'ensemble des chapitres

• Des débats historiographiques captivants

• Une rubrique En temps et lieux qui se penche sur l'organisation sociale et les conditions de vie à différentes périodes de l'histoire

• Des lignes du temps qui facilitent le repérage dans le temps et qui permettent de faire des liens entre les événements

• De tout nouveaux exercices courts et pertinents, faciles à réaliser chez soi ou en classe

• Un tout nouveau Coffre à outils méthodologique truffé d'exemples variés et d'exercices

• Un judicieux choix de cartes interactives portant sur des périodes et des événements précis (i+)

• De nouvelles cartes conceptuelles thématiques qui permettent de mieux comprendre les liens entre les concepts d'une période donnée (i+)

• Une riche banque de tests de lectures, d'ateliers interactifs et d'analyses de documents historiques (i+)

Les étudiants comme les enseignants profiteront donc, avec cette nouvelle édition, d'un manuel et d'un matériel numérique en parfaite adéquation avec leurs besoins. Ces ressources les aideront à couvrir, en moins de quinze semaines de cours, une matière à la fois foisonnante et complexe, mais ô combien passionnante.

REMERCIEMENTS

Des enseignants de différents collèges ont livré des commentaires, des critiques ou des recommandations qui ont permis au manuel de continuer à s'améliorer. Il s'agit de Joël Bisaillon (Cégep de St-Hyacinthe), Guillaume Breault-Duncan (Cégep André-Laurendeau), Frédéric Clermont (Cégep de St-Jérôme), Marc-André Durand (Cégep de St-Jérôme), Christian Gagnon (Cégep de St-Jean-sur-Richelieu), Marie-Andrée Gélinas (Cégep de St-Hyacinthe), Christophe Hugon (Cégep Édouard-Montpetit), Simon Rainville (Cégep régional de Lanaudière à Terrebonne) et Yanic Viau (Cégep du Vieux Montréal).

J'ai également bénéficié de l'apport de consultants sur les chapitres de la présente édition. Je tiens ainsi à remercier Marc Bordeleau (Collège Jean-de-Brébeuf) et Francis Langlois (Cégep de Trois-Rivières).

Je tiens aussi à remercier les collaborateurs qui se sont ajoutés à cette édition. Les rubriques En temps et lieux et Point de vue sur l'histoire sont respectivement l'œuvre de Guillaume Breault-Duncan et de Simon Rainville. Pour sa part, Lucie Piché (Cégep de Sainte-Foy) a bonifié le contenu concernant l'histoire des femmes dans tous les chapitres. Enfin, les exercices et les activités, ainsi que le Coffre à outils méthodologique, sont la réalisation de Chantal Paquette (Cégep André-Laurendeau).

Je remercie enfin les personnes qui ont contribué à la conception et à la rédaction des outils pédagogiques en ligne: Guillaume Breault-Duncan (activités et cartes interactives), Karine Laplante (banque d'exercices), Chantal Paquette (fiche méthodologique «Lire, interpréter ou construire une carte conceptuelle» et cartes conceptuelles) et Louise-Édith Tétreault (analyses de documents historiques).

Je désire rendre hommage au travail méticuleux et professionnel de l'équipe rassemblée par l'éditeur, sans laquelle ce livre n'existerait pas. Je remercie en particulier Sophie Jaillot, éditrice-conceptrice, Maxime Forcier, éditeur, Benoit Bordeleau, chargé de projet, Maryse Quesnel, correctrice d'épreuves, et Jean-Pierre Regnault, réviseur linguistique, dont les conseils et l'accompagnement enthousiaste et sans faille m'ont été d'une aide irremplaçable.

Georges Langlois

Tirez le maximum de votre manuel

Le coffre à outils : un compagnon pour vos cours d'histoire et tous vos autres cours en sciences humaines (*voir la page 364*).

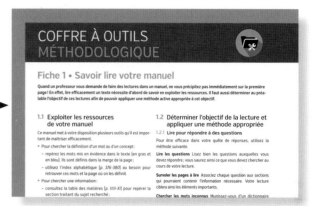

Repérez-vous dans le temps et dans l'espace

Une abondante cartographie

Des lignes du temps au début des chapitres

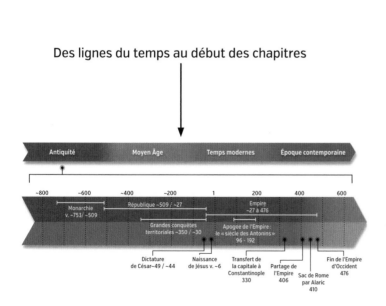

Exercez-vous et préparez-vous aux examens grâce ...

... aux questions qui ponctuent chaque section d'un chapitre...

... aux exercices efficaces qui portent sur l'ensemble du chapitre...

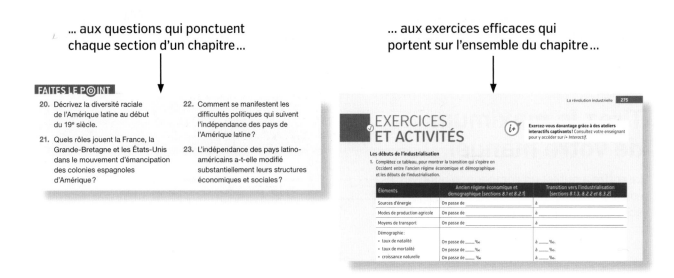

FAITES LE POINT

20. Décrivez la diversité raciale de l'Amérique latine au début du 19ᵉ siècle.

21. Quels rôles jouent la France, la Grande-Bretagne et les États-Unis dans le mouvement d'émancipation des colonies espagnoles d'Amérique?

22. Comment se manifestent les difficultés politiques qui suivent l'indépendance des pays de l'Amérique latine?

23. L'indépendance des pays latino-américains a-t-elle modifié substantiellement leurs structures économiques et sociales?

... et grâce à des ressources numériques riches et attrayantes

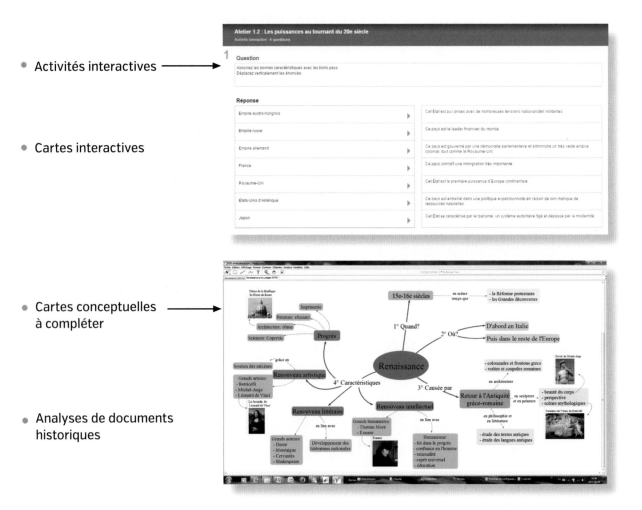

- Activités interactives

- Cartes interactives

- Cartes conceptuelles à compléter

- Analyses de documents historiques

Synthétisez et résumez la matière

En bref ⟶

❯ EN BREF

❯ La révolution scientifique des 17ᵉ et 18ᵉ siècles constitue une étape fondamentale dans l'évolution de la civilisation occidentale et dans l'histoire générale de l'humanité. Cette évolution est particulièrement marquée dans le domaine de l'astronomie, où prend forme un « Univers réinventé », et dans celui de la méthode, où se développent à la fois l'empirisme expérimental et le cartésianisme. Des conditions nouvelles comme l'appui des États et la faveur de l'opinion publique favorisent plusieurs avancées scientifiques majeures.

❯ L'avènement de l'esprit scientifique rejaillit sur la pensée philosophique, ouvrant la voie à la philosophie des Lumières, à la fois réflexion et action concrète qui pose les bases politiques, sociales et économiques d'une société transformée.

❯ Ce bouillonnement intellectuel et spirituel suscite une immense floraison artistique et musicale à travers les deux grands courants du baroque et du classicisme.

En faisant éclater la conception du monde qui avait cours depuis l'Antiquité, la civilisation occidentale est entrée au 17ᵉ siècle, pour le meilleur et pour le pire, dans l'ère de la science moderne. Ce faisant, elle en est venue à remettre en cause de façon radicale des manières d'agir et de penser qui semblaient aussi immuables que les sphères cristallines de Ptolémée, et a élevé au rang d'absolu la croyance dans le progrès illimité de l'être humain. Cette croyance, de même que l'optimisme qui en découle, est indissociable des deux grandes révolutions qui viennent : la révolution atlantique et la révolution industrielle, à la fois dans leurs origines et dans leurs résultats.

Héritage ⟶

❯ HÉRITAGE

Ce que nous devons aux 17ᵉ et 18ᵉ siècles

- des découvertes majeures (système solaire, calcul différentiel et intégral, vitesse de la lumière, circulation du sang, etc.)
- la méthode scientifique
- le rationalisme
- l'idée du progrès

- le concept de la séparation des pouvoirs de l'État
- la tolérance en matière de religion
- le libéralisme économique
- le concert public, l'opéra, la création de nouveaux instruments (piano, violon, clarinette)

Pour vivre l'histoire comme si vous y étiez

En temps et lieux

EN TEMPS ET LIEUX
Être esclave à Rome

Points de vue sur l'histoire

POINTS DE VUE SUR L'HISTOIRE
La Grèce conquise a-t-elle accepté la domination romaine et la romanisation?

 Utilisez le code d'accès de votre nouveau manuel et profitez d'une vaste gamme de matériel complémentaire !

TABLE DES MATIÈRES

CHAPITRE
1
La civilisation grecque 18

CHAPITRE
2
La civilisation romaine 48

CHAPITRE
3
La civilisation médiévale..................... 78

6 CHAPITRE

Le mouvement de la science, de la pensée et de l'art aux 17ᵉ et 18ᵉ siècles 198

7 CHAPITRE

La grande révolution atlantique 222

8 CHAPITRE

La révolution industrielle..... 256

LISTE DES CARTES

Introduction

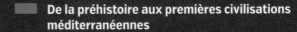
■ Histoire, civilisation, Occident

Avant d'entreprendre un voyage, il est toujours judicieux d'en fixer les balises essentielles. Celui dans lequel nous nous aventurons aujourd'hui les contient déjà dans son titre : nous allons faire de l'histoire, l'histoire d'une civilisation, la civilisation occidentale.

« Faire » de l'histoire…

Qu'est-ce donc, tout d'abord, que l'histoire ? Par-delà les précisions du vocabulaire, nous devons nous interroger sur son caractère scientifique, en établir la nécessité et délimiter les grandes périodes de celle de l'Occident.

Le mot et la chose

L'histoire vécue Le mot *histoire* peut avoir deux sens. Dans le premier sens, il désigne une série d'événements qui se sont déroulés dans un passé plus ou moins lointain : c'est l'histoire vécue, telle qu'elle s'est produite. Cette histoire-là est à jamais disparue dans la nuit des temps, et nul n'a le pouvoir de la « faire », ou plutôt de la refaire. Dans ce sens, la seule façon de faire (de) l'histoire, c'est de vivre et, si possible, d'apporter sa contribution à l'évolution de la société d'aujourd'hui.

L'histoire écrite C'est donc le deuxième sens du mot *histoire* qui nous intéresse tout au long de ce livre. L'histoire, c'est la connaissance que nous pouvons avoir du passé, et c'est le récit que nous pouvons en faire. C'est ce qu'on appelle l'*histoire écrite*. À ce titre, l'histoire est une science, mais avec des caractéristiques particulières.

L'histoire comme science

Son objet Comme toute science, l'histoire a un objet. Cet objet, nous le définirons comme suit : le passé humain dans son enchaînement. Le passé est tout ce qui « a été », même s'il s'agit de faits très récents. Quant au passé humain, c'est celui de l'Homme en société, différent, par exemple, du passé cosmique qu'étudie l'astronome, ou du passé biologique de l'Homme en tant qu'espèce en évolution. Enfin, ce passé que nous voulons connaître, il n'est pas formé que d'événements bruts, isolés : ces événements n'ont de sens que replacés dans leur enchaînement, dans les relations de cause à effet qui les lient les uns aux autres. Et c'est précisément cet enchaînement qui forme le cœur de même que le défi essentiel de la recherche historique. Étudier l'histoire ne consiste donc pas à mémoriser des noms et des dates, mais plutôt à comprendre les chaînes temporelles qui relient les événements les uns aux autres, en d'autres termes à «lire entre les dates», comme on lit entre les lignes d'un texte pour en saisir la signification profonde. Ainsi se constitue le «récit» historique.

Sa méthode Mais puisque l'histoire porte sur un objet qui, par définition, n'existe pas, ou n'existe plus, il lui faut une méthode spéciale pour accéder à son champ d'investigation. Cette méthode se fonde essentiellement sur la recherche et l'analyse des traces, des témoignages de lui-même que le passé a pu nous léguer. Témoignages de toutes sortes (écrits, visuels et, plus récemment, audiovisuels et informatiques), d'une variété prodigieuse, et qui forment le paysage mystérieux, immobile et fascinant dans lequel, tel un explorateur, l'historien s'avance à la découverte de l'Homme dans le Temps.

Une science? Cet objet qui n'existe plus, cette méthode où le chercheur est totalement dépendant d'informations préexistantes sur lesquelles il ne peut avoir aucune influence font souvent douter du caractère «scientifique» de l'histoire. De fait, le passé est rigoureusement non reproductible; l'historien ne peut pas travailler en laboratoire. Chaque événement du passé est unique, irréductible à tout autre; l'historien ne cherche pas, et ne saurait énoncer, des «lois» scientifiques comme celle de l'attraction universelle **01**.

Mais si l'histoire n'est pas une science au sens strict de «connaissance exacte, universelle et vérifiable par des lois»[1], elle utilise cependant une démarche scientifique, marquée par la rigueur et par l'honnêteté. L'historien se doit d'inventorier les témoignages de la façon la plus systématique et la plus étendue, de leur appliquer un regard critique rigoureux et de se départir le plus possible de sa subjectivité dans cette démarche. Marc Bloch disait: «L'histoire n'est pas une science, mais elle en a le comportement.»

En fait, l'histoire est «la plus humaine des sciences humaines»[2]. À travers l'immense diversité de son objet, à travers le caractère approximatif de ses résultats

---

01 **Expliquer ou comprendre?**

«Précisément, le fait de prendre pour objets des hommes concrets et leur vie entraîne, pour l'histoire, un mode d'intelligibilité spécifique.

Les sciences de la nature expliquent les choses, les réalités matérielles; celles de l'esprit font comprendre les hommes et leurs conduites. L'explication est la démarche de la science proprement dite; elle recherche les causes et vérifie des lois. Elle est déterministe: les mêmes causes produisent toujours les mêmes effets, et c'est précisément ce que disent les lois. […]

Manifestement, les sciences humaines ne peuvent viser ce type d'intelligibilité. Ce qui rend les conduites humaines intelligibles, c'est qu'elles sont rationnelles, ou du moins intentionnelles. L'action humaine est choix d'un moyen en fonction d'une fin. On ne peut l'expliquer par des causes et des lois, mais on peut la comprendre. C'est le mode même d'intelligibilité de l'histoire.

Il est vrai que l'histoire n'est pas une science, fût-elle "dans l'enfance" ou "difficile". Il n'y a de science que du général, d'événements qui se répètent, et l'histoire traite d'événements originaux, de situations singulières qui ne se rencontrent jamais deux fois strictement identiques.

La définition de la science par la loi n'est [pourtant] pas totalement pertinente. Au demeurant, les lois scientifiques ont perdu le caractère purement déterministe qui les caractérisait au siècle dernier, et la physique moderne est devenue probabiliste. Il reste qu'elle continue à se définir par des procédures de vérification/réfutation rigoureuses dont l'histoire, comme les autres sciences sociales, est incapable. Il est clair que l'histoire ne saurait être une science au même titre que la chimie.»

Source: Antoine PROST, *12 leçons sur l'histoire*, Paris, Points, 2010, p. 151-152.

---

1. *Le Petit Robert*, 2011.
2. Léon-Ernest HALKIN, *Éléments de critique historique*, Paris, Dessain, 1966, p. 20.

toujours fragmentaires, elle développe, chez l'individu qui en «fait», le sens du Temps, c'est-à-dire le sens du relatif, de l'incertain, du provisoire. Tout est toujours en mouvement, rien ne se répète; les hommes ne sont jamais placés exactement deux fois dans la même situation; les solutions qu'ils apportent aux défis qui se présentent à eux sont toujours remises en question; l'histoire elle-même, l'histoire écrite, est toujours à refaire parce qu'elle n'est toujours, en fin de compte, qu'une série de questions, parfois angoissées, que nous posons au passé depuis notre présent, ce présent qui demain sera déjà du passé...

À quoi sert l'histoire?

La présence du passé   De là découle la nécessité de l'histoire. Comprendre le passé, c'est réduire les incertitudes du présent. On tend fortement aujourd'hui, notamment dans les médias, à considérer le monde qui nous entoure dans la durée fort brève du temps court, du fait immédiat. Parfois, pourtant, il est nécessaire de remonter très loin dans le passé pour comprendre un phénomène, par exemple les conflits apparemment insolubles du Proche-Orient d'aujourd'hui. Ainsi, de grands moments d'hier continuent de nous être contemporains. Nous ne sommes plus le passé, mais le passé est présent en nous; passé et présent se côtoient, se mélangent au creux de nous-mêmes. Cette imbrication du passé et du présent peut toutefois conduire à deux dérives que l'historien doit éviter: celle de projeter dans le passé les valeurs et les comportements d'aujourd'hui, et celle d'assujettir l'histoire au service d'une cause.

Le sens de la continuité   Ce passé risque de nous paraître trop lointain pour nous concerner, trop étrange pour éveiller en nous quelque intérêt. Pourtant, il contient des richesses insoupçonnées et insoupçonnables parce que cachées dans les profonds replis de notre inconscient collectif. Car l'histoire vécue pèse de tout son poids sur les peuples: économie, société, vie politique, croyances et idéologies tendent à se mouler dans les cadres préparés par nos ancêtres. La civilisation occidentale repose sur le labeur silencieux et le courage inépuisable d'innombrables générations qui, en cherchant à mieux vivre, ont fait de nous ce que nous sommes. L'histoire, c'est l'expérience des femmes et des hommes d'hier au bénéfice des femmes et des hommes d'aujourd'hui.

La finalité de l'histoire a toujours été et demeure d'établir, dans l'esprit de l'individu qui s'y adonne, le sens de la continuité humaine à travers la suite des siècles `02`.

`02` Passé, présent et avenir

«La pratique du métier implique cette structuration du temps comme continuité [...]. Elle oblige l'historien à une sorte de consentement au temps. Il sait que le passé ne revient jamais et que l'histoire ne se répète pas, même si parfois elle bégaye: cela lui enseigne la vanité des nostalgies et des regrets. Il sait que le présent passe irrémédiablement et il en tire la conviction qu'il est inutile de chercher à l'empêcher de changer, même si certains, parfois, peuvent orienter ce changement. Cette temporalité, en effet, est aussi celle du projet, et singulièrement du projet collectif, de la vie politique. En inscrivant le présent dans la suite du passé, elle appelle à rechercher simultanément dans ce présent les prémices d'un avenir dont la trajectoire doit être identifiable, au moins dans ses grandes lignes. La compréhension du présent par l'histoire, préambule d'une proposition pour le futur...»

Source: Antoine PROST, *op. cit.*, p, 332.

Les mesures du temps

Des échelles diverses   Le temps lui-même est relatif, du moins la mesure qu'on peut en prendre et qui dépend de l'objet de notre étude. Ainsi, à l'échelle du temps cosmique, celui de l'Univers (15 milliards d'années), l'humanité est presque invisible. À l'échelle du temps terrestre (la Terre compte 4 milliards d'années), elle apparaît à peine. Même à l'échelle du temps humain (3 millions d'années), il est difficile d'apercevoir ce qu'on appelle le *temps historique*, et presque impossible d'en délimiter les grandes périodes. Il nous faut donc réduire encore notre échelle: on fait généralement débuter l'histoire proprement dite avec l'invention de l'écriture et l'organisation des premières grandes civilisations au Proche-Orient. C'est sur cette échelle d'à peu près 5 000 ans que nous pouvons pointer notre civilisation occidentale et en délimiter les périodes `03`.

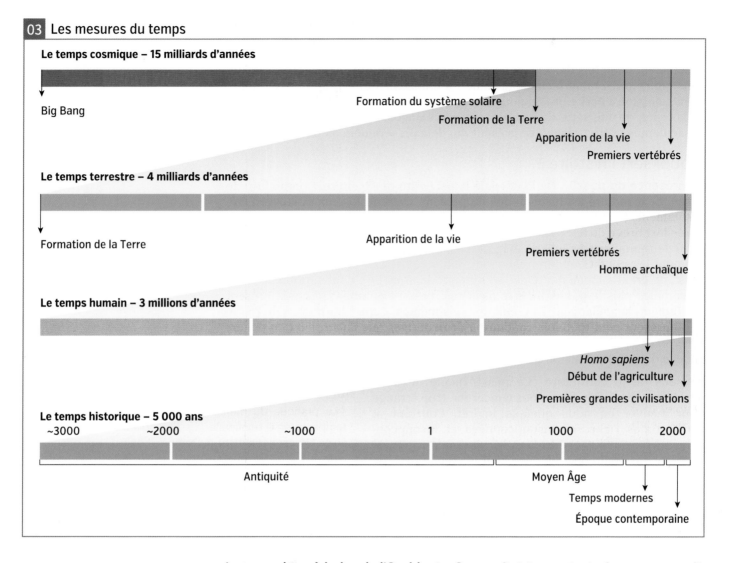

03 Les mesures du temps

Le temps cosmique – 15 milliards d'années

Big Bang

Formation du système solaire

Formation de la Terre

Apparition de la vie

Premiers vertébrés

Le temps terrestre – 4 milliards d'années

Formation de la Terre

Apparition de la vie

Premiers vertébrés

Homme archaïque

Le temps humain – 3 millions d'années

Homo sapiens

Début de l'agriculture

Premières grandes civilisations

Le temps historique – 5 000 ans

~3000   ~2000   ~1000   1   1000   2000

Antiquité

Moyen Âge

Temps modernes

Époque contemporaine

Les grandes périodes de l'Occident Quatre divisions principales se sont traditionnellement imposées, du moins pour l'histoire de la civilisation occidentale : l'Antiquité (du 3ᵉ millénaire avant notre ère au 5ᵉ siècle de notre ère), le Moyen Âge (du 5ᵉ au 15ᵉ siècle), les « Temps modernes » (du 16ᵉ au 18ᵉ siècle) et l'Époque contemporaine (depuis le 19ᵉ siècle). On aura remarqué l'absence d'années précises dans ce décompte. On ne peut pas, en effet, considérer que l'Antiquité s'est brusquement terminée, et que le Moyen Âge a tout aussi brusquement commencé, en 476 (autour du 4 septembre pour être plus précis), lors de la déposition du dernier empereur romain, ni que le Moyen Âge s'est brusquement arrêté pour laisser place aux Temps modernes le 12 octobre 1492, jour où Christophe Colomb a mis le pied en Amérique. Les frontières chronologiques entre ces grandes périodes sont éminemment poreuses, et les transitions entre elles durent de longues années. Du point de vue historique, le bornage par siècles est beaucoup plus satisfaisant.

Des calendriers différents Quant à cette numérotation des années, des siècles et des millénaires en deux grandes « ères », elle est fixée par un point de départ que l'Occident, marqué par la religion chrétienne, a établi à la date présumée de la naissance de Jésus-Christ. D'autres civilisations ont choisi d'autres dates charnières : pour l'Islam, par exemple, le point de départ se situe au moment du départ de Mahomet pour Médine, soit l'an 622 de notre calendrier. Ces différences de calendrier ne sont pas fortuites; elles révèlent des conceptions différentes du Monde et de l'Homme qui sont parmi les éléments fondamentaux qui définissent une civilisation. (Dans un but de simplification, on adoptera dans ce livre la convention de faire précéder d'un « ~ » les dates situées avant notre ère, ce qui permet de remplacer par un simple symbole visuel la mention « av. J.-C. », ou « avant notre ère », ou « avant l'ère commune », et de se dispenser de toute mention de ce genre à partir de l'an 1.)

Qu'est-ce qu'une civilisation?

L'histoire que nous allons parcourir est celle d'une civilisation. Ici encore nous devons d'abord nous pencher sur le sens du mot avant de faire l'inventaire des différents éléments qui font qu'une civilisation existe.

Les variations du vocabulaire

Le sens originel   Le mot *civilisation* apparaît au 18e siècle. Il désigne alors l'état d'une société qui a atteint un certain niveau de développement économique, politique et culturel. Ce mot est toujours employé au singulier; il y a la civilisation, par opposition à la barbarie qui désigne l'état des peuples primitifs, « sauvages » (comme les « barbares » qui envahissent et détruisent l'Empire romain au 5e siècle de notre ère).

Le sens actuel   Au 19e siècle, le mot prend un sens nouveau. Il désigne maintenant l'ensemble des caractéristiques que présente la vie collective d'un groupe ou d'une époque. On l'emploie donc au pluriel: il y a des civilisations, et même les peuples qu'on qualifiait autrefois de *barbares* ont une civilisation propre. Ce sens pluriel rejette les prétentions à la supériorité intrinsèque de l'une ou de l'autre des multiples civilisations qui font la richesse de l'expérience humaine. C'est ce sens qui s'impose dans le vocabulaire actuel.

Les éléments d'une civilisation

L'espace   Une civilisation est d'abord et avant tout conditionnée par l'espace géographique dans lequel elle se déploie. Civilisations fluviales ou maritimes, insulaires ou continentales, des forêts ou des déserts, tropicales ou polaires, toutes sont marquées par leur environnement: climat, relief, faune, flore, voire richesses du sous-sol.

L'organisation sociale   Dans ces environnements divers et infiniment variés naissent des sociétés humaines organisées. Une civilisation, c'est aussi cela: des systèmes de production et d'échange, des rapports sociaux entre individus et entre groupes, des institutions politiques, des systèmes de lois, etc.

La culture et les mentalités   À l'environnement et à l'organisation sociale s'ajoutent enfin une culture et une mentalité qui définissent aussi une civilisation. Logement, vêtement, nourriture, mœurs et coutumes, qu'on pourrait appeler *façons de vivre*, sont complétés par des *façons de voir*: interprétation du réel à travers la création artistique, vision du monde, de son origine et de son destin à travers la religion ou la philosophie. La place de l'individu dans l'univers et dans la société, l'attitude face à la mort et la perception des différenciations sexuelles sont d'autres aspects de ce riche domaine des mentalités, des sensibilités et des croyances.

Un organisme vivant   Une civilisation, c'est tout un ensemble de ces éléments les plus divers organiquement liés par une sorte de cohérence interne, mais dont l'équilibre précaire est sans cesse remis en question par des apports nouveaux. Ainsi, les civilisations, quelles qu'elles soient, n'échappent pas plus que les individus et les communautés à l'inéluctable loi de l'évolution historique **04**. Elles naissent, vivent et meurent, non sans laisser derrière elles des traces qui perdurent jusqu'à nous. C'est pourquoi «il n'y a pas de civilisation actuelle qui soit vraiment compréhensible sans une connaissance d'itinéraires déjà parcourus, de valeurs anciennes, d'expériences vécues. Une civilisation est toujours un passé, un certain passé vivant»[3].

---

04 **Destins des civilisations**

Le texte qui suit a été écrit après les carnages de la Première Guerre mondiale ; qu'aurait pu écrire l'auteur après la Seconde ?

«Nous autres, civilisations, nous savons maintenant que nous sommes mortelles.

Nous avions entendu parler de mondes disparus tout entiers, d'empires coulés à pic avec tous leurs hommes et tous leurs engins ; descendus au fond inexplorable des siècles avec leurs dieux et leurs lois, leurs académies et leurs sciences pures et appliquées, avec leurs grammaires, leurs dictionnaires, leurs classiques […]. Nous savions bien que toute la terre apparente est faite de cendres, que la cendre signifie quelque chose. Nous apercevions à travers l'épaisseur de l'histoire, les fantômes d'immenses navires qui furent chargés de richesse et d'esprit. Nous ne pouvions pas les compter. Mais ces naufrages, après tout, n'étaient pas notre affaire.

Élam, Ninive, Babylone étaient de beaux noms vagues, et la ruine totale de ces mondes avait aussi peu de signification pour nous que leur naissance même. Mais France, Angleterre, Russie,… ce seraient aussi de beaux noms. […] Et nous voyons maintenant que l'abîme de l'histoire est assez grand pour tout le monde.»

Source : Paul VALÉRY, «La crise de l'esprit» (1919) ; repris dans *Variété*, Paris, Gallimard, 2002, p. 13-14. (Coll. «Folio», n° 327)

Le cadre de la civilisation occidentale

La civilisation dont nous allons parcourir l'histoire porte le qualificatif d'*occidentale*. Il nous faut d'abord préciser le sens de ce terme, avant de délimiter les espaces sur lesquels la civilisation occidentale s'étendra tout au long de son histoire.

Où se trouve l'Occident ?

Le mot occident dérive du verbe latin *occidere*, qui signifie «tomber», «périr», «se coucher». Appliqué à la marche du Soleil, l'occident est ainsi l'endroit où cet astre se couche, où le jour tombe. Le mot ne désigne donc pas un emplacement précis, puisque la Terre est une sphère : l'Asie est à l'occident de l'Amérique, et si le «moyen orient» est bien à l'orient de l'Europe, il n'en est pas moins à l'occident de l'Inde. Dès lors, ce n'est pas la géographie, mais bien l'histoire qui confère à ce mot le sens qu'on lui donne quand on parle de la civilisation «occidentale». On peut situer assez précisément l'apparition de ce sens en l'an 395, lorsque l'Empire romain est scindé en deux entités distinctes dont l'une, à l'Ouest, prend le nom d'Empire romain d'Occident (*voir la page* 56). Au sens étroit du terme, la civilisation occidentale serait donc, à l'origine, limitée au territoire de l'Empire romain d'Occident, c'est-à-dire l'ouest de l'Afrique du Nord et l'ouest de l'Europe. Mais l'immense héritage romain, lui-même profondément imprégné de l'héritage grec, a d'abord marqué l'ensemble du bassin méditerranéen, qui forme ainsi le foyer d'origine de la civilisation occidentale **05**.

De la Méditerranée aux confins du monde

La Méditerranée Trois péninsules déchiquetées, profondément baignées par la mer, occupent la rive nord de la mer Méditerranée («au milieu des terres») : la Grèce, l'Italie et l'Espagne. Terres exiguës où sont disposées de petites plaines

---

3. Fernand BRAUDEL, *Grammaire des civilisations*, Paris, Flammarion, 1993, p. 56.

05 Les espaces de la civilisation occidentale

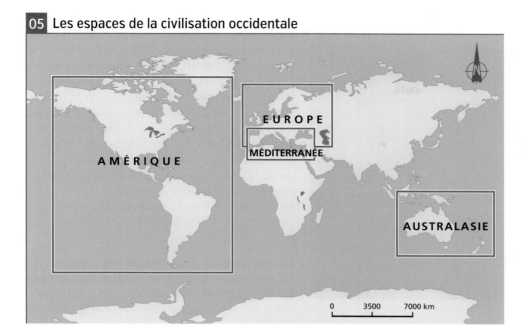

isolées, très vite limitées et encadrées par la montagne toujours proche, avec un arrière-pays difficile à traverser, souvent hostile. La rive sud est relativement plus facile d'accès, mais la plaine côtière est rapidement bloquée par la chaîne de l'Atlas et offre un climat plus aride. Quant à la mer, en dépit de ses colères brusques, elle ne paraît pas trop redoutable, et les multiples replis des côtes constituent de bons abris pour les navires. Source d'échanges multiples, elle unit des populations que le relief divise. À tout prendre, l'espace méditerranéen offre des conditions favorables d'épanouissement 06.

À la suite des Grecs qui essaiment sur tout son pourtour, les Romains unifient tous les territoires riverains de cette mer et en font, littéralement, un lac romain (*mare nostrum*), sur lequel circulent cargaisons marchandes et armées impériales. Mais ils poussent aussi de plus en plus loin vers le Nord, jusque sur le Rhin, et prennent même pied sur l'île de Grande-Bretagne. Grâce à l'Empire romain, la Méditerranée est devenue, au début de notre ère, le centre d'un monde s'étendant depuis le Tigre jusqu'à la Tamise, depuis le Rhin jusqu'au Nil. Ainsi naît la civilisation occidentale, de la rencontre toujours renouvelée entre la mer et la terre.

L'Europe Du 4e au 8e siècle, une série d'invasions bouleversent le monde méditerranéen. Les Germains envahissent la partie occidentale de l'Empire romain, pendant que la partie orientale s'éloigne vers un destin particulier. L'Islam conquérant morcelle à son tour le monde méditerranéen en s'appropriant le Proche-Orient, l'Afrique du Nord et la majeure partie de l'Espagne (7e et 8e siècles). L'unité antique se trouve rompue, l'autorité politique se disloque en États rivaux, et c'est l'Église de Rome qui assure à l'Occident son homogénéité profonde et sa cohésion spirituelle, de même que la continuité de son patrimoine culturel.

06 L'espace méditerranéen : la Grèce

07 L'espace européen : la vallée du Danube

À ce moment, la civilisation occidentale a cessé d'être spécifiquement méditerranéenne. Elle est devenue européenne **07**. Aux étés méditerranéens secs et brûlants, s'ajoutent les hivers tièdes et pluvieux de l'Atlantique. Au versant latin de l'Europe – celui de l'Empire romain – s'ajoute le versant germain – celui des forêts du Nord, un monde neuf qui exige plus de travail patient, plus de constance dans l'effort. À la Méditerranée, mer chaude, s'ajoutent la mer du Nord, mer fraîche mais libre de glace toute l'année, et la Baltique, prise par le gel tous les hivers. Par ailleurs, ouverte désormais sur l'Atlantique, la civilisation occidentale voit peu à peu apparaître de nouveaux horizons.

L'Amérique et le monde Au cours du 15e siècle, le progrès de la géographie et le développement des techniques maritimes, entre autres, lancent les Européens sur les océans. En moins d'un siècle, de prodigieuses découvertes agrandissent l'espace et élargissent les horizons de la civilisation occidentale, qui s'en trouve profondément transformée. De là date vraiment sa prépondérance dans le monde. Les Portugais ouvrent la route maritime vers l'Asie en contournant l'Afrique, tandis que les Espagnols s'élancent vers l'Ouest et se heurtent à l'Amérique, dont ils ignoraient l'existence.

Aux explorations succèdent les installations. La civilisation occidentale étend son influence sur toute l'Amérique **08**. Des dizaines de milliers de colons sont installés dans le Nouveau Monde, où ils introduisent, avec leur langue, leurs coutumes et leur foi, les cultures du blé, du tabac et de la canne à sucre, de même que l'élevage des chevaux et des bovins. Les populations indigènes sont presque anéanties, leurs civilisations détruites.

Au 19e siècle, de nouveaux espaces sont ouverts à la suprématie occidentale. L'Australie, la Nouvelle-Zélande, voire, jusqu'à un certain point, l'Afrique du Sud, deviennent les lointains avant-postes où la civilisation occidentale finit par s'imposer, la plupart du temps par la force. Des civilisations anciennes y disparaissent, mais plusieurs y survivent cependant jusqu'à nos jours, de plus en plus fragiles.

08 L'espace américain : le fleuve Saint-Laurent à Québec

Née sur les bords de la Méditerranée, la civilisation occidentale a gagné l'Europe pour ensuite se propager sur d'autres continents. En franchissant les océans, elle a trouvé des conditions naturelles (climat, végétation, ressources) fort différentes et des populations autochtones qu'elle a plus ou moins assimilées. Aujourd'hui, elle est répandue dans le monde entier et il n'est point de pays où elle ne soit présente de quelque façon et qui ne l'enrichisse à son tour. Localisée à son origine, elle est devenue mondiale par son aire d'influence.

FAITES LE P◉INT

1. Décrivez l'objet et la méthode de l'histoire. Est-elle une science ? Justifiez votre réponse.

2. Nommez et datez les quatre grandes divisions chronologiques traditionnelles de l'histoire occidentale. Quel événement central divise cette chronologie en deux « ères » ?

3. Quels sont les éléments fondamentaux d'une civilisation ?

4. Situez sur une carte du monde les espaces géographiques sur lesquels la civilisation occidentale s'est progressivement étendue.

De la préhistoire aux premières civilisations méditerranéennes

La civilisation occidentale, pas plus qu'aucune autre, n'a été le fruit d'une génération spontanée. Avant même la naissance de la civilisation grecque antique, son ancêtre direct le plus ancien, d'autres civilisations avaient fleuri autour de la Méditerranée, laissant des héritages déjà fondamentaux.

L'héritage de la préhistoire

On appelle communément *préhistoire* toute la période sur laquelle nous ne disposons pas de témoignages directs sous forme de documents écrits. L'écriture étant apparue il y a à peu près 5 000 ans, la préhistoire couvre donc plus de 95 % de l'existence de l'espèce humaine.

L'*Homo sapiens*

L'espèce à laquelle nous appartenons, appelée *Homo sapiens*, est l'une des plus récentes à être apparue sur Terre ; c'était probablement en Afrique de l'Est, il y a près de 200 000 ans. C'est le début de la préhistoire. Essaimant lentement de proche en proche, l'*Homo sapiens* se trouve en Palestine vers ~100 000, puis en Europe 65 000 ans plus tard (l'homme de Cro-Magnon, ~35 000). Il vit de chasse, de pêche et de cueillette, maîtrise le feu, fabrique des outils et des armes en bois ou en pierre, enterre et honore ses morts en les parant de colliers. Il s'exprime déjà par l'art, en sculptant des statuettes dans l'ivoire ou la pierre et surtout en peignant sur les parois de ses cavernes d'admirables peintures qui suscitent encore notre fascination et nous transmettent une vive sensation de mystère, par-delà les millénaires .

09 Détail d'une fresque de la grotte d'Altamira, en Espagne (~17 000/~13 000)

Bison dessiné en utilisant la courbe naturelle de la paroi pour faire ressortir la force de l'animal. Image d'un saisissant réalisme si l'on prend conscience que ces chefs-d'œuvre ont été peints dans des cavernes obscures éclairées seulement par des torches.

La révolution néolithique

Près de 25 000 ans se sont encore écoulés depuis l'apparition de Cro-Magnon lorsque soudain, vers le 10ᵉ millénaire avant notre ère, commence l'une des révolutions les plus décisives de l'aventure humaine. Jusque-là simple prédateur prenant tel quel ce que la nature lui offre pour se nourrir, l'*Homo sapiens* invente l'agriculture et devient producteur : au lieu de tout consommer, il va semer une partie des graines qu'il trouve dans un sol qu'il a préparé. Il peut dès lors accélérer la sédentarisation déjà en marche, au lieu de se déplacer d'un endroit à un autre pour trouver sa subsistance. Mieux encore: il se lance dans la domestication des plantes et des animaux. La sélection des graines et le croisement de certaines variétés lui permettent d'améliorer les rendements agricoles, tandis que des animaux domestiqués lui fournissent à la fois un supplément de nourriture carnée riche en protéines (chèvre, mouton, porc) et une source importante d'énergie pour les travaux des champs (bœuf, âne, cheval). Sans compter tout ce qu'on peut tirer de ces animaux pour se vêtir et s'abriter. La «révolution néolithique» est en marche.

Les conséquences en sont immenses. Des métiers naissent, celui de la laine, par exemple, ou de la poterie. Pour faire face aux raids des nomades, les sédentaires se rassemblent derrière une enceinte fortifiée: la ville apparaît. Et qui dit agriculture dit irrigation: il faut élever des digues, creuser des canaux, «domestiquer» des cours d'eau. Cela exige une organisation sociale assez poussée, avec une autorité politique centralisée: c'est l'État qui pointe à l'horizon.

Toute cette évolution se déroule, à peu près au même moment (de ~8000 à ~6000), tant en Asie qu'en Amérique du Sud et, pour ce qui nous occupe dans ce livre, au Moyen-Orient, dans ce qu'on appelle justement le *croissant fertile*, qui s'étend des plaines de la Mésopotamie à celle du Nil en passant par le couloir syro-palestinien **10**. C'est là qu'apparaissent les premières civilisations historiques, c'est-à-dire, selon la définition traditionnelle, celles qui nous ont laissé des témoignages écrits.

10 Le Proche-Orient du ~3ᵉ au ~1ᵉʳ millénaire

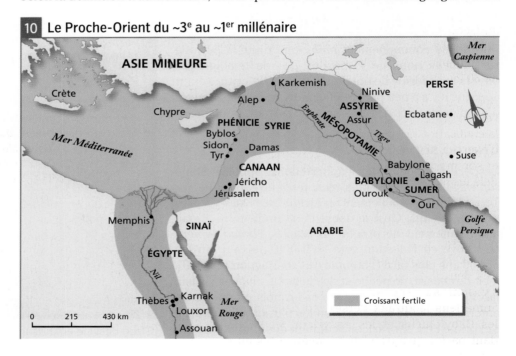

Les civilisations fluviales: Égypte et Mésopotamie

Les premières sociétés organisées apparaissent le long des rives du Nil, du Tigre et de l'Euphrate, en ces régions chaudes et humides où les plaines sont fertiles parce que l'eau vivifie la végétation.

L'Égypte

Un «don du Nil»   Quelque 3 000 ans avant notre ère (soit 5 000 ans avant aujourd'hui), la vallée du Nil est déjà habitée grâce à son fleuve qui, débordant chaque année de son lit, inonde les terres riveraines pendant trois mois et y laisse une couche de **limon** qui fertilise le sol. Mais cette crue n'est bienfaisante

Limon
Terre entraînée par un cours d'eau et qui se dépose sur les rives.

que si elle est judicieusement utilisée : cela suppose d'incessants travaux d'irrigation, de rétention et de répartition que seul un gouvernement centralisé et fort peut imposer à la collectivité. Sans pharaon puissant, il n'y a pas d'unité, et sans unité, il n'y a pas de prospérité. C'est autour de l'an ~3000 que se réalise l'unité de l'Égypte, où s'épanouira pendant près de trois millénaires une civilisation qui suscite encore notre intérêt, voire notre admiration.

La vie après la mort Les Égyptiens croient ardemment à une vie après la mort. Mais l'âme ne peut survivre dans ce *royaume d'Osiris* que si le corps est préservé. C'est cette croyance qui a porté les Égyptiens au plus haut point de la technique de la conservation des corps par la momification, et c'est elle également qui a donné naissance à un premier chef-d'œuvre de la littérature : *Le livre des morts.*

Pyramides et calcul Les Égyptiens érigent, en l'honneur de leurs dieux, des temples aux colonnes gigantesques (Karnak, Louxor, Abou Simbel) **11** et, pour les pharaons morts, des tombes colossales, les pyramides **12**. Ces monuments bien proportionnés attestent que les Égyptiens savent mesurer exactement les surfaces, les volumes et les poids. Ils connaissent les fractions ordinaires. Ils pratiquent l'astronomie et divisent l'année en 12 mois de 30 jours, plus 5 jours complémentaires.

Ayant eu en définitive assez peu d'influence à l'extérieur de son espace entouré de déserts, la civilisation égyptienne continue néanmoins d'exercer, avec sa démesure, son raffinement et son mystère, une véritable fascination par-delà les millénaires.

La Mésopotamie

À l'autre extrémité du croissant fertile se trouve la Mésopotamie, le pays « au milieu des fleuves » Tigre et Euphrate. Les empires s'y sont succédé sans relâche, depuis les Sumériens jusqu'aux Perses, en passant par les Babyloniens et les Assyriens, et s'étendant parfois jusqu'au Nil lui-même. Chacun y a laissé des vestiges, souvent extrêmement impressionnants, qui font de cette région l'une des plus riches concentrations archéologiques du monde.

L'écriture cunéiforme C'est aux Sumériens que l'on doit la plus ancienne écriture connue. On écrit sur des briques d'argile encore molle avec un roseau pointu, ce qui donne des traits en forme de coin, d'où le nom d'*écriture cunéiforme* (du latin *cuneus*, « coin »). Les textes parlent de commerce et de lois, mais aussi ils chantent la vie, l'amour et la mort (l'épopée

11 **Le temple d'Abou Simbel**

Ce temple, entièrement creusé dans la montagne, est orienté de telle sorte que deux fois par année seulement, les jours d'équinoxe, les rayons du soleil levant frappent directement dans l'axe de l'allée centrale et illuminent pendant quelques minutes les statues des dieux, au fin fond de la galerie. (~13e siècle)

12 **Les pyramides de Gizeh**

Près du Caire, les trois plus grandes pyramides d'Égypte sont construites pour recevoir les tombeaux de trois pharaons de la IVe dynastie (milieu du ~3e millénaire). Celle du centre porte encore les restes du recouvrement de pierre lisse qui l'enveloppait en entier.

13 Le code Hammourabi

13 Le code Hammourabi

Partie supérieure d'une grande stèle contenant le code entier, en écriture cunéiforme. La scène représente l'empereur devant son dieu Shamash. (Stèle du ~18e siècle)

de Gilgamesh). Vers ~1750, l'empereur babylonien Hammourabi impose dans tout son territoire des lois uniformes, réunies dans le premier code de lois écrit, auquel il a laissé son nom **13**.

Astronomie et mesures du temps Les peuples de la Mésopotamie sont aussi à l'origine de l'astronomie. Interrogeant le Soleil, la Lune et les étoiles, Assyriens et Babyloniens dressent les premières cartes du ciel, apprennent à prévoir les éclipses, à distinguer les planètes, à grouper les étoiles. Ils divisent l'année en 12 mois lunaires et chaque mois en semaines de 7 jours dont chacun est consacré à un astre (c'est l'origine des noms actuels : lundi pour la Lune, mardi pour Mars, etc.). De plus, le jour est divisé en 24 heures, l'heure en 60 minutes et la minute en 60 secondes.

Les Mésopotamiens, comme les Égyptiens, inventent des procédés d'arpentage très précis. Ils mettent au point, à peu près en même temps qu'on le fait en Égypte, les premiers systèmes de chiffres, de calcul, d'arithmétique, de poids et de mesures.

Les civilisations maritimes : Crétois et Phéniciens

À côté de ces grandes civilisations fluviales, deux peuples vont créer, à partir de modestes territoires sur la rive orientale de la Méditerranée, des civilisations originales appelées à fonder de vastes empires maritimes.

Les Crétois

C'est en Crète, une île étroite et longue (la distance Québec-Montréal environ), au cœur de la Méditerranée orientale, que s'épanouit la première puissance maritime connue dans l'histoire, et dont la brillante civilisation est à l'origine de la civilisation grecque.

Le premier empire maritime de l'histoire Les marins crétois sont à l'origine de la « grande Méditerranée des échanges ». Pour la première fois, un peuple fonde sa puissance sur la maîtrise de la mer. Point de rencontre des routes commerciales, la Crète devient en quelque sorte le trait d'union entre l'Occident européen et les civilisations de la Mésopotamie et de l'Égypte **14**. D'admirables fresques nous sont parvenues de l'immense palais royal de Cnossos, qui montrent la richesse et le raffinement de la civilisation crétoise.

Après avoir affirmé sa puissance et son originalité pendant un millénaire (de ~2400 à ~1400), cette civilisation disparaît cependant, d'une mort brutale et encore mal expliquée, au milieu du ~15e siècle. Il en survivra, entre autres, la légende grecque du Minotaure, monstre mi-taureau mi-homme dévorant de jeunes Athéniens au fond de son labyrinthe.

14 La Crète : première puissance maritime de l'histoire

Grands courants commerciaux

EUROPE

ITALIE

GRÈCE

ASIE

• Troie

Marbre

Gobelets, vases, étoffes

Athènes •

ASIE MINEURE

Sicile

Étoffes, vases

Vases

Rhodes

Étoffes, vases

Cuivre

Chypre

Étain, métaux divers, en provenance d'Espagne du Sud et des îles Cassitérides

• Cnossos

Vases

Byblos •

PHÉNICIE

Crète

Vin, huile d'olive

Poteries, huiles, étoffes

• Tyr

Légumes secs, faïences, ivoire

AFRIQUE

0   200   400 km

ÉGYPTE

Les Phéniciens

Les maîtres des mers   Au moment où la civilisation crétoise disparaît, les Phéniciens prennent la place de maîtres des mers laissée vacante. Sur le pourtour de la Méditerranée, ils jalonnent la route de leur commerce de comptoirs d'escales dont certains deviennent des cités coloniales, telle Carthage fondée en ~814 et qui sera plus tard la plus grande concurrente de Rome.

L'écriture alphabétique   Hommes d'affaires à l'esprit pratique, les Phéniciens ont besoin d'une écriture simplifiée. Alors, ils inventent un alphabet, c'est-à-dire qu'ils en arrivent à choisir un petit nombre de 24 signes auxquels ils donnent toujours la même valeur, soit celle d'un son émis par la bouche. Toutes les articulations de la voix humaine peuvent alors être exprimées graphiquement au moyen de cet alphabet tout en consonnes. Ce code ingénieux est vite adopté par de nombreux autres peuples. Complété par les voyelles, il deviendra l'alphabet grec. Les Romains adopteront l'alphabet grec, qui sera ainsi transmis à toutes les langues latines, tandis que le grec d'origine deviendra le cyrillique de plusieurs langues est-européennes **15**.

Habiles marins et grands commerçants, inventeurs de l'alphabet, intermédiaires entre l'Orient et l'Occident, les Phéniciens ont joué un rôle considérable dans l'histoire.

15 **Les alphabets**

Phénicien	Grec	Latin
𐤊	A	A
𐤁	B	B
𐤂	Γ	G
𐤃	Δ	D
𐤄	E	E
𐤋	Λ	L
𐤌	M	M
𐤍	N	N

Canaan : l'émergence du monothéisme

Une religion sans pareille

C'est dans la portion palestinienne du couloir syro-palestinien, alors appelée *pays de Canaan*, que s'élabore lentement, tout au long de plusieurs siècles, une religion qui diffère radicalement de toutes celles au milieu desquelles elle prend forme : le judaïsme.

Yahvé   Alors que le polythéisme est partout la règle, le judaïsme affirme son monothéisme : il n'y a qu'un seul Dieu, créateur de toutes choses, appelé Yahvé (qu'on écrit aussi Yhwh), qu'il est interdit de représenter sous quelque forme que ce soit, humaine ou animale, et auquel on ne peut rendre de culte ailleurs que dans le temple de Jérusalem. À la différence également des autres religions de l'époque, le judaïsme se présente comme une religion « révélée », c'est-à-dire dont les croyances, les obligations, les interdits et le culte sont prescrits directement par Yahvé lui-même, souvent jusque dans les plus petits détails **16**.

La Bible   Cette Révélation est consignée dans un livre sacré, la Bible, considéré comme la propre parole de Dieu. On y trouve toute une collection de récits et légendes et d'ouvrages de droit, de poésie, de philosophie, de théologie et de prophétisme, élaborés sur une très longue période et rassemblés en corpus à

Polythéisme
Religion qui reconnaît l'existence de plusieurs dieux.

Monothéisme
Religion qui ne reconnaît l'existence que d'un seul dieu.

16 **Le seul Yahvé**

« Écoute, Israël : Unique est Yhwh [Yahvé], Yhwh notre dieu ! Et tu aimeras Yhwh ton Dieu de tout ton cœur, de toute ton âme et de toute ta force. Conserve présentes au plus profond de toi ces paroles que je te révèle en ce jour. [...] Ne suivez pas d'autres dieux, parmi ceux des peuples vous entourant. Car Yhwh ton Dieu, en ton sein, est un Dieu jaloux : veille à ce que la colère de Yhwh ton Dieu n'éclate pas contre toi : il t'éliminerait de la surface de la terre. [...] Observez scrupuleusement édits, décrets et commandements prescrits à votre intention par Yhwh votre Dieu. »

Source : LA BIBLE, Deutéronome, VI : 4-6, 14-17, trad. par Jean-Luc Benoziglio et Léo Laberge, Paris/Montréal, Bayard/Médiaspaul, 2001, p. 375-376.

partir du ~6ᵉ siècle. C'est toute une « histoire du Salut » qui s'y déploie, depuis la faute originelle d'Adam et Ève, chassés du Paradis pour avoir désobéi à Yahvé, jusqu'à l'Alliance entre Yahvé et son « peuple élu », Israël, à qui son Dieu donne un territoire, Canaan, où il triomphera de tous ses ennemis à condition d'obéir aux commandements divins, à défaut de quoi ce peuple sera châtié et passera sous domination étrangère **17** .

17 Le peuple élu et la guerre sainte

Extrait 1

« Or donc, si tu obéis véritablement à la voix de Yhwh ton Dieu, gardes et pratiques tous ses commandements qu'en ce jour je te prescris, Yhwh ton Dieu te mettra au-dessus de toutes les nations de la terre. […]

Ainsi qu'il te l'a juré, Yhwh fera de toi son peuple saint, si tu gardes les commandements de Yhwh ton Dieu et si tu marches en ses voies ! Tous les peuples de la terre verront que sur toi est invoqué le nom de Yhwh et ils te redouteront ! […] En tête te placera Yhwh, et non à la traîne, au-dessus, non au-dessous, si tu écoutes les commandements de Yhwh ton Dieu que je te prescris en ce jour, les observes et les mets en pratique, sans dévier, ni sur la droite, ni sur la gauche, en allant suivre d'autres dieux et leur rendre culte […]. »

Extrait 2

« Le jour où, pour que tu en hérites, Yhwh ton Dieu te fera entrer au pays vers lequel, là-bas, tu te diriges […] il balaiera ces nations plus nombreuses et plus puissantes que toi. Le jour où, ces nations, Yhwh ton Dieu les présentera face à toi et les frappera, veille bien à les exterminer, sans passer avec elles d'alliance ni leur accorder la moindre grâce. […] Efface jusqu'à leurs noms sous la surface des cieux ! Personne ne résistera devant toi : tu les extermineras. »

? Comparez ce texte avec celui du Coran (*voir le document* **06** *, page 84*).

Source de l'extrait 1 : LA BIBLE, Deutéronome, XXVIII : 1, 9-10, 13-14, trad. par Jean-Luc Benoziglio et Léo Laberge, Paris/Montréal, Bayard/Médiaspaul, 2001, p. 406. Source de l'extrait 2 : LA BIBLE, Deutéronome, VII : 1-2, 24, *ibid.*, p. 376-378.

Une histoire tourmentée

Israël et Juda Cette vision historique est étroitement tributaire des événements qui se déroulent en Canaan dans la première moitié du ~1ᵉʳ millénaire. Profitant d'un affaiblissement momentané des grands empires du Nil et de Mésopotamie, deux petits royaumes se sont constitués au cours du ~5ᵉ siècle dans les hautes terres de l'intérieur : Israël et Juda. C'est là que se développe et cherche à s'imposer le culte déjà ancien de Yahvé. L'état actuel des recherches archéologiques ne permet pas de préciser avec certitude l'origine des habitants de ces royaumes, qu'on désigne sous le vocable général d'*Israélites*. Quoi qu'il en soit, Jérusalem tombe finalement aux mains des Babyloniens en ~586. La destruction du temple et la déportation des Israélites vers Babylone sont interprétées par leurs chefs religieux comme une punition divine, conforme d'ailleurs aux avertissements de Yahvé transmis par la bouche de ses prophètes. Babylone ayant toutefois été conquise à son tour par les Perses en ~539, le roi perse Cyrus II le Grand (v. ~559/~529) autorise les exilés à rentrer dans leur pays et à rebâtir le temple de Jérusalem.

Le judaïsme C'est dans ces circonstances que la Bible hébraïque (correspondant à l'Ancien Testament de la Bible chrétienne) prend à peu près la forme que nous lui connaissons. Elle offre une signification spirituelle aux malheurs et aux bouleversements de l'époque en les plaçant dans le cadre général de l'histoire de l'Alliance entre Yahvé et son peuple. Après le retour de Babylone, dans la Judée devenue province perse, le judaïsme refleurit en se précisant. On parlera désormais des Juifs (comme peuple) et des juifs (comme adeptes du judaïsme).

Le judaïsme et sa Bible vont marquer de façon incommensurable le destin de toute l'humanité, étant à la base des deux autres religions monothéistes qui rassemblent aujourd'hui plus de 3,5 milliards de personnes dans le monde: le christianisme et l'islam. Les centaines de récits contenus dans la Bible, souvent marqués par l'épopée et qui illustrent à l'infini toutes les dimensions de l'expérience humaine, inspireront jusqu'à nos jours d'innombrables œuvres d'art dans tous les domaines: littérature et théâtre, peinture, sculpture, musique et opéra, cinéma. La Bible constitue, avec la mythologie grecque, l'une des sources les plus importantes de la spiritualité et de la culture occidentales, présente jusque dans des expressions usuelles comme une traversée du désert, David contre Goliath ou les plaies d'Égypte.

FAITES LE P⊙INT

5. En quoi consiste la révolution néolithique?

6. Décrivez quelques caractères généraux de la civilisation égyptienne.

7. Que devons-nous à la Mésopotamie antique? aux Phéniciens?

8. Quel a été l'apport capital des anciens Israélites à la civilisation occidentale?

❯HÉRITAGE

Ce que nous devons aux premières civilisations méditerranéennes

Sur le plan matériel

• les premiers systèmes d'irrigation
• la poterie, la monnaie
• l'utilisation du métal (cuivre, étain, fer)
• le papyrus, la tablette d'argile

Sur le plan politique

• les premiers grands États
• le droit (Hammourabi, la Bible)

Sur le plan culturel et artistique

• l'écriture, l'alphabet
• l'architecture monumentale en pierre taillée

Sur le plan religieux

• le monothéisme et le polythéisme
• la littérature religieuse: la Bible, *Le livre des morts*

Sur le plan scientifique

• les premières connaissances astronomiques, médicales, mathématiques
• le système numérique duodécimal

❯ POUR ALLER PLUS LOIN

LIRE

BLOCH, Marc. *Apologie pour l'histoire ou Métier d'historien*, Paris, A. Colin, 1997 (1949), 159 p. (Coll. «Références Histoire») – Un des grands historiens français de la première moitié du 20ᵉ siècle réfléchit sur son métier. Un classique.

BRAUDEL, Fernand. *Grammaire des civilisations*, Paris, Flammarion, 2008 (1987), 752 p. (Coll. «Champs Histoire») – Une somme incontournable, par un spécialiste de la question; un des plus grands historiens du 20ᵉ siècle.

CHARTIER, Roger. *Au bord de la falaise: l'histoire entre certitudes et inquiétude*, Paris, A. Michel, 2009, 379 p.

(Coll. «Bibliothèque de l'évolution de l'humanité») – Bilan et perspectives de l'état actuel de la science historique: est-elle une reconstruction valide de la réalité passée?

ENCEL, Stéphane. *Les Hébreux*, Paris, A. Colin, 2014, 416 p. (Coll. «Civilisations») – Vaste synthèse allant des origines à l'an 135. Pose le problème de l'historicité de la Bible.

PROST, Antoine. *12 leçons sur l'histoire*, Paris, Points, 2014, 384 p. (Coll. «Points. Histoire» nᵒ H225) – Traité d'initiation à l'histoire et au métier d'historien par un universitaire de la Sorbonne.

NAVIGUER

L'Égypte ancienne: www.egypte-antique.com – Aborde un grand nombre d'aspects, depuis l'architecture jusqu'aux hiéroglyphes et autres.

VISIONNER

La guerre du feu, de Jean-Jacques Annaud, avec E. McGill et R. Perlman, Can./Fr./É.-U., 1981, 100 min. — Peut-être le meilleur film traitant de la préhistoire réalisé à ce jour.

Les hommes oubliés de la vallée des rois, Fr., Arte Video, 2008, 52 min. — Documentaire sur les tombes de Deir el-Médineh.

Land of the Pharaohs, de Howard Hawks, avec J. Hawkins et J. Collins, É.-U., 1955, 106 min. — Sur un scénario de, entre autres, William Faulkner, superproduction hollywoodienne en technicolor et cinémascope.

Un pharaon cherche à se faire construire un tombeau à l'épreuve de toute déprédation. Impressionnantes scènes de construction de pyramide, les meilleures jamais tournées. Pour le reste, péplum kitsch façon années 1950 à son meilleur...

The Bible Unearthed: The Making of a Religion, Fr., Arte France/First Run Features, 2009, 208 min. — Documentaire passionnant de Thierry Ragobert sur les recherches archéologiques actuelles tendant à remettre en question l'historicité de la Bible.

 Allez plus loin encore, grâce à la médiagraphie enrichie disponible sur *i+ Interactif*!

EXERCICES ET ACTIVITÉS

Exercez-vous davantage grâce à des ateliers interactifs captivants! Consultez votre enseignant pour y accéder sur *i+ Interactif*.

« Faire » de l'histoire

Selon l'écrivaine québécoise Alice Parizeau, « L'histoire permet d'expliquer le présent, de le justifier et de l'éclairer. [...] Le passé, c'est une réalité analysée et filtrée par la science[4]. »

1. Précisez en quoi l'histoire explique, justifie et éclaire le présent en vous servant de la section À quoi sert l'histoire (*p. 3*).

2. Quand Alice Parizeau affirme que la <u>science</u> analyse et filtre la réalité du passé, parlerait-elle de l'histoire? Appuyez votre réflexion sur la section L'histoire comme science (*p. 1-3*).

Qu'est-ce qu'une civilisation?

Le terme « civilisation » a connu des significations variables. Vérifiez, à la page 5, le sens originel et le sens actuel du mot afin de répondre aux questions suivantes.

3. Observez bien la caricature ci-dessous, puis indiquez quel sens du mot « civilisation » est ici illustré: le sens originel ou le sens actuel. Justifiez votre réponse.

« Je vous présente mes excuses pour avoir dit que vous n'étiez pas civilisé. Ce vin est excellent. » (Kate Manson, 2010)

4. Rendez-vous maintenant à la page 18 du chapitre 1: une photo y présente l'Acropole d'Athènes. Une acropole (*voir la définition, p. 22*) est à la fois une forteresse et un lieu sacré; celle d'Athènes abrite des temples et des théâtres. La légende sous le document affirme qu'il s'agit là de « L'image emblématique par excellence de la civilisation grecque ».

   a) À quel sens du mot « civilisation » (originel ou actuel) se réfère-t-on ici? Justifiez votre réponse.

   b) Quels éléments d'une civilisation (*p. 5-6*) sont ainsi reflétés?

Le cadre de la civilisation occidentale

5. Dans la ligne du temps au bas de la page, identifiez les phases d'expansion de l'Occident, en fonction des grandes périodes chronologiques de la civilisation occidentale. Pour ce faire, complétez les phrases apparaissant au-dessus de la ligne du temps, en y indiquant les différentes zones d'expansion de la civilisation occidentale pour chacune des périodes (référez-vous à la section De la Méditerranée aux confins du monde, *p. 6-8*).

Les premières civilisations méditerranéennes

6. La civilisation occidentale s'est en partie développée grâce aux apports des cultures qui l'ont précédée. Indiquez les principaux héritages laissés à l'Occident par:

   a) la civilisation égyptienne

   b) la civilisation mésopotamienne

   c) la civilisation crétoise

   d) la civilisation phénicienne

   e) la civilisation du pays de Canaan

- Les Grecs, puis les Romains, s'installent autour de _____.
- L'Empire romain prend de l'expansion vers _____.

- La civilisation occidentale devient associée à ce continent: _____

- Avec les explorations, la civilisation occidentale inclut ce continent: _____

- La suprématie occidentale s'étend à des territoires comme: _____

Antiquité	Moyen âge	Temps modernes	Époque contemporaine
~3000–5ᵉ s.	5ᵉ–15ᵉ s.	16ᵉ–18ᵉ s.	19ᵉ–

---

4. Alice PARIZEAU, *Les lilas fleurissent à Varsovie*, Montréal, Pierre Tisseyre, 1981, p. 40-41.

1

La civilisation grecque

01 L'apport de la Grèce à la civilisation européenne

«En face de l'ancien Orient nous commençons à comprendre que la Grèce a créé un type d'homme qui n'avait jamais existé… Ce que recouvre pour nous le mot si confus de culture — l'ensemble des créations de l'art et de l'esprit — c'est à la Grèce que revient la gloire d'en avoir fait un moyen majeur de formation de l'homme. C'est par la première civilisation sans livre sacré que le mot *intelligence* a voulu dire interrogation. L'interrogation dont allaient naître tant de conquêtes, celle du cosmos par la pensée, celle du destin par la tragédie, celle du divin par l'art et par l'homme. Tout à l'heure la Grèce antique va vous dire : "J'ai cherché la vérité et j'ai trouvé la justice et la liberté. J'ai inventé l'indépendance de l'art et de l'esprit. J'ai dressé pour la première fois, en face de ses dieux,

l'homme prosterné partout depuis quatre millénaires. Et du même coup je l'ai dressé en face du despote."

C'est un langage simple mais nous l'entendons encore comme un langage immortel. Il a été oublié pendant des siècles et menacé chaque fois qu'on l'a retrouvé. Peut-être n'a-t-il jamais été plus nécessaire. Le problème politique majeur de notre temps, c'est de concilier la justice sociale et la liberté ; le problème culturel majeur, de rendre accessibles les plus grandes œuvres au plus grand nombre d'hommes…

La Grèce n'est jamais plus grande que lorsqu'elle l'est pour tous les hommes, et une Grèce secrète repose au cœur de tous les hommes d'Occident.»

Source : André MALRAUX, discours pour l'inauguration du spectacle Son et lumière de l'Acropole (28 mai 1959), dans *La politique, la culture : discours, articles, entretiens (1925-1975)*, Paris, © Éditions Gallimard, 1996, p. 256. (Coll. «Folio Essais»)

La Grèce a vu naître la civilisation de l'Homme et de la Cité à laquelle nous appartenons. C'est le creuset dans lequel les humains ont appris à se gouverner eux-mêmes, à penser et à raisonner librement. Les Grecs ont établi des critères de beauté qui font encore école aujourd'hui. Ils ont inventé le théâtre et formulé, dans la tragédie, les problèmes essentiels de la condition humaine. La Grèce a enfanté la philosophie, l'histoire et la science. En bref, la Grèce a introduit dans l'histoire un nouveau type de civilisation, qui survit encore dans certaines de nos façons de concevoir tant le monde physique, que la vie en société, le raisonnement ou l'œuvre d'art. Aborder l'étude de la Grèce antique, c'est comme accomplir un pèlerinage aux sources de notre histoire et de notre culture. ◄

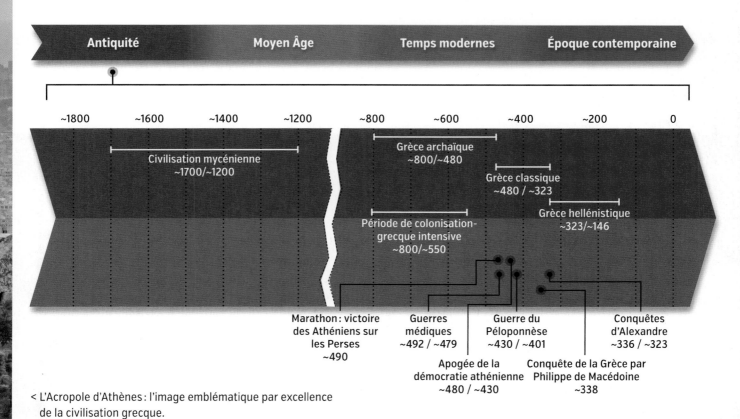

| Antiquité | Moyen Âge | Temps modernes | Époque contemporaine |

~1800   ~1600   ~1400   ~1200   ~800   ~600   ~400   ~200   0

Civilisation mycénienne
~1700/~1200

Grèce archaïque
~800/~480

Grèce classique
~480 / ~323

Grèce hellénistique
~323/~146

Période de colonisation-
grecque intensive
~800/~550

Marathon : victoire
des Athéniens sur
les Perses
~490

Guerres
médiques
~492 / ~479

Guerre du
Péloponnèse
~430 / ~401

Conquêtes
d'Alexandre
~336 / ~323

Apogée de la
démocratie athénienne
~480 / ~430

Conquête de la Grèce par
Philippe de Macédoine
~338

< L'Acropole d'Athènes : l'image emblématique par excellence de la civilisation grecque.

1.1 Le cadre géographique et chronologique

Toute civilisation s'inscrit d'abord dans un espace et dans un temps où elle prend racine et qui exercent sur son développement une influence incontestable.

1.1.1 L'espace grec

Présence de la mer Le foyer géographique d'origine de la civilisation grecque est centré sur une mer, la mer Égée, toute parsemée d'îles et bordée, à l'est, par la frange maritime de l'Asie Mineure et, à l'ouest, par la Grèce proprement dite 02. La Grèce est la plus déchiquetée des péninsules de la Méditerranée, la plus profondément pénétrée par la mer, qui en découpe les côtes et y creuse des golfes profonds. Entre cette Grèce d'Europe et la *Grèce d'Asie*, ou *Ionie* (sur les rives orientales de l'Égée), des milliers d'îles permettent de se déplacer en ayant toujours une terre à portée de vue. La mer enveloppe et attire les Grecs de tous côtés, suscitant chez ce peuple surtout paysan une attraction spéciale pour le commerce maritime. Dès lors, sa civilisation s'ouvre largement sur l'extérieur, s'enrichissant d'influences lointaines venues de la mer en même temps que, par la mer, sa propre influence se répand autour du bassin méditerranéen dans un mouvement de colonisation qui préfigure, bien qu'à une échelle beaucoup plus modeste, celui des Européens après les Grandes découvertes du 16ᵉ siècle (*voir la page 149*).

Cette rencontre entre l'homme et la mer, Homère a su l'immortaliser dans *L'Odyssée*, sous les traits d'Ulysse, le célèbre marin, et de Poséidon, le grand dieu de la mer. Ce dieu, cruel, condamne Ulysse à peiner à travers toute la Méditerranée avant de regagner Ithaque, sa patrie, après la guerre de Troie. Mais c'est ce même Poséidon, bienveillant, qui fait souffler une douce brise pour accompagner ceux qui, par milliers, vont fonder des établissements en terre lointaine. Car la terre grecque est moins généreuse que la mer.

Un relief tourmenté La Grèce, en effet, offre un relief mouvementé. Les montagnes rendent les communications malaisées, compartimentent le pays, divisent la population en petites communautés, favorisent le morcellement politique. La patrie d'un Grec sera toujours sa cité, une vallée entre deux montagnes, cadre de sa liberté. Jusqu'à sa conquête par Philippe de Macédoine au ~4ᵉ siècle, la Grèce sera donc morcelée en une multitude de petites cités-États indépendantes, rivalisant continuellement entre elles, et que ne chapeaute aucune autorité centrale. Si l'environnement géographique de l'Égypte et de la Mésopotamie obligent à des travaux collectifs,

02 Le foyer d'origine de la civilisation grecque

Carte : MACÉDOINE, ILLYRIE, CHALCIDIQUE, Balkans, Samothrace, Byzance, ÉPIRE, Troie, ASIE MINEURE (Empire perse), THESSALIE, Lesbos, Mer Égée, Phocée, Smyrne, IONIE, Ithaque, Delphes, Eubée, Chio, Éphèse, ATTIQUE, Mégare, Athènes, Samos, Corinthe, Mycènes, Égine, Milet, Olympie, Argos, Épidaure, Les Cyclades, Délos, Les Sporades, PÉLOPONNÈSE, Naxos, Sparte, Milo, Théra, Rhodes, Mer Méditerranée, Crète. 0 — 65 — 130 km

Cité-État
Agglomération urbaine ceinturée de murs de défense au cœur d'un territoire relativement petit, le tout formant une entité politique souveraine.

favorisant une autorité centrale forte, il n'y a rien de tel en Grèce où chaque cité, voire chaque paysan, se veut autonome.

Par ailleurs, les montagnes réduisent les terres cultivables à de faibles étendues. Sauf en Thessalie, qui est le grenier du pays, la Grèce n'est pas une terre très favorable à la culture céréalière. Mais on fait paître moutons et chèvres en montagne, et l'on cultive la vigne et l'olivier sur des terres difficiles. Le vin et l'huile seront d'ailleurs les principaux produits d'exportation de la Grèce, de même que la poterie fabriquée avec l'argile de grande qualité que l'on trouve dans l'Attique, la région d'Athènes. De plus, la Grèce a de riches mines d'argent et ses inépuisables carrières de marbre recèlent un matériau d'une grande pureté.

Indo-européen
Se dit d'un groupe de peuples habitant l'Europe et une partie de l'Asie et parlant des langues qui ont une origine commune.

Ainsi, déjà la géographie nous aide à découvrir certains traits affirmés par les Grecs : sens du commerce et de la colonisation, goût de l'indépendance et incapacité de se regrouper pour former un État unique.

1.1.2 Les grandes étapes de la civilisation grecque

À partir d'origines obscures et entourées de légendes, l'histoire de la Grèce ancienne se déploie sur quatre grandes étapes.

Achéens et Doriens (~1600/~800) Des bandes de nomades *indo-européens* venus de l'Europe centrale et qu'on appelle Achéens s'installent dans la péninsule grecque au début du 2e millénaire, déplaçant les populations indigènes **03**. À l'école des Crétois (*voir la page 12*), les Achéens se civilisent, se familiarisent avec la vie maritime, deviennent bientôt marins et même pirates. Ils vont commercer jusqu'en mer Noire, n'hésitant pas à soutenir par la guerre leur politique d'expansion maritime. La mythique guerre de Troie célébrée par Homère dans son *Iliade* est le récit épique légendaire amalgamant probablement plusieurs de ces conflits. Les fouilles de Mycènes, la cité la plus célèbre des Achéens (on les appelle aussi *Mycéniens*), ont fait resurgir les remparts d'une forteresse colossale **04** et livré une extraordinaire profusion d'objets précieux : boucles d'oreilles, gobelets, vases, poignées d'épée, colliers, masques d'or, etc.

Mais vers ~1200, les royaumes mycéniens s'effondrent, pour des raisons assez mal connues et, chassés par une nouvelle vague d'Indo-Européens, les Doriens, les Achéens s'embarquent en grand nombre vers la côte d'Asie Mineure, où ils vont former une Grèce d'Asie. C'est dans cette Grèce d'Asie, aussi appelée *Ionie,* que va naître lentement la civilisation grecque proprement dite. C'est là que, vers le ~8e siècle, s'élaborera la poésie d'Homère. Dans cette région active et ouverte, les Grecs s'efforceront de coordonner et d'organiser les connaissances pratiques élaborées par les peuples orientaux. C'est là, avec Thalès de Milet, Pythagore de Samos et bien d'autres, que vont naître la science et la philosophie.

03 Les invasions indo-européennes

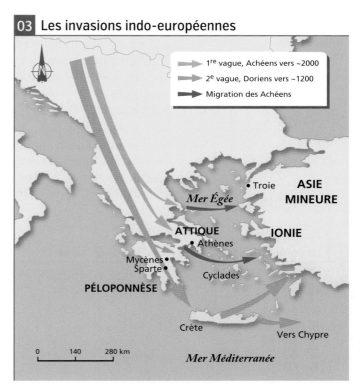

04 Mycènes : la Porte des Lionnes

Entrée de la citadelle de Mycènes, formée d'énormes blocs de pierre.

La Grèce archaïque (~800/~480)   Nous connaissons bien mal la Grèce dite *archaïque*. Deux caractéristiques toutefois s'en dégagent : l'organisation en cités-États et la colonisation des rives méditerranéennes.

Au seuil du ~8ᵉ siècle, lorsqu'elle émerge des temps obscurs, la Grèce apparaît comme un pays morcelé politiquement en une multitude de petites entités indépendantes, qu'on appelle des *cités-États*. Chacune d'elles comprend une petite agglomération urbaine établie autour d'un monticule servant d'**acropole** et une plaine environnante qui lui assure une subsistance minimale, le tout formant un ensemble politique souverain : un État.

Du ~8ᵉ au ~5ᵉ siècle, plusieurs de ces cités « essaiment » tout autour de la Méditerranée dans un mouvement de **colonisation** qui constitue un phénomène capital dans l'histoire grecque. Des défavorisés, des aventuriers, des vaincus des luttes politiques, des commerçants prennent la mer et vont fonder une nouvelle cité-État lointaine, qui pourra même à son tour en fonder une autre. Par ce processus d'essaimage, la colonisation fait tache d'huile dans toute la Méditerranée et jusque sur les côtes de la mer Noire **05**.

Les conséquences de ce mouvement sont immenses. La colonisation du bassin méditerranéen agrandit le monde grec, car le Grec introduit partout son mode de vie, ses lois, ses coutumes et ses dieux. Par ailleurs, la colonisation grecque tisse un réseau de routes commerciales sur lesquelles les échanges se multiplient, favorisés par la diffusion de l'alphabet phénicien, auquel les Grecs ont ajouté

Acropole
Butte servant de citadelle et de sanctuaire à de nombreuses cités grecques.

Colonisation
Installation de peuplement dans un territoire éloigné de son lieu d'origine, et mise en valeur de ce territoire.

05 **La colonisation grecque (du ~8ᵉ au ~5ᵉ siècle)**

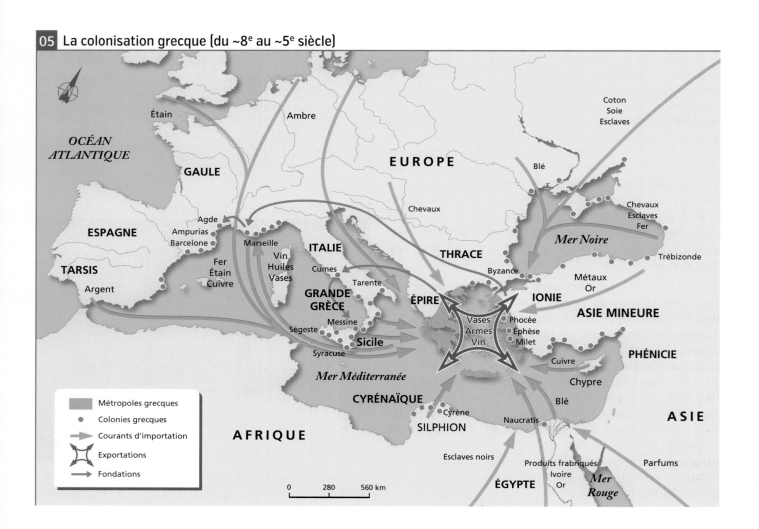

des voyelles, et par l'apparition de la monnaie **06**. En Grèce même, l'expansion contribue grandement à développer une classe d'artisans, de marchands et d'armateurs fortunés qui réclament de nouveaux droits au détriment de l'aristocratie. Le gouvernement de la cité s'en trouvera bien souvent bouleversé.

Mais le mouvement s'arrête au milieu du ~6e siècle. À l'ouest, l'expansion bien amorcée en Sicile (Syracuse, Agrigente) et dans l'Italie du Sud appelée *Grande Grèce* (Paestum, Tarente) est freinée par les Phéniciens et les Étrusques, puis par Rome. À l'est, c'est la conquête de l'Asie Mineure par les Perses (~537) qui met fin à la colonisation grecque.

Au début du ~5e siècle, en effet, les Perses sont devenus les maîtres des côtes asiatiques de la mer Égée, y compris des cités grecques d'Asie Mineure. Avec l'appui d'Athènes, celles-ci se soulèvent contre le roi Darius, qui décide alors de soumettre la Grèce entière. Dans le conflit qui s'engage et que l'on appelle les *guerres médiques*, la petite Grèce morcelée fait figure de David contre le Goliath perse, formidable puissance qui étend son emprise jusqu'aux confins de l'Inde. La civilisation grecque joue son va-tout : il lui faut vaincre ou mourir. Et contre toute attente, elle vainc : à Marathon (~490), puis à Salamine (~480) et enfin, définitivement, à Platées (~479), elle contraint le colosse perse à reculer. Quelques petites cités unies devant le danger et défendues par leurs propres citoyens en armes ont triomphé d'un immense empire appuyé sur des mercenaires.

La Grèce classique (~480/~323)   Sauvée par la victoire sur les Perses, la civilisation grecque peut enfin atteindre sa maturité. Et c'est incontestablement Athènes qui symbolise la grandeur de cette civilisation. Tandis qu'elle achève son évolution vers la démocratie, elle acquiert la maîtrise de la mer Égée et y crée un empire en soumettant à son hégémonie de nombreuses cités-États. Le tribut que versent les cités soumises permet, en particulier, l'entretien de la puissante flotte athénienne et la construction de monuments admirables qui font l'envie de toutes les cités grecques. Sous la gouverne incontestée de Périclès **07**, qui donne son nom à tout le siècle, Athènes devient « l'école de la Grèce », sa capitale artistique et intellectuelle en même temps qu'économique. Sur son Acropole, dominant toute la plaine, va s'édifier la plus extraordinaire concentration de merveilles architecturales de l'époque, dont le célèbre Parthénon (*voir la page 41*).

Pourtant, cette Grèce si magnifique porte en elle les germes de sa chute que sont les luttes entre les cités et leurs stériles oppositions. Pendant près de 30 ans (de ~431 à ~404) la guerre du Péloponnèse fait rage, marquée de tous les côtés par d'effroyables massacres. Les cités se font la guerre pour une éphémère suprématie. En même temps que coule en vain le sang des citoyens, les tensions sociales s'exaspèrent, le sens civique s'affaiblit, des mercenaires remplacent les armées citoyennes.

07 **Périclès (~495/~429)**

Artiste, philosophe et homme politique, il est surtout un excellent administrateur et l'un des meilleurs orateurs d'Athènes. L'Assemblée admire sa prestance, sa parole brillante, la justesse de ses vues politiques. Élu stratège pour la première fois en ~443, il sera reconduit dans cette fonction jusqu'en ~429, se soumettant chaque année à la réélection devant le peuple. Aspasie, belle et brillante femme d'esprit, devient sa compagne. Très admirée dans l'entourage cultivé de son mari, elle subit les sarcasmes de ceux qui l'accusent d'influencer la politique du dirigeant athénien.

Ces luttes fratricides favorisent les ambitions du roi de la Macédoine voisine, Philippe, qui veut dominer la Grèce. S'appuyant sur la combinaison de sa lourde infanterie et de la cavalerie, il mène une guerre méthodique et prudente, achetant à prix d'or ce qu'il ne peut conquérir par les armes. Une à une, les cités s'inclinent. En ~338, Philippe est maître de toute la Grèce. Pour cimenter l'union des cités à la Macédoine, il veut les entraîner contre les Perses lorsqu'il meurt assassiné (~336). Son fils Alexandre a 20 ans.

Commence alors une aventure militaire de 10 ans qui changera le destin du monde. Alexandre reprend le projet de son père, mais il lui donne un tel élan vers l'infini qu'il hausse son entreprise au niveau de l'épopée. Élève du grand philosophe Aristote (*voir les pages 36 et 37*), nourri de culture grecque, lecteur fervent de *L'Iliade*, il se veut « héros » ; il sera, pour la postérité, Alexandre le Grand.

Quarante mille hommes lui suffisent pour mener à bien ses conquêtes **08**. Il passe les Dardanelles et marche de victoire en victoire. L'Asie mineure, le couloir syro-palestinien et l'Égypte tombent entre ses mains. Il remonte vers la Mésopotamie, s'empare de toutes les capitales perses (Babylone, Suse, Persépolis, Ecbatane). Il chevauche vers les Indes, franchit l'Indus, rêve d'aller jusqu'au bout du monde… **09** Mais, après 10 ans de combats, ses soldats refusent de poursuivre l'expédition. Et c'est le reflux : l'odyssée s'achève à Babylone, où Alexandre meurt à 33 ans en ~323. En 13 ans, il aura parcouru la distance du pôle Nord au pôle Sud, gagné toutes ses batailles et fondé plus de 70 cités, la plupart baptisées Alexandrie. Son règne laisse le monde transformé.

08 La bataille d'Issos (~333)

Alexandre (à l'extrême gauche) affronte le roi perse Darius (au centre). (Mosaïque grecque du ~1er siècle)

La Grèce hellénistique (~323/~146)   Alexandre mort, quelques-uns de ses généraux se partagent son empire : Cassandre reçoit la Macédoine, incluant la péninsule grecque où les luttes intestines recommencent, Ptolémée reçoit l'Égypte, qui aura pour capitale Alexandrie, sur la côte, car c'est maintenant de la Méditerranée que vient la civilisation, et Séleucos hérite de la plus grande partie, depuis l'Asie mineure jusqu'à l'Indus, qui deviendra le vaste empire des Séleucides.

L'éparpillement des Hellènes dans toute l'Asie ouvre à la civilisation grecque un magnifique champ d'expansion. Du Bosphore à la vallée de l'Indus, du Nil aux confins de l'Afghanistan, les villes nouvelles, semées par Alexandre partout sur son chemin, deviendront des foyers d'où rayonnera la civilisation hellénistique. En dépit des

Hellénistique
Se dit de la civilisation née du contact des Grecs avec le monde oriental.

09 L'empire d'Alexandre

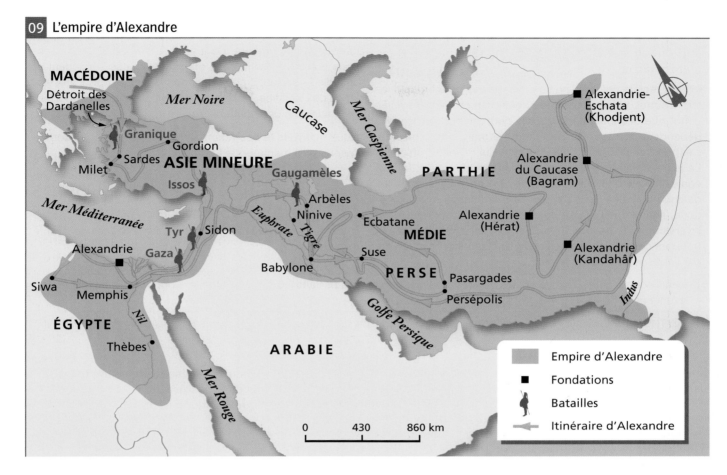

divisions politiques et des troubles incessants dont l'Orient sera le théâtre jusqu'à la conquête romaine, une civilisation commune, grecque dans son essence, finit par s'établir dans tout le Moyen-Orient, avec le grec comme langue dominante.

FAITES LE P⊙INT

1. Comment l'espace géographique a pu influer sur certains traits de la civilisation grecque ?

2. Nommez et datez les quatre grandes étapes qui marquent l'évolution de la civilisation grecque.

3. Quelles sont les conséquences du mouvement de colonisation grecque ?

4. Quelle est la conséquence majeure à long terme des conquêtes d'Alexandre ?

1.2   L'héritage politique : la démocratie athénienne

La cité est le cadre essentiel de la vie politique grecque. Le mot *politique* lui-même vient du grec *polis*, qui désigne précisément la cité. Dans ce cadre minuscule, les Grecs ont expérimenté à peu près toutes les formes d'organisation politique : **monarchie, oligarchie, tyrannie, démocratie** (*voir la définition de la démocratie à la page 26*). C'est toutefois cette dernière forme qui est le plus étroitement associée à l'héritage grec, plus particulièrement telle qu'elle s'exerce à Athènes, qu'on a souvent appelée le *berceau* de la démocratie **10**. Démocratie bien imparfaite au demeurant, et à laquelle la cité de Sparte, tout aussi grecque, fournit un saisissant contre-exemple.

Monarchie

(du grec *monos*, « un seul », et *arkein*, « commander ») Système politique dans lequel l'autorité réside dans un seul individu, généralement un roi héréditaire (d'où le mot *monarque*).

Oligarchie

(du grec *oligoï*, « quelques-uns », et *arkein*, « commander ») Système politique dans lequel le pouvoir appartient à un petit groupe de personnes ou de familles. Quand ce groupe est formé des plus riches, on parle de *ploutocratie* (du grec *ploutos*, « richesse », et *kratos*, « puissance »).

Tyrannie

Système politique dans lequel le pouvoir est exercé de manière autoritaire, par un chef qui s'en est emparé par la force. (Le mot a pris un sens péjoratif qu'il n'avait pas dans la Grèce antique.)

10 **La démocratie athénienne, d'après Périclès**

L'historien grec Thucydide (v. ~460/v. ~395) prête ce discours à Périclès.

«Notre régime politique ne se propose pas pour modèle les lois d'autrui, et nous sommes nous-mêmes des exemples plutôt que des imitateurs. Pour le nom, comme les choses dépendent non pas du petit nombre mais de la majorité, c'est une démocratie. S'agit-il de ce qui revient à chacun? La loi, elle, fait à tous, pour leurs différends privés, la part égale, tandis que pour les titres, si l'on se distingue en quelque domaine, ce n'est pas l'appartenance à une catégorie, mais le mérite, qui vous fait accéder aux honneurs; inversement, la pauvreté n'a pas pour effet qu'un homme, pourtant capable de rendre service à l'État, en soit empêché par l'obscurité de sa situation. [...]

La crainte nous retient avant tout de rien faire d'illégal, car nous prêtons attention aux magistrats qui se succèdent et aux lois — surtout à celles qui fournissent un appui aux victimes de l'injustice, ou qui, sans être lois écrites, comportent pour sanction une honte indiscutée. [...]

Nous cultivons le beau dans la simplicité, et les choses de l'esprit sans manquer de fermeté. [...]

La parole n'est pas à nos yeux un obstacle à l'action: c'en est un, au contraire, de ne pas s'être d'abord éclairé par la parole avant d'aborder l'action à mener. [...]

Notre cité, dans son ensemble, est pour la Grèce une vivante leçon [...].»

? Quels sont, d'après Thucydide, les caractères d'une démocratie parfaite? Quelles vertus développent les institutions d'Athènes?

Source: THUCYDIDE, *La guerre du Péloponnèse*, II: 37, 40-41, trad. par Jacqueline de Romilly, Paris, Les Belles Lettres, 1973, p. 27-30.

Démocratie
(du grec *demos*, «peuple», et *kratos*, «puissance») Système politique dans lequel la souveraineté appartient à l'ensemble des citoyens; elle est directe quand les citoyens participent eux-mêmes à l'exercice du pouvoir, ou représentative s'ils le font par l'intermédiaire de députés élus.

Le modèle politique mis au point par les Athéniens présente des caractéristiques tout à fait nouvelles pour l'époque, à la fois dans ses principes et dans son fonctionnement. Toute la tradition démocratique occidentale prend sa source dans cette expérience.

1.2.1 Principes et rouages de la démocratie athénienne

Les principes qui fondent la démocratie athénienne sont simples. Tous les citoyens sont égaux. Le citoyen n'a pas que des droits, il a aussi le devoir de servir la cité, comme soldat et dans les charges civiles (responsabilités publiques), et il ne peut se soustraire à cette obligation. Enfin, les charges de responsabilité dans l'administration de la cité ne peuvent être exercées que pour une durée limitée, qui peut parfois même se réduire à 24 heures seulement.

Le fonctionnement de cette démocratie s'ordonne autour de trois organes fondamentaux: l'Ecclésia, la Boulè et le tribunal de l'Héliée.

Magistrat
Fonctionnaire public; la charge qu'il exerce est appelée *magistrature*. (Aujourd'hui, le terme désigne plutôt un juge.)

L'Ecclésia L'Assemblée des citoyens s'appelle l'*Ecclésia*. Tous les citoyens, quels qu'ils soient, en font partie. Il n'y a pas, comme dans les démocraties actuelles, de députés élus pour parler au nom de leurs électeurs. C'est donc la démocratie directe. L'Ecclésia vote les lois et les impôts, élit certains **magistrats**, décide de la paix et de la guerre. Elle dispose aussi du terrible pouvoir de l'ostracisme, c'est-à-dire d'un exil de 10 ans pour tout chef politique jugé trop ambitieux. Elle tient ses assemblées tous les 10 jours sur une colline proche de l'Acropole, la Pnyx. Ce sont surtout les habitants de la ville ou des environs qui s'y rendent. Tout citoyen peut y prendre la parole, mais il s'expose à être contredit. Le débat s'achève par un vote à main levée ou au scrutin secret.

Archonte
Magistrat chargé de hautes fonctions, surtout en matière religieuse.

Stratège
Magistrat élu chargé entre autres des questions militaires (d'où le mot *stratégie*).

La Boulè Un conseil de 500 citoyens, tirés au sort annuellement, forme la Boulè, sorte de conseil exécutif. C'est l'organe principal de la démocratie athénienne. Le conseil prépare les séances de l'Ecclésia, assure la conduite des affaires courantes de la cité et reçoit les comptes des magistrats sortants, **archontes** ou **stratèges**, auxquels l'Assemblée a confié des charges administratives. Pour la plupart, les magistrats sont désignés par tirage au sort, mais les stratèges sont élus par l'Ecclésia parce que leur charge exige une compétence particulière.

L'Héliée   Enfin, le peuple souverain d'Athènes rend la justice par l'entremise des 6 000 citoyens désignés par tirage au sort chaque année et qui composent le tribunal populaire de l'Héliée. Pour chaque affaire à juger, 500 de ces citoyens forment le jury. Ils écoutent les plaidoiries et rendent un jugement sans appel. Dans la démocratie athénienne, la parole est reine.

1.2.2 Les faiblesses de la démocratie athénienne

Cette démocratie athénienne, mère de toutes les démocraties, n'est pourtant pas sans faiblesses.

La définition du citoyen   La première de ces faiblesses, et peut-être la plus cruciale, se trouve dans la définition même de *citoyen*. Qui donc, à Athènes, forme le peuple souverain? La qualité de citoyen est réservée exclusivement aux hommes nés de père et de mère athéniens. Eux seuls possèdent des droits politiques et participent au gouvernement de la cité. Sans doute leur nombre n'a-t-il jamais dépassé 35 000 ou 40 000, sur les quelque 300 000 habitants d'Athènes **11**. Ni les femmes, ni les «étrangers», même grecs, ni les esclaves ne peuvent accéder à la dignité de citoyen. Au-delà des principes, la démocratie athénienne concrète n'est exercée dans sa plénitude que par les urbains essentiellement, les ruraux ne se déplaçant pas aussi facilement pour participer aux séances de l'Ecclésia, qui ne rassemble qu'une minorité de citoyens. Ainsi, cette démocratie apparaît-elle plutôt, à nos yeux d'aujourd'hui, comme une forme d'oligarchie, bien que la notion de «petit nombre» s'applique assez mal à un ensemble de dizaines de milliers de citoyens. Il s'agit de toute façon d'une société étroitement fermée sur le plan politique, malgré toute son ouverture commerciale, culturelle et philosophique sur le monde qui l'entoure.

11 La population d'Athènes vers ~430

Citoyens	de 35 000 à 40 000
Citoyens et familles	de 110 000 à 150 000
Métèques («étrangers»)	de 10 000 à 15 000
Métèques et familles	de 25 000 à 40 000
Esclaves	de 80 000 à 110 000
Total	de 260 000 à 355 000

Source: D'après Marie-Claire AMOURETTI et François RUZÉ, *Le monde grec antique: des palais crétois à la conquête romaine*, Paris, Hachette supérieur, 1999, p. 158. (Coll. «HU Histoire»)

La démagogie   La démocratie athénienne souffre aussi des ravages causés par la démagogie, c'est-à-dire par l'exploitation des instincts les plus aveugles de la masse par des orateurs sans scrupules. C'est ainsi que le tribunal de l'Héliée condamne à mourir par le poison le grand philosophe Socrate pour «corruption de la jeunesse» et «impiété» (~399). En ~427, l'Ecclésia vote en faveur de l'extermination de toute la population de la ville de Mytilène révoltée contre Athènes. Le vote est heureusement repris à temps pour empêcher la perpétration de ce génocide. Il importe de se rappeler que, aussi «démocratique» qu'elle ait été, Athènes a été en même temps impérialiste, exigeant la soumission de cités où elle niait en pratique aux citoyens les droits et libertés dont elle proclamait l'existence chez elle.

Un régime éphémère   Soulignons enfin que, sur plus de 1 000 ans que dure la civilisation grecque, la démocratie athénienne dans sa plénitude dure à peine un siècle et demi. Éphémère apogée, mais où la civilisation occidentale a puisé un héritage irremplaçable.

Les Grecs ont appris aux humains à se gouverner eux-mêmes. La démocratie athénienne, même restreinte aux citoyens mâles, a libéré l'Homme. Elle lui a donné l'exemple et le goût de la liberté. L'un des plus précieux dons de la Grèce à l'humanité, c'est la liberté, fondement de la démocratie.

1.2.3 Les exclus de la cité

La cité athénienne, comme la plupart des cités grecques, est cependant un milieu relativement fermé, qui exclut de la vie publique la grande majorité de ses habitants. Ces exclus de la cité comprennent surtout les femmes, quelles que soient leur condition et leur origine, mais aussi les étrangers et, bien sûr, les esclaves.

EN TEMPS 🕙 ET LIEUX

Dans l'intimité du citoyen athénien

À Athènes, hors de la vie publique centrée sur l'Agora et la Pnyx, la vie privée se déploie dans les modestes quartiers d'habitation où se côtoient citoyens riches ou pauvres, métèques et esclaves. Collées les unes aux autres le long de rues généralement non pavées d'où l'on ne voit qu'une suite de murs percés de portes, les maisons à un ou deux étages sont petites, peu décorées et meublées assez sommairement.

L'*oïkos*, la maisonnée, est le siège de la famille, où le citoyen règne en roi et maître. Il y occupe à la fois le rôle d'époux, de père de famille et de maître des esclaves. Sa femme passe le plus clair de son temps à assurer la gestion de son foyer.

À l'extérieur de l'*oïkos*, le citoyen urbain se consacre à une vie publique trépidante. S'il peut donner beaucoup de temps à la politique, l'Athénien a aussi une vie sociale bien remplie : il assiste aux représentations théâtrales, célèbre les fêtes religieuses telles que les panathénées, participe à des banquets, etc.

L'Athénien porte une attention toute particulière à son apparence physique. Le citoyen, membre de l'élite de la Cité, se doit d'être à la fois beau et bon. Ce souci lui est inculqué depuis son plus jeune âge, car l'éducation athénienne vise tout autant à cultiver son âme qu'à muscler son corps. Jusqu'à 7 ans, le jeune garçon est éduqué dans l'*oïkos* par ses parents ou sa nourrice, tout comme ses sœurs. À partir de 7 ans, le garçon de bonne famille fréquente l'école, alors que sa sœur apprendra à tenir maison. À l'école, dont le coût est assumé par les parents, les maîtres enseignent la lecture, l'écriture, la musique et des notions de base en mathématiques. Les cours sont généralement offerts dans des groupes de quelques dizaines d'enfants. Certaines familles aisées déboursent pour offrir des leçons privées à leur fils.

La culture sportive fait partie intégrante de l'éducation des futurs citoyens de l'élite urbaine. Son rôle est fondamental : un esprit sain se développe dans un corps sain, et ce sont ces futurs citoyens qui devront défendre la Cité si elle entre en guerre ! À la palestre ou au gymnase (du grec *gumnos*, « nu »), c'est dans une nudité intégrale et enduits d'huile qu'ils pratiquent la course à pied, la lutte, le pancrace ou encore le lancer du javelot, pour développer l'esprit « agonistique », l'esprit de compétitivité que cherche à développer l'éducation athénienne.

Cette proximité entre hommes amène plusieurs à poser la question de l'homosexualité à Athènes et chez les Grecs en général. La réponse mérite des nuances. Les Grecs n'ont pas de mot pour décrire les comportements homosexuels, même si ceux-ci sont très fréquents, à Athènes comme ailleurs. L'éphèbe, jeune homme musclé, athlétique et de taille fine, s'est imposé comme idéal de beauté, illustré dans d'innombrables œuvres d'art. Rien de plus normal que de voir un homme mûr ou un professeur entretenir pour un temps une relation avec un jeune amant. À plusieurs égards, il s'agit d'un rite de passage pour l'éphèbe qui fait son entrée dans la société des hommes. Par contre, il est assez mal vu de laisser ces relations s'éterniser. L'Athénien peut, tout à la fois, être marié et père de famille, fréquenter des concubines ou des prostituées et prendre un garçon pour amant. La sexualité n'est pas un tabou pour le citoyen athénien.

? 1. Quelles sont les différentes étapes dans la vie d'un jeune Athénien ?

2. Quelle importance occupe la beauté dans la société athénienne ? Est-elle plus ou moins importante que dans notre société ?

3. Comment l'éducation influence-t-elle la vie privée et la vie publique de l'Athénien ?

Les femmes La condition faite à la femme dans la cité grecque traduit une réalité brutale : la vie publique, qu'elle soit démocratique ou de toute autre forme, y est rigoureusement masculine, comme d'ailleurs dans toutes les sociétés antiques. Non seulement la femme ne choisit pas, comme dans la société primitive, l'homme qu'elle épouse, mais son rôle est désormais fixé : assurer la garde du foyer et, surtout, donner à son mari des fils légitimes qui jouiront de la qualité de citoyen et qui hériteront du patrimoine familial. Les filles, quant à elles, n'ont aucunement le droit d'hériter de ce patrimoine. Elles font plutôt partie de l'héritage, au même titre que les biens meubles et les esclaves dont il faut disposer. Celle qui reste seule héritière (*épiclère*) n'a d'autre choix que d'épouser son plus proche parent dans la lignée paternelle afin d'éviter la dispersion du patrimoine. Juridiquement incapable de conclure un marché, d'hériter et de faire un testament, l'Athénienne est entièrement soumise à son mari, qui peut la répudier sans aucune formalité. Elle n'est, pour lui, qu'une ménagère reproductrice.

Confinée dans son **gynécée**, elle y vit entourée de ses filles à qui elle apprend les travaux féminins traditionnels : coudre, filer, tisser **12**. Celles-ci passeront

Gynécée
Ensemble des appartements réservés aux femmes dans les maisons grecques.

du gynécée maternel à celui de la demeure de leur mari. Ce dernier aura sa femme pour procréer, des concubines pour «être bien soigné» et des courtisanes «pour le plaisir».

Les concubines sont souvent issues de familles pauvres, cédées par un père incapable de payer la dot, ou des étrangères qui ne peuvent, légalement, prendre mari parmi les citoyens athéniens. Fait à noter, un Athénien commet l'adultère seulement s'il a une liaison avec une Athénienne mariée, car il lèse alors un autre citoyen dans ses aspirations à concevoir une descendance légitime. La femme adultère risque pour sa part d'être exclue de la cité et son amant peut être tué sur le champ par le mari s'il vient à surprendre le couple illégitime. Le rôle des femmes, dans la cité athénienne, est donc essentiellement de transmettre la citoyenneté du père au fils en procurant au premier une descendance légitime, masculine, de préférence.

Quelques figures féminines émergent malgré tout de cette société trop exclusivement masculine, figures dont le petit nombre confirme la marginalisation générale des femmes. On pense, entre autres, à la femme de Périclès, Aspasie, qui passe pour avoir eu une certaine influence sur la politique athénienne, ou à la poétesse Sappho, de Lesbos, qui a laissé une œuvre littéraire remarquable **13**. De nombreuses femmes jouaient un rôle religieux important, comme prêtresses ou oracles.

Les étrangers   Même lorsqu'elle est assez accueillante aux étrangers, la cité grecque les maintient hors de la vie publique, y compris lorsqu'ils sont d'origine grecque. À Athènes, on appelle ces étrangers les *métèques*. Attirés par l'assurance de trouver du travail, ils se font commerçants ou artisans, activités que dédaignent les citoyens. N'appartenant pas à la communauté civique, ils n'ont aucun droit politique, aucun moyen de défendre leurs intérêts, et ils n'ont pas le droit d'épouser une Athénienne, pas plus que les Athéniens n'ont le droit d'épouser une femme étrangère. La plupart d'entre eux demeurent, leur vie durant, des habitants de second ordre.

Les esclaves   L'esclavage a existé dans le monde grec aussi loin qu'on remonte dans le temps. À Athènes, à l'époque de Périclès, il y a peut-être 150 000 esclaves. Ce sont d'anciens prisonniers de guerre, des enfants abandonnés ou enlevés par des pirates et des *barbares*, ces non-Grecs qui ne savent que grommeler des «br br br», et, bien entendu, des enfants d'esclaves. On les retrouve dans les petites boutiques, les ateliers, peinant sous l'autorité de contremaîtres eux-mêmes esclaves. Si quelques-uns peuvent atteindre à une honnête aisance, les plus misérables mènent une vie de forçats dans les mines d'argent et les carrières de marbre.

Les femmes esclaves se retrouvent pour leur part surtout dans l'espace domestique, secondant la maîtresse de maison. Elles filent et tissent la laine, fabriquent les vêtements, préparent la nourriture, tout en s'occupant des jeunes enfants. Les plus jeunes esclaves sont également susceptibles de devoir se soumettre entièrement aux désirs de leur maître. De ces relations naîtront souvent des enfants qui seront à leur tour des esclaves.

Les droits de la personne que nous considérons de nos jours comme les plus élémentaires sont refusés à l'esclave: le concept de l'égalité fondamentale entre tous les humains n'existe tout simplement pas dans l'Antiquité. L'esclave peut être acheté, vendu, donné. Il est réduit au rang d'«instrument animé» de production, de bien meuble **14**. Et l'affranchissement est rare. L'esclavage apparaît cependant comme une condition du développement de la démocratie, dans la mesure où les esclaves libèrent les citoyens de maintes tâches serviles pour leur permettre d'exercer leurs responsabilités politiques.

12 Femmes tissant et filant

Une des tâches essentielles dévolues aux femmes était le filage et le tissage pour les besoins du ménage. On voit ici, au centre, deux femmes à l'œuvre sur un métier à tisser vertical, tandis qu'à gauche une autre femme file la laine. (Amphore du ~6ᵉ siècle)

Oracle
Personne de statut religieux qui consulte une divinité et transmet ses réponses.

Forçat
Homme travaillant dans des conditions particulièrement pénibles.

Affranchissement
Action de rendre libre un esclave.

Servile
Se dit d'un travail manuel ardu et peu valorisant.

13 Un poème de Sappho, de Lesbos

Dans ce poème aux accents délicats, Sappho partage avec son amie Atthis la douleur de l'absence d'une amie commune partie en Lydie, au-delà des flots... et dont l'appel lointain se fait, la nuit, plus étrange et plus mystérieux.

«Souvent ici, je pense à elle,

Comment... nous vivions...

Toi semblable à une déesse, facile à reconnaître et, par-dessus tout, elle se réjouissait de ton chant.

Mais maintenant, parmi les femmes lydiennes, elle brille, comme quand le soleil vient de plonger, la lune aux doigts de rose, l'emportant sur toutes les étoiles.

Et elle dirige sa lumière sur la mer salée, comme aussi sur les champs riches en fleurs; et la belle rosée s'est répandue, et la rose est fleurie, et le tendre cerfeuil, et le mélilot épanoui.

Souvent elle va deçà delà, se souvenant de la douce Atthis, et son faible cœur (*phrènes*) se consume de désir pour elle;

Elle nous crie de toute sa voix d'aller là-bas; mais à nous deux l'entendre est impossible, si forte soit sa clameur, à travers l'espace...»

Source: SAPPHO, *Poèmes* (fin ~7e siècle), 96, trad. par Jackie Pigeaud, Paris, Rivages/Payot, 2004, p. 175-176. (Coll. «Rivages poche/Petite bibliothèque»)

14 L'esclavage selon Aristote (~384/~322)

«[...] Sans les choses de première nécessité, il est impossible et de vivre et de bien vivre [...]. Les instruments dont il [l'homme] dispose sont, les uns inanimés et les autres animés [...]. L'esclave lui-même est une sorte de propriété animée, et tout homme au service d'autrui est comme un instrument qui tient lieu d'instruments. Si, en effet, chaque instrument était capable, sur une simple injonction, ou même pressentant ce qu'on va lui demander, d'accomplir le travail qui lui est propre, [...] si, de la même manière, les navettes tissaient d'elles-mêmes, et les plectres pinçaient tout seuls la cithare, alors, ni les chefs d'artisans n'auraient besoin d'ouvriers, ni les maîtres d'esclaves. [...]

L'usage que nous faisons des esclaves ne s'écarte que peu de l'usage que nous faisons des animaux. [...]

La science du maître, c'est celle de l'utilisation des esclaves [...]. Le maître doit seulement savoir prescrire les tâches que l'esclave doit savoir exécuter. C'est pourquoi ceux qui ont la possibilité de s'épargner les tracas domestiques ont un préposé qui remplit cet office, tandis qu'eux-mêmes s'occupent de politique ou de philosophie.»

? Quel type d'arguments Aristote utilise-t-il pour «justifier» l'esclavage?

Source: ARISTOTE, *La politique* (v. ~350/~335), I: 4-5, 7, 3e éd., trad. par Jules Tricot, Paris, Vrin, 1977, p. 34-35, 41, 48. (Coll. «Bibliothèque des textes historiques»)

Caste
Groupe social attaché à ses privilèges et fermé aux étrangers.

L'exposition des enfants Les droits des enfants sont tout aussi relatifs. Comme dans plusieurs cités grecques, c'est le père qui, à Athènes, décide du sort des nouveau-nés. Ceux qui présentent des handicaps physiques sont parfois tués, mais ils sont le plus souvent abandonnés – c'est ce qu'on appelle l'exposition. Certains des enfants ainsi «exposés» seront recueillis afin d'être vendus comme esclaves. Quelques rares sources semblent par ailleurs indiquer que l'exposition des filles serait plus fréquente que celle des garçons, comme le révèlent notamment ces propos de Poseidippos, un poète du début du 3e siècle avant notre ère: «Un garçon, on l'élève toujours, même si l'on est pauvre, une fille, on l'expose, même si l'on est riche.» On ne saurait cependant généraliser une telle affirmation, les sources étant trop fragmentaires à ce sujet.

1.2.4 Un contre-exemple: Sparte

Sparte est une cité née de la conquête dorienne. Au ~8e siècle, les conquérants, par rapport aux vaincus, ne sont plus qu'une infime minorité, moins de huit pour cent peut-être. Alors Sparte se replie sur elle-même, se fige pour toujours sous les traits d'une cité militarisée et oligarchique.

Une caste de guerriers Toute la vie de Sparte est dominée par une **caste** de guerriers, seuls citoyens de plein droit, qui s'appellent les *Égaux* ou les *Pareils* et qui se consacrent entièrement au métier des armes. Ils sont à peine entre 5 000 et 10 000 sur une population totale avoisinant les 250 000. À partir de sept ans, le citoyen spartiate appartient à l'État, qui le prépare à devenir soldat 15. Le mariage n'a qu'un but dans la cité de Sparte: procréer de robustes enfants. Un mari, c'est un soldat. Une épouse n'est qu'une mère de soldats; un enfant, un futur soldat.

15   L'éducation des jeunes Spartiates

Dans son *Vies des hommes illustres*, écrit au 1er siècle de notre ère, l'historien et philosophe grec Plutarque (v. 46-v. 125) décrit la vie à Sparte à l'époque de Lycurgue, personnage très mal connu qui aurait doté Sparte d'une Constitution au ~9e ou ~8e siècle.

«On n'était pas libre d'élever, d'instruire son fils comme on le voulait: tous les enfants qui avaient atteint l'âge de sept ans, il [Lycurgue] les prenait, et il les distribuait en différentes classes, pour être élevés en commun, sous la même discipline; et il les accoutumait à jouer et à étudier ensemble. Chaque classe devait avoir pour chef celui d'entre eux qui avait le plus d'intelligence, et qui s'était montré le plus brave dans les luttes. C'est sur lui que les autres fixaient leurs regards; ils exécutaient tous ses ordres, et ils souffraient sans murmurer toutes les punitions qu'il infligeait. Cette éducation était donc proprement un apprentissage d'obéissance. [...] Ils n'apprenaient, en fait de lettres, que l'indispensable; tout le reste de leur instruction consistait à savoir obéir, à endurer courageusement la fatigue, à vaincre au combat. A mesure qu'ils avançaient en âge, on les appliquait à des exercices plus forts: on leur rasait la tête, on les habituait à marcher sans chaussure, et à jouer ensemble, la plupart du temps tout nus.

Parvenus à l'âge de douze ans, ils ne portaient plus de tunique, et on ne leur donnait qu'un manteau chaque année. Ils étaient sales, et ils ne se baignaient ni ne se parfumaient jamais, hormis certains jours, où on leur laissait goûter cette douceur. Chaque bande dormait dans la même salle, sur des jonchées qu'ils faisaient eux-mêmes, avec les bouts des roseaux qui croissent sur les bords de l'Eurotas: ils les cueillaient en les rompant de leurs mains seules, sans se servir d'aucun ferrement.»

? Qu'exigeait-on du jeune Spartiate? Que souhaitait-on faire de lui? Que penser de ce type d'éducation?

Source: PLUTARQUE, «Lycurgue», dans *Les vies des hommes illustres*, XXXIII-XXXIV (v. 100-110), trad. par Alexis Pierron, Éditions Charpentier, 1853, p. 105-106.

Jusqu'à 30 ans, le citoyen spartiate vit pratiquement en caserne avec son unité militaire. Jusqu'à 60 ans, il doit participer chaque jour aux exercices guerriers. Ceux qui, pour une raison quelconque, ne peuvent participer à la vie militaire deviennent des Inférieurs, citoyens de second rang.

Les femmes spartiates La situation des femmes de Sparte diffère sensiblement de celle des Athéniennes. Si le rôle de ces dernières vise essentiellement à transmettre la citoyenneté, à Sparte, elles sont appelées à renouveler les rangs de l'armée. Xénophon rapporte, dans la *République des Lacédémoniens*, que c'est expressément à cette fin que Lycurgue «commença par établir des exercices physiques pour les femmes, aussi bien que pour le sexe mâle; puis il institua des courses et des épreuves de force entre les femmes comme entre les hommes, persuadé que si les deux sexes étaient vigoureux, ils auraient des rejetons plus robustes». Les jeunes filles spartiates reçoivent donc tout comme leurs frères un entraînement physique très rigoureux: lutte, course, lancer du disque et du javelot, tel que le rapporte Xénophon. Elles reçoivent également une éducation culturelle, centrée sur la musique, la danse et la poésie mais peu, cependant, apprennent à lire et à écrire. Les femmes de Sparte ont également le droit d'hériter, ce qui aurait permis à quelques-unes de détenir des fortunes importantes.

Périèques et hilotes En dehors de ces citoyens, déjà inégaux en droits, on trouve les périèques, paysans libres sans droits civiques, et surtout les hilotes, des esclaves, qui sont légion: peut-être 200 000. La loi les ignore; on peut les tuer impunément. Chaque année, la ville déclare la guerre aux hilotes afin d'exercer ses jeunes soldats et de limiter le nombre des hilotes.

À la fin du ~6e siècle, Sparte dispose peut-être de la meilleure armée de la Grèce, mais elle demeure une cité isolée, figée dans un système immuable, interdisant même le commerce et l'utilisation de la monnaie d'argent. Elle ne laissera d'ailleurs à peu près aucune réalisation marquante dans l'héritage occidental. Même son site est aujourd'hui difficile à repérer, dans les paysages austères du Péloponnèse.

FAITES LE POINT

5. Dégagez les principes et décrivez les rouages de la démocratie athénienne.

6. Quelles sont les principales faiblesses de cette démocratie?

7. Quelles catégories d'habitants sont des «exclus de la cité»? Précisez leur statut.

8. En quoi Sparte constitue-t-elle un contre-exemple de la démocratie athénienne?

1.3 L'héritage culturel

Outre la démocratie politique, nous devons à la Grèce antique un immense héritage, dans une foule de domaines. Sur le plan culturel, nous pouvons retracer cet héritage dans des mots et des concepts que nous utilisons couramment, dans une mythologie qui demeure une source d'inspiration continuelle pour les écrivains et les artistes, et dans des jeux qui constituent encore périodiquement les «grands-messes» planétaires du sport.

1.3.1 Des mots et des concepts

Toutes les langues occidentales sont redevables aux anciens Grecs d'une grande quantité de mots et des concepts que ceux-ci véhiculent. Le français, notamment, doit au grec bon nombre de vocables concernant, entre autres, la politique (ainsi que le présent chapitre le prouve à l'évidence…), mais aussi des éléments employés soit comme préfixes, soit comme suffixes pour bâtir de nouveaux mots. Par exemple, le mot *philosophe* est formé par deux racines grecques: *philos*, «ami», et *sophia*, «sagesse», ce qui veut dire *ami de la sagesse*. On peut ainsi créer des mots qui réfèrent même à des réalités totalement inconnues aux anciens Grecs, comme *bureaucratie*, *gigaoctet* ou *astronaute*. Ainsi se retrouve l'apport de la langue grecque dans la formation de l'esprit et de la langue française. Consciemment ou non, nous parlons grec tous les jours… **16**

1.3.2 Une mythologie

Nulle religion n'a autant rapproché le monde des hommes et celui des dieux que la religion des Grecs. Non seulement leurs dieux épousent une forme humaine, mais ils rient, versent des larmes, se mettent en colère, courtisent même les mortelles.

16 Quelques racines grecques utilisées en français

Préfixes			Suffixes		
Préfixe français	Racine grecque	Signification	Suffixe français	Racine grecque	Signification
aéro-	*aèr*	air	-agogie	*agein*	conduire
anti-	*anti*	contre	-archie	*arkhein*	commander
bio-	*bios*	vie	-cratie	*kratos*	puissance
ciné-, kiné-	*kinésis*	mouvement	-gène	*genos*	naissance
géo-	*gê*	terre	-logie	*logos*	parole
hyper-	*huper*	au-dessus	-machie	*makhê*	combat
iso-	*isos*	égal	-manie	*mane*	folie
ortho-	*orthos*	droit	-nomie	*nomos*	loi
ostéo-	*ostéon*	os	-naute	*nautès*	navigateur
para-	*para*	à côté de	-pédie	*paideia*	éducation

? Trouvez des mots combinant ces racines. Trouvez d'autres racines grecques de mots français.

Ainsi, le Grec apprivoise, petit à petit, ces divinités primitives et se sent moins écrasé par elles comme en Égypte et en Mésopotamie. Il s'agit là, sans doute, d'une des manifestations de l'humanisme grec que nous étudierons plus loin.

Le monde des dieux   L'Univers se trouve d'abord dans le chaos. Deux divinités, Ouranos (le Ciel) et Gaia (la Terre), donnent naissance aux Titans et aux monstrueux Cyclopes, géants pourvus d'un œil unique au milieu du front. Un Titan, Cronos, détrône son père Ouranos avant d'être à son tour détrôné par son fils Zeus, qui s'installe avec ses frères et sœurs sur le mont Olympe **17**.

17 Les dieux de l'Olympe

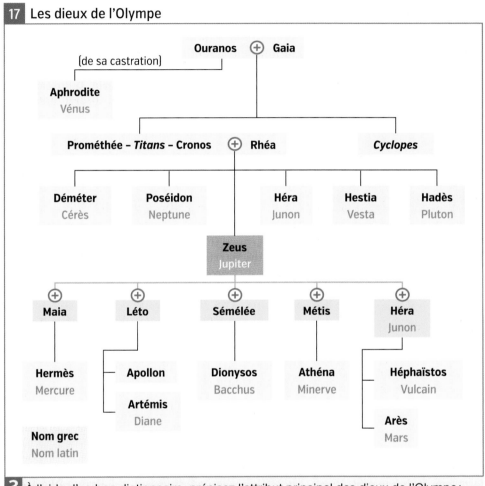

? À l'aide d'un bon dictionnaire, précisez l'attribut principal des dieux de l'Olympe ; retracez quelques-uns des nombreux exploits amoureux de Zeus.

Ce récit mythique des origines explique l'évolution du monde, la délimitation des éléments et la clarification des espaces (ciel, mer, terre) par des parentés divines, par des enfantements successifs et par des luttes qui cessent le jour où Zeus **18**, vainqueur de son père Cronos, instaure enfin l'ordre du monde. Cet ordre, des philosophes tenteront beaucoup plus tard de l'expliquer par des éléments physiques comme l'eau, l'air ou le feu, en somme des causes naturelles, accessibles à la raison.

Les grands mythes   Créés par le Titan Prométhée, les premiers hommes sont démunis de tout et vivent misérablement. Prométhée dérobe alors une parcelle de feu arrachée à la roue du Soleil et en fait don aux hommes. Il leur enseigne encore de nombreuses techniques. Zeus, furieux du fait que la puissance des

Magnifique statue découverte en 1928 au large du cap Artémision, en Grèce, et qui représenterait Zeus ou Poséidon. (v. ~460)

hommes ne cesse de grandir, enchaîne Prométhée au sommet du Caucase où, sans répit, un aigle vient dévorer son foie qui se reconstitue sans cesse. Le mythe de Prométhée, bienfaiteur du genre humain, a traversé les millénaires et est à l'origine de centaines de tragédies, de romans, d'essais, d'opéras, de films.

Pour se venger de Prométhée, Zeus envoie aux hommes une femme, Pandore, qu'il sait curieuse et à qui il confie une boîte où sont enfermés tous les maux de l'Univers, en lui ordonnant de la garder fermée. Pandore ne sait pas résister à la tentation : elle ouvre la boîte et laisse échapper les maux destructeurs. Vieillesse, Maladie, Guerre, Famine, Folie, Vice et Tromperie se répandent par le monde, apportant la mort. Effrayée, Pandore referme aussitôt la boîte, mais trop vite : l'Espérance y reste enfermée…

Les récits légendaires Outre ces mythes concernant les origines du monde, d'innombrables récits légendaires peuplent l'univers de la mythologie grecque. Ceux d'Œdipe et d'Orphée ont traversé les siècles.

Le mythe d'Œdipe parle de conquête du pouvoir, de parricide et d'inceste. Œdipe, roi de Thèbes, cherchant à connaître pourquoi le malheur (la peste) s'abat soudainement sur sa ville, apprend avec horreur qu'il a tué son propre père et épousé sa propre mère, sans le savoir. Écrasé par le destin, il se crève les yeux et quitte Thèbes à jamais. Ce mythe inspirera au fondateur de la psychanalyse, Sigmund Freud, sa théorie du complexe d'Œdipe.

La légende d'Orphée est une des plus belles. Elle célèbre la poésie et la musique, et l'amour qui transcende la mort. Ayant perdu sa bien-aimée Eurydice mordue par un serpent, Orphée la pleure avec une douleur si profonde et des accents si beaux de sa lyre que les dieux, bouleversés, l'autorisent à aller la chercher au séjour des morts et à la ramener à la vie, à la condition expresse qu'il ne jette pas les yeux sur elle avant d'être revenu à la lumière. Incapable de ne pas contempler le visage de l'aimée, Orphée se retourne… et voit Eurydice lui être ravie à tout jamais.

Le thème de l'éternel retour On peut déceler un thème récurrent dans plusieurs de ces histoires : celui de l'éternel retour. Pour les anciens Grecs, le temps est cyclique, et non linéaire tel que nous le concevons aujourd'hui. Outre les récits de Prométhée et d'Orphée, on retrouve cette conception dans l'histoire de Sisyphe : ayant défié les dieux, il est condamné à faire rouler jusqu'au haut d'une montagne un rocher qui, avant d'atteindre le sommet, retombe à tous coups jusqu'en bas. Sans oublier Pénélope, qui, voulant rester fidèle à son mari Ulysse parti pendant 20 ans guerroyer à Troie, défait chaque nuit la tapisserie qu'elle tisse le jour, afin d'éloigner les prétendants auxquels elle a promis de s'intéresser lorsque la tapisserie sera terminée…

Certains mythes ont fini par pénétrer jusque dans notre langage courant. Suivre un fil d'Ariane, chanter comme une sirène, être pris dans un labyrinthe, souffrir du complexe d'Œdipe, être le sosie de quelqu'un, faire un travail de Pénélope, ouvrir une boîte de Pandore, se déclarer médusé par certains propos, sentir une épée de Damoclès au-dessus de sa tête, ou simplement dire que le Soleil se lève ou se couche, c'est faire de la mythologie sans peut-être le savoir.

La mythologie grecque est un fonds d'une richesse inouïe. Depuis 2 500 ans, poètes, dramaturges, peintres, sculpteurs et compositeurs de tous les temps et de tous les pays ont puisé à pleines mains dans ces récits et ces personnages qui traduisent toutes les aspirations, les angoisses, les joies et les peines de l'âme humaine.

1.3.3 Des jeux

Les jeux sont à la fois des compétitions sportives et des fêtes religieuses. Il y en a plusieurs, mais les plus connus sont évidemment les Jeux olympiques, qui réunissent tous les Grecs à Olympie, dans le Péloponnèse. Les Jeux olympiques perdurent pendant près de 10 siècles, puis disparaissent avant d'être repris à notre époque (1896), à l'instigation du baron français Pierre de Coubertin.

Les Jeux olympiques Une fois tous les quatre ans, on suspend pour un temps les guerres, les querelles, le cours habituel de la vie. Depuis les colonies les plus lointaines, des foules se hâtent vers l'enceinte sacrée où de jeunes athlètes vont se mesurer dans des épreuves sportives pour la gloire des dieux, leur propre gloire et celle de leur cité.

Accompagnés par une « Trêve sacrée » dans les guerres entre cités, les Jeux olympiques durent une semaine : dans le stade, la course à pied, la course en armes, la lutte et le pugilat ; à l'hippodrome, les courses de chevaux attelés en quadriges (quatre chevaux). Au stade, de nouveau, se dispute la dernière compétition : le pentathlon, qui réunit cinq épreuves : saut, lancement du disque, lancement du javelot, course et lutte **19**. Aucune femme ne participe à ces fêtes sportives. Aucune ne peut d'ailleurs pénétrer, sous peine de mort, dans l'enceinte sacrée d'Olympie, même comme simple spectatrice (ce qui n'aurait pas empêché une certaine Callipateira de tenter sa chance, déguisée en entraîneur et qui fut démasquée quand elle sauta de joie lors de la victoire de son fils…).

Les vainqueurs reçoivent une simple couronne coupée à un olivier sacré. Ce n'est pas peu ; cela représente un triomphe. Ils sont les meilleurs et la victoire contient en elle-même leur récompense. Élus des dieux, ils sont honorés par leur cité, sur laquelle rejaillit leur gloire. On leur élève des statues. Parfois, on perce dans les murs de la ville une brèche par où entre le héros porté en triomphe à travers les rues.

Le rôle politique et culturel des Jeux olympiques Les Jeux olympiques avaient une fonction politique importante. Vaste rassemblement de foules venues de toutes les parties du monde grec, ils étaient l'occasion de négociations diplomatiques animées : des traités de paix et des alliances se faisaient souvent durant cette semaine de compétitions sportives. Les habitants des différentes cités nouaient des relations, s'unissaient dans le culte offert au plus grand des dieux. C'était aussi l'occasion pour les Grecs de réaffirmer leur sentiment d'appartenance à une civilisation commune qui accordait aux activités du corps la même importance qu'à celles de l'esprit. Participer aux épreuves était, d'ailleurs, un privilège réservé aux Grecs.

Pugilat
Combat entre boxeurs dont les mains sont entourées de courroies garnies de plomb, les cestes.

19 **Épreuves olympiques**

La course à pied. (Amphore grecque du ~4ᵉ siècle)

C'est à Olympie qu'aujourd'hui encore, tous les quatre ans, dans une cérémonie inspirée de l'Antiquité, on fait jaillir, par les rayons du Soleil, la flamme olympique qui va entreprendre son long périple planétaire jusqu'à la ville hôte des Jeux.

FAITES LE P⊙INT

9. Nommez une dizaine de racines grecques dont découlent des mots français, en précisant le sens de ces racines et des mots qui en sont issus.

10. Comment Zeus instaure-t-il l'ordre du monde?

11. Donnez deux ou trois exemples de récits légendaires qui illustrent la conception cyclique du temps chez les Grecs.

12. Où et quand avaient lieu les Jeux olympiques? Étaient-ils ouverts à tous? Quelle était la récompense octroyée au vainqueur?

1.4 L'héritage intellectuel

Le formidable héritage intellectuel que la Grèce a légué à l'humanité est marqué par l'humanisme, conception philosophique et morale qui exalte l'Homme et le place au centre de toutes choses, capable par lui-même de comprendre le monde qui l'entoure, sans référence aux dieux, aux mythes ou aux traditions. On attribue au philosophe Protagoras la formule célèbre «L'Homme est la mesure de toutes choses». L'humanisme se caractérise, entre autres, par la valorisation de l'argumentation rationnelle et de la pensée critique. On peut retracer cet humanisme des Grecs autour des trois pôles essentiels que sont la philosophie, la science et l'histoire.

1.4.1 La philosophie

Les origines On doit aux Grecs l'invention de la philosophie, cette synthèse universelle du savoir humain basée sur la conviction que l'univers qui nous entoure est intelligible et que l'Homme est parfaitement en mesure de le comprendre et de l'expliquer par ses seules facultés rationnelles. Trois immenses penseurs, tous Athéniens de l'époque classique, vont marquer à tout jamais l'histoire de la philosophie: Socrate, Platon et Aristote.

Socrate (v. ~470/~399) n'ayant laissé aucune œuvre écrite, c'est à travers son disciple Platon que nous connaissons sa pensée. Celle-ci constitue une philosophie d'abord morale, tournée vers la connaissance de l'âme et axée sur l'exigence du «connais-toi toi-même». Parcourant les rues d'Athènes, Socrate arrêtait les gens, les interrogeait, et les amenait, par une suite sans fin de questions et de réponses, d'abord à la constatation qu'ils ne savaient rien, puis au vrai savoir, grâce auquel on peut mener une vie vertueuse, gage de bonheur. Le dialogue socratique (la maïeutique) a traversé les siècles et séduit encore de nos jours des disciples par milliers.

Sur les traces de son maître, Platon (~427/~347) construit un système de pensée qui est un monument dans l'histoire de l'esprit humain. Pour Platon, le seul monde véritable est celui des Idées, dont le monde sensible n'est qu'une copie imparfaite, comme le reflet, sur les parois d'une caverne, de ce qui se passe à l'extérieur **21**. Ainsi se trouve fondée l'une des tendances majeures de la philosophie occidentale: l'idéalisme, que nous retrouverons, à travers les siècles, chez Descartes, Kant ou Bergson.

Disciple de Platon, Aristote (~384/~322) prend souvent la contrepartie de son maître dans une œuvre immense et de nature encyclopédique (on lui attribue 400 ouvrages, dont 47 nous sont parvenus). Physique, métaphysique, logique,

20 Platon

En ~387, dans les jardins d'Académos, Platon fonda une école philosophique: l'Académie. (Copie romaine d'un original grec du ~4ᵉ siècle)

21 L'allégorie de la caverne

« — Maintenant, représente-toi notre nature, selon qu'elle a ou non été éduquée, sous l'aspect suivant. Imagine des hommes dans une demeure souterraine en forme de caverne, possédant une entrée ouverte à la lumière, qui s'étend sur toute sa longueur. Imagine aussi que ces hommes sont là depuis leur enfance, les jambes et le cou enchaînés, de sorte qu'ils restent toujours à la même place et ne peuvent rien voir que ce qui se trouve devant eux, leur chaîne les empêchant de tourner la tête. Imagine, enfin, que la lumière d'un feu allumé loin derrière eux, sur une hauteur, leur parvient ; et qu'entre le feu et les prisonniers s'élève un chemin le long duquel un petit mur a été construit, semblable aux panneaux que les montreurs de marionnettes dressent entre eux et le public, et au-dessus desquels ils font voir leurs tours prestigieux.

— Je l'imagine.

— Envisage maintenant tout au long de ce petit mur des hommes portant toutes sortes d'objets fabriqués qui dépassent le mur, des statuettes d'hommes et des animaux, en pierre, en bois, façonnés de toutes les formes ; et, bien entendu, parmi ces hommes qui défilent, les uns parlent et les autres se taisent.

— Ton image et tes prisonniers sont très étranges.

— Pourtant, ils nous ressemblent. Et d'abord, penses-tu que de tels hommes aient vu autre chose d'eux-mêmes et de ceux qui les entourent que les ombres projetées par le feu sur la paroi de la caverne en face d'eux ?

— Comment pourraient-ils faire autrement, s'ils sont forcés de garder la tête immobile pendant toute leur vie ?

— N'en est-il pas de même des objets qui défilent ?

— Sans aucun doute.

— Mais alors, s'ils pouvaient discuter, ne penses-tu pas qu'en désignant par un nom ce qu'ils voient, ils croiraient nommer les choses elles-mêmes ? »

Source : PLATON, *La république*, VII, trad. par Yannis Prélorentzos et Laurence Hansen-Love, Paris, Hatier, 2007, p. 54-55. (Coll. « Classiques & Cie Philo ») © Éditions Hatier 2012.

esthétique, politique, psychologie, astronomie, voire zoologie, tout y passe. Rejetant la théorie platonicienne des Idées, Aristote affirme que l'essence des choses, leur substance, ne peut résider qu'en celles-ci. L'objet visible n'est pas que le pâle reflet d'une Idée, mais procède d'une matière, qui est son essence, et d'une forme, qui lui donne son existence individuelle. Fondateur de la logique formelle, Aristote étudie le fonctionnement de la pensée et élabore des lois du raisonnement qui sont encore valables de nos jours.

1.4.2 La science

Fondateurs de la philosophie, les Grecs l'ont aussi été de la science. Thalès de Milet, Anaximène et Héraclite d'Éphèse sont des noms qui illustrent la même passion dans la recherche de la vérité des choses. Ils ont été les premiers à tenter d'expliquer le monde à l'aide de la seule raison, sans faire intervenir les dieux ou la magie.

En astronomie, la curiosité des Grecs les a conduits à formuler des hypothèses audacieuses touchant l'Univers. Pythagore (~6ᵉ siècle) est le premier à soutenir que la Terre est une sphère et non un disque et qu'elle n'est pas le centre du cosmos. Aristarque de Samos (~310/~230) émet l'hypothèse qu'elle tourne autour du Soleil ; cette explication du monde sera redécouverte 17 siècles plus tard ! Ératosthène (v. ~284/v. ~195) établit avec une étonnante précision (à 80 kilomètres près) la circonférence de la Terre.

En mathématiques, Pythagore, encore lui, étudie les propriétés des nombres, invente un théorème et jette les bases de l'harmonie en musique. Euclide (v. ~325/v. ~265) exprime des axiomes et ordonne les rudiments de la géométrie. Archimède (~287/~212) établit que $\pi = 3,141$. Apollonios de Perga (v. ~262/v. ~180) pressent la géométrie analytique. Hippocrate (v. ~460/v. ~377) fixe les codes de la médecine ; les médecins devaient prêter un serment, toujours en vigueur 22. Ainsi, le rationalisme contemporain plonge ses racines les plus lointaines dans la pensée grecque.

22 Le serment d'Hippocrate (v. ~5ᵉ siècle)

Hippocrate de Cos est un personnage assez mal connu, à qui l'on a attribué quantité d'œuvres écrites en fait par différents auteurs du milieu médical de son temps. Le serment qui porte son nom forme la base du serment actuel que doivent prêter les médecins à leur entrée dans la profession.

« [...] J'utiliserai le régime pour l'utilité des malades, suivant mon pouvoir et mon jugement ; mais si c'est pour leur perte ou pour une injustice à leur égard, je jure d'y faire obstacle. Je ne remettrai à personne une drogue mortelle si on me la demande, ni ne prendrai l'initiative d'une telle suggestion. De même, je ne remettrai pas non plus à une femme un pessaire abortif. [...] Tout ce que je verrai ou entendrai au cours du traitement, ou même en dehors du traitement, concernant la vie des gens, si cela ne doit jamais être répété au-dehors, je le tairai, considérant que de telles choses sont secrètes.

Eh bien donc, si j'exécute ce serment et ne l'enfreint pas, qu'il me soit donné de jouir de ma vie et de mon art, honoré de tous les hommes pour l'éternité. En revanche, si je le viole et que je me parjure, que ce soit le contraire. »

Source : HIPPOCRATE, dans Jacques JOUANNA, *Hippocrate*, Paris, Fayard, 1992, p. 523.

1.4.3 L'histoire

Cet esprit scientifique, les Grecs l'étendent jusqu'aux sciences humaines en inventant l'histoire, dont l'objet, selon eux, est de relater objectivement les faits tels qu'ils se sont produits, grâce aux témoignages, sans référence à des forces surnaturelles ou aux caprices des dieux. Hérodote (v. ~485/ v. ~420) fonde la démarche historique 23, que l'esprit rigoureux de Thucydide (v. ~460/v. ~395) portera, dans sa *Guerre du Péloponnèse*, à un niveau d'exigence et de perfection qui ne sera pas dépassé avant l'époque contemporaine 24.

23 Hérodote : les buts de l'historien

« Hérodote de Thourioi expose ici ses recherches, pour empêcher que ce qu'ont fait les hommes, avec le temps, ne s'efface de la mémoire et que de grands et merveilleux exploits, accomplis tant par les Barbares que par les Grecs, ne cessent d'être renommés ; en particulier, ce qui fut cause que Grecs et Barbares entrèrent en guerre les uns contre les autres. [...]

Libre à qui trouve de telles choses croyables d'accepter ces récits des Égyptiens ; quant à moi, ce que je me propose tout le long de mon histoire est de mettre par écrit, comme je l'ai entendu, ce que disent les uns et les autres. [...]

Pour moi, je dois faire connaître ce qui se dit, mais je ne suis pas tenu d'y croire entièrement (que ce que je dis là soit dit pour toute mon histoire) [...]. »

? Quel but Hérodote donne-t-il au travail de l'historien ?

Source : HÉRODOTE, *Histoires*, I : Introduction, II : 123 et VII : 152, trad. par Philippe-E. Legrand, Paris, Les Belles Lettres, 2002-2003, p. 12, 152, 155.

24 La méthode de Thucydide

« On doit penser que mes informations proviennent des sources les plus sûres et présentent, étant donné leur antiquité, une certitude suffisante [...].

Quant aux événements de la guerre, je n'ai pas jugé bon de les rapporter sur la foi du premier venu, ni d'après mon opinion ; je n'ai écrit que ce dont j'avais été témoin ou pour le reste ce que je savais par des informations aussi exactes que possible. Cette recherche n'allait pas sans peine, parce que ceux qui ont assisté aux événements ne les rapportaient pas de la même manière et parlaient selon les intérêts de leur parti ou selon leurs souvenirs variables. L'absence de merveilleux dans mes récits les rendra peut-être moins agréables à entendre. Il me suffira que ceux qui veulent voir clair dans les faits passés et, par conséquent, aussi dans les faits analogues que l'avenir, selon la loi des choses humaines, ne peut manquer de ramener, jugent utile mon histoire. »

? Comparez les comportements respectifs d'Hérodote (document ci-contre) et de Thucydide à l'égard des témoignages sur lesquels s'appuie leur documentation.

Source : THUCYDIDE, *Histoire de la guerre du Péloponnèse* (v. ~415), I : 21-22, trad. par Jean Voilquin, Paris, Flammarion, 1966, p. 42-43. (Coll. « GF »)

FAITES LE P◉INT

13. En quoi consiste l'allégorie de la caverne, de Platon ? Comment cette allégorie forme-t-elle une des bases de sa philosophie ?

14. En quoi la philosophie d'Aristote diffère-t-elle de celle de Platon ?

15. Nommez quelques apports des Grecs à la science, particulièrement en astronomie.

16. Comment les Grecs voient-ils le travail de l'historien ?

1.5 L'héritage artistique

L'humanisme grec éclate de tous ses feux dans le domaine artistique, tant dans la littérature que dans l'art proprement dit. La civilisation occidentale s'est abondamment nourrie de cet héritage.

1.5.1 La littérature

Les Grecs ont été les instigateurs de presque tous les genres littéraires en usage en Occident, dont ils ont fixé les noms.

L'épopée Même s'ils n'ont pas inventé l'**épopée**, qui avait déjà été élaborée en Mésopotamie et en Égypte, les Grecs ont donné à ce genre littéraire deux de ses chefs-d'œuvre avec *L'Iliade* et *L'Odyssée* d'Homère.

Épopée
Récit poétique qui mêle la légende à l'histoire et dont le but est de célébrer des aventures héroïques.

L'Iliade célèbre le siège de Troie par les Achéens d'Agamemnon. Au bout de 10 longues années de combats sans issue, les Achéens font mine d'abandonner le siège en laissant sur place, comme un hommage à la vaillance des Troyens, un immense cheval de bois que ces derniers s'empressent d'introduire dans la ville pour fêter leur victoire. Mais c'est une ruse, une sorte de cadeau empoisonné, un « cadeau de Grec » : le cheval est rempli de guerriers grecs qui en sortent à la faveur de la nuit et s'emparent de la ville. *L'Odyssée* raconte le retour de l'un des vainqueurs, Ulysse, roi d'Ithaque, dans sa patrie ; il erre pendant 10 ans à travers la Méditerranée, connaissant d'innombrables aventures **25**. Les deux récits contiennent une extraordinaire galerie de personnages plus grands que nature et, tout le temps, les dieux interviennent, se jouant des mortels, se jalousant entre eux, essayant de donner la victoire à leurs favoris.

25 *L'Odyssée* : Ulysse et les sirènes

Voulant écouter « les voix admirables » des sirènes tout en résistant à leur charme ensorceleur, Ulysse se fait attacher au mât de son navire. (Vase grec, v. ~480)

L'art oratoire L'éloquence, que chérissent tant les avocats plaideurs et les hommes politiques, est d'origine grecque. La Grèce est un pays de soleil et de plein air, de place publique et de conversation ; la discussion permanente et le débat sont indissociables de la vie de la cité et le prestige de la parole est immense. L'éducation prépare le citoyen à triompher dans les débats. Des maîtres, que l'on nomme les *sophistes*, enseignent l'art d'exercer le pouvoir par la parole. Démosthène et Eschine sont les princes de la rhétorique, qui est l'art de discourir.

Le théâtre Enfin, les Grecs ont inventé le théâtre tel que nous le connaissons. En Grèce, aux ~5ᵉ et ~4ᵉ siècles, on se passionne pour les représentations théâtrales. À Athènes, le prix d'entrée est modique ; il est même remboursé par la Cité aux citoyens pauvres. Le théâtre grec ne se joue toutefois pas dans une salle fermée, mais dans un amphithéâtre en plein air aménagé à même le flanc d'une colline naturelle. Les œuvres sont présentées dans un festival compétitif annuel qui dure trois jours. À la fin, on décerne un prix à la meilleure œuvre : une couronne de laurier, sorte d'Oscar avant la lettre.

Les trois grands maîtres athéniens de l'époque classique, Eschyle (~525/~456), Sophocle **26** (~496/~406) et Euripide (~485/~406), ont donné naissance à la grande tragédie. Ils ont laissé d'immortels chefs-d'œuvre qui nous bouleversent encore. Plongeant leur scalpel jusqu'au plus profond de l'âme humaine, ils opposent leurs personnages à un destin implacable dans des intrigues qui vont droit à l'essentiel.

26 **Sophocle (~496/~406)**

Originaire de Colone, près d'Athènes, Sophocle est le fils d'un fabricant d'armes. Poète tragique, il a écrit plus de 120 pièces dont 7 tragédies seulement nous sont parvenues, notamment *Œdipe roi*, *Électre* et *Antigone*, un des sommets du théâtre grec. Dès son premier concours dramatique, il l'emporte sur le vieux Eschyle qui, furieux qu'on lui ait préféré ce jeune premier, s'exile d'Athènes. À sa mort, sa gloire est telle que le général spartiate Lysandre, qui assiège Athènes, fait observer une trêve à ses troupes pour permettre à la dépouille mortelle de sortir de la ville. Il a été 20 fois vainqueur au concours dramatique.

27 **Le théâtre d'Épidaure (fin ~4ᵉ siècle)**

Le plus beau et le mieux conservé des théâtres grecs. L'acoustique y est si parfaite que le son de la voix porte sans effort de la scène jusqu'aux plus hauts gradins.

Que peut l'homme en face de son destin ? Pourquoi la haine et la vengeance ? Pourquoi la souffrance ? Pourquoi la mort ? Ces questions fondamentales expriment le sentiment tragique de l'existence humaine. Le héros grec se les posait déjà, il y a près de 2500 ans. Ces chefs-d'œuvre ont franchi les barrières du temps parce qu'ils exprimaient des peurs qui sont nos peurs, des espérances qui sont nos espérances. Par le jeu et la force des passions humaines, le théâtre grec demeure, dans sa riche diversité, l'un des plus précieux messages que nous ait adressés la Grèce antique.

Aujourd'hui encore, au festival d'Épidaure, chaque année, 14 000 spectateurs, assis sur les mêmes gradins que les contemporains de Périclès **27**, sont touchés jusqu'au plus profond d'eux-mêmes par le destin tragique d'Agamemnon (Eschyle), d'Œdipe roi (Sophocle) ou d'Iphigénie (Euripide).

1.5.2 L'art

Dans les **arts plastiques**, les Grecs ont révolutionné de façon radicale tout ce qui se faisait avant et autour d'eux, particulièrement en architecture et en sculpture. Ici encore, leur humanisme s'épanouit : l'Homme est la mesure de toutes choses. Même l'architecture s'inspire des proportions du corps humain.

L'architecture Rompant avec les dimensions écrasantes de l'architecture égyptienne ou mésopotamienne, les Grecs construisent des temples qui sont des merveilles d'équilibre, de simplicité et d'harmonie. Le temple grec présente une forme immédiatement reconnaissable : un simple parallélépipède rectangle dont le pourtour est formé de colonnes, avec des frontons triangulaires aux deux extrémités. **Frontons** et **frises** sont ornés de reliefs sculptés où triomphe la forme humaine idéale, nue ou nettement suggérée sous le drapé. Les proportions sont toujours parfaites.

Par sa finesse et sa magnificence, le Parthénon d'Athènes (~447 à ~438) est le plus parfait exemple de cette architecture **28**. Quarante statues de marbre emplissent ses deux frontons. Une frise de Phidias (v. ~490 à v. ~430), le plus grand sculpteur de son temps, présente plus de 360 personnages qui font revivre le moment où, chaque année, le peuple apporte en cortège à la déesse Athéna ses hommages et ses offrandes **29**. Il faut imaginer cette frise de même que l'ensemble de l'édifice peints de couleurs vives, sous le soleil éclatant de la Grèce, pour saisir l'impact que ce chef-d'œuvre devait avoir, dominant Athènes du haut de son Acropole et proclamant la puissance et la richesse de la cité.

La peinture Il ne nous reste rien de la peinture grecque, trop fragile, sauf dans un domaine où les Grecs ont excellé, celui de la peinture sur vase. À Athènes, au pied de l'Acropole, dans le quartier du Céramique, les artistes potiers mettent au point deux styles successifs : d'abord la figure noire sur fond d'argile généralement rouge (*voir le document* **19**, *page 35*), puis la figure rouge sur fond noir (*voir le document* **25**, *page 39*). Puisant son inspiration tant dans l'immense réservoir

Arts plastiques
Arts qui ont pour objet l'élaboration de formes et de volumes (peinture, sculpture, architecture).

Fronton
Ornement triangulaire ou semi-circulaire surmontant l'entrée, une porte ou une fenêtre d'un édifice.

Frise
Bordure ornementale en forme de bande continue se déroulant sur le mur ou au-dessus des colonnes d'un temple.

28 Reconstitution à l'échelle du Parthénon d'Athènes, à Nashville, É.-U.

Il faut imaginer le bâtiment original non pas en béton comme ici, mais en marbre blanc, avec des frontons et des frises vivement colorées.

29 Un fragment de la frise du Parthénon

Amphore
Vase généralement étroit et allongé, à deux anses, dans lequel on conservait le grain, le vin, l'huile ou d'autres aliments.

Ce fragment représente la cavalcade des éphèbes chargés d'encadrer la foule qui montait en cortège vers l'Acropole lors des Panathénées, les grandes fêtes de la cité. Au début du 19e siècle, la frise du Parthénon fut arrachée et transportée à Londres par les soins de l'ambassadeur britannique Lord Elgin, et se trouve maintenant au British Museum. Le gouvernement grec réclame depuis des années la restitution des œuvres enlevées.

30 Une statue grecque de l'époque classique

Statue dite du *Guerrier de Riace* (v. ~470), du nom du lieu près duquel elle a été retrouvée, au fond de la mer, en 1972.

de la mythologie que dans la vie quotidienne de ses concitoyens, le peintre met en scène, sur les vases et les amphores, le corps humain dans toutes ses attitudes.

La sculpture C'est peut-être dans la sculpture des Grecs, et particulièrement dans leur statuaire, que leur humanisme trouve sa forme la plus immédiatement perceptible. Ici encore, les Grecs ont révolutionné tout ce qui se faisait avant eux et autour d'eux. La statue grecque est la première à n'être appuyée sur aucun support extérieur, pilier ou colonne. Comme l'Homme, elle est autonome, libre dans l'espace. Elle représente la plupart du temps le corps humain idéalisé, nu ou vêtu du célèbre drapé « mouillé » qui révèle le corps plus qu'il ne le voile. En général, elle est faite à l'échelle humaine. Elle est le plus souvent en bronze, matériau plus souple que la pierre ou le marbre, grâce auquel le sculpteur arrive à donner au visage une saisissante impression de vie : quelques fragments de pierre ou d'ivoire insérés dans des cavités du métal simulent des yeux, voire des dents ; les lèvres sont recouvertes de cuivre rouge. Le corps respire et veut s'élancer. Le poids reposant sur un des deux pieds entraîne une torsion des hanches et du buste pour rétablir l'équilibre ; la tête est tournée légèrement de côté, les bras en mouvement **30**.

Il ne nous est malheureusement parvenu que très peu d'exemplaires authentiques de la statuaire grecque, le bronze pouvant être refondu pour servir à nouveau. Mais la fabuleuse impression de perfection et d'harmonie qui s'en dégage a inspiré toute la tradition occidentale. Les règles que les Grecs ont formulées, sorte de lois mathématiques de la beauté, ont conduit à la définition de ce qui a longtemps été considéré comme le « beau en soi », fait d'un merveilleux équilibre entre l'imitation de la nature et la quête de l'idéal, entre l'humain et le divin, entre le mouvement et le repos, entre l'action et la réflexion, entre l'harmonie du corps et celle de la vie intérieure. Car tel est bien l'humanisme que les Grecs nous ont légué.

FAITES LE POINT

17. Qu'est-ce que l'épopée ? Quel poète a donné à la Grèce ses plus grands récits épiques ? Quels en sont les titres et les thèmes généraux ?

18. Décrivez l'aspect général d'un théâtre grec. Nommez les trois grands auteurs de tragédies au ~5e siècle et citez une œuvre de chacun d'eux.

19. Décrivez l'aspect général d'un temple grec.

20. En quoi la statuaire grecque était-elle révolutionnaire à son époque, et comment reflète-t-elle l'humanisme grec ?

❯ EN BREF

❯ Dans un cadre géographique marqué par la présence de la mer et par un relief tourmenté, la civilisation grecque a parcouru quatre grandes étapes : mycénienne (~1700 à ~1200), archaïque (~800 à ~480), classique (~480 à ~323) et hellénistique (~323 à ~146).

❯ Dans le système démocratique athénien, tous les citoyens sont égaux en droits, mais doivent en contrepartie assumer leurs devoirs civiques. Toutefois, les femmes, les étrangers et les esclaves sont exclus de la citoyenneté.

❯ L'héritage culturel de la Grèce est encore vivant de multiples façons. Le grec ancien fournit au français moderne un grand nombre de racines servant à créer des mots. La mythologie grecque inspire depuis des millénaires quantité d'œuvres littéraires et artistiques. Les jeux olympiques modernes sont directement inspirés des jeux grecs.

❯ La vie intellectuelle de la Grèce ancienne est marquée par le recours aux facultés de la raison, en dehors des interprétations religieuses ou mythiques de la réalité : philosophie, science, histoire sont pour ainsi dire nées en Grèce.

❯ Dans tous les domaines de l'art, les Grecs ont atteint des sommets de perfection. L'épopée homérique et la tragédie au théâtre, l'architecture des temples, la sculpture grecque constituent encore aujourd'hui des œuvres de référence.

Le plus précieux don de la Grèce à l'humanité, c'est son humanisme, cette foi inébranlable en la valeur de l'Homme, en ce qu'il y a de meilleur en lui. L'exaltation de l'Homme, «mesure de toutes choses», à la fois dans ses capacités rationnelles et dans la beauté et l'harmonie de son être, voilà la quintessence de l'héritage grec. Rome va recueillir cet héritage et le disséminer d'un bout à l'autre de son immense empire.

❯ HÉRITAGE

Ce que nous devons à la Grèce

Sur le plan politique

- la notion de cité-État
- la pratique de la démocratie directe (Athènes)
- le principe de l'égalité entre les citoyens

Sur le plan culturel

- l'humanisme
- une mythologie toujours vivante
- le culte du héros (olympisme)

Sur le plan intellectuel et scientifique

- la pensée scientifique et rationnelle (philosophie)
- les mathématiques, la géométrie, la physique
- le développement de l'astronomie
- un code de la médecine
- l'histoire, la géographie

Sur le plan artistique

- l'idéalisation du corps humain
- des canons de la beauté fondés sur la mesure et l'équilibre
- des formes architecturales : fronton triangulaire, colonnade, théâtre en hémicycle

Sur le plan littéraire et linguistique

- l'alphabet avec voyelles
- des mots et des racines de mots
- le théâtre
- l'épopée homérique
- l'éloquence (art oratoire)

❯ POUR ALLER PLUS LOIN

LIRE

«La Grèce antique», *Géohistoire*, n° 17, octobre-novembre 2014, 138 p.

«Vivre dans la Grèce antique», *Les Cahiers de Science et Vie*, n° 143, février 2014, 108 p.

BOEHRINGER, Sandra, et Violaine SEBILLOTTE CUCHET. *Hommes et femmes dans l'Antiquité grecque et romaine. Le genre: méthode et documents*, Paris, A. Colin, 2011, 192 p. (Coll. «Cursus»)

GRIMAL, Pierre. *La mythologie grecque*, 2ᵉ éd., Paris, PUF, 2013, 121 p. (Coll. «Quadrige»)

MOSSÉ, Claude. *Regards sur la démocratie athénienne*, Paris, Perrin, 2013, 234 p.

MOSSÉ, Claude, et Annie SCHNAPP GOURBEILLON. *Précis d'histoire grecque: du début du deuxième millénaire à la bataille d'Actium*, 3ᵉ éd., Paris, A. Colin, 2014, 371 p. (Coll. «U. Histoire»)

SAÏD, Suzanne. *Le monde à l'envers: pouvoir féminin et communauté de femmes en Grèce ancienne*, Paris, les Belles lettres, 2013, 259 p. (Coll. «Essais»)

SARTRE, Maurice. «Athènes, paradis gay», Hors-série *Marianne/L'Histoire*, juillet-août 2012, p. 14-19.

▶ VISIONNER

Elektra, de Michael Cacoyannis, avec I. Papas et G. Fertis, Gr., 1961, 110 min. — Adaptation de la pièce d'Euripide. Œuvre forte, passionnante et fidèle à l'œuvre originale. Superbe photo en noir et blanc de paysages grecs.

Œdipus Rex, de Abraham Polonsky, avec D. Campbell et E. Stuart, É.-U., 1957, 87 min. — Captation d'une production de la pièce de Sophocle au Festival de Stratford (Ontario). Très belle production. Les comédiens portent des masques, comme on le faisait en Grèce antique. La pièce de Sophocle est quelque peu raccourcie.

Orfeu Negro, de Marcel Camus, avec B. Mello et M. Dawn, Br./Fr./It., 1959, 100 min. — Le récit d'Orphée et Eurydice transposé dans le cadre du Carnaval de Rio.

Superbe film, impressionnantes scènes en direct du carnaval, enlevante musique brésilienne. Palme d'Or à Cannes (1959), Oscar du meilleur film étranger (1960).

The Greeks: Crucible of Civilization, É.-U., PBS Home Video, 2000, 150 min. — Excellent documentaire du réseau PBS, magnifiques images de monuments et de paysages. Dramatisation parfois excessive.

Troy, de Wolfgang Petersen, avec B. Pitt et B. Cox, É.-U./Malte/G.-B., 2004, 163 min. — Superproduction hollywoodienne basée sur *L'Iliade* d'Homère, mais qui évacue totalement l'intervention des dieux, élément essentiel de l'œuvre du poète.

 Allez plus loin encore, grâce à la médiagraphie enrichie disponible sur *i+ Interactif* !

EXERCICES
ET ACTIVITÉS

Exercez-vous davantage grâce à des ateliers interactifs captivants ! Consultez votre enseignant pour y accéder sur *i+ Interactif*.

Lire et mettre à profit une ligne du temps

1. Une ligne du temps, toujours placée en tête de chapitre, permet de prendre conscience des éléments marquants de la période visée et d'établir des liens entre eux, en approfondissant ensuite ces intuitions par la lecture du chapitre.

a) En utilisant la ligne du temps de la page 19, répondez aux questions suivantes.

- Quelle pourrait être l'une des causes des Guerres médiques ?

- Qu'est-ce qui pourrait expliquer que Philippe de Macédoine ait conquis la Grèce ?

b) Confirmez et approfondissez vos intuitions.

- Quel rôle a joué la cause identifiée dans les Guerres médiques (*p. 23*) ?

- En quoi l'explication trouvée a-t-elle apporté la victoire à la Macédoine (*p. 23-24*) ?

c) On peut compléter la ligne du temps pour mieux en saisir certains éléments. Ainsi, pour comprendre ce qu'est la «Grèce classique» (~ 480 à ~ 323) :

- Ajoutez les dates des personnalités suivantes, en vérifiant ce qui les a rendues célèbres : Aristote (*p. 36-37*), Hippocrate (*p. 37*), Hérodote (*p. 38*), Sophocle (*p. 40*), Phidias (*p. 41*).

- Indiquez-y aussi les dates des réalisations suivantes : statue de l'Artémision (*p. 34*), fondation de l'Académie (*p. 36*), construction du théâtre d'Épidaure (*p. 40*) et du Parthénon d'Athènes (*p. 41*).

- Qu'en déduisez-vous quant à la signification de l'expression «Grèce classique» ?

La démocratie athénienne

2. Complétez le schéma suivant du fonctionnement de la démocratie d'Athènes (*section 1.2.1, p. 26-27*).

Nom grec : _____

Composée de : ***Ecclésia***

Fonctions : _____

_____

Tirage au sort · Élection · Tirage au sort

Nom grec : _____

Composée de : ***500 citoyens***

Fonctions : _____

_____

Nom grec : _____

Composée de : _____

Fonctions : ***rend la justice après audition des plaidoiries.***

Tirage au sort

Magistrats (fonctionnaires publics)

Composée de : _____

L'Homme grec : les héritages

3. Dans son texte figurant en tête de chapitre, André Malraux affirme que « la Grèce a créé un type d'homme qui n'avait jamais existé » [p. 19]. Complétez le tableau suivant en indiquant les caractéristiques de cet « homme nouveau » créé par les Grecs.

À lire	Domaine	Caractéristiques de l'Homme nouveau créé par les Grecs
Section 1.2.1 [p. 26-27]	Politique	
Section 1.3.2 [p. 32-35]	Religion	
Section 1.4.1 [p. 36-37]	Philosophie	
Section 1.4.2 [p.37-38]	Science	
Section 1.5.2 [p. 41-42]	Art	

Les sources en histoire

4. Analyser une source historique nécessite préalablement d'évaluer dans quelle mesure elle constitue un reflet du passé dont elle est issue. Pour ce faire, vous devez d'abord vous renseigner sur le contexte des faits relatés dans la source et sur l'auteur du document. Consultez la fiche 2, aux pages 366 à 368, pour connaître l'ensemble de la démarche d'analyse de sources. Muni de ces informations, vous serez alors bien outillé pour juger de la crédibilité du texte. Examinons plus à fond cette démarche à travers l'analyse du texte du document 10 [p. 26].

a) Comprendre le contexte : les faits et l'auteur

- Observez la référence du texte : il est tiré d'un livre intitulé *Histoire de la guerre du Péloponnèse*. Allez lire, aux pages 23 et 24, quelques renseignements sur cette guerre.

  – Quelles sont les dates de la guerre du Péloponnèse ? Qui s'y affronte ?

- La référence du texte [p. 26] spécifie aussi que Thucydide est l'auteur du texte.

  – En quelles années a-t-il vécu ?

- On sait que Thucydide est né à Athènes d'une famille fortunée et influente. Il aurait écrit son livre *Histoire de la guerre du Péloponnèse* pendant la guerre. Nommé à de hautes fonctions militaires, il ne peut éviter la prise de la ville d'Amphipolis et, pour cette raison, il est accusé de trahison et exilé en ~ 424. De retour à Athènes en ~ 404 ou ~ 403, il meurt par la suite dans des circonstances inconnues.

- Thucydide affirme rapporter un discours de Périclès, daté de l'hiver ~ 431. Allez voir le portrait de Périclès, à la page 23, et répondez à ces questions.

  – En quelles années Périclès a-t-il vécu ? De quelle ville grecque provient-il ? Quelles ont été ses fonctions dans cette ville et quand les a-t-il exercées ?

b) Vérifier la provenance des informations

- Consultez les informations biographiques [fournies plus haut] sur Thucydide. Puis comparez les dates de la guerre du Péloponnèse, de la période de rédaction de l'*Histoire de la guerre du Péloponnèse* et de la période de pouvoir de Périclès.

  – Thucydide est-il un témoin direct [il y a participé] ou indirect [il en a entendu parler] de la guerre du Péloponnèse ? Est-il possible que Thucydide ait assisté au discours de Périclès ?

- L'extrait inséré dans votre manuel compte environ 20 lignes, mais le discours complet de Périclès s'étend sur plus de 175 lignes.

  – Selon vous, Thucydide aurait-il pu reproduire intégralement le discours ?

c) Évaluer la neutralité de l'auteur

- Penchez-vous maintenant sur le texte lui-même du discours de Périclès [p. 26].

  – Quelle image donne-t-il de la démocratie athénienne ? Quelles qualités les citoyens athéniens possèdent-ils, selon lui ?

- Que le discours soit celui de Périclès ou qu'il ait été remanié par Thucydide, n'oubliez pas qu'il fut prononcé pendant la guerre du Péloponnèse.

  – Périclès et Thucydide proviennent tous deux de quelle cité ? Selon vous, en quoi cela peut-il affecter leur neutralité ?

- Le document 24 [p. 38] présente la méthode de travail de Thucydide.

  – En collectant ses informations, comment s'assure-t-il de leur exactitude ? Sa méthode vous apparaît-elle objective ?

d) Poser un bilan, à partir de l'ensemble des informations recueillies

- Est-il plausible que Périclès ait livré un tel discours à l'hiver ~ 431 ?

- Dans quelle mesure ce discours offre-t-il un reflet exact de la démocratie athénienne ?

POINTS DE VUE
SUR L'HISTOIRE

Les Grecs étaient-ils racistes ?

Jusqu'à l'époque hellénistique, les Grecs ont une conception très claire de la citoyenneté : seuls les hommes nés de deux parents d'une même cité-État peuvent devenir citoyens. Il y a certes quelques exceptions, mais cette règle est de mise dans la plupart des villes grecques, notamment à Athènes.

Sur le plan politique, chaque cité-État grecque est indépendante et possède une identité propre : un Athénien se considère comme différent d'un Spartiate. Cependant, chaque Grec se reconnaît dans une civilisation et une culture qui dépassent sa Cité : un Athénien se sent d'abord Athénien, mais il se perçoit en tant que Grec.

Les Grecs ont donc une vision très claire du monde et des autres civilisations : d'un côté, il y a les Grecs, et de l'autre, les étrangers, qui ne sont pas Grecs. Il ne fait aucun doute pour eux que la culture grecque est supérieure à toutes les autres. Mais les Grecs sont-ils pour autant racistes ? Et, par extension, la civilisation occidentale est-elle, dans ses fondements mêmes, une civilisation raciste ?

L'interprétation habituelle affirme que les Grecs ont certes une vision discriminatoire du monde, mais que celle-ci n'est jamais érigée en système. Ils ne sont certainement pas très intégrateurs sur le plan politique, refusant la citoyenneté à tous les étrangers (et même aux Grecs d'autres cités), mais ils sont très ouverts aux cultures et aux connaissances des autres civilisations.

Aux yeux de cette interprétation, s'il existe certains textes racistes, ils sont minoritaires et ne représentent pas une conception du monde basée sur la supériorité d'une race. Tout au plus s'agit-il d'une vision du monde ethnocentrique, c'est-à-dire centrée sur la Grèce, incapable de se mettre dans la peau des autres civilisations.

Ces spécialistes insistent aussi sur le fait que les autres civilisations de l'époque ont une vision similaire de l'étranger et que, tout compte fait, c'est une forme de méfiance « normale » pour les peuples antiques, méfiance fondée sur l'incompréhension et la peur de l'Autre.

Certains historiens remettent en cause cette vision. Se basant sur les écrits des Grecs parvenus jusqu'à nous davantage que sur leurs pratiques, ils affirment que les Grecs, sans être racistes au sens moderne du terme, développent une conception du monde selon laquelle chaque peuple possède des traits immuables. Ces traits sont transmis de génération en génération et aucun individu ne peut y échapper par un effort individuel. On qualifie cette attitude de protoraciste.

Selon ces historiens, les penseurs grecs croient que la situation géographique d'un peuple influence sa « personnalité ». Plus on s'éloigne de la Grèce égéenne, plus on est barbare. Ainsi, chaque peuple aurait une « personnalité » distincte, faite de défauts et qualités, et cette personnalité ne change pas. C'est ce qu'on nomme la théorie environnementaliste. Par exemple, les Grecs voient les Germains de l'Europe du Nord comme des êtres extrêmement cruels, mais ils leur reconnaissent tout de même de la force guerrière

et du caractère. Évidemment, les Grecs considéraient qu'ils avaient plus de qualités et moins de défauts que les autres peuples.

Des historiens de ce courant font également ressortir un fait encore plus troublant. Certains textes grecs élaborent en effet une théorie de la pureté de la race selon laquelle la race s'affaiblit lorsqu'elle se « mélange » à d'autres races. Cette dégradation affecte à la fois la morale et le physique de l'humain. Il ne faudrait donc pas encourager les mariages entre « races ». Il est d'ailleurs strictement interdit à un citoyen de marier une étrangère. C'est en partie cette théorie qui explique la vision qu'ont les Grecs de la citoyenneté et de la division du monde en cultures inférieures et culture supérieure. Mais comme les Grecs n'ont heureusement jamais exterminé d'autres peuples pour des raisons raciales, ces historiens qualifient les Grecs de protoracistes et non pas de racistes.

D'autres historiens nuancent cette deuxième interprétation en affirmant qu'il ne faut pas négliger la différence qu'il y a entre la théorie et la pratique. D'ailleurs, certains auteurs grecs écrivent sans mentionner les théories environnementaliste et de la pureté de la race. Par exemple, Hérodote et Strabon ne parlent nulle part de ces théories pour décrire les peuples et leurs mœurs. De plus, plusieurs Grecs écrivent contre ces théories et rappellent que, malgré toutes les différences entre les civilisations, tous les habitants de la planète sont des êtres humains.

Non seulement les Grecs n'exterminent aucun peuple par racisme, argumentent ces spécialistes, mais ils ne croient jamais totalement à leurs théories racistes. Les Grecs changent même leur vision des autres peuples et font une place plus grande aux étrangers à compter de l'époque hellénistique, qui est une merveilleuse époque de métissage des cultures. Un étranger peut, alors, à la fois respecter ses traditions ancestrales et devenir Grec de culture. Les Grecs deviennent très intégrateurs et mettent de l'avant la notion de culture, davantage que le lieu de naissance, pour distinguer un Grec d'un « non-Grec ». Certains penseurs grecs respectés sont d'ailleurs originaires d'aussi loin que la Syrie et la Phénicie. Ces observations viennent donc relativiser la théorie environnementaliste, selon ces auteurs.

Ce débat a pris dernièrement une tournure nouvelle : certains historiens s'intéressent à la vision qu'ont développée les autres civilisations de l'époque au sujet des Grecs et de leur civilisation. Ces études viendront peut-être éclairer cette facette fondamentale de notre histoire.

DELACAMPAGNE, Christian. *Une histoire du racisme*, Paris, Le Livre de Poche, 2000, 288 p.

SALMON, Pierre. « "Racisme" ou refus de la différence dans le monde gréco-romain », *Dialogues d'histoire ancienne*, Vol. 10, 1984, p. 75-97.

SARTRE, Maurice. « Les Grecs et les Romains étaient-ils racistes ? », *L'Histoire*, nº 291, 2004, p. 30-31.

2

La civilisation romaine

01 La destinée de Rome

«Rome éclaire d'une vive lumière quelque douze siècles d'histoire humaine. Douze siècles où ne manquent pas, sans doute, guerres et crimes, mais dont la meilleure part connut la paix durable et sûre, la paix romaine, imposée et acceptée depuis les bords de la Clyde jusqu'aux montagnes d'Arménie, depuis le Maroc jusqu'aux rives du Rhin, parfois même à celles de l'Elbe et ne finissant qu'aux confins du désert, sur les bords de l'Euphrate. [...] Comment s'étonner que ces douze siècles d'histoire comptent parmi les plus importants qui aient jamais été pour la race humaine et que l'action de Rome, en dépit de toutes les révolutions, de tous les élargissements et les changements de perspective survenus depuis un millénaire et demi, se fasse encore sentir, vigoureuse et durable?

Cette action pénètre tous les domaines: cadres nationaux et politiques, esthétique et morale, valeurs de tous les ordres, armature juridique des États, coutumes et mœurs de la vie quotidienne, rien de ce qui nous entoure n'eût été ce qu'il est si Rome n'avait pas existé.»

Source: Pierre GRIMAL, *La civilisation romaine*, Paris, Arthaud, 1984, p. 9.
(Coll. «Les grandes civilisations»)

Les civilisations se chevauchent comme les maillons d'une chaîne. Au moment où Périclès gouverne Athènes et où la Grèce donne à l'esprit humain ses impérissables leçons de beauté, une toute petite cité d'Italie, Rome, a commencé une irrésistible ascension qui la conduira, de victoires en conquêtes, au gouvernement du monde méditerranéen tout entier. En étendant son empire, Rome recevra l'immense héritage de la Grèce qu'elle transformera en une culture gréco-romaine alliant la pureté classique de la tradition hellénique au goût romain du colossal et de la splendeur. Cette culture gréco-romaine est venue jusqu'à nous. ◀

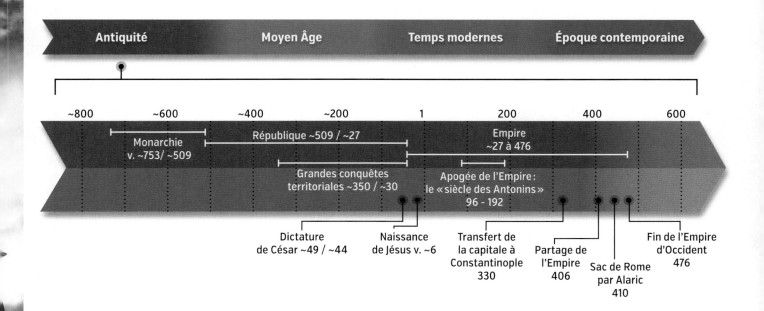

< Construction emblématique de la puissance et de la richesse de Rome, le Colisée a été érigé vers 72-80 sous les empereurs Vespasien et Titus.

2.1 Le cadre géographique et chronologique

Ce qui frappe, dans le cadre géographique et chronologique de la civilisation romaine antique, c'est le gigantisme : un espace qui va des abords de l'Écosse à ceux de l'Iran actuels, des forêts de l'Allemagne jusqu'au désert du Sahara, et un temps qui couvre plus de 1 000 ans, et même 2 000 ans si l'on y ajoute l'Empire byzantin qui est le prolongement de l'Empire romain proprement dit. Il n'y a guère de civilisations, dans toute l'histoire humaine, qui aient touché un si vaste territoire et duré si longtemps.

2.1.1 L'espace : une ville au centre du monde

Une plaine dans une péninsule À la différence de l'espace grec, baigné de tous côtés par la mer, l'espace d'origine de la civilisation romaine est une petite plaine très fertile, le Latium, traversée par un fleuve, le Tibre, qui débouche sur la mer à quelque distance. Les Romains seront donc d'abord des paysans, attachés à leur terre et à leurs traditions et peu enclins aux aventures lointaines même s'ils constitueront finalement l'un des plus grands empires de l'histoire. Mais cet empire, d'un seul tenant, sera édifié patiemment, méthodiquement, par cercles concentriques autour de son noyau initial, sur un demi-millénaire.

Le Latium est idéalement situé au centre d'une péninsule, l'Italie **02** à la célèbre forme de botte, au relief assez montagneux mais qui est pourvue d'autres plaines fertiles, celle du Pô, la plus importante, au nord, la Toscane au centre et la Campanie au sud. Le Latium est un point de passage pratiquement obligé entre ces plaines, le Tibre pouvant être traversé à gué sur le site de Rome.

Une péninsule dans une mer Mais cette péninsule est à son tour au centre d'un ensemble maritime formé de la mer Tyrrhénienne, de la mer Adriatique et de la mer Méditerranée, et c'est en s'étendant sur l'Italie que Rome entrera en conflit avec les Grecs, installés au sud de la péninsule et en Sicile, et les Carthaginois, héritiers des Phéniciens, présents en Afrique du Nord et en Espagne. Ainsi aspirée par ses conquêtes, Rome devient méditerranéenne, fusionnant les apports de nombreuses autres civilisations.

Toujours plus loin Aiguillonnée par son appétit de terres et de ressources, cherchant aussi dans l'expansion un exutoire à ses conflits internes, Rome va pousser encore plus loin, vers les régions froides et humides du nord de l'Europe, jusque sur le Rhin et le Danube et même jusqu'en Angleterre (appelée Bretagne à l'époque). Elle devient alors une sorte d'empire « universel », à la fois continental et maritime, touchant trois continents, cinq mers (Tyrrhénienne, Adriatique, Méditerranée, Égée et Noire) et un océan (Atlantique).

2.1.2 Les origines et la monarchie (jusqu'à la fin du ~6ᵉ siècle)

Les origines de Rome sont fort mal connues. Une légende attribue la fondation de la ville, en ~753, à Romulus et Remus, des jumeaux allaités par une louve dans leur enfance. Il semble toutefois que le site ait été habité dès le ~10ᵉ siècle. Quoi qu'il en soit, ce sont les rois étrusques

02 La péninsule italienne

Massifs montagneux

Alpes
Pô
TOSCANE
Apennin
LATIUM
Rome
Mer Adriatique
CAMPANIE
Mer Tyrrhénienne
Mer Méditerranée

0   106   212 km

qui, asséchant les marais et construisant remparts et temples, vont en faire une véritable ville, vers ~600. Sous les Étrusques, peuple voisin quelque peu mystérieux assez influencé par la culture grecque, Rome est dirigée par un roi assisté d'un Sénat consultatif. Vers ~509, une révolution chasse les Étrusques, et les Romains libérés fondent une **République** (du latin *res publica*, «chose publique», «affaire de tous»). Les Romains garderont de la période étrusque une méfiance inébranlable envers le système monarchique.

2.1.3 La République (de ~509 à ~27)

Une république aristocratique Par comparaison avec la démocratie athénienne (*voir la page 25*), les institutions de la République romaine en font, à l'origine, un système aristocratique fondé sur l'inégalité des citoyens et sur le morcellement du pouvoir. Les citoyens sont divisés en deux classes : les **patriciens** et les **plébéiens**. Il n'y a pas d'Assemblée unique comme l'Ecclésia d'Athènes, mais plusieurs Comices, sortes d'assemblées du peuple dotées chacune de pouvoirs spécifiques. Détenteurs exclusifs des pleins droits politiques, les patriciens gouvernent au moyen du Sénat, organe central de l'autorité, qu'ils sont seuls à former. Le Sénat approuve ou non les projets de loi, autorise la levée de troupes, accorde les crédits et dirige la politique extérieure. Le pouvoir exécutif appartient à deux consuls, tous deux patriciens, élus pour un an, et dont toutes les décisions doivent être communes. À côté des grandes familles patriciennes, commerçants et petits paysans forment la plèbe. Ils sont «sans ancêtres», c'est-à-dire hors des lignées patriciennes, et sans droits politiques.

Plébéiens contre patriciens Pendant 200 ans, l'histoire intérieure de la République est marquée par la lutte farouche entre patriciens et plébéiens, les premiers répugnant à céder aux seconds une part quelconque du pouvoir. Mais les plébéiens, qui fournissent la main-d'œuvre et une bonne partie des soldats dont Rome ne peut se passer, se sentent indispensables et revendiquent l'égalité des droits. Ils obtiennent d'abord leur propre Assemblée, qui élit leurs défenseurs, les tribuns de la plèbe, puis le droit d'être jugés selon un code de lois écrit, le même que pour les patriciens, puis l'accès aux fonctions publiques. Vers ~300, une égalité politique au moins théorique règne entre tous les citoyens de Rome. La citoyenneté reste toutefois le privilège des hommes, comme à Athènes, même s'il est moins difficile d'y accéder : métèques et esclaves affranchis (ou les fils de ces derniers) peuvent y parvenir plus facilement. Les femmes, cependant, n'y accéderont jamais.

Cette égalité durement acquise va toutefois être remise en question par l'expansion territoriale, déjà commencée, et qui va faire de cette cité-État semblable à tant d'autres de l'époque l'un des plus grands empires de l'histoire.

Les conquêtes romaines La prodigieuse ascension de Rome s'étend sur cinq siècles. Elle impose d'abord sa domination à toute l'Italie (~272), puis à l'Afrique du Nord, à l'Espagne et à la Provence à la suite d'un long conflit avec Carthage (de ~264 à ~146). En ~122, Rome domine toute la Méditerranée occidentale, qu'elle appelle avec fierté *mare nostrum*, «notre mer». Entre-temps, aspirée par ses conquêtes, elle s'est tournée vers l'Orient méditerranéen. La Macédoine et la Grèce sont annexées en ~146. C'est la fin de la civilisation grecque: des milliers d'Athéniens, parmi lesquels des philosophes et des artistes, sont amenés à Rome comme prisonniers. Ils y répandent l'hellénisme. En ~63, les **légions** romaines entrent en Palestine, préparant sans le savoir les conditions du succès futur du christianisme. Enfin, l'annexion de l'Égypte en ~30 donne à Rome le contrôle de toutes les rives orientales de la Méditerranée. Pendant ce temps, à l'autre bout de l'Empire, Jules César a conquis la Gaule entière (de ~58 à ~51). À la fin de la République, l'aigle romain étend sa puissance de l'Espagne à la Syrie et des confins de la Gaule aux sables du Sahara `03`.

Toutes ces conquêtes vont transformer profondément la civilisation romaine, aux points de vue économique, social et politique `04`.

République
Forme de gouvernement où les pouvoirs de l'État relèvent de différentes autorités et sont exercés généralement par des représentants d'une partie au moins de la population, et où l'autorité suprême (chef de l'État) n'est pas héréditaire. (Il peut arriver qu'un pays se donne abusivement le titre de République sans répondre à ces critères.)

Patricien
Citoyen romain qui appartient par sa naissance à l'une des grandes familles considérées comme les fondatrices de la Cité.

Plébéien
Citoyen romain n'appartenant pas à une famille patricienne.

Légion
Corps d'armée composé d'infanterie et de cavalerie et qui formait la structure de base des armées romaines.

03 L'expansion romaine

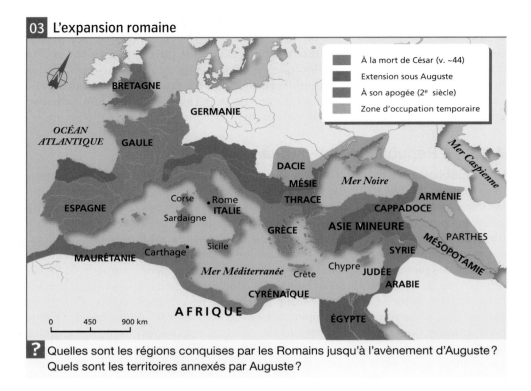

À la mort de César (v. ~44)
Extension sous Auguste
À son apogée (2e siècle)
Zone d'occupation temporaire

? Quelles sont les régions conquises par les Romains jusqu'à l'avènement d'Auguste ? Quels sont les territoires annexés par Auguste ?

Les conséquences économiques Les conséquences économiques des conquêtes sont évidentes. Rome devient le centre de gravité de toute l'économie méditerranéenne et draine vers elle des richesses inouïes venues de tous les horizons et issues tant du pillage occasionné par les guerres que de l'exploitation régulière des ressources des territoires conquis.

04 Les conséquences des conquêtes sur la société romaine

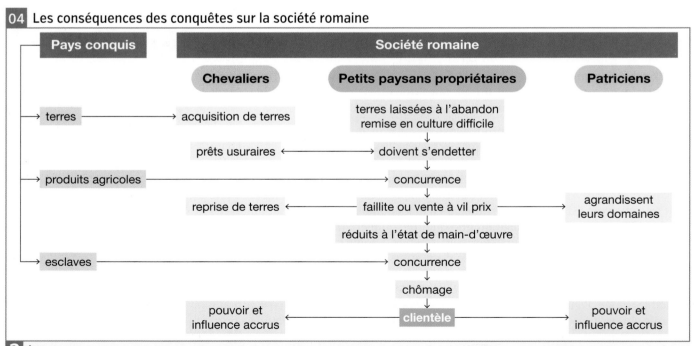

? À l'aide de la figure, expliquez comment les grandes conquêtes ont eu pour effet de provoquer le déclin de la petite paysannerie libre. La disparition de la classe rurale est-elle grave ?

Les conséquences sociales Les conséquences sociales ne sont pas moins profondes. Les conquêtes et l'essor économique qu'elles suscitent favorisent l'émergence d'une nouvelle aristocratie de l'argent, les **chevaliers**, qui va affronter les grands propriétaires fonciers pour le contrôle du pouvoir. Sur la plèbe, en revanche, l'impact des conquêtes est désastreux. Artisans et salariés subissent la concurrence des esclaves raflés dans les pays conquis et dont le travail n'est pas rémunéré. Quant aux petits agriculteurs qui composent la classe moyenne mais aussi l'essentiel des armées, leurs fermes ont été laissées à l'abandon pendant de longues années de guerre. La paix revenue, ils ont été forcés d'emprunter à quelque riche voisin pour remettre leurs terres en état. Mais ils vendent difficilement leurs récoltes, parce qu'ils souffrent maintenant de la concurrence du blé d'Afrique du Nord et surtout d'Égypte. Écrasés de dettes et dépouillés de leurs terres, ils se voient contraints de déserter les campagnes pour grossir les rangs des chômeurs urbains.

Chevalier
À l'origine, Romain assez riche (mais non patricien) pour entretenir un cheval pendant la guerre. Les chevaliers forment donc la cavalerie romaine. Par la suite, ils forment, à côté des patriciens, une noblesse d'argent. Ne pas confondre avec les chevaliers du Moyen Âge (*voir la page 90*).

EN TEMPS ET LIEUX

Être esclave à Rome

Durant l'Antiquité romaine, rien n'était plus banal que de posséder un esclave ou même d'en être un. L'esclavage fait partie du quotidien dans la société romaine. Au ~1er siècle, on estime qu'il y a entre 2 et 3 millions d'esclaves dans la péninsule italienne, soit entre 15 et 30 % de la population. Sous le règne d'Auguste, on estime à environ 10 millions le nombre d'esclaves pour une population de près de 60 millions d'habitants dans l'Empire. Après les céréales, les esclaves constituent le deuxième « produit » d'importation en Italie, si bien que presque tous les citoyens romains, même pauvres, possèdent au moins un ou deux esclaves. Les familles riches, quant à elles, pouvaient parfois en posséder plusieurs centaines.

Contrairement aux Grecs, les Romains ne pensent pas que les esclaves sont des animaux ou des machines qui ne servent qu'à exécuter des travaux. Ils sont plutôt vus comme des hommes ou des femmes « diminués » qui ont perdu leur liberté. Mais il n'y a pas de doute pour les Romains : les esclaves sont bel et bien des êtres humains !

On pouvait devenir esclave de plusieurs manières. Tout d'abord, on accédait à cette condition par la capture. C'est notamment le cas des prisonniers de guerre vaincus par l'armée romaine : ils font partie du butin ! Les victimes kidnappées par des pirates en mer ou par des marchands d'esclaves véreux s'ajoutent au nombre. Ensuite, on devenait esclave par la naissance. L'enfant d'une femme esclave était nécessairement un esclave, et ce, même si son père était un citoyen libre. Ce n'était pas rare, car les maîtres avaient fréquemment des enfants illégitimes avec leurs esclaves. Enfin, il pouvait arriver qu'un homme libre perde sa liberté en raison de problèmes financiers ou qu'un citoyen endetté renonce à sa liberté pour devenir esclave auprès de son créancier. Par ailleurs, plusieurs témoignages traitent d'esclaves (souvent des enfants) vendus par des proches afin de toucher un montant d'argent.

Les conditions de vie des esclaves variaient énormément : certains vivaient dans un certain confort, alors que d'autres étaient battus et soumis à un travail pénible. En fait, la situation de l'esclave était le reflet de celle de son maître. C'est à la campagne que la vie des esclaves était la plus pénible. Ils travaillaient toute la journée aux champs ou dans les mines sous une étroite surveillance. À l'époque, travailler comme mineur revenait pratiquement à une condamnation à mort. De plus, les esclaves vivant à la campagne étaient souvent fouettés et gardés la nuit dans des ergastules, sorte d'étables, où ils étaient enchaînés. En ville, les conditions de vie étaient meilleures. Les esclaves vivaient à l'intérieur de la *domus*, la maison romaine, un peu comme des membres de la famille élargie. La plupart des femmes esclaves agissaient comme domestiques alors que les hommes étaient occupés à divers travaux manuels comme l'entretien des rues par exemple. Cependant, selon leur éducation, des esclaves pouvaient exercer des métiers intellectuels comme fonctionnaire, comptable ou même… enseignant !

L'une des particularités de l'esclavage romain est la question de l'affranchissement. En effet, un esclave avait la possibilité de retrouver la liberté. Pour ce faire, il lui était possible d'amasser un montant d'argent en travaillant, le *pécule*, pour racheter sa liberté à son propriétaire. Aussi, ce dernier pouvait libérer ses esclaves dans son testament. Ces conditions plus favorables expliquent peut-être la rareté des révoltes d'esclaves. Outre la célèbre révolte du gladiateur Spartacus dans le sud de l'Italie (~73 /~71), il n'y eut à peu près aucune remise en cause de cette institution romaine qu'était l'esclavage pendant les longs siècles où elle fut en vigueur à Rome.

? **1.** Qu'est-ce qui explique le nombre important d'esclaves dans la société romaine ?

2. Pourquoi y eut-il si peu de révoltes d'esclaves ? Les esclaves partageaient-ils le sentiment d'être exploités ?

05 Un discours de Tiberius Gracchus

Pour faire passer sa loi agraire, Tiberius prononce, devant le peuple de Rome, un discours aux accents pathétiques.

« Même les animaux qui vivent en Italie ont une tanière ; chacun d'eux a un endroit où dormir et où se réfugier. Mais ceux qui combattent et meurent pour défendre l'Italie n'ont que l'air et la lumière, et rien d'autre. Sans maison, sans résidence fixe, ils mènent une vie errante avec femmes et enfants. Quand les généraux invitent les soldats à lutter contre les ennemis pour défendre leurs tombeaux et leurs temples, ils leur mentent, car, aucun de ces Romains si nombreux n'a d'autel pour y honorer ses pères, ni de sanctuaire consacré à ses ancêtres. C'est pour défendre le luxe et l'argent d'autrui qu'ils font la guerre et qu'ils meurent. On les appelle les maîtres du monde, mais ils n'ont même pas une motte de terre qui leur appartienne ! »

Source : PLUTARQUE, « Tiberius Gracchus » (v. 100-110), IX : 5-6, dans *Vies parallèles*, trad. par Anne-Marie Ozanam, Paris, © Éditions Gallimard, 2001. (Coll. « Quarto »)

Dictateur
Dans la république romaine, magistrat extraordinaire investi, dans des circonstances critiques, de pouvoirs illimités pour un temps déterminé (en principe, six mois).

Affluant à Rome surtout, ils y constituent une masse flottante et turbulente, condamnée à l'oisiveté et dont les familles riches s'assurent l'appui politique (le clientélisme) en leur fournissant chaque matin leur ration de pain et en les distrayant par les jeux du cirque, de plus en plus nombreux et somptueux (« du pain et des jeux »).

Les conséquences politiques Les conséquences politiques des conquêtes sont capitales. D'une part, les institutions politiques d'une petite cité-État se révèlent inadéquates pour organiser un vaste empire dans lequel les citoyens romains ne représentent plus qu'une infime minorité. D'autre part, l'évolution sociale entraîne des tensions politiques. Après l'échec des frères Gracchus (entre ~133 et ~120), tribuns de la plèbe assassinés pour avoir voulu opérer une redistribution des terres au profit des pauvres 05, commence une longue période de troubles et de guerres civiles. Des généraux ambitieux (Marius, Sylla) recrutent les oisifs dans leurs armées en leur promettant terre et butin et s'affrontent en des luttes sanglantes devant un Sénat de plus en plus dépassé. Les accrocs aux règles républicaines se multiplient, l'idée d'un pouvoir fort grandit. Finalement, Jules César, auréolé de la gloire que lui vaut sa conquête de la Gaule, marche sur Rome à la tête de ses troupes et se fait nommer dictateur pour 10 ans par le Sénat (~49).

César et la fin de la République Maître du monde romain, César 06 emploie tout son génie à le réorganiser. Il ouvre d'immenses chantiers à Rome et distribue 20 000 lots de terre aux pauvres. Il institue le calendrier qui porte son nom et que nous utilisons toujours (calendrier julien : 365 jours et 1/4, avec une année bissextile). Grand pontife (chef religieux), *imperator* (chef militaire victorieux), il est surtout **dictateur**, une sorte de roi sans en porter le titre, et extrêmement populaire. Mais la noblesse conspire contre celui qui a sapé ses

06 Jules César (~101/~44)

Jules César est l'un des personnages les plus connus de l'histoire, à la fois chef de guerre, écrivain et homme politique de première importance. Né au sein d'une vieille famille patricienne, il prend très tôt parti pour les plébéiens. Extrêmement ambitieux, il devient consul en ~59 et, son mandat écoulé, entreprend la conquête de la Gaule, qu'il mène à bien en huit années de campagnes qui lui apportent un prestige et une popularité immenses. Sommé par le Sénat, inquiet de cette popularité, de rentrer à Rome sans son armée, il le fait malgré tout en s'écriant « *Alea jacta est !* » (« Les dés sont jetés »). Une guerre civile s'ensuit, dont il sort victorieux en ~45. Il gouverne alors en souverain absolu, implantant des réformes profondes dans la société romaine et se faisant quantité d'ennemis dans les classes dirigeantes traditionnelles. Le

15 mars ~44, il tombe sous les coups de conspirateurs, dont Brutus qu'il avait adopté comme son propre fils. Mais sa postérité traversera les siècles : considéré comme le véritable fondateur de l'Empire, son nom, devenu nom générique, sera accolé à celui de tous les empereurs, qui seront des Césars, et, bien après la disparition de l'Empire, aux empereurs d'Allemagne, les Kaisers, et à ceux de Russie, les Tsars.

privilèges, tandis que les partisans des institutions républicaines ne peuvent bientôt plus tolérer ce pouvoir personnel centralisé. César est assassiné en plein Sénat, le 15 mars de l'an ~44. La guerre civile reprend une dernière fois et Octave, petit-neveu de César, en sort vainqueur. Le 13 janvier de l'an ~27, Octave, qui souhaite garder le pouvoir, fait mine d'y renoncer en proposant aux sénateurs de leur remettre le gouvernement de l'État. Ceux-ci le supplient de conserver les pleins pouvoirs et d'accepter le titre honorifique d'Auguste. Se baptisant lui-même *princeps* (premier) et non *rex* (roi), Auguste réussit à légaliser son propre pouvoir et à le rendre durable, tout en écartant les soupçons d'aspiration à la monarchie **07**. Mais la République a vécu.

2.1.4 L'Empire (de ~27 à 476)

Le nouveau régime   Le génie d'Auguste (~63/14) **08** est de créer un système de pouvoir personnel absolu en laissant intacts la forme et le nom des institutions républicaines. Le sigle de l'Empire romain demeurera, à jamais, SPQR : *Senatus Populus Que Romanus* (« le Sénat et le peuple romain »). Mais tout en maintenant en place ces institutions, Auguste les vide de toute substance, d'une part en accaparant toutes les hautes magistratures (consul, tribun, censeur, pontife, etc.), et d'autre part en mettant sur pied une immense bureaucratie qui ne relève que de lui. Ce pouvoir personnel comporte cependant un défaut majeur : il ne prévoit pas de règle de succession au trône, de sorte que le titre impérial est laissé à la loi du plus fort, c'est-à-dire, en définitive, à la force armée. Chaque vacance du pouvoir impérial risque ainsi de déboucher sur l'anarchie. En 68-69, il y aura même cinq empereurs en moins de deux ans, dont quatre mourront trucidés, l'un carrément lynché par la foule. Ainsi, très peu d'empereurs romains ont eu le loisir de mourir paisiblement dans leur lit, les ambitieux cherchant à hâter l'échéance… Par ailleurs, la stabilité et la longévité de l'Empire, malgré cette faiblesse au faîte du pouvoir, en dit beaucoup sur l'efficacité et le sens de l'État de la bureaucratie romaine.

L'apogée de l'Empire   Le règne d'Auguste dure 41 ans (de ~27 à 14) et reste marqué par un retour à la paix intérieure et extérieure et par une floraison artistique exceptionnelle qui a valu à la période le nom de *siècle d'Auguste*. Puis le titre impérial passe pendant de longues années (de 14 à 95) entre les mains de despotes cruels sinon fous (Caligula, Néron), avant de connaître l'apogée du *siècle d'or*, l'époque des Antonins (de 96 à 192). Trajan, Hadrien, Antonin et Marc Aurèle jouissent d'une autorité sereine et solide et donnent à l'Empire sa plus vaste expansion, jusqu'aux portes de l'Écosse, sur la ligne Rhin-Danube et au sud de la mer Noire. En Bretagne (l'Angleterre actuelle), en Europe centrale, on fortifie la ligne (*limes*) qui, espère-t-on, fixe pour toujours le périmètre de la puissance de Rome.

Au début du 3ᵉ siècle de notre ère, l'Empire né de la Louve peut sembler à son apogée. Les frontières sont encore solides et les

07 **Auguste, sauveur de l'État**

« [...] la puissance militaire de Lépide et d'Antoine passa à Auguste, qui avec le titre de "prince", reçut sous son autorité absolue l'ensemble de l'État, épuisé par les guerres civiles. [...]

Une fois que, après la défaite de Brutus et de Cassius, l'État n'eut plus d'armée, que Sextus Pompée fut vaincu dans les eaux de la Sicile, que l'élimination de Lépide, la mort d'Antoine n'eurent laissé au parti julien lui-même d'autre chef que César Auguste [Octave], celui-ci abandonna le titre de triumvir, se déclara consul, se contentant, disait-il, de la puissance tribunitienne pour protéger la plèbe ; puis, quand il eut gagné l'armée par ses largesses, le peuple par des distributions de vivres, tout le monde par la douceur de la paix, peu à peu, le voici qui monte et attire à lui les prérogatives du sénat, des magistrats, des lois, sans que personne lui résiste [...]. »

? D'après Tacite, comment se manifeste l'habileté d'Auguste dans l'établissement de son pouvoir personnel ?

Source : TACITE, *Annales* (v. 110), I : 1-2, trad. par Pierre Grimal, Paris, © Éditions Gallimard, 2002, p. 3-4. (Coll. « Folio Classique »)

08 **L'empereur Auguste**

Debout, la main droite levée, en cuirasse de cérémonie, l'empereur harangue les soldats.

légions tiennent en respect les « barbares » qui se pressent le long du *limes*. Tous les hommes libres de l'Empire portent avec fierté leur titre de citoyen romain qui vient de leur être conféré par l'empereur Caracalla (212). L'Empire paraît indestructible. Pourtant, des fissures commencent à lézarder le bel édifice.

Le déclin Les conquêtes et l'exploitation des provinces ont fait affluer à Rome l'or et les esclaves des pays vaincus, corrompant les classes dirigeantes et dégradant la masse dans les jeux du cirque et les combats de gladiateurs. Les mines d'argent d'Espagne et les mines d'or de la Gaule et de la Dacie s'épuisent. Une crise monétaire s'ensuit, qui entraîne l'augmentation des prix. En même temps, les conquêtes territoriales s'étant arrêtées, les arrivées d'esclaves diminuent et les champs sont laissés en friche, particulièrement en Italie ; la famine menace.

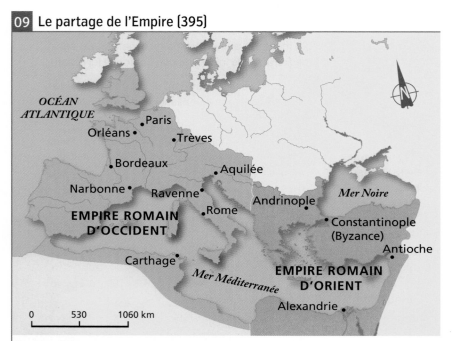

09 Le partage de l'Empire (395)

En 395, l'Empire romain est divisé en deux entités indépendantes. C'est en quelque sorte l'acte de naissance de l'« Occident ».

Pour éviter l'effondrement de l'économie, l'administration impériale intervient dans tous les secteurs et la bureaucratie se fait plus lourde, tandis que les guerres continuelles aux frontières assèchent le trésor public. Tout cela entraîne une forte hausse des impôts, très inégalement répartis.

Toutes ces difficultés sont amplifiées par l'absence de règle de succession au trône. Les deux derniers siècles de l'Empire sont marqués par de continuelles luttes armées pour le pouvoir, au cours desquelles des usurpateurs s'emparent de provinces entières. L'autorité centrale en sort dangereusement affaiblie. En 395, l'Empire devenu décidément trop vaste est divisé en deux : l'Empire romain d'Occident avec Rome pour capitale, et l'Empire romain d'Orient, plus grec d'ailleurs que romain, autour de Constantinople **09**.

La chute de l'Empire d'Occident Constantinople ayant rassemblé les meilleures armées contre les Perses, l'Empire d'Occident manque maintenant de soldats, et ce sont des « barbares » qui protègent la frontière contre d'autres « barbares » qui, repoussés depuis de longues années, se sont renforcés et n'attendent que l'occasion d'y entrer. Bientôt, sur les frontières, le bouclier des légions se fissure. Au milieu du 3ᵉ siècle, des bandes de barbares déferlent sur la Gaule, pillant tout sur leur passage. Le brigandage, oublié depuis trois siècles, réapparaît. L'insécurité des routes provoque le resserrement du commerce. La mer n'étant plus protégée, les pirates y reviennent.

Finalement, la frontière cède sous la pression des tribus germaniques entassées sur le Rhin, et c'est la grande invasion de 406, qui annonce la fin de l'Empire romain d'Occident. Pendant quelque temps encore, des usurpateurs s'affublent du titre d'empereur au milieu d'un immense désordre. Mais en 476, l'empereur d'Occident Romulus Augustule, un adolescent, est déposé par un chef germain, Odoacre, qui renvoie à l'empereur de Constantinople les insignes impériaux. Il n'y a plus, désormais, qu'un empire d'Orient, d'un côté, et des royaumes germaniques, de l'autre. Le Moyen Âge est en vue.

FAITES LE P⊙INT

1. Localisez sur une carte muette les éléments suivants : Rome, Latium, Italie, mer Tyrrhénienne, mer Adriatique, mer Méditerranée, Constantinople ; tracez les frontières de l'Empire romain à son maximum d'extension et la ligne de partage entre l'empire d'Occident et l'empire d'Orient.

2. Quelle influence les conquêtes territoriales ont-elles exercée sur l'évolution de la civilisation romaine, aux points de vue social et politique ?

3. Comment Auguste réussit-il à faire accepter aux Romains un régime essentiellement monarchique, malgré leur méfiance séculaire à l'égard d'un tel régime et leur attachement aux institutions républicaines ?

4. Quels sont les principaux facteurs qui entraînent la chute de l'Empire romain ?

2.2 L'héritage politique

L'héritage politique laissé par Rome à la civilisation occidentale est fondamental 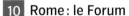. Il est constitué, entre autres, de la notion d'État et du droit, tous deux garants de l'ordre romain.

---

10 Rome : le Forum

Le lieu par excellence des rassemblements politiques où les orateurs haranguaient le peuple de Rome.

2.2.1 La notion d'État

L'État romain   Les Romains ont fait preuve de génie en gouvernant et en administrant comme ils l'ont fait un empire aussi vaste pendant cinq siècles. Alors que les Grecs ne concevaient pas la vie politique en dehors du cadre étroit de la cité-État, les Romains, par leurs conquêtes, ont créé un empire groupant plus de 20 peuples de mœurs et de coutumes différentes. Leur sens de l'ordre et de l'organisation les a amenés à concevoir l'État comme une autorité suprême qui transcende les individus, les groupes et les régimes, et qui incarne la stabilité et la continuité du corps social. Partout la même loi, rigoureusement imposée, assure l'unité, l'ordre et la paix ⬛. Après une longue éclipse consécutive à la disparition de l'Empire, l'Occident reviendra à la notion romaine d'**État** vers le 16ᵉ siècle, avec la naissance des États modernes (*voir le chapitre 5*). Cette conception est au fondement de toutes les constructions politiques du monde actuel.

État

Autorité politique souveraine, considérée comme une personne juridique et morale, à laquelle est soumis un groupement humain vivant sur un territoire donné. (CNRTL, 2011)

11 Droit de cité et notion d'État

« Voici ce qui, de beaucoup, entre toutes choses, mérite le plus d'être vu et admiré : c'est ce qui concerne le droit de cité. Quelle grandeur de conception ! Rien jamais n'a ressemblé à cela. [...] Ni la mer ni l'étendue d'un continent ne peuvent être un obstacle à l'obtention de la citoyenneté ; dans ce domaine, l'Asie n'est pas séparée de l'Europe. Tout se trouve ouvert à tous ; il n'est personne digne du pouvoir ou de la confiance qui reste un étranger. [...] Comme nous l'avons dit, vous avez, en hommes généreux, distribué à profusion la cité. [...] Vous avez cherché à en rendre digne l'ensemble des habitants de l'Empire ; vous avez fait en sorte que le nom de Romain ne fût pas celui d'une cité, mais le nom d'un peuple unique. [...] Depuis que ce partage est réalisé, nombreux sont ceux qui, dans chaque cité, sont les concitoyens de vous-mêmes autant que ceux issus de leur propre race, bien que quelques-uns d'entre eux n'aient encore jamais vu votre cité. Il n'est pas besoin de garnisons dans leurs acropoles car, partout, les hommes les plus importants et les plus puissants gardent pour nous leur propre patrie. »

? En quoi ce texte reflète-t-il la notion romaine d'État ?

Source : Aelius ARISTIDE (117-181), *Éloge de Rome*, 2e siècle, trad. par A. Michel. Cité dans Marielle CHEVALLIER et Xavier LAPRAY (dir.), *Histoire 2e*, Hatier, 2014, p. 67.

2.2.2 Le droit romain

Les principes Plus qu'aucun autre peuple avant eux, plus que les Grecs mêmes, les Romains ont été des juristes et des légistes. Ils ont imposé l'idée d'une société dont les membres sont protégés dans leur personne et dans leurs biens par des droits juridiquement définis. Ils sont à l'origine de ce que nous appelons l'État de droit, avec ses dispositions fondamentales : égalité de tous devant la loi, interdiction des privilèges et refus de l'arbitraire. Ils ont légué au monde la tradition d'un droit écrit et **codifié**, qui s'oppose tant aux simples coutumes qu'aux caprices des dirigeants. Ils ont introduit les distinctions fondamentales entre droit privé et droit public, entre droit civil et droit criminel ou pénal. Les régimes politiques passent, les hommes d'État se succèdent, mais le droit demeure. De tous les héritages laissés par Rome, le droit est celui qui caractérise le plus l'esprit romain.

Codifié
Rassemblé en un recueil formant un ensemble complet dans le domaine de la justice.

Les femmes dans le droit romain Les femmes sont, tout comme à Athènes, sous la tutelle de leur père ou de leur époux. Elles ont cependant davantage de droits juridiques. Ainsi, dès le ~5e siècle, elles peuvent travailler, posséder des biens, et les léguer. Elles ont aussi droit de choisir leur époux et d'en divorcer. De plus, à compter du ~1er siècle, celles qui ont donné naissance à trois enfants sont libérées de tutelle. Tout comme à Athènes, le rôle des épouses demeure néanmoins celui d'assurer une descendance légitime à leur époux. En cas d'adultère, ce dernier est à la fois juge et partie, puisqu'il préside le tribunal familial et décide de la sanction. La famille demeure sous la juridiction du père (*pater familias*) à qui seul revient le droit d'adopter un fils pour assurer la transmission du patrimoine ou, encore, d'exposer (abandonner) un nouveau-né. Si l'infanticide est interdit dès le 1er siècle, il faudra attendre le 4e siècle, sous Constantin, pour que la pratique de l'exposition le soit aussi.

Des femmes bien présentes dans la ville Dans son *Histoire de Rome*, Tite-Live rapporte que des femmes issues d'honorables familles descendent dans la rue en ~195. Leur objectif : faire annuler une loi votée vingt ans plus tôt pour renflouer les coffres de la cité. Les femmes avaient alors dû remettre leur or à l'État et il leur était depuis interdit de porter des vêtements pourpres (une teinture dispendieuse) et de circuler à bord de voiture attelée. La situation de Rome s'étant depuis stabilisée à la suite de nombreuses victoires militaires, les femmes demandent, en ~195, l'abrogation de la loi en manifestant bruyamment dans les rues. La loi sera finalement révoquée. Si de telles manifestations exclusivement féminines sont rares, les femmes sont néanmoins très présentes dans la majorité des mouvements de révolte.

La postérité du droit romain   Les recueils de lois de la plupart des pays occidentaux plongent leurs racines dans les principes juridiques romains. C'est notamment du droit romain que nous tenons les dispositions modernes prescrivant
que nul ne peut être contraint de défendre une cause, que nul ne peut être puni
pour ce qu'il pense ou encore que la charge de la preuve incombe à la partie qui
affirme et non à celle qui nie. Signer un bail, rédiger un acte d'achat d'une voiture
ou d'une maison, résilier un contrat de vente, etc., sont des formalités légales
héritées des Romains. Le langage juridique actuel a même conservé nombre de
locutions inspirées du droit romain et pour lesquelles le latin est encore utilisé
couramment, tant en français qu'en anglais et dans plusieurs autres langues **12**.

12 Quelques locutions latines utilisées en droit québécois et canadien actuel

Locution latine	Sens littéral	Sens juridique
Alibi	Ailleurs	Défense basée sur la présence de l'accusé dans un autre lieu au moment du crime.
Audi alteram partem	Entendre l'autre partie	Droit d'être entendu avant d'être jugé.
Certiorari	Être informé	Procédure par laquelle on demande à la cour de juger de la régularité d'une décision administrative.
Habeas corpus	Vous avez le corps	Requête à la cour pour vérifier la légalité d'une détention.
In camera	En chambre	Procès ou partie d'un procès tenu derrière des portes closes, sans la présence du public.
Nolle prosequi	Ne pas vouloir poursuivre	Déclaration par laquelle la poursuite abandonne les procédures.
Pro forma	Pour la forme	Caractère d'une action non essentielle qui peut être revue ultérieurement.
Quo warranto	Par quelle autorité ?	Procédure par laquelle on tente d'empêcher une personne de faire une chose pour laquelle elle n'a pas d'autorité.
Ultra vires	Au-delà des forces	Caractère d'une décision qui excède la juridiction du décideur.

2.2.3 *Pax romana*

***Pax romana*, la paix romaine**   Ces mots correspondent à la période la plus
calme, la plus dégagée de menaces que l'Occident ait jamais connue, avant et
depuis. Aujourd'hui, la paix nous apparaît comme un simple répit, une trêve
entre deux cataclysmes. Il en allait bien autrement pour un citoyen de l'Empire
au temps de Titus ou de Trajan. La paix était alors une réalité durable.

En Gaule, par exemple, les derniers soubresauts de la conquête ont eu lieu vers
~50 ; en Espagne, en ~19. Et jamais, jusqu'aux premières vagues d'invasions, c'est-
à-dire pendant près de trois siècles, nul soldat menaçant n'est reparu dans ces
terres désormais protégées par Rome. Au centre de l'Empire, dans la péninsule
italienne, entre les dernières incursions carthaginoises et les premières invasions
germaniques, c'est près d'un demi-millénaire de relative tranquillité, malgré les
secousses des guerres civiles et des révoltes d'esclaves. Une telle quiétude, tout
à fait exceptionnelle, a permis la croissance démographique et le développement
économique. Elle a aussi laissé un souvenir impérissable, une sorte de nostalgie
qui n'est pas sans rapport avec des tentatives de retrouver l'unité perdue comme
celles qui animèrent le Saint Empire romain germanique (*voir la page 114*) ou
l'Empire napoléonien (*voir la page 238*).

Une autonomie locale Cette relative tranquillité de l'Empire tient, entre autres, à l'organisation impériale elle-même, qui laisse aux administrations locales, aux cités, une large autonomie. Une fois victorieux, les Romains traitent généralement leurs anciens ennemis avec clémence, se montrent tolérants pour leurs coutumes, facilitent leur intégration dans l'Empire en leur permettant d'accéder progressivement à la pleine citoyenneté romaine. Dès l'instant que l'ordre règne et que s'effectue correctement la rentrée des impôts, le gouvernement impérial n'intervient pas dans les détails. La majorité des questions est réglée au niveau des cités par des magistrats élus que Rome comble de faveurs pour se les attacher et qui ont le sentiment d'être des «Romains» avant d'être des Gaulois, des Bretons ou des Syriens. Plusieurs empereurs, à partir du 3e siècle, seront même issus des peuples conquis.

FAITES LE P⊙INT

5. En quoi consiste la notion d'État élaborée par les Romains?

6. Quelles sont les caractéristiques générales du droit romain?

7. Citez et définissez au moins trois locutions latines utilisées couramment dans le droit actuel.

8. Comment Rome assure-t-elle une relative tranquillité intérieure dans son empire?

2.3 L'héritage matériel

Les traces matérielles de la présence de Rome, profondes, encore visibles, se retrouvent partout dans les territoires de son empire, parfois remarquablement conservées. Les plus impressionnantes se trouvent dans le vaste réseau de villes et de routes qui couvrent tout l'Empire.

2.3.1 Rome au centre du monde

La Rome impériale L'Empire romain est un monde de villes, à l'image de la ville mère, Rome. À l'apogée de sa puissance, largement étalée autour des sept collines primitives, avec son million d'habitants venus de tous les horizons de l'Empire, Rome est l'une des plus grandes agglomérations du monde **13**. Elle abrite des monuments plus nombreux et plus spectaculaires que partout ailleurs, symboles de la grandeur impériale, tels le Colisée (*colosseum*, «colosse»), le plus vaste et le plus magnifique des amphithéâtres de l'Empire, capable d'accueillir 50 000 spectateurs (*voir la page 48*), ou le *Circus Maximus*, le plus grand stade de l'Antiquité avec ses 350 000 places.

Les énormes constructions publiques s'y multiplient au fil des siècles, particulièrement des thermes (des bains publics), où les Romains se réunissent chaque après-midi, et qui jouent un rôle social important, puisqu'on y trouve, entourés de jardins, des bibliothèques, une palestre, un stade de compétition, des boutiques, des bureaux et, bien sûr, au centre, les salles pour bains chauds ou froids ou bains de vapeur (saunas) **14**. Les plus vastes sont ceux de Dioclétien, ouverts en 305, qui s'étendent sur plus de 13 hectares (130 000 mètres carrés), les salles de bains à elles seules pouvant y accueillir simultanément jusqu'à 3 000 personnes. Pour les besoins de ces établissements, et pour la santé des citadins, l'approvisionnement en eau est vitale. Rome est alimentée par 12 aqueducs qui fournissent en moyenne à chaque Romain 10 litres d'eau par jour, plus qu'aux Romains d'aujourd'hui!

Toutefois, dans cette Rome superbe, luxueuse et raffinée, le magnifique côtoie le sordide. D'innombrables taudis voisinent avec les constructions grandioses.

13 | Maquette de Rome à l'apogée de l'Empire (2ᵉ siècle)

Remarquez le fouillis des rues et la taille immense des monuments publics destinés à distraire la plèbe oisive. À droite, entre le Colisée et le *Circus Maximus*, on peut voir la série d'arches de l'un des 12 aqueducs gigantesques qui alimentent la ville en eau.

L'espace habitable manque ; les spéculateurs se disputent le terrain à prix d'or et élèvent d'énormes pâtés de maisons à cinq ou six étages, sorte de gros immeubles que l'on appelle des *insulæ*, des « îles ». Les rues s'allongent, étroites et obscures, entre ces bâtiments divisés en petits logements et dont le rez-de-chaussée est occupé habituellement par des commerces. Telle est Rome, à la fois la plus belle et la plus démesurée des villes de l'Empire, et, pour cela même, inspiratrice de toutes les cités de provinces dont elle fait les instruments de la romanisation.

2.3.2 Villes et romanisation

Un monde de villes Les Romains considèrent en effet qu'il n'y a pas de civilisation digne de ce nom sans villes. C'est pourquoi, sur tout le territoire de son empire, Rome a fait s'épanouir de belles et grandes villes. Partout, du Sahara jusqu'en Angleterre, à l'image de la capitale, jaillissent du sol des arcs de triomphe, des temples, des thermes, des amphithéâtres, des aqueducs. Aux yeux des Romains, le nombre et la splendeur des villes affermissent leur domination et suscitent la prospérité générale.

14 | Les thermes romains

« J'habite juste au-dessus d'un établissement de bains ! Imagine les bruits de toute espèce qui peuvent harceler les oreilles ! Quand les plus costauds s'entraînent à soulever des poids de plomb, quand ils peinent ou feignent de peiner, je les entends gémir. Chaque fois qu'ils rejettent l'air qu'ils avaient inspiré, je les entends siffler et souffler violemment. Quand mon oreille tombe sur un paresseux qui se contente du massage ordinaire, j'entends la main qui claque sur les épaules avec un son différent, selon qu'elle rencontre du plat ou du concave. Mais si jamais survient le joueur de balle qui se met à crier les scores, on est fichu.

Ajoute le type qui cherche des histoires, le voleur pris en flagrant délit ou celui qui aime à faire résonner sa voix au bain. Ajoute encore ceux qui éclaboussent tout le monde avec leurs plongeons retentissants. En dehors de ces gens-là, dotés, au moins, d'une voix normale, pense à l'épilateur qui, pour se faire remarquer, n'arrête pas avec sa voix de fausset : pas un instant de silence, sauf quand il épile les aisselles et qu'il fait crier le client à sa place. »

? D'après le texte de Sénèque, à quelles activités s'adonnaient les Romains dans les thermes ?

Source : SÉNÈQUE, « Lettres à Lucilius » (v. 63-64), LVI, dans *Apprendre à vivre*, t. II, trad. par Alain Golomb, Paris, Arléa, 1992, p. 74-75.

15 Un arc de triomphe romain à Orange, en France

L'arc de triomphe d'une ville symbolise la force militaire de Rome, célèbre la gloire d'un général vainqueur et sert de porte d'entrée dans la cité (1er siècle).

16 La romanisation aux confins de l'Empire

« Pour habituer par les jouissances à la paix et à la tranquillité des hommes disséminés, sauvages et par là même disposés à faire la guerre, il [Agricola, gouverneur de la province de Bretagne*] encourageait les particuliers, il aidait les collectivités à édifier temples, forums, maisons, louant les gens empressés, blâmant les nonchalants : ainsi l'émulation dans la recherche de la considération remplaçait la contrainte. De plus, il faisait instruire dans les arts libéraux les fils des chefs, et préférait les dons naturels des Bretons aux talents acquis des Gaulois, si bien qu'après avoir naguère dédaigné la langue de Rome, ils se passionnaient pour son éloquence. On en vint même à priser notre costume et souvent à porter la toge ; peu à peu, on se laissa séduire par nos vices, par le goût des portiques, des bains et des festins raffinés ; dans leur inexpérience, ils appelaient civilisation ce qui contribuait à leur asservissement. »

_____

* La province romaine de Bretagne (Angleterre actuelle) était peuplée de Celtes.

_____

Source : TACITE (vers 55-vers 120), *Vie d'Agricola,* 21, trad. par Eugène Saint-Denis, Paris, Les Belles Lettres, 1942, p. 18.

Des agglomérations se créent ainsi jusqu'aux limites extrêmes du puissant empire : Timgad, en Algérie, fondée sous Trajan au bord du désert du Sahara pour protéger les caravanes qui transportent l'ivoire et les esclaves d'Afrique centrale, Bath, en Angleterre, que les Romains transforment en ville d'eaux en utilisant des sources chaudes pour alimenter un système de thermes, Strasbourg sur le Rhin, Palmyre (aujourd'hui Tadmor), en Syrie, Pétra, dans le nord de l'Arabie, et combien d'autres. Toutes ces villes possèdent encore des vestiges imposants de cités romaines 15. Elles furent toutes de petites Rome, par lesquelles s'effectua une romanisation poussée des peuples conquis.

La romanisation Les villes sont un facteur clé dans la romanisation des provinces conquises, car c'est là que se concentrent et se déploient toute la force et toute la splendeur de l'empire de Rome. Les institutions romaines y agissent comme éléments intégrateurs. L'habileté des Romains, qui savent respecter les coutumes et ménager les susceptibilités, et le droit de cité largement accordé y sont pour beaucoup 16. Fascinés par la puissance politique, économique et culturelle de l'Empire, les Gaulois, par exemple, deviennent les Gallo-Romains.

2.3.3 « Tous les chemins mènent à Rome »

Un réseau routier incomparable L'héritage matériel de Rome s'incarne enfin dans l'une de ses réalisations techniques les plus ambitieuses : le réseau routier. Construites par un corps de génie militaire, les routes passent les rivières, serpentent dans les montagnes, enjambent les vallées, s'enfoncent dans les massifs.

Tracé dans ses grandes lignes pendant la République, le réseau routier est la préoccupation constante des empereurs. Durant deux siècles, ils travaillent tous à améliorer cette œuvre gigantesque. De Rome à Cadix, à Constantinople, à Athènes, aux bouches du Rhin et du Danube, on peut aller sans peine sur des chaussées admirables, assises sur le roc, dallées superbement, avec relais et gîtes d'étape 17 18. À l'apogée de l'Empire, 23 routes rayonnent autour de la borne centrale érigée sur le forum de la capitale, formant un réseau de 90 000 kilomètres de chaussées qui se ramifient çà et là en 200 000 kilomètres de voies secondaires, une distance égale à 8 fois la circonférence de la Terre 19.

Un triple rôle Cet immense réseau dont la construction s'est poursuivie pendant 600 ans joue un triple rôle. Il constitue un circuit parfait pour le commerce, les routes principales s'articulant aux grands ports méditerranéens en pleine prospérité : Alexandrie, Antioche, Leptis Magna, Carthage, Marseille, Arles, Carthagène et tant d'autres. Son objectif est aussi politique : il s'agit d'expédier partout les ordres de l'empereur et de recevoir au plus vite les rapports des administrateurs. Mais le réseau a surtout une valeur stratégique, dans la mesure où il permet la surveillance aux frontières, le transport des troupes et la répression rapide des rébellions.

17 La *Via Appia* près de Rome

La *Via Appia* fut la première route du réseau romain et l'une de ses plus importantes. On en voit encore d'impressionnants vestiges en banlieue de Rome.

18 Coupe d'une route

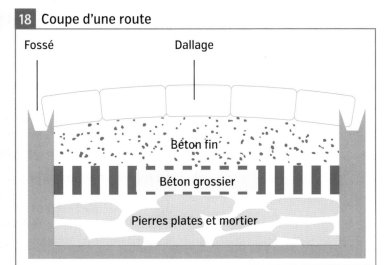

Fossé   Dallage

Béton fin

Béton grossier

Pierres plates et mortier

19 « La pieuvre »

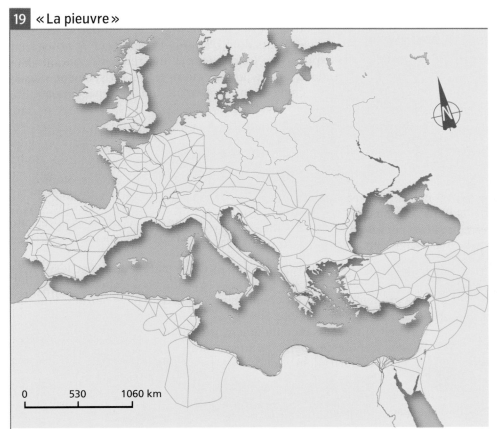

0   530   1060 km

Le réseau des voies romaines enserre l'immense Empire comme dans un filet de tentacules: la pieuvre.

FAITES LE P⊙INT

9. Nommez et décrivez les principaux types d'édifices et de monuments publics que l'on retrouve tant à Rome que dans toutes les villes romaines de l'Empire.

10. Quel plan d'ensemble les Romains adoptaient-ils pour les villes ?

11. Quels rôles jouait le réseau routier romain?

2.4 L'héritage spirituel

La religion romaine, aux dieux innombrables, n'a guère laissé de traces dans la culture occidentale, d'autant plus que les Romains ont largement adopté la mythologie grecque après leur conquête de la Grèce. C'est plutôt par la naissance et la diffusion du christianisme, qui a pris son essor aux plus beaux jours de la paix romaine, que Rome a légué à l'Occident un héritage spirituel absolument fondamental.

2.4.1 Naissance et diffusion du christianisme

Au tournant de notre ère, la Palestine est une province romaine habitée en partie par les Hébreux, ce «peuple de la Bible» qui a élaboré au cours des siècles une religion à caractère monothéiste et messianique (*voir la page 13*). C'est dans ce contexte d'espérance messianique que surgit Jésus de Nazareth, qui apparaît d'abord comme un nouveau prophète.

Jésus L'histoire connaît fort mal le personnage de Jésus. Son existence ne fait guère de doute, mais nous ignorons les années exactes de sa naissance et de sa mort. Les récits évangéliques, seuls témoignages détaillés de sa vie, proviennent tous du cercle intérieur de ses disciples et ne sont pratiquement pas corroborés de l'extérieur. Mais, surtout, ces récits sont d'abord et avant tout des ouvrages de théologie, destinés à exposer les fondements d'une religion, plus que des ouvrages d'histoire. Cependant, ces récits ont eu un tel retentissement, acquis une telle importance dans la civilisation occidentale, qu'il est nécessaire d'en rappeler les grandes lignes.

Le récit évangélique Jésus commence sa vie publique vers l'âge de 30 ans. Pendant trois ans, il parcourt le pays, prêchant aux foules. Ses paroles jetées au vent des collines de Galilée parlent d'amour et de charité, de pénitence et de pardon. Tous les hommes sont frères et égaux devant Dieu; par amour, on pardonnera aux autres leurs offenses : c'est le sermon des Béatitudes, véritable charte d'une humanité régénérée [20]. Il apporte une espérance : mourir, c'est passer dans une vie nouvelle. Il annonce l'avènement d'un royaume de Dieu non plus terrestre mais spirituel : «Mon royaume n'est pas de ce monde.»

Le peuple est séduit. Les pauvres, les humbles et les malades suivent Jésus avec empressement et écoutent son enseignement exprimé en paraboles, ou images, au hasard des promenades sur les chemins raboteux d'un pays perdu… Son succès auprès des petites gens inquiète. Ses attaques virulentes contre le formalisme religieux, l'orgueil et la suffisance indignent les notables juifs à qui il reproche leur dureté et leur hypocrisie. Dénoncé au procurateur romain Ponce Pilate par le conseil des prêtres de Jérusalem comme un agitateur dangereux, il meurt crucifié (supplice particulièrement infamant) près de Jérusalem, sur la colline du Golgotha, vers l'an 30. Mais peu après, ses disciples affirment qu'il est ressuscité et qu'il leur a donné la mission d'annoncer cette bonne nouvelle au monde entier.

Les fondements du christianisme Jésus n'a pas véritablement fondé une religion nouvelle. Ce sont ses disciples qui, réfléchissant sur l'expérience de ces trois

20 Les Béatitudes

Extrait 1

«Joie de ceux qui sont à bout de souffle, le règne des Cieux est à eux.

Joie des éplorés, leur deuil sera plus léger.

Joie des tolérants, ils auront la terre en héritage.

Joie de ceux qui ont faim et soif de justice, ils seront comblés.

Joie des compatissants, ils éveilleront la compassion.

Joie des cœurs limpides, ils verront Dieu.

Joie des conciliateurs, ils seront appelés enfants de Dieu.

Joie des justes que l'on inquiète, le règne des cieux leur appartient.»

Extrait 2

«Aimez vos ennemis, soyez bienveillants envers les haineux, appelez le bien sur ceux qui vous veulent du mal, priez pour vos calomniateurs. Celui qui te frappe la joue, tends-lui l'autre joue, celui qui te vole ton manteau, propose-lui aussi ta tunique. [...] Ce que vous voulez que les hommes vous fassent, faites-le pour eux de la même façon. [...]

Ne jugez pas et vous ne serez pas jugés. Ne condamnez pas et vous ne serez pas condamnés. Acquittez et vous serez acquittés. Donnez et il vous sera donné.»

1. D'après l'extrait de l'Évangile de Matthieu, quels sont les groupes sociaux les plus susceptibles d'accorder leur confiance à Jésus? En quoi les paroles du Christ peuvent-elles porter préjudice à l'État romain?

2. Comparez ce texte avec celui du document **17**, à la page 14.

Source de l'extrait 1 : Évangile de Matthieu, V : 3-10, trad. par Marie-Andrée Lamontagne et André Myre, Paris/Montréal, Bayard/Médiaspaul, 2001, p. 2223. Source de l'extrait 2 : Évangile de Luc, VI : 27-31, 37-38, trad. par Pascalle Monnier et Pierre Létourneau, *ibid.*, p. 2329-2330.

années à la fois exaltantes et dramatiques, élaborent après sa mort les fondements de cette religion. Puisant ses sources dans la Bible, qu'il complète par un Nouveau Testament (une Nouvelle Alliance), le christianisme proclame que Jésus est le Messie tant attendu annoncé par les prophètes (*Christ* veut dire «Messie»), mais un Messie spirituel venu pour sauver les âmes et non pour asseoir son pouvoir sur Terre. Ce salut spirituel s'adresse à tous les humains, et non au seul «peuple élu» comme le croyaient les Hébreux. Jésus est «Fils de Dieu», il a offert sa vie pour racheter la faute originelle et effacer les péchés du monde, et sa résurrection est le gage et la promesse de la résurrection finale de tous les humains et de leur accession à la vie éternelle. Ce dogme de la résurrection est le dogme central du christianisme.

La diffusion du christianisme Les disciples de Jésus tentent d'abord de répandre la «bonne nouvelle» (c'est le sens du mot *Évangile*) à l'intérieur du judaïsme, dans les **synagogues**. L'échec est massif. Ceux qu'on appelle déjà les *chrétiens* se situent tellement à contre-courant de la tradition judaïque d'un Messie temporel et politique, venant délivrer le peuple juif de ses oppresseurs («Mon royaume n'est pas de ce monde»), que leur discours suscite immédiatement méfiance et rejet. Mis devant ce fait, les chrétiens se convainquent bientôt qu'il faut sortir du judaïsme et se disséminer dans l'Empire **21**.

L'artisan de cette expansion est Paul de Tarse, citoyen romain, qui a compris que la paix romaine offre au christianisme un extraordinaire moyen d'expansion. Connaissant le grec, il peut parler aux foules païennes de l'Empire **22**. Voyageur infatigable, il multiplie sur son passage les communautés chrétiennes ou «Églises» (du grec *Ecclésia*) qu'il conseille et soutient par ses épîtres. Grâce à Paul, une Église est déjà en place à Rome vers 60, présidée par l'apôtre Pierre qui devient ainsi le premier évêque de Rome, le premier «pape».

Le message évangélique exerce une grande attraction surtout sur les pauvres, les esclaves et les femmes, qui y trouvent l'affirmation d'une nouvelle dignité dans ce monde gréco-romain qui les marginalise tant. Ce peuple des humbles est attiré par cette religion qui enseigne la valeur de la pauvreté et le respect de la personne. Le christianisme primitif n'abolit pas l'esclavage, mais il proclame sans ambages l'égalité spirituelle de tous, comme en témoigne cette affirmation stupéfiante de

Synagogue
Édifice qui sert de lieu de culte, de réunion et d'enseignement religieux à une communauté juive.

21 | Diffusion du christianisme dans l'Empire romain

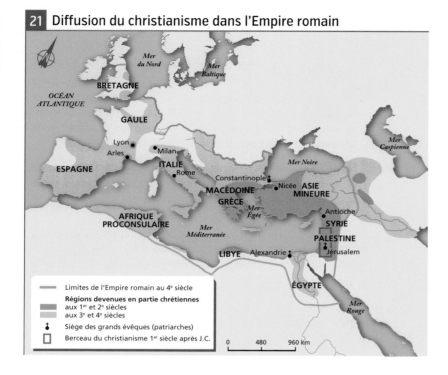

Légende:
- Limites de l'Empire romain au 4e siècle
- **Régions devenues en partie chrétiennes**
  - aux 1er et 2e siècles
  - aux 3e et 4e siècles
- Siège des grands évêques (patriarches)
- Berceau du christianisme 1er siècle après J.C.

0   480   960 km

22 | Un discours de Paul

«Athéniens, quand je vous observe, je vous tiens pour des hommes très religieux. N'ai-je pas vu, en passant, alors que j'examinais vos monuments sacrés, un autel portant cette inscription: "Au dieu que nous ne connaissons pas"? Celui que vous vénérez dans l'ignorance, moi je vous l'annonce. Le Dieu qui a fait l'univers et tout ce qu'il contient, le Dieu Seigneur du ciel et de la terre, n'habite pas des temples construits par la main de l'homme. [...]

Et pourtant il n'est pas loin de chacun d'entre nous. En lui seul nous vivons, nous mouvons, existons. Nous sommes de sa descendance, ainsi que l'ont dit aussi certains de vos poètes. Alors, puisque nous appartenons à la descendance de Dieu, nous ne devons pas penser que la divinité est semblable à de l'or, de l'argent ou de la pierre, auxquels l'art et l'invention de l'homme auraient donné forme.»

Source: Actes des apôtres, XVII: 22-24, 29, trad. par Pascalle Monnier et Daniel Marguerat, Paris/Montréal, Bayard/Médiaspaul, 2001, p. 2450.

Paul: «Il n'y a ni Juif, ni Grec, il n'y a ni esclave ni homme libre, il n'y a ni mâle, ni femelle, car vous ne faites qu'un dans le Christ Jésus[1].»

Pour les femmes, ce message d'égalité constitue également une nouveauté dont la résonnance en attirera plus d'une. Il semble que les femmes soient plus nombreuses que les hommes dans les premières communautés chrétiennes et qu'elles y jouent un rôle de premier plan, prêchant la bonne nouvelle et officiant lors des baptêmes. À Rome, par exemple, les premières communautés sont souvent installées dans les résidences privées. Cet ancrage familial facilite la participation des femmes, comme en témoignent de nombreux passages des *Épîtres aux Romains* que rédige l'apôtre Paul au 1er siècle.

Là-dessus se déroule une des grandes tragédies de l'histoire du judaïsme. En 66 éclate la Grande Révolte juive contre la domination romaine. Durant quatre années de combats acharnés, les Romains commandés par Titus mettent toute la Judée à feu et à sang, s'emparent de Jérusalem et détruisent le Temple, centre essentiel du culte à Yahvé. Cette tragédie marque la rupture définitive entre juifs et chrétiens, ces derniers tenant absolument à se démarquer des premiers aux yeux des autorités romaines. Et c'est dans ce contexte que sont rédigés les Évangiles, qui affirment la loyauté de Jésus et de ses disciples envers l'Empire («Rendez à César ce qui est à César et à Dieu ce qui est à Dieu») et font porter aux Juifs la responsabilité de la mort de Jésus («Que son sang retombe sur nous et sur nos enfants»), vision qui servira de fondement à l'antisémitisme de l'Occident chrétien.

2.4.2 Le christianisme face au pouvoir impérial

Le christianisme persécuté   Rome, qui a toujours accueilli généreusement les dieux étrangers et, en particulier, les cultes orientaux, reçoit pourtant le christianisme avec méfiance. Ces chrétiens représentent une menace contre l'ordre et l'autorité. Ils refusent de porter les armes, se recrutent largement parmi les pauvres et les déshérités, milieu sordide où grouillent les agitateurs. Pis encore, ils refusent de rendre un culte à Rome et à l'empereur, c'est-à-dire, en quelque

---

1. *Lettre aux Galates*, III: 28, trad. par Marie Depussé et Alain Gignac, Paris/Montréal, Bayard/Médiaspaul, 2001, p. 2557.

sorte, de participer à la religion nationale, seul lien sacré, en fait, qui unit les sujets d'un empire polythéiste et multiculturel. Ils soutiennent, au contraire, que leur religion est la seule vraie, leur Dieu, le seul véritable. De plus, l'opinion publique méprise ce ramassis d'Orientaux parlant grec qui vivent à part, tiennent des réunions secrètes, s'entourent de mystères...

Alors vient le temps des persécutions. Elles commencent dès l'an 64, à l'occasion du grand incendie de Rome que l'empereur Néron, accusé par la rumeur publique d'en être responsable, impute aux chrétiens **23**. Entrecoupées de phases d'accalmie assez longues, les persécutions deviennent plus fréquentes au 3ᵉ siècle et s'étendent parfois à tout l'Empire. Les chrétiens sont arrêtés, jugés et condamnés à des peines cruelles : tortures ou exposition aux bêtes sauvages dans les «jeux» du cirque.

23 La première persécution

«Mais aucun moyen humain, aucune largesse du prince, aucun rite destiné à apaiser les dieux ne pouvaient éloigner la rumeur infamante selon laquelle l'incendie [de Rome] avait été allumé sur ordre. Aussi, pour étouffer ce bruit, Néron supposa des accusés et frappa des peines les plus raffinées les gens, détestés à cause de leurs mœurs criminelles, que la foule appelait "chrétiens". Celui qui est à l'origine de ce nom est Christ, qui, sous le règne de Tibère, avait été condamné à mort par le procurateur Ponce Pilate ; réprimée sur le moment, cette exécrable superstition faisait sa réapparition non seulement en Judée, où se trouvait l'origine de ce fléau, mais aussi à Rome où tout ce qui est, partout, abominable et infâme vient aboutir et se répand.

Donc, on arrêta d'abord ceux qui avouaient, puis, sur leur dénonciation, une foule immense, qui fut condamnée, moins pour crime d'incendie que pour sa haine du genre humain. Leur exécution fut transformée en jeu : on les revêtit de peaux de bêtes et ils périrent sous la morsure des chiens ou bien ils furent cloués à des croix, ou bien on y mit le feu, pour que, lorsque le jour baissait, ils brûlent et servent d'éclairage nocturne. Néron avait prêté ses jardins pour ce spectacle [...]. Aussi, à l'égard de ces hommes coupables et qui méritaient les derniers supplices, montait une sorte de pitié, à la pensée que ce n'était pas pour l'intérêt de tous, mais pour satisfaire la cruauté d'un seul, qu'ils périssaient.»

? Quelle est l'attitude de l'auteur face aux chrétiens ?

Source : TACITE, *Annales* (v. 110), XLIV : 25, trad. par Pierre Grimal, Paris, © Éditions Gallimard, 2002, p. 405-406. (Coll. «Folio Classique»)

Les persécutions n'empêchent cependant pas les chrétiens d'accroître leur nombre et de s'organiser, bien au contraire : les récits héroïques du martyre de leurs coreligionnaires ne font que consolider leur foi. Déjà apparaissent les premiers **sacrements** avec leurs rites : l'entrée dans la communauté par le baptême, la prière en commun qui s'achève par un repas fraternel – la cène –, commémoration du dernier repas de Jésus avec ses disciples, où s'opère le partage du pain et du vin.

Sacrement
Rite religieux en usage dans les Églises chrétiennes, par exemple le baptême. Leur nombre varie aujourd'hui d'une Église à l'autre ; le catholicisme en compte sept.

Le christianisme toléré Soudainement, en 313, le rapport des chrétiens avec le pouvoir impérial change du tout au tout : l'empereur Constantin leur accorde l'entière liberté de culte et restitue aux communautés chrétiennes tous les biens qui leur avaient été confisqués **24**. Bientôt, l'Empire lui-même deviendra officiellement chrétien. Comment expliquer un changement si soudain et si radical, tout de suite après la plus longue et la plus sanglante persécution, celle de Dioclétien, et alors que la population est encore très majoritairement païenne ? C'est que l'Empire commence à se lézarder de l'intérieur, en ce début de 4ᵉ siècle, en même temps que les pressions «barbares» augmentent sur les frontières. L'Empire a besoin de resserrer ses rangs, d'assurer un contrôle accru sur sa population, et les cultes traditionnels, éclatés, ne semblent pas aptes à servir à ces fins. L'Église chrétienne, elle, se veut universelle et unique : elle peut devenir le creuset d'une renaissance impériale, à la fois politique et religieuse. Le flair politique de Constantin l'oriente dans cette direction.

Le paysage religieux est bouleversé. L'Église sort de la clandestinité. Des basiliques s'élèvent à Rome, à Jérusalem, à Constantinople. Des lois sont édictées qui protègent les faibles, les esclaves, les enfants. Mais cette politique de préférence a son prix.

24 Le christianisme toléré

L'édit de Milan (313)

«Moi, Constantin Auguste, et moi, Licinius* Auguste, réunis heureusement à Milan pour discuter de tous les problèmes relatifs à la sécurité et au bien public, avons cru devoir régler en tout premier lieu [les] dispositions sur lesquelles reposent le respect de la divinité, c'est-à-dire donner aux chrétiens comme à tous la liberté et la possibilité de suivre la religion de leur choix [...]. Nous avons accordé auxdits chrétiens la permission pleine et entière de pratiquer leur religion. [...] La même possibilité d'observer leur religion et leur culte est concédée aux autres citoyens, ouvertement et librement, [...] afin que chacun ait la libre faculté de pratiquer le culte de son choix.

De plus, [...] les locaux où les chrétiens avaient auparavant l'habitude de se réunir [...] doivent leur être rendus sans paiement et sans aucune exigence d'indemnisation [...].»

---

* Il est intéressant de noter que Licinius est païen: cela en dit beaucoup sur l'évolution de la société romaine.

? Comment se fait-il que cet édit soit cosigné par deux empereurs, tous les deux portant le titre d'Auguste? Comment les empereurs justifient-ils leur attitude à l'égard des chrétiens?

Source: LACTANCE, *De la mort des persécuteurs* (v. 318-321), XLVIII: 2-13, trad. par J. Moreau, Paris, Éditions du Cerf, 1954, p. 132.

Orthodoxie
Ensemble des doctrines, dogmes ou principes considérés comme vrais par une religion, une idéologie, une école de pensée. Conformité à cet ensemble.

Césaropapisme
Système politico-religieux dans lequel le pouvoir civil et le pouvoir religieux sont réunis dans une seule autorité, celle de l'empereur.

En effet, l'empereur est amené à intervenir directement dans les affaires internes de l'Église. Défenseur de l'**orthodoxie**, il participe aux débats théologiques, prononce des sentences, définit la vérité. Cette prétention doctrinale de Constantin prélude à ce qu'on appellera par la suite le **césaropapisme**: l'empereur est inspiré par Dieu et agit en son nom. Dans cette «union du trône et de l'autel» l'Église trouve puissance et richesse, mais entre ainsi dans une mouvance fragile dont certains auteurs estiment qu'elle n'est jamais sortie totalement.

L'éviction des femmes des tâches pastorales La progression du christianisme favorise par ailleurs la mise en place de structures plus hiérarchisées de même qu'une lente éviction des femmes de tâches pastorales que certaines d'entre elles semblent alors exercer. En 387, le pape, s'adressant aux évêques, précise que «[...] quant à ce que les femmes baptisent, nous vous informons du danger important où se mettent celles qui osent agir ainsi. C'est pourquoi, nous ne le conseillons pas, car c'est incertain, ou plutôt, c'est illégal et impie. En effet, si la tête de la femme c'est l'homme, c'est lui aussi qui a été choisi pour le sacerdoce; il n'est pas juste de mépriser la création et de délaisser ce qui est premier pour aller vers le corps venu en dernier: car la femme, c'est le corps de l'homme, issu de son côté, soumis à lui et distinct de lui en vue de la procréation [...][2]».

25 Le paganisme persécuté

«Que cesse la superstition, que soit abolie la folie des sacrifices. Car quiconque osera célébrer des sacrifices contre la loi du divin prince notre père et contre cette décision de Notre mansuétude, sera frappé du châtiment approprié et d'une sentence immédiate.

[...] Il nous a plu que les temples soient immédiatement fermés en tous lieux et en toutes villes et que leur entrée soit interdite [...]. Nous voulons également que tous se tiennent à l'écart des sacrifices. S'il arrivait que quelqu'un perpètre un crime de ce genre, qu'il soit frappé d'un glaive vengeur.

[...] Nous ordonnons de soumettre à la peine capitale les individus convaincus de s'être consacrés aux sacrifices ou d'avoir honoré les statues.»

Source: «Code théodosien» (438), XVI: 10.2, 10.4, 10.6, dans *Les lois religieuses des empereurs romains de Constantin à Théodose II*, t. I, trad. par Jean Rougé, Paris, Éditions du Cerf, 2005, p. 429, 431, 433, 435.

L'égalité spirituelle proclamée par le christianisme se trouve donc reléguée au second plan par des autorités religieuses qui ne semblent guère disposées à transgresser, en matière sacerdotale, la ligne de partage des rôles sexuels propres à leur époque. C'est désormais dans les monastères que les femmes pourront assumer certaines responsabilités, mais dans les limites que leur confère leur sexe!

Le christianisme triomphant L'Empire devient enfin officiellement chrétien sous Théodose, dernier empereur capable de maintenir, pour quelque temps, l'unité du monde romain. En 392, il ferme les temples païens et interdit les sacrifices aux dieux, et le paganisme, à son tour, connaît ses martyrs 25.

---

2. Constitutions apostoliques, III, 9-13, cité dans Flore DUPRIEZ, «Quel sacerdoce pour les femmes au début du christianisme?» dans *L'Autre parole*, n° 43, sept. 1989, p. 18-19.)

L'Église romaine adopte le latin comme langue officielle à la place du grec et s'organise sur la base de **diocèses** imitant la structure administrative impériale et placés sous l'autorité de l'évêque de Rome. Ainsi naît le pouvoir des papes.

Quand l'Empire romain d'Occident meurt en 476, l'Église chrétienne demeure la seule force organisée capable de transmettre aux peuples qu'il englobe l'héritage de la civilisation gréco-romaine. En y ajoutant l'apport judéo-chrétien, elle contribuera puissamment à modeler l'Occident, sa vision du monde, sa culture, ses valeurs et sa conscience.

Diocèse
Circonscription ecclésiastique placée sous l'autorité d'un évêque ou d'un archevêque.

FAITES LE P⊙INT

12. Décrivez les fondements essentiels du christianisme.

13. Quels sont les facteurs qui amènent la rupture entre judaïsme et christianisme et la diffusion du christianisme dans l'Empire?

14. Pour quelles raisons Rome se montre-t-elle méfiante envers les chrétiens, et pourquoi change-t-elle subitement d'attitude au début du 4e siècle?

15. Comment se transforme le christianisme sous l'empereur Constantin?

2.5 L'héritage littéraire et artistique

Peuple essentiellement pragmatique, les Romains n'ont pas apporté à la littérature et à l'art des innovations semblables à celles des Grecs. Leur génie a consisté justement à copier ces modèles qui les fascinaient tant, tout en leur apportant les dimensions particulières à leur propre sensibilité.

2.5.1 La langue et la littérature

Le latin L'apport linguistique de Rome à la civilisation occidentale est immense. Tout d'abord, les Romains avaient adopté l'alphabet grec, en le modifiant quelque peu, avant même de conquérir les royaumes hellénistiques. Il y a donc tout un apport grec qui nous a été transmis par voie de latinisation. Et le latin populaire a contribué à former toutes les langues dites *romanes* (italien, français, portugais, espagnol, roumain, etc.), voisines les unes des autres, et a même exercé une influence sur les langues germaniques (anglais, allemand). Outre le langage juridique dont nous avons parlé précédemment (*voir la page 59*), le français courant utilise fréquemment des locutions latines telles quelles **26**.

26 Quand on parle latin...

Mot ou expression latin	Sens littéral	Sens actuel
Ad hoc	Pour cela	Se dit d'un groupe formé pour un objet précis (« comité *ad hoc* »).
Consensus	Accord	Opinion ou décision qui rallie l'accord général des personnes concernées.
Ex æquo	Conformément à un égal	À égalité.
Index	Qui indique	Doigt de la main ; liste alphabétique permettant de retracer des mots, des sujets ou des noms dans un ouvrage.
Per capita	Par tête	Par personne (en statistique).
Quorum	Desquels	Nombre minimal de présences requises pour qu'une réunion soit valide.
Statu quo	Dans la situation	État actuel des choses.

Mais le latin lui-même survivra très longtemps à la disparition de la Rome antique. Il demeurera la langue savante pendant tout le Moyen Âge et jusqu'au 18e siècle, où le fameux Isaac Newton, un des plus grands scientifiques de l'histoire (*voir la page 201*), publiera en latin son ouvrage clé : *Philosophiæ naturalis principia mathematica* (*Principes mathématiques de philosophie naturelle*). C'est en latin que les cérémonies du culte catholique se sont déroulées partout dans le monde jusque dans les années 1960, tandis que l'apprentissage du latin faisait partie intégrante du programme des collèges « classiques » au Québec jusque dans ces années-là.

La littérature   Dans le domaine littéraire aussi, le premier mérite de Rome est de s'être imprégnée de la culture grecque et de l'avoir transmise aux générations ultérieures. Le poète Horace dira : « la Grèce conquise a vaincu son farouche vainqueur ». Mais, peu à peu, l'héritage grec se latinise. Les meilleurs écrivains produisent des chefs-d'œuvre purement latins, comme Cicéron dans l'art oratoire **27**, Virgile dans l'épopée (son *Énéide* est une sorte de revanche sur *L'Iliade*), ou Tite-Live en Histoire. La spéculation philosophique, que les Grecs ont poussée si loin, revêt plutôt, chez les pragmatiques Romains, l'aspect d'une morale élevée dont les *Pensées* de l'empereur Marc Aurèle sont un des plus beaux témoignages.

27   Cicéron (~106/~43)

Le plus grand et le plus célèbre des orateurs romains. Adolescent, il fréquente le Forum et s'intéresse aux débats des tribunaux. À 20 ans, il a déjà publié deux livres sur l'art oratoire et, à 25 ans, il plaide avec hardiesse sa première cause. À Athènes et à Rhodes, il se perfectionne dans l'art de la parole. De retour en ~77, il entame une fulgurante carrière politique qui le mène jusqu'au consulat en ~63. Il s'illustre alors par son action contre Catilina, un aventurier qui essaie de soulever la populace. Il s'oppose ensuite farouchement à Marc Antoine, qui tente de succéder à César, en prononçant un violent réquisitoire en 14 discours, qu'il nomme *Philippiques* en l'honneur des discours de l'orateur grec Démosthène contre Philippe de Macédoine. Pourchassé par son adversaire, il est assassiné par les sbires de ce dernier au moment où il s'embarque pour fuir en Grèce. On lui coupa les mains avec lesquelles il avait écrit les *Philippiques*…

2.5.2   L'art

L'architecture   S'il est un domaine artistique où le génie des Romains donne sa pleine mesure, c'est celui de l'architecture, où peuvent se combiner au mieux leur pragmatisme et leur sens artistique. Bien que leurs temples ressemblent plutôt à leurs modèles grecs, dans l'architecture civile, par contre, des percées décisives vont leur permettre d'accomplir des réalisations monumentales et durables.

D'abord, ils prennent chez les Étrusques l'arcade de pierre, qui permet de hausser considérablement les plafonds et de diminuer le nombre des colonnes porteuses. Une succession d'arcades donne une voûte, et faire pivoter une arcade sur son axe central donne une coupole. Ainsi sont créées les trois formes typiques de l'architecture romaine, partout reprises depuis plus de deux millénaires. Puis, invention capitale, ils imaginent un procédé original de construction qui consiste à couler dans un coffrage un mélange d'eau, de sable, de chaux et de briques ou de fragments de pierre. Le béton est né. Durci, il devient imperméable et résistant et peut supporter des masses énormes. Il suffit, dès lors, d'en revêtir la surface de marbre ou de stuc pour lui donner une belle apparence. Cette technique appelée *blocage* permet toutes les audaces. Elle poussera le génie romain à construire des types de monuments nouveaux, comme les thermes et les amphithéâtres, destinés à accueillir des foules immenses, mais aussi des arcs de triomphe, des viaducs, des aqueducs **28**. Elle permet d'élever des voûtes à des hauteurs jusque-là inconnues. Elle permet aussi de jeter au-dessus du vide des coupoles majestueuses recouvrant de vastes espaces sans le support d'aucune colonne.

Le symbole du génie romain dans cette nouvelle façon de construire demeure le Panthéon, le seul édifice de toute l'Antiquité qui nous soit parvenu intact et, de plus, consacré sans interruption à ce pourquoi il a été bâti : le culte religieux. Sa structure a la simplicité de l'absolue perfection : une coupole hémisphérique reposant sur une rotonde avec, comme seule source de lumière, une ouverture circulaire (*oculus*) percée au sommet de la coupole **29**. La rotonde et la coupole ayant le même diamètre (43 mètres), l'édifice entier évoque une sphère, forme parfaite figurant la totalité de l'Univers. Pour supporter l'énorme poids de cette coupole, les murs de la rotonde font plus de 7 mètres d'épaisseur. L'édifice est complété par un portique à la grecque, avec colonnade et fronton triangulaire. Le Panthéon demeurera jusqu'au début du 20e siècle le plus vaste espace intérieur libre (sans colonnes) au monde, et sera abondamment copié dans tout l'Occident **30**.

La peinture et la mosaïque À la différence de celle des Grecs, entièrement disparue, la peinture romaine nous a été en partie conservée, grâce surtout à la lave du Vésuve qui a enseveli Pompéi sous sa gangue protectrice pendant plus d'un millénaire. On y découvre des décorations géométriques, des scènes mythologiques ou de la vie quotidienne et des paysages d'une grande

28 Le pont du Gard, en France

![pont du Gard]

Ce « pont », élevé à 50 mètres au-dessus de la rivière, faisait partie d'un immense aqueduc qui alimentait Nîmes en eau potable. L'étage inférieur sert encore aujourd'hui au passage des véhicules.

29 Le Panthéon de Rome

Temple élevé vers 125 pour le culte de « tous les dieux ». (2e siècle)

30 Coupe du Panthéon

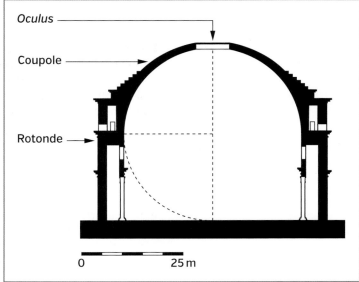

Oculus

Coupole

Rotonde

0   25 m

La coupole figure l'Univers, l'*oculus* représentant le Soleil.

Mosaïque
Décoration faite de petits morceaux (pierres, vitres, etc.) de différentes couleurs fixés dans un ciment.

beauté, avec une parfaite maîtrise de la perspective, peints directement sur les murs dans des couleurs très riches **31**. Autre forme d'art pictural, la **mosaïque** romaine atteint un grand raffinement dont l'héritage sera recueilli surtout dans l'Empire romain d'Orient, avec l'art byzantin.

La sculpture En sculpture, les Romains se contentent à peu près de copier les Grecs (la plupart des statues grecques ne nous sont connues que par des copies romaines). Ils y ajoutent cependant, autre marque de leur pragmatisme, un talent peu commun pour le portrait sculpté, fortement individualisé, réaliste et extraordinairement vivant **32**. Ce même souci de réalisme se retrouve sur de magnifiques colonnes sculptées qui n'ont d'autre fonction (elles ne supportent rien) que d'offrir une surface sur laquelle se déploie en spirale la narration minutieuse des expéditions militaires. Ces colonnes constituent une source irremplaçable de renseignements très précis sur l'histoire romaine.

31 Une fresque romaine

Fresque de la maison Agrippa à Boscotrecase (Italie). (Ier siècle)

32 Une sculpture romaine

Volonté, concentration, sévérité et courage émanent de ce visage de bronze fortement individualisé. (~4e/~3e siècle)

FAITES LE POINT

16. Retracez quelques expressions latines utilisées fréquemment en français.

17. Décrivez trois formes architecturales typiquement romaines.

18. Quelle invention capitale permet aux Romains de construire d'immenses bâtiments ?

19. Comment les Romains se distinguent-ils des Grecs en matière de sculpture ?

❯ EN BREF

❯ Favorisée par sa situation géographique au centre du bassin méditerranéen, Rome s'est taillé méthodiquement, de proche en proche, sur un demi-millénaire, l'un des plus grands empires de l'histoire. D'abord simple cité-État organisée en République au sein de laquelle les plébéiens obtiennent après des luttes acharnées l'égalité civique avec les patriciens, mais qui n'est pas en mesure d'assumer les défis posés par ses conquêtes, Rome se transforme, à la fin du ~1er siècle, en Empire fondé sur le pouvoir personnel et absolu de l'empereur. Après avoir atteint son apogée au 2e siècle, la puissance romaine se désintègre néanmoins de l'intérieur avant de disparaître, envahie par des peuples germaniques.

❯ Placés à la tête d'un immense territoire peuplé de plus de vingt peuples de langues, de cultures et de religions diverses, les Romains ont fait de l'État une autorité qui transcende les individus, les groupes et les régimes, et qui incarne la stabilité et la continuité du corps social. Ils ont aussi élaboré des principes fondamentaux du droit, écrit et codifié, qui s'oppose tant aux coutumes qu'aux caprices des dirigeants. Ils ont enfin assuré à un très vaste territoire une longue période de paix intérieure à peu près unique dans l'histoire de l'Occident.

❯ Sur le plan matériel, les Romains ont bâti partout des villes à l'image de leur splendide capitale, des villes qui ont joué un rôle clé dans la romanisation des peuples conquis. Ils ont relié ces villes par un extraordinaire réseau routier conçu tant pour le commerce que pour les besoins administratifs et militaires.

❯ L'Empire romain a aussi vu naître et se répandre d'un bout à l'autre de son territoire une religion qui, issue d'un petit peuple dans une région marginale, est devenue, malgré moult persécutions initiales, la religion commune indissociable de la civilisation occidentale : le christianisme.

❯ Les Romains ont créé une langue qui est à la base de toutes les langues romanes actuelles, parlées par plus de 700 millions de personnes, et même des langues germaniques sous certains aspects. Tout en s'inspirant de modèles grecs, ils ont créé une littérature originale, révolutionné l'architecture par des formes et des techniques permettant de grandioses réalisations, poussé l'art pictural à de grands raffinements, insufflé dans la sculpture un réalisme extraordinairement vivant.

Rome a ainsi contribué à bâtir un espace de civilisation dont l'Occident est encore, en de multiples domaines, l'héritier direct. C'est pourquoi l'idée de Rome a traversé les siècles « comme un mythe vivifiant, celui d'une patrie humaine dont l'histoire a montré qu'elle n'était pas un rêve impossible » (Pierre Grimal).

❯ HÉRITAGE

Ce que nous devons à Rome

Sur le plan politique

- la République (*res publica*)
- la notion moderne d'État souverain
- la conception de l'empire et de l'unité politique
- le droit écrit qui s'oppose aux coutumes ou à l'arbitraire

Sur le plan matériel

- l'urbanisme (l'art de construire des villes)
- les voies romaines (le premier réseau routier intégré d'Europe)
- le béton

Sur le plan culturel et littéraire

- la romanisation des peuples conquis
- la diffusion du christianisme
- la diffusion de la langue latine, mère de toutes les langues romanes

Sur le plan artistique

- la transmission de l'art grec
- des formes architecturales nouvelles : arc, voûte, coupole
- des types de bâtiments nouveaux : thermes, arcs de triomphe, aqueducs, arènes, amphithéâtres, etc.
- le réalisme dans le portrait sculpté ou peint
- la colonne sculptée
- la mosaïque

❯POUR ALLER PLUS LOIN

LIRE

BALLARD, Michel, et Élisabeth DENIAUX. *Rome, de la cité-État à l'Empire. Institutions et vie politique*, Paris, Hachette supérieur, 2014, 256 p. (Coll. «Carré Histoire» n° 52) — Excellente synthèse sur les transformations politiques amenées par les conquêtes territoriales.

CARCOPINO, Jérôme. *Rome à l'apogée de l'Empire*, Paris, Pluriel, 2011, 351 p. (Coll. «Pluriel: la vie quotidienne») — Remarquable titre de la série «La vie quotidienne», par un grand historien.

MARTIN, Jean-Pierre, et collab. *Histoire romaine*, 3e éd, Paris, A. Colin, 2014, 479 p. (Coll. «U. Histoire») — Synthèse complète et très à jour, depuis la fondation de Rome jusqu'à l'effondrement de l'Empire.

«Spartacus: l'esclave qui fait trembler Rome», *Historia Spécial*, n° 5, mai 2012.

NAVIGUER

Roma quadrata: www.roma-quadrata.com — Histoire et civilisation de la Rome antique. Personnages, lieux, éléments de civilisation, bibliographie, liens.

Empereurs romains: www.empereurs-romains.net — Biographies de tous les empereurs, cartes, tableaux généalogiques, très riche courrier (section courrier «Vox populi +»).

Roman Aqueducts: www.romanaqueducts.info — Immense site consacré aux aqueducs romains, très complet (histoire, techniques, statistiques, photos, médiagraphie, etc.).

VISIONNER

Engineering an Empire: Rome, É.-U., History Channel/ A&E Home Video, 2005, 94 min. — Documentaire de la série télévisée *Engineering an Empire.* Les grandes réalisations du génie romain: aqueducs, Colisée, Panthéon, etc.

L'Évangile selon saint Matthieu, de Pier Paolo Pasolini, avec E. Irazoqui et M. Caruso, It./Fr., 1964, 136 min. — Dans une œuvre à la fois sévère et prenante, aux antipodes du Christ lénifiant de l'imagerie traditionnelle, Pasolini (qui était athée et marxiste) fait ressortir le caractère révolutionnaire de l'enseignement de Jésus. Superbe photographie en noir et blanc dans des décors naturels austères.

I, Caesar: The Rise and Fall of the Roman Empire, É.-U., Kultur Video, 2008, 300 min. — Excellente série de six documentaires sur six grandes figures de l'histoire romaine: César, Auguste, Néron, Hadrien, Constantin et Justinien.

L'origine du christianisme (Origin of Christianity, Facets Video), Fr., Arte Video, 2004, 520 min. — Série documentaire d'exégèse par des spécialistes chrétiens et juifs sur les Actes des apôtres, qui décrit comment le christianisme se dépare du judaïsme. Exigeant et aride, mais passionnant pour qui s'intéresse au sujet.

Spartacus, de Stanley Kubrick, avec K. Douglas et L. Olivier, É.-U., 1960, 198 min. — La fameuse révolte des esclaves contre Rome, en ~73/~71. Superproduction hollywoodienne un peu au-dessus de la moyenne: on a affaire à Kubrick! Scènes de batailles exceptionnelles. Comédiens excellents.

 Allez plus loin encore, grâce à la médiagraphie enrichie disponible sur *i+ Interactif*!

EXERCICES ET ACTIVITÉS

Exercez-vous davantage grâce à des ateliers interactifs captivants! Consultez votre enseignant pour y accéder sur *i+ Interactif*.

Les conséquences des conquêtes romaines

1. Le document 4 (*p. 52*) présente une synthèse des conséquences des conquêtes romaines. Il est important d'apprendre à interpréter un tel schéma pour mieux saisir le texte. Pratiquez-vous avec le document 4, en vous aidant des sections sur les conséquences économiques et sociales, aux pages 52 à 54.

   a) Vérifiez d'abord votre compréhension de l'organisation du schéma, soit le contenu des colonnes et des rangées, les couleurs et le sens des flèches.

   - Dans la colonne de gauche, il est inscrit «produits agricoles»; observez bien le sens des flèches et déterminez d'où ces produits agricoles proviennent et où ils sont acheminés.

   - À quel groupe social fait référence la couleur verte utilisée dans le schéma?

   - Vers la droite du schéma, l'on retrouve cette indication: «agrandissent leurs domaines». À qui fait-on allusion?

   - Au bas du schéma, en bleu, il est dit que les chevaliers et les patriciens ont un «pouvoir et [une] influence accrus»; qu'est-ce qui augmente leur pouvoir et leur influence?

   b) Il faut ensuite interpréter les liens logiques qui unissent les divers éléments du schéma.

   - À la gauche du schéma, sous le titre «Pays conquis», figurent trois petits encadrés avec les termes «terres», «produits agricoles» et «esclaves». Que veut-on dire?

   - Au centre du schéma, il est indiqué que les petits paysans propriétaires font faillite ou doivent vendre leurs terres à vil prix (c'est-à-dire, à très bas prix). En vous aidant du texte du manuel, expliquez trois facteurs qui sont responsables de la faillite des paysans.

   - Plus bas, il est aussi précisé que les paysans qui ont vendu leurs terres se retrouvent au chômage; quel est le principal facteur qui explique le chômage des anciens paysans?

   c) Vous êtes maintenant prêts à faire une synthèse des informations recueillies, en répondant à la question qui figure sous le schéma: «À l'aide de la figure, expliquez comment les grandes conquêtes ont eu pour effet de provoquer le déclin de la petite paysannerie libre.»

2. Selon certains auteurs, à la suite des conquêtes romaines, «[l]es transformations de la société et [de l'État] contenaient des germes de mort pour le régime républicain[3].» Répondez aux questions suivantes, en utilisant la section 2.1.3, pour expliquer ce qui peut justifier un tel jugement.

   a) Sur le plan social, en quoi l'expansion romaine aura-t-elle à long terme des conséquences néfastes pour Rome?

   b) Sur le plan politique, quelles conséquences des conquêtes mèneront éventuellement à la chute de la République?

Jules César fut-il empereur romain?

3. Il arrive parfois que certaines fausses interprétations se propagent à propos d'un personnage ou d'un événement historique, malgré les démentis apportés par les historiens (qu'on pense, par exemple, aux menhirs qu'auraient supposément érigés les Gaulois ou à l'existence plus que douteuse de Robin des Bois). Ainsi en va-t-il de l'idée que Jules César fut un empereur romain. Mais comment procède-t-on pour déboulonner de telles inexactitudes?

   a) Il faut tout d'abord vérifier la chronologie des faits. Pour cela, comparez les dates de la vie de Jules César (*p. 54*) et l'année de fondation de l'Empire romain (ligne du temps, *p. 49*). Quelle conclusion pouvez-vous en tirer?

   b) Il est nécessaire aussi de confronter les faits. Identifiez les diverses fonctions exercées par Jules César, en définissant clairement les responsabilités associées à chacune de ces fonctions (*p. 54*; attardez-vous également à la définition de «dictateur»). Vérifiez en outre ce qu'est un empereur en lisant sur le nouveau régime mis en place par Auguste (*section 2.1.4, p. 55*). En définitive, pouvez-vous dire que César fut empereur? Apportez les nuances nécessaires.

   c) Il est important de comprendre comment cette fausse interprétation a pu se forger. En lisant la biographie de Jules César (*p. 54*), expliquez pourquoi César a pu être, à tort, considéré comme empereur romain.

Le concept de «romanisation»

4. Saisissez-vous bien le concept de «romanisation» présenté dans la section 2.3.2 (*p. 62*)? À ne regarder que le mot, on peut en déduire une définition. De fait, le suffixe «-isation» indique une transformation: ainsi, la «démocratisation» est le fait de rendre démocratique, la «christianisation», de rendre chrétien ou la «légalisation», de rendre légal. La «romanisation» serait

---

3. Maurice DAURON et Jean DEVISSE, *Rome et le Moyen-âge jusqu'en 1328*, Paris, Hatier, 1964, p. 40.

donc de _____ . Mais tâchez d'approfondir votre compréhension de ce concept.

a) Lisez le texte de Tacite, dans l'encadré 16 (*p. 62*), et identifiezy les différentes manifestations de la romanisation des Bretons.

b) Observez le document 13 (*p. 61*) qui présente la ville de Rome ainsi que le document 29 (*p. 71*) où figure le Panthéon de Rome: remarquez notamment la disposition des lieux, les types de bâtiments, leurs caractéristiques architecturales. Comparez ensuite vos observations avec les illustrations suivantes: la ville romaine de Timgad en Algérie présentée ci-après; les documents 15 (*p. 62*) et 28 (*p. 71*) qui affichent des monuments romains en France. Expliquez maintenant en quoi ces comparaisons illustrent le concept de «romanisation» des diverses régions de l'Empire romain.

c) Plusieurs facteurs peuvent expliquer la romanisation de l'Empire. D'une part, en quoi, selon vous, la conception de l'État élaborée par les Romains (*section 2.2.1, p. 57*) a-t-elle contribué à la romanisation? D'autre part, quel rôle aurait pu y jouer le développement du réseau routier (*section 2.3.3, p. 62*)?

d) Cette romanisation a-t-elle toutefois été bien acceptée par les peuples conquis par les Romains? En vous penchant sur le cas spécifique de la Grèce (Points de vue sur l'histoire, *p. 77*), identifiez les deux principales interprétations qui s'affrontent au sujet de l'attitude des Grecs conquis à l'égard de la romanisation. Mentionnez les principaux arguments sous-tendant chacune de ces interprétations.

e) Toutefois, les transferts culturels se font rarement à sens unique. Les Romains ont peut-être romanisé leur empire, mais ils ont également eux-mêmes intégré plusieurs traits culturels grecs. Donnez un exemple de cette fusion entre les cultures grecque et romaine sur les plans de la langue (*p. 69*), de la littérature (*p. 70*), de l'architecture (*p. 70*) et de la sculpture (*p. 72*).

La diffusion du christianisme

5. Complétez la ligne du temps suivante, en indiquant les facteurs d'expansion du christianisme aux différentes périodes indiquées.

a) Dans le message chrétien transmis par Jésus de Nazareth lui-même ou par ses disciples, qu'est-ce qui favorise l'expansion du christianisme?

1er s.

b) En quoi les persécutions consolident-elles la diffusion du christianisme au lieu de le faire disparaître?

64-313

c) Quel fut le rôle de Constantin dans l'expansion du christianisme et pourquoi?

Début 4e s.

d) Quel fut le rôle de Théodose dans l'expansion du christianisme et pourquoi?

Fin 4e s.

e) Pourquoi la chute de l'Empire romain n'a-t-elle pas freiné le christianisme?

476

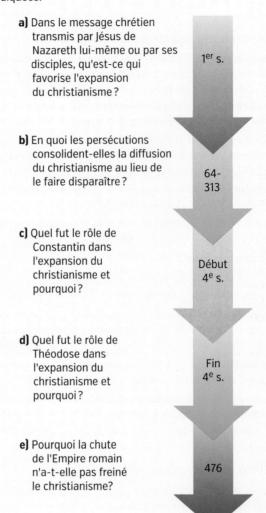

La ville romaine de Timgad

POINTS DE VUE
SUR L'HISTOIRE

La Grèce conquise a-t-elle accepté la domination romaine et la romanisation?

Lorsque Rome fait la conquête de la Grèce, les Romains délaissent une partie de leur culture traditionnelle au profit de la culture des conquis, si bien que l'on dit que la culture romaine devient essentiellement grecque. Certains historiens parlent même d'hellénisation ou «d'auto acculturation» des Romains, qui finissent par établir une culture gréco-romaine.

Mais comment les Grecs réagirent-ils vis-à-vis de cette intégration au sein de l'Empire romain et de la romanisation, quand une partie de la culture et des institutions romaines leur furent imposées, eux qui se voyaient comme la seule vraie civilisation?

Souvenons-nous que, chez les Grecs, les étrangers sont perçus comme des «barbares», c'est-à-dire des personnes qui n'appartiennent pas à la civilisation grecque et qui incarnent des civilisations moins évoluées. Il y a donc les Grecs, qui partagent une culture commune, qu'ils considèrent comme supérieure à toutes les autres, et les «non-Grecs» aux civilisations jugées de plus en plus barbares à mesure qu'elles s'éloignent géographiquement de la Grèce.

Les Romains tenteront longtemps de se faire reconnaître comme des égaux, ce que la Grèce leur refusera, comme en témoigne le fait que les Romains n'ont jamais pu participer aux Jeux olympiques, qui étaient exclusivement réservés aux Grecs. Alors, est-il possible d'accepter une domination «barbare» lorsque l'on est si fier de soi? Si oui, comment? Les historiens sont divisés au sujet de l'acceptation de la domination romaine: fut-elle totale, partielle ou inexistante?

Il faut traiter le sujet de l'acceptation de la domination romaine avec précaution, rappellent les spécialistes. Le monde grec est complexe puisque, avant d'être intégré à l'Empire romain, il se composait de cités-États passablement indépendantes, de sorte que chacune d'elles est un cas particulier. Sous l'Empire, les villes grecques continuent de se percevoir comme distinctes les unes des autres. La généralisation est donc dangereuse: pour diverses raisons, une cité grecque pouvait s'adapter plus ou moins facilement au monde romain.

Les spécialistes de l'Antiquité grecque s'entendent sur quelques points. Les Grecs se sont toujours considérés comme différents des Romains, qu'ils considéraient comme des barbares; l'identité des Grecs était très forte. Après la conquête romaine, ce qui liait les villes grecques entre elles était leur culture, comme cela avait toujours été, et non pas leur appartenance à Rome. L'Empire romain était en fait un empire gréco-romain bilingue dans lequel le pouvoir était romain et la culture grecque. Mais, au-delà de ces points qui font pratiquement consensus, les historiens divergent.

Dans une première interprétation – qui est aussi la plus courante –, certains historiens affirment que les Grecs ont progressivement accepté la domination romaine au point de se définir comme citoyens romains. À partir du 2e siècle, les Grecs acceptent sincèrement le fait qu'ils sont maintenant des Romains, surtout parce qu'ils comprennent l'impossibilité de se séparer de cet immense pouvoir politique. Cette interprétation veut aussi que, la culture de l'Empire étant déjà la leur, les Grecs sont, de tous les peuples conquis, ceux qui ont le moins perdu au moment où ils ont été conquis, contrairement aux Gaulois, par exemple, qui ont perdu l'essentiel de leur culture. Ainsi, ils acceptent plus facilement la domination romaine. Finalement, ces spécialistes affirment que plusieurs Grecs ont occupé des postes administratifs et diplomatiques très élevés dans l'Empire, ce qui laisse comprendre qu'ils acceptèrent très bien d'être inclus dans le monde romain.

D'autres historiens ont plutôt argumenté que les Grecs, convaincus de leur supériorité sur les Romains, n'ont accepté qu'en apparence la domination romaine. Si les Grecs se rallient à l'Empire romain, ils ne s'intègrent jamais à l'esprit romain. Ils acceptent le pouvoir romain comme un mal avec lequel il faut composer, mais ils sont toujours réfractaires à la romanisation.

Ces historiens en veulent pour preuve que certains écrivains grecs ont été très durs envers les Romains, l'utilisation de la formule coutumière «Vous, Romains; nous, Grecs» montrant que, à la fin de l'Empire, les Grecs se distanciaient toujours des Romains.

Une preuve supplémentaire, selon eux, de l'indépendance d'esprit des Grecs vis-à-vis des Romains est le fait que l'Empire romain ait été divisé en deux en 395 sur une base culturelle (Empire occidental romain et Empire oriental grec) plutôt que sur une base économique. Ainsi, les Romains eux-mêmes reconnaissaient que l'identité grecque rayonnait sur la partie orientale de l'Empire. Les Grecs n'ont donc jamais été totalement soumis.

Enfin, certains historiens adoptent une position mitoyenne et prétendent plutôt que les Grecs ont accepté la domination romaine et, jusqu'à un certain point, la romanisation, mais qu'ils ne se sont jamais sentis pleinement citoyens romains. Ils nuancent donc les deux positions précédentes, mais avec une préférence pour la seconde interprétation.

Cette question est capitale pour comprendre l'histoire du monde occidental: si les Grecs ont accepté la domination et ont fini par se sentir romains, alors l'uniformisation des peuples conquis sous l'Empire romain a été une réussite. Si cette domination, au contraire, a été refusée par les Grecs, alors l'Occident était beaucoup moins homogène qu'on le croit généralement. Ce débat est lié, en fin de compte, à notre compréhension de l'Occident.

SARTRE, Maurice. *Le Haut-Empire romain. Les provinces de Méditerranée orientale d'Auguste aux Sévères*, Paris, Seuil, 1997, 512 p.

VEYNE, Paul. *L'Empire gréco-romain*, Paris, Éd. Points, 2012, 1055 p. [Coll. «Histoire» n° 459]

CHAPITRE

3

La civilisation médiévale

01 « Un univers opposé au nôtre »

«Pourtant, en dépit de sa contribution à l'essor de l'Occident et à sa domination sur l'Amérique et le monde, le Moyen Âge doit être considéré comme un univers opposé au nôtre: monde de la tradition d'avant la modernité, monde rural d'avant l'industrialisation, monde de la toute-puissance de l'Église d'avant la laïcisation, monde de la fragmentation féodale d'avant le triomphe de l'État, monde de dépendances interpersonnelles d'avant le salariat. En bref, le Moyen Âge est pour nous un antimonde, [...] un monde lointain, un temps d'avant, où presque tout nous devient opaque. C'est pourquoi l'étude du Moyen Âge est d'abord une expérience d'altérité, qui oblige à nous déprendre de nous-mêmes, à défaire nos évidences et à engager un patient travail pour saisir un monde dont même les aspects apparemment les plus familiers relèvent d'une logique qui nous est devenue étrangère.»

Source: Jérôme BASCHET, *La civilisation féodale. De l'an mil à la colonisation de l'Amérique*, Paris, Aubier, 2004, p. 33.

La disparition de l'Empire romain d'Occident ouvre une nouvelle grande période dans l'histoire de la civilisation occidentale. On appelle cette période le *Moyen Âge*, titre quelque peu méprisant qui lui a été accolé par les intellectuels et les artistes de la période suivante. Bien que le titre lui soit resté, notre vision de cette période est maintenant tout, sauf méprisante. Le Moyen Âge, en effet, a réussi avec éclat une synthèse originale d'apports gréco-romains, judéo-chrétiens, germaniques et arabes, qui en font une étape majeure dans la constitution de la civilisation occidentale telle que nous la connaissons. ◀

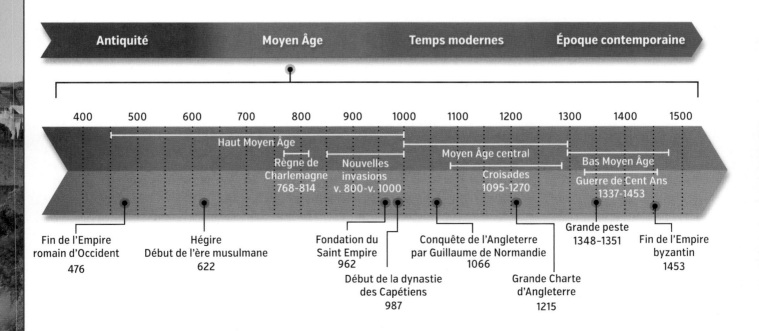

< La ville de Carcassonne est l'un des lieux emblématiques les plus connus associés au Moyen Âge, avec sa double enceinte de remparts qui la protègent des attaques.

3.1 Le monde méditerranéen fracturé

L'unité du monde méditerranéen sous l'autorité romaine est brisée au 5e siècle lorsque, au terme d'une irrésistible poussée, des peuples germaniques fondent des royaumes dans les territoires occidentaux de l'Empire romain. L'empire d'Orient, qui a résisté au flux barbare, voit fleurir, autour de Constantinople redevenue Byzance, une brillante civilisation d'inspiration hellénistique. Bientôt les Arabes accentuent la brisure du monde chrétien en créant un empire où s'épanouit une civilisation raffinée. Après une éphémère restauration impériale sous Charlemagne, l'Occident est encore disloqué par de nouvelles invasions.

3.1.1 La fin de l'Empire romain d'Occident

Ayant déjà amorcé son déclin dès la fin du 3e siècle, l'Empire romain d'Occident succombe sous les coups de peuples envahisseurs d'origine germanique qui installent leurs royaumes sur ses ruines.

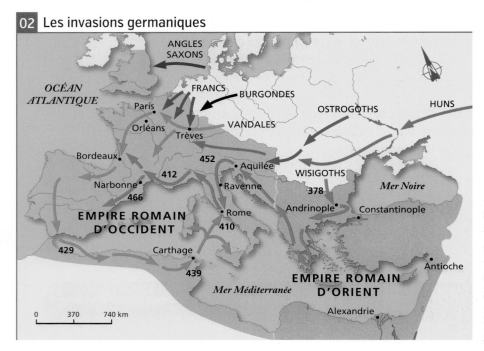

02 Les invasions germaniques

Les invasions germaniques Des peuplades germaniques, massées le long des frontières, ont d'abord commencé à s'infiltrer pacifiquement dans l'Empire, attirées par sa richesse et son éclat. À la fin du 4e siècle, cette lente migration se transforme en poussée brutale sous la pression des Huns, redoutables cavaliers venus des confins de la Chine et qui culbutent les tribus germaniques adossées au *limes* romain. Fuyant devant eux, Wisigoths, Ostrogoths, Vandales et autres franchissent le Rhin et le Danube et déferlent sur l'Empire **02**. Rome tombe aux mains des Wisigoths en 410 ; il y avait 800 ans que la capitale de l'Empire n'avait été saccagée.

La fin de l'Empire Romains et Germains coalisés affrontent finalement les Huns menés par le redoutable Attila, surnommé «fléau de Dieu», et bloquent leur avancée à la bataille des champs Catalauniques (451), les obligeant à battre en retraite dans les plaines de Hongrie («terre des Huns»). La mort d'Attila (453) met un terme à cette infernale aventure, mais les «Barbares» ont néanmoins submergé l'Empire romain d'Occident, qui s'écroule. En 476, Odoacre, chef de mercenaires, destitue le dernier empereur, Romulus Augustule, et renvoie les insignes impériaux à Constantinople. Des royaumes germaniques s'installent maintenant dans les territoires envahis **03**.

3.1.2 La survivance de l'Empire romain d'Orient

Née en 395 de la division de l'Empire romain (*voir la page 56*), la partie orientale a su résister à la pression germanique, repoussant les attaques ou achetant à prix d'or le retrait des envahisseurs pour les diriger vers l'Occident. Forte de l'héritage gréco-romain, elle se maintiendra pendant près de 1 000 ans sous le nom d'Empire byzantin, de l'ancien nom de sa capitale (Byzance, rebaptisée

03 Les royaumes germaniques

Angles et Saxons occupent la Bretagne. Les Angles donnent leur nom au pays (Angleterre), sauf le domaine des Scots au nord (d'où l'Écosse). Les Bretons sont refoulés au sud ; certains viennent se fixer en France sur ce territoire que, par la suite, on appellera la Bretagne.

Venus du Nord, les Francs s'étendent au nord de la Gaule. De leur nom naîtra la France.

Une multitude de peuples, qui s'entremêlent et se confondent, occupent les espaces laissés par les tribus germaniques dans leur fuite devant les Huns. Ce sont des Slaves : Bulgares, Croates, Slovènes et Serbes au sud ; Tchèques et Slovaques au centre ; Polonais, Ruthènes, Ukrainiens, Russes au nord. Véritable puzzle de nationalités au destin politique mal défini et souvent fragile, ils seront très longtemps en butte aux appétits de leurs voisins turcs, germaniques ou mongols.

ANGLO-SAXONS
SAXONS
SLAVES
OCÉAN ATLANTIQUE
Reims · Trèves
Paris
Strasbourg
LOMBARDS
FRANCS
ALAMANS
Dijon
BURGONDES
Bordeaux · Lyon · Milan
SUÈVES
Arles
OSTROGOTHS
Narbonne · Ravenne
Tolède · Tarragone
Serdica ·
WISIGOTHS
Rome
Constantinople
Cordoue · Valence ·
Thessalonique
· Séville
EMPIRE ROMAIN D'ORIENT
VANDALES
Athènes
0 290 580 km
Mer Méditerranée

Les Burgondes se fixent dans les vallées de la Saône et du Rhône. De là est née la Bourgogne.

Les Ostrogoths sont maîtres de l'Italie en 490. Théodoric, leur chef, redonne un éclat à la culture romaine. Après Théodoric, les Lombards s'installent au nord de la péninsule (d'où la Lombardie). L'Italie demeure une « expression géographique », une mosaïque de petits États dont l'unité ne se fera qu'au 19e siècle.

Les Wisigoths occupent la péninsule ibérique (du nom des autochtones, les Ibères). Au 7e siècle, le royaume est un grand centre intellectuel, grâce à Isidore de Séville (560-636), dont les œuvres nourrissent l'Occident médiéval. Le royaume sera conquis par les Arabes au 8e siècle.

Le royaume des Vandales disparaît dès 535, reconquis par l'Empire romain d'Orient à l'époque de Justinien.

Constantinople par Constantin). Après une éphémère reconquête de territoires en Italie, en Afrique et en Espagne sous l'empereur Justinien (527-565), Byzance poursuivra son propre chemin, affirmant de plus en plus son caractère grec et oriental et exerçant une influence décisive sur l'Europe de l'Est.

Une économie prospère L'Empire byzantin atteint un sommet de grandeur économique au 13e siècle. Constantinople passe pour détenir alors les deux tiers de l'avoir du monde. Située au carrefour de l'Europe et de l'Asie, elle est devenue un immense entrepôt où s'entassent les marchandises provenant de Russie, d'Inde et de Chine. Elle exporte du vin, des épices et tous ces objets d'un luxe raffiné que fabriquent ses habiles artisans : tissus de soie mêlée de fil d'or, ivoires ciselés, livres de miniatures exquises. Partout circule sa forte monnaie, connue en Europe sous le nom de *besant*. Ainsi, l'Empire byzantin accumule l'or qui disparaît de l'Occident.

Une architecture somptueuse L'art byzantin manifeste son originalité par ses églises, qui reprennent la forme romaine de la coupole. À Sainte-Sophie de Constantinople, érigée sous Justinien, cette coupole de 31 mètres de diamètre culmine à 54 mètres du sol 04. Vues de l'extérieur, les églises byzantines ont une apparence austère, mais l'intérieur regorge de dorures et de mosaïques 05, d'ivoires sculptés et de fresques qui atteignent un sommet dans l'art. On admire ces temples dans toute l'Europe, on les imite même, surtout en Italie où l'architecture s'imprègne de l'influence byzantine.

04 | La basilique Sainte-Sophie à Constantinople

Construite sous Justinien en 532. Son audacieuse coupole repose sur quatre énormes piliers. Les minarets ont été ajoutés après 1453, quand la ville est passée sous domination turque.

Schisme
Séparation, division, rupture dans une organisation.

Un rayonnement culturel et spirituel

Byzance conserve dans ses bibliothèques et ses musées les chefs-d'œuvre de l'Antiquité gréco-romaine. Des maîtres byzantins vont enseigner en Italie et y apportent des manuscrits. De Byzance également partent d'innombrables missions religieuses. Des moines grecs prêchent le christianisme chez les Slaves, dans les Balkans et jusqu'en Russie, créant de toutes pièces un alphabet dérivé du grec, le cyrillique, du nom de son créateur, le prédicateur saint Cyrille. Pendant plusieurs siècles, Byzance apparaît aussi comme la championne de la chrétienté contre l'Islam.

Le Grand Schisme La rivalité croissante entre le patriarche de Byzance, chef des chrétiens de l'Empire, et le pape de Rome, aboutit à une rupture définitive en 1054. Ce Grand Schisme sépare la chrétienté en une Église catholique romaine et une Église «orthodoxe» qui n'a pas de structure d'autorité centrale comme la papauté : c'est une association d'Églises indépendantes (dites *autocéphales*) ayant une foi et une tradition liturgique communes. Des divergences de doctrines et de rites séparent les deux confessions, par exemple dans l'utilisation des langues locales ou le mariage des prêtres. Le christianisme byzantin se dit *orthodoxe* parce qu'il affirme être fidèle aux enseignements des premiers «pères» de l'Église, dont la papauté se serait éloignée progressivement.

05 | Une mosaïque byzantine

Détail d'une mosaïque de l'église Saint-Vital à Ravenne, en Italie, représentant l'impératrice Theodora, épouse de l'empereur Justinien, et sa suite. Remarquez l'extraordinaire variété de couleurs donnée simplement par des fragments de pierre. (6e siècle)

En 988, le prince Vladimir de Kiev, maître de la Rous qui deviendra bientôt la Russie, se convertit au christianisme orthodoxe. En 1453, quand Byzance passera sous la domination turque, le maître de la Russie prendra le nom de *Tsar* (César), se présentant comme l'héritier de l'Empire romain et faisant de Moscou la «troisième Rome».

Un effritement progressif Menacé, à l'extérieur, par les Arabes, les Turcs et même les croisés, pourtant chrétiens eux aussi (*voir la page 104*), et, à l'intérieur, par d'incessants mouvements de révolte, l'Empire byzantin résiste et se maintient pendant près d'un millénaire, grâce à son or, à ses mercenaires étrangers, à son feu grégeois, une arme secrète qui lui permet d'incendier les navires ennemis, et surtout à la triple muraille d'enceinte qui protège sa capitale et défie tout assaut. Mais en 1453, les Turcs achèvent une lutte de quatre siècles par la prise de la ville, qui change de nom et devient Istanbul.

Byzance aura brillé d'un éclat incomparable sur le monde du Moyen Âge pendant 10 siècles, laissant le souvenir d'une grande civilisation. Sous la forme grecque et orientale, elle a sauvé la civilisation antique et l'a transmise aux peuples de l'Europe orientale et même, dans une large mesure, à l'Europe occidentale.

Grégeois (feu)
Se dit d'un produit incendiaire fait de soufre, de poix et de salpêtre, qui brûlait même sur l'eau.

3.1.3 L'avènement de l'Empire arabe

Des tribus sémites vivent dans le désert d'Arabie depuis la plus haute Antiquité. Elles ont fondé Babylone, la Phénicie, la Palestine et se sont frottées à l'empire d'Alexandre et aux Romains. Au début du 7e siècle de notre ère, des Bédouins habitent cette péninsule grande comme l'Europe. Au centre de ces espaces arides se trouve La Mecque, ville marchande et grand foyer religieux.

Mahomet et son enseignement C'est alors qu'apparaît Mahomet, un berger devenu conducteur de caravane qui affirme un jour avoir reçu, comme Moïse, la révélation de Dieu qui l'a choisi pour être son prophète. Au cœur de cette révélation, on trouve l'idée qu'il n'y a qu'un seul Dieu (le même que vénèrent les Juifs et les Chrétiens), que Mahomet appelle Allah et à qui l'homme doit sa soumission (Islam). Menacé de mort, Mahomet fuit à Médine (622) : c'est l'hégire (la «fuite»), le point de départ de l'ère musulmane. Des dizaines de milliers de disciples se rallient à lui. Ils seront les musulmans (les «soumis à Dieu»). Après la mort du Prophète (632), ses propos, consignés de son vivant, sont rassemblés dans le Coran (la «récitation»), livre saint d'une nouvelle religion **06**. Outre la foi en un Dieu unique, les «piliers» de l'islam sont la prière quotidienne, l'aumône aux pauvres, le jeûne annuel («ramadan») et le pèlerinage à La Mecque.

Les conquêtes arabes Réunis autour de cette foi nouvelle et combative, les musulmans entreprennent la «guerre sainte», le djihad. Dix ans après la mort de Mahomet, ils ont conquis la Palestine, la Syrie, la Perse et l'Égypte, arrachées à des adversaires affaiblis : les Byzantins et les Perses. Un siècle plus tard, leur empire s'étend depuis les rives de l'Indus jusqu'aux Pyrénées. Passant en France, ils sont stoppés par l'infanterie lourde des Francs de Charles Martel à Poitiers en 732 et se retirent derrière les Pyrénées. Également bloqués sous les murs de Constantinople par les Byzantins, les Arabes ne prennent pied en Europe continentale qu'en Espagne, pour y demeurer pendant sept siècles. L'unité chrétienne du monde méditerranéen est donc rompue. Désormais, en face de la croix du Christ flottera l'étendard du Prophète.

En 100 ans à peine, quelques milliers d'hommes mal équipés ont donné à l'Islam le plus vaste empire qui ait jamais existé **07**. La force de leur foi, la promesse du paradis faite à ceux qui mourraient au combat, la mémoire du Prophète, tout cela a joué indéniablement un rôle considérable. Mais il y eut aussi le désir de conquérir des richesses et des terres. Enfin, la tactique de combat, qui privilégiait le mouvement, était presque imparable. Cavaliers fougueux, les Arabes utilisaient

06 Le Coran

Le devoir de charité

«Faites l'aumône des meilleures choses que vous avez acquises. [...] Ne distribuez pas en largesses la partie la plus vile de vos biens. [...]

Faites-vous l'aumône au grand jour? C'est louable; la faites-vous secrètement [...]? Cela sera plus méritoire. [...] Dieu est instruit de ce que vous faites.» (Sourate II, 269, 273)

La guerre sainte (djihad)

«Tuez-les partout où vous les trouverez, et chassez-les d'où ils vous auront chassés. La tentation à l'idolâtrie est pire que le carnage à la guerre. Ne leur livrez point de combat auprès de l'oratoire sacré, à moins qu'ils ne vous y attaquent. S'ils le font, tuez-les. Telle est la récompense des infidèles. [...]

Combattez-les jusqu'à ce que [...] tout culte soit celui du Dieu unique.» (Sourate II, 187, 189)

«Il n'y a point auprès de Dieu d'animaux plus vils que ceux qui ne croient pas et qui restent infidèles [...].

Si tu parviens à les saisir pendant la guerre, disperse par leur supplice ceux qui les suivront, afin qu'ils y songent. [...]

Mettez donc sur pied toutes les forces dont vous disposez et de forts escadrons, pour en intimider les ennemis de Dieu et les vôtres, et d'autres encore que vous ne connaissez pas et que Dieu connaît. Tout ce que vous aurez dépensé dans la voie de Dieu vous sera payé, et vous ne serez point lésés.» (Sourate VIII, 57, 59, 62)

? Comparez cet extrait avec ceux de la Bible (*voir la page 14*) et de l'Évangile (*voir la page 65*).

Source: *Le Coran*, Paris, © Éditions du Seuil, 2010, p. 58, 67, 69 et 169. (Coll. «Points Classiques, n° 258)

07 L'Empire arabe vers 750

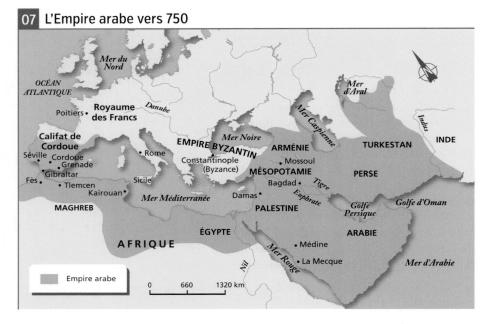

Empire arabe

0   660   1320 km

des étriers, inconnus jusqu'alors en Europe. Tirant ainsi des flèches avec un arc tout en galopant, ils affolaient l'adversaire, enfonçaient ses lignes, les contournaient pour les encercler et provoquaient la débandade. L'effet était foudroyant.

L'apport des Arabes Une fois la tourmente des conquêtes apaisée, les Arabes deviennent les intermédiaires entre le Proche-Orient et le bassin méditerranéen. Ils propagent en Europe les anciennes techniques d'irrigation, transformant les terres arides de l'Espagne et de la Sicile en vastes jardins où ils acclimatent le riz, le coton, l'asperge, l'orange et l'abricot. Par eux encore, l'Occident découvre des inventions venues de Chine: le papier, qui supplantera le

Astrolabe
Instrument permettant de mesurer la hauteur des astres au-dessus de l'horizon; utilisé entre autres dans la navigation maritime.

papyrus, la poudre explosive, la boussole et l'**astrolabe**. Au fil des siècles, le vocabulaire français, par exemple, s'est enrichi d'un grand nombre de mots venus de l'arabe, comme alambic, alchimie, alcool, algèbre, amalgame, azimut, carafe, camphre, douane, élixir, nuque, razzia, zénith, zéro, zouave.

Civilisation citadine, l'Islam assure la prospérité de ses villes par l'artisanat et le commerce. À l'ombre des mosquées, qui sont le cœur de la cité, se développent les souks, ces boutiques où les artisans, groupés par spécialités, travaillent sous les yeux de leurs clients. Tapis persans, cuirs de Cordoue (d'où le mot *cordonnier*) et du Maroc (*maroquin*), mousselines de Mossoul, armes damasquinées de Damas, etc., s'ajoutent au vaste réseau d'échanges dont les Arabes favorisent l'établissement entre l'Europe et l'Asie: métaux et armes d'Occident, épices, parfums, pierreries, soieries d'Orient. Ainsi, l'Occident entre peu à peu dans les circuits du grand trafic, oubliés depuis l'époque romaine.

Mathématiciens et astronomes, les Arabes transmettent le zéro (venu des Indes) et un système de numérotation qui se répand en Occident vers l'an mil : les chiffres arabes, universellement adoptés aujourd'hui. Leurs médecins ont exercé une influence durable, à une époque où il était interdit aux chrétiens de disséquer les cadavres. Poètes et conteurs arabes (*Les mille et une nuits*) sont célèbres dans tout l'Occident. C'est par leurs penseurs,

08 Averroès (1126-1198)

Abn Ruchd, dit Averroès pour les Occidentaux, naît à Cordoue, en Espagne. Célèbre philosophe islamique, il est l'initiateur de la pensée grecque dans le monde arabe. Traduite dès le 13e siècle en latin, sa philosophie rationaliste essaime vite dans tout l'Occident. L'Université de Paris elle-même est l'un des principaux diffuseurs de la pensée d'Averroès. Celle-ci y est enseignée dès 1266. Esprit encyclopédique, comme tous les «philosophes» de son temps, Averroès se passionne pour le droit, l'astronomie, la physique et la médecine. Considéré par la tradition comme le plus grand philosophe de l'Islam, il est, pour les Arabes et les musulmans, beaucoup plus qu'un simple commentateur d'Aristote. Son seul nom aujourd'hui rend hommage à la pensée arabe.

surtout Averroès 08, que l'Occident redécouvre Aristote et Platon, et que la science grecque remodelée, interprétée, parfois recréée par eux, arrive en Europe.

Leurs architectes créent un style où l'arc persan en fer à cheval se mêle à la coupole byzantine. Le Coran interdisant la représentation des visages, ils ont recours aux décorations géométriques, à des ornements entrelacés, appelés justement *arabesques*, où les motifs se répètent à l'infini. L'architecture arabe à son apogée, c'est l'Alcazar de Séville et l'Alhambra à Grenade, où les motifs sculptés dans le **stuc**, les jeux de courbes, de couleurs et de lumière composent un monde de féerie 09.

La civilisation musulmane a brillé de tous ses feux au cours de la période qui correspond au Moyen Âge occidental. Au 16e siècle, au moment où l'Europe se lancera à la conquête du monde, la culture arabe amorcera son déclin. Mais le réveil spirituel que connaissent les pays musulmans aujourd'hui témoigne de la vitalité d'un monde qui, outre le pétrole, produit aussi des idées, des écrivains, des artistes et des savants.

Stuc
Enduit composé de marbre blanc pulvérisé, de chaux éteinte et de craie gâchés dans l'eau, ou de plâtre très fin dissous dans une colle forte, pouvant prendre les nuances colorées de divers marbres, acquérant une grande dureté et un beau poli. (CNRTL, 2016 : www.cnrtl.fr/definition/stuc)

3.1.4 Du royaume des Francs à l'empire de Charlemagne

Le royaume des Francs L'Empire romain d'Occident étant disparu, l'un des peuples germaniques qui l'ont submergé, celui des Francs, va devenir l'élément moteur d'un monde nouveau en voie de formation. Pour se rallier l'élite gallo-romaine et assurer ainsi sa domination sur l'ancienne Gaule romaine, le roi franc Clovis se rapproche de l'Église chrétienne, qui a résisté au choc des invasions et voudrait bien convertir les envahisseurs germaniques. Le baptême de Clovis et de 3 000 guerriers à Reims vers 499 fait de la France «la fille aînée de l'Église» et, de ses souverains, «les rois très chrétiens», qui seront toujours couronnés à Reims. Audacieux et rusé, Clovis réussit à rassembler sous son autorité presque toute la Gaule, qui devient le royaume de Francie, tandis que l'Église bénéficie de la protection royale.

Après la mort de Clovis, toutefois, cette Francie connaît de longues années d'instabilité et de morcellement marquées par d'âpres luttes de pouvoir entre chefs de guerre. La notion romaine d'État étant disparue avec la chute de l'Empire, les Francs imaginent difficilement ce que peut être un État organisé, tandis que la tradition germanique du partage

09 L'Alhambra à Grenade, en Espagne

L'Alhambra est l'ancien palais des rois maures (les musulmans d'Afrique du Nord), bâti sur une colline qui domine la ville. L'arcade de la cour des Lions met en relief les motifs sculptés dans le stuc.

égal des terres favorise les luttes intestines. Finalement, en 751, le maire du palais (sorte de premier ministre), Pépin le Bref, s'empare du pouvoir, non sans avoir sollicité et obtenu l'autorisation du pape, lequel vient en personne procéder à la cérémonie du sacre.

Charlemagne   Le successeur de Pépin, son fils aîné Charles, qui sera qualifié de *Grand* (*Carolus Magnus*), va régner pendant 45 ans (768-814). Soldat avant tout, il se rend célèbre par ses randonnées épiques qui font de lui un personnage de légende. Il combat les Saxons à l'est du Rhin, refoule les Avars en Hongrie et pousse ses conquêtes jusqu'en Italie, où il devient roi des Lombards et défenseur de la papauté. Il triple ainsi la surface du royaume **10**, rassemblant sous son autorité l'ensemble de l'Occident chrétien, à l'exception de l'Espagne, où le cuisant échec qu'il subit aux mains des musulmans inspirera, trois siècles plus tard, la plus fameuse épopée du Moyen Âge, *La chanson de Roland*. Le jour de Noël de l'an 800, dans la basilique Saint-Pierre de Rome, le pape Léon III couronne Charlemagne Empereur des Romains, renouant, par-delà plus de trois siècles, avec le souvenir encore vivace de l'Empire disparu. Mais dans cet empire qui retrouve son unité politique, c'est la foi chrétienne qui devient le lien principal entre les peuples divers regroupés sous le sceptre de l'empereur. Le sacre de Charlemagne redonne aussi vie au césaropapisme de la Rome antique mêlant intimement la religion et la politique (*voir la page 68*). Cela ouvre la voie aux incessantes querelles entre pouvoir civil et pouvoir religieux et, ultimement, au principe de la religion d'État qui triomphera lors des guerres de religion du 16e siècle (*voir la page 142*).

10 Les conquêtes et l'empire de Charlemagne

? Précisez les quatre principales directions empruntées par Charlemagne dans ses conquêtes. Comparez l'empire de Charlemagne, à son apogée, avec l'Empire romain d'Occident tel qu'il apparaît dans le document **09** du chapitre 2 (*voir la page 56*). Que peut-on en conclure?

La «renaissance carolingienne»   Charlemagne assure la cohésion de son royaume à l'aide d'une solide administration. Des comtes gouvernent en son nom des entités administratives appelées *comtés* (environ 300). Ils perçoivent les impôts, maintiennent l'ordre, rendent la justice, recrutent des soldats et veillent à l'application des décrets de l'Empereur. Tous les ans, dans chaque comté, une équipe de deux hommes, les *missi dominici* («envoyés du maître») transmettent les ordres du roi, surveillent les comtes, recueillent les plaintes et, surtout, veillent au bon fonctionnement des écoles.

Après quelques siècles d'affaiblissement, une vie culturelle et religieuse intense renaît autour de la capitale, Aix-la-Chapelle, sur le Rhin, et rayonne vers les cités et les églises de l'Empire. Des écoles naissent entre les murs des monastères et des cathédrales **11**. Au palais d'Aix-la-Chapelle, des érudits regroupés autour d'Alcuin, un maître à penser, essaient d'inspirer à des barbares le goût

11 | La renaissance carolingienne

Charlemagne demande aux évêques et aux abbés de remédier à l'ignorance des moines, et il les exhorte à ouvrir des écoles pour les enfants.

« […] Il ne suffit pas de faire observer la règle et la pratique de la vie religieuse, mais vous devez aussi vous appliquer à instruire dans les lettres ceux qui sont capables d'apprendre, suivant l'intelligence que Dieu a donnée à chacun […]. Nous avons souvent reçu des lettres […]. Nous avons trouvé dans la plupart de ces récits des intentions droites mais un langage inculte. [Les auteurs] ne pouvaient s'exprimer que dans un style grossier et rempli de fautes, à cause de leur négligence à s'instruire. […]

Que les prêtres tiennent des écoles dans les bourgs et les campagnes, et si quelqu'un des fidèles veut leur envoyer ses enfants pour les faire instruire, ils ne doivent pas refuser de les recevoir et de les instruire, mais au contraire qu'ils les enseignent avec une parfaite charité, se souvenant de ce qui a été écrit : "[…] ceux qui en auront instruit plusieurs dans la voie de la justice luiront comme des étoiles dans toute l'éternité." Et qu'en instruisant les enfants, ils n'exigent pour cela aucun prix et n'acceptent rien, excepté ce que les parents leur offriront volontairement et par affection. »

? D'après l'extrait cité, quelle est la raison profonde pour laquelle Charlemagne veut ranimer l'instruction ?

Source : Capitulaire « De litteris colendis » (794-796), dans Jean-Pierre VIVET, dir., *Les mémoires de l'Europe*, t. I, *L'Europe de la foi : 800-1453*, Paris, Laffont, 1970, p. 51-52.

de s'instruire. On crée l'école Palatine, qui devient la pépinière des futurs clercs de la chapelle impériale. Des manuscrits enrichis de magnifiques **enluminures** témoignent d'une renaissance de l'activité artistique.

Enluminure
Illustration peinte à la main sur un manuscrit.

Un empire fragile Sous ses dehors d'unité, de paix et de renaissance culturelle, toutefois, l'empire de Charlemagne reste fragile. Il demeure essentiellement rural, morcelé en grands domaines vivant repliés sur eux-mêmes. Les seigneurs propriétaires cherchent à se rendre indépendants, tendance que favorise l'éloignement du pouvoir central. La féodalité s'annonce, et les Francs considèrent toujours le pouvoir comme une sorte de propriété personnelle, qu'on lègue à ses enfants.

3.1.5 L'Occident disloqué

Charlemagne disparu, son empire est bientôt divisé entre ses petits-fils et doit faire face à plusieurs vagues d'envahisseurs.

Le partage de l'empire de Charlemagne
À la mort de Louis le Pieux, fils et successeur de Charlemagne, l'empire est partagé entre ses trois fils par le traité de Verdun (843) : Francie orientale ou Germanie à l'est, Francie occidentale ou France à l'ouest, et, entre les deux, la Lotharingie (du nom de Lothaire, le fils aîné qui en hérite), une mince bande qui s'allonge démesurément de la mer du Nord jusqu'à l'Italie, incluant les deux capitales, Aix-la-Chapelle et Rome **12**. Cet État tampon artificiel sera rapidement morcelé en plusieurs principautés : Hollande, Belgique, Luxembourg, Lorraine, Alsace, Rhénanie, Provence, Italie, etc. Tous ces territoires seront l'enjeu de nombreuses guerres au cours des siècles.

Les nouvelles invasions Tandis que se confirme la décomposition de l'Empire carolingien aux 9e

12 | Le partage de Verdun (843)

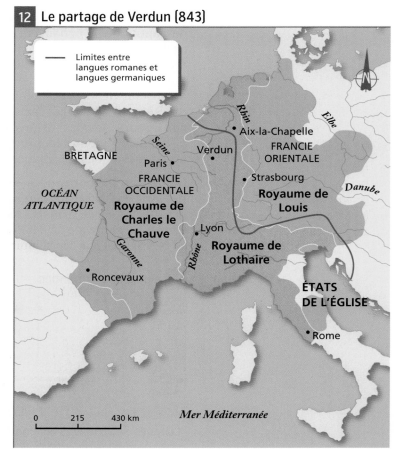

Limites entre langues romanes et langues germaniques

BRETAGNE

OCÉAN ATLANTIQUE

Paris •   Verdun •

Aix-la-Chapelle •

FRANCIE ORIENTALE

FRANCIE OCCIDENTALE

Royaume de Charles le Chauve

• Strasbourg

Royaume de Louis

Lyon •

Royaume de Lothaire

• Roncevaux

Rhin

Elbe

Seine

Danube

Garonne

Rhône

ÉTATS DE L'ÉGLISE

• Rome

Mer Méditerranée

0   215   430 km

13 Les nouvelles invasions

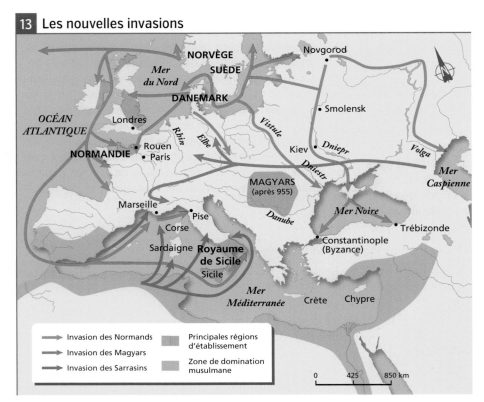

Légende:
- Invasion des Normands
- Invasion des Magyars
- Invasion des Sarrasins
- Principales régions d'établissement
- Zone de domination musulmane

0   425   850 km

et 10ᵉ siècles, voici que tour à tour Normands, Sarrasins et Hongrois vont déferler sur l'Occident **13**.

Ce sont d'abord les Normands (les hommes du Nord) qui attaquent. Eux-mêmes s'appellent *Vikings*. Du fond des brumes scandinaves, ils viennent par la mer, montés sur des barques de chêne aux voiles rouges, les fameux drakkars **14**. Plus que tout, c'est l'appât du gain qui les pousse à quitter leurs contrées nordiques. Pendant deux siècles, ils vont déferler sur l'Europe. Vers l'est, ils s'enfoncent au cœur des nations slaves et forment, autour de Kiev, le premier État russe. Vers le nord-ouest, ils ravagent les rives de l'Écosse, occupent l'Irlande, atteignent l'Islande et poussent jusqu'au Groenland. Autour de l'an mil, cinq siècles avant Christophe Colomb, ils abordent l'Amérique, à Terre-Neuve. Ils règnent en maîtres sur les côtes de l'Europe occidentale et de la Méditerranée, remontant les fleuves sur leurs drakkars à faible tirant d'eau, pillant surtout les églises et les riches monastères, repartant chargés de butin (calices, chandeliers, manuscrits) et de captifs qu'ils échangent contre des rançons d'or. Souvent, les souverains préfèrent négocier plutôt que de se défendre. C'est ainsi qu'en 911 le roi de France cède à un groupe de Normands des terres dans l'estuaire de la Seine, qui formeront la Normandie. De ce territoire partiront, six siècles plus tard, des colons qui viendront planter, sur les rives du Saint-Laurent, un rameau lointain des superbes Vikings. Partout où ils s'installent durablement, ils s'assimilent aux cultures locales jusqu'à s'y fondre : ils deviennent Russes à Kiev, Français à Bayeux, Siciliens à Monreale, où ils tapissent leur cathédrale des plus magnifiques mosaïques byzantines.

Les invasions normandes ne sont pas encore terminées que les Sarrasins, des Arabes et des Berbères venus des côtes d'Espagne et d'Afrique du Nord, occupent la Sicile d'où ils lancent des assauts meurtriers à travers toute l'Italie (Rome est saccagée en 846) et jusqu'en Provence, où les populations terrorisées se regroupent sur des sommets montagneux.

14 Barques normandes

Longues de 25 mètres et larges de 3 mètres, les barques normandes peuvent porter une soixantaine d'hommes. (Détail de la tapisserie de Bayeux, en Normandie, v. 1075)

Entre-temps, le danger hongrois a relayé la menace normande. Surgissant des steppes de Sibérie, ces nouveaux venus se donnent le nom de *Magyars*. S'enfonçant au cœur de l'Europe, ils attaquent les régions que les Normands avaient épargnées. Venise, Bâle, Nîmes et la Bourgogne sont atteintes. Partout, ils ne laissent que des ruines fumantes, tuent ou font des prisonniers qu'ils revendent comme esclaves. Mais en 955, Otton Ier, roi de Germanie, leur inflige une défaite décisive. Ils se replient alors en Hongrie et se rallient bientôt au christianisme.

La naissance de l'Empire germanique   Auréolé par son succès, Otton Ier apparaît comme un nouveau Charlemagne. En 962, il reconquiert le titre impérial abandonné depuis une quarantaine d'années, lorsqu'il se fait couronner empereur par le pape à Rome. C'est la naissance du 1er *Reich* allemand, regroupant la Germanie et la Lotharingie et traversant l'Europe du nord au sud, depuis le Danemark jusqu'à Rome. On donnera plus tard à ce vaste ensemble politique le nom de *Saint Empire romain germanique*, nouvelle manifestation de l'éternelle nostalgie de la grandeur romaine. L'empereur portera d'ailleurs le titre de *Kaiser*, dérivé du latin *Cæsar*.

La naissance de la France   En Francie occidentale, pendant ce temps, l'autorité royale s'amenuise. En 987, les seigneurs choisissent comme roi Hugues Capet, comte de Paris, qui est sacré à Reims par son ami l'**archevêque** du lieu. La dynastie des Capétiens est née. Le domaine propre du roi, autour de Paris, est réduit, et c'est un peu pour cette raison qu'on l'a élu roi : il ne risque pas d'être dangereux pour les grands seigneurs à qui il doit son élection. Ce choix, cependant, est un signe. Peu à peu, le royaume de l'Ouest trouve son indépendance, se sépare de l'Empire qui se reconstitue en Germanie. Un nouveau centre politique se forme autour de la Seine. Ce n'est plus l'histoire des Francs, c'est déjà l'histoire de la France.

Archevêque
Évêque placé à la tête des évêques d'une province ecclésiastique. (CNRTL, 2011 : www.cnrtl.fr/definition/archeveque)

FAITES LE P◉INT

1. Localisez sur une carte les principaux royaumes germaniques qui s'installent sur les ruines de l'Empire romain d'Occident.

2. Quel est le sens politique du baptême de Clovis ?

3. Localisez sur une carte l'ensemble de l'Empire arabe vers 750. Quels sont les facteurs des succès militaires arabes ?

4. Quels sont les apports arabes à la civilisation occidentale ?

5. Localisez sur une carte l'ensemble de l'Empire carolingien.

6. Comment se manifeste la « renaissance carolingienne » ?

7. D'où viennent les nouvelles invasions qui secouent l'Europe occidentale aux 9e et 10e siècles ?

3.2 La féodalité

À l'aube de l'an mil, l'Europe occidentale vient de vivre 500 années de bouleversements, de perturbations, d'invasions et de vicissitudes de toutes sortes. Elles sont bien loin, les années de la *pax romana* ! Dans ce monde où l'autorité centrale est pratiquement disparue et où la peur et l'insécurité dominent, de nouvelles structures économiques et sociales sont apparues pour faire face aux défis du moment. La vie économique s'organise sur la base du régime seigneurial, tandis que le régime vassalique règle la vie sociale et politique. Seigneurie et vassalité sont deux des caractéristiques les plus originales de ce qu'on appelle la *société féodale*. **15**

15 La société féodale

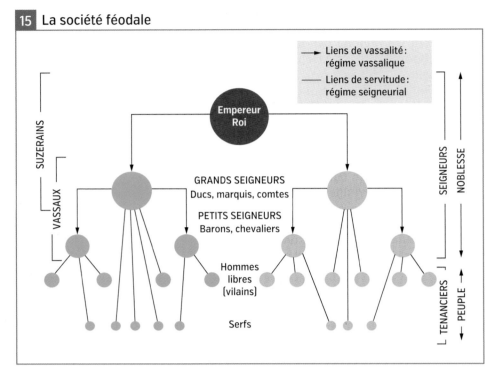

Liens de vassalité:
régime vassalique

Liens de servitude:
régime seigneurial

SUZERAINS

VASSAUX

Empereur
Roi

GRANDS SEIGNEURS
Ducs, marquis, comtes

PETITS SEIGNEURS
Barons, chevaliers

Hommes
libres
(vilains)

Serfs

SEIGNEURS

TENANCIERS

NOBLESSE

PEUPLE

Autarcie
(du grec *autos*, « soi-même », et
arkein, « commander ») État d'un
ensemble économique qui n'a pas
besoin de ressources extérieures
pour suffire à ses besoins ;
économie fermée.

3.2.1 Le régime seigneurial

Les origines L'effondrement des grands courants d'échange que favorisait la *pax romana* de même que l'insécurité due aux vagues d'invasions ont entraîné le morcellement à l'infini de l'espace économique occidental. Celui-ci s'organise maintenant sur la base de grandes propriétés terriennes qui cherchent à vivre en **autarcie** en produisant sur place la plus grande partie des biens de tous ordres dont ont besoin leurs habitants. Ces terres, parfois très vastes, ont été rassemblées par des chefs de guerre qui ont concédé des lopins de terre, appelés *tenures*, à des paysans cherchant leur protection en échange d'une partie des récoltes pour assurer la subsistance de ces guerriers. C'est l'origine du régime seigneurial, structure importante qui ordonne l'économie rurale durant les siècles médiévaux et qui se prolonge bien au-delà du Moyen Âge. La France, par exemple, en introduira une variante au 17e siècle en Nouvelle-France, où le régime seigneurial durera bien au-delà de la conquête anglaise et ne sera aboli qu'en 1854.

La seigneurie rurale Un « domaine » seigneurial comporte toujours deux parties : la **réserve** du seigneur, fort importante, et les tenures, lopins de terre dont disposent les paysans, appelés *tenanciers*, pour leur propre compte 16. Chaque tenure individuelle est faite de parcelles séparées, dont certaines peuvent être minuscules, entre lesquelles le paysan doit constamment se déplacer dans son labeur. De cette extrême parcellisation découlent inévitablement des contraintes pour l'organisation de la production, mais en même temps une grande vitalité des communautés paysannes. Ainsi, comme il ne saurait être question de clôturer chacune de ces parcelles, c'est la communauté du village qui décide que telle **sole** sera consacrée à telle culture ou encore laissée en jachère (en friche) pour se régénérer. C'est elle qui décide de la date des moissons et des vendanges, ainsi que de l'utilisation des terres communales qui fournissent le bois et nourrissent le bétail. Ainsi peut se développer une solidarité

16 Une seigneurie médiévale

Bois

Moulin banal

Étang

Pont

Péage

Jachère

Semailles d'automne

Manoir

Pressoir
banal

Bois

Four banal

Village

Église

Semailles de printemps

Route

Marais

Pré communal

Route

:::::::::: Parcelles d'un même tenancier   ▬▬ Soles

villageoise face à l'arbitraire seigneurial, allant parfois jusqu'à la révolte ouverte devant les exigences excessives des seigneurs.

Rôle des paysannes   L'économie rurale repose pour une bonne part sur le travail des femmes. Elles doivent s'occuper du potager, de l'étable, du poulailler, de la fabrication du pain, du brassage de la bière, en plus de participer aux grandes corvées liées aux moissons et aux vendanges et d'épauler les hommes lorsque vient le temps de faire boucherie ou, encore, de procéder à la tonte des moutons. C'est à elles également qu'incombe la tâche d'apprêter les produits de la terre et de veiller à la conservation des récoltes. À cette liste s'ajoutent bien sûr l'entretien du foyer, les travaux textiles (filage, tissage et fabrication des vêtements) et le soin des enfants qu'elles doivent par ailleurs éduquer.

Droits et obligations   Les paysans exploitent leurs tenures moyennant un **cens**, qu'ils paient plus souvent en nature qu'en argent ; c'est pourquoi on les appelle aussi *censitaires*. Il s'agit en général d'un pourcentage du produit de leur tenure, par exemple du blé, des animaux de boucherie, des œufs ou des fruits. À cela s'ajoutent les **corvées**, travaux multiples exécutés gratuitement sur la réserve (semailles, récolte, coupe du bois, etc.) **17**. Hommes et femmes participent, par leur labeur, tant au paiement du cens qu'à la corvée. Plus lourd, cependant, est le droit du ban (on dit les droits *banaux*), c'est-à-dire le pouvoir de commander et de punir, en principe réservé au roi, mais dont les seigneurs se sont emparés peu à peu. Au nom de ce droit, le seigneur rend justice et prélève des amendes ; il perçoit les péages sur les routes et les ponts, les foires et les marchés ; il lève des impôts, comme la **taille**, un impôt personnel ; il exige le droit de gîte, de vivres et de fourrage pour la troupe quand elle traverse le village ; enfin, véritable monopole, il s'arroge le pouvoir exclusif de posséder un four, un moulin, un pressoir, que les paysans sont obligés d'utiliser moyennant paiement. On dira alors un four, un moulin, un pressoir *banal*.

Paysans et seigneurs   Dans ce régime, tous les paysans n'ont pas le même statut, du moins à l'origine. On distingue les paysans libres, souvent appelés *vilains*, des serfs, qui sont des demi-esclaves. Les **serfs** sont «attachés à la terre», ce qui signifie qu'ils ne peuvent la quitter pour une autre seigneurie ou une autre activité, et ils sont «taillables et corvéables à merci», c'est-à-dire soumis à la taille et aux corvées sans aucune limite. Les paysans jouissent d'un sort un peu meilleur : ils ne sont pas attachés à la terre, et leurs obligations sont relativement limitées. Le servage va toutefois disparaître peu à peu au cours du Moyen Âge, du moins en Europe occidentale (il ne sera aboli qu'en 1861 en Russie). De leur côté, tous les seigneurs ne sont pas égaux non plus ; il se trouve toujours un seigneur plus puissant et plus riche devant lequel il faut s'incliner. Les seigneurs les plus puissants, en usant de la force ou par des mariages avantageux, finiront par rassembler tant de terres qu'ils constitueront les embryons d'États actuels. Par contre, de petits seigneurs appauvris ne sont guère plus riches que beaucoup de paysans. Ce sont eux qui partiront pour les croisades ou qui, dans les tournois, chercheront à recomposer leur fortune.

Réserve
Partie du domaine que le seigneur fait exploiter par les paysans pour entretenir sa famille et sa cour.

Sole
Partie des terres labourables formant une unité consacrée à la même culture ou à la jachère.

Cens
Redevance payée au seigneur.

Corvée
Travail obligatoire et gratuit effectué par le censitaire sur la réserve seigneuriale.

Taille
Impôt direct personnel.

Serf, serve
Personne en situation de demi-esclavage, privée de liberté personnelle et attachée à la terre.

17 La corvée

La scène illustre la fenaison (coupe et récolte des foins). L'intendant surveille les travaux. Énumérez les différentes activités des paysans illustrées sur cette miniature.
(Pierre de CRESCENS, *Livre des profits champêtres et ruraux*, Flandre, v. 147, BnF, Bibliothèque de l'Arsenal, Ms 5064, fol. 198v)

Mais, petits ou grands, affaiblis ou puissants, les seigneurs forment une classe sociale, la noblesse, qui domine l'Occident de l'an mil. Ils sont liés entre eux par les liens vassaliques.

3.2.2 Le régime vassalique

Tirant son origine d'anciennes coutumes germaniques, le système vassalique prend forme sous la pression des invasions normandes et il atteint son épanouissement au 9ᵉ siècle lorsque les pouvoirs de l'État sont pris en charge non plus par les rois, mais par une aristocratie guerrière constituée d'une hiérarchie de suzerains et de vassaux.

Des liens d'homme à homme   À la base de cette hiérarchie pyramidale, on trouve des milliers de petits seigneurs vivant sur leur seigneurie. Tous ces seigneurs sont liés entre eux par des relations de protecteur à protégé : un seigneur plus puissant, appelé **suzerain**, offre sa protection à un seigneur moins puissant, le **vassal**, en retour d'un soutien militaire de ce dernier. Mais le suzerain peut être lui-même vassal d'un suzerain plus puissant qui le protège à son tour. C'est ce lien d'homme à homme, de protégé à protecteur, qu'on appelle la *vassalité*. Toute la classe dirigeante politico-militaire de la société médiévale est organisée autour de ce lien.

Acte de foi et hommage   Les liens vassaliques se nouent par l'hommage et la foi au cours d'une cérémonie hautement symbolique. À genoux, tête nue et sans armes, les mains jointes dans celles de son suzerain en signe de soumission, le vassal se reconnaît son « homme » : c'est l'hommage **18**. Le suzerain referme les mains sur celles du vassal, en signe de protection, et lui donne un baiser. Le vassal prête ensuite serment de fidélité ; c'est la foi. Les deux hommes se trouvent ainsi liés par un engagement personnel et réciproque : c'est le lien vassalique. Il n'est pire crime que celui de manquer à son serment : c'est être félon ! L'hommage

Suzerain
Dans la féodalité, seigneur lié à un seigneur moins puissant, appelé vassal, auquel il concède un fief en échange de sa fidélité et de divers services.

Vassal
Dans la féodalité, seigneur lié à un seigneur plus puissant, appelé suzerain, dont il reçoit un fief en échange de sa fidélité et de divers services.

18 **L'hommage (miniature du 13ᵉ siècle)**

Le roi Édouard III d'Angleterre était vassal du roi de France pour ses terres de Normandie, d'Anjou et d'Aquitaine et, à ce titre, devait hommage à ce dernier. La scène le représente à genoux, prêtant hommage à Philippe VI de France, pendant que celui-ci referme les mains sur celles de son vassal en signe de protection. (Jean FROISSART, *Grandes chroniques de France*, v. 1375-1380, BnF, Manuscrits, Français 2813, folio 357v)

et la foi sont suivis de la remise au vassal d'une motte de terre ou de quelque autre objet qui symbolise le **fief** qu'il reçoit généralement et dont les revenus lui permettront de vivre : c'est l'**investiture** [19].

Les obligations du vassal Le vassal assiste son suzerain quand celui-ci rend justice. Il lui apporte aussi son aide militaire, l'**ost**, pour un nombre de jours fixé, et une aide financière en quatre occasions : rançon du suzerain, mariage de sa fille aînée, adoubement (intronisation dans la chevalerie) de son fils aîné et départ pour la Croisade.

Fief
Domaine concédé par le suzerain à son vassal, en échange de certains services.

---

[19] Acte de foi et hommage

Ce document porte sur un suzerain qui est également abbé d'un monastère, ce qui témoigne de l'engagement étroit de l'Église dans la féodalité (*voir la page 101*).

« Sachent tous présents et à venir que moi, Bernard Ato, seigneur et vicomte de Carcassonne, je reconnais en vérité à l'égard de toi, mon seigneur Léon, abbé par la grâce de Dieu de Sainte-Marie-de-la-Grasse, et de tes successeurs, que je tiens et dois tenir en fief les biens suivants [suivent 21 noms de châteaux et domaines] pour tous et chacun desquels biens je fais hommage et fidélité par les mains et la bouche à toi mon susdit seigneur Léon, abbé, et à tes successeurs, et je jure sur les quatre Évangiles de Dieu que je serai toujours pour toi et tes successeurs un vassal fidèle dans toute la mesure de la fidélité qu'un vassal doit à son maître, et je vous défendrai, toi mon maître, et tous tes successeurs, et le couvent susdit, et les moines présents et futurs, et vos châteaux, vos domaines et tous vos hommes, et leurs biens, contre tous malfaiteurs et envahisseurs, à ta requête ou à celle de tes successeurs, et tout cela à mes frais. [...] De plus, je reconnais que pour la reconnaissance desdits fiefs, je dois venir, et de même mes successeurs, audit couvent, à mes frais, toutes les fois qu'un nouvel abbé sera institué, et lui faire là hommage et lui rendre puissance sur tous les fiefs sus-énoncés. Et lorsque l'abbé montera à cheval, je dois [...] lui tenir l'étrier [...] ; je dois encore assurer un gîte abbatial [...] à lui et à tous ceux de sa suite, jusqu'à concurrence de deux cents bêtes, lui fournissant [...] les meilleurs poissons et viandes, œufs et fromages, en tout honneur à sa volonté [...].

[Et l'abbé répond :] En conséquence, moi susnommé seigneur Léon, abbé par la grâce de Dieu de Sainte-Marie-de-la-Grasse, je reçois hommage et fidélité pour tous les fiefs des châteaux, domaines et lieux susdits de la manière et aux clauses et conditions sus-énoncées ; et de même je te concède en fief à toi et à tes héritiers et à leurs successeurs vicomtes de Carcassonne, tous les châteaux, domaines et lieux susdits [...] ; et je te promets à toi et à tes héritiers [...] que je me montrerai bon et fidèle seigneur relativement à toutes les choses susdites. »

Source : Norbert ROULAND, *L'État français et le pluralisme. Histoire politique des institutions publiques de 476 à 1792*, Paris, © Odile Jacob, 1995, p. 94-95.

À la fois grands propriétaires fonciers et grands guerriers, les seigneurs forment une aristocratie dont tous les membres sont attachés entre eux par des liens d'homme à homme qui descendent du suzerain des suzerains, le roi, jusqu'au dernier des vassaux. Dédiés au métier des armes, ils recrutent des guerriers qu'ils entretiennent auprès d'eux ou sur les fiefs qu'ils leur ont concédés. Ils se font la guerre pour étendre ou défendre leurs domaines. Petit à petit, les châteaux se dressent partout, hérissés de tours et de murs d'enceinte [20].

Le morcellement du pouvoir Ainsi s'établit un lieu de pouvoir où commence à s'exercer à l'échelon local une autorité publique que la royauté n'assume plus. Le seigneur prend l'habitude d'administrer les affaires en son nom propre. Les droits régaliens (rendre justice, battre monnaie, percevoir les impôts, faire la guerre) se dispersent dans les fiefs, qui tendent à former de petits États autonomes au sein du royaume. Finalement, tous les attributs de l'État passent au seigneur local, les fiefs devenant peu à peu héréditaires. Privé d'armée permanente (le service d'ost est limité), disposant de peu de ressources, le roi n'est qu'un seigneur comme les autres, resserré dans son petit domaine, un roi honoraire que les grands vassaux narguent.

Les trois ordres La société médiévale se percevait comme divisée en trois ordres, ou états (au sens de situation sociale) [21]. Le premier ordre, le clergé, était formé des gens consacrés aux choses divines – prière, culte religieux – considérées

Investiture
Dans la féodalité, mise en possession d'un fief par le suzerain en faveur de son vassal. Par extension, mise en possession d'un pouvoir quelconque, civil ou religieux, par exemple un évêché (*voir la querelle des Investitures, pages 102 et 103*).

Ost (service d')
Service militaire d'une durée limitée (de 40 à 60 jours par année) que doit un vassal à son suzerain.

20 Un château fort médiéval : Bodiam Castle (Sussex, Angleterre, 14e siècle)

Cette formidable construction, avec ses hautes tours, son mur d'enceinte et ses douves remplies d'eau, donne une idée de la durée des sièges. De telles places ne peuvent succomber qu'à la famine ou à la trahison.

comme primordiales pour assurer la vie dans l'au-delà, beaucoup plus importante que la vie sur terre. Le deuxième ordre, la noblesse, était celui des guerriers, chargés de protéger l'ensemble du corps social. Le troisième, ou **tiers état**, rassemblait ceux et celles qui avaient pour fonction de produire tout ce dont la société avait besoin pour répondre aux nécessités de l'existence ici-bas.

Les régimes seigneurial et vassalique, qui représentent une réponse aux défis que pose une période d'insécurité, vont toutefois devoir évoluer, à partir du 11e siècle, pour s'adapter à des conditions nouvelles créées par l'arrêt des invasions, qui cessent alors brusquement après avoir secoué l'Occident pendant près de 500 ans. Le retour à une relative tranquillité va permettre un immense renouveau de la civilisation médiévale, dans tous les domaines. Au Moyen Âge des paysans et des châteaux s'ajoutera un Moyen Âge des marchands et des villes.

Tiers état
Dans la conception féodale de la société, divisée en trois états (ou ordres), le tiers état regroupe tous ceux et celles qui ne font pas partie du clergé (le premier état) ou de la noblesse (le deuxième état). Le mot état est ici pris au sens de situation sociale.

21 La société médiévale

Cette miniature présente les trois « ordres » de la société médiévale. En haut, le roi est entouré du clergé, à gauche, et de la noblesse, à droite. En bas, le troisième ordre, ou tiers état, représenté par les marchands, à gauche, et les paysans, à droite. (*De informatione principum*, France, v. 1450. BnF, Département des Manuscrits, Division occidentale Français 126, fol. 7)

8. Décrivez les éléments essentiels du régime seigneurial, incluant les droits et les devoirs importants du seigneur et du tenancier.

9. Décrivez les éléments essentiels du régime vassalique, incluant les droits et les devoirs importants du suzerain et du vassal.

10. Comment la féodalité amène-t-elle le morcellement du pouvoir politique ?

11. Quels sont les trois ordres, ou états, de la société médiévale ?

3.3 Le renouveau économique et social

Sur le plan économique et social, le renouveau qui s'amorce vers l'an mil touche d'abord l'agriculture et, de là, s'étend au commerce et à la vie urbaine.

3.3.1 Les progrès de l'agriculture

L'Occident du 11e siècle connaît une véritable révolution agricole, marquée par des progrès techniques décisifs entraînant une augmentation spectaculaire de la population et une nette amélioration de la condition paysanne. Les activités agricoles touchant à l'époque près de 90 % de la population, on peut affirmer qu'il s'agit là d'un phénomène capital dans l'histoire occidentale.

La révolution énergétique L'agriculture est touchée par une révolution énergétique avec l'apparition du moulin, une technique déjà connue dans l'Antiquité mais négligée à cause de l'abondance des esclaves. Mû par l'eau ou le vent, le moulin, qui se répand dans les campagnes dès le 10e siècle, procure une force motrice nouvelle, libérant ainsi une importante main-d'œuvre qui s'activait jusque-là à tourner les vieilles meules à main. L'énergie animale se conjugue à ce progrès déterminant. Depuis l'Antiquité, les chevaux étaient harnachés par une lanière de cuir souple entourant leur cou : plus ils tiraient, plus ils s'étranglaient en comprimant leur trachée et leurs veines jugulaires. L'attelage par le collier d'épaule, rigide, rembourré et bien ajusté sur les os des épaules, permet au cheval de tirer une charge quatre ou cinq fois plus élevée qu'auparavant sans couper sa respiration 22. En même temps, la ferrure à clous lui donne un meilleur appui et l'attelage en file décuple sa force de traction, lui permettant de fournir un travail plus efficace.

Rendements et démographie Jusqu'alors, pour permettre au sol de se régénérer, il fallait le laisser en jachère une année sur deux. Cet **assolement** biennal fait place à l'assolement triennal, permettant d'accroître de 50 % la surface du sol cultivable chaque année 23. Et l'outillage se perfectionne, alors qu'on remplace de plus en plus le bois par le fer. Au vieil araire, qui ne laboure qu'en surface, on substitue la charrue à deux roues et à versoir, munie d'un soc de fer, qui retourne bien les terres lourdes du nord de l'Europe jusque-là négligées (*voir la portion d'image portant sur les paysans dans le document* 21). La rotation sur trois soles et un meilleur outillage font que l'agriculture européenne atteint des niveaux de rendement qui ne seront plus dépassés durant un demi-millénaire : on passe d'un ratio de deux grains récoltés pour un grain semé à quatre, cinq et même six pour un au 13e siècle. Alors on mange mieux, la mortalité infantile recule, la population croît. De l'an 1000 à l'an 1300, celle-ci double, voire triple en certaines régions. Des chiffres exacts étant difficiles à établir, les historiens évaluent la population de l'Europe, au début de cette période, entre 25 et 30 millions d'habitants, passant de 60 à 70 millions en 1300 (certaines évaluations récentes vont de 43 à 86 millions pour la même période). Des bras se libèrent, dont la plupart vont s'attaquer à la forêt.

22 Collier de cou et collier d'épaule

Le collier de cou (en haut), fait d'une bande de cuir, gêne la respiration de l'animal. Le collier d'épaule (en bas), rigide, s'appuie sur le poitrail du cheval, libérant la trachée.

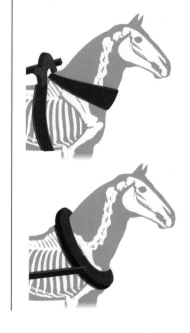

Assolement
Division des terres en portions (soles) consacrées à tour de rôle à des cultures différentes ou à la jachère.

23 L'assolement triennal

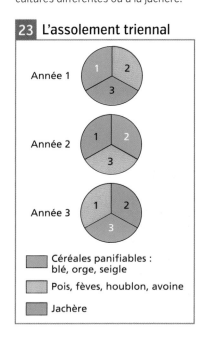

Année 1   1 2 3

Année 2   1 2 3

Année 3   1 2 3

☐ Céréales panifiables : blé, orge, seigle

☐ Pois, fèves, houblon, avoine

☐ Jachère

Les défrichements forestiers Un immense travail de défrichement commence, qui ne s'achèvera qu'à la fin du 13e siècle. On défriche d'abord des coins de terre inexploités dans les seigneuries existantes, mais il faut bientôt s'attaquer aux zones forestières. C'est un des faits les plus importants de l'histoire de l'Europe médiévale. Au milieu des bois, dans des terrains sauvages, les seigneurs ouvrent de nouvelles seigneuries. Ils recrutent des travailleurs volontaires qui acceptent de défricher et de cultiver pourvu que le seigneur leur consente des conditions alléchantes, par exemple des obligations quelque peu réduites par rapport à celles des vieilles seigneuries. Au nord de l'Europe, de vastes espaces sont même conquis sur la mer, puis cultivés ; ils forment ce qu'on appelle des *polders*, si importants dans la création de ce pays qu'on appelle justement les Pays-Bas.

L'émancipation des paysans À ces défrichements nouveaux correspondent des conditions sociales nouvelles. Les paysans des vieilles seigneuries, toujours soumis aux servitudes, menacent de s'enfuir sur ces terres nouvellement défrichées. Pour les garder, le maître doit négocier. À force de marchandages et de concessions, la situation des paysans s'améliore, même si toutes les régions et tous les paysans ne profitent pas également de l'expansion agricole. Au 14e siècle, tout de même, le servage aura pratiquement disparu en Europe occidentale.

3.3.2 La renaissance du commerce

La fin des invasions, l'augmentation de la production agricole et l'essor démographique à partir du 11e siècle favorisent le renouveau commercial en suscitant l'apparition des marchands, le développement des foires et le retour de la monnaie.

L'apparition des marchands La terre a donc libéré des bras, qui deviennent disponibles pour d'autres occupations. Des paysans partent sur les routes, courant l'aventure ; ils trafiquent, achetant ici à bas prix ce qu'ils espèrent revendre ailleurs très cher. On les appelle les *pieds poudreux*, c'est-à-dire des errants qui mènent une vie pleine de risques et de dangers. Ils se groupent en associations appelées **guildes**, voyagent en convoi pour mieux résister aux dangers multiples. Le négoce devient pour eux un métier. Ce sont les marchands. Ils sont au cœur du renouveau des échanges et du grand commerce.

Guilde
Association de marchands ou d'artisans.

Les grands axes commerciaux L'activité commerciale rayonne à partir de deux zones : l'Italie et le pourtour de la mer Baltique et de la mer du Nord **24**.

Dans la péninsule italienne, ce sont les villes du Nord qui amorcent le renouveau. La réouverture de la Méditerranée, consécutive à un certain affaiblissement des Arabes, stimule l'activité commerciale. Venise, Pise et Gênes exploitent au maximum les conditions nouvelles. Elles accroissent leurs flottes, multiplient les expéditions, créent des comptoirs partout en Méditerranée. Elles renouent avec Byzance et l'Orient. Leurs galères rapportent de Constantinople ou d'Alexandrie les épices, les soieries, les parfums et mille autres produits asiatiques que les caravanes de marchands déversent sur l'Europe. En échange, elles fournissent à l'Orient le plomb, l'étain, les vins et notamment les **draps** de Flandre. Les villes italiennes en arrivent à posséder le quasi-monopole du commerce en Méditerranée, ce pourquoi, d'ailleurs, elles seront intéressées par l'aventure des Croisades (*voir la page 104*).

Drap
Étoffe de laine. Ne pas confondre avec le sens actuel relatif à la literie.

Un autre commerce fleurit au nord de l'Europe, moins spectaculaire que celui du Sud, mais aussi efficace. Il court le long des fleuves russes jusqu'à Byzance et s'étend sur les côtes de la mer du Nord et de la Baltique, où s'établissent des ports (Stettin, Lübeck, Hambourg, Brême). Ceux-ci drainent un important négoce jusqu'à Bruges, qui est alors le plus grand entrepôt de l'Europe du Nord, le point de rencontre entre le commerce de la Baltique et le commerce méditerranéen. Des produits venus d'Italie (alun, épices, soieries) entrent dans le port de Bruges.

24 L'économie européenne à la fin du 13ᵉ siècle

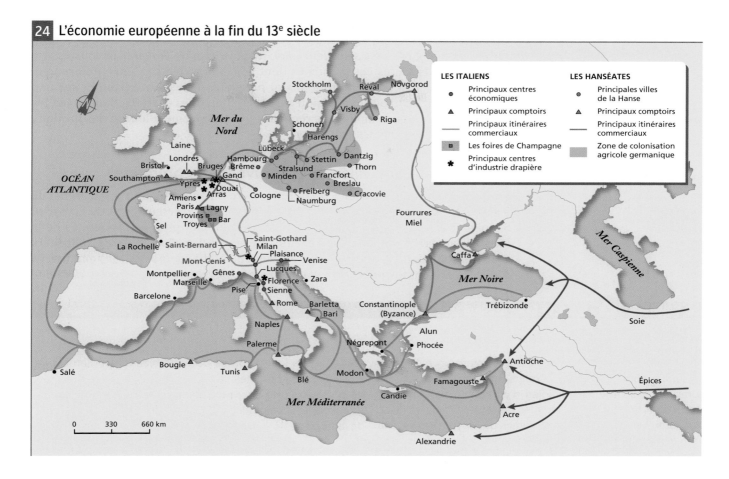

En repartent des tapisseries flamandes et des toiles de lin hollandaises, mais aussi les beaux draps de laine que l'on fabrique dans les villes de Flandre avec la laine importée d'Angleterre. Toute l'Europe raffole de ces lainages, qu'on expédie jusqu'en Orient. Dans le but de monopoliser le commerce du Nord, les marchands allemands se groupent (1241) en une énorme association, à la fois politique et commerciale : la **Hanse** teutonique.

Hanse
Association de marchands allemands, puis de villes allemandes au Moyen Âge.

Le développement des foires Entre l'Italie et la Baltique, des routes terrestres permettent aux marchands de transporter leurs marchandises. Les échanges se font en grande partie dans certaines villes bien placées le long de ces routes. Ainsi se développent les foires, dont les plus célèbres sont celles de Champagne, où se retrouvent chaque année des marchands venus de Flandre, d'Angleterre, d'Italie, d'Allemagne, d'Afrique et même d'Asie, dans un spectacle haut en couleur. On y vend les soieries et les épices de Chine, les cuirs d'Espagne, les draps de Flandre, les laines d'Angleterre, les fourrures de Russie, les vins de Bordeaux, l'ivoire d'Afrique. À leur apogée, les foires constitueront le plus important foyer commercial et bancaire de l'Occident.

Monnaie et banque Les marchands qui se déplacent de foire en foire ont besoin d'un moyen d'échange peu encombrant et relativement léger qui se substituera au simple troc entre produits. L'usage de la monnaie se généralise, favorisé par l'essor de la production minière (argent d'Espagne, de Cornouaille, d'Allemagne ou de Bohême) et la réapparition de l'or, extrait du Soudan et acheminé vers l'Europe par l'intermédiaire des Arabes. On reprend la frappe des monnaies d'or, qui étaient à peu près disparues depuis la fin de l'Empire romain : le florin de Florence (1252), le ducat vénitien (1284) ou l'écu de saint Louis (1263) sont les plus recherchés. Or, dans les foires circule non seulement la monnaie des États, mais aussi celle qu'émettent les grands féodaux, voire certaines villes. De là vient l'importance des changeurs, métier dans lequel se spécialisent des Italiens du Nord, les Lombards. Assis sur leur banc (d'où le nom de *banque*), ils fournissent aux marchands toutes ces monnaies dont la fiabilité n'est pas toujours assurée. Pour en évaluer la proportion de métal précieux, ils les font résonner sur une plaque de marbre (d'où l'expression «espèces sonnantes et trébuchantes») et les pèsent. Une économie monétaire remplace progressivement le troc des produits naturels, ce qui facilite les échanges.

3.3.3 L'essor des villes et le mouvement communal

Les déplacements incessants de foire en foire amènent bientôt les marchands à souhaiter se regrouper dans des lieux permanents d'échanges et de contacts. Se joignent à eux les artisans dont ils ont besoin, tant pour les nécessités de la vie (boulangers, menuisiers, serruriers) que pour celles du commerce (tonneliers pour les contenants, charrons pour les véhicules, changeurs pour les monnaies). À quoi s'ajoutent les paysans, vilains ou serfs, devenus surnuméraires par suite

EN TEMPS ⊘ ET LIEUX

Faire la fête au Moyen Âge

On présente souvent le Moyen Âge comme un millénaire de temps sombres. Selon certains clichés, la barbarie et la misère étaient le lot quotidien d'un peuple superstitieux vivant dans la crainte des flammes de l'enfer. Mais rien n'est plus faux! Les hommes et les femmes du Moyen Âge savent s'amuser. En effet, avec près de 80 jours chômés dans l'année, nombreuses sont les occasions de chanter, de danser, de boire et de manger à profusion ou de se livrer à des jeux de hasard ou d'adresse. Et cela est vrai pour le chevalier comme pour le paysan.

Au Moyen Âge, l'année s'organise autour du calendrier religieux, qui est ponctué de nombreuses fêtes. Bien qu'elles commencent par une messe célébrée le matin, ces fêtes religieuses deviennent souvent le prétexte à des beuveries, des danses, voire à des ébats amoureux.

La période de festivités la plus intense est le cycle des douze jours qui s'étend du lendemain de Noël jusqu'à l'Épiphanie, du 26 décembre au 6 janvier. Il est normal que les gens aient le cœur à la fête puisque les travaux des champs sont arrêtés! Le jour de Noël, on tue un porc en vue du souper, on met des habits neufs, on décore la maison, on joue aux dés et on assiste aux messes de Noël (il y en a trois). Dans les villes, les jeunes gens en profitent aussi pour se promener de taverne en taverne. Gageons que la messe de minuit est plus drôle pour ces derniers. Le 28 décembre, jour de la fête des Saints-Innocents, on célèbre la fête des fous. Il s'agit d'une fête contestataire où l'on renverse la hiérarchie cléricale: de jeunes moines élisent un pape des fous, on fait entrer un âne déguisé en prêtre dans l'église en parodiant les sermons, etc. L'atmosphère est survoltée. Le 1er janvier, c'est le jour de «l'aguilaneuf» qui a donné son nom à la «guignolée»

moderne. Ce jour-là, on se costume bizarrement (en bêtes sauvages, des hommes se travestissent) et l'on part quêter de porte en porte pour récolter de l'argent ou de la nourriture. Bref, les célébrations du 1er janvier, à l'époque, tiennent davantage de notre Halloween que de notre Jour de l'An.

De telles occasions de réjouissances se multiplient toute l'année durant. On peut penser au Mardi gras où l'on s'empiffre parfois jusqu'à minuit avant le début d'une longue période de quarante jours de jeûne et de pénitences, le carême, qui mènera à Pâques. À cette époque, c'est cette fête chrétienne majeure qui marque le début de l'année civile.

Les jeux occupent aussi une place de choix dans la société médiévale. En cette matière, les loisirs varient selon le rang social. Les nobles voient les jeux comme un entraînement pour la guerre ou encore comme une occasion de montrer leur valeur. Pas étonnant, dans ce contexte, qu'ils affectionnent tant la chasse, le tir à l'arc ou l'équitation. Mais ce sont les tournois qui constituent l'apothéose du divertissement des nobles. Très populaires au 12e siècle, ces événements sportifs sont un spectacle pour les humbles et un entraînement pour les chevaliers. On y combat à pied ou à cheval pour l'honneur ou l'amour d'une Dame.

Les paysans ou les artisans, quant à eux, jouent pour se divertir. Le sport en vogue à l'époque est la soule considérée comme l'ancêtre de plusieurs sports d'équipe tels le football, le soccer ou même le hockey. Ce jeu dont le but est d'amener une balle dans le camp de l'équipe adverse oppose souvent deux villages rivaux. Parfois, il y a des morts lors des parties de soule. Cela nous fait voir la rivalité Canadiens-Bruins avec un brin de relativisme.

? Au Moyen Âge, comment les différences de rang social se manifestent-elles dans la façon de jouer?

de la révolution agricole. C'est ainsi qu'on assiste à la renaissance des villes. Alors que la ville romaine était d'abord un centre politique et administratif, la ville médiévale sera d'abord un centre économique.

La ville médiévale Les marchands affluent dans la ville avec leurs richesses. Ils y recherchent une garantie de sécurité et une occasion d'échanges. Ces hommes nouveaux, échappés de la terre ou venus de nulle part, et qu'on commence à appeler *bourgeois* parce qu'ils ont fait naître de nouveaux quartiers, les bourgs, apportent avec eux l'esprit de gain et la circulation de l'argent. Ils croissent en nombre, en fortune, donc en puissance. Ils suscitent le goût de la liberté face aux contraintes féodales. Ils emploient une main-d'œuvre assez abondante, participant ainsi à la croissance rapide de la ville.

Artisans et corporations Afin de répondre aux multiples besoins de cette population grandissante, des artisans se fixent aussi dans les villes pour y exercer leur métier. La plupart d'entre eux achètent la matière première à un marchand et vendent eux-mêmes les objets qu'ils ont fabriqués. Leurs ateliers, à la différence de nos magasins, s'ouvrent directement sur une rue, étroite et sans trottoirs : on travaille à la vue du public **25**. Les artisans sont, la plupart du temps, regroupés par métier le long d'une même rue, sous les yeux d'une foule bigarrée. Comme les marchands, ils s'assemblent dans des associations appelées *confréries, fraternités, guildes*, etc. À l'origine, ce sont des associations de caractère religieux, sorte de sociétés de secours mutuel placées sous le patronage d'un saint (saint Joseph pour les charpentiers, saint Éloi pour les orfèvres, saint Marin pour les tailleurs de pierre, etc.). Peu à peu, l'association s'organise solidement en **corporation** de métier, chacune étant dirigée par le collège des maîtres qui réglemente sévèrement la qualité et le prix du produit. L'apprenti fait un stage de plusieurs années chez un maître pour devenir compagnon, c'est-à-dire ouvrier salarié. Pour accéder à la maîtrise, le compagnon doit fabriquer seul une pièce irréprochable, le chef-d'œuvre (*chef* au sens de «première»). Certains corps de métiers d'aujourd'hui (électriciens, plombiers) conservent encore les notions d'apprenti et de maître, tandis que les universités décernent toujours des diplômes de maîtrise, qui témoignent du fait que leur détenteur peut réaliser toutes les étapes d'une recherche originale.

La situation des femmes Dans cette société urbaine qui se met en place, le rôle des citadines est tout aussi important que celui des paysannes dans l'économie rurale. Elles ont le droit de travailler comme les hommes, et la plupart des métiers que pratiquent les hommes leur sont accessibles. Si filer la laine est l'activité féminine par excellence, il y a aussi les parcheminières, les chapelières, les dentellières, les gantières, etc. Certaines travaillent le cuir, d'autres forgent le métal ou font des cottes de mailles. Nombreuses sont les femmes qui tiennent boutique dans les métiers de l'alimentation. Ajoutons qu'à côté des prud'hommes on trouve des prud'femmes, qui ont pour fonction de défendre les intérêts des membres de leur corporation. Enfin, au même titre que l'homme, la femme peut rédiger un testament, hériter, gérer librement ses affaires, souvent avec succès. Certaines atteignent une autonomie professionnelle remarquable. En bref, dans cet univers urbain en pleine expansion, la condition féminine pourrait, à plusieurs égards, faire l'envie des femmes des siècles suivants.

25 Une rue marchande

Les boutiques d'artisans sont largement ouvertes sur la rue. On peut distinguer ici celles de l'apothicaire (au premier plan à droite), du drapier-tailleur (face au précédent), du barbier (au centre), du fourreur (au fond). (Gilles de ROME, *Livre du gouvernement des princes*, 16e siècle, Bnf, Arsenal 5062, fol. 149v)

Corporation
Association d'artisans d'un même métier créée pour réglementer ce métier et défendre les intérêts de ses membres, et bénéficiant de certains privilèges en la matière.

Commune
Association de bourgeois d'une ville cherchant à s'affranchir des servitudes féodales. Ville ainsi affranchie. N'a pas le même sens que dans l'expression *Chambre des communes*, qui désigne la chambre des députés élus dans un parlement de type britannique.

Le mouvement communal La ville dans son ensemble dépend d'un seigneur. Or, les bourgeois s'accommodent mal des prétentions et du contrôle seigneuriaux, dont les multiples charges (redevances, corvées, etc.) sont des entraves insupportables pour le commerce ou l'industrie. Sans attache avec le sol et vivant de la vente des produits qu'ils fabriquent ou achètent, ils n'acceptent pas d'être régis par les coutumes d'une société agricole. Alors, les bourgeois se dressent contre les seigneurs. Ils se lient par serment les uns aux autres et se promettent une aide mutuelle en formant une association qu'ils appellent la **Commune**. Un vaste mouvement d'émancipation secoue les villes : le mouvement communal.

La crise, qui s'annonce à la fin du 11e siècle, se déchaîne au siècle suivant. Les villes allemandes et italiennes en prennent la tête parce qu'elles sont plus riches et plus prospères. Le mouvement d'émancipation met plus d'un siècle à s'accomplir, parfois dans la violence, avec des massacres et des tueries (Laon, 1111-1114), le plus souvent par l'achat des libertés à prix d'or. Les bourgeois sont riches et les seigneurs ont souvent besoin d'argent. Parfois, quand il fonde une ville neuve, le seigneur accorde spontanément les libertés afin d'y attirer les habitants. Finalement, de plein gré ou par la force, les bourgeois arrachent au seigneur des privilèges (de *priva* et *lex*, « loi privée »), c'est-à-dire des libertés qu'on appelle *franchises*, indispensables à l'exercice de leur métier **26**. Ils organisent leur défense, administrent eux-mêmes leurs finances, élaborent leur justice. En Allemagne, les villes de la Hanse deviennent des républiques indépendantes comme le sont Florence, Venise et Milan, en Italie.

---

26 **La confirmation de la commune de Dreux (1180)**

« Au nom de la sainte et indivisible Trinité. Amen. Comme, entre autres défaillances de la fragilité humaine, nous sommes sujets aux pertes et aux fuites de la mémoire, la divine Providence a décrété, en compensation de cette incommodité, l'invention de la durable écriture, afin que la permanence des caractères conserve immuable ce qui, à chaque instant, était soumis au changement en raison des fréquentes variations des choses. Considérant cette longévité des écrits, je, Robert, par la patience de Dieu, comte de Dreux […], ai voulu, par des caractères d'écriture, notifier à tous présents et futurs que, un désaccord étant né entre moi et mes bourgeois de Dreux, nous sommes convenus enfin de cet accord, à savoir que nous leur avons concédé d'avoir la commune qu'ils ont eue aux jours de mon père, et nous la leur avons confirmée par serment, moi, Agnès comtesse de Braine, mon épouse, et Robert, mon fils. De plus, nous avons juré aux susdits bourgeois que nous ne lèverons, nous et nos successeurs, […] aucune taille sur les susdits bourgeois, et nous ne leur ferons aucune violence. […] Eux-mêmes ont juré d'être fidèles à moi, à mon épouse et à mes héritiers, et de garder et défendre notre place forte de Dreux contre tous […]. Nous avons concédé d'autre part aux mêmes bourgeois que nous ne forcerions personne de leur commune à user de nos moulins ni à s'acquitter d'autres redevances […]. En autre temps, je ne pourrai pas forcer les bourgeois à me livrer ou à me prêter des chevaux. Eux-mêmes, s'ils le veulent, soit en considération de mes prières, soit par amour pour moi, pourront me prêter leurs chevaux ou leurs chariots. […] »

? **1.** Quelles concessions le comte de Dreux accepte-t-il en faveur de sa ville ?

2. Quels engagements les bourgeois prennent-ils envers le comte ?

Source : Édouard LEFÈVRE, *Documents historiques sur le comté et la ville de Dreux*, Paris, Garnier, 1859, p. 45-46.

Charte
Document écrit consignant des droits ou des privilèges accordés par une autorité et ayant force de loi.

Désormais, la commune a une **charte** où sont consignés ses libertés, des armoiries de même qu'un sceau garant de son pouvoir. Au centre de la cité se dresse l'hôtel de ville surmonté du beffroi **27**, tour de guet fortifiée où l'on conserve la charte. Là se tiennent les assemblées des élus et les audiences du tribunal. Le beffroi arbore une grande horloge, innovation technique majeure de l'époque pour ces bourgeois pour qui le temps est une donnée importante de l'activité commerciale. La ville a l'orgueil de ses institutions et la fierté de ses monuments, dont l'allure et les dimensions doivent flatter le patriotisme de sa population. Cathédrale, hôtel de ville, maisons des corporations ou demeures de riches marchands font d'Ypres, de Bruges, de Paris, de Florence, de Sienne, de Lübeck et de mille autres villes les lieux d'expression d'une architecture remarquable. La ville médiévale est redevenue un centre de la vie publique et le cœur de la civilisation.

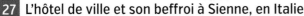

27 L'hôtel de ville et son beffroi à Sienne, en Italie

Au château seigneurial, la cité oppose l'hôtel de ville, symbole de son autonomie. Il est surmonté du beffroi, tour fortifiée que l'on souhaite aussi haute que possible pour affirmer la réussite des bourgeois.

FAITES LE P◎INT

12. Quelles innovations transforment l'agriculture autour de l'an mil et quelles en sont les conséquences sur le plan démographique?

13. Tracez sur une carte muette les grandes routes commerciales européennes vers la fin du 13e siècle.

14. Comment la bourgeoisie prend-elle naissance?

15. En quoi consiste le mouvement communal? Quelles en sont les causes et les résultats?

3.4 Le renouveau religieux, intellectuel et artistique

Le renouveau d'après l'an mil se manifeste également dans les domaines religieux, intellectuel et artistique. Réforme interne de l'Église, croisades en Terre sainte, naissance des universités, épanouissement de l'architecture gothique marquent cet apogée de la civilisation médiévale.

3.4.1 La réforme de l'Église

L'Église dans la féodalité Après le baptême de Clovis et le sacre de Charlemagne, placée comme tout le monde devant la nécessité de faire face aux invasions, l'Église s'est insérée naturellement dans les structures de la féodalité. Les évêchés et les monastères se transforment fréquemment en seigneuries, les évêques

Clergé
Ensemble des personnes occupant des fonctions et revêtues d'une certaine dignité dans l'Église, et qui portent le nom générique de clercs (exemples : prêtre, évêque).

Laïc, laïque
Tout croyant qui n'exerce aucune fonction dans l'Église.

Ascétisme
Genre de vie marqué par l'austérité, la frugalité, les privations.

Monachisme
Genre de vie pratiqué par les moines et les moniales, personnes consacrées à l'activité religieuse vivant à l'écart du monde en communauté dont ils s'engagent à suivre les règles, et qui font vœu de pauvreté, de chasteté et d'obéissance.

et les abbés deviennent des suzerains ou des vassaux. En tant que seigneurs, ils rendent la justice, perçoivent des redevances, vivent dans un château fortifié, font la guerre et s'entourent de vassaux. L'Église se trouve ainsi étroitement engagée dans les affaires «temporelles» au détriment des affaires spirituelles et s'enfonce dans les abus : luxe éhonté, violence guerrière, dépravation des mœurs du **clergé**. Une réforme s'impose. Elle touche à la fois les monastères et l'autorité du pape.

La réforme monastique   En 910 est fondée en Bourgogne une abbaye d'un type nouveau, soustraite à la tutelle des seigneurs **laïques** (roi, duc, comte) et même à l'autorité des évêques. Les moines élisent un abbé qui ne doit obéissance qu'au pape. Grâce à cette indépendance et en raison du prestige de ses premiers abbés, l'abbaye de Cluny rayonne très tôt sur la chrétienté. Elle fonde d'autres monastères auxquels elle donne son organisation, et qui restent soumis à l'abbé de la maison mère. À son apogée, au 12e siècle, l'ordre de Cluny est une galaxie de 1 200 filiales réparties dans toute la chrétienté. C'est l'institution la plus puissante de l'Église. Immensément riche, elle connaît toutefois assez rapidement un certain relâchement, ce qui provoque la création d'autres ordres, tel celui de Cîteaux, fondé en 1098. Les Cisterciens veulent revenir à l'**ascétisme** rigoureux des origines du **monachisme** : isolement du monde, dépouillement total, refus de percevoir des rentes d'aucune sorte, subsistance des moines tirée exclusivement de leur travail manuel.

Le développement des villes amène toutefois l'apparition de nouveaux ordres religieux, appelés ordres mendiants, dont les plus importants sont les Franciscains et les Dominicains, tous deux fondés au début du 13e siècle. Ils se consacrent essentiellement à la prédication et au soulagement des pauvres dans les villes. Ces ordres veulent surtout que leur mode de vie lui-même soit un témoignage visible de leur dévotion au Christ des pauvres : ils ne possèdent pas de riches monastères et vivent de la charité publique.

Les communautés religieuses féminines   Par ailleurs, les couvents et abbayes de moniales, uniques refuges pour les femmes seules, connaissent une importante expansion tout au long du Moyen Âge. Leur multiplication aurait été favorisée par un déséquilibre démographique ayant entraîné, à compter du 12e siècle, un «surplus» de femmes. L'Église cherchera cependant à contrôler ces communautés. Ainsi, le pape Innocent III défend aux abbesses, en 1210, d'exercer certaines activités au sein de leur congrégation (prêcher, bénir ou entendre les confessions des moniales), alors que ces pratiques étaient admises antérieurement.

À la même époque, d'autres femmes mènent une vie religieuse sans pour autant faire partie d'une congrégation. Tel est le cas des béguines qui, dans plusieurs régions de Belgique, d'Allemagne ou de France, vivent dans un état semi-religieux tout en exerçant un travail salarié, souvent dans le domaine social (assistance aux démunis, éducation, etc.). À Strasbourg, 600 béguines vivaient dans de telles communautés au 14e siècle, soit 10 % de la population de la ville.

La réforme issue de la papauté   À partir du 11e siècle, la papauté entreprend une lutte gigantesque pour assainir les mœurs ecclésiastiques. Entre autres, elle impose plus fermement le célibat des prêtres, contribuant ainsi à une dévalorisation des femmes dans l'Église, car celle-ci les associe à un état d'impureté résultant du péché originel. Alliée de Satan, prédestinée au mal, la femme est, dans le discours médiéval, l'ennemie du peuple chrétien, et l'homme d'Église, plus que tout autre, doit s'en méfier.

Les papes cherchent également à placer le clergé à l'abri de l'emprise des laïcs et, au sommet, à assurer la suprématie du pape sur l'empereur du Saint Empire romain germanique en matière religieuse 28. Se considérant en effet comme le chef suprême du monde chrétien, l'empereur a pris l'habitude de choisir les évêques et même d'intervenir dans l'élection des papes. L'Église veut mettre fin à ces pratiques, ce qui déclenche un formidable affrontement entre le pape et l'empereur. Entre déposition du pape par l'empereur, excommunication de ce dernier par le pape, et même violence armée à l'occasion, le conflit dure près de deux siècles et l'empereur doit finalement s'incliner et accepter que l'investiture des évêques relève de l'Église seule. L'empereur conserve toutefois bien des moyens de se mêler des affaires de l'Église, et l'emprise des seigneurs laïques demeure très forte dans les paroisses rurales.

Conformité et orthodoxie Dans ce contexte, tout opposant à l'autorité du pape doit être poursuivi. On pourchasse les hérétiques pour les ramener dans le droit chemin, on les traduit devant le tribunal de l'**Inquisition**: emprisonnement, torture, bûcher. Une des hérésies, celle des Albigeois, entraînera une guerre terrible dans le sud de la France (1208-1249). C'est aussi à cette époque que s'amorce la «chasse aux sorcières», qui ne cessera de s'amplifier au fil des siècles suivants. L'excommunication met au ban de la société la personne qui en est frappée. Il arrive même à l'Église d'user de l'interdit, mesure extrême, qui interrompt toute vie religieuse dans la région visée par le châtiment. Mais le triomphe de la papauté ne durera qu'un temps.

C'est également à compter du 12e siècle que le mariage religieux devient un impératif absolu de toute union et que l'Église diffuse avec plus d'insistance sa vision du couple et de la sexualité: le mariage doit assurer essentiellement la descendance du couple et leur union doit se dérouler selon des règles de pureté très strictes, afin d'éviter toute «souillure». Le mariage monogame, indissoluble, doit en principe se faire par consentement mutuel. On sait cependant que tel n'est pas le cas au sein de la noblesse où les mariages arrangés, concernant très souvent des jeunes filles à peine pubères, ne laissent guère de place à l'expression d'une quelconque inclinaison. Le libre choix du partenaire est cependant plus facilement exercé au sein des couches sociales plus pauvres des villes et des campagnes.

L'action de l'Église sur les mœurs féodales Par ailleurs, sous certains aspects, l'Église exerce une heureuse influence sur la féodalité. Elle agit d'abord par sa doctrine, qui proscrit tout brigandage et tout pillage. Elle lutte aussi concrètement contre les guerres privées, en établissant la «paix de Dieu» et la «trêve de Dieu». La première mesure défend aux chevaliers de s'attaquer aux femmes, aux enfants, aux pauvres, aux paysans et aux **clercs**. La seconde vise à limiter la durée des guerres en interdisant de se battre certains jours de la semaine (du jeudi au lundi) et en diverses périodes de l'année (carême, avent, etc.).

L'action de l'Église vise aussi à donner un caractère religieux à l'idéal chevaleresque. Le rite de l'**adoubement** est sacralisé: la veillée d'armes devient une veillée de prières à la chapelle du château. Le jeune chevalier reçoit son épée des mains du chapelain et s'engage à la mettre au service du Christ et de son Église. Il promet qu'il sera «preux, hardi et loyal» et qu'il protégera la veuve et l'orphelin, les moines et les pèlerins. À travers ces rites se forme un idéal dont l'Église est l'inspiratrice: protection du faible, fidélité à sa parole et vénération des lieux consacrés sont des valeurs issues de la féodalité que l'Église sanctifie.

---

28 Pape et empereur, d'après Innocent III (pape de 1198 à 1216)

L'un des grands conflits du monde féodal: qui domine, le pape ou l'empereur?

«Le vicaire de Jésus-Christ [...] possède à la fois les clefs du ciel et le gouvernement de la terre [...]. Nous sommes établi par Dieu au-dessus des peuples et des royaumes. Rien de ce qui se passe dans l'univers ne doit échapper à l'attention et contrôle du Souverain Pontife. Dieu, créateur du monde, a mis au firmament deux grands astres pour l'éclairer: le soleil qui préside aux jours, la lune qui commande aux nuits. De même, dans le firmament de l'Église universelle, il a institué deux hautes dignités: la papauté qui règne sur les âmes et la royauté qui domine les corps. Mais la première est très supérieure à la seconde. Comme la lune reçoit sa lumière du soleil, qui l'emporte de beaucoup sur elle par la quantité et la qualité de son rayonnement, ainsi le pouvoir royal tire tout son éclat et son prestige du pouvoir pontifical.»

? Que signifie l'expression «vicaire de Jésus-Christ»? D'après ce texte, quel est le fondement des prétentions du pouvoir pontifical à la domination universelle?

Source: Achille LUCHAIRE, *Innocent III, Rome et l'Italie*, Paris, Hachette, 1906, p. 118.

Inquisition
Tribunal institué par l'Église pour lutter contre les hérésies et la sorcellerie et qui compte sur l'appui du pouvoir civil pour donner suite à ses décisions; procédure utilisée par ce tribunal.

Clerc
Personne occupant une fonction et revêtue d'une certaine dignité dans l'Église.

Adoubement
Cérémonie d'entrée dans la chevalerie.

L'Église, toutefois, n'arrêtera pas les guerres privées : la mentalité guerrière est à la base même de la société médiévale. Mais elle trouvera à la chevalerie une cause sacrée : la Croisade. Devenu soldat du Christ, le chevalier aura non seulement le droit mais le devoir d'aller combattre les infidèles.

3.4.2 La Croisade

Bien que la Croisade se rattache de toute évidence au thème du renouveau religieux, elle le déborde largement par ses dimensions économique, sociale et culturelle, présentes tant dans ses causes que, surtout, dans ses conséquences. Il s'agit d'un événement majeur et dont les prolongements vont jusqu'à nos jours, alors que, près de 1 000 ans après les faits, des islamistes radicaux qualifient encore les Occidentaux de *croisés*…

Les causes Depuis longtemps, les chrétiens allaient en pèlerinage en Terre sainte, c'est-à-dire en Palestine où Jésus avait vécu, animés par l'espoir du salut éternel. Mais, au 11ᵉ siècle, les Turcs, nouveaux maîtres du pays, ont la réputation d'interdire aux pèlerins l'accès des Lieux saints, endroits marqués par le passage du Christ d'après les récits évangéliques (Bethléem, Nazareth, temple de Jérusalem, etc.). Alors, une croix d'étoffe rouge cousue sur la poitrine, hommes du peuple et chevaliers s'arment, à l'appel du pape, pour aller libérer Jérusalem **29**. À ce motif de piété religieuse qui assure au croisé le salut de son âme s'ajoutent des appétits matériels. Les chevaliers ont le goût de l'aventure et de la gloire, et ils sont heureux de pouvoir donner libre cours à leurs instincts guerriers avec la bénédiction du pape. En même temps, des milliers de jeunes chevaliers caressent l'espoir de se tailler de vastes domaines dans cet Orient fabuleux, ou simplement de s'enrichir par le pillage de ses immenses richesses. De plus, la poussée démographique que connaît alors l'Occident européen, jointe au surpeuplement des terres défrichées, incite bien des hommes à partir. Se croiser, pour eux, c'est tenter la chance d'améliorer leurs médiocres conditions de vie. Enfin, certains papes désireux d'accroître leur puissance en Occident souhaitent regrouper princes et seigneurs, sous l'égide de Rome, dans une lutte commune contre l'Islam.

Les principales croisades Phénomène unique dans l'histoire de l'Occident, la Croisade en Terre sainte comprend toute une série d'expéditions militaires échelonnées sur deux siècles (1095-1291), qui portent en elles le pire et le meilleur : le mystique côtoie le bandit de grand chemin et la violence, voire la tuerie sauvage, l'emporte trop souvent sur la générosité. Seule la première croisade atteint son but, toutes les autres aboutissant à des échecs.

En 1095, répondant à l'appel lancé par le pape Urbain II, quelques milliers de chevaliers de la petite noblesse, surtout française, se préparent à la guerre sainte, accompagnés de soldats, de serviteurs, parfois de leur famille, l'ensemble atteignant près de 100 000 personnes. Les chevaliers parviennent à Jérusalem et s'en emparent après un long siège, le 15 juillet 1099, dans un effroyable carnage **30**. Mais la victoire sera éphémère : en 1187, la ville sainte est reprise par le prince musulman Salad-ad-Din (Saladin). Six autres expéditions ne parviendront pas à recouvrer la ville et, en 1291, la chute de Saint-Jean-d'Acre, dernière place forte des croisés en Terre sainte, met un point final à l'aventure.

Les conséquences Au regard du but religieux visé, les croisades se soldent donc, à terme, par un échec. Toutefois, elles ont donné des résultats sensibles sur les plans politique, économique, social et culturel.

Envisagées sur le plan politique, les croisades ont révélé la puissance et le dynamisme de l'Occident latin. Vainqueurs, les croisés organisent les territoires

29 Un chevalier se préparant à partir en croisade

? Comment le chevalier est-il vêtu et équipé ? À quoi reconnaît-on qu'il se prépare à la croisade ?

(*Psautier de Westminster*, Royal 2 A. XXII, f. 220, 13ᵉ siècle)

30 La prise de Jérusalem par les croisés

« Le vendredi à l'heure de midi, les Francs pénètrent dans la ville, sonnent leurs trompettes, remplissent tout de tumulte, marchent, avec un courage d'homme, aux cris de Dieu aide !, et plantent une de leurs bannières sur le faîte du mur. Les Païens confus perdent complètement leur audace, et se mettent tous à fuir en hâte par les ruelles qui aboutissent aux carrefours de la ville. Mais s'ils fuient rapidement, ils sont poursuivis plus rapidement encore. […] Les nôtres les attaquent avec la plus violente ardeur ; nulle part ces infidèles ne trouvent d'issue pour échapper au glaive des Chrétiens […]. Qui se fût trouvé là aurait eu les pieds teints jusqu'à la cheville du sang des hommes égorgés. Que dirai-je encore ? Aucun des infidèles n'eut la vie sauve ; on n'épargna ni les femmes ni les petits enfants. […] Les nôtres donc, parcourant Jérusalem l'épée nue, ne firent quartier à aucun, même de ceux qui imploraient leur pitié, et le peuple des infidèles tomba sous leurs coups comme tombent, d'une branche qu'on secoue, les fruits pourris du chêne, les glands agités par le vent. Après s'être ainsi rassasiés de carnage, nos gens commencèrent à se répandre dans les maisons, et y prirent tout ce qui leur tomba sous la main. Le premier, quel qu'il fût, pauvre ou riche, qui entrait dans une habitation, s'en emparait, que ce fût une simple chaumière ou un palais, ainsi que de tout ce qui s'y trouvait, et en restait paisible possesseur comme de son bien propre, sans qu'aucun autre le troublât dans cette jouissance et lui fît le moindre tort. La chose avait été ainsi établie entre eux comme une loi qui devait s'observer strictement ; et c'est ce qui explique comment beaucoup de gens dans la misère nagèrent tout à coup dans l'opulence. Ensuite, clercs et laïcs, tous ensemble se rendent au tombeau de Notre-Seigneur et à son temple célèbre, élèvent jusqu'au ciel des cris de triomphe, et chantent un cantique nouveau en l'honneur du Très-Haut ; tous portent de riches offrandes, prodiguent les plus humbles prières et visitent, ivres de joie, ces lieux saints, après lesquels ils soupiraient depuis si longtemps. »

? Quelles considérations pourrait-on faire en rapprochant ce document du document **06** (voir la page 84) ?

Source : FOULCHER DE CHARTRES, *Histoire des croisades* (v. 1106), dans François GUIZOT, dir., *Collection des mémoires relatifs à l'histoire de France*, Paris, J.-L.-J. Brière, 1825, p. 73-75.

conquis, créent le royaume de Jérusalem et morcellent la côte de la Syrie en fiefs : Antioche, Édesse, Tripoli **31**. Même après la disparition de ces États « latins », la France continuera d'exercer un rôle non officiel de protection sur les Lieux saints et sur les chrétiens du Proche-Orient, et cela jusqu'au 20ᵉ siècle (création du Liban en 1920). Par ailleurs, la présence des croisés contribuera à retarder de trois siècles l'invasion de l'Europe du Sud-est et la prise de Constantinople par les Turcs.

Sur le plan économique, les croisades favorisent le développement d'un commerce très actif entre les ports méditerranéens d'Occident et la Terre sainte, au bénéfice surtout des grandes républiques urbaines d'Italie. Gênes, Pise et surtout Venise louent des navires, transportent les croisés et alimentent leurs comptoirs de Palestine. Les commerçants italiens seront pour longtemps les banquiers de l'Europe. C'est aussi à cette époque que se développent les foires de Champagne, où l'on trouve les produits de l'Orient.

Sur le plan social, la noblesse féodale est loin d'avoir bénéficié de l'aventure, du moins autant qu'elle y en rêvait. Elle s'y est au contraire appauvrie, en général, à cause des énormes dépenses qu'elle y a englouties, et en sort décimée par les combats. Son influence diminue au profit de la royauté qui, dès lors, entreprend la reconstruction politique de l'Europe, jusque-là morcelée. Au sein de la noblesse, toutefois, une révolution sociale s'opère, qui touche la condition des femmes. En l'absence du seigneur parti pour la guerre ou la Croisade, la châtelaine a en effet pris l'habitude d'assumer la direction concrète du domaine, surveillant la rentrée des taxes et des redevances. Le régime féodal lui reconnaît pleinement le droit de succéder au fief à défaut de mâle et de posséder la seigneurie. Elle hérite donc de la terre et du pouvoir et peut disposer de ses biens par testament. Cette situation nouvelle et quasi souveraine donne à la dame de la cour élévation, dignité et courage et annonce un certain adoucissement dans les manières et la culture de cette société de guerriers.

Sur le plan culturel, les expéditions lointaines ont le grand mérite d'avoir mis les Occidentaux en contact avec un art de vivre plus raffiné qui les séduit d'emblée.

31 Les États chrétiens d'Orient après la première croisade

Comté d'Édesse — Édesse
Antioche — Principauté d'Antioche
Euphrate
Mer Méditerranée
Krak
Tripoli — Comté de Tripoli
Beyrouth
Sidon — Damas
Tyr
Saint-Jean-d'Acre
Jaffa — Royaume de Jérusalem
Jérusalem
TURCS

→ Première Croisade

0   105   210 km

Des frontières trop longues et un territoire trop étroit expliquent la fragilité des États chrétiens d'Orient. Au 12ᵉ siècle, les Arabes avaient déjà reconquis Jérusalem.

Courtois
Se dit de l'amour en tant qu'il est soumis à un ensemble de normes réglant l'attitude de l'amant envers sa dame. [CNRTL, 2011: www.cnrtl.fr/definition/courtois]

L'usage des tapis, des miroirs et des tissus de velours se répand dans les cours seigneuriales. Le seigneur veut donner à la vie de son château un visage nouveau. Une société plus mondaine se constitue. Les mœurs s'affinent. La revalorisation du statut et du rôle des femmes imprime à la chevalerie un caractère nouveau. Le chevalier combat maintenant tout autant pour sa « dame » que pour son seigneur. Celle-ci inspire une culture nouvelle qui s'ébauche lentement, avec les troubadours qui passent de château en château, récitant de la poésie, chantant l'amour, s'éprenant même, par jeu ou sincèrement, de la châtelaine. Ainsi naît l'amour dit **courtois**, parce qu'il se déploie dans les cours seigneuriales **32**.

32 L'idéal courtois

Le roman de la rose est un code de l'amour courtois du 13ᵉ siècle. Le héros du poème entre en rêve dans un jardin magnifique où est conservée une rose dont il tombe amoureux et qu'il cherche à conquérir. Ici, le « Dieu d'Amour » lui fait ses recommandations pour séduire la rose aimée.

« Sois sociable, juste et modéré en tes propos, à l'égard des petits comme des grands. [...] Puis évite de prononcer des mots grossiers et populaires ; jamais tes lèvres ne doivent s'ouvrir pour nommer de vilaines choses. Je ne considère pas comme un homme courtois celui qui tient un langage trivial.

Sers et honore toutes les femmes ; mets-y toute ton application. Et si tu entends quelqu'un médire de l'une d'elles, blâme-le et dis-lui de se taire. Fais ce que tu peux pour plaire aux dames et demoiselles, de sorte qu'elles entendent dire du bien à ton sujet. [...]

Mais surtout, pour te rendre aimable, il faut être élégant. L'élégance n'est pas un signe d'orgueil. Soigne, selon tes revenus, ton vêtement et tes chaussures. [...]

Puis, souviens-toi de t'entretenir en belle humeur : sois à la joie et au plaisir. On n'aime guère un homme sombre. [...] Es-tu vif et agile, montre-le ; es-tu bon cavalier, fais galoper joliment ta monture ; es-tu bon à la quintaine, va briser des lances ; es-tu adroit aux armes, profites-en pour te faire remarquer. [...] Et il n'y a rien qui s'oppose à ce qu'un jeune homme sache jouer de la vielle ou danser.

Par-dessus tout, fuis l'avarice. Il faut savoir donner. »

Source : Guillaume de LORRIS, *Le roman de la rose* (1237), dans Jean-Pierre VIVET, dir., *Les mémoires de l'Europe*, t. I, *L'Europe de la foi : 800-1453*, Paris, Laffont, 1970, p. 254, [adapté en français moderne].

La Croisade marque un tournant dans l'histoire de l'Occident. Replié sur lui-même pendant près de 500 ans, devant sans cesse affronter des envahisseurs extérieurs contre lesquels il peine à assurer sa défense, il reprend maintenant l'offensive, projetant sa puissance et son dynamisme jusqu'au cœur de son ennemi le plus menaçant. Et la Croisade en Terre sainte n'est que la manifestation la plus spectaculaire de ce revirement : au même moment, la *Reconquista* fait reculer les Arabes d'Espagne, tandis qu'au nord-est de l'Europe les chevaliers teutoniques agrandissent l'aire occidentale au détriment des Slaves. L'Occident conquérant est en marche, et il ne s'arrêtera plus pendant près de 10 siècles – pour le meilleur et pour le pire.

3.4.3 La naissance des universités

Au 12ᵉ siècle, la plupart des écoles monastiques, installées dans les abbayes rurales, n'attirent plus d'élèves des milieux bourgeois. Dans les villes, au contraire, les écoles créées autour des cathédrales sont florissantes mais elles manquent de maîtres. Or, pour y enseigner, il faut obtenir la permission de l'évêque, ce qu'on appelle la *licence*. Pour échapper à ce contrôle tracassier, les maîtres et les étudiants parisiens s'associent et, vers 1208, ils obtiennent du roi une charte un peu sur le modèle des chartes urbaines de l'époque **33**. La corporation ainsi reconnue prend le nom de *universitas magistrorum et scolarium*, « association des maîtres et des disciples ». Le nom restera : *université*. D'autres universités suivent rapidement. Les plus importantes sont celles de Montpellier, de Chartres et de Toulouse, en France, de Bologne, en Italie, d'Oxford et de Cambridge, en Angleterre, de Salamanque, en Espagne **34**. Sauf en de très rares exceptions, les femmes sont exclues de ces nouveaux lieux du savoir, ce qui contribue notamment à leur lente éviction de la médecine, un art qu'elles pratiquent pourtant depuis l'Antiquité.

33 Les privilèges de l'Université de Paris

Les «libertés universitaires» actuelles ont leur origine au Moyen Âge, comme les universités elles-mêmes.

«[…] dans les trois mois à partir de toute demande de licence, le chancelier de Paris devra faire examiner avec diligence, par tous les maîtres en théologie […] la valeur, les mœurs, les connaissances et l'éloquence du candidat.

Nous accordons aux maîtres et aux étudiants le pouvoir d'établir de sages règlements sur les méthodes et horaires des cours, des discussions; sur la tenue souhaitée; qui doit donner des cours, à quelle heure et quel auteur choisir; sur la taxation des loyers et le pouvoir d'exclure ceux qui se rebelleront contre ces règlements.

Si par hasard une offense ou un tort grave vous est fait, il vous sera permis de suspendre les cours jusqu'à l'obtention d'une réparation appropriée.

Et s'il arrive que l'un de vous est emprisonné indûment, arrêtez les cours, si cependant vous jugez cela opportun. Nous interdisons en outre qu'un étudiant soit arrêté pour une dette. Le chancelier ne devra exiger des maîtres auxquels il accorde la licence aucune somme d'argent ou obligation. Enfin, nous interdisons formellement que les étudiants se déplacent en armes.»

? D'après ce texte, quels sont les droits et les devoirs des maîtres et des élèves? Qui accorde la licence (le permis) d'enseignement? Sur quels critères juge-t-on le candidat à la licence?

Source: Extrait de la bulle «Parens scientiarum universitas» du pape Grégoire IX (13 avril 1231), dans Kareen HEALY, *Chartularium universitatis parisiensis*, t. I, Paris, Delalain, 1889, p. 136-139.

34 Les grandes universités médiévales

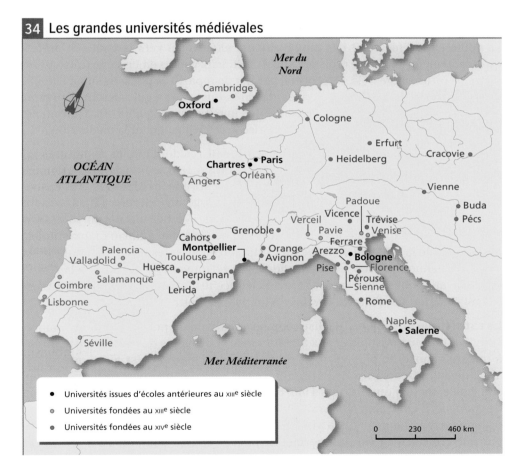

- • Universités issues d'écoles antérieures au XIIIᵉ siècle
- ◦ Universités fondées au XIIIᵉ siècle
- • Universités fondées au XIVᵉ siècle

0   230   460 km

L'enseignement Au sein de l'Université, on distingue quatre facultés: arts, droit, médecine et théologie. La formation générale comprend le *trivium* (grammaire, dialectique et rhétorique), et le *quadrivium* (arithmétique, géométrie, astronomie et musique). La base de l'enseignement, toujours donné en latin, est la méthode dite scolastique, inspirée des méthodes d'argumentation aristotéliciennes. On débute par la lecture d'un texte, par exemple la Bible, un Père de l'Église, un

Scolastique

Théologie, philosophie, logique enseignées au Moyen Âge dans les universités et les écoles, qui avaient pour caractère essentiel de tenter d'accorder la raison et la révélation en s'appuyant sur les méthodes d'argumentation aristotélicienne. (CNRTL, 2016 : www.cnrtl.fr/definition/scolastique)

Verbalisme

Utilisation des mots pour eux-mêmes, au détriment des idées.

Contrefort

Ouvrage de maçonnerie servant d'appui à un autre ouvrage qui supporte une charge (par exemple, un mur qui supporte une voûte), de sorte que la charge se transmet du second ouvrage (le mur) au premier (le contrefort).

35 La voûte en arêtes

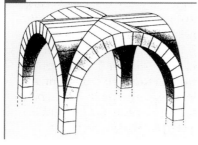

Tympan

Espace compris entre le linteau (la pièce horizontale qui forme la partie supérieure d'une ouverture et soutient la maçonnerie) et l'arc d'un portail.

Portail

Entrée monumentale d'un édifice religieux, comprenant une ou deux portes de grandes dimensions et un tympan généralement sculpté, le tout surmonté d'un arc.

Chapiteau

Partie élargie au haut d'une colonne.

Arc-boutant

Maçonnerie en forme d'arc qui s'appuie sur un contrefort pour soutenir de l'extérieur un pilier subissant la poussée d'une voûte, de sorte que la poussée se transmet du pilier vers le contrefort.

auteur qui fait autorité ; la lecture suscite une question ; et la question entraîne la discussion ; finalement, le maître tranche le débat. Il s'agit toujours de concilier la philosophie grecque, fondée sur la seule raison, avec la foi chrétienne, question cruciale qui traverse tout le Moyen Âge et se poursuit même jusqu'à nos jours. Les étudiants s'initient ainsi aux secrets de la dialectique, qui est non seulement l'art de raisonner, mais aussi l'art de discuter. Cette pédagogie, fondée sur les débats, veut doter l'esprit d'une solide armature logique. À la longue toutefois, la **scolastique** se sclérosera, on versera dans le **verbalisme** pur, et les humanistes du 16ᵉ siècle attaqueront violemment cette méthode.

3.4.4 De l'art roman à l'art gothique

C'est peut-être dans le domaine de l'architecture religieuse que l'Occident médiéval nous a laissé les témoignages les plus admirables, les plus émouvants de sa civilisation. Deux styles s'y sont développés successivement : le roman et le gothique.

L'église romane Né au 11ᵉ siècle, après l'arrêt des invasions, l'art roman est caractérisé par l'usage de la voûte en pierre, au lieu de la charpente en bois utilisée jusqu'alors pour soutenir la couverture des églises. La voûte en pierre réduit les risques d'incendie et fait résonner les beaux chants grégoriens dont les moines commencent à répandre le goût. Le poids de la voûte exige alors la construction de murs de plus en plus épais, consolidés à l'extérieur par de puissants **contreforts**. La voûte elle-même subit des modifications : elle évolue vers la voûte en arêtes, qu'on obtient en faisant se croiser à angle droit deux voûtes en berceau (c'est-à-dire cintrées, ou arrondies) **35**. Le procédé permet de répartir la poussée sur les quatre piliers d'angle. Massive, trapue, avec de rares ouvertures qui laissent l'intérieur dans la pénombre, l'église romane donne une impression d'équilibre et d'harmonie. C'est un art monastique et rural, qui favorise le recueillement et la méditation.

La grande beauté de cet art neuf et encore naïf réside dans les sculptures au **tympan** des **portails** donnant accès à l'église ou sur les **chapiteaux** des colonnes à l'intérieur. Sur les tympans, la pierre sculptée exprime les idées les plus redoutables du christianisme : ici, le Christ préside au Jugement dernier **36** ; là, ce sont des scènes de l'Apocalypse ou encore l'archange Michel terrassant le dragon Satan. Sur les chapiteaux, les «imagiers» ont sculpté des animaux fantastiques, des scènes de la Bible ou de la vie du Christ, ou encore des représentations de la vie quotidienne dans lesquelles les fidèles se retrouvent **37**. Il faut que la réalité éternelle apparaisse clairement à travers les scènes travaillées par l'artiste. C'est l'évangélisation par l'image, destinée à un peuple illettré.

La cathédrale gothique L'église romane, relativement petite, trapue et sombre, convient mal aux besoins et aux ambitions des bourgeois des villes, qui aspirent à quelque chose de plus vaste et de plus spectaculaire. C'est alors que Suger, abbé de Saint-Denis près de Paris, cherchant à faire entrer plus de lumière dans son église, met en œuvre, vers 1140, un style révolutionnaire qui prendra le nom de *gothique*. Il emprunte aux Arabes l'idée de l'arc brisé, appelé *ogive*, qui permet d'augmenter la hauteur de la voûte. Puis il imagine de faire supporter la voûte par une croisée d'ogives, qui permet de mieux répartir son poids sur les piliers d'angle. Et surtout, innovation capitale et décisive, les piliers sont eux-mêmes étayés par des **arcs-boutants** qui canalisent la poussée de la voûte vers des contreforts situés à l'extérieur des murs. Ainsi libérés du poids des voûtes, les murs peuvent être ouverts pour inonder l'édifice de lumière, mais une lumière transformée par le vitrail. La façade est également percée d'une grande rosace de vitrail. Ainsi sont réunies les caractéristiques essentielles du style gothique : croisées d'ogives, arcs-boutants et contreforts, profusion du vitrail **38**.

36 Le tympan de l'abbatiale Sainte-Foy de Conques, en France

? Recensez les différents éléments de ce tympan sculpté. Quel message religieux veut-il illustrer ?

Il faut imaginer le tympan entièrement peint de couleurs vives, dont il reste encore quelques traces.

38 L'art gothique (schéma d'une église)

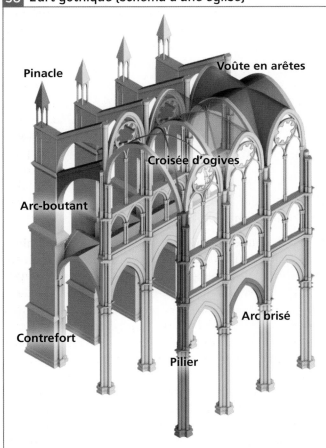

Pinacle
Voûte en arêtes
Croisée d'ogives
Arc-boutant
Arc brisé
Contrefort
Pilier

? À quoi servent les arcs-boutants et les contreforts ?

37 Le chapiteau dit du moulin mystique, basilique de Vézelay en France

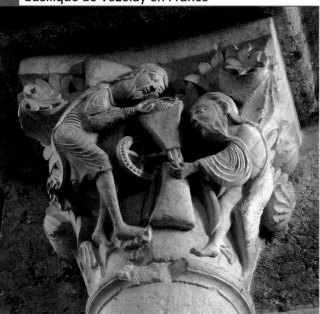

Sous les apparences d'une scène familière de l'activité agricole, immédiatement reconnaissable par les fidèles, c'est le fondement même du christianisme qui est illustré. À gauche, Moïse, vêtu de la tunique courte de l'esclave, verse le grain de l'Ancien Testament, aliment encore «inachevé», dans le moulin représentant le Christ, qui transforme le grain en farine du Nouveau Testament. À droite, saint Paul, vêtu de l'ample toge de l'homme libre (relevée sur son bras), recueille la farine, qui va pouvoir être transformée en pain et nourrir l'âme chrétienne.

Cette nouvelle façon de faire permet toutes les audaces. Les nefs s'élèvent de plus en plus haut. La cathédrale gothique se lance à l'assaut du ciel, comme un élan de l'âme vers Dieu. L'Europe occidentale tout entière se couvre de cathédrales gothiques. Pendant trois siècles se multiplient les chefs-d'œuvre à Paris, Chartres, Reims et Amiens, en France; à Salisbury, Canterbury, Ely et Wells, en Angleterre; à Cologne et Ratisbonne, en Allemagne; à Tolède, Salamanque et León, en Espagne; à Orvieto et Milan, en Italie. À son apogée, la cathédrale gothique est une des plus magnifiques créations de l'esprit humain.

Sur sa façade, trois étages se succèdent: les portails, l'immense rosace par où filtre la lumière et enfin les tours portant les cloches 39. Un peuple de statues (1 200 à Notre-Dame de Paris, 3 000 à Reims) orne les portails: le Christ, la Vierge et les saints. Ces sculptures expriment une nouvelle forme de foi. Ce n'est plus le Dieu terrible des portails romans qui domine la cathédrale, mais un Dieu doux, aux traits nobles et généreux, qui parle aux hommes, et Notre-Dame, celle qui console les affligés et qui inspire l'amour courtois. Les visages ciselés dans la pierre dégagent une sérénité profonde, expression de la foi joyeuse et simple qui anime le chrétien des villes. À l'intérieur, la nef, appelée aussi *vaisseau*, lance ses colonnes vers le ciel, élève ses murs étroits percés de verrières et de rosaces qui laissent entrer à flots une lumière irisée par les bleus, les rouges et les jaunes des vitraux. Ainsi illuminé de mille feux, l'intérieur veut rapprocher l'âme de Dieu, puisque Dieu est lumière **40**.

Un art urbain L'art gothique est un art urbain. L'essor de la cathédrale correspond au développement des villes. Les dirigeants et les masses urbaines veulent des sanctuaires dignes de leur foi, de leur fierté et de la richesse de leur cité. C'est donc au cœur de la cité, au milieu des maisons entassées à ses pieds, que s'élève la cathédrale. Dans un élan d'enthousiasme, évêque, banquiers, marchands et bourgeois, tous veulent concourir à la construction de la maison de Dieu et témoigner en même temps de leur réussite matérielle. Une compétition incessante pousse les voûtes toujours plus haut, jusqu'à 37 mètres à Chartres, 43 mètres à Amiens. À Beauvais, où l'on dépasse 47 mètres, la voûte s'écroule, par deux fois. Le gothique a atteint ses limites.

La cathédrale est au cœur des grandes manifestations de la vie locale, qui ont toutes un caractère religieux. Sur ses parvis, on joue les Mystères de la vie du Christ, dont le plus couru est celui de la Passion, pouvant faire appel dans certains cas à 500 participants.

39 La cathédrale de Reims, en France

Notre-Dame de Reims est l'un des plus purs joyaux de l'art gothique en France. Ici, le vitrail gagne même les tympans. La grande rosace est une véritable dentelle de pierre.

40 Le vitrail de St-Martin dans la cathédrale de Tours, en France

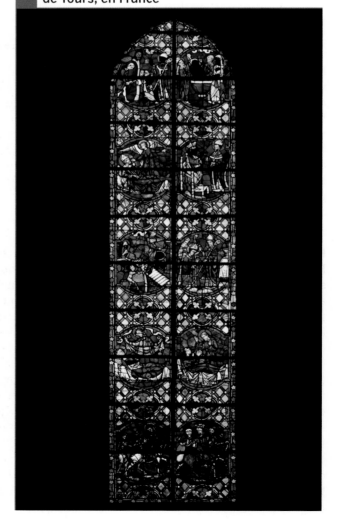

C'est la naissance du théâtre religieux, l'une des manifestations les plus considérables de l'activité culturelle du Moyen Âge. À l'ombre de la cathédrale s'élabore la pensée et naissent les universités. Le condamné trouve refuge sous ses arcades et les fidèles se rassemblent dans sa nef immense pour prier Dieu et chanter des hymnes.

Le chant grégorien des monastères, monodique, dépouillé, méditatif, tout entier consacré à l'intelligence du texte, se perd un peu dans ces vaisseaux gigantesques. Alors on invente la polyphonie musicale, qui remplit les hautes voûtes comme le vitrail les illumine. À l'image des façades tripartites et des nefs multipliées, plusieurs voix se superposent, chantant des lignes mélodiques différentes, parfois avec des paroles différentes, pour le pur agrément de l'oreille. Il faudra de longues années pour que l'Église accepte cette forme de chant religieux, considéré au début comme indigne de la maison de Dieu.

Monodique
Se dit d'un chant ne comprenant qu'une seule ligne mélodique, donc chanté à l'unisson s'il y a plus d'un exécutant.

FAITES LE POINT

16. Pourquoi l'Église avait-elle besoin de réformes vers l'an mil et quelles furent les modalités de ces réformes ?

17. Dans quels buts des hommes s'engageaient-ils dans la Croisade ?

18. Quelles furent les conséquences de la Croisade ?

19. Comment sont nées les universités ?

20. Selon quelle méthode l'enseignement se faisait-il à l'université ?

21. Comparez les caractéristiques essentielles d'une église romane et celles d'une cathédrale gothique.

3.5 L'évolution des monarchies féodales

Pendant que l'économie, la société et la culture médiévales connaissent le renouveau dont nous venons d'étudier les grandes lignes, les structures politiques féodales évoluent lentement et de façon divergente d'un « pays » à l'autre. En France et en Espagne, monarchie et centralisation se développent, tandis qu'en Angleterre apparaissent les premiers jalons du parlementarisme et que l'Allemagne et l'Italie demeurent des « expressions géographiques ».

3.5.1 La France des Capétiens

L'extension du domaine royal Depuis 987 règne en France la dynastie des Capétiens, dont les rois poursuivent sans relâche un objectif presque obsessionnel : accroître leur domaine propre, limité à l'origine à une petite région autour de Paris, au détriment des grands féodaux. Ils vont y employer tous les moyens possibles : confiscation des domaines de vassaux accusés de félonie, judicieux mariages, force armée, argent. Ils bénéficient également, dans cette entreprise, du caractère religieux donné à leur pouvoir et à leur personne par le sacre et de l'appui du mouvement communal en lutte contre les seigneurs féodaux. Le résultat, considéré sur quelques siècles, est saisissant : à l'époque de Philippe le Bel (1285-1314), le domaine royal est presque 40 fois plus grand qu'au temps de Hugues Capet, fondateur de la dynastie. À la mort de Louis XI, en 1483, la presque totalité du royaume sera passée dans le domaine du roi **41**.

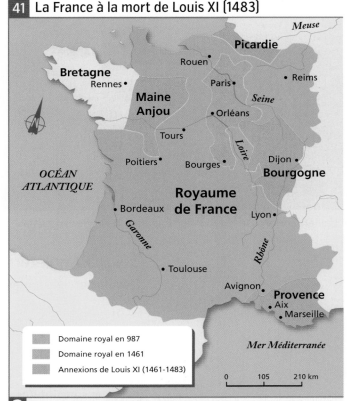

41 La France à la mort de Louis XI (1483)

? Quelle région importante manque-t-il encore pour que la France ressemble à peu près à celle d'aujourd'hui ?

La naissance de l'administration royale   En même temps, les Capétiens organisent peu à peu leur royaume. Création de commissaires royaux qui reçoivent les plaintes contre les seigneurs, procédure d'appel à la justice du roi contre la justice féodale, monnaie royale solide, Grand Conseil pour les questions politiques, Chambre des comptes pour les finances, embryon d'armée royale permanente: les institutions de la monarchie centralisée se mettent progressivement en place au cours des trois siècles qui séparent l'avènement de Philippe Auguste (1180) de la mort de Louis XI (1483). Un esprit nouveau s'affirme. À l'arbitraire féodal se substitue l'ordre royal.

3.5.2 L'Espagne de la reconquête

La Reconquête   Au 11e siècle, les musulmans (qu'on appelle *Maures*, du nom de l'ancienne province romaine de Maurétanie, en Afrique du Nord) occupent toujours l'Espagne. À l'appel du pape, des armées chrétiennes commencent à reconquérir peu à peu le pays. C'est dans ce contexte que s'illustre la figure légendaire du Cid Campeador, dont les forces remportent, en 1212, la victoire décisive de Las Navas de Tolosa. À l'aube du 14e siècle, les Maures n'occupent plus que le royaume de Grenade. Guerre sainte à l'instar de la Croisade, la *Reconquista* est aussi une entreprise de colonisation, et la nouvelle Espagne qui émerge se morcelle en fiefs au profit des chevaliers conquérants **42** qui dominent une petite noblesse vite asservie, celle que Cervantès va immortaliser dans le personnage à la fois ridicule et touchant de Don Quichotte.

42 L'Alcazar de Ségovie, en Espagne

L'altière forteresse symbolise l'Espagne de la *Reconquista*.

La naissance du royaume d'Espagne   En 1469, un événement capital va tout changer: le mariage de Ferdinand, roi d'Aragon, et d'Isabelle, reine de Castille. Dix ans plus tard, l'union des deux États donne naissance au royaume d'Espagne. Les «rois catholiques» entreprennent alors la conquête du royaume musulman de Grenade, qui tombe en 1492. La monarchie espagnole devient la plus centralisée d'Europe, et l'Espagne, la première puissance du continent. On parlera bientôt de prépondérance espagnole (*voir la page 151*).

3.5.3 L'Angleterre des Plantagenêts

L'évolution du pouvoir royal   En Angleterre, les choses se passent autrement. Guillaume, duc de Normandie, a conquis le royaume d'Angleterre par les armes en 1066. Maître du pays, il s'approprie tous les domaines des nobles saxons et installe ses chevaliers normands sur de petits fiefs dispersés afin de prévenir toute révolte. Ses hommes lui prêtent un serment de fidélité. Tous leurs biens sont recensés et les redevances dues sont consignées dans un grand catalogue, le *Domesday Book* («livre du Jugement dernier»). L'autorité du roi est presque sans limites. Henri II Plantagenêt (1154-1189), marié à la célèbre Aliénor d'Aquitaine **43** et qui possède en France plus de territoires que le roi de France lui-même, consolide en Angleterre l'œuvre du Conquérant. Il envoie des juges itinérants pour contrer la justice des seigneurs et fixe certains organes de l'État : la Chancellerie pour les questions politiques, l'Échiquier pour la rentrée des impôts et le Banc du roi qui répand une justice commune à tout le royaume (*Common law*).

43 Aliénor d'Aquitaine (v. 1122-1204)

Aliénor d'Aquitaine est l'une des figures les plus captivantes du Moyen Âge. Elle devient en 1137 reine de France par son mariage avec le roi Louis VII. Belle, vive, cultivée, elle fait venir à la cour poètes et troubadours et choque par ses goûts luxueux et ses tenues jugées indécentes. Accompagnant son mari à la deuxième Croisade (1147-1149), elle est fascinée par l'Orient. La Croisade est un échec complet et Aliénor, brouillée avec son mari, quitte la Palestine, tombe aux mains de l'empereur byzantin et est finalement délivrée par les Normands de Sicile. Soupçonnée d'infidélité, elle demande et obtient l'annulation de son mariage, ce qui est tout à fait inhabituel à l'époque pour une épouse. Huit semaines plus tard, elle s'unit à Henri Plantagenêt, de 10 ans son cadet, et devient ainsi en 1154 reine d'Angleterre. Après avoir donné deux filles au roi de France, elle donne cinq fils et trois filles au roi d'Angleterre, qui l'associe à l'administration de ses immenses domaines. Elle poursuit ses activités d'aide aux artistes et aux écrivains. Reconnue coupable d'avoir soulevé ses fils contre leur père en 1173, elle passe près de 15 années en prison. Libérée après la mort de son mari en 1189, elle gouverne le royaume pendant l'absence de son fils Richard Cœur de Lion, parti en croisade. Elle s'éteint à l'âge de 82 ans, après de nombreuses autres péripéties où se manifeste jusqu'à la fin une indomptable énergie.

La Grande Charte La situation de la monarchie se détériore brusquement sous Jean sans Terre (1199-1216), qui doit faire face à une révolte des barons (grands féodaux) et des bourgeois de Londres contre l'augmentation des impôts. En 1215, ils obligent le roi à signer un texte, la *Magna Carta* ou Grande Charte, qui limite substantiellement ses pouvoirs 44. La Grande Charte est un document fondateur de la civilisation occidentale. Conçue à l'origine pour protéger les privilèges de la noblesse, elle contient néanmoins en filigrane certains principes qui sont à la base des libertés démocratiques aujourd'hui considérées comme essentielles : le consentement à l'impôt, l'interdiction de l'arrestation sans motif légal, le procès devant jury, le droit d'être jugé par ses pairs et conformément à la loi établie.

La formation du Parlement Pour consentir à l'impôt, la Grande Charte met en place un Grand Conseil formé des barons. À la fin du 13e siècle, le roi Édouard Ier (1272-1307) convoque à son Grand Conseil, en plus des barons, deux chevaliers par comté et deux bourgeois par ville. Le Parlement anglais est en voie de formation. Il revêt sa forme définitive vers 1350 : la Chambre des lords (haute noblesse et clergé) et la Chambre des communes (petite noblesse et bourgeoisie). L'impôt doit être consenti par les deux chambres. Un siècle plus tard cependant, la noblesse féodale se met elle-même hors jeu en s'entretuant pendant une longue guerre civile, la guerre des Deux-Roses (1455-1485). À l'avènement de Henri VII Tudor en 1485, la monarchie anglaise, délivrée du carcan féodal, est à l'orée de sa plus belle période.

44 La Grande Charte (1215)

«Jean, par la grâce de Dieu Roi d'Angleterre, Seigneur d'Irlande, Duc de Normandie et d'Aquitaine et Comte d'Anjou, aux Archevêques, Évêques, Abbés, Comtes, Barons, Juges, Forestiers, Shérifs, Prévôts, ministres et à tous ses Huissiers et fidèles sujets. Salutations. [...]

(12) Aucun impôt ou aide ne sera imposé, dans Notre Royaume, sans le consentement du Conseil Commun de Notre Royaume, à moins que ce ne soit pour la rançon de Notre personne, pour faire notre fils aîné chevalier ou, pour une fois seulement, le mariage de notre fille aînée. Et, pour ceci, il ne sera levé qu'une aide raisonnable.

(13) Il en sera de même pour le soutien de la Cité de Londres. [...]

(14) En plus, le montant d'aide levé sera déterminé par le Conseil Commun du Royaume, à l'exception des trois cas susdits. Et, pour déterminer le montant des impôts, nous convoquerons individuellement par écrit: les Archevêques, Évêques, Abbés, Comtes et Hauts Barons du Royaume, et, [...] de façon générale, à une date et à un endroit spécifique, tous ceux qui Nous sont principalement responsables. [...]

(21) Les Comtes et les Barons ne seront imposés d'amendes que par leurs pairs, et ceci en considération de la nature de leur offense. [...]

(35) Il n'y aura qu'une seule mesure de vin, une mesure de bière et une mesure pour le grain dans tout Notre Royaume, c'est-à-dire, la "pinte de Londres". Et il n'y aura qu'une seule largeur de tissu teint, de drap de bure et de toile, c'est-à-dire, deux aunes entre les lisières. Il en sera de même pour les poids et pour les mesures. [...]

(39) Aucun homme libre ne sera saisi, ni emprisonné ou dépossédé de ses biens, déclaré hors-la-loi, exilé ou exécuté, de quelques manières que ce soit. Nous ne le condamnerons pas non plus à l'emprisonnement sans un jugement légal de ses pairs, conforme aux lois du pays. [...]

(41) Tous les marchands [...] pourront sortir et entrer en Angleterre, y demeurer et circuler librement en toute sécurité par voies terrestres ou voie maritime, pour acheter ou vendre, d'après les anciens droits et coutumes, sans péage malveillant. [...]

(61) [...] Pour la réforme de Notre Royaume, et pour mieux éteindre la discorde qui est survenue entre Nous et Nos Barons [...], les Barons pourront élire vingt-cinq Barons de leur choix [...], et ceux-ci observeront, garderont et feront observer, de leur plein pouvoir, la paix et les libertés que Nous leur avons accordées. [...] Si Nous [...] ou certains de Nos Officiers portent outrage à quiconque de quelque façon ou qu'ils violent certains des articles de la paix ou de la sécurité, et que l'offense est constatée par quatre des susdits vingt-cinq Barons, ces quatre Barons viendront à Nous [...] et, Nous faisant part des abus commis, Nous demanderons que réparation soit faite sans délai. Et si Nous n'avons pas fait réparation pour l'abus [...] en dedans de quarante jours [...] les susdits quatre Barons présenteront la cause devant le reste des vingt-cinq Barons, et eux, avec les vingt-cinq Barons et le peuple, Nous affligeront et Nous harcèleront par tous les moyens à leur disposition. C'est-à-dire, en saisissant nos châteaux, nos terres et nos possessions, ou par tous autres moyens en leur pouvoir, jusqu'à ce que l'abus soit réparé conformément à leur verdict [...].

Donné de Notre main, [...] dans la Prairie de Runnymede, entre Windsor et Staines, le quinzième jour de juin, durant la dix-septième année de Notre règne.»

? Comment ce document témoigne-t-il à la fois de la féodalité et du renouveau économique et social dont il a été question précédemment? Que signifie l'expression «un jugement légal de ses pairs»? En quels termes la liberté individuelle est-elle garantie par la Grande Charte?

Source: «La Grande Charte (1215)», trad. par Claude J. Violette, dans *Cliotexte*, [En ligne], http://clio-texte.clionautes.org/La-Grande-Charte-1215.html (Page consultée le 10 décembre 2015).

3.5.4 Le Saint Empire romain germanique

Un empire morcelé Au milieu du 10e siècle, Otton Ier est empereur du Saint Empire romain germanique, qui comprend l'Allemagne et l'Italie **45**. En Allemagne, où l'accès au trône est soumis à l'élection de plus de 450 seigneurs, chaque vacance du pouvoir entraîne de la part des candidats des concessions qui permettent à ces grands féodaux de se constituer en roitelets autonomes. En Italie, ce sont les villes du Nord, enrichies par le commerce, qui affichent une indépendance de plus en plus marquée à l'égard d'un empereur lointain. L'interminable querelle entre l'empereur et le pape permet aux seigneurs allemands de raffermir leur autorité dans leurs petits États, et aux villes italiennes de se constituer en républiques puissantes mais rivales. Tiraillé entre les barons insoumis du Nord et les villes italiennes en révolte, l'empereur, toujours assujetti à l'élection, sans domaine personnel, sans argent, sans armée, n'a aucun pouvoir réel.

À partir de 1356 toutefois, le choix de l'empereur est réservé à sept grands électeurs. En même temps, une famille puissante, les Habsbourg, s'installe solidement en Autriche et dans les territoires environnants. À compter de 1438, la couronne impériale va demeurer à tout jamais dans la famille des Habsbourg. À la fin du 15e siècle, l'Allemagne est pourtant toujours émiettée en plus de 400 États, tandis que l'Italie, fragmentée en une dizaine de petites principautés, échappe à l'Allemagne et vit de plus en plus de sa vie propre.

FAITES LE P◉INT

22. Par quels moyens les Capétiens assurent-ils le renforcement de leur pouvoir en France ?

23. En quoi consiste la « reconquête » de l'Espagne, et quel en est le résultat pour la monarchie espagnole ?

24. Pourquoi Guillaume de Normandie, roi d'Angleterre, est-il plus puissant dans son royaume que les autres rois de l'époque dans leurs pays ?

25. Qu'est-ce que la Grande Charte, et dans quelles circonstances est-elle apparue ? En quoi peut-elle être considérée comme un des textes fondateurs de la démocratie ?

26. Dans quelles circonstances le parlement d'Angleterre prend-il forme ?

27. Pourquoi peut-on dire que l'Allemagne et l'Italie ne sont que des expressions géographiques, au Moyen Âge ?

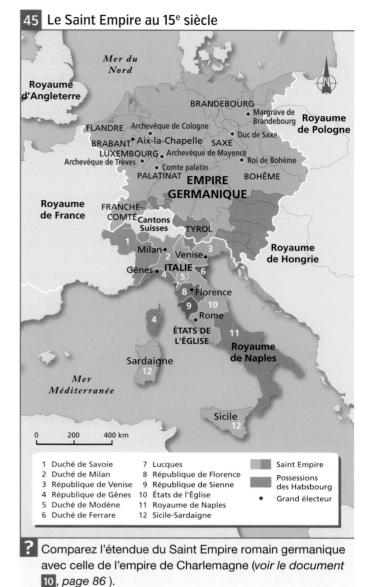

45 Le Saint Empire au 15e siècle

1 Duché de Savoie	7 Lucques	▨ Saint Empire
2 Duché de Milan	8 République de Florence	
3 République de Venise	9 République de Sienne	▨ Possessions des Habsbourg
4 République de Gênes	10 États de l'Église	
5 Duché de Modène	11 Royaume de Naples	◆ Grand électeur
6 Duché de Ferrare	12 Sicile-Sardaigne	

? Comparez l'étendue du Saint Empire romain germanique avec celle de l'empire de Charlemagne (*voir le document* **10**, *page 86*).

3.6 Le déclin des 14e et 15e siècles

L'immense dynamisme qui a soulevé l'Occident après l'an mil s'étiole à partir du début du 14e siècle. La famine, la guerre et la peste se conjuguent et engendrent la misère. Tous les malheurs du monde fondent sur les pauvres gens, qui entrent en révoltes ouvertes sauvagement réprimées. L'Église, facteur d'unité jusque-là, connaît une profonde crise intérieure et voit surgir des mouvements de réforme vite condamnés comme hérétiques.

3.6.1 Les grands fléaux

La famine   On voit tout d'abord réapparaître la famine. Grêle, pluie et gel précoce détruisent les récoltes. Trois étés de pluies incessantes (1315-1317) se succèdent sous un climat devenu plus humide et plus froid. Cette catastrophe engendre une pénurie alimentaire dans toute l'Europe du Nord. Des bandes de brigands pillent les maigres réserves des paysans. Les famines déciment même le bétail. Des loups par milliers terrorisent les villageois, s'attaquent même aux populations des villes.

La guerre À la famine s'ajoute la guerre, particulièrement un long conflit opposant la France à l'Angleterre pour une question de succession au trône de France: la guerre de Cent Ans. Les redoutables archers anglais ayant mis en déroute à quelques reprises les chevaliers français, empêtrés dans des armures trop lourdes, les Anglais s'emparent de tout le nord de la France et ravagent les campagnes pendant que le pays s'enfonce dans l'anarchie, alors que les princes de sang se disputent le pouvoir. Le relèvement ultime du royaume (1429-1453) est rendu possible grâce à Jeanne d'Arc, bergère de 17 ans qui, en quelques mois, délivre Orléans et mène le roi se faire couronner à Reims. Mais, littéralement vendue aux Anglais, elle est brûlée vive à Rouen le 30 mai 1431. Elle a cependant retourné la situation, si bien qu'à la fin de la guerre, en 1453, le roi d'Angleterre aura perdu à peu près toutes ses possessions en France.

Les conséquences de cet interminable conflit sont multiples. La France victorieuse a pris conscience d'elle-même et le sentiment national a commencé à se former. Mais la société française sort de ce conflit profondément transformée: l'affaiblissement de la noblesse s'accentue; les bourgeois, au contraire, enrichis par le commerce, voient leur importance s'accroître. Les plus touchés sont les paysans dont les terres ont été ruinées par les Anglais, anéanties par les «routiers» et les «écorcheurs», et qui se révoltent. L'activité économique est bouleversée. L'insécurité des routes durant la guerre a provoqué un resserrement des échanges. De plus en plus, l'axe du commerce cesse de traverser une France infestée de pillards. Les foires de Champagne périclitent, au profit des villes allemandes et italiennes.

La peste Épuisées par la famine et les pillages, mal nourries, les populations n'en sont que plus vulnérables lorsqu'une terrible épidémie, la peste noire, s'abat sur l'Occident comme une immense marée **46**. Transmise par des rats infectés venus d'Orient sur des navires génois, l'épidémie mortelle gagne l'Italie en 1348 et, de là, déferle sur la France et l'Allemagne et atteint l'Angleterre. Quarante mille villages d'Allemagne disparaissent. La haute contagiosité de la maladie, ses causes méconnues et des conditions sanitaires déplorables empêchent toute prévention, de sorte que les villes surtout, grossies par la croissance démographique, sont

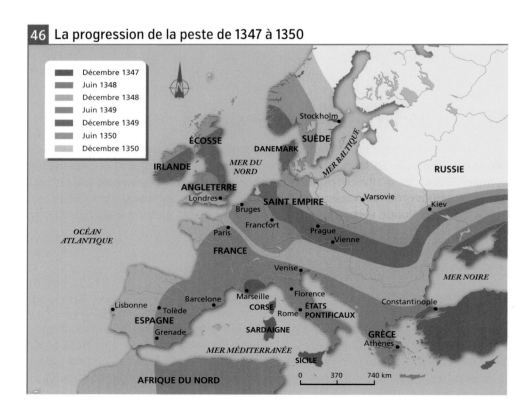

46 La progression de la peste de 1347 à 1350

frappées de plein fouet. Aix, Toulouse et Bourges en France, Brême en Allemagne, Florence en Italie, voient leur population réduite de moitié en très peu de temps. L'Angleterre, qui comptait près de quatre millions d'habitants en 1347, ne dépasse pas les deux millions 30 ans plus tard. La médecine de l'époque est impuissante devant l'épidémie **47**. Alors on cherche des boucs émissaires: d'horribles massacres frappent les Juifs, accusés d'avoir empoisonné les puits. Le tiers de la population européenne, sinon plus, est emporté par la maladie, une catastrophe qui brise pour longtemps l'élan démographique de l'Occident. Ce terrible fléau domine tout le 14ᵉ siècle et ne se résorbe qu'après 1450.

---

47 La peste noire à Florence

Texte 1

« Les membres d'une famille jetaient leurs morts comme ils pouvaient, dans une rigole, sans prêtres, sans offices divins, et l'on ne sonnait même plus le glas. En beaucoup d'endroits, on creusa de grandes fosses qui se remplissaient vite d'une multitude de morts. Il en mourait par centaines, jour et nuit, et les victimes étaient toutes jetées dans ces fosses et recouvertes de terre. Et dès qu'une fosse était remplie, on en creusait une nouvelle.

Et moi, Agnolo di Tura, appelé le Gros, j'ai enterré de mes propres mains mes cinq enfants. Et il y avait des cadavres qui étaient recouverts d'une couche de terre si superficielle que les chiens les déterraient et les traînaient pour les dévorer à travers les rues de la ville. Personne ne pleurait les morts, car tous attendaient la mort. »

Texte 2

« Chez nous, au début de l'épidémie, [...] certaines enflures se produisaient à l'aine ou sous l'aisselle [...]. On les appelait vulgairement bubons. [...] Il n'était point d'ordonnance médicale ou de remède efficace qui pût amener la guérison ou procurer quelque allégement. [...] Toujours est-il que, dans les trois jours qui suivaient l'apparition des symptômes, et plus ou moins vite selon le cas, mais généralement sans fièvre et sans autre trouble apparent, presque tous les gens atteints décédaient. »

Source du texte 1 : Agnolo DI TURA DEL GRASSO, Cronache Senesi (v. 1351), dans William M. BOWSKY, *The Black Death : A Turning Point in History ?*, New York, Holt, Rinehart & Winston, 1971, p. 13-14, [notre traduction]. Source du texte 2 : BOCCACE, *Le Décaméron* (1349-1353), trad. par Giovanni Clerico, Paris, © Éditions Gallimard, 2006, p. 39.

3.6.2 Une société en crise

Les révoltes paysannes Le désarroi est général. Des mouvements d'agitation secouent la société. La colère éclate chez le petit peuple des villes, pressuré par les impôts; elle provoque également des soulèvements de masse d'une violence inouïe dans le monde des paysans, victimes d'une structure féodale désuète. Un peu partout dans le nord de la France, le paysan que, par dérision, on appelle Jacques Bonhomme, se soulève, exaspéré par la misère. Cette **Jacquerie** (1358) balaie tout sur son passage avant d'être étouffée dans le sang: 20 000 paysans sont suppliciés. Paris s'enflamme à son tour, puis le Languedoc et l'Auvergne. En Flandre, en Italie, en Allemagne, la révolte populaire fait rage. En Angleterre, une révolte paysanne ravage l'Essex et le Kent **48**, puis gagne Londres où elle est finalement étouffée. Car, mal organisées, dispersées et n'obéissant à aucun plan d'ensemble, ces révoltes sont écrasées dans le sang partout, dans les villes et dans les campagnes.

Jacquerie
Soulèvement des paysans français en 1358. Par extension, le mot *jacquerie* (avec une minuscule) désigne une révolte paysanne.

La crise religieuse Au début du 14ᵉ siècle, la chrétienté est de nouveau secouée par une crise d'autorité qui bouleverse son unité. Désireux de mettre fin à l'ingérence politique de la papauté dans son royaume, le roi de France Philippe le Bel s'arrange pour qu'un évêque français devienne pape. Celui-ci quitte bientôt Rome et s'installe à Avignon, une ville de France appartenant à la papauté (1307). Bien installés dans leur somptueux palais où ils vivront jusqu'en 1378 sous l'influence du roi de France, les papes deviennent impopulaires à cause des lourds impôts qu'ils réclament pour payer leur train de vie luxueux, alors que la chrétienté est appauvrie. Le pape ayant finalement décidé de rentrer à Rome, un antipape est élu à Avignon, puis un deuxième à Pise, et la chrétienté se trouve plongée dans ce qu'on appelle le Grand Schisme d'Occident.

48 La «révolte des paysans» en Angleterre (1381)

«Ces méchantes gens [...] disaient qu'on les tenait en trop grande servitude et qu'au commencement du monde il n'y avait pas eu de serfs [...]; qu'ils étaient des hommes tout comme leurs seigneurs et qu'on les tenait comme des bêtes, ce qu'ils ne pouvaient plus souffrir [...].

En ces machinations les avait grandement poussés un fol prêtre d'Angleterre du comté de Kent qui s'appelait John Ball [...]. Les dimanches après la messe [...] il s'en venait au cimetière et là il prêchait et faisait s'assembler le peuple autour de lui et il disait : "Bonnes gens, les choses ne peuvent bien aller en Angleterre et n'iront bien que le jour où les richesses seront mises en commun, qu'il n'y aura plus ni vilains ni gentilshommes et que nous serons tous égaux. Pourquoi ceux que nous nommons seigneurs [...] nous tiennent-ils en servage? Si nous venons tous d'un même père et d'une même mère, Adam et Ève, en quoi peuvent-ils dire qu'ils sont mieux seigneurs que nous, si ce n'est parce qu'ils nous font gagner et labourer ce qu'ils dépensent?" [...] Ainsi disait ce John Ball [...], de quoi trop de petites gens le louaient. Ceux qui n'avaient rien disaient: "Il dit vrai". [...]. Ainsi commencèrent ces méchantes gens de Londres à faire les mauvais et à se rebeller.»

? Quels arguments invoquent les révoltés pour réclamer l'égalité sociale? Froissart semble-t-il favorable à la révolte des paysans?

Source: Jean FROISSART, Chroniques (1370-1400), Livre II, dans Gérard CHALIAND et Sophie MOUSSET, *L'héritage occidental*, Paris, © Odile Jacob, 2002, p. 445-446, [adapté en français moderne].

49 Le tombeau de Philippe Pot

Des «pleurants» couverts de lourdes houppelandes portent la dalle funéraire. (v. 1480)

Le Concile de Constance (1414-1417) met fin à ce long scandale et restaure l'unité, mais l'Église a perdu beaucoup de son ascendant moral et doit faire face à des mouvements de réforme prenant à partie les richesses du clergé et l'autorité du pape. John Wyclif en Angleterre, Jan Hus en Bohème (brûlé vif pour hérésie en 1417) annoncent déjà Luther et Calvin. Le grand rêve d'un Occident chrétien uni sous la suprématie du pape a vécu.

L'art, reflet du temps Le mouvement artistique traduit le malheur du temps. La sculpture religieuse devient plus réaliste, pathétique même. Les scènes de crucifixion s'attachent à montrer l'horreur du supplice. La peinture traduit l'angoissante obsession de la mort. Sur les murs des églises, on peint des «danses macabres»: des squelettes entraînent dans une danse funèbre des vivants de toutes conditions sociales, pour leur rappeler que tous doivent mourir. L'art funéraire devient volontiers dramatique **49**. Les calamités du siècle n'empêchent cependant pas les riches de vouloir créer autour d'eux une atmosphère de raffinement. La miniature donne à cette époque, en France, ses plus beaux chefs-d'œuvre, dont les célèbres *Très riches heures du duc de Berry*. Pour oublier le malheur des temps, on aime se réfugier dans une vie de rêve.

FAITES LE POINT

28. Quels sont les grands fléaux qui frappent l'Occident aux 14e et 15e siècles, et quelles en sont les conséquences?

29. Comment se manifeste la crise sociale aux 14e et 15e siècles?

30. Qu'entend-on par «Grand Schisme d'Occident»?

❯ EN BREF

❯ Le monde méditerranéen, unifié sous l'Empire romain, s'est d'abord fracturé avec la chute de l'Empire romain d'Occident. Cette période est marquée par la survivance de l'Empire romain d'Orient sous le nom d'Empire byzantin, par l'invasion arabe dans le nord de l'Afrique, puis en Espagne, par la naissance d'un empire carolingien éphémère, et enfin par de nouvelles invasions normandes et hongroises, autant d'événements qui viennent encore accentuer l'instabilité d'un Occident déstructuré.

❯ La féodalité répond aux nécessités de cette longue période de bouleversements. L'occupation du sol et la production agricole sont dictées par le régime seigneurial, regroupant seigneurs et paysans selon le principe de droits et d'obligations réciproques, tandis que les seigneurs établissent entre eux des rapports de dépendance d'homme à homme : le régime vassalique.

❯ À partir de l'an mil, un grand vent de renouveau souffle dans toutes les directions. Le progrès de l'agriculture et l'expansion démographique, la renaissance du commerce, l'essor des villes et le mouvement communal transforment radicalement l'économie et la société.

❯ Le renouveau touche aussi la vie religieuse, la vie intellectuelle et la vie artistique. L'Église tente de prendre ses distances de la féodalité et d'en améliorer certains aspects, tandis que les chrétiens se mobilisent pour la Croisade en Terre sainte. Les universités apparaissent et enrichissent considérablement la vie intellectuelle. L'architecture romane est supplantée par le flamboiement du gothique, une des plus grandes réalisations du génie humain.

❯ Dans certains royaumes, les monarchies commencent à imposer leur autorité à l'encontre du morcellement féodal et à bâtir des embryons d'États comme la France des Capétiens, l'Angleterre des Plantagenêts, l'Espagne de la reconquête. L'Allemagne et l'Italie demeurent toutefois des expressions géographiques.

❯ Les 14e et 15e siècles marquent le déclin de la civilisation médiévale. La famine, la peste (surtout la Grande Peste de 1348-1351) et la guerre font d'immenses ravages dans une Europe qui se dépeuple. Des révoltes paysannes ou urbaines éclatent et sont férocement réprimées. L'unité chrétienne est battue en brèche par la crise papale et l'aspiration à des réformes profondes.

Ainsi s'achève le Moyen Âge, mais les difficultés de cette dernière étape ne doivent pas nous faire oublier que la phase d'épanouissement qui s'est ouverte vers l'an mil pour se maintenir pendant trois siècles a été l'une des plus fécondes de l'histoire de la civilisation occidentale. La seconde moitié du 15e siècle, avec l'invention de l'imprimerie (1450), la prise de Constantinople par les Turcs et la fin de l'Empire byzantin (1453), la prise de Grenade par les Espagnols et la fin de la présence arabe en Europe (1492), et la découverte de l'Amérique par Christophe Colomb (1492), amène la civilisation occidentale au seuil de ce qu'on appelle communément les Temps modernes (16e, 17e et 18e siècles).

❯ HÉRITAGE

Ce que nous devons au Moyen Âge

De la part des Arabes
- l'étrier et le mulet
- des produits et des objets venant de l'Asie : le coton, la soie, le riz, l'abricot, le sucre, le papier, la poudre à canon, la boussole
- l'algèbre, le zéro et la numérotation
- le stuc et l'arc brisé (ogive)

Sur le plan technique
- l'assolement triennal
- la charrue à deux roues et à versoir, le collier d'épaule, la ferrure des sabots
- la lettre de change (ancêtre du chèque), la banque, le crédit, l'assurance
- l'horloge
- la voûte en berceau, l'ogive, l'arc-boutant, le contrefort

Sur le plan politique et social
- les associations, les guildes, les corporations
- l'apparition de la bourgeoisie, le mouvement communal
- le parlementarisme anglais, la Grande Charte

Sur le plan culturel
- l'université et ses grades (baccalauréat, licence, doctorat), la scolastique
- la valeur du serment, de la foi jurée, la fidélité à la parole donnée
- l'amour courtois, l'idéal courtois

Sur le plan artistique
- l'architecture religieuse romane et gothique, les vitraux, les enluminures
- l'architecture urbaine : hôtel de ville, beffroi
- l'art musical : chant grégorien, polyphonie

❯ POUR ALLER PLUS LOIN

LIRE

ARNOUX, Mathieu. *Le temps des laboureurs. Travail, ordre social et croissance en Europe, XIᵉ-XIVᵉ siècle*, Paris, Albin Michel, 2012, 378 p. – L'auteur fait ressortir le rôle fondamental des paysans dans le renouveau économique et social de l'époque.

FAVIER, Jean. *De l'or et des épices: naissance de l'homme d'affaires au Moyen âge*, Paris, Fayard/Pluriel, 2013, 481 p. (Coll. «Pluriel») – Comment les «pieds poudreux» sont devenus des hommes d'affaires, précurseurs des grands banquiers de la Renaissance.

GOUGUENHEIM, Sylvain. *Le Moyen Âge en questions*, Paris, Tallandier, 2012, 407 p. (Coll. «Texte») – Une approche par questions, autour de quarante thèmes comme le servage, la croisade, le commerce.

LE GOFF, Jacques, et Jean-Claude SCHMITT (dir.). *Dictionnaire raisonné de l'Occident médiéval*, Paris, Pluriel, 2014, 1230 p. (Coll. «Pluriel») – Une somme de connaissances incontournable rassemblant des collaborateurs de nombreux pays.

LETT, Didier. *Hommes et femmes au Moyen Âge*, Paris, A. Colin, 2013, 192 p. (Coll. «Cursus») – La place et le statut des femmes et des hommes tant dans la vie quotidienne que dans les institutions et les jeux de l'argent et du pouvoir.

VERDON, Jean. *Le Moyen Âge: ombres et lumières*, Paris, Perrin, 2013, 328 p. [Coll. «Tempus» n° 483] – Tentative de vision équilibrée du Moyen Âge, présentée par thèmes.

«Le Moyen Âge libère la femme», *Historia Spécial*, n° 17, avril 2014.

NAVIGUER

La Bibliothèque nationale de France offre plusieurs sites sur le Moyen Âge, magnifiquement illustrés de centaines de miniatures, entre autres:

«L'enfance au Moyen Âge»: http://classes.bnf.fr/ema/index.htm

«Fouquet, peintre et enlumineur du XVᵉ siècle»: http://expositions.bnf.fr/fouquet/index.htm

VISIONNER

Alexandre Nevski, de Sergei Eisenstein, avec N. Tcherkassov et D. Orlov, URSS, 1939, 112 min. — En 1242, Alexandre Nevski, prince de Novgorod, repousse l'avance des chevaliers teutoniques en Russie. Un classique du cinéma. Extraordinaire beauté des images en noir et blanc. La séquence de la bataille est une pièce d'anthologie.

El Cid, de Anthony Mann, avec C. Heston et S. Loren, É.-U./G.-B./It., 1961, 182 min. — Grande fresque épique hollywoodienne servie par de grandes stars, et l'une des meilleures du genre, sur la vie du Cid Campeador, héros de la reconquête de l'Espagne sur les Arabes.

Le nom de la rose, de Jean-Jacques Annaud, avec S. Connery et C. Slater, Fr./It./All., 1986, 130 min. — Enquête criminelle dans un monastère médiéval où se multiplient les morts suspectes, avec intervention de l'Inquisition. Vision fantaisiste et amusante, basée sur un roman d'Umberto Eco.

Le retour de Martin Guerre, de Daniel Vigne, avec G. Depardieu et N. Baye, Fr., 1982, 122 min. — Histoire vécue d'un procès pour usurpation d'identité dans un village de France. Belle reconstitution d'époque dans un film magnifique servi par des comédiens exceptionnels.

Le septième sceau, de Ingmar Bergman, avec M. von Sydow et G. Björnstrand, Suède, 1958, 96 min. — Un chevalier de retour des croisades retrouve son pays en pleine épidémie de peste… et joue aux échecs avec la Mort. Impressionnante reconstitution du bas Moyen Âge, avec terreur de la mort, superstitions, bûcher pour «sorcières» et procession de flagellants. Un chef-d'œuvre d'un maître du cinéma. Images en noir et blanc d'une beauté exceptionnelle.

 Allez plus loin encore, grâce à la médiagraphie enrichie disponible sur *i+ Interactif*!

EXERCICES ET ACTIVITÉS

Exercez-vous davantage grâce à des ateliers interactifs captivants! Consultez votre enseignant pour y accéder sur *i+ Interactif*.

La synthèse médiévale

L'introduction du chapitre soutient que le Moyen Âge a procédé à « une synthèse originale d'apports gréco-romains, judéo-chrétiens, germaniques et arabes » (*p. 79*). Identifiez certains de ces apports, en répondant aux questions suivantes.

1. D'après la section 3.1.2 (*p. 80-83*), quelles influences antiques (gréco-romaines) ont survécu à travers l'Empire byzantin?

2. Pourquoi et comment les Francs assurent-ils la persistance des influences judéo-chrétiennes, selon la section 3.1.4 (*p. 85-87*)?

3. En analysant la carte 3 (*p. 81*) et les légendes qui l'accompagnent, précisez ce qu'ont apporté les Germains.

4. Que révèle la section 3.1.3 (*p. 83-85*) quant aux apports arabes intégrés en Occident au Moyen Âge?

La féodalité

5. Au sujet de la féodalité médiévale (*section 3.2, p. 89-94*), les phrases suivantes sont fausses, voire tout à fait absurdes... Pourquoi?

    a) Dans le régime seigneurial, la tenure du seigneur est exemptée des droits banaux.

    b) Dans le régime vassalique, le roi étant le suzerain de tous les suzerains, il n'est donc vassal de personne et il administre lui-même les fiefs de tout son royaume.

    c) Au Moyen Âge, les paysans (qu'ils soient tenanciers, censitaires, vilains ou serfs) sont les vassaux des seigneurs.

Le renouveau économique et social

6. À l'aide de la section 3.3 (*p. 95-101*), complétez le schéma ci-dessous, qui illustre les liens entre les développements agricoles, commerciaux et urbains entre le 11e et le 13e siècle.

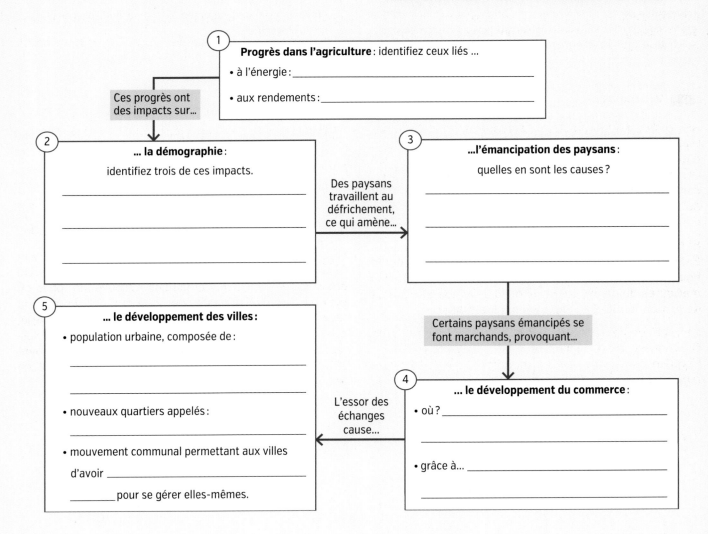

1. **Progrès dans l'agriculture**: identifiez ceux liés ...
   - à l'énergie: _____
   - aux rendements: _____

Ces progrès ont des impacts sur...

2. **... la démographie**: identifiez trois de ces impacts.
   _____
   _____
   _____

Des paysans travaillent au défrichement, ce qui amène...

3. **...l'émancipation des paysans**: quelles en sont les causes?
   _____
   _____
   _____

Certains paysans émancipés se font marchands, provoquant...

4. **... le développement du commerce**:
   - où? _____
   _____
   - grâce à... _____
   _____

L'essor des échanges cause...

5. **... le développement des villes**:
   - population urbaine, composée de:
   _____
   _____
   - nouveaux quartiers appelés:
   _____
   - mouvement communal permettant aux villes d'avoir _____ pour se gérer elles-mêmes.

La Croisade

La section 3.4.2 (*p. 104-106*) explique qu'une croisade est essentiellement une expédition menée contre les musulmans en Terre sainte. Approfondissons maintenant les diverses implications de ce concept.

7. Reportez-vous au document 29 (*p. 104*) qui présente, comme l'indique son titre, «un chevalier se préparant à partir en croisade». Cette image illustre clairement les deux caractéristiques fondamentales d'une croisade.

   a) Une première caractéristique du concept de croisade réside dans les croix qui ornent les vêtements du chevalier. Quelle est-elle? Expliquez.

   b) La seconde caractéristique du concept de croisade est révélée par l'équipement du chevalier. Identifiez-la et expliquez-la.

8. Le récit de la prise de Jérusalem en 1099 (*document 30, p. 105*) s'appuie sur les mêmes caractéristiques du concept de croisade. Repérez, dans le texte, au moins deux passages qui se rapportent à chacune des deux caractéristiques.

9. À la page 112, le phénomène de la Reconquête en Espagne est comparé à une croisade. Expliquez en quoi la Reconquête possède les mêmes caractéristiques que les croisades en Terre sainte.

10. Le terme «croisade» est utilisé aujourd'hui dans toutes sortes de contextes. Ainsi, certains assimilent la lutte aux changements climatiques à une «croisade environnementale». D'autres qualifient les campagnes contre l'usage de la cigarette de «croisade antitabac». Plus généralement, quand une mesure d'un gouvernement suscite l'insatisfaction, on annonce que la population part «en croisade» contre cette décision impopulaire.

    À la lumière des caractéristiques du concept de croisade, que vous avez abordées dans les questions précédentes, discutez du sens que revêt le mot «croisade» en ce qui concerne ces diverses revendications.

Les mutations de la fin du Moyen Âge

Les 14e et 15e siècles sont, il est vrai, une période de crises. Mais, au travers des crises, d'importantes mutations (ou changements) se produisent et elles auront des répercussions au cours des siècles suivants. Identifiez ces mutations en répondant aux questions suivantes.

11. En lisant les sections 3.5.1 (*p. 111-112*) sur la France, 3.5.2 (*p. 112*) sur l'Espagne et 3.5.3 (*p. 112-114*) sur l'Angleterre, indiquez, parmi les choix de réponses ci-dessous, la mutation majeure que connaissent les États au 15e siècle (faites bien attention à la datation).

    a) La montée du pouvoir royal, qui devient plus centralisé.

    b) L'affaiblissement du pouvoir royal à cause des révoltes des seigneurs féodaux.

    c) L'ingérence plus marquée de l'Église dans les affaires de l'État.

    d) L'octroi des libertés civiles aux populations de ces royaumes.

12. En consultant la section 3.6.1 (*p. 115-117*), indiquez lequel des groupes sociaux suivants semble s'imposer de plus en plus à la fin du Moyen Âge?

    a) Les nobles

    b) Les paysans

    c) Les bourgeois

    d) Le petit peuple des villes

13. La crise qui secoue l'Église au cours des 14e et 15e siècles annonce un phénomène majeur, selon la section 3.6.2 (*p. 117-118*). De quel phénomène s'agit-il?

    a) Le raffermissement du pouvoir du pape

    b) Les réformes de Luther et de Calvin

    c) Le déménagement de la papauté de Rome à Avignon

    d) L'avènement d'un art réaliste illustrant l'angoisse de la mort et le salut de l'âme

POINTS DE VUE
SUR L'HISTOIRE

Qu'est-ce que la féodalité?

Le terme «féodal» est souvent perçu comme un synonyme de «médiéval». Or, les deux termes ne réfèrent pas à une même réalité. Le terme «féodalité» sert généralement à qualifier les deux cents années de l'histoire occidentale autour de l'an mil, alors que le terme «médiéval» définit l'ensemble du Moyen Âge, soit entre les 5e et 15e siècles. Ainsi donc, le féodalisme désigne une période particulière de l'histoire médiévale, entre le 10e et le 13e siècle. Cette période serait celle où l'Occident connaît une deuxième naissance en coupant avec sa première, c'est-à-dire l'Antiquité gréco-romaine.

On admet communément que la féodalité est un système politique et social unique, basé sur des institutions spécifiques (par exemple l'Église, la seigneurie, la vassalité, la chevalerie, etc.), et qui organise et codifie les relations sociales, économiques, politiques et culturelles. Cette société féodale est régie par des relations particulières telles que l'hommage, l'adoubement ou encore les liens vassaliques et seigneuriaux. Si la plupart des historiens s'entendent sur la nécessité de définir la féodalité comme une période différente du Haut Moyen Âge, cette quasi-unanimité s'estompe rapidement lorsque l'on tente de dater ce changement et d'en décrire la nature. Quand l'Occident met-il réellement fin à l'Antiquité gréco-romaine? Y a-t-il eu une «mutation féodale» subite ou simplement une longue transition?

Pour la plupart des historiens jusqu'au milieu du 20e siècle, la féodalité ne représentait pas un changement radical par rapport à l'époque précédente. Le passage à la féodalité était perçu comme une transformation longue et tranquille. Cette interprétation est encore défendue par plusieurs médiévistes de l'école «traditionaliste».

Pour eux, la féodalité qui s'épanouit de la fin du 9e siècle au début du 13e est, à bien des égards, le résultat d'une longue transformation commencée avec la chute de l'Empire romain d'Occident, en 476, et qui s'est lentement cristallisée sous la dynastie des Carolingiens. Le passage s'est déroulé dans une relative tranquillité qui n'a rien à voir avec une révolution brutale menée par des groupes sociaux désireux de se faire entendre par des actes violents.

Ces historiens insistent sur l'évolution de plusieurs phénomènes que l'on associe souvent au féodalisme. Par exemple, la création de châteaux sous la domination des seigneurs et le lien de vassalité sont deux phénomènes qui existaient déjà sous Charlemagne. La chevalerie en est un autre exemple. Loin d'être une création strictement féodale, la chevalerie ne se conforme que lentement à l'image classique qu'on en a retenue. On peut en dire autant de l'utilisation de la coutume germanique. Alors que le droit romain (*voir la page 58*) est encore largement pratiqué au 6e siècle, son usage décline tranquillement afin de laisser place à la coutume (droit non écrit), qui devient une nouvelle source du droit en Occident. Ainsi donc, les «traditionalistes» ne nient pas la féodalité, ils nuancent à la fois son caractère novateur et la rapidité avec laquelle s'est déroulé le processus.

Au milieu du 20e siècle, certains historiens, que l'on nomme les «mutationnistes», ont réexaminé cette interprétation. Selon eux, la transition féodale relève plutôt de la mutation que de l'évolution tranquille. Elle est causée par une activité novatrice importante et nommée la «crise» ou la «mutation de l'an mil» puisque, autour de l'an mil (vers 970-980), la transformation de l'Occident se serait brusquement accélérée. Jusqu'à Charlemagne, l'Occident est encore essentiellement romain dans sa mentalité. Ce n'est qu'à la fin de l'Empire carolingien que s'installe, en deux générations, la féodalité, dans un chaos juridique et politique et une recrudescence de la violence due aux invasions des Vikings, des Magyars et des Sarrasins.

Pour les historiens qui défendent la «mutation féodale», l'effondrement de l'État carolingien au milieu du 10e siècle laisse un système politique nouveau dans lequel le roi ne détient pas le vrai pouvoir, puisque, dans les faits, celui-ci revient à chaque seigneur sur sa seigneurie. Ce qui caractérise donc la féodalité, c'est d'abord la décentralisation du pouvoir, ce qui contraste à la fois avec la puissance des rois carolingiens (Clovis, Pépin, Charlemagne, etc.) et avec la recentralisation du pouvoir qui débutera au Bas Moyen Âge.

De plus, la mise en place de la théorie des trois ordres s'avère capitale dans la mutation. L'homme occidental voit maintenant le monde comme étant divisé en trois ordres immuables (tiers état, clergé et noblesse), une division que ne connaissait pas l'Antiquité. Par ailleurs, sur le plan économique, la méthode de production connaît aussi une évolution décisive. Alors que l'Antiquité est marquée par l'esclavage, les temps féodaux le remplacent par le servage. Selon ces historiens, la distinction est fondamentale; alors que l'esclave antique appartient à son maître et ne reçoit aucun profit pour son travail, le serf médiéval est relativement libre et conserve une partie des récoltes qu'il a produites. La césure avec l'Antiquité est ainsi totale.

Cette question historiographique revêt une importance capitale dans la compréhension de l'histoire occidentale. S'il y a eu une mutation féodale vers l'an mil, c'est dire que le Haut Moyen Âge a surtout été la lente agonie de l'Antiquité. Plusieurs historiens parlent maintenant d'Antiquité tardive plutôt que de Haut Moyen Âge. En ce sens, la chute de l'Empire romain d'Occident en 476, quoique spectaculaire, serait une rupture moins importante qu'on a longtemps pensé. S'il n'y a cependant pas eu de mutation féodale, alors le Haut Moyen Âge représente une rupture très importante dans l'histoire occidentale; la chute de l'Empire romain d'Occident devient alors la coupure historique la plus importante.

DOSSE, Patrick GARCIA, et Nicolas OFFENSTADT (dir.). *Historiographies, II. Concepts et débats*, Paris, Gallimard, 2010, p. 952-966.

LAURANSON-ROSAZ, Christian. «Le débat sur la "mutation féodale": état de la question», dans Przemyslaw URBANCZYK (dir.), *Europe around the year 1000*, Varsovie, Institute of Archaeology and Ethnology, 2001, p. 11-40.

4 Renaissance, Réforme, Grandes Découvertes : l'Occident à un tournant

01 Un extraordinaire bond en avant

« À travers les contradictions et par des chemins compliqués, et tout en rêvant de paradis mythologiques ou d'impossibles utopies, la Renaissance a réalisé un extraordinaire bond en avant. Jamais aucune civilisation n'avait accordé autant de place à la peinture et à la musique, ni lancé vers le ciel de si hautes coupoles, ni porté au niveau de la haute littérature tant de langues nationales écloses en un si petit espace. Jamais dans le passé de l'humanité tant d'inventions n'avaient été mises au point dans un si court laps de temps. Car la Renaissance a été notamment progrès technique ; elle a donné à l'homme d'Occident plus d'emprise sur un monde mieux connu. Elle lui a appris à traverser les océans, à fabriquer la fonte de fer, à se servir des armes à feu, à marquer l'heure grâce à un moteur, à imprimer, à utiliser quotidiennement la lettre de change et l'assurance maritime.

En même temps – progrès spirituel parallèle au progrès matériel – elle a amorcé la libération de l'individu en le sortant de l'anonymat médiéval et en commençant à le dégager des contraintes collectives. »

Source : Jean DELUMEAU, *La civilisation de la Renaissance*, Paris, Arthaud, 1984, p. 11. (Coll. « Les grandes civilisations »)

Entre le milieu du 15e siècle et le début du 17e, la civilisation occidentale vit un des tournants majeurs de son histoire. Elle renoue avec l'Antiquité gréco-romaine, dans ce qu'on est convenu d'appeler la *Renaissance*. Elle voit éclater l'unité chrétienne par l'éclosion de la Réforme protestante. Enfin, les Grandes Découvertes lui ouvrent des espaces d'expansion presque illimités. L'Occident moderne commence à prendre forme. ◄

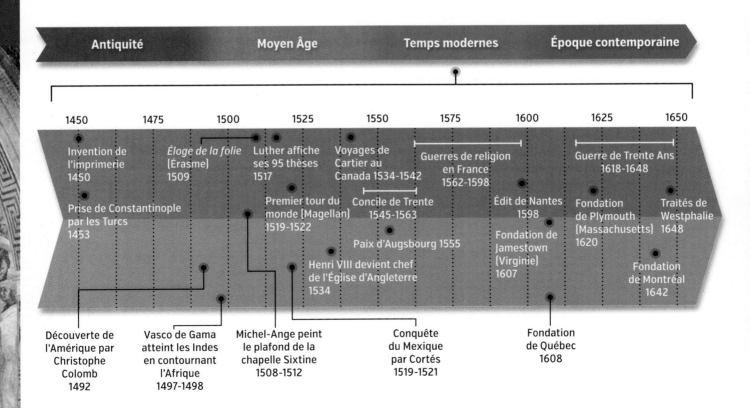

< Dans un décor inspiré des grandes constructions romaines, Raphaël réunit les grandes figures de l'Antiquité. Au centre, Platon (sous les traits de Léonard de Vinci) et Aristote. (*L'école d'Athènes*, Raphaël, 1510-1511)

4.1 La Renaissance littéraire et intellectuelle : l'humanisme

Renaissance
Mouvement intellectuel, culturel et moral qui s'est développé en Europe du début du 15ᵉ siècle jusqu'à la fin du 16ᵉ, marqué par le retour aux idées, aux modèles et à l'art de l'Antiquité gréco-romaine.

Au cours du 15ᵉ siècle s'amorce en Italie un grand mouvement d'esprit qui gagne peu à peu l'Europe entière au siècle suivant, et qui prendra le nom de **Renaissance** parce que les gens de l'époque cherchent à renouer, par-delà le Moyen Âge, avec les héritages de l'Antiquité gréco-romaine. Un idéal nouveau s'affirme tant dans la littérature et la pensée que dans l'art : l'humanisme.

4.1.1 Origines et caractères de l'humanisme

Le retour vers l'Antiquité   Dès le seuil du 15ᵉ siècle, en Italie, de grands écrivains et penseurs manifestent un engouement irrésistible pour les chefs-d'œuvre littéraires de l'Antiquité gréco-romaine. Il est possible que cet engouement ait été stimulé, en ce temps-là, par l'arrivée de savants byzantins fuyant la prise de Constantinople par les Turcs (1453) et qui apportent avec eux leurs nombreux manuscrits grecs. On se lance avec ferveur à la découverte de manuscrits originaux, débarrassés des erreurs, involontaires et parfois volontaires, que des générations de copistes y avaient introduites, ou de commentaires qui y avaient été ajoutés pour les rendre acceptables à la religion chrétienne. La plongée dans ces versions originales remet à l'honneur la conception de l'être humain et de l'Univers qui les sous-tend et qu'on appelle l'**humanisme** (*voir la page 36*). Bientôt le qualificatif d'*humanus* (« cultivé », « poli ») en vient à désigner tous ceux qui admirent l'Antiquité classique, qui cherchent à la comprendre et surtout à en faire revivre les divers aspects **02**. Car l'humaniste ne fait pas qu'admirer ces œuvres : il s'en inspire, il y recherche une pensée et des règles de vie pour la conduite des hommes et des femmes de son

Humanisme
Conception philosophique et morale qui exalte l'être humain et le place au centre de toutes choses, capable par lui-même de comprendre le monde qui l'entoure et apte à se développer et à progresser au contact des œuvres philosophiques, littéraires et artistiques ; mouvement prônant cette conception au temps de la Renaissance.

---

02 | **Un esprit universel**

Dans son célèbre *Gargantua*, roman truculent et plein de verve publié en 1534, l'écrivain français François Rabelais (v. 1483-1553) exprime tout l'appétit de connaissances de l'humaniste du 16ᵉ siècle en mettant sous la plume de son héros cette lettre adressée à son fils Pantagruel.

« Emploie donc ta jeunesse, mon fils, à bien profiter en étude et en vertus […].

J'entends et veux que tu apprennes les langues parfaitement. Premièrement la grecque, secondement la latine ; et puis l'hébraïque pour les saintes lettres, et la chaldaïque et arabique pareillement ; et que tu formes ton style quant à la grecque à l'imitation de Platon ; quant à la latine, de Cicéron. Qu'il n'y ait d'histoire que tu tiennes en mémoire présente […]. Des arts libéraux, géométrie, arithmétique et musique, je t'en donnai goût quand tu étais encore petit, à l'âge de cinq à six ans ; poursuis le reste, et de l'astronomie saches-en tous les canons. […] Du droit civil je veux que tu saches par cœur les beau textes […].

Et quant à la connaissance des faits de nature, je veux que tu t'y adonnes curieusement, qu'il n'y ait mer, rivière ni fontaine dont tu ne connaisses les poissons ; tous les oiseaux de l'air, tous les arbres, arbustes et buissons des forêts, toutes les herbes de la terre, tous les métaux cachés au ventre des abîmes, les pierreries de tout Orient et Midi, que rien ne te soit inconnu.

Puis soigneusement revois les livres des médecins grecs, arabes et latins, […] et, par fréquentes anatomies, acquiers-toi parfaite connaissance de l'autre monde, qui est l'homme. […]

Et, par quelques heures du jour, commence à visiter les saintes lettres : premièrement, en grec, le Nouveau Testament et les Épîtres des Apôtres, en puis, en hébreu, le Vieux Testament. […] Devenu homme, il te faudra sortir de cette tranquillité et repos d'étude, et apprendre la chevalerie et les armes pour défendre ma maison et nos amis secourir contre les assauts des malfaisants.

Mais, […] parce que science sans conscience n'est que ruine de l'âme, il te convient d'aimer, servir et craindre Dieu, et en lui mettre toutes tes pensées et tout ton espoir. »

? 1. Quelles disciplines une étudiante ou un étudiant d'aujourd'hui devrait-elle ou il aborder dans son programme d'études pour se rapprocher de l'idéal des humanistes en matière d'éducation ?

2. En quoi ce texte permet-il de saisir que les humanistes de la Renaissance n'étaient pas athées ?

Source : RABELAIS, Pantagruel, II : 8, adapt. en français moderne par Eugène NOËL, *Le Rabelais de poche*, Paris, Librairie des bibliophiles, 1879, p. 81-84.

temps. L'humaniste se définit par sa confiance en l'Homme, qu'il pense libre, raison-nable et digne de dominer l'Univers. Sans rejeter entièrement le suprême besoin de croire qui animait l'homme du Moyen Âge, il proclame le souverain besoin de savoir. Et sa curiosité est insatiable, dans tous les domaines.

L'éducation humaniste L'humanisme gréco-romain revivifié par l'enthou-siasme de la Renaissance à l'égard de la pensée des Anciens entraîne une nouvelle conception de l'éducation. Fondée sur l'étude des langues et des œuvres gréco-latines, tout autant que sur l'apprentissage des sciences et sur le développement harmonieux du corps par les exercices physiques, cette conception dominera toute la civilisation occidentale jusqu'au milieu du 20e siècle. Au Québec, elle formera la base du cours « classique » dans les collèges jusqu'à l'apparition des cégeps à la fin des années 1960. Les cégeps anglophones conservent d'ailleurs, aujourd'hui encore, une trace de cet héritage dans leurs cours de formation géné-rale regroupés sous l'appellation de *Humanities*, tandis que de nombreux cégeps francophones s'en inspirent dans le programme Sciences, Lettres et Arts.

4.1.2 La diffusion de l'humanisme

L'imprimerie L'invention de l'imprimerie à caractères mobiles constitue le facteur le plus important de diffusion de l'humanisme **03**. La matrice de chacune des lettres de l'alphabet étant désormais indépendante, on peut combiner celles-ci à l'infini pour « monter » n'importe quel livre et l'imprimer à des dizaines de milliers d'exemplaires.

03 La diffusion de l'humanisme

Né en Italie, l'humanisme gagne rapidement toute l'Europe occidentale.

La rapidité du procédé et la baisse importante du coût de production font que le livre, coûtant de 20 à 50 fois moins cher que les manuscrits recopiés, cesse d'être un objet relativement précieux réservé aux plus fortunés et atteint un public considérablement élargi. Sans compter que les erreurs inhérentes à la copie manuelle sont pratiquement éliminées. Le premier livre ainsi produit est la Bible imprimée à Mayence en 1450 par Gutenberg. Dix ans plus tard, une centaine de villes d'Europe possèdent au moins un atelier d'imprimeur. Les livres se multiplient : 20 millions entre 1450 et 1500 ; plus de 200 millions au 16e siècle. Après les bibles et les œuvres de piété, les éditeurs se consacrent à la publication des grands auteurs de l'Antiquité : Virgile, César, Tacite, Tite-Live. L'apparition du livre imprimé permet une large diffusion des idées des humanistes, d'autant plus que l'Église n'exerce plus le monopole sur la retranscription des œuvres, jusqu'alors assurée essentiellement par les moines.

04 *Érasme* (Q. Massys, 1517)

Visage méditatif, plein d'intelligence et de finesse.

Le latin   Dans les milieux lettrés, la diffusion de l'humanisme est également assurée par la prédominance du latin, qui transcende toutes les particularités nationales. L'universalité de cette langue assure des échanges directs et constants entre tous les intellectuels d'Europe. L'Anglais Thomas More (1478-1535) et le Hollandais Érasme de Rotterdam (v. 1466-1536) échangent une abondante correspondance et publient leurs œuvres en latin. Ainsi se forme une sorte de « République des Lettres » qui, à travers l'Europe, répand les idées nouvelles. Érasme, surnommé le prince des humanistes, en est le plus brillant et le plus célèbre représentant **04**. Son *Éloge de la folie*, pénétrante critique de la société de son temps, est lu, commenté dans toute l'Europe. Toute sa vie, il cherchera à concilier l'étude des Anciens et les enseignements de l'Évangile.

Langues et littératures nationales   Paradoxalement, l'essor de l'imprimerie favorise aussi l'éclosion des langues et des littératures nationales qui, à terme, vont faire perdre au latin son monopole de langue littéraire et scientifique. La Réforme protestante donne une impulsion décisive au phénomène en instaurant les cérémonies du culte dans la langue du peuple et en favorisant la lecture de la Bible par chaque chrétien dans sa propre langue. En 1539, François Ier fait du français la langue administrative officielle en France (ordonnance de Villers-Cotterêts). À peine nées, ces langues donnent des œuvres qui se rangent d'emblée parmi les monuments de la littérature universelle : l'italien dès le 14e siècle avec *La divine comédie* (1308-1321), de Dante Alighieri ; le français avec les *Essais* (1572-1592), de Michel de Montaigne ; l'espagnol avec *Don Quichotte* (1605-1615), de Miguel de Cervantès ; l'anglais avec les grandes tragédies de William Shakespeare (*Richard III*, 1591 ; *Hamlet*, v. 1598 ; *Othello*, 1604), œuvre théâtrale immense dans laquelle s'expriment, avec une force dramatique jamais égalée, toutes les violences et les contradictions d'une époque tumultueuse où les certitudes ne tiennent plus. Cette éclosion des grandes littératures nationales au 16e siècle a certainement été l'un des éléments clés dans la grande mutation que connaît alors l'Occident.

Quelques rares voix féminines se font également entendre, dont celle de Christine de Pisan qui, dans *La Cité des dames* (1405), déplore le peu de considération accordé aux femmes dans le célèbre roman médiéval *Le roman de la rose*, de Guillaume de Lorris et Jean de Meung. Considérée souvent comme la première intellectuelle des temps modernes – voire la première féministe, Christine de Pisan ouvre la voie à d'autres femmes dont les écrits se multiplieront au siècle suivant, malgré leur difficile accès au savoir, puisque collèges et universités leur sont fermés. Certaines, comme Anne de France, osent remettre en question la division sexuelle des rôles qui désavantage systématiquement les filles (*Enseignement à ma fille*, vers 1520), ou dénoncent, comme Marguerite de Navarre, la violence que subissent les femmes (*Heptaméron*, 1559).

4.1.3 Les limites de l'humanisme

L'humanisme va toutefois se heurter assez rapidement à des limites qui lui viennent à la fois de ses contradictions internes et de l'évolution générale des sociétés occidentales.

Les humanistes et la science   Trop admiratifs de l'Antiquité pour pouvoir la contester radicalement dans le domaine scientifique, les humanistes n'ont pas, sur ce plan, une place aussi marquante qu'en littérature. Au milieu de bien des relents de pensée magique et en dépit de l'hostilité des autorités ecclésiastiques, toujours suspicieuses en ces matières, quelques avancées sont cependant dignes de mention. Nicolas Copernic (1473-1543) établit par des calculs mathématiques que la Terre tourne autour du Soleil, et non l'inverse comme on le croit alors, mais son œuvre reste très peu connue. Léonard de Vinci jette sur papier des intuitions techniques fulgurantes (sous-marin, avion). L'anatomie fait quelques progrès, particulièrement grâce à André Vésale (1514-1564), le plus grand anatomiste de son temps, qui n'hésite pas à disséquer des cadavres devant ses étudiants à l'université de Bologne et publie en 1543 une œuvre monumentale en sept volumes abondamment illustrés sur l'anatomie humaine. Mais la science avance encore sur un terrain miné par les fantômes, la magie et les sorciers.

Les humanistes et la religion   Sur le plan religieux, loin d'apporter une solution à la crise du christianisme, l'humanisme y ajoute un nouveau problème. Comment concilier l'exaltation de l'individu, de sa liberté, avec le respect des dogmes du christianisme ? Comment maintenir l'unité chrétienne une fois brisé le monopole clérical sur l'interprétation des Saintes Écritures ? En glorifiant la liberté individuelle, l'humanisme annonce la réforme protestante, à la suite de laquelle de terribles guerres de religion vont ensanglanter toute l'Europe, réduisant à néant les convictions humanistes de tolérance et de fraternité universelle (*voir la page 142*).

FAITES LE P⊚INT

1. Comment se définit l'humaniste de la Renaissance ?

2. Quels sont les principaux moyens de diffusion de l'humanisme ?

3. Nommez quelques œuvres majeures des littératures nationales qui naissent à la fin du Moyen Âge et à la Renaissance.

4. Dans quels domaines l'humanisme a-t-il marqué ses limites ?

4.2 La Renaissance artistique

Pour admirable qu'elle soit, la révolution intellectuelle qu'est l'humanisme ne constitue pas à elle seule « la Renaissance ». Le retour enthousiaste aux textes littéraires gréco-latins s'accompagne d'un mouvement non moins enthousiaste vers les modèles artistiques hérités de l'Antiquité. C'est d'ailleurs dans les arts que la Renaissance produit ses œuvres les plus belles et les moins périssables.

4.2.1 Caractères généraux et foyer principal de la Renaissance artistique

La réinvention de l'art antique   À l'instar de l'humanisme, la Renaissance artistique renoue avec les formes esthétiques de l'Antiquité gréco-romaine. L'architecture revient à la colonnade et au fronton triangulaire des Grecs, à la voûte cintrée (semi-circulaire) et à la coupole des Romains. La sculpture reprend les canons esthétiques de la Grèce, avec son exaltation du corps humain aux proportions idéales, dénudé ou nettement suggéré sous le drapé. Les peintres aussi célèbrent la beauté du corps et retrouvent les secrets de la **perspective**, perdus pendant le Moyen Âge, qui leur permettent de réinventer le paysage. En retrouvant les modèles antiques, l'art renoue avec les thèmes de la mythologie gréco-romaine, qui viennent parfois se confondre avec les thèmes chrétiens : la Vierge Marie emprunte volontiers les traits de Vénus, les cupidons ont des airs de chérubins.

L'Italie, foyer principal   Comme l'humanisme, la Renaissance artistique s'épanouit d'abord en Italie avant de se répandre en Europe (*voir le document* **03**, *page 127*). Sur cette terre où l'on côtoie quotidiennement les vestiges de l'Antiquité, des princes cultivés s'entourent d'une véritable cour d'artistes qu'ils aident et encouragent de toutes sortes de manières. Tels sont les grands **mécènes** de l'époque : les Médicis de Florence, les Sforza de Milan, les Gonzague de Mantoue, les Este de Ferrare et même les papes de Rome.

À Florence, l'architecte Filippo Brunelleschi (1377-1446) édifie l'impressionnant dôme de la cathédrale, première coupole apparue dans le ciel d'Occident depuis la fin de l'Empire romain **05**. Les Florentins, émerveillés, vont désormais appeler leur cathédrale, tout simplement, *il duomo*, « le dôme », vocable qui s'étendra finalement à toutes les églises, puisque l'église à coupole s'impose désormais partout. De son côté, Sandro Botticelli (1445-1510) jette sur la toile sa célèbre *Naissance de Vénus*, image phare de la Renaissance, véritable manifeste de la nouvelle sensibilité **06**.

À Rome, les papes ont le même sens de la grandeur et de la majesté triomphale que les Césars d'autrefois. Ils veulent faire ressurgir la Rome impériale et faire de la capitale de la chrétienté le sanctuaire de l'art, y attirant à prix d'or les plus grands artistes. À partir de 1499, un prodigieux chantier s'ouvre à Saint-Pierre,

Perspective
Art de représenter des objets sur une surface plane en donnant l'illusion de la profondeur.

Mécène
Personne fortunée qui, par goût des arts, aide les écrivains, les artistes.

05 La cathédrale de Florence (Brunelleschi, 1420-1436)

Gigantesque coupole de 42 mètres de diamètre et de 106 mètres d'élévation. Sa réalisation (en fait, deux dômes superposés) fut un extraordinaire tour de force technique.

06 *La naissance de Vénus* (Botticelli, v. 1485)

Vénus, déesse de l'amour et de la beauté, sort des eaux dans un coquillage géant, entourée, à droite, par la divinité du printemps, qui tente sans succès de la couvrir d'un voile que les dieux des vents, à gauche, repoussent de leur souffle. Un véritable condensé de la Renaissance : sujet païen, nudité, corps idéalisé.

Loi de l'inertie
Loi physique selon laquelle tout corps se maintient dans son état (repos ou mouvement rectiligne uniforme) tant qu'une force ne s'exerce pas sur lui.

Astronautique
Science ayant pour objet la navigation spatiale.

Sfumato
Effet vaporeux qui donne au tableau des contours imprécis. (CNRTL, 2011 : www.cnrtl.fr/definition/sfumato)

où 1 000 ouvriers taillent dans le marbre la plus vaste et la plus somptueuse église du monde. Les travaux sont souvent arrêtés par manque de fonds. Chaque fois, le pape n'hésite pas à taxer la chrétienté entière, vendant par exemple à un prix exorbitant les emplois dans l'Église, précipitant ainsi la contestation de la Réforme (*voir la page 134*).

4.2.2 Deux géants : Léonard de Vinci et Michel-Ange

Leonardo da Vinci ou Léonard de Vinci (1452-1519) est probablement le génie le plus universel de son temps, aussi grand dans les arts que dans les sciences. Il étudie la physique et la mécanique, imagine des chars de combat, des sous-marins, des hommes volants, si bien que c'est en tant qu'ingénieur militaire qu'il est d'abord engagé par les Sforza de Milan. Il soupçonne les mouvements de la Terre, la **loi de l'inertie**, la circulation sanguine, l'**astronautique**, etc. Il est sculpteur, architecte, orfèvre, mais c'est comme peintre qu'il est le plus grand, grâce entre autres à sa célébrissime *Joconde* (1503-1506) **07**. Pour lui, la peinture est une poésie pour les yeux tout autant qu'un moyen essentiel de connaissance de l'univers. À cet art, il fait accomplir des progrès décisifs par l'emploi du *sfumato* (mot italien, littéralement « enfumé »), technique qui permet d'obtenir des images légèrement vaporeuses, à la fois précises et fluides, par la superposition de nombreuses couches très minces de peinture **08**. Partagé entre la peinture et l'insatiable appétit de tout ce qui est connaissance et invention, ce génie étrange qui peint des beautés au sourire énigmatique rêvera toute sa vie de faire voler l'homme comme un oiseau.

07 *La Joconde* (L. de Vinci, 1503-1506)

Portrait d'une grande dame de Florence, Monna Lisa del Giocondo. Le paysage est un magnifique exemple du *sfumato* cher à Vinci.

08 Le *sfumato* selon Léonard

«Une lumière trop vive ne donne pas de belles ombres. Méfie-toi du jour trop cru. Au crépuscule ou par le brouillard, lorsque le soleil est encore voilé par les nuages, remarque le charme et la délicatesse des hommes et des femmes qui passent par les rues ombreuses, entre les murs noirs des maisons, c'est le plus parfait éclairage. Que ton ombre, disparaissant petit à petit dans la lumière, fonde comme la fumée, comme les sons d'une douce musique. Rappelle-toi: entre la lumière et l'obscurité, il y a un intermédiaire, tenant des deux, telle une lumière ombrée ou un jour sombre.

Recherche-les, artiste; dans cet intermédiaire, se trouve le secret de la beauté charmeuse.»

Source: Léonard de VINCI, *Traité de la peinture*, d'après Dimitri MEREJKOVSKI, *Le roman de Léonard de Vinci*, Paris, Calmann-Lévy, 1902, p. 220.

Michelangelo Buonarroti (1475-1564), appelé Michel-Ange en français, est l'un des plus grands artistes de tous les temps. On lui doit trois des œuvres les plus universellement connues de l'histoire de l'art, et dans trois disciplines différentes: en sculpture, le *David* 09; en architecture, le dôme de Saint-Pierre de Rome 10; en peinture, la *Création d'Adam* 11 (et l'ensemble de la chapelle Sixtine). Sculpteur avant tout, et déjà immensément célèbre à ce titre, il devient peintre fresquiste par la volonté obstinée du pape Jules II, pour lequel il couvre de scènes grandioses le plafond de la chapelle Sixtine. Vingt-six ans plus tard, aiguillonné par un autre pape (Paul III), il peint sur le mur du fond le *Jugement dernier*, fresque bouleversante où son imagination de titan fait s'écrouler dans l'abîme une cascade de corps foudroyés par le Christ, juge suprême de l'humanité. À 72 ans, devenu architecte, ce géant solitaire osera lancer dans le ciel de Rome la gigantesque coupole de la basilique Saint-Pierre, d'un diamètre de 41 mètres et dont le sommet de la croix qui le surmonte est à 136 mètres du sol. Son œuvre a, tout à la fois, une vitalité intérieure qui transcende la beauté et un caractère farouche et tragique qui reflète son âme tourmentée.

09 *David* (Michel-Ange, 1501)

? Comparez avec le document 30 du chapitre 1 (*voir la page 42*) et montrez comment Michel-Ange reprend des caractéristiques essentielles de la statuaire grecque.

Courage et froide détermination de celui qui se prépare à affronter le géant Goliath, une pierre dans sa main droite et sa fronde sur l'épaule.

10 Saint-Pierre de Rome

Le dôme, inspiré de celui de Brunelleschi à Florence, a été dessiné par Michel-Ange.

11 *La création d'Adam* (Michel-Ange, 1510-1512)

Le Créateur, venant toucher le doigt d'Adam qu'il éveille ainsi à la vie, est inscrit dans une forme qui est, strictement, une coupe du cerveau humain, avec circonvolutions et bulbe rachidien. On peut se demander quel message l'artiste a voulu ainsi nous transmettre.

4.2.3 La Renaissance artistique hors d'Italie

L'art italien, tout comme l'humanisme, ne demeure pas confiné dans les limites de la péninsule (*voir le document* **03**, *page 127*). Très tôt, il en sort et rayonne, particulièrement en France, qui accueille plusieurs artistes italiens comme Vinci. Dans la vallée de la Loire, en particulier, les châteaux forts médiévaux cèdent la place à d'élégantes constructions ornementées de tourelles et de clochetons décoratifs, où pourra s'épanouir la recherche d'un bonheur terrestre exalté par les humanistes **12**.

Hors de France, l'influence italienne est moins sensible, car elle se heurte à des traditions artistiques bien ancrées. En Allemagne, deux grands noms se détachent en peinture : Hans Holbein le Jeune (v. 1497-1543), admirable portraitiste, et Albrecht Dürer (1471-1538), qui s'imprègne de cet art nouveau tout en conservant l'originalité de l'héritage artistique allemand. L'art flamand, quant à lui, ne doit presque rien aux courants venus de Florence ou de Rome. La peinture flamande est marquée par un réalisme méticuleux bien éloigné des canons de l'Antiquité gréco-romaine. L'humanisme, ici, se traduit par une attention à la vie quotidienne des gens, représentée avec une grande précision. En témoigne la truculence d'un Jérôme Bosch (v. 1450-1516), annonciatrice de celle de Pieter Bruegel l'Ancien (v. 1525-1569) dont les scènes populaires s'enracinent dans la vieille tradition flamande **13**.

12 Azay-le-Rideau (1518-1523)

? Relevez des éléments qui rappellent la tradition féodale, transformés par le goût nouveau de la Renaissance.

Azay-le-Rideau est l'archétype des châteaux édifiés le long de la Loire au cours de la Renaissance.

13 *Le repas de noces*
[P. Bruegel l'Ancien, 1568]

Attaché aux traditions flamandes, Bruegel aime représenter des fêtes villageoises pleines de vie, tel ce repas de noces où les invités s'adonnent à la joie au son de la cornemuse. (*Voir la page 185 pour une autre œuvre de Bruegel*)

FAITES LE POINT

5. Comment se manifeste le retour vers l'Antiquité dans l'art de la Renaissance?

6. Présentez quelques grands artistes de la Renaissance italienne en peinture, sculpture et architecture, avec certaines de leurs œuvres majeures.

7. Qu'est-ce que le *sfumato*?

4.3 La Réforme

Au 11e siècle, le Grand Schisme d'Orient, (*voir la page 82*), a brisé l'unité de la chrétienté. Depuis lors, l'Église grecque orthodoxe et l'Église de Rome n'ont cessé de s'opposer. Au début du 16e siècle, c'est l'unité de l'Église romaine qui se brise à son tour, mettant fin à l'unité religieuse de l'Occident. Une crise grave la secoue qui aboutit à une véritable révolution religieuse. Ce phénomène, qu'on appelle la *Réforme*, suscite l'apparition d'une autre branche du christianisme: le protestantisme.

4.3.1 Les causes générales

Les causes de la Réforme religieuse sont multiples et touchent à la fois la religion en elle-même, l'Église en tant qu'institution, la culture, la société et la politique.

L'inquiétude religieuse   À la fin du 15e siècle, les grands fléaux qui marquent la fin du Moyen Âge (*voir la page 115*) amènent une profonde inquiétude religieuse dans toutes les classes sociales; les fidèles sont de plus en plus angoissés au sujet de leur salut éternel. Leur piété est de plus en plus dominée par une sensibilité exacerbée. Les peurs ancestrales réapparaissent: le loup, les sorciers, le diable, la mort, la fin du monde. Le thème de l'apocalypse s'empare des murs et des vitraux, les superstitions pullulent. Le culte de la Vierge et des saints confine à l'**idolâtrie**; on se dispute leurs reliques, vraies ou fausses, et leurs images ont valeur de **talismans**.

Idolâtrie
Culte religieux rendu à la représentation d'une divinité comme si cette représentation était la divinité elle-même.

Talisman
Objet auquel on attribue des vertus magiques de protection, de pouvoir.

Une Église décadente À cette angoisse et à cette quête de certitude, une Église en pleine décadence se révèle incapable de répondre. Le bas clergé, dont la formation est complètement négligée, est médiocre, la plupart des curés vivent en concubinage, et leur état misérable les réduit à vendre les sacrements. Des évêques dissolus délaissent leurs diocèses pour vivre à la cour des princes et des rois. Ils sont courtisans, diplomates et hommes de guerre bien plus qu'hommes de Dieu. Et la gangrène s'étend jusqu'à Rome même. La vie du pape Alexandre VI Borgia est une suite de scandales; Jules II, casque en tête et cuirasse au corps, cède à la tentation de la guerre, qu'il mène à la tête de ses armées; Léon X, un fils de Laurent de Médicis qui était déjà cardinal à 14 ans, consacre tout son pontificat à protéger les lettrés et les artistes. Telle est, en ce premier quart du 16ᵉ siècle, la Rome des Borgia et des Médicis.

L'action des humanistes Les humanistes se penchent, eux aussi, sur les malaises de la chrétienté. En renouant avec les textes anciens, ils ne remontent pas seulement à toutes les sources de la pensée païenne, mais aussi aux écrits bibliques et évangéliques. Profondément croyants, ils souhaitent ardemment que la religion revienne à sa pureté primitive, ce qui mène certains d'entre eux à remettre en question l'existence même de l'Église en tant qu'institution. Mais l'exaltation des valeurs individuelles se concilie mal avec l'autoritarisme romain.

Sentiment national et ambitions politiques D'autres facteurs encore expliquent le vaste mouvement de la Réforme. Le sentiment national commence à poindre dans certains pays, et les monarques tolèrent de plus en plus mal l'intervention d'un pouvoir «étranger», la papauté, dans les affaires, même religieuses, de leurs États. Cela est particulièrement vrai en Angleterre et en Allemagne, régions qui d'ailleurs ont été très peu, voire pas du tout, romanisées à l'époque de l'Empire romain. Sur le strict plan du pouvoir politique, les monarchies en pleine ascension aimeraient bien soumettre l'Église à leur autorité, afin de s'assurer l'obéissance de leurs sujets. Sans compter tout le système de «taxation» de l'Église, qui échappe à leur emprise et draine hors de leur territoire d'importantes ressources financières.

L'attrait des richesses Les immenses richesses accumulées par l'Église (terres, bâtiments, objets de culte, etc.) suscitent des convoitises non moins grandes. Dans la plupart des endroits où triomphera le protestantisme, la première réaction des autorités publiques sera de faire main basse sur les propriétés du clergé. Dans certains cas, notamment en Allemagne, elles auront même délibérément appuyé, voire directement suscité en Angleterre, la révolte contre Rome dans le but précis de réaliser cette appropriation.

La cause immédiate: les indulgences Aux désordres de l'Église, au luxe ostentatoire et aux scandales de la papauté vient s'ajouter l'affaire des indulgences, qui va mettre le feu aux poudres. Afin d'obtenir les fonds nécessaires à l'achèvement de Saint-Pierre de Rome, le pape Léon X décide qu'une indulgence sera accordée à tous les chrétiens qui verseront une aumône pour la basilique de Rome. Un prédicateur dominicain sans scrupule, Johannes Tetzel (1465-1519), parcourt l'Allemagne, proclamant qu'on peut racheter ses péchés et même sauver une âme du purgatoire avec de l'argent **14**. Cette façon désinvolte de procéder renforce dans les esprits l'idée qu'il suffit de belles «pièces sonnantes et trébuchantes» (pièces de monnaie) pour acheter son salut. Contre cette pratique et cet enseignement, un moine va réagir vivement: Martin Luther (1483-1546) **15**.

Concubinage
État d'un homme et d'une femme qui vivent en union libre, sans être mariés.

Indulgence
Remise de peine pour les péchés, accordée par l'Église (entre autres, diminution du temps de purgatoire, lieu où l'âme expie ses péchés avant d'entrer au Paradis). L'aumône n'est que l'un des moyens d'obtenir une indulgence.

Aumône
Don charitable fait aux pauvres ou aux œuvres caritatives.

14   **Comment acheter son salut éternel**

Frédéric Myconius (1490-1546), compagnon de Luther, décrit l'activité du prédicateur dominicain Tetzel.

« Sa campagne de prédication lui permit d'amasser une énorme somme d'argent qu'il envoya à Rome. Il en gagna surtout dans les nouvelles mines de Saint-Annaberg où moi-même, Frédéric Myconius, l'ai entendu pendant deux ans. Ce que ce moine ignorant et impudent a proclamé est incroyable. Il disait que si un chrétien avait eu des rapports incestueux avec sa mère, mais qu'il versait une certaine somme d'argent à la caisse des indulgences papales, le pape avait le pouvoir de lui pardonner son péché au ciel comme sur la terre et, que s'il le pardonnait, Dieu devait faire de même. [...] Que dès que les pièces sonnaient dans la caisse, l'âme de celui qui avait acheté des indulgences allait droit au ciel. »

Source : Frédéric MYCONIUS, *Histoire de la Réforme*, dans Jean-Pierre VIVET, dir., *Les mémoires de l'Europe*, t. II, *Le renouveau européen : 1453-1600*, Paris, Laffont, 1971, p. 246.

4.3.2 La réforme luthérienne

La révolte de Luther   Martin Luther est un moine augustin qui, comme les gens de son époque, vit dans l'angoisse du Jugement dernier et la hantise de la damnation. Le 31 octobre 1517, un texte comprenant 95 thèses sur les indulgences est apposé, peut-être par Luther lui-même, sur la porte de la chapelle du château de Wittenberg **16**. Aussitôt imprimé, diffusé dans toute l'Allemagne à plus de 300 000 exemplaires, le document éveille partout une immense rumeur favorable. Quand Rome fulmine contre lui l'**excommunication** (15 juin 1520), Luther, qui souhaitait plutôt un Concile, brûle la **bulle** papale. La rupture est consommée. Réfugié dans le château d'un grand noble qui le protège, Luther traduit la Bible en allemand. La première édition est diffusée à 100 000 exemplaires. C'est le premier monument littéraire de la langue allemande. Dorénavant, la Bible pourra être lue et comprise par les petites gens et jusqu'aux simples paysans.

Le luthéranisme   La doctrine de Luther s'oppose à celle de l'Église de Rome sur plusieurs points. Luther affirme d'abord que, pour être sauvé, il suffit au chrétien d'avoir la foi, c'est-à-dire la confiance en Dieu, sans qu'il soit nécessaire d'accomplir des « œuvres », c'est-à-dire des actions (aumône, secours aux malades, pèlerinages, jeûnes, etc.). C'est ce qu'il appelle la *Justification* (le salut éternel) par la foi. Mais où trouver le contenu de cette foi ? Alors que l'Église romaine enseigne que

Excommunication
Peine ecclésiastique par laquelle on est exclu de la communauté catholique.

Bulle
Lettre portant une ordonnance du pape ou, par extension, de l'empereur du Saint Empire.

15   *Luther* (L. Cranach l'Ancien, v. 1529)

Le célèbre réformateur, peint par un ami intime, le grand portraitiste Lucas Cranach.

16   **Luther contre les indulgences : extraits des 95 thèses**

« XXVII. Ils prêchent [des inventions humaines], ceux qui disent qu'aussitôt tintera l'argent jeté dans la caisse, aussitôt l'âme s'envolera [du purgatoire]. [...]

XXXII. Ils seront damnés pour l'éternité avec leurs maîtres, ceux qui croient, par des lettres d'indulgences, être sûrs de leur salut.

XXXIII. Il faut se méfier au plus haut point de ceux qui disent que les indulgences du pape sont l'inestimable don divin par lequel l'homme est réconcilié avec Dieu. [...]

XXXVI. N'importe quel chrétien, vraiment repentant, a pleine rémission de la peine et de la faute ; elle lui est due même sans lettre d'indulgences. [...]

XLIII. Il faut apprendre aux chrétiens que celui qui donne aux pauvres ou prête à celui qui est dans le besoin fait mieux que s'il achetait des indulgences. [...]

L. Il faut apprendre aux chrétiens que si le pape connaissait les exactions des prédicateurs d'indulgences, il préférerait que la basilique Saint-Pierre s'en aille en cendres plutôt que de la voir édifiée avec la peau, la chair et les os de ses brebis. [...]

LXXXVI. De même : pourquoi le pape, dont les richesses sont aujourd'hui plus grosses que celles des Crassus les plus opulents, ne construit-il pas la seule basilique Saint-Pierre avec ses propres deniers plutôt qu'avec ceux des pauvres fidèles ? »

Source : Martin LUTHER, *Œuvres*, Paris, © Éditions Gallimard, 1999, p. 137-139, 142.

les sources de la foi résident dans la Bible et dans la Tradition, autrement dit dans les enseignements officiels de l'Église, Luther rejette la Tradition et ne reconnaît que la Bible comme unique source de foi. Comment, dès lors, interpréter la Bible ? L'Église romaine affirme qu'elle est seule autorisée à interpréter les livres saints, qu'elle ne se soucie d'ailleurs pas de traduire en langue «vulgaire». Luther soutient au contraire que chaque chrétien peut lire la Bible directement, et Dieu lui fera comprendre sa parole. C'est la théorie du **libre examen**, bien dans la ligne de l'humanisme célébrant la grandeur de l'Homme.

D'autres divergences concernent les rapports du chrétien avec Dieu et le rôle du clergé. Luther affirme que chaque chrétien entre en rapport personnel et direct avec Dieu et qu'il n'a donc pas besoin de l'intercession de la Vierge ou des saints pour y accéder, ainsi que Rome l'enseigne. Le culte des saints lui apparaît une superstition : on ne rend de culte qu'à Dieu. Par ailleurs, le clergé tel que le conçoit l'Église romaine, élevé au-dessus de la masse par un sacrement spécial (le **sacerdoce**), est à rejeter. Les «pasteurs» ne sont que des chrétiens comme les autres, préposés à la prédication et à l'organisation matérielle des communautés locales. C'est ce qu'on appelle le *sacerdoce universel*. Le culte est simplifié : lecture et commentaire de la Bible, chant choral en langue «vulgaire». Des sacrements, Luther ne conserve que le baptême, la pénitence et la communion **17**.

La diffusion du luthéranisme Invoquant ces principes, des princes allemands commencent à confisquer les biens ecclésiastiques. Ainsi, Albert de Brandebourg, grand maître de l'Ordre des chevaliers teutoniques, **sécularise** à son profit les domaines de l'ordre, crée le duché de Prusse (1525), se marie et fonde la dynastie des Hohenzollern (*voir la page 187*). De son côté, l'empereur du Saint Empire, Charles Quint, essaie vainement d'endiguer la propagation de l'hérésie. Déjà, les guerres de religion s'annoncent (*voir la page 142*). D'Allemagne, le luthéranisme gagne les pays scandinaves (Suède, Danemark et Norvège) et se répand en Suisse où le réformateur Ulrich Zwingli (1484-1531) convertit Zurich et les cantons environnants. En somme, le luthéranisme s'enracine avec facilité surtout dans les pays germaniques, le long d'une ligne qui rappelle étrangement le vieux *limes* romain **18**.

Libre examen
Doctrine selon laquelle chaque chrétien peut interpréter librement les livres saints (la Bible), sans qu'une autorité extérieure vienne lui imposer une interprétation officielle.

Sacerdoce
Sacrement qui confère à celui qui le reçoit un rang supérieur au simple fidèle et des pouvoirs religieux spéciaux (remise des péchés, célébration de l'eucharistie). On dit aussi sacrement de l'Ordre.

Séculariser
Faire passer un bien de la propriété de l'Église à la propriété laïque, publique ou privée.

17 **Les grandes confessions chrétiennes**

	Catholicisme	Luthéranisme	Calvinisme
Obtention du salut	Par la foi et les œuvres	Par la foi seule	Par la prédestination
Source de la foi	La Bible et la Tradition	La Bible seule	La Bible seule
Interprétation des livres saints	L'Église seule	Le libre examen de chaque fidèle	Le libre examen de chaque fidèle
Sacrements	Sept : baptême, pénitence, confirmation, eucharistie, sacerdoce, mariage, extrême-onction	Trois : baptême, pénitence, eucharistie	Deux : baptême, eucharistie
Rapport du fidèle à Dieu	Direct et par l'entremise (intercession) de la Vierge et des saints	Direct, sans intercession ni culte de la Vierge et des saints	Direct, sans intercession ni culte de la Vierge et des saints
Organisation de l'Église	Structure hiérarchisée (pape, évêques, prêtres, simples fidèles) et centralisée	Sacerdoce universel, communautés locales	Sacerdoce universel, communautés locales, pasteurs élus
Culte	Très élaboré, en latin : messe, «heures» (matines, laudes, etc.), cérémonies diverses	Simplifié, en langue locale : service dominical avec sermon et chant	Simplifié, en langue locale : service dominical avec sermon et chant
Église (bâtiment)	Statues, vitraux, tableaux	Absence de statues	Bâtiment dépouillé, austère

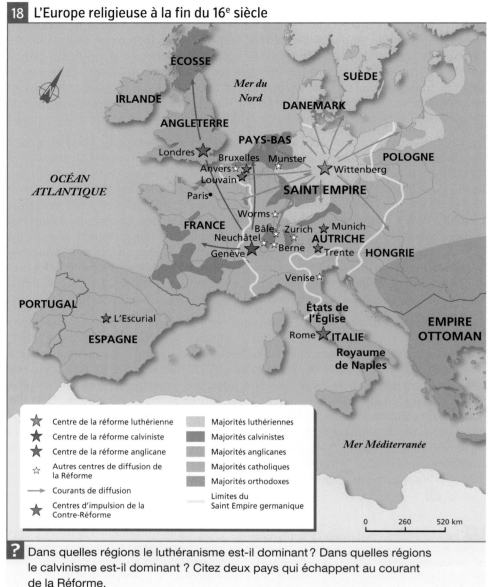

18 L'Europe religieuse à la fin du 16ᵉ siècle

Légende :
- ⭐ Centre de la réforme luthérienne
- ⭐ Centre de la réforme calviniste
- ⭐ Centre de la réforme anglicane
- ☆ Autres centres de diffusion de la Réforme
- → Courants de diffusion
- ⭐ Centres d'impulsion de la Contre-Réforme
- Majorités luthériennes
- Majorités calvinistes
- Majorités anglicanes
- Majorités catholiques
- Majorités orthodoxes
- Limites du Saint Empire germanique

0 260 520 km

? Dans quelles régions le luthéranisme est-il dominant ? Dans quelles régions le calvinisme est-il dominant ? Citez deux pays qui échappent au courant de la Réforme.

4.3.3 La réforme calviniste

Calvin et le calvinisme   Jean Calvin (1509-1564) appartient à la seconde génération de la Réforme. Reprenant la doctrine de Luther, Calvin la modifie sur un point essentiel : la condition du salut. Contrairement aux humanistes qui, à la même heure, fondent sur la dignité de l'Homme toute leur conception du monde, Calvin ne fait pas confiance à l'Homme. Dieu est tout, soutient-il, l'Homme n'est rien. Dieu, qui gouverne tout dans le monde, fixe aussi notre sort éternel. En nous créant, il nous destine au ciel ou à l'enfer, et l'on ne peut échapper à cette « prédestination ». Cette thèse de la prédestination est l'idée centrale de toute la doctrine de Calvin **19**.

Thèse radicale, angoissante même : comment savoir si l'on est destiné au ciel ? Trois signes, dit Calvin, peuvent nous fournir des indices. D'abord, la foi. Calvin renverse la proposition de Luther : la foi n'est pas une condition du salut, elle est une preuve de prédestination ; c'est parce qu'on est sauvé qu'on peut avoir la foi. En somme, le salut ne se gagne pas, il se reçoit. Ensuite, la pratique des vertus.

19 La prédestination selon Calvin

« Nous disons bien que Dieu prévoit toutes choses comme il les dispose ; mais c'est tout confondre que de dire que Dieu élit et rejette, selon qu'il prévoit ceci et cela [...]. Quand nous attribuons une prescience à Dieu, nous signifions que toutes choses ont toujours été et demeurent éternellement en son regard, tellement qu'il n'y a rien de futur ni de passé à sa connaissance [...] ; il les voit et regarde à sa vérité, comme si elles étaient devant sa face. Nous disons que cette prescience s'étend par tout le circuit du monde et sur toutes les créatures.

Nous appelons prédestination le conseil éternel de Dieu, par lequel il a déterminé ce qu'il voulait faire de chaque homme. Car il ne les crée pas tous de pareille condition, mais ordonne les uns à la vie éternelle, les autres à la damnation éternelle. Ainsi, selon la fin à laquelle est créé l'homme, nous disons qu'il est prédestiné à mort ou à vie [...]. Ceux qu'il appelle au salut, nous disons qu'il les reçoit de sa miséricorde gratuite, sans avoir aucun égard pour leur propre dignité. Au contraire, l'entrée en vie est fermée à tous ceux qu'il veut livrer en damnation et cela se fait par son jugement occulte et incompréhensible, bien qu'il soit juste et équitable [...].

Si on demande pourquoi Dieu a pitié d'une partie, et pourquoi il laisse et quitte l'autre, il n'y a d'autre réponse sinon qu'il lui plaît ainsi. »

? Précisez le sens des expressions « il ne les crée pas tous de pareille condition », « ordonne les uns à la vie éternelle », « cela se fait par son jugement occulte et incompréhensible ».

Source : Jean CALVIN, *Institution de la religion chrétienne* (1536), t. II, Genève, Librairie Droz S.A., 2008, p. 1039-1040.

L'homme doit se bien conduire non point pour être sauvé, mais parce qu'il est sauvé. En d'autres mots, la marque de la prédestination, c'est la sainteté de la vie. Enfin, la réussite matérielle. Dieu comble dès cette vie ceux qu'il prédestine à la vie éternelle.

C'est cette conjonction entre la pratique des vertus, c'est-à-dire une vie frugale et sévère, et la réussite matérielle, qui fonde ce qu'on appellera *l'éthique du protestantisme* (en fait, du calvinisme), que l'on associe à l'esprit du capitalisme à cause de l'accumulation et du réinvestissement productif qu'il favorise (*voir la page 304*). Ce qui n'est pas contestable, c'est que le calvinisme s'implantera avec le plus de succès dans des régions où fleurissent les activités commerciales et financières, comme les Pays-Bas.

De Genève, où Calvin lui-même exerce un pouvoir très rigoureux, le calvinisme gagne la France, surtout dans le Sud et l'Ouest, où les réformés prendront le nom de *huguenots* il se répand vite et connaît un grand succès. Le calvinisme gagne aussi les Pays-Bas, l'Angleterre, où les réformés seront les *puritains,* et l'Écosse, où John Knox fondera l'Église presbytérienne (*voir le document* **18**).

4.3.4 La réforme anglicane

La rupture avec Rome   La réforme anglaise va passer par l'histoire personnelle du souverain et surtout par sa vie sentimentale. Le pape ayant refusé à Henri VIII (1509-1547) l'annulation de son mariage afin qu'il puisse épouser une dame de la cour, Anne Boleyn, le roi décide fort habilement de recourir au Parlement, qui adopte en 1534 une déclaration faisant du roi « le chef suprême de l'Église et du clergé d'Angleterre ». Henri fait alors casser son mariage par l'archevêque de Cantorbéry et épouse Anne Boleyn. Mais le 11 juillet 1533, le pape déclare nul ce deuxième mariage et excommunie le roi.

En 1534, le Parlement consomme le schisme en votant l'« Acte » de suprématie, qui place l'Église d'Angleterre sous l'autorité suprême du roi. L'« Acte » est aussitôt suivi de la suppression de nombreux monastères, dont le roi s'attribue une part des riches domaines et distribue le reste à ses partisans. Le quart du territoire anglais étant ainsi sécularisé, les nouveaux propriétaires transforment leurs champs cultivés en terres à pâturage qu'ils clôturent pour leurs immenses troupeaux de moutons. Cela aura pour effet de favoriser la constitution de vastes propriétés aux mains d'une classe issue de la bourgeoisie : une noblesse terrienne qu'on appelle la *gentry*.

Gentry
Noblesse terrienne non titrée en Angleterre.

La naissance de l'anglicanisme Ainsi, le remariage du roi a entraîné son excommunication et sa rupture avec Rome. C'est un schisme. Mais Henri VIII entend rester fidèle à la doctrine catholique et maintient les rites catholiques, tandis que le clergé garde son organisation et sa hiérarchie (sauf les moines, dont la sécularisation des monastères entraîne la disparition).

La véritable réforme anglicane est surtout l'œuvre d'Élisabeth Ire, fille d'Anne Boleyn, qui accède au trône en 1558. Un livre de prières unique (*Prayer Book*) est imposé, le clergé est épuré et l'« Acte » des Trente-Neuf Articles de 1563 fixe les croyances obligatoires, qui puisent en partie au luthéranisme et en partie au calvinisme. L'anglicanisme conserve toutefois la hiérarchie du clergé et la pompe des cérémonies du culte catholique, solution de compromis bien en accord avec l'habileté politique proverbiale de cette reine (*voir la page 181*). Ainsi, rien ne ressemble plus à une église catholique qu'une église anglicane (dite aussi épiscopalienne aux États-Unis)…

La réforme protestante est un moment clé dans l'histoire de la civilisation occidentale. Elle place la piété individuelle au centre de la vie spirituelle, rappelle la priorité absolue de la foi elle-même sur ses manifestations extérieures, si admirables soient-elles, incite le croyant à lire et à examiner librement les Écritures. Elle ouvre ainsi la voie (sans, bien évidemment, en être la seule source) à l'individualisme, au capitalisme et à l'esprit scientifique constitutifs du modernisme.

4.3.5 La réforme catholique, ou Contre-Réforme

Le succès de la révolution protestante inquiète l'Église qui, tardivement, se ressaisit et entreprend une vigoureuse action de redressement. Le concile de Trente et l'activité énergique menée par les congrégations religieuses, surtout les Jésuites, lui permettent de stopper la propagation du protestantisme et même de reconquérir sur lui des régions perdues.

Le concile de Trente Le redressement interne est surtout l'œuvre du concile de Trente, qui s'ouvre en 1545 et siégera, de façon discontinue, jusqu'en 1563 [20]. On y discute, entre autres, des demandes de réforme faites par les protestants. Les affrontements sont durs, mais jamais concile n'aura été un tel triomphe

[20] *Le concile de Trente*

Séance solennelle du concile, présidée par les légats du pape assis devant l'autel. (Œuvre anonyme, deuxième quart du 16e siècle)

pour le pape. Sa souveraineté sur l'Église «une, sainte, catholique, apostolique et romaine» est définitivement établie. Et les 235 Pères portant la mitre blanche vont définir la doctrine et restaurer la discipline.

En matière de doctrine, le concile de Trente maintient avec netteté tout ce que le protestantisme a condamné et déclare anathèmes les personnes qui professent la foi protestante **21**. Le libre examen est proscrit et on décide la publication d'une édition officielle de la Bible, mais en latin, langue inconnue de l'immense majorité des fidèles. De même, le Concile met en honneur le culte de la Vierge et des saints, le célibat des prêtres et l'usage du latin dans les cérémonies du culte (*voir le document* **17**, *page 137*).

Anathème
Personne frappée d'excommunication pour cause d'hérésie ; la sentence elle-même.

---

21 | **Quelques décrets du concile de Trente**

«Le [...] saint concile reçoit et vénère avec le même sentiment de piété et le même respect tous les livres tant de l'Ancien Testament que du Nouveau Testament, [...] ainsi que les traditions elles-mêmes concernant aussi bien la foi que les mœurs, comme ou bien venant de la bouche du Christ ou bien dictées par l'Esprit Saint et conservées dans l'Église catholique par une succession continue. [...]

En outre, pour contenir les esprits indociles, il décrète que personne, [...] ne doit, en s'appuyant sur son seul jugement, oser interpréter l'Écriture sainte en détournant celle-ci vers son sens personnel allant contre le sens qu'a tenu et que tient notre sainte mère l'Église, elle à qui il revient de juger du sens et de l'interprétation véritables des Saintes Écritures [...].» (Session IV, 8 avril 1546)

«Si quelqu'un dit que l'impie est justifié par la seule foi, entendant par là que rien d'autre n'est requis pour coopérer à l'obtention de la grâce [...] : qu'il soit anathème.» (Session VI, 13 janvier 1547)

«Si quelqu'un dit que les sacrements de la Loi nouvelle n'ont pas été tous institués par Jésus-Christ notre Seigneur, ou bien qu'il y en a plus ou moins que sept, à savoir : le baptême, la confirmation, l'eucharistie, la pénitence, l'extrême-onction, l'ordre [c'est-à-dire le sacerdoce] et le mariage, ou encore que l'un de ces sept n'est pas vraiment et proprement un sacrement : qu'il soit anathème. [...]

Si quelqu'un dit que tous les chrétiens ont pouvoir sur la parole et sur l'administration des sacrements : qu'il soit anathème. [...]

[...] Ceux [les prélats] qui, contre la teneur du présent décret, détiennent actuellement plusieurs églises, seront tenus, en n'en gardant qu'une seule, celle qu'ils préféreront, d'abandonner les autres, dans l'espace de six mois [...].» (Session VII, 3 mars 1547)

«[Le Saint Concile] interdit absolument [aux évêques] de chercher à enrichir leurs parents ou leurs familles au moyen des revenus de l'Église [...].» (Session XXV, 3-4 décembre 1563)

? Quelles sont les thèses protestantes condamnées par cet extrait ?

Source : Giuseppe ALBERIGO, dir., *Les conciles œcuméniques*, t. II-2, *Les décrets. De Trente à Vatican II*, Paris, Éditions du Cerf, 1994, p. 1351, 1353, 1383, 1393, 1395, 1399, 1593.

La discipline est aussi raffermie. Des règles précises ordonnent la vie des clercs et des moines. Le cumul des bénéfices est interdit et la résidence dans leur diocèse est imposée aux évêques, qui se voient recommandés d'ouvrir des maisons d'éducation pour la formation des futurs prêtres. Un premier séminaire diocésain s'ouvre dès 1564. Le port de l'habit ecclésiastique est rendu obligatoire.

Bénéfice
Fonction ou dignité ecclésiastique fournissant des revenus à son titulaire.

Face aux protestants qui viennent d'accomplir un bel effort de revitalisation de la foi chrétienne, le concile de Trente dresse un bloc sans fissure de définitions contraires d'une intransigeante netteté. Consciente de sa force, l'Église ferme la porte à la réconciliation des chrétiens. Elle achève la séparation de la chrétienté occidentale en deux : d'un côté les catholiques, soumis sans discussion à la doctrine romaine, de l'autre les protestants au credo moins rigide, et chez qui se développe l'esprit de libre examen.

La Contre-Réforme   Le concile de Trente marque un arrêt de la progression constante du protestantisme. Déjà l'offensive est en marche : c'est ce qu'on appelle la Contre-Réforme. Une «Congrégation pour l'inquisition romaine et

Contre-Réforme
Mouvement de restauration intérieure et de lutte contre le protestantisme entrepris par l'Église catholique romaine à partir du concile de Trente.

22 L'Inquisition

En 1542, Paul III réorganise l'Inquisition.

« [...] Nous avons donné à notre bien-aimé fils Jean Carafa, etc., inquisiteurs généraux, juridiction sur toute la chrétienté, y compris l'Italie et la Curie romaine.

Par le moyen de l'Inquisition, ils devront rechercher tous ceux qui s'égarent de la voie du Seigneur et de la foi catholique, ainsi que ceux suspectés d'hérésie, avec leurs disciples et leurs complices [...]. Les coupables et les suspects seront emprisonnés et poursuivis jusqu'à ce que soit prononcée la sentence finale. Ceux qui seront reconnus coupables seront punis selon les châtiments canoniques. Les biens de celui qui sera condamné à mort seront vendus. Les inquisiteurs pourront avoir recours à une aide civile pour exécuter les mesures décidées. Celui qui entravera la bonne exécution de ces mesures encoura l'indignation de Dieu Tout-Puissant et des saints Apôtres Pierre et Paul. »

? D'après le texte, quelles sont les règles de fonctionnement de l'Inquisition?

Source : Bulle « Licet ab initio » (21 juillet 1542), dans Jean-Pierre VIVET, dir., *Les mémoires de l'Europe*, t. II, *Le renouveau européen : 1453-1600*, Paris, Laffont, 1971, p. 402.

Mission
Établissement religieux en territoire non chrétien ayant pour but l'évangélisation de la population.

universelle », appelée plus simplement *Saint-Office*, est créée en 1542 pour veiller à l'orthodoxie de la foi 22, tandis que la Congrégation de l'Index (1543) est chargée d'épurer et de censurer les écrits suspects.

La Compagnie de Jésus La grande entreprise de reconquête des pays perdus est surtout l'œuvre des Jésuites, dont l'ordre symbolise le renouveau de l'Église militante. Leur fondateur, Ignace de Loyola (1491-1556), est un noble basque qui, blessé à la guerre, a renoncé au métier des armes. En 1534, il jette les bases de son ordre, qu'il veut militant et entièrement soumis au pape. La règle de l'ordre met l'accent sur une discipline presque militaire : autorité absolue du supérieur, appelé le *Général*, auquel tous les membres doivent une obéissance totale *perinde ac cadaver* (« comme un cadavre ») ; recrutement sévère et formation particulièrement soignée des novices ; vœu particulier d'obéissance absolue au pape. Ainsi constituée, la Compagnie (du nom que portent les régiments d'alors) se met directement aux ordres du pape.

Voués à l'étude, à la prédication et à l'enseignement, les Jésuites vont partout dans le monde renforcer l'action de l'Église catholique. En 1556, à la mort de leur fondateur, les Jésuites sont près de 1 500, en 100 maisons. Vingt ans plus tard, ils seront 5 000. L'ordre est partout, en Amérique latine où les pères inventent de nouvelles formules de colonisation, plus respectueuses des cultures indigènes (les « réductions ») ; en Nouvelle-France, où ils fondent des missions en territoire amérindien et rédigent des *Relations* qui sont un document irremplaçable pour l'histoire de la colonie ; en Chine et au Japon, où ils conseillent des empereurs. Un des objectifs de la Contre-Réforme était justement la conversion de nouvelles populations au message évangélique.

Mais le mouvement de réforme et de contre-réforme ne restera pas longtemps sur le seul plan de l'affrontement doctrinal : il va très tôt déboucher sur de terribles conflits armés qui vont ensanglanter une bonne partie de l'Europe pendant plus d'un siècle.

4.3.6 Les guerres de religion

Un phénomène à dimensions multiples L'éclatement de l'unité chrétienne, dans un monde où la religion imprègne tous les aspects de la vie individuelle et sociale, va déclencher, à travers toute l'Europe, des affrontements d'une violence et d'une cruauté inouïes : ce sont les guerres de religion. Mais la dimension religieuse est loin d'être la seule : s'y ajoutent des dimensions sociales (luttes entre paysans et grands propriétaires, entre petits et grands féodaux, entre bourgeois et nobles), des dimensions nationales (Tchèques contre Allemands, Espagnols contre Flamands), des dimensions politiques (luttes entre la noblesse et le pouvoir monarchique) et même des dimensions internationales (luttes entre États pour agrandir leurs territoires ou affaiblir un voisin trop puissant).

En Allemagne L'encre est à peine sèche sur les 95 thèses de Luther que les troubles éclatent déjà (1522) en Allemagne entre petits et grands féodaux. Ces derniers sont plutôt partisans de la Réforme, afin d'affaiblir le pouvoir impérial qui repose en partie sur l'unité religieuse dont la papauté est le garant et le symbole. Deux ans plus tard, des paysans de l'Allemagne du Sud, exaspérés par leur misère, fanatisés par les prédications luthériennes qui proclament l'égalité entre les chrétiens (sacerdoce universel, libre examen), se révoltent contre leurs seigneurs. Indigné de cette atteinte à l'ordre social au nom de sa doctrine, Luther encourage la répression, qui est terrible : 300 000 paysans sont massacrés **23**. L'empereur Charles Quint ayant échoué à arrêter par la force l'irrésistible progression de la nouvelle religion, on signe finalement la paix d'Augsbourg (1555), qui accorde à chaque prince et à chaque ville libre de l'Empire le pouvoir d'imposer sa religion à ses sujets ou à ses habitants (*cujus regio, ejus religio* : « tel prince, telle religion »). C'est le triomphe de l'intolérance et de la religion d'État, mais aussi un nouvel affaiblissement du pouvoir impérial.

En France L'Allemagne est à peine apaisée que la France est à son tour prise de convulsions. Constamment répétées, les guerres de religion y font rage pendant 36 longues années (1562-1598), marquées entre autres par le tristement célèbre massacre de la Saint-Barthélemy (nuit du 23 au 24 août 1572), au cours duquel 3 000 **huguenots**, dont tous les principaux dirigeants du mouvement, sont sauvagement assassinés, en plein Paris, avec l'appui tacite des autorités **24**. Par la suite, le mouvement se répand en province. En plus de massacres systématiquement organisés de protestants, les catholiques font appel au roi d'Espagne Philippe II, grand pourfendeur d'hérétiques, et vont jusqu'à l'assassinat du roi Henri III. Finalement, son successeur, Henri IV, ex-catholique converti au calvinisme mais foncièrement tolérant, revient au catholicisme (« Paris vaut bien une messe ») et réussit à calmer les esprits en proclamant l'édit de Nantes en 1598. Selon les termes de cet édit, les huguenots se voient accorder leur liberté religieuse, des lieux de culte reconnus et protégés et même des villes fortifiées où ils peuvent maintenir des garnisons pour leur défense **25**. Bien que l'édit de Nantes montre la voie vers la tolérance religieuse, cette notion était inconnue à l'époque. L'édit n'était au fond qu'un moyen concret de pacifier le pays en attendant de refaire son unité religieuse, qui reste l'objectif ultime inscrit dans le texte lui-même.

Aux Pays-Bas Entre-temps, la « révolte des Gueux » a éclaté dans les Pays-Bas calvinistes contre la domination de l'Espagne catholique, ce qui mènera bientôt à la création des Provinces-Unies (*voir la page 185*).

La guerre de Trente Ans Puis l'Allemagne s'embrase de nouveau dans le conflit le plus effroyable de cette époque : la guerre de Trente Ans (1618-1648). Parti de Bohême, où des Tchèques protestants se révoltent contre l'empereur, le conflit s'étend bientôt à toute l'Allemagne et devient international.

---

23 **Luther contre les paysans**

« Les paysans ont commis trois horribles péchés contre Dieu et les hommes, pour quoi ils ont mérité de périr plusieurs fois corps et âme. Premièrement, alors qu'ils ont juré à leurs seigneurs hommage et fidélité, soumission et obéissance, comme Dieu le commande […] ils refusent maintenant insolemment cette obéissance, et même ils portent les armes contre leurs seigneurs : ils y perdent leur corps et leur âme, comme tous les impies et malfaiteurs, infidèles, parjures, menteurs et rebelles.

Deuxièmement, ils se révoltent, volent, pillent les cloîtres et les châteaux qui ne sont pas à eux. Ils se montrent ainsi comme des brigands et des assassins, par quoi ils méritent doublement la mort, corps et âme […].

Troisièmement, ils couvrent cet horrible péché du nom de l'Évangile, se nomment frères chrétiens, font des serments ; par quoi ils sont les plus grands sacrilèges et profanateurs du saint nom de Dieu.

[…] Que les seigneurs n'hésitent pas, quand ils le veulent et le peuvent, à frapper et châtier ces paysans, sans longues palabres, en dépit de l'Évangile : ils en ont le droit. En effet les paysans ne luttent plus pour l'Évangile, mais sont maintenant aux yeux de tous des assassins, voleurs, sacrilèges infidèles, parjures et rebelles […]. »

? Qu'est-ce que Luther reproche aux paysans ? Que veut-il dire par l'expression « ils couvrent cet horrible péché du nom de l'Évangile » ?

Source : Martin LUTHER, « Contre les hordes criminelles et pillardes de paysans » (1525), dans *Œuvres*, t. IV, Genève, Labor et Fides, 1958, p. 175-176.

Huguenot
Nom donné aux protestants français d'obédience calviniste.

24 *Le massacre de la Saint-Barthélemy, 24 août 1572* (F. Dubois, 1576-1584)

Le peintre protestant François Dubois (1529-1584), rescapé du massacre où a péri toute sa famille, représente le roi Charles IX (au centre vers la droite) examinant le corps mutilé de l'amiral de Coligny, un des chefs huguenots. À l'arrière-plan, devant le château, la reine mère Catherine de Médicis se livre aussi à une inspection du résultat de ses manœuvres. C'est sous son impulsion que le roi ordonna le massacre des protestants.

25 L'édit de Nantes (1598)

« I. Premièrement, que la mémoire de toutes choses passées d'une part et d'autre, depuis le commencement du mois de mars 1585 jusqu'à notre avènement à la couronne et durant les autres troubles précédents et à leur occasion, demeurera éteinte et assoupie, comme de chose non advenue. Et ne sera loisible ni permis à nos procureurs généraux, ni autres personnes quelconques, publiques ni privées, en quelque temps, ni pour quelque occasion que ce soit, en faire mention, procès ou poursuite en aucunes cours ou juridictions que ce soit.

II. Défendons à tous nos sujets, de quelque état et qualité qu'ils soient, d'en renouveler la mémoire, s'attaquer, ressentir, injurier, ni provoquer l'un l'autre par reproche de ce qui s'est passé, pour quelque cause et prétexte que ce soit, en disputer, contester, quereller ni s'outrager ou s'offenser de fait ou de parole, mais se contenir et vivre paisiblement ensemble comme frères, amis et concitoyens, sur peine aux contrevenants d'être punis comme infracteurs de paix et perturbateurs du repos public. [...]

VI. Et pour ne laisser aucune occasion de troubles et différends entre nos sujets, nous avons permis et permettons à ceux de la religion prétendue réformée de vivre et de demeurer dans toutes les villes et lieux de notre royaume et pays de notre obéissance sans être enquis, vexés, molestés ni astreints à faire chose pour le fait de la religion contre leur conscience, ni pour cette raison être recherchés dans les maisons ou lieux où ils voudront habiter, en se comportant au reste selon ce qui est contenu dans notre présent Édit. [...]

IX. Nous permettons aussi à ceux de la religion de faire et continuer l'exercice de celle-ci dans toutes les villes et lieux de notre obéissance où il était établi par eux et fait publiquement par plusieurs diverses fois en l'année 1596 et en l'année 1597, jusqu'à la fin du mois d'août. »

? Quelle expression l'édit de Nantes emploie-t-il pour désigner la religion calviniste ?

Source : « Édit de Nantes. Édit général », dans *Éditions en ligne de l'École des chartes (ELEC)*, [En ligne], http://elec.enc.sorbonne.fr/editsdepacification/edit_12 (Page consultée le 4 mars 2016), [adapté en français moderne].

Pour faire échec à l'empereur et aux catholiques, le Danemark et la Suède protestants interviennent, puis la France catholique (du côté protestant!), et un chaos inimaginable ravage l'Allemagne de fond en comble. Près de la moitié de la population disparaît dans les combats, les exécutions en masse, les famines et les épidémies. C'est le conflit le plus meurtrier que l'Europe ait jamais connu jusque-là. Devant l'absurdité de cette mêlée affreuse où personne ne sait plus ce qu'il cherche, on réunit une grande conférence entre toutes les parties engagées dans le conflit. Elle aboutit finalement à la paix de Westphalie (1648), qui réaffirme le droit des princes d'imposer leur religion à leurs sujets, affaiblit encore le Saint Empire en lui enlevant les Provinces-Unies, la Suisse et l'Italie du Nord, et accorde à la France et à la Suède quelques petits territoires.

Cette paix de Westphalie marque à peu près la fin des guerres dites *de religion*. Pendant plus d'un siècle, les Européens se sont égorgés au nom de la charité chrétienne, mais pour des motifs qui souvent n'avaient rien à voir avec la religion. Désormais, c'est la **raison d'État**, celle des nouveaux États modernes, qui va prédominer sur la foi.

Raison d'État
Motif d'intérêt public réel ou supposé, invoqué pour justifier une action, même illégale ou injuste.

La chasse aux sorcières   Le climat de violences religieuses et d'intolérance n'est pas uniquement le fait des guerres : en parallèle, s'amplifie la chasse aux sorcières amorcée à la fin du Moyen Âge, tant chez les catholiques que chez les protestants. Les victimes sont presque toujours des femmes (80 %), souvent veuves (donc plus vulnérables), mais surtout détentrices d'un savoir de sage-femme ou de guérisseuse. Accusées de pratiquer illégalement la médecine, d'utiliser leur science satanique pour ruiner les récoltes ou provoquer des épidémies, elles sont torturées puis brûlées, non sans avoir parfois faussement dénoncé d'autres femmes dans le but d'abréger leurs souffrances. Un manuel destiné aux juges, *Le marteau des sorcières* (1486), fournit un portrait-robot de la sorcière type, de même que des instructions pour lui faire avouer, sous la torture, ses rituels sataniques et ses complices. Dans un monde où magie et superstition imprègnent les pratiques religieuses, la chasse aux sorcières frappe l'imaginaire, instaurant un climat de peur et de suspicion.

FAITES LE P◎INT

8. Quelles sont les causes générales de la Réforme ?

9. Dégagez les principales différences entre le catholicisme romain, le luthéranisme et le calvinisme concernant différents aspects du dogme, de l'organisation ecclésiale et du culte.

10. Comment s'est progressivement constitué l'anglicanisme ?

11. Qu'est-ce que le concile de Trente, et quelles ont été ses principales décisions ?

12. Dégagez les différentes dimensions des guerres de religion.

13. En quoi l'édit de Nantes est-il unique dans l'environnement religieux de l'époque ?

14. Quel principe de base en matière religieuse la paix d'Augsbourg (1555) et les traités de Westphalie (1648) établissent-ils ?

4.4 Les Grandes Découvertes

Pendant que les grands mouvements de la Renaissance et de la Réforme modifient en profondeur l'univers culturel, artistique et religieux de l'Occident, celui-ci s'élance à la conquête du monde. Il s'agit d'un moment clé dans l'élaboration d'une nouvelle carte du monde, non seulement géographique, mais aussi «mentale» : en «découvrant» le monde, l'Occident s'en fait le centre, appelé selon lui à s'approprier les richesses de ce monde et à transformer ses civilisations à sa propre image. Le monde tel que nous le voyons et le percevons aujourd'hui est né avec les **Grandes Découvertes**.

Quels motifs poussaient ces hommes qui s'aventuraient vers l'inconnu, de quels moyens disposaient-ils et vers quels rivages leurs rêves les ont-ils menés ?

4.4.1 Les motifs

L'or et les épices   Dans la seconde moitié du 15ᵉ siècle, l'Europe manque de métaux précieux pour la frappe des monnaies, au moment même où les besoins d'échange s'accroissent de plus en plus. Les gisements de l'Europe centrale s'épuisent et l'or venu du Soudan, en Afrique, se raréfie. Ce manque de métaux précieux risque de tarir même le commerce avec l'Orient, puisque l'Europe occidentale, n'ayant que peu de produits à offrir, doit solder ses achats orientaux avec du numéraire (de la monnaie métallique). Et l'Europe se languit des épices de l'Orient (poivre, cannelle, girofle, muscade, gingembre, etc.) dont elle fait une grande consommation en cuisine et en pharmacie. Transportées des Indes jusqu'à Alexandrie par les Arabes, les épices étaient achetées par les Vénitiens et les Génois qui les revendaient en Europe avec d'énormes profits. À partir de 1453, il faut également payer un tribut aux Turcs qui viennent de s'emparer de Constantinople, verrouillant la route de la mer Noire. Cet événement va accélérer la recherche d'une route plus sûre et moins coûteuse vers les pays de l'or et des épices.

La menace turque   Outre ces motifs économiques, les grands voyages ont des motifs politiques, auxquels se mêlent de vagues plans de croisade. Vers la fin du 15ᵉ siècle, l'Asie déborde sur l'Europe. Vainqueurs de Constantinople, les Turcs ottomans menacent Vienne, citadelle avancée de l'Occident. L'Europe chrétienne se sent assiégée et cherche des alliés. On espère en trouver quelque part en Afrique, où l'on suppose l'existence d'un mystérieux pays dirigé par un non moins énigmatique Prêtre Jean, que nul n'a jamais rencontré et avec l'aide duquel, croit-on, on pourrait prendre à revers les musulmans et les détruire.

Curiosité et goût de l'aventure   Sur le plan culturel enfin, la curiosité et le goût de l'aventure guident sans doute certains explorateurs. *Le livre des merveilles du monde* de Marco Polo (1298) continue d'enflammer l'imagination d'esprits curieux, même si bien des Vénitiens sceptiques, sans parler de certains historiens modernes, l'accusent de s'être laissé follement emporter par son imagination débridée sans jamais s'être rendu jusqu'en Chine. L'espoir d'atteindre ces fabuleux pays, où poussent les plantes à épices, qui regorgent de pierres précieuses et où les palais sont construits en or, contribue à lancer dans l'inconnu quelques marins intrépides.

4.4.2 Les moyens

Instruments d'orientation et cartographie   En raison des progrès de la navigation, la chose devient moins malaisée. De nouveaux instruments d'orientation apparaissent. L'emploi de la boussole, révélée par l'intermédiaire des Arabes et perfectionnée au 15ᵉ siècle, rend la navigation possible en haute mer par tous les temps. L'astrolabe permet de mesurer la hauteur de l'étoile Polaire sur l'horizon et donne ainsi la position du navire en mer. De belles cartes sont dressées d'abord par les Génois et les Vénitiens, puis par les Portugais et les Espagnols. Elles précisent la forme des côtes et indiquent les noms des ports où jeter l'ancre. On les appelle des *portulans*. De plus en plus, des voyageurs et des géographes sérieux acceptent l'idée, enseignée autrefois par les savants grecs et transmise par les Arabes, que la Terre est ronde. Christophe Colomb sera l'un d'eux.

Les techniques de la navigation   Dans le même temps, l'art de naviguer se modernise. Déjà, on a remplacé la simple rame qui servait à guider l'embarcation par le gouvernail d'étambot qu'on fixe à l'arrière et dans l'axe du navire, ce qui facilite le pilotage. On innove également en réunissant sur une même embarcation des voiles latines, triangulaires, qui permettent des manœuvres complexes en cas de vents contraires, et des voiles carrées qui donnent puissance et vitesse. Ainsi naît la célèbre caravelle portugaise **26**, étroite, rapide, au bordage élevé mieux à même d'affronter les houles de l'Atlantique, et qui sera le vaisseau par excellence des grandes explorations. À cela s'ajoute, élément capital, une meilleure connaissance du régime des vents et des courants dans l'Atlantique. C'est grâce à lui qu'on pourra s'éloigner bien au-delà de l'horizon, naviguer pendant des mois vers l'ouest et être en mesure de revenir à son point de départ. Les grandes traversées sont désormais possibles.

4.4.3 Les principaux voyages

En quelques années seulement, le monde connu des Européens va s'élargir de façon spectaculaire. Tour à tour, Portugais, Espagnols, Anglais et Français entreprennent de grands voyages de découvertes et d'exploration **27**.

26 Une caravelle

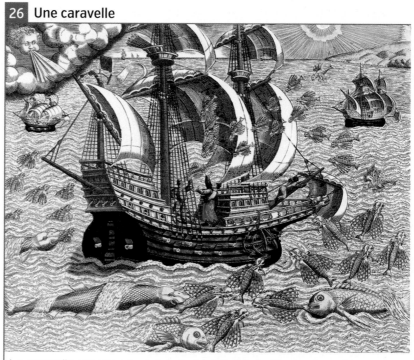

La caravelle est mise au point par les Portugais. Par bons vents, une caravelle de 30 mètres peut faire environ 12 kilomètres à l'heure. (*Les Grands Voyages*, T. de Bry, v. 1593)

Les Portugais   Les Portugais – sans façade méditerranéenne – se lancent les premiers vers le Sud, aiguillonnés par le prince Henri le Navigateur (1394-1460) **28**.

27 Les voyages des découvreurs

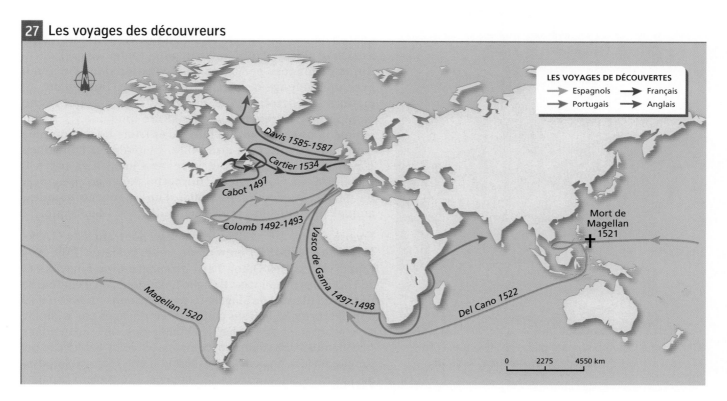

LES VOYAGES DE DÉCOUVERTES
→ Espagnols   → Français
→ Portugais   → Anglais

Davis 1585-1587
Cartier 1534
Cabot 1497
Colomb 1492-1493
Vasco de Gama 1497-1498
Magellan 1520
Del Cano 1522
Mort de Magellan 1521

0   2275   4550 km

28 Henri le Navigateur et l'exploration des côtes africaines

« Il désirait savoir quelles terres il y avait au-delà des îles Canaries et d'un cap qu'on nommait Bojador, car jusqu'à cette époque, ni par écrit ni par la mémoire d'aucun homme, personne ne savait quelle terre il y avait au-delà de ce cap. [...]

Et la deuxième fut l'idée que si en ces terres se trouvaient quelque population de chrétiens, ou quelques ports où l'on aborderait sans danger, on pourrait en rapporter au royaume beaucoup de marchandises bon marché par la raison qu'il n'y aurait point d'autres personnes de ces côtés-ci qui négocieraient avec eux. [...]

[La troisième raison fut qu'il] s'ingénia à envoyer ses gens en quête de renseignements, afin de savoir jusqu'où allait la puissance [des] infidèles.

La quatrième raison fut celle-ci : [...] il désirait savoir si, en ces régions-là, il y aurait quelques princes chrétiens [...] assez forts pour l'aider contre ces ennemis de la foi.

La cinquième raison fut son grand désir d'augmenter la sainte foi de N.-S. Jésus-Christ et d'amener à elle toutes les âmes désireuses d'être sauvées. »

? Les buts de Henri le Navigateur vous paraissent-ils surtout d'ordre économique ou d'ordre religieux ?

Source : Gomes Eanes de ZURARA, *Chronique de la découverte de Guinée* (1453), dans Michel DEVÈZE et Roland MARX, *Textes et documents d'histoire moderne et conseils aux étudiants*, Paris, SEDES, 1967, p. 71-72.

Étape par étape, ils explorent les côtes d'Afrique et atteignent, en 1487, la pointe sud du continent, qu'ils baptisent cap de Bonne-Espérance : tout un programme ! Dix ans plus tard, Vasco de Gama (1469-1524), parti de Lisbonne, double le cap, s'engage dans l'océan Indien et atteint la côte de l'Inde à Calicut en mai 1498. Le retour de ses navires à Lisbonne, un an après son départ, les cales lourdes d'épices, crée tout un émoi : le grand rêve est confirmé, les Portugais ont ouvert une nouvelle route vers l'Asie. Un an plus tard, son compatriote Pedro Alvarez Cabral (1460-1526), voulant reprendre cette route, dérive vers l'ouest et arrive au Brésil.

Les Espagnols Entre-temps, un marin génois, Christophe Colomb (1451-1506), convaincu que la Terre est ronde, a persuadé les souverains espagnols Ferdinand et Isabelle qu'il pouvait atteindre directement les Indes en naviguant constamment vers l'ouest à travers l'Atlantique, et s'est fait allouer trois navires pour tenter l'expérience. Après de longues semaines de navigation dans l'inconnu avec un équipage de plus en plus inquiet, finalement, au matin du 12 octobre 1492, un cri : « *Tierra !* », dont l'écho se répercute à travers toute l'histoire humaine **29**. Ayant estimé la distance entre l'Europe et l'Asie beaucoup plus courte qu'elle ne l'est en réalité, Colomb est convaincu d'avoir atteint les Indes et le restera jusqu'à sa mort. Il reviendra au navigateur florentin Amerigo Vespucci de parler, le premier, en 1503, d'un « nouveau monde », auquel son nom sera rapidement attaché : l'Amérique.

Encore restait-il à trouver le passage pour atteindre l'Asie. Magellan (1480-1521) entreprend cette tâche en 1519 avec l'appui de Charles Quint. Parti d'Espagne avec 5 navires et 265 hommes d'équipage, il gagne l'Amérique, qu'il contourne par le sud (détroit de Magellan), s'engage dans un océan qu'il appelle *Pacifique*, voit ses compagnons décimés par la famine et le scorbut, et atteint les îles Philippines, où il meurt dans une bataille. Lorsque son compagnon Juan Sebastián del Cano parvient finalement, au terme d'une incroyable odyssée, avec un seul navire et 18 hommes, à regagner l'Espagne

29 L'Occident à la conquête de nouveaux mondes

Christophe Colomb sur une plage d'Amérique. (*The Narrative and Critical History of America*, T. de Bry, 16ᵉ siècle)

par l'océan Indien et le cap de Bonne-Espérance, la preuve est faite que la Terre est ronde. Pour la première fois, les humains prennent physiquement la mesure de leur planète.

Les Anglais et les Français Il y avait peut-être une dernière possibilité de passage vers l'Asie : par le nord-ouest ; c'est là qu'Anglais et Français vont se diriger. Le Génois Giovanni Caboto, dit John Cabot (1450-1499), et ses fils se heurtent aux côtes du Labrador et de Terre-Neuve, avant que John Davis (1550-1605) ne prouve l'impossibilité de passer dans les glaces de l'archipel polaire. Le Français Jacques Cartier semble plus chanceux : il trouve une ouverture, le golfe du Saint-Laurent, puis remonte le fleuve jusqu'à l'emplacement actuel de Montréal (Hochelaga pour les Amérindiens), mais ne découvre ni or ni passage vers le Pacifique. Brouillé avec les indigènes, ses hommes durement éprouvés par le climat hivernal, il rentre en France avec ce qu'il croit être de l'or mais qui se révélera simple pyrite de cuivre. Comme l'Angleterre, la France referme pour un temps le dossier des explorations.

FAITES LE P⊙INT

15. Que cherchaient les grands découvreurs du 16ᵉ siècle et de quels moyens disposaient-ils pour leurs longs voyages ?

16. Tracez sur une carte du monde les itinéraires principaux de Christophe Colomb, Vasco de Gama, Magellan, John Cabot et Jacques Cartier.

17. Pourquoi l'Angleterre et la France abandonnent-elles assez tôt les explorations ?

4.5 Les premiers empires coloniaux

Au lendemain des Grandes Découvertes, Portugais et Espagnols entendent bien s'assurer le monopole des vastes territoires explorés. On recourt au pape, qui trace tout simplement sur la carte du monde une ligne d'un pôle à l'autre : toutes les terres découvertes à l'ouest de cette ligne seront espagnoles ; à l'est, elles seront portugaises. C'était donner au Portugal l'Afrique et l'Asie ; à l'Espagne, toute l'Amérique, sauf le Brésil. Cette ligne de partage du monde (traité de Tordesillas, 1494) n'est toutefois pas reconnue par les autres États.

4.5.1 Le cadre général

Deux types de colonies Dans ces empires qu'ils se constituent, les pays d'Europe vont fonder deux types de colonies. La colonie-comptoir est tout entière consacrée à l'échange commercial avec les habitants du lieu. Elle est créée en général dans des régions assez peuplées (Inde, Asie du Sud-Est), où il suffit d'installer un lieu d'échange – un comptoir – évidemment fortifié : marchands et soldats s'y concentrent, mais la métropole n'envoie à peu près pas de peuplement permanent dans le pays, la production étant assurée par la main-d'œuvre locale. La colonie de peuplement, en revanche, se développe dans des régions relativement peu peuplées et où l'exploitation des ressources exige une abondante main-d'œuvre (plantations de canne à sucre ou de tabac, par exemple). Il peut aussi s'agir de dissidents religieux ou politiques (les deux se confondent souvent), tels les puritains en Nouvelle-Angleterre, qui décident d'aller bâtir sur des « terres neuves » une société conforme à leurs aspirations. Mais la plus grande différence entre ces deux types de colonies réside dans le résultat à long terme. Contrairement aux colonies-comptoirs, pures entreprises d'exploitation, les colonies de peuplement établissent des sociétés nouvelles (en en détruisant toutefois souvent de plus anciennes), qui un jour entreprendront de se séparer de

Métropole
(du grec *métêr*, « mère », et *polis*, « ville ») Dans le cadre colonial, État dont dépend une colonie.

Puritain
Nom donné aux protestants anglais professant la doctrine de Calvin.

Thésauriser
Amasser de l'argent pour se constituer un trésor.

Dirigisme
Système économique dans lequel la direction des mécanismes économiques est assumée par l'État.

leur « mère patrie » pour accéder au statut de nations souveraines. Ainsi naîtront, entre autres, les États-Unis (*voir la page 224*).

Le mercantilisme   Les rapports des colonies avec leur métropole, qu'elles soient colonies-comptoirs ou de peuplement, se font dans le cadre étroit du mercantilisme. Il s'agit d'une conception de l'économie, et particulièrement de l'économie politique, fondée sur un postulat de base selon lequel toute richesse, tant individuelle que nationale, se mesure à la quantité d'or et d'argent qu'on **thésaurise**. Mais comme ces métaux précieux sont en quantité limitée dans le monde, c'est le commerce extérieur qui, à défaut d'exploitation minière, permet aux États d'en acquérir : si l'on vend à l'extérieur plus qu'on n'y achète, le solde se traduit par une entrée d'or et d'argent monétaire. Cela exige une réglementation rigoureuse de l'État, qu'on appelle **dirigisme**. Et c'est ici qu'entre en jeu la colonie, rouage essentiel du mercantilisme. C'est la colonie, en effet, qui fournit à sa métropole les matières premières et les produits exotiques qui permettront à cette dernière de développer son industrie pour l'exportation et d'avoir ainsi un solde commercial excédentaire. La colonie doit par ailleurs importer exclusivement les produits de sa métropole. La métropole se réserve donc le monopole absolu sur les produits coloniaux et sur le commerce avec sa colonie, celle-ci ne pouvant pas faire concurrence à sa métropole. Tous les États de l'époque s'inspirent des principes du mercantilisme.

4.5.2 L'Empire portugais

Un empire maritime   Les Portugais établissent une chaîne de comptoirs qui va de l'Océan indien à la mer de Chine méridionale (Goa ; Malacca ; les îles Moluques ; Macao en Chine, et jusqu'à Nagasaki au Japon) où s'échangent les tissus, les armes, les vins d'Europe contre les soieries, les épices et les pierres précieuses de l'Asie. Goa est le cœur de cet empire **30**. Chaque année, on y rassemble la collecte des épices et des autres produits que la flotte portugaise ira déverser sur les quais de Lisbonne, qui devient la capitale mondiale des épices, et le Portugal, un pays fabuleusement riche. Du coup, le trafic caravanier des Arabes s'étiole, les intérêts des ports génois et vénitiens du Proche-Orient sont atteints au cœur. Ils ne s'en relèveront jamais. Bientôt, les vaisseaux portugais ont la suprématie des « mers du Sud ».

Cet empire est fragile, toutefois. Accrochés aux côtes, trop peu protégés, les comptoirs seront bientôt des proies faciles pour les Espagnols et, plus tard, les Hollandais et les Anglais. À la fin du 16e siècle, bien des comptoirs portugais sont déjà abandonnés.

Le Brésil   En revanche, les colonies portugaises d'Amérique sont des colonies de peuplement. Les Portugais occupent l'intérieur des terres du Brésil, où des colons se fixent pour cultiver le thé, le cacao et surtout la canne à sucre. On crée des plantations, on introduit les institutions portugaises et la langue se répand, pendant que l'Église entreprend l'évangélisation des indigènes. Lentement, le Brésil devient portugais.

30   **L'Empire colonial portugais : principaux comptoirs et éléments du trafic**

Légende :
- Routes traditionnelles – Soie
- Routes traditionnelles – Épices
- Routes ouvertes par les Portugais
- Comptoirs vénitiens

Venise · PERSE · Ormuz · ASIE · CHINE · Macao · Soie · Laque · Porcelaines · Camphres · Parfums · ARABIE · Aden · INDE · Goa · SIAM · vers l'Europe · PHILIPPINES · AFRIQUE · Route de la soie · SUMATRA · BORNÉO · Pierres précieuses · Route des épices · JAVA · Soie · Café · Indigo · Poivre · Coton · Or · Santal · Girofles · Épices · AUSTRALIE · de l'Europe Argent Tissus · vers l'Europe

0   2100   4200 km

4.5.3 L'Empire espagnol

Un empire de peuplement Contrairement au Portugal (sauf dans sa colonie brésilienne), l'Espagne vise à constituer dans les terres découvertes un solide empire continental de peuplement. Moins de 20 ans après la mort de Christophe Colomb, la foule pressée des **conquistadors**, Cortés, Pizarro, Almagro et leurs semblables, succèdent aux découvreurs. Écrasant impitoyablement les indigènes, détruisant des civilisations impressionnantes (Aztèques au Mexique, Incas au Pérou), les conquistadors, transformés par la soif de l'or en brutes sanguinaires et odieuses, établissent leur domination, par le massacre et la violence, sur des peuples mal armés, divisés, effrayés par les chevaux et qui parfois prennent les Européens pour des dieux. On pille les villes, on pourchasse les habitants, on les massacre, on les supplicie. En moins d'un demi-siècle, la conquête du territoire est achevée, les peuplades locales sont soumises ou, comme les Caraïbes, carrément anéanties.

L'Amérique espagnole Sur les ruines des civilisations aztèque et inca, les Espagnols édifient un monde nouveau. En un siècle, on installe en Amérique des dizaines de milliers de colons espagnols qui entreprennent une colonisation systématique : introduction de plantes nouvelles et d'animaux venant d'Europe, culture du riz et de la vigne, élevage du mouton et des bovins. Par ailleurs, on met en exploitation des gisements métallifères : mines d'or au Mexique et surtout, à partir de 1545, les fameuses mines de Potosí, en Bolivie, véritables montagnes d'argent. La main-d'œuvre indigène est réduite au travail forcé, avec une mortalité effroyable.

Pour justifier leur entreprise, les conquérants invoquent la nécessité de convertir les païens à la foi chrétienne. Mais les principes de l'Évangile s'accordent mal avec ceux de la colonisation, fondée sur le travail forcé des Indiens. Des missionnaires s'insurgent, comme le dominicain Bartolomé de Las Casas (1470-1556) **31**. Ce précurseur des droits de l'Homme défend les Indiens et finit par ébranler la conscience de Charles Quint et celle du pape **32**. Mais sa voix est couverte par les riches et même certains évêques huppés ayant des intérêts en Amérique. Les décrets royaux demeureront lettre morte.

La traite des Noirs La main-d'œuvre indigène étant dès lors rapidement devenue insuffisante, on importe des esclaves noirs d'Afrique. C'est le début du système de la traite. Le même navire qui apporte d'Europe la pacotille en Afrique transporte ensuite les Noirs d'Afrique en Amérique dans les plantations de canne à sucre ou de tabac, d'où il revient en Europe chargé de sucre, de rhum ou de tabac. C'est ce qu'on appelle le commerce triangulaire. Autorisé dès 1501, cet ignoble trafic ne cessera de s'amplifier jusqu'au 18ᵉ siècle. Les estimations varient considérablement, mais le nombre d'esclaves transportés d'Afrique en Amérique au cours de la période coloniale peut aller de près de 8 millions à plus de 12 millions, dont plus de 33 % dans les colonies portugaises, près de 25 % dans les colonies britanniques (6 % en Amérique du Nord), 17 % dans les colonies espagnoles et 13 % dans les colonies françaises (surtout aux Antilles, mais on a aussi recensé 323 esclaves noirs en Nouvelle-France).

Conquistador

Mot espagnol signifiant *conquérant*, utilisé surtout pour les conquérants espagnols de l'Amérique.

---

31 **Les cruautés des conquistadors**

Las Casas, évêque du Chiapas, au Mexique, dénonce les atrocités commises par les conquistadors.

« [...] avec leurs chevaux, leurs épées et leurs lances, les chrétiens commencèrent des tueries et des cruautés étrangères aux Indiens. Ils entraient dans les villages et ne laissaient ni enfants, ni vieillards, ni femmes enceintes ou accouchées qu'ils n'aient éventrés et mis en pièces [...]. Ils faisaient des paris à qui ouvrirait un homme d'un coup de couteau, ou lui couperait la tête d'un coup de pique ou mettrait ses entrailles à nu. Ils arrachaient les bébés qui tétaient leurs mères, les prenaient par les pieds et leur cognaient la tête contre les rochers. D'autres les lançaient par-dessus l'épaule dans les fleuves en riant et en plaisantant et quand les enfants tombaient dans l'eau ils disaient : "Tu frétilles, espèce de drôle !" ; ils embrochaient sur une épée des enfants avec leurs mères et tous ceux qui se trouvaient devant eux. Ils faisaient de longues potences où les pieds touchaient presque terre et par groupes de treize, pour honorer et révérer notre Rédempteur et les douze apôtres ; ils y mettaient le feu et les brûlaient vifs. »

Source : Bartolomé de LAS CASAS, *Très brève relation de la destruction des Indes* (1552), trad. par Franchita Gonzalez Batlle, Paris, La Découverte, 1996, p. 55. (Coll. « La Découverte/Poche. Littérature et voyages, nᵒ 1 »)

32 Les Indiens, des hommes véritables

«Nous donc qui, bien qu'indigne de cet honneur, exerçons sur terre le pouvoir de Notre-Seigneur et cherchons de toutes nos forces à ramener les brebis placées au-dehors de son troupeau dans le bercail dont nous avons la charge, considérons […] que les Indiens sont véritablement des hommes et qu'ils sont non seulement capables de comprendre la Foi Catholique, mais que, selon nos informations, ils sont très désireux de la recevoir. Souhaitant fournir à ces maux les remèdes appropriés, Nous définissons et déclarons par cette lettre apostolique […] que quoi qu'il puisse avoir été dit ou être dit de contraire, les dits Indiens et tous les autres peuples qui peuvent être plus tard découverts par les Chrétiens, ne peuvent en aucun cas être privés de leur liberté ou de la possession de leurs biens, même s'ils demeurent en dehors de la foi de Jésus-Christ; et qu'ils peuvent et devraient, librement et légitimement, jouir de la liberté et de la possession de leurs biens, et qu'ils ne devraient en aucun cas être réduits en esclavage; si cela arrivait malgré tout, cet esclavage serait considéré nul et non avenu.

Par la vertu de notre autorité apostolique, Nous définissons et déclarons par la présente lettre […] que les dits Indiens et autres peuples soient convertis à la foi de Jésus Christ par la prédication de la parole de Dieu et par l'exemple d'une vie bonne et sainte. »

? Quel type d'arguments utilise le pape pour défendre les Indiens?

Source: Extrait de la bulle «Sublimis Deus» du pape Paul III (29 mai 1537), dans *La porte latine*, [En ligne], www.laportelatine.org/bibliotheque/encycliques/PaulIII/Sublimis_Deus.php (Page consultée le 4 mars 2016).

Malgré les traitements inhumains dont elles seront victimes, ces populations noires déracinées n'oublieront jamais leur culture d'origine et réaliseront dans les nouveaux espaces où elles sont transplantées des synthèses culturelles remarquables qui enrichiront le fonds commun de l'humanité, entre autres sur le plan musical (blues, gospel, samba, jazz).

Les galions du roi L'Espagne se gorge ainsi des richesses de l'Amérique et des produits de l'Orient. Chaque année, les galions du roi quittent les Philippines avec les épices, les soies et les perles de l'Orient, achetées avec l'argent des Amériques, et rallient Acapulco à travers le Pacifique. De là, leur cargaison est transportée à dos de mules à Veracruz puis chargée sur des bateaux qui se rassemblent à La Havane, à Cuba, avec ceux qui viennent des autres colonies d'Amérique. Les lourds galions, puissamment escortés, entament alors la grande expédition annuelle à travers l'Atlantique vers Séville 33. Fabuleuses richesses qui font du roi d'Espagne le plus puissant d'Europe. La production de l'or, de 1500 à 1800, dépassera 4 millions de kilos à l'échelle de la planète, dont près de 2,6 millions de kilos pour le seul Nouveau Monde, soit plus que dans le monde entier durant tout le millénaire précédent.

L'Amérique «latine» Marquée par les violences et les abus, une Amérique nouvelle prend forme au sud du *Rio Grande* au 16e siècle. Sur le modèle espagnol, on construit des villes ornées de monuments que domine la cathédrale. On fonde des collèges; des universités s'ouvrent. Les cultures se mélangent, les peuples se mêlent, une race métissée naît dans l'Amérique hispano-portugaise. Une civilisation s'élabore, originale et riche d'avenir, progressivement unifiée par le christianisme et l'usage des langues ibériques: la civilisation de l'Amérique «latine».

33 La route des galions

Veracruz
Acapulco
La Havane
Manille
Potosí
Séville

0   2800   5600 km

Pour évacuer l'or de l'Amérique, les lourds galions sont formés en convois pour repousser les attaques des corsaires.

4.5.4 L'Empire hollandais

En Asie   Ayant conquis leur indépendance en 1609 au terme d'une longue révolte contre la domination espagnole (*voir la page 185*), les Hollandais s'en prennent aussitôt à l'empire portugais (le roi d'Espagne Philippe II était aussi roi du Portugal). Se lançant dans une grande aventure coloniale, ils s'adjugent la côte de Malabar et Malacca, prennent Ceylan, occupent l'île de Java, puis s'installent aux îles de la Sonde. Ils jalonnent leur empire oriental de relais, notamment l'île Maurice et Le Cap, qu'ils enlèvent aux Portugais. Bientôt, ils prennent en main le commerce du poivre, des épices, puis du café. Ils y ajoutent le camphre et le papier du Japon, le thé, les soieries et les porcelaines de Chine. Chaque année, trois convois quittent la Hollande pour revenir, six mois plus tard, chargés des produits d'Asie. Amsterdam dame rapidement le pion à Lisbonne comme première place dans la redistribution des épices et autres produits orientaux **34**.

34 | L'empire colonial des Provinces-Unies vers 1650

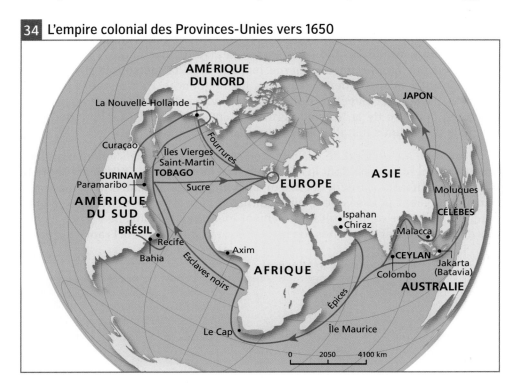

En Amérique   L'action hollandaise se prolonge en Amérique à travers la Compagnie des Indes occidentales, qui installe des colons le long de la côte atlantique dans ce qui est aujourd'hui les États de New York, du Delaware et du Maryland. Elle achète aux Amérindiens une île à peupler, qu'elle nomme Manhattan, à l'embouchure du fleuve Hudson (1626), et y érige une ville appelée *Nouvelle-Amsterdam*. Mais tout cela est fragile et les Anglais chassent bientôt les Hollandais de ces territoires, rebaptisant New York la Nouvelle-Amsterdam. À part quelques îles dans les Antilles et le Suriname, il n'y aura pas d'implantation hollandaise en Amérique.

4.5.5 Les empires français et anglais en Amérique du Nord

Les premiers voyages d'exploration des Français et des Anglais n'avaient guère eu de suite, n'ayant rapporté ni or ni passage vers l'Asie. Ils avaient cependant montré la voie où les deux pays allaient s'engager au début du 17ᵉ siècle.

La Nouvelle-France   La colonisation française dans la vallée du Saint-Laurent présente un caractère spécial. Sur le strict plan économique, elle était destinée à n'être qu'une simple colonie-comptoir, à la portugaise, consacrée à la traite des fourrures, dont la production pouvait être faite par une main-d'œuvre indigène amplement suffisante. Mais, pour des raisons à la fois religieuses et politiques, elle deviendra une colonie de peuplement quelque peu artificielle, dans un environnement géographique particulièrement difficile. Cela explique l'extrême lenteur de son développement et sa faiblesse face à la colonisation anglaise sur la côte atlantique.

Installé sur la grande voie qui mène jusqu'au cœur du continent nord-américain, l'empire de traite est happé par l'espace. La Nouvelle-France finira par s'étendre depuis le golfe du Saint-Laurent jusqu'au golfe du Mexique, et depuis les Appalaches jusqu'aux Rocheuses **35**. Mais il est pratiquement impossible d'installer suffisamment de colons dans ce territoire démesuré et d'ailleurs difficile d'accès à cause de l'hiver. La colonie de peuplement se limite donc à la vallée du Saint-Laurent, mais elle se heurte à d'immenses difficultés qui entravent son développement. Climat rigoureux, défrichements laborieux, isolement total six mois par année quand le fleuve est bloqué par les glaces, longs conflits avec les Amérindiens iroquois : la Nouvelle-France n'attire tout simplement pas les Français, qui lui préfèrent volontiers les Antilles (Haïti, Martinique, Guadeloupe), où ils peuvent établir un commerce lucratif avec la métropole. De plus, la France interdit aux dissidents religieux, les huguenots, de s'installer dans les colonies, privant la Nouvelle-France de forces vives dont elle aurait pu profiter. Sur toute la durée de la Nouvelle-France (1608-1760), seuls quelque dix mille Français viendront s'installer à demeure dans la colonie.

Mais le problème de fond de la Nouvelle-France, c'est qu'elle s'insère mal dans le système mercantiliste dont le ministre à tout faire de Louis XIV, Jean-Baptiste Colbert, se fait le plus ardent défenseur, au point de donner son nom à une forme particulièrement poussée de ce mercantilisme : le colbertisme. Hormis la fourrure, qui demeure un produit relativement marginal, la Nouvelle-France n'offre pas de richesses intéressantes : on ne peut rien y cultiver que la France n'ait déjà

35 Un colon canadien dans le Missouri

Maison construite en 1740 par Pierre Bolduc, un colon canadien, sur les bords du Mississippi (aujourd'hui Ste Genevieve, Missouri, É.-U.). Une localité voisine porte encore le nom de «Prairie du Rocher» (Illinois), fondée en 1722.

en surabondance (blé), elle n'a pratiquement pas de ressources minières, elle est isolée par les glaces la moitié de l'année. Dans une vision strictement mercantiliste, la Nouvelle-France ne se justifie pas en tant que colonie, et c'est bien pourquoi la France va s'en désintéresser très rapidement, tout en lui interdisant la transformation de ses fourrures, par exemple les manufactures de chapeaux de castor, parce qu'elles feraient concurrence à celles de la métropole.

Trop étendue, trop peu peuplée, la Nouvelle-France risque de devenir, tôt ou tard, une proie facile pour des voisins plus forts **36**.

Les colonies anglaises   Ces voisins justement, ce sont les colons anglais établis plus au sud, dans la plaine côtière délimitée par les Appalaches. Depuis la Virginie en 1607, plusieurs colonies se sont constituées dans ce territoire assez étroit. Au sud domine l'économie de plantation, surtout de tabac et de coton, pour lesquelles se développe la traite des esclaves (Géorgie, Carolines du Sud et du Nord, Virginie, Maryland). Plus au nord, d'autres colonies sont fondées sur des bases d'abord religieuses : le Massachusetts et le Connecticut, par des puritains cherchant à instaurer une société en tous points conforme à leurs principes ; le Rhode Island, par un puritain dissident favorable à la liberté religieuse (Roger Williams) ; la Pennsylvanie, par un Quaker partisan de la tolérance (William Penn) ; le Maryland, par un lord anglais (Baltimore) pour accueillir les catholiques persécutés.

Ainsi naissent les premières colonies anglaises, auxquelles il faut ajouter la Nouvelle-Hollande, acquise en 1664 et qui devient New York. Au milieu du 18e siècle, elles sont 13, échelonnées tout le long de la côte atlantique (*voir le document* **36**). Chaque colonie élit une Chambre d'assemblée et la plupart possèdent un conseil et un gouverneur colonial nommé par Londres. Mais le développement économique et social de chacune des communautés prend un caractère tellement différent qu'on ne peut les fondre en une seule. La plupart sont prospères

36 **Français et Anglais en Amérique du Nord vers 1750**

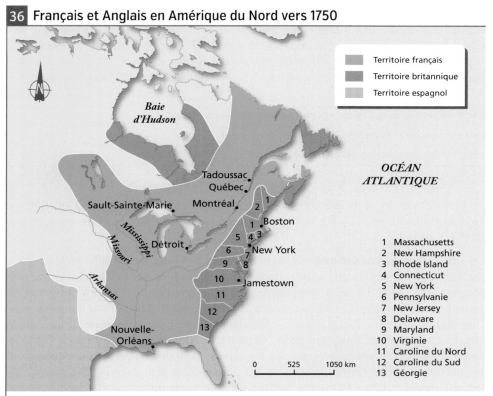

La France occupe une position extrêmement avantageuse, mais ce territoire est trop immense pour être défendu adéquatement.

Mettre les voiles vers la Nouvelle-France

Les Grandes Découvertes inaugurent une période d'échanges ininterrompus entre l'Europe et l'Amérique. À partir de la fin du 15ᵉ siècle, un nombre sans cesse croissant de navires sillonnent l'océan Atlantique emportant voyageurs et marchandises d'un continent à l'autre. Et si nous tentions de refaire le voyage des colons voulant s'installer en Nouvelle-France ?

Il faudra d'abord se rendre jusqu'à un port d'embarquement pour la Nouvelle-France, comme La Rochelle, Dieppe, Saint-Malo ou Bordeaux, et attendre sur place le moment de l'appareillage. En effet, les bateaux, vaisseaux royaux ou navires de commerce, sont tributaires des conditions météorologiques et partent quand le temps est favorable.

La durée du périple est variable, car c'est le vent qui détermine la durée du voyage. En 1534, lors de son premier voyage, Jacques Cartier a mis 20 jours à franchir la distance entre Saint-Malo et Terre-Neuve. Mais le gouverneur Frontenac n'a pas eu cette chance, lui qui, en 1689, a traversé l'Atlantique en 52 jours sans compter les 3 semaines qu'il a mis à remonter le Saint-Laurent jusqu'à Québec. Pour se rendre en Nouvelle-France, on compte normalement deux mois.

Dans ces vaisseaux à trois ponts d'une soixantaine de mètres de longueur et d'une quinzaine de mètres de largeur où se côtoient jusqu'à 300 ou 400 passagers et membres d'équipage, l'espace est restreint. Outre les passagers, le bateau est rempli à craquer de toute sorte de biens : des vêtements, des meubles, de la vaisselle, des livres, des outils et même… des animaux ! En effet, une étable de fortune est aménagée sur l'entrepont, non loin de là où dorment la plupart des voyageurs. À cela s'ajoutent les vivres

nécessaires au voyage : des biscuits, du lard, de la morue séchée et de l'eau potable. Comme celle-ci se gâte rapidement (elle devient visqueuse et pleine de larves), on amène aussi du vin et du cidre en quantité, car ces breuvages se conservent mieux. Enfin, on y transporte également le courrier destiné à la colonie. Ce sont les rares nouvelles du Vieux Continent qui atteignent la Nouvelle-France dans l'année ; on les attend fébrilement.

Un aussi long voyage en mer comporte de nombreux dangers. D'abord, les maladies sont fréquentes en raison de l'absence d'aliments frais (scorbut), de la piètre qualité de l'eau et des conditions d'hygiène (dysenterie, typhus). La mort est omniprésente dans ces expéditions où près de 30 % des passagers décèdent. Dans ce cas, on enveloppe les cadavres dans un linceul et on leur attache des boulets aux pieds avant de les jeter par-dessus bord pour empêcher qu'ils flottent à la surface de la mer.

On redoute aussi les tempêtes dans lesquelles un navire peut sombrer corps et biens ainsi que les corsaires et les pirates qui pourraient dépouiller l'embarcation de tous les objets de valeur et parfois exiger une rançon pour libérer des otages de haut rang. Enfin, arrivé dans le golfe du Saint-Laurent, il faut se méfier du brouillard qui fait s'abîmer tant de navires sur des récifs.

Ce parcours rempli d'embûches n'a pas empêché Samuel de Champlain d'effectuer 29 fois le voyage entre la France et sa colonie d'Amérique du Nord. Et malgré tous les dangers qu'il a affrontés, ce n'est pas en mer mais dans son lit qu'il décédera le jour de Noël 1635 à Québec, la ville qu'il a fondée.

? 1. Quels sont les facteurs qui peuvent influencer la durée du voyage vers la Nouvelle-France ?

2. Quels sont les principaux dangers qui peuvent menacer l'expédition ?

3. Quelles sont les conditions de vie pour les passagers durant la traversée ?

et l'ensemble de la population croît rapidement : 28 000 en 1640, 85 000 en 1660 et 350 000 en 1713. La Nouvelle-France, au même moment, ne compte pas 25 000 habitants.

Le choc des colonisations Nouvelle-France, « Nouvelles Angleterres » : voici donc deux entreprises de colonisation assez semblables sur le fond, mais qui présentent entre elles un tel déséquilibre de masse que l'issue d'un affrontement ne saurait faire de doute. Cet affrontement, il porte essentiellement sur la maîtrise de l'axe Saint-Laurent – Grands Lacs – Mississippi, qui ouvre sur tout l'intérieur du continent nord-américain tant pour l'exploitation des fourrures que pour l'établissement du peuplement. Les colonies anglaises, près de 20 fois plus peuplées, ont le sentiment d'être enveloppées par les possessions françaises échelonnées de l'Acadie à la Louisiane. Entre la colonie de l'intérieur du continent, peu peuplée, démesurément étirée, à l'économie faible, isolée par les glaces la moitié du temps, mal appuyée par sa métropole, et la formidable puissance de choc d'une voisine au peuplement abondant et concentré, à l'économie riche et diversifiée, aux ports de mer toujours ouverts, fortement soutenue par sa métropole, la lutte est inégale.

Vaincue par le nombre, la Nouvelle-France doit finalement s'incliner après la défaite des plaines d'Abraham, le 13 septembre 1759. Par le traité de Paris signé en 1763, la colonie française de la vallée du Saint-Laurent, détachée de son arrière-pays, devient une quatorzième colonie anglaise d'Amérique; elle portera le nom de *Province of Quebec*. Cas rarissime dans l'histoire des colonisations européennes : une colonie de peuplement passe dans le giron d'une nouvelle métropole par suite d'une conquête militaire. La société coloniale en voie de formation, qui commençait à se percevoir comme distincte (les «Canadiens»), voit son évolution normale vers la maturité et la séparation d'avec sa mère patrie stoppée, et passe du statut de dominante à celui de dominée. Une nouvelle société coloniale, britannique celle-là, va venir se constituer autour et au-dessus d'elle, infléchissant son développement de façon radicale. L'histoire de l'Amérique française prend fin, mais celle des Français d'Amérique, Acadiens, Louisianais et surtout Canadiens, n'est pas close.

FAITES LE POINT

18. Décrivez succinctement les deux grands types de colonies créées par les Européens à la suite des Grandes Découvertes.

19. En quoi consiste le mercantilisme ?

20. Quelles sont les principales caractéristiques des empires portugais, espagnol et hollandais (localisation, types de colonies, principales richesses, etc.) ?

21. Quels facteurs ralentissent le développement de la Nouvelle-France ?

22. Dans quel sens peut-on affirmer que «la Nouvelle-France ne se justifie pas comme colonie» ?

23. Quels genres d'établissements les Anglais fondent-ils en Amérique du Nord ?

24. Quels sont les enjeux et le résultat du choc des colonisations en Amérique du Nord ?

4.6 Les conséquences des Grandes Découvertes

Les Grandes Découvertes et la formation des empires coloniaux entraînent, dès le 16ᵉ siècle, des bouleversements d'une portée considérable. Les conquistadors font entrer le «Nouveau Monde» dans l'histoire de l'Occident : l'Amérique précolombienne est détruite et l'Europe est profondément transformée.

4.6.1 La « naissance du monde »

Pour la première fois, la Terre est saisie et connue dans sa totalité alors qu'un continent, replié sur lui-même depuis des millénaires, entre dans les grands circuits d'échanges mondiaux sur tous les plans : produits, populations, et jusqu'aux maladies. On parle à ce sujet d'*échange colombien*, en référence à Christophe Colomb.

De l'Europe vers l'Amérique   L'Européen apporte au Nouveau Monde la culture de l'orge, du seigle et du blé, de ce blé dont l'Amérique deviendra le plus grand producteur du monde. Il acclimate des plantes nouvelles comme l'olivier, la vigne, le riz, l'oranger et le citronnier. Il introduit l'élevage des moutons, des porcs, des chevaux et des bovins qui emplissent les îles et les pampas (vastes plaines d'Amérique du Sud).

De l'Amérique vers l'Europe et ailleurs   En revanche, l'Européen rapporte sur son continent des plantes et des denrées qui changent sa manière d'être et ses comportements. Sur sa table affluent tomates, ananas et haricots. Le maïs d'Amérique se répand assez vite en Espagne et dans le sud de la France, améliorant l'alimentation du bétail surtout, et donc, indirectement, des populations. D'Amérique encore vient le tabac, cette herbe qui, à l'origine, tient lieu de médecine. La pomme de terre arrive en Europe à bord des galions espagnols, au milieu des lingots d'or. Il n'est guère d'événement plus important, car l'entrée dans l'alimentation courante de ce tubercule riche en amidon, c'est la menace de famine à jamais écartée (la dernière grande disette date de 1725). En Afrique, les Européens acclimatent la patate et le manioc d'Amérique, le riz et le thé d'Asie; ils introduisent le maïs en Chine.

Toutefois, le nouveau produit le plus célèbre en Europe est sans doute le chocolat: toutes les qualités sont attribuées à ce breuvage étrange. Rapporté par les conquistadors, le cacao est connu, un siècle plus tard, des gourmets de toutes les cours d'Europe. On lui prête des propriétés aphrodisiaques. L'Europe entière en devient une grande consommatrice. Certains rois le taxent d'un lourd impôt. Mais, quoi qu'on fasse, sous toutes ses formes, le chocolat exerce un pouvoir de séduction autant par ses qualités nutritives et énergétiques que pour son goût exquis.

De l'Orient vers l'Amérique Venus d'Orient, le sucre et le café, jadis rares et chers, sont systématiquement cultivés sur les nouvelles plantations d'Amérique et deviennent des produits d'un usage courant. Café et chocolat jouent d'ailleurs un rôle important dans la vie culturelle et intellectuelle de l'Europe: pour préparer et servir ces nouveaux breuvages, des établissements spécialisés naissent, où les discussions peuvent se prolonger de façon plus civilisée qu'à la taverne; on y trouve d'ailleurs les revues et gazettes qui se répandent en ce temps-là.

Le choc microbien Les bateaux qui transportent tous ces produits à travers les océans embarquent également des humains et, avec eux, des maladies. Particulièrement en Amérique, les maladies infectieuses communes dans l'Ancien Monde se répandent sans entraves: choléra, rougeole, variole, typhus, grippe, voire simple rhume, font des ravages épouvantables dans des populations qui n'ont développé aucune défense naturelle contre ces maux qu'elles n'avaient jamais eu à combattre.

Un monde métissé Ce grand brassage planétaire touche donc aussi les humains. Pendant que des millions d'Européens s'établissent en Amérique sans esprit de retour, des millions d'Africains y sont aussi déportés. Plus tard, des millions d'Asiatiques s'y installeront, faisant de ce continent le plus métissé de la planète. Malgré les ségrégations qui durent encore, jamais les divers rameaux de l'espèce humaine n'ont été en contact de façon aussi étroite.

4.6.2 L'Amérique bouleversée

Des peuples anéantis La formation des empires du Nouveau Monde a entraîné la destruction de brillantes civilisations indigènes, notamment celle des Aztèques, et même l'anéantissement de peuples entiers. Les morts innombrables qui ont marqué l'entreprise de façon indélébile ont été le fait des massacres perpétrés par des conquistadors aveuglés par leur soif de l'or. Elles ont eu aussi pour cause la sous-nutrition et les famines. Elles furent le résultat du travail épuisant des Indiens utilisés dans les mines et les plantations ou comme bêtes de somme pour le portage, dans des conditions d'exploitation d'une cruauté sans nom. Mais elles ont eu surtout pour cause principale, loin devant toutes les autres, le choc microbien que nous venons d'évoquer, qui a littéralement décimé l'Amérique précolombienne. Sur ce sujet, il est pratiquement impossible d'établir des chiffres globaux le moindrement précis: les estimations des spécialistes quant à la population de l'Amérique précolombienne vont de 8 à 145 millions! Il faut se résoudre à considérer quelques cas spécifiques bien documentés. Par exemple, à partir d'un recensement effectué par les autorités espagnoles sur l'île de Hispaniola en 1496, on peut y estimer la population indigène à 3 millions; 30 ans plus tard, il en restera moins de 11 000[1].

---

1. Carl SAUER, *The Early Spanish Main*, Berkeley, University of California Press, 1966, p. 283-289.

Des sociétés déstructurées   La conquête s'est soldée également par une déstructuration profonde, tant du milieu physique que du tissu social, de l'organisation politique et de l'économie des territoires conquis **37**. Obligés de travailler dans les plantations, les Amérindiens ont négligé les cultures traditionnelles, qui disparurent. Le bétail et les moutons se sont mis à ronger la végétation, et les forêts ont régressé. À la fin du 18ᵉ siècle, par exemple, le cèdre avait disparu. En même temps que leur organisation politique, souvent très élaborée, a été détruite, le tissu social des peuples conquis s'est étiolé par la disparition des élites et l'éclatement des cadres de vie traditionnels. L'évangélisation elle-même a favorisé la déculturation de sociétés qui avaient pourtant créé de hautes civilisations. En Amérique du Nord, de vieilles guerres fratricides entre Amérindiens ravivées par les Européens pour le contrôle des fourrures se sont ajoutées au choc microbien pour décimer les tribus de l'est du continent et les empêcher de résister à l'occupation européenne. L'Amérindien devenait partout un proscrit sur son propre territoire, où l'Occident s'installait en maître avec ses colons, ses modes de vie, ses valeurs, sa civilisation.

---

37 « Méprisables victoires »

Pour l'essayiste français Michel de Montaigne (1533-1592), la découverte de l'Amérique fut un désastre qui se résume à un constat douloureux : l'ancien monde a ruiné le nouveau.

« J'ai bien peur que nous ayons fort hâté son déclin et sa ruine par notre contagion, et que nous lui ayons bien cher vendu nos opinions et nos arts. C'était un monde enfant ; et pourtant nous ne l'avons pas dompté et soumis à notre discipline par notre valeur et notre force naturelle, nous ne l'avons pas séduit par notre justice ou notre bonté, ni subjugué par notre magnanimité. La plupart de leurs réponses et des négociations faites avec eux témoignent qu'ils ne nous devaient rien en clarté d'esprit naturelle et en pertinence. […] Mais en ce qui concerne la dévotion, l'observance des lois, la bonté, la libéralité, la franchise, il a été très utile pour nous de ne pas en avoir autant qu'eux : ils ont été perdus par cet avantage […].

Quant à la hardiesse et au courage […], que ceux qui les ont subjugués suppriment les ruses et les boniments avec lesquels ils les ont trompés, et le juste étonnement qu'apportait à ces nations-là l'arrivée inattendue de gens barbus, étrangers par la langue, la religion, l'apparence et la manière d'être, […] montés sur de grands monstres inconnus, alors qu'eux-mêmes n'avaient jamais vu de cheval ni d'autre bête dressée à porter un homme ; protégés par une peau luisante et dure, et une arme tranchante et resplendissante, alors […] qu'ils n'avaient eux-mêmes d'autres armes que des arcs, des pierres, des bâtons et des boucliers de bois : sans cette disparité, les conquérants n'auraient eu aucune chance de victoire.

Quelle amélioration c'eût été si notre comportement avait suscité chez ces peuples de l'admiration, et établi entre eux et nous une fraternelle intelligence ! Comme il eût été facile de cultiver des âmes si neuves, si affamées d'apprentissage, ayant pour la plupart de si heureuses dispositions naturelles ! Au contraire, nous nous sommes servis de leur ignorance et de leur inexpérience pour les mener à la trahison, à la luxure, à la cupidité et à la cruauté, sur le modèle de nos mœurs. Les facilités du négoce étaient-elles à ce prix ? Tant de villes rasées, tant de nations exterminées, tant de millions d'hommes passés au fil de l'épée, la plus riche et la plus belle partie du monde bouleversée, pour faire le trafic des perles et du poivre : méprisables victoires ! »

? Quelle image Montaigne se fait-il de l'Amérique précolombienne ? Quels arguments l'amènent à conclure : « méprisables victoires » ?

Source : MONTAIGNE, « Des Coches », dans *Essais* (1585-1588), III : 6, adapt. en français moderne par André LANLY, Genève, Slatkine, 1987, p. 123-125.

4.6.3 L'Europe transformée

Outre qu'elle favorise la « naissance du monde » et bouleverse l'Amérique, l'expansion européenne transforme profondément les modes de production et d'échange, de même que les conditions de vie, en Europe même.

Les bouleversements économiques   Au premier chef, les conditions du commerce européen sont modifiées. Bien que la Méditerranée continue d'être un lieu d'échange important, le centre de gravité du trafic maritime européen dérive peu à peu vers les ports de l'Atlantique et de la mer du Nord 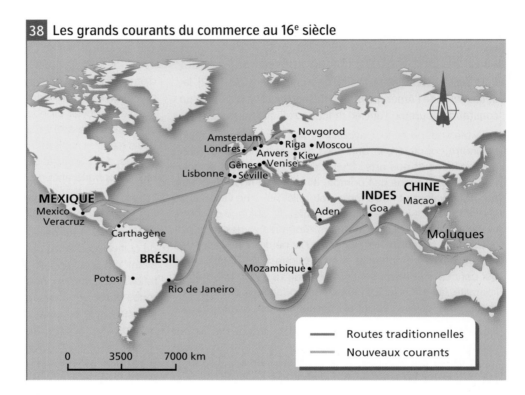. Lisbonne devient le grand marché des épices tandis que les métaux précieux d'Amérique affluent à Séville **39**. Toutes deux alimentent le port d'Anvers, la plus grande ville d'affaires de l'Europe au XVIᵉ siècle avec ses 110 000 habitants. Profitant à la fois de son appartenance à l'Espagne et de sa situation privilégiée au débouché des routes de la mer du Nord et de l'Allemagne, Anvers devient le grand centre de redistribution de marchandises de tous les pays : soies et velours d'Italie, tissus de lin et vins d'Allemagne, blés du Nord, vins et sel de France, laines et vins d'Espagne, épices du Portugal, laines et draps d'Angleterre. Grand port de commerce, Anvers est aussi la principale place financière de l'Europe. D'autres ports se développent au nord : Dieppe, Le Havre, Rouen, Londres, Amsterdam surtout qui, à la fin du 16ᵉ siècle, supplantera Anvers.

Les nouveaux courants commerciaux sont favorisés par l'afflux des lingots d'or et d'argent rapportés du Mexique et du Pérou, et qui viennent s'entasser à Séville pour y être monnayés. La production de l'or se multiplie par quatre et celle

38 Les grands courants du commerce au 16ᵉ siècle

39 Le port de Séville au 16ᵉ siècle

Chaque année, plus de 100 navires reviennent d'Amérique chargés de lingots d'or et repartent chargés de farine, de vin et de tissus à l'intention des colons, de verroteries et de camelote pour les indigènes. (Peinture attribuée à A.S. Coello 1531-1588)

de l'argent par six après la découverte des mines de Potosí (1545). Un torrent d'argent coule dès lors d'Amérique vers l'Espagne et, de là, se déverse en Europe. Car l'Espagne, devenue brusquement très riche, n'a pas les industries suffisantes pour équiper ses flottes et subvenir aux besoins de ses colonies. Mais elle peut acheter dans toute l'Europe des produits manufacturés qu'elle paie comptant en beaux écus ou en pistoles sonnantes. Des corsaires anglais, français, hollandais détournent aussi une partie de ce trésor en attaquant les vaisseaux espagnols en pleine mer. Les trésors d'Amérique se répandent ainsi dans toute l'Europe. Mais la masse de monnaie en circulation devient beaucoup trop grande pour la quantité de marchandises à vendre. Vers 1560, on trouve en Europe 12 fois plus d'or et d'argent qu'en 1492. Il en résulte une grave conséquence : la montée générale des prix. Ils quadruplent au cours du 16e siècle **40** .

La hausse du prix des marchandises incite à produire pour vendre et contribue au développement prodigieux de l'industrie, dont les vieux cadres médiévaux éclatent. Des métiers nouveaux, libres des contraintes corporatives, apparaissent : soieries, imprimerie, fabrique de canons. La technique financière se transforme. Ainsi, en 1531, est fondée la **Bourse** d'Anvers, ouverte aux négociants de toute nation. On y effectue le commerce de l'argent autant que celui des marchandises. On peut y faire l'acquisition, devant notaire, d'une cargaison d'épices moyennant une somme d'argent.

Bourse
Marché public où se rencontrent négociants, courtiers et autres pour suivre l'évolution des prix et conclure des transactions sur des marchandises ou des valeurs.

Le développement du commerce de l'argent entraîne la mobilisation des capitaux privés par les banquiers. Ceux-ci reçoivent des sommes considérables qu'ils mettent à la disposition d'autres commerçants. Le prêt à intérêt devient une pratique normale. Par ailleurs, les paiements par **lettres de change** évitent le transport des monnaies. La principale banque d'Anvers est celle des Fugger d'Augsbourg, marchands d'épices et de draperie fine qui deviennent banquiers de Charles Quint, assurent son élection au Saint Empire romain germanique et financent ses guerres **41** . Les Médicis de Florence sont très actifs dans la laine, la soie, le commerce des métaux et des épices, et ils prêtent au pape comme aux rois. Comme on ne peut jamais leur rendre ce qu'on leur doit, les banquiers reçoivent des terres, des concessions minières qu'ils exploitent. En finançant les entreprises des rois, ils contribuent à l'établissement des grandes monarchies.

Lettre de change
Écrit par lequel une personne donne à son débiteur l'ordre de payer une certaine somme à une troisième personne, créancière de la première, à une échéance fixée. (On dit aussi une *traite*.)

---

40 **L'abondance d'or et d'argent provoque la hausse des prix**

Jean Bodin (1529-1596), essayiste et homme politique français, décrit les causes qu'il perçoit comme engendrant la hausse des prix.

« Je trouve que la cherté que nous voyons vient pour trois causes. La principale et presque seule (que personne jusqu'ici n'a touchée) est l'abondance d'or et d'argent qui est aujourd'hui en ce royaume plus grande qu'elle n'a été il y a quatre cents ans [...]. Mais, dira quelqu'un, d'où est venu tant d'or et d'argent depuis ce temps-là ? Depuis six-vingt [*sic*] ans [...], le Portugais cinglant en haute mer avec la boussole s'est fait maître du Golfe de Perse et en partie de la Mer Rouge, et par ce moyen a rempli ses vaisseaux de la richesse des Indes et de l'Arabie plantureuse, frustrant

les Vénitiens et Genevois [Génois] qui prenaient la marchandise de l'Égypte et de la Syrie où elle était apportée par la caravane des Arabes et des Persans, pour la vendre en détail et au poids de l'or. En ce même temps, le Castillan ayant mis sous sa puissance les terres neuves pleines d'or et d'argent, en a rempli l'Espagne et a montré la route à nos pilotes, pour faire le tour de l'Afrique avec un merveilleux profit. Or, est-il que l'Espagnol qui ne tient vie que de France étant contraint par force inévitable de prendre ici les blés, les toiles, les draps [...], le papier, des livres voire la menuiserie et tous les ouvrages de main, nous va chercher au bout du monde l'or et l'argent et les épiceries [...]. C'est donc l'abondance d'or et d'argent qui cause en partie la cherté des choses. »

? D'après Jean Bodin, qui tire profit des nouvelles routes maritimes ? Quel peuple est désigné sous le nom de « Castillan » ? Comment l'or et l'argent espagnols passent-ils en France ?

Source : Jean BODIN, *Response aux paradoxes de M. de Malestroit touchant l'enrichissement de toutes choses et le moyen d'y remédier* (1568), dans Henri HAUSER, *La response de Jean Bodin à M. de Malestroit*, Paris, A. Colin, 1932, p. 9, 12-13, 16.

41 Le pouvoir du banquier

Sur un ton condescendant, le banquier Fugger rappelle à Charles Quint tout ce que ce dernier lui doit...

«Votre Majesté Impériale sait sans aucun doute combien mes cousins et moi avons toujours été jusqu'ici soumis au service de la prospérité et de l'élévation de la Maison d'Autriche, et comment nous avons été amenés, pour plaire à Sa Majesté, votre Aïeul, l'empereur Maximilien, et procurer à Votre Majesté la couronne romaine* à nous engager à l'égard des princes qui ne voulaient accorder confiance et crédit à personne d'autre qu'à moi ; comment aussi nous avons avancé aux commissaires de Votre Majesté, pour le même but, une importante somme d'argent, que nous avons dû, en grande partie, emprunter nous-mêmes à nos amis. Il est connu et avéré que, sans mon aide, Votre Majesté Impériale n'aurait jamais pu obtenir la couronne romaine, ce que je peux prouver par des écrits de la main des commissaires de Votre Majesté. Je n'ai pas eu en vue mon intérêt personnel, car si j'avais voulu abandonner la Maison d'Autriche et favoriser la France, j'aurais obtenu beaucoup plus d'argent et de biens, comme il m'a été proposé. Quels préjudices cela aurait entraînés pour Votre Majesté Impériale et pour la Maison d'Autriche, le profond jugement de Votre Majesté lui permet de l'apprécier. »

_____

* Il s'agit de la couronne du Saint Empire romain germanique.

? D'après le texte, comment s'est manifestée l'influence du banquier Fugger ?

Source : Lettre de Jacob Fugger à Charles Quint (1523), dans Jean-Pierre VIVET, dir., _Les mémoires de l'Europe_, t. II, _Le renouveau européen : 1453-1600_, Paris, Laffont, 1971, p. 291.

Les transformations sociales Ces bouleversements économiques ont des répercussions sociales importantes. Dans les villes, la situation nouvelle frappe durement les artisans qui ont des revenus fixés par les corporations. C'est le cas des compagnons, dont les salaires augmentent beaucoup moins que ne montent les prix (70 % peut-être contre 400 %). Vivant uniquement de leur travail, ils voient leur pouvoir d'achat se resserrer sensiblement. Ils sont désormais trop pauvres pour accéder à la maîtrise, le prix du chef-d'œuvre à produire pour devenir maître étant trop élevé (comme une sorte de hausse de droits de scolarité !). C'est la révolte. À Paris, à Lyon, en Flandre, de violentes émeutes éclatent durant des grèves.

Cette crise touche aussi spécifiquement le travail des femmes, qui sont très présentes dans les divers métiers. L'inflation, les mauvaises récoltes, les épidémies et les guerres de la fin du Moyen Âge provoquent une crispation des corporations, qui restreignent alors l'accès des femmes à certains métiers. Partout, on constate la disparition progressive de la mise en apprentissage des filles, sauf dans des domaines liés aux tâches domestiques (servantes), un contrôle plus strict du travail des veuves reprenant le métier de leur époux décédé, voire carrément l'exclusion des femmes de certains métiers par les corporations. Par exemple, à partir du 15ᵉ siècle les femmes disparaissent progressivement des statuts des corporations des peintres, des verriers, des brodeurs, des tapissiers et des chasubliers de la ville de Montpellier. Ces métiers qualifiés ne leurs sont donc plus accessibles. En revanche, on observe une augmentation du nombre de femmes embauchées comme journalières salariées, sans qualification.

Par contre, la hausse des prix touche moins les paysans qui vendent peu, mais n'achètent presque rien. Le montant des redevances à payer au seigneur étant immuablement fixé, la situation des paysans aisés s'en trouve favorisée. La situation des ménages paysans s'améliore également du fait que les femmes tirent profit de l'essor de la sous-traitance à domicile du filage, notamment celui du coton, une fibre nouvelle reçue en abondance du Nouveau Monde. Une nouvelle économie domestique de transformation du fil émerge donc progressivement en Europe, dans les campagnes. Loin de disparaître, le travail féminin se déplace, se transforme mais se déqualifie aussi, puisque les anciennes tisserandes du Moyen Âge œuvrant au sein des corporations des villes laissent place aux fileuses des campagnes. Plusieurs ménages paysans peuvent cependant amasser suffisamment d'argent de cette façon pour pouvoir se libérer du servage en rachetant leur liberté à un noble désargenté.

Car l'évolution économique affecte particulièrement un grand nombre de petits nobles trop peu pourvus de terres, ou dont les domaines ont été dévastés par la guerre, et qui se ruinent à vouloir conserver un train de vie fastueux que leurs revenus fixes ne leur permettent plus de soutenir. Cette noblesse quêteuse forme une masse turbulente, prête à toutes les aventures. Appauvrie, elle vend ses domaines à une bourgeoisie plus avisée, s'enrôle sous la bannière royale ou se presse à la cour, espérant obtenir les faveurs du roi. Ainsi naissent les courtisans, nobles domestiqués, que le prince maintient auprès de lui pour son adulation.

La bourgeoisie est la principale bénéficiaire de la situation économique nouvelle **42**. Née dans les communes médiévales, âpre au gain, énergique, industrieuse, elle joue un rôle capital dans l'essor du grand commerce maritime. Marchands, banquiers et hommes d'affaires s'enrichissent par le négoce et les transactions financières. Ils mobilisent des capitaux au profit des entreprises multiples des rois. Ils achètent des seigneuries entières et reconstituent de vastes domaines qu'ils consacrent à des cultures industrielles. Ils s'insinuent dans les rangs de la noblesse qui les fascine, en mariant leurs filles à des nobles. En France, ils entrent au service du roi, dont ils alimentent le trésor en achetant des « **offices** royaux » fort avantageux. Le commerce leur permet d'acquérir la puissance de l'argent et la fortune tend à se substituer à la naissance comme fondement des classes sociales. C'est le début du **capitalisme** commercial ; il prépare déjà le capitalisme industriel des 18ᵉ et 19ᵉ siècles.

Les transformations politiques Enfin, les transformations de l'économie et de la société entraînent celle des États. Dans tout l'Occident, les rois profitent de l'accroissement de la richesse, les impôts rapportant davantage. Ils asservissent la noblesse appauvrie, trouvent dans la bourgeoisie une alliée qui leur procure de l'argent et maintiennent dans l'obéissance une paysannerie trop heureuse d'être libérée de la tyrannie féodale. Grâce à cet état d'esprit, Charles Quint, roi d'Espagne et empereur du Saint Empire, Henri VIII, roi d'Angleterre, et François Iᵉʳ, roi de France, disposent d'une autorité supérieure à celle de leurs prédécesseurs. Ce sont, déjà, des monarques absolus (*voir le chapitre 5*).

Office
Fonction permanente au service du roi, dont le titulaire a la propriété de sa charge.

Capitalisme
Système économique caractérisé par la concentration du capital, la propriété privée des moyens de production et d'échange, la primauté de la recherche du profit. Le capitalisme commercial est celui qui se développe dans et par les activités d'échange. Le capital est l'ensemble des moyens de production matériels et financiers (bâtiments, machines, argent, etc.) mis en œuvre dans la production de nouveaux biens ou de revenus.

42 **La bourgeoisie, principale bénéficiaire de l'évolution économique**

« Ajoutons que l'argent du royaume est aujourd'hui entre les mains d'une seule des quatre classes de citoyens qui sont, comme vous le savez, le clergé, les nobles, les bourgeois et le peuple. Le clergé est ruiné et ni maintenant ni tant que dureront ces troubles il ne pourra relever la tête. Sans compter les biens engagés ou vendus avec l'autorisation du pape, le clergé a payé depuis 1561, 12 millions d'écus ; ce qui serait peu de choses car il en a 7 de revenus annuels si les armées des amis, aussi bien que les ennemis, ne lui avaient causé de grands dommages.

Les nobles sont aux abois, ils n'ont pas le sou, toujours à cause de cette guerre.

Le peuple de la campagne a tellement été pillé et rongé par les gens d'armes dont la licence n'a pas de frein, qu'à peine a-t-il de quoi vêtir sa nudité.

Il n'y a que les bourgeois et les hommes de robe longue tels que les présidents, conseillers, procureurs et autres gens semblables qui ont de l'or à foison et ne savent que faire. »

Source : « Relation de Jean Correro, ambassadeur de Venise en France en 1554 », dans *Relations des Ambassadeurs vénitiens sur les affaires de France au XVIᵉ siècle*, t. II, Paris, Imprimerie royale, 1838, p. 143-145.

FAITES LE POINT

25. Quels sont les différents produits venant d'Amérique introduits en Europe par suite des Grandes Découvertes, de même que des produits introduits en Amérique et en Afrique par les Européens ?

26. Qu'entend-on par le « choc microbien » ?

27. Quels sont les principaux facteurs de la destruction des peuples précolombiens et de leurs civilisations ?

28. Illustrez sur une carte muette le déplacement des routes commerciales provoqué par les découvertes.

29. Quelles furent les conséquences économiques de l'afflux de métaux précieux en Europe ?

30. Comment les différentes classes sociales furent-elles touchées par les Grandes Découvertes ?

❯EN BREF

❯ Rejetant une bonne partie de l'héritage médiéval, la civilisation occidentale a renoué, par la Renaissance, avec les valeurs littéraires, philosophiques et esthétiques de l'Antiquité gréco-romaine, plaçant l'Homme au centre de l'Univers. Cet humanisme est largement diffusé grâce à l'imprimerie et à la prédominance d'une langue internationale, le latin, bien qu'il favorise au même moment l'apparition de grandes œuvres littéraires en langues nationales (italien, français, anglais).

❯ Les valeurs de l'Antiquité gréco-romaine sont transposées dans tous les domaines de l'art, qui renoue avec les modèles antiques, tant en architecture et en sculpture qu'en peinture, autour d'immenses créateurs comme Michel-Ange et Léonard de Vinci.

❯ La civilisation occidentale a aussi vu sa relative unité religieuse brisée par un mouvement de réforme donnant naissance à un protestantisme diversifié face auquel le catholicisme s'est raidi, mais aussi réformé lui-même. Cette fracture religieuse a entraîné des guerres longues et sanglantes, qui ont débouché sur l'instauration de religions d'État imposées aux populations avec plus ou moins de force.

❯ En même temps, des marins hardis se sont lancés sur les mers à la recherche de routes commerciales ou par simple goût de l'aventure et de la découverte. Ils ont ainsi révélé les véritables dimensions de notre planète et ouvert la voie à l'expansion coloniale européenne.

❯ Le Portugal, l'Espagne, la France, l'Angleterre et les Pays-Bas ont alors créé de vastes empires sous forme de colonies-comptoirs (en Orient principalement) ou de colonies de peuplement (en Amérique surtout), non sans détruire des peuples, des cultures, des civilisations parfois fort avancées.

❯ La mise sur pied de ces empires a amené la mondialisation des échanges, le bouleversement radical des civilisations précolombiennes, et des transformations profondes des économies et des sociétés européennes.

Ainsi, profondément transformée de l'intérieur et irrésistiblement attirée vers l'inconnu du monde, la civilisation occidentale va devenir la première de l'histoire à s'implanter sur les cinq continents. Et au cœur de ce processus, tout à la fois bénéficiaire et agent dynamique de cette évolution, une force nouvelle est née : l'État moderne.

❯HÉRITAGE

Ce que nous devons...

... à la Renaissance

- la redécouverte des valeurs de l'Antiquité : la foi dans l'Homme, les canons esthétiques
- en peinture : la perspective, le paysage, le *sfumato*
- un système d'éducation basé sur les humanités gréco-latines
- l'éclosion des langues et des littératures nationales
- l'invention de l'imprimerie

... à la Réforme

- la rupture de la chrétienté occidentale entre catholicisme et protestantisme
- pour le protestantisme : une nouvelle façon de concevoir les rapports avec Dieu (justification par la foi, libre arbitre, prédestination, suppression de sacrements)
- pour le catholicisme : plus de discipline et meilleure formation du clergé, Inquisition, Index, ordres religieux réformés ou nouveaux (Jésuites)

... aux Grandes Découvertes

- le premier tour du monde, preuve de la rotondité de la Terre
- la première carte du monde (Gerhard Mercator)
- la destruction des civilisations précolombiennes
- le retour de l'esclavage et la traite des Noirs d'Afrique
- le métissage des peuples
- l'arrivée de produits d'Amérique en Europe (haricot, maïs, tabac, pomme de terre, cacao)
- l'arrivée de produits d'Europe et d'Asie en Amérique (blé, vigne, agrumes, café)
- l'extension de la civilisation occidentale à l'Amérique (style de vie, culture, langue, institutions politiques, villes de type européen)

POUR ALLER PLUS LOIN

LIRE

CASSAN, *Michel. L'Europe au* XVIe *siècle*, 2e éd, Paris, A. Colin, 2014, 264 p. (Coll. «Cursus») – Excellente synthèse touchant autant à la politique qu'à l'économie, à la société et à la religion.

CHAUNU, *Pierre. Conquête et exploitation des nouveaux mondes : XVIe siècle*, 6e éd., Paris, PUF, 2010, 456 p. (Coll. «Nouvelle Clio») – Un classique extrêmement fouillé sur la «première mondialisation».

DELUMEAU, Jean, et collab. *Naissance et affirmation de la Réforme*, Paris, PUF, 2012, 564 p. (Coll. «Nouvelle Clio») – Un autre classique de la collection «Nouvelle Clio», qui offre dans chacun de ses ouvrages une bibliographie, un état des connaissances, un survol des débats et des orientations de recherches.

GOMEZ, Thomas. *L'invention de l'Amérique : mythes et réalités de la conquête*, Paris, Flammarion, 2014, 383 p. (Coll. «Champs. Histoire») – Comment les grands rêves des découvreurs et conquistadors se sont transcrits dans la réalité.

NAVIGUER

«1492 : An Ongoing Voyage» : www.loc.gov/exhibits/1492 – Exposition virtuelle de la Library of Congress, Washington.

La chapelle Sixtine en 3D : www.vatican.va – Visite virtuelle complète, avec possibilité de grossissement des détails.

VISIONNER

1492, Christophe Colomb, de Ridley Scott, avec G. Depardieu et S. Weaver, Fr./Esp., 1992, 154 min. — Fresque historique magnifiquement filmée. Vision très positive du personnage ; les mauvais aspects de l'entreprise sont attribués à ses ennemis.

The Mission, de Roland Joffé, avec R. De Niro et J. Irons, G.-B., 1986, 125 min. — Les missions jésuites du Paraguay au 18e siècle furent une entreprise originale d'adaptation de la foi aux réalités amérindiennes. Un chasseur d'esclaves repenti s'y joint, dans ce film aux images splendides et aux acteurs magnifiques.

Wolf Hall, avec Mark Rylance et Damian Lewis. G.-B., 2015, 6 × 60 min. — Superbe série télévisée produite par la BBC. Le divorce d'Henri VIII, la scission avec le Pape, le remariage avec Anne Boleyn et la fin tragique de celle-ci, avec Thomas Cromwell, conseiller du roi, comme personnage principal. Extraordinaire reconstitution d'époque, Rylance inoubliable en Cromwell.

i+ Allez plus loin encore, grâce à la médiagraphie enrichie disponible sur *i+ Interactif* !

EXERCICES ET ACTIVITÉS

Exercez-vous davantage grâce à des ateliers interactifs captivants! *Consultez votre enseignant pour y accéder sur i+ Interactif.*

Renaissance et humanisme

1. La Renaissance des 15e et 16e siècles consiste, selon votre manuel, en un mouvement qui fait un retour à l'Antiquité gréco-romaine, sur les plans intellectuel, culturel et moral. Remplissez le tableau suivant, en indiquant les diverses caractéristiques de ce mouvement et en faisant ressortir en quoi ces caractéristiques se rattachent à l'Antiquité.

2. À la lumière des caractéristiques intellectuelles indiquées à la question 1, peut-on considérer Léonard de Vinci [*section 4.2.2, p. 131*] comme un artiste humaniste? Expliquez votre réponse.

Aspect	Caractéristiques	Héritages antiques
Intellectuel: l'humanisme, (*section 4.1.1, p. 126-127*)		
Culturel et artistique, (*section 4.1.2, p. 130-131*)		
Moral: la Réforme, (*section 4.1.3, p. 134-136*)		

La Réforme

3. Observez les cartes 3 (*p. 127*) et 18 (*p. 138*). Au besoin, consultez la fiche 4.2 (*p. 372*) qui explique comment lire et interpréter une carte historique. Puis répondez à ces questions.

   a) Comparez, d'une part, les zones de diffusion de l'humanisme et de l'imprimerie et, d'autre part, les zones d'expansion des Églises protestantes. Que constatez-vous?

   b) Selon vous, existe-t-il une relation entre les deux phénomènes? En vous aidant de la section 4.3 (*p. 134*), expliquez pourquoi.

4. Indiquez si chacun des énoncés suivants est vrai ou faux, puis justifiez votre réponse.

   a) Les expressions «Église romaine» et «Église catholique» désignent la même institution.

   b) Le luthéranisme et le calvinisme ne sont pas des religions chrétiennes.

   c) Le catholicisme est une forme de protestantisme.

5. Voici des citations relatives à la religion d'État:
   - «en 1534 une déclaration faisant du roi "le chef suprême de l'Église et du clergé d'Angleterre".» (*p. 139*)
   - «l'"Acte" des Trente-Neuf Articles de 1563 fixe les croyances obligatoires» (*p. 140*)
   - «la paix d'Augsbourg (1555), qui accorde à chaque prince [...] le pouvoir d'imposer sa religion à ses sujets» (*p. 143*) et «la paix de Westphalie (1648), qui réaffirme le droit des princes d'imposer leur religion à leurs sujets» (*p. 145*)

   a) Quelle définition de «religion d'État» déduisez-vous de ces citations?

   b) Vérifions si vous avez bien compris: selon vous, l'édit de Nantes, proclamé par le roi de France Henri IV en 1598, vise-t-il à imposer une religion d'État? Justifiez votre réponse.

Les Grandes Découvertes

6. Répondez aux questions suivantes relativement aux mécanismes de l'expansion coloniale européenne en Amérique aux 15e et 16e siècles. Toutefois, pour exercer votre esprit de synthèse, vos explications doivent tenir en une seule phrase pour chaque élément de réponse, et ce, sans paraphraser de manière abusive (c'est-à-dire reprendre les phrases du manuel, en remplaçant, de-ci, de-là, quelques mots par des synonymes).

   a) Expliquez les trois motifs majeurs des Grandes Découvertes (*section 4.4.1, p. 146*). N'oubliez pas: une seule phrase par motif!

   b) Décrivez les deux principaux moyens qui rendent possibles ces explorations (*section 4.4.2., p. 146-147*). Votre réponse, ici, ne devrait contenir que deux phrases...

   c) Décrivez les deux types de colonies fondées par les Européens (*section 4.5.1, p. 149*).

   d) Définissez les deux sources de mains-d'œuvre utilisées par les conquérants (*section 4.5.3, p. 151-152*).

   e) Indiquez les deux conséquences majeures des conquêtes pour l'Amérique (*section 4.6.2, p. 158-159*).

Le renforcement du pouvoir monarchique

7. À divers endroits dans le chapitre, il est indiqué que des transformations politiques sont mises en œuvre aux 15e et 16e siècles, transformations qui mènent au renforcement de l'autorité royale. Comment donc les rois parviennent-ils de plus en plus à affirmer leurs pouvoirs...

   a) sur le plan religieux? (*section 4.3.1, p. 134*)

   b) à travers le mercantilisme? (*section 4.5.1, p. 149*)

   c) par l'alliance avec la bourgeoisie? (*section 4.6.3, p. 159*)

POINTS DE VUE
SUR L'HISTOIRE

Le Moyen Âge finit-il au 15e siècle ?

La chose est généralement entendue : le long et horrible Moyen Âge, endormi par la religion et empêtré dans la violence, laisse enfin place à la magnifique Renaissance aux 15e et 16e siècles. Ce constat, que l'on sait faux depuis longtemps, témoigne tout de même d'une perception qui perdure aujourd'hui. Or, qu'en est-il vraiment ?

À la définition classique de la Renaissance comme mouvement artistique et intellectuel s'ajoute celle qui en fait une période historique à part entière. Ainsi, pour les tenants de cette interprétation, la Renaissance englobe non seulement l'humanisme et un renouveau de l'art, mais aussi une amélioration des conditions de vie, une augmentation du taux d'urbanisation, la découverte de l'Amérique et la Réforme qui sépare le christianisme occidental en deux branches, le catholicisme et le protestantisme. On ajoute généralement la Révolution scientifique, alors que l'Occident sépare la religion de la science, la croyance de la raison. Dernier grand phénomène de la Renaissance, la création de l'État moderne vient mettre fin au morcellement du pouvoir médiéval. À un long Moyen Âge plutôt linéaire, on oppose une Renaissance où tout s'accélère et coupe radicalement avec le millénaire précédent.

Or, certains historiens remettent en cause cette vision. Ils ne nient généralement pas que les 15e et 16e siècles ont été le théâtre de changements importants. Ils argumentent plutôt que ces changements ne sont pas aussi radicaux qu'on le laisse croire et qu'ils se préparaient de longue date. La Renaissance devient donc un prolongement du Moyen Âge.

Pour eux, même si elle constitue un événement important, la découverte de l'Amérique en 1492 n'aura de réelles répercussions sur l'Europe (et donc sur l'Occident) qu'avec la Révolution américaine de 1776-1783. Ils insistent aussi sur le fait que les innovations techniques qui rendent les Grandes découvertes possibles sont déjà connues et utilisées au 14e siècle.

Les techniques agricoles, qui se sont améliorées entre le 11e et le 14e siècle, ne connaissent pas de changement significatif avant le 18e, voire le 19e siècle, alors que la révolution industrielle changera profondément l'agriculture. Ainsi, la famine et les épidémies guettent toujours les Européens durant la Renaissance, et elles seront d'ailleurs un des déclencheurs de la Révolution française en 1789. Jusqu'au 19e siècle, les Européens se nourrissent surtout de végétaux et de pain et la ration de viande est assez mince.

L'économie ne subit pas de grands bouleversements à la Renaissance. Le paysan, même s'il n'est plus un serf, demeure sous la domination d'un seigneur jusqu'à la révolution industrielle, et l'économie est surtout rurale et agraire. La pensée économique changera surtout avec les philosophes des Lumières et la naissance du libéralisme économique.

La société et les mœurs que l'on associe généralement à la Renaissance sont, en vérité, des créations médiévales. Par exemple, la mode est créée au 13e siècle, alors que les rois et les villes imposent des codes vestimentaires par classe sociale. La culture et le savoir changent aussi très peu. L'université naît au Moyen Âge, par exemple. L'imprimerie est certes un événement important, mais il ne change pas profondément la nature de ce qui est lu ; les 50 premiers ouvrages imprimés ne sont-ils pas tous des ouvrages religieux ? Une fois de plus, le grand changement intellectuel sera le fait des philosophes des Lumières au 18e siècle.

Quant à la Renaissance artistique et intellectuelle, elle doit aussi être nuancée. Le Moyen Âge a connu un apport important de la raison et il est faux de dire que le monde médiéval n'en avait que pour la religion et la croyance irrationnelle. Ces historiens en veulent pour exemple la scolastique qui, dès le 12e siècle, regardait le monde rationnellement, dans un schème de pensée chrétien, ou encore l'insistance grandissante, au 13e siècle, sur le fait que l'Homme avait été créé à l'image de Dieu.

On peut en dire autant du renouveau des sciences que l'on associe généralement à la Renaissance. Le Moyen Âge a connu une avancée spectaculaire des sciences, notamment des mathématiques avec l'utilisation des chiffres arabes et du zéro. Le grand pas de la révolution scientifique est accompli à partir des connaissances médiévales quand l'expérience devient la source de la science.

La Réforme, bien que porteuse de nouveauté, n'est tout de même pas une rupture radicale. Jusqu'au 18e siècle, la plupart des Européens sont des chrétiens pratiquants. Il faut attendre surtout le 19e siècle pour que se manifestent des athées et des fidèles d'autres religions en Europe. De plus, la religion chrétienne a été remise en cause bien avant la Réforme, notamment lors du Grand Schisme d'Occident (1377-1417), et les guerres religieuses, associées au Moyen Âge, se poursuivent longtemps après la Réforme.

Pour ce qui est des changements politiques, ces spécialistes rappellent que la monarchie, création médiévale, demeure la forme de gouvernement la plus répandue jusqu'à la fin du 19e siècle, malgré les révolutions américaine et française de la fin du 18e siècle.

Pour les historiens qui défendent cette périodisation, la vraie coupure avec le Moyen Âge se situe donc plutôt au 18e siècle et la Renaissance devient alors une ultime période médiévale.

BRIOST, Pascal. « Renaissance », dans Christian DELACROIX, François DOSSE, Patrick GARCIA et Nicolas OFFENSTADT (dir.), *Historiographies, II. Concepts et débats*, Paris, Gallimard, 2010, p. 1171-1185.

ELIAS, Norbert. *La Civilisation des mœurs*, Paris, Pocket, 2003 (1973), 512 p.

LE GOFF, Jacques. *Faut-il vraiment découper l'histoire en tranches ?*, Paris, Seuil, 2014, 207 p.

01   Au sommet : l'État

« L'histoire a été trop longtemps l'histoire exclusive des États. Faut-il par réaction évacuer l'État de l'histoire ? À d'autres moments, peut-être, mais certainement pas à l'heure de l'Europe classique. L'État n'est pas né au 17e siècle, mais il y prend dans toute l'Europe heureuse sa véritable stature. Il s'installe au sommet, n'accepte plus rien au-dessus de lui : Chrétienté ou Empire. Face au monde extérieur, l'Europe n'est que sociétés à monopole agissant au nom d'un État, État ou concert d'États. Il est le groupe privilégié qui contrôle toute la pyramide des groupes au-dessous de lui. L'État territorial est une des grandes réussites de l'Europe classique. Mieux, sa présence ou ses progrès dessinent au centre, au nord et à l'ouest de l'Europe, par opposition aux Europes archaïques imprécises et incomplètes au sud et a l'est, l'ossature de l'Europe heureuse, qui est l'Europe riche et bientôt dominante. Les États sont peut-être le lieu privilégié de l'événement, mais ils ont pouvoir de donner un sens à l'événement. Il est donc logique que la dynamique de la croissance de l'État à l'intérieur de ses limites, que l'histoire des équilibres constamment défaits qui commandent les rapports entre États s'ordonne en surface suivant l'ordre des courants des choses, des hommes et des pensées. »

Source : Pierre CHAUNU, *La civilisation de l'Europe classique*, Paris, Arthaud, 1984, p. 16.

C'est au cours des 16e, 17e et 18e siècles qu'apparaît un des éléments clés de la civilisation occidentale moderne : l'État unifié, centralisé et souverain. Mis en place par les rois, appuyés, en Europe occidentale du moins, par la bourgeoisie, il prend diverses formes (monarchie absolue, monarchie limitée, république, despotisme éclairé) selon le plus ou moins grand pouvoir qu'y exerce le monarque. Ces États souverains, déjà « nationaux » en Europe occidentale, vont chercher à imposer leur hégémonie autour d'eux, entrant pour cela dans des guerres incessantes qui, à leur tour, renforcent et l'État et le sentiment national. ◄

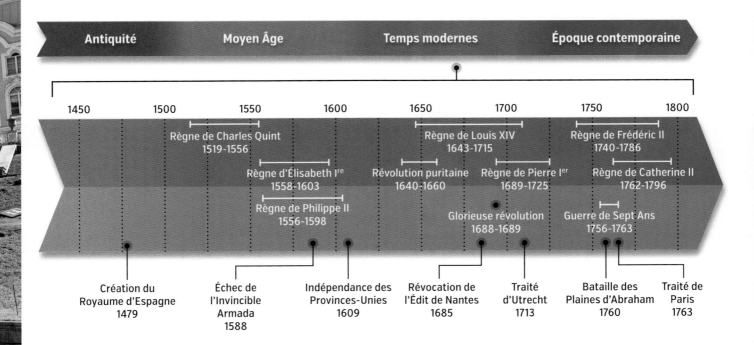

| Antiquité | Moyen Âge | Temps modernes | Époque contemporaine |

| 1450 | 1500 | 1550 | 1600 | 1650 | 1700 | 1750 | 1800 |

Règne de Charles Quint
1519-1556

Règne de Louis XIV
1643-1715

Règne de Frédéric II
1740-1786

Règne d'Élisabeth Ire
1558-1603

Révolution puritaine
1640-1660

Règne de Pierre Ier
1689-1725

Règne de Catherine II
1762-1796

Règne de Philippe II
1556-1598

Glorieuse révolution
1688-1689

Guerre de Sept Ans
1756-1763

Création du
Royaume d'Espagne
1479

Échec de
l'Invincible
Armada
1588

Indépendance des
Provinces-Unies
1609

Révocation de
l'Édit de Nantes
1685

Traité
d'Utrecht
1713

Bataille des
Plaines d'Abraham
1760

Traité de
Paris
1763

< Les fastes grandioses déployés par les monarques triomphants se manifestent dans les cascades et fontaines du palais de Peterhof, en Russie (début 18e siècle).

5.1 L'État moderne

Mis en place en réaction contre le morcellement féodal, l'État moderne vise à centraliser les pouvoirs clés qui régissent la vie en société. Cette mise en place se réalise diversement, selon le jeu des forces sociales présentes dans tel ou tel pays.

5.1.1 La lutte contre la féodalité

L'État moderne se construit d'abord contre la féodalité. Nous avons vu comment, dès le 11e siècle, les rois avaient amorcé la lente remontée du pouvoir étatique contre le morcellement féodal (*voir la page 111*). À la fin du Moyen Âge, les résultats de cette entreprise étaient cependant plutôt minces, même si le sentiment national naissant dans certains royaumes (France, Angleterre, Espagne) pouvait la favoriser. Ce n'est donc pas avant le 16e siècle que se forme véritablement l'État moderne, avec deux caractéristiques que nous lui connaissons encore aujourd'hui : d'une part la souveraineté, qui lui permet de rejeter toute autre autorité que la sienne (par exemple celle de l'Empereur ou du pape) sur son territoire, et d'autre part le **monopole** sur cinq pouvoirs clés de la vie en société **02**.

L'armée Il y a le monopole, tout d'abord, de la force armée. Contre les armées privées des grands féodaux, rassemblées sur la base du service d'ost, les rois vont se doter d'une armée permanente, formée aussi bien de sujets du royaume que de **mercenaires**, et qui peut être rassemblée à tout moment (le service d'ost était d'une durée limitée). Une innovation technique capitale vient d'ailleurs fournir aux rois une supériorité décisive : l'artillerie, capable de percer les murailles des châteaux forts derrière lesquelles les féodaux s'étaient jusque-là sentis à l'abri.

La taxation Mais, à la différence de l'ost féodal, qui est un service gratuit du vassal à son suzerain, les mercenaires et les canons coûtent cher. Les rois doivent donc établir un régime de taxation grâce auquel ils pourront drainer vers leurs coffres les ressources de tout leur royaume, ce qu'aucun grand féodal ne serait en mesure d'égaler. Et l'armée royale, financée par la taxation, est à son tour le meilleur garant de cette taxation : elle servira à mater tout soulèvement populaire contre l'impôt… Le second monopole de l'État moderne, c'est donc celui de la taxation.

La monnaie L'impôt, cependant, ne rapporte jamais suffisamment. En plus du recours à l'emprunt, il faudra jouer sur l'émission monétaire. «Battre monnaie» (toute monnaie est métallique à l'époque) est donc un troisième monopole auquel tend l'État moderne, au détriment des grands féodaux dont les monnaies, de toute façon, ne peuvent prétendre à la solidité et à la fiabilité supérieures de la monnaie royale. Le contrôle de l'émission monétaire donne à l'État un rôle important dans l'économie et lui permet de se financer, à condition évidemment que ce pouvoir soit utilisé avec discernement afin de maintenir la valeur de la monnaie. Et une monnaie unique ne peut que renforcer le pouvoir central au détriment de la noblesse.

Monopole
Privilège exclusif que possède une personne (physique ou morale, par exemple un gouvernement) d'exercer certains pouvoirs, d'occuper certaines charges ou de fabriquer ou de vendre certains biens ou services.

Mercenaire
Soldat professionnel à la solde d'un gouvernement étranger.

02 L'État centralisé

? Retracez sur cette gravure tous les éléments qui illustrent les monopoles qui caractérisent l'État moderne. Observez attentivement le corps du souverain : en quoi transcrit-il un des concepts de base de la monarchie ?

Le pouvoir souverain de l'État comparé au Léviathan, monstre marin biblique. (Frontispice d'un livre de Thomas Hobbes : *Leviathan, ou la matière, la forme et le pouvoir d'un commonwealth ecclésiastique et civil*, 1651)

La justice Un quatrième monopole auquel l'État moderne aspire, c'est celui de la justice. Rien n'est plus propre à assurer aux rois un certain appui auprès de la bourgeoisie et du peuple que l'instauration d'une justice royale à laquelle on puisse faire appel contre la justice féodale, dans laquelle le seigneur est souvent à la fois juge et partie (il juge lui-même du respect, par ses paysans, de leurs obligations envers lui…). Le monopole de la justice est par ailleurs une source importante de revenus.

La religion Enfin, et ce n'est pas le moindre de ses monopoles, l'État moderne cherche à s'assurer celui de la religion. L'éclatement de l'unité chrétienne par suite de la Réforme entraîne d'implacables guerres de religion (*voir la page 142*) qui risquent de morceler les royaumes même les mieux affermis. Afin de mettre un terme à ces conflits apparemment insolubles, on s'entend finalement pour reconnaître au «prince» le pouvoir d'imposer sa religion à ses sujets. Ainsi naissent des Églises «nationales» (anglicane en Angleterre, presbytérienne en Écosse), et même les souverains demeurés catholiques tendent à faire passer l'Église de leur royaume sous l'autorité de l'État (le **gallicanisme** en France). Partout la religion devient affaire de politique, et la dissidence, voire la simple tolérance religieuse, devient subversion, qu'il faut réprimer par tous les moyens (Inquisition en Espagne, chasse aux sorcières) **03** .

Gallicanisme
Théorie et pratique de l'Église catholique en France, considérée comme jouissant d'une certaine indépendance à l'égard de l'autorité du pape et soumise en partie à l'autorité du roi.

03 La religion d'État

Estampe satirique française de 1686 faisant référence à la révocation de l'édit de Nantes (*voir la page 179*).

? Identifiez différents éléments, tant écrits que visuels, qui illustrent le caractère dénonciateur de cette caricature.

Évidemment, tous ces monopoles auxquels l'État moderne aspire ne seront pas conquis rapidement. En France, par exemple, les **Grands**, comme on les appelle, pourront encore lever des armées privées jusqu'au milieu du 17ᵉ siècle, et la noblesse féodale conservera ses pouvoirs judiciaires jusqu'à la révolution de 1789. Néanmoins, la tendance centralisatrice est là, irréversible.

Grands (les)
Ensemble des membres de la haute noblesse.

5.1.2 Le jeu des forces sociales

Afin de s'emparer des différents monopoles qu'ils veulent rassembler, les bâtisseurs de l'État moderne doivent prendre en considération des forces sociales dont certaines les appuient et d'autres les combattent. C'est ce jeu, surtout, qui donne naissance aux différentes formes que prend l'État moderne au cours des 16ᵉ, 17ᵉ et 18ᵉ siècles.

L'appui de la bourgeoisie Dans sa lutte contre la féodalité, la monarchie peut compter d'emblée sur l'appui de la bourgeoisie, dont les intérêts concordent en partie avec les siens. La bourgeoisie, en effet, favorise la concentration du pouvoir, l'élimination des servitudes féodales et la disparition des innombrables barrières qui ralentissent les échanges. La monarchie, quant à elle, a besoin d'argent, et c'est la bourgeoisie qui peut lui en prêter. L'alliance entre ces deux forces se raffermit à l'occasion des Grandes Découvertes et de l'installation des premiers empires coloniaux, largement financés par le roi et dont les bénéfices reviennent surtout à la bourgeoisie, la noblesse n'ayant guère pris part à l'aventure.

Situations différentes, différents modèles Mais la bourgeoisie se trouve dans des situations très inégales d'une région à l'autre de l'Europe. Là où elle est la plus forte, c'est elle qui tiendra effectivement les rênes du pouvoir, soit sous la forme d'une **monarchie limitée** (Angleterre), soit sous la forme d'une république (Provinces-Unies). Là où la bourgeoisie est faible, la monarchie devra composer avec la noblesse pour asseoir son pouvoir (Autriche, Prusse, Russie). La meilleure situation, du point de vue de l'autorité royale, se trouve là où la noblesse et la bourgeoisie sont à peu près en état d'équilibre, ce qui permet au roi d'imposer son arbitrage et de fonder ainsi une **monarchie absolue** (Espagne, France).

Autres facteurs D'autres facteurs jouent aussi un rôle dans la formation de l'État moderne. La longue période de troubles qui a marqué la fin du Moyen Âge, de même que les guerres de religion qui ont suivi, ont fait naître partout une profonde aspiration à la paix et à l'ordre, que seul un État fort semble en mesure d'assurer. La Renaissance a permis une remise à l'honneur du droit romain, essentiellement basé sur la notion d'État (*voir la page 57*). Un sentiment national, plutôt timide encore, se fait jour, ainsi qu'en témoignent l'abandon du latin et l'usage de la langue «nationale» dans les actes officiels. Enfin, la création d'un espace économique agrandi sur la base du **mercantilisme** (*voir la page 150*) contribue fortement à la montée d'une puissance étatique dont on n'avait pas vu l'équivalent depuis la chute de l'Empire romain.

C'est donc sur ces bases et dans ces circonstances que naît l'État moderne, appuyé sur une armée permanente, assuré de rentrées fiscales continuelles, maître de la religion sinon de la conscience de ses sujets, garant de la paix et de la stabilité, fondé sur le droit romain, porté par une conscience nationale naissante. Là où l'État n'arrivera pas à s'organiser, comme en Allemagne et en Italie, il faudra attendre la fin du XIXe siècle pour le voir surgir (*voir la page 288*).

> **Monarchie limitée**
> Régime politique dans lequel le chef de l'État est un roi héréditaire dont les pouvoirs sont limités par des institutions représentatives. On dit aussi *monarchie parlementaire*, ou *monarchie constitutionnelle*.
>
> **Monarchie absolue**
> Régime politique dans lequel le chef de l'État est un roi héréditaire qui détient tous les pouvoirs, sans restriction et sans partage. Quand le roi se réclame d'un mandat reçu de Dieu, on parle de la monarchie absolue *de droit divin*.
>
> **Mercantilisme**
> Théorie et pratique de l'économie politique, basées sur la valeur intrinsèque de l'or, sur la primauté du commerce, sur le dirigisme et sur l'exploitation des colonies.

FAITES LE P◉INT

1. Quels monopoles l'État moderne cherche-t-il à s'assurer?

2. En quoi les bourgeois et les rois ont-ils un intérêt commun à lutter contre les nobles féodaux?

3. Établissez les liens entre différentes situations sociales de la bourgeoisie et différents types d'État moderne.

4. À part la lutte contre le morcellement féodal, quels sont les autres facteurs à l'origine de l'État moderne?

5.2 La monarchie absolue en Espagne et en France

En Espagne et en France, l'État moderne prend la forme de la monarchie absolue de droit divin. La théorie en est surtout élaborée en France, sous Louis XIV. Elle affirme que le roi détient en ses seules mains tous les pouvoirs de l'État, qu'il est à la fois souverain seigneur (au sens féodal) et empereur (au sens romain) en son royaume, et que cette fonction lui est confiée, non par les hommes, mais par Dieu lui-même, dont le roi est le représentant sur terre 04 .

04 La théorie de l'absolutisme

1. Le droit divin

« Ire proposition : L'autorité royale est sacrée

Dieu établit les rois comme ses ministres et règne par eux sur les peuples. [...] Les princes agissent donc comme ministres de Dieu, et ses lieutenants sur la terre. [...] C'est pour cela [...] que le trône royal n'est pas le trône d'un homme, mais le trône de Dieu même. [...]

IIe proposition : La personne des rois est sacrée

Il paraît de tout cela que la personne des rois est sacrée, et qu'attenter sur eux c'est un sacrilège. [...] ils sont sacrés par leur charge, comme étant les représentants de la majesté divine, députés par la Providence à l'exécution de ses desseins. [...]

IIIe proposition : On doit obéir au prince par principe de religion et de conscience

Saint Paul, après avoir dit que le prince est le ministre de Dieu, conclut ainsi : "Il est donc nécessaire que vous lui soyez soumis non seulement par crainte de sa colère, mais encore par l'obligation de votre conscience." [...] Quand même ils ne s'acquitteraient pas de [leur] devoir, il faut respecter en eux leur charge et leur ministère. »

2. La seigneurie absolue

« Toute puissance, toute autorité résident dans la main du roi et il ne peut y en avoir d'autre dans le royaume que celle qu'il y établit. Tout ce qui se trouve dans l'étendue de nos États, de quelque nature que ce soit, nous appartient. [...] Les rois sont seigneurs absolus et ont naturellement la disposition pleine et entière de tous les biens qui sont possédés aussi bien par les gens d'Église que par les séculiers. »

3. La puissance souveraine

« [...] c'est en ma personne seule que réside la Puissance souveraine [...] ; c'est de moi seul que mes cours tiennent leur justice et leur autorité ; [...] c'est à moi seul qu'appartient le pouvoir législatif sans dépendance et sans partage ; [...] l'ordre public tout entier émane de moi, j'en suis le gardien suprême ; [...] mon peuple n'est qu'un avec moi, et les droits et les intérêts de la Nation, dont on ose faire un corps séparé du monarque, sont nécessairement unis avec les miens et ne reposent qu'en mes mains [...]. »

? 1. D'après Bossuet, pourquoi le roi est-il un personnage sacré et quelle obligation cela entraîne-t-il pour les sujets ?

2. Que veut dire Louis XIV quand il qualifie les rois de « seigneurs absolus » ?

3. En quoi consiste la puissance souveraine, d'après Louis XV ?

Source de l'extrait 1 : BOSSUET, *Politique tirée de l'Écriture sainte* (1670), Paris, Beaucé, 1818, p. 46-48. Source de l'extrait 2 : LOUIS XIV, *Mémoires pour servir à l'instruction du Dauphin* (1661), dans Josiane BOULAD-AYOUB et François BLANCHARD, *Les grandes figures du monde moderne*, Québec/Paris, Les Presses de l'Université Laval/L'Harmattan, 2001, p. 171. (Coll. « Mercure du Nord »). Source de l'extrait 3 : LOUIS XV, « Discours au Parlement de Paris » (1766), dans Hippolyte TAINE, *Les origines de la France contemporaine*, t. I, *L'Ancien Régime*, Paris, Hachette, 1907, p. 19.

5.2.1 Grandeur et décadence de l'Espagne des Habsbourg

L'Espagne des Habsbourg constitue « l'un des exemples les plus spectaculaires de l'ascension vertigineuse et de la chute non moins dramatique d'une grande puissance[1] ». Au début du 15e siècle, le royaume d'Espagne n'existe pas ; à la fin du 16e, il est devenu la première puissance d'Europe et domine un empire qui va des Pays-Bas jusqu'en Chine ; au début du 18e, il est déjà en pleine régression.

L'ascension L'ascension de l'Espagne est basée sur l'unification politique et religieuse et sur les richesses du Nouveau Monde.

L'Espagne devient un royaume unifié par le mariage de Ferdinand, roi d'Aragon, et d'Isabelle, reine de Castille, en 1469, et par la prise de Grenade, dernier vestige de la conquête arabe (*voir la page 112*), en 1492. Cette unification est tout de suite caractérisée par une recherche obsédante de la pureté raciale et religieuse.

1. Marvin PERRY, *Western Civilization*, Boston, Houghton Mifflin, 1992, p. 356.

Maure
Autochtone de l'Afrique du Nord, avant l'arrivée des Arabes. L'appellation dérive de *Maurétanie*, province romaine d'Afrique du Nord dans l'Antiquité. Dans l'Espagne de l'époque, le mot désigne un musulman.

Dans ce territoire où chrétiens, musulmans et juifs avaient réussi à cohabiter dans une relative tolérance mutuelle, la prise de Grenade signale le début des persécutions. Les Juifs sont expulsés dès 1492 et, en 1499, les **Maures** (c'est-à-dire les musulmans) se voient confisquer leurs biens et interdire de pratiquer leur religion. Même convertis, mais soupçonnés de ne pas avoir abandonné leurs anciennes croyances, ils font l'objet d'une répression impitoyable, par l'entremise de la *Santa Hermandad*, redoutable police politique, et surtout de l'Inquisition, tribunal à la fois civil et religieux qui recourt systématiquement à la torture pour obtenir des «aveux» avant d'expédier les condamnés au bûcher. Ces supplices par le feu sont d'ailleurs mis en scène dans de grandioses et horribles spectacles publics (appelés *autos da fe*, «actes de foi»…) destinés à susciter la terreur et à cimenter l'unité du royaume. Finalement, en 1609, les Morisques (d'ex-musulmans et leurs descendants) sont tout simplement expulsés eux aussi.

Ce qui fait la puissance de l'Espagne, cependant, ce n'est pas tant cette recherche de la pureté raciale et de l'orthodoxie religieuse que les fabuleuses richesses du Nouveau Monde auxquelles les expéditions de ses conquistadors lui donnent accès. Des fleuves d'or et d'argent se déversent sur le royaume, tels que l'Europe n'en a jamais vu. Cette masse de numéraire de même que l'expérience militaire acquise dans la longue lutte de la reconquête permettent à l'Espagne d'entretenir la plus formidable armée d'Europe, capable d'intervenir sur tous les champs de bataille et même dans les querelles internes de bien des États, par exemple dans les guerres de religion en France (*voir la page 143*).

L'apogée   C'est avec Philippe II (1556-1598), fils de Charles Quint (*voir la page 190*), que l'absolutisme espagnol atteint son apogée **05**. En plus de l'Espagne et de ses colonies d'Amérique, ce roi rassemble sous son autorité les Pays-Bas, avec le port d'Anvers qui est alors le plus grand centre de commerce d'Europe, puis le Portugal et ses possessions coloniales. Philippe II gouverne d'une main tatillonne cet empire qui s'étend d'Amsterdam à Manille et sur lequel le soleil ne se couche jamais. Il poursuit sans pitié les dissidents religieux, réprime avec férocité le soulèvement des Pays-Bas (*voir la page 185*), resserre son autorité sur les colonies. Il intervient aussi continuellement dans la politique intérieure de la France et de l'Angleterre, par des subsides ou même des expéditions armées, poursuivant sans répit son rêve obsessionnel d'extirper le protestantisme. L'Espagne vit alors son «siècle d'or», illustré par des écrivains (Cervantès), des artistes (El Greco), des mystiques (Thérèse d'Avila) qui sont parmi les plus marquants de la civilisation occidentale.

05 **Philippe II (1527-1598)**

Après avoir cherché en vain à épouser la reine Élisabeth Iʳᵉ d'Angleterre, Philippe II envoie contre elle une énorme force d'invasion, l'Invincible Armada, qui échoue lamentablement (1588). Allié aux catholiques dans les guerres de religion en France, il tente sans succès d'y placer sa fille sur le trône. Il est plus heureux contre les Turcs (Empire ottoman), dont la flotte est mise en déroute à la bataille de Lépante (1571). L'annexion du Portugal (1580) fait de lui le maître du plus grand empire mondial jamais réuni. Personnalité secrète, impénétrable et contrastée, il mêle tendresse familiale et crimes perfides, goût du faste et austérité, religiosité scrupuleuse et cruauté sans âme. Méticuleux, intransigeant, travailleur acharné, écoutant mal ses meilleurs conseillers, il mène l'Espagne à la catastrophe financière et prépare son affaiblissement général.

Le déclin Mais déjà, malgré les apparences, l'Espagne est entrée dans son déclin. Plusieurs facteurs expliquent ce rapide dépérissement. Tout d'abord, l'expulsion des Juifs et des Morisques l'a privée de compétences précieuses dans les domaines commercial, financier et professionnel. Juifs et Morisques étaient en effet particulièrement présents dans ces domaines, où ils occupaient une place essentielle sur le plan tant matériel qu'intellectuel.

Ensuite, la facilité d'approvisionnement en métaux précieux paralyse le développement de l'industrie nationale, puisque l'on peut acheter à l'extérieur, avec de l'argent, tout ce dont on a besoin, ce qui empêche la formation d'une solide bourgeoisie. C'est ainsi que les trésors de l'Amérique espagnole contribuent surtout au développement de l'Angleterre et des Provinces-Unies. Et quand les mines d'Amérique viendront à se tarir, dès la fin du 17e siècle, l'Espagne se trouvera complètement démunie **06**.

Ce trésor précieux mais éphémère est par ailleurs dilapidé dans des guerres interminables en Europe, sans bénéfice pour l'Espagne. Dans une sorte d'aveuglement furieux, c'est d'ailleurs l'armée espagnole elle-même qui, pour venir à bout des Pays-Bas révoltés, ravage en 1576 le port et la ville d'Anvers, où se situe pourtant le centre commercial et financier des possessions espagnoles.

Enfin, la population espagnole diminue, par suite des expulsions, de l'émigration vers le Nouveau Monde et de la dégradation des conditions de vie dans ce pays difficile, aride et montagneux. Cette dépopulation devient le témoignage indiscutable du dépérissement du royaume **07**.

06 Les importations de métaux précieux d'Amérique en Espagne

Source : Mortimer CHAMBERS, *The Western Experience*, McGraw-Hill, 1991, p. 504 et 604 (données tirées de J.H. ELLIOTT, *Imperial Spain, 1469-1716*, New York, St. Martin's Press, 1964, p. 175).

07 La population de Castille et d'Aragon (1600-1650)

Population totale en 1600		9 700 000
Pertes	Morts de la peste	930 000
	Morisques expulsés	300 000
	Émigrés et autres	370 000
Population totale en 1650		8 100 000

Source : données tirées de José Antonio ÀLVAREZ OSÉS, *Historia de las civilizaciones y del arte*, Madrid, Santillana, 1985, p. 186.

Au début du 18e siècle, l'Espagne se fige peu à peu dans l'**autoritarisme** politique, l'intolérance religieuse et le **conservatisme** social, et deviendra l'un des États les plus pauvres de l'Europe occidentale.

Autoritarisme
Caractère d'un régime politique ou d'un gouvernement intransigeant, qui abuse volontiers de l'autorité.

Conservatisme
Position intellectuelle ou morale hostile à une évolution.

5.2.2 L'absolutisme triomphal : la France des Bourbons

C'est incontestablement la France qui va fournir le modèle de référence de l'absolutisme monarchique, particulièrement sous Louis XIV, le « Roi-Soleil ».

Les facteurs favorables Plusieurs facteurs concourent à ce résultat. D'abord, le roi de France jouit d'un statut quasi religieux et d'un prestige unique à cause du sacre qu'il a reçu dans la cathédrale de Reims ; il est, en quelque sorte, un personnage sacré. Dès la fin du Moyen Âge, ce roi s'avère déjà, dans son royaume, l'un des plus puissants d'Europe (*voir la page 111*). Le territoire est à peu près unifié, le sentiment national a été galvanisé par la guerre de Cent Ans contre l'Angleterre, l'armée royale est en place, l'impôt direct est devenu régulier et permanent. Le recours à l'ancienne loi salique des Francs interdit désormais aux femmes d'accéder à la couronne tant qu'il reste des héritiers mâles, simplifiant, au détriment des héritières, les règles de succession au trône. Par ailleurs, l'exceptionnelle longévité des Bourbons assure la stabilité du trône : entre 1589 et 1789, cinq rois seulement ; entre 1610 et 1774, sur 164 années, trois rois (Louis XIII, Louis XIV et Louis XV), pour une moyenne de 55 ans de règne chacun !

La marche vers l'absolutisme Au début du 16ᵉ siècle, sous le règne de François Iᵉʳ (1515-1547), le pouvoir royal poursuit l'ascension amorcée au Moyen Âge : les **États généraux** ne sont plus convoqués et les tribunaux royaux se multiplient, où l'emploi du français est obligatoire. En 1516, en vertu du **concordat** de Bologne, le roi de France se fait reconnaître par le pape le pouvoir de choisir les évêques et les abbés des monastères : l'Église gallicane est née (c'est toutefois le Pape qui consacre toujours les évêques). Par contre, la **vénalité des offices** constitue une pratique dont les effets néfastes ne feront que croître avec les années. Les titulaires qui ont acheté ces offices peuvent en effet les revendre ou les transmettre en héritage, ce qui mine l'autorité royale tout en suscitant une caste nouvelle, la **noblesse de robe**, jalouse de ses privilèges. Par ailleurs, la tentation est grande, pour le roi, de multiplier les offices à l'infini, voire de les dédoubler, engendrant ainsi une confusion de plus en plus grande dans l'administration de l'État.

Brusquement interrompue par les guerres de religion où la monarchie française risque de sombrer (*voir la page 143*), la marche vers l'absolutisme reprend de plus belle avec Henri IV (1589-1610), qui inaugure la dernière dynastie royale de France, les Bourbons. À sa mort sous les coups d'un fanatique religieux, le « bon roi Henri » laisse une France pacifiée, des finances publiques restaurées et un immense trésor de guerre patiemment amassé. Son successeur, Louis XIII (1610-1643), bénéficie des immenses talents de son tout-puissant ministre, le cardinal de Richelieu, qui va déployer pendant 18 ans une inlassable énergie au service de l'absolutisme : lutte impitoyable contre les Grands du royaume, dont plusieurs sont décapités sans ménagement pour avoir défié l'autorité royale, réduction des pouvoirs politiques des protestants (prise de La Rochelle, ville fortifiée remise aux protestants par le roi Henri IV), voire création de l'Académie française pour régir jusqu'à la langue. Richelieu, cardinal de l'Église romaine, n'hésite même pas à soutenir les protestants allemands en guerre contre l'Empereur catholique : comme souvent, la raison d'État prime sur la religion.

L'apogée : Louis XIV Le successeur de Louis XIII, celui qui va devenir le « Roi-Soleil », accède au trône à l'âge de cinq ans. Il l'occupera pendant 72 ans, le plus long règne de l'histoire de France (1643-1715) 08. Ce n'est pourtant qu'en 1661,

---

États généraux
Réunion de représentants des trois ordres de la société : clergé, noblesse et tiers état, convoqués par le roi pour qu'ils le conseillent. Chaque ordre a sa propre assemblée.

Concordat
Accord écrit (sorte de traité) entre le pape et l'autorité civile.

Vénalité des offices
Système par lequel les charges publiques (« offices ») sont vendues par le roi à leurs titulaires et deviennent la propriété de ces derniers.

Noblesse de robe
Corps social constitué par les détenteurs de titres de noblesse conférés par la possession de certains offices, particulièrement dans le domaine de la justice.

---

08 Louis XIV (1638-1715)

Le règne du Roi-Soleil commence plutôt mal, avec une révolte des nobles contre l'absolutisme et un soulèvement de Paris contre de nouveaux impôts. En 1649, le jeune roi doit fuir la ville en pleine nuit pour échapper aux émeutiers ; il s'en souviendra… Profondément imbu de la grandeur de son rôle et parfaitement préparé à l'exercer, travailleur infatigable, intelligent et habile, soucieux au plus haut point de son image, il poursuit sans relâche une politique de grandeur qui suscite, à partir du milieu des années 1680, de farouches résistances, tant à l'intérieur qu'à l'extérieur du royaume. Ayant repoussé et consolidé les frontières de la France tout en lui assurant un incontestable rayonnement culturel, Louis XIV laisse tout de même à son successeur un pays affaibli par sa recherche perpétuelle de gloire, son intérêt presque exclusif pour la guerre, son indifférence envers les questions financières et son autoritarisme ombrageux.

après de longues années de préparation, qu'il assume directement le pouvoir, pour donner à la France et à la monarchie absolue tout à la fois leurs plus grandes heures de gloire et des moments parmi les plus sombres de leur histoire.

Louis XIV renforce l'administration centrale, qui gravite tout entière autour de lui ; il n'aura pas de « premier ministre », au contraire de son prédécesseur avec Richelieu. Il éloigne soigneusement du pouvoir tous les nobles et les membres de la famille royale, et s'entoure de ministres et de conseillers d'origine exclusivement bourgeoise, en général fort compétents, mais qui doivent tout au « bon plaisir » du roi **09**.

L'administration provinciale est mise sous une dépendance étroite grâce aux intendants, issus de la bourgeoisie, qui disposent de pouvoirs presque illimités destinés à saper l'autorité des gouverneurs issus de la noblesse. C'est ainsi que, par exemple, la Nouvelle-France est rattachée directement au pouvoir central, l'intendant Jean Talon étant chargé de donner un nouveau souffle à cette colonie qui végète depuis de longues années.

Afin d'écarter la noblesse de toute ambition politique, Louis XIV la domestique en l'attirant à la cour et en l'y ruinant en fêtes continuelles, en costumes extravagants, en intrigues futiles. Un cérémonial pompeux obnubile les courtisans, qui jouent des coudes pour être admis à approcher le roi. En ce sens, la construction du château et des jardins de Versailles, gigantesque entreprise à la gloire du Roi-Soleil, est d'abord le fruit d'une stratégie politique : il sera l'écrin somptueux du naufrage de l'aristocratie, partout imité, jamais égalé **10**. Et l'installation à Versailles permet également au roi de s'éloigner du peuple de Paris, toujours quelque peu menaçant…

L'économie est prise en main par le ministre Colbert, qui donne son nom à ce mercantilisme poussé : le colbertisme. Des manufactures d'État sont créées, d'autres sont subventionnées et spécialement protégées ; des ouvriers qualifiés sont attirés de l'étranger ; on multiplie les règlements pour assurer la « qualité française ». On favorise le commerce intérieur par la diminution des douanes internes et par la construction de routes et de canaux. On crée de grandes compagnies pour l'exploitation des colonies (Compagnie des Indes occidentales pour la Nouvelle-France). On taxe lourdement les marchandises étrangères.

Sur le plan religieux, l'absolutisme de Louis XIV ne peut pas tolérer bien longtemps la présence des huguenots (protestants calvinistes) qui refusent la religion officielle et ne reconnaissent pas les évêques devenus représentants

09 Le choix des serviteurs

« J'eusse pu sans doute jeter les yeux sur des gens de plus haute considération. Mais [ceux] que je choisis me semblèrent suffisants pour exécuter sous moi les choses dont j'avais résolu de les charger.

Et, pour vous découvrir toute ma pensée, je crus qu'il n'était pas de mon intérêt de chercher des hommes d'une qualité plus éminente, parce qu'ayant besoin sur toute chose d'établir ma propre réputation, il était important que le public connût, par le rang de ceux dont je me servais, que je n'étais pas en dessein de partager avec eux mon autorité, et qu'eux-mêmes, sachant ce qu'ils étaient, ne conçussent pas de plus hautes espérances que celles que je leur voudrais donner […]. »

? Quelles sont les deux raisons invoquées par Louis XIV pour justifier le choix de ses serviteurs ?

Source : LOUIS XIV, *Mémoires pour servir à l'instruction du Dauphin* (1661), Paris, Didier, 1860, p. 391-392.

10 Versailles : la cour d'entrée

? Remarquez l'orientation des lignes architecturales, qui semblent émaner des trois fenêtres centrales où se trouvent précisément les appartements royaux. Que représente cet aménagement de l'espace pour ce qui est de l'imagerie du Roi-Soleil ?

EN TEMPS ET LIEUX

Versailles au service de Sa Majesté

La cour qui gravite autour du Roi-Soleil frappe l'imaginaire par sa richesse et ses très nombreuses règles de conduite. Ce décorum rigide autour de Louis XIV a pourtant un objectif: renforcer l'autorité du roi. En effet, cette vie de cour confère prestige et grandeur au monarque absolu qui devient l'acteur principal d'une pièce de théâtre quotidienne: sa vie.

Cette vie de cour reste associée à Versailles. Au départ, il s'agit d'une modeste maison de campagne que Louis XIV fréquente pour la chasse. En effet, la cour est alors itinérante: elle se déplace de château en château (du Louvre aux Tuileries, à Chambord, etc.) à la suite du roi. En 1682, le roi s'établit de façon définitive à Versailles, loin de la capitale.

Les domestiques sont légion à la cour royale et les charges qu'ils exercent sont souvent héréditaires. N'oublions pas, certains de leurs ancêtres ont payé une jolie somme pour avoir l'honneur de servir le roi. Très prisés, ces emplois sont l'objet d'une division du travail très poussée. En effet, il ne faudrait pas s'étonner de retrouver un «Gouverneur des canaris», un «coureur de vin» ou même un «goûteur de beurre salé» au château.

C'est littéralement une petite ville qui s'active auprès de Sa Majesté. À la fin des années 1680, environ 8000 personnes s'entassent au château de Versailles ou dans ses dépendances immédiates. Les nobles y rivalisent pour tomber dans les bonnes grâces du roi. Ainsi, obtenir un regard, un sourire ou même un compliment du roi Louis constitue une victoire éclatante qui peut faire bien des jaloux. Cette récompense contribue à faire oublier la promiscuité que la vie de château impose: plusieurs nobles vivent dans de petits appartements de trois ou quatre pièces, souvent très froids.

Le Roi-Soleil, quant à lui, voit son horaire réglé au métronome. Le mémorialiste Saint-Simon écrivait en parlant de Louis XIV: «Avec un almanach et une montre, on pouvait à trois cents lieues dire ce qu'il faisait.» Chaque moment de la journée du monarque semble faire partie d'un rituel quasi religieux, toujours effectué devant public.

À 8 h 30, on réveille le roi. Cinq minutes plus tard, il se lève de son lit, prie et se lave rapidement. S'il doit monter sur la chaise percée, il le fait... devant public. Les officiers de la Garde-Robe entrent et l'habillent. À 9 h 00, c'est le déjeuner. Le roi avale deux tasses de bouillon ou de tisane et donne les ordres de la journée. À 10 h 00, Sa Majesté se rend à la messe qui a lieu à la chapelle du château en compagnie des courtisans. À 11 h 00, le Roi-Soleil tient conseil dans son cabinet et prend les décisions politiques qui incombent au royaume. À 13 h 00, il se rend dans sa chambre pour le Dîner «au petit couvert». Cela signifie qu'il mange seul sur une petite table située devant les fenêtres. Il est seul à table, mais une centaine de personnes assistent, debout, au repas. Exceptionnellement, il peut convoquer quelqu'un à s'asseoir sur un tabouret; le roi se trouve dans un fauteuil. L'étiquette impose au convive de ne parler que si le roi lui adresse la parole. Les après-midi de Louis XIV s'écoulent soit à la chasse, soit aux promenades dans les jardins de Versailles, soit à rendre des visites coquines chez une maîtresse. De retour au château vers 18 h 00, le monarque regagne ses appartements tantôt pour passer du temps en famille, tantôt pour signer des lettres. À 22 h 00, c'est le souper «au grand couvert». Louis XIV, qui a un fort bon appétit, se régale des mets préparés par ses officiers de bouche. Après le repas, il dit bonsoir et se retire. Parfois, il se rend dans le cabinet au billard pour rendre visite à ses chiens et pour jouer une partie de ce jeu qui l'aide à digérer. Vers 23 h 30, le roi entreprend à l'envers le même rituel qu'au début de la journée. Le Soleil, lui aussi, doit bien se coucher.

?
1. En quoi la vie à Versailles contribue-t-elle à l'absolutisme en France?

2. Quels éléments de l'étiquette royale vous sembleraient inappropriés pour un chef d'État de nos jours?

du roi. En 1685, par l'une des décisions les plus désastreuses de son règne, Louis XIV révoque l'édit de Nantes accordé par Henri IV en 1598 (*voir la page 144*). Les protestants sont obligés de se convertir et on leur interdit de quitter le royaume **11**. Au moins 200 000 d'entre eux (certains disent 500 000) le feront pourtant, au risque d'être condamnés aux galères, et des régions entières vont se soulever, entre autres les Cévennes où une véritable guerre civile va faire rage pendant de longues années.

La vie intellectuelle et artistique est aussi mise sous tutelle. Louis XIV choie les écrivains et les artistes par des pensions ou des commandes, et réduit au silence

11 La persécution religieuse

1. Édit de Fontainebleau (révocation de l'édit de Nantes), 1685

«Article I: [...] Savoir faisons que Nous [...] avons, par ce présent édit perpétuel et irrévocable, supprimé et révoqué l'édit du roi notredit aïeul, donné à Nantes au mois d'avril 1598, en toute son étendue [...]. Et en conséquence, voulons et nous plaît, que tous les temples de ceux de ladite religion prétendue réformée [...] soient incessamment démolis.

Article II: Défendons à nosdits sujets de la R.P.R. de plus s'assembler pour faire l'exercice de ladite religion, en aucun lieu ou maison particulière. [...]

Article IV: Enjoignons à tous ministres de ladite R.P.R. qui ne voudront pas se convertir et embrasser la religion catholique, apostolique et romaine de sortir de notre royaume quinze jours après la publication de notre présent édit. [...]

Article X: Faisons très expresse et itérative défense à tous nos sujets de la R.P.R. de sortir, eux, leurs femmes et enfants de notre royaume, ni d'en transporter leurs biens et effets, sous peine, pour les hommes, de galères, et de confiscation de corps et de biens pour les femmes [...].»

2. Jugement sur la révocation

«Ce projet [...] a causé [...] une infinité de maux très dommageables à l'État [...]:

1. La désertion de quatre-vingts ou cent mille personnes de toutes conditions, sorties du royaume, qui ont emporté avec elles plus de trente millions de livres de l'argent le plus comptant;

2. Nos arts et manufactures particulières, la plupart inconnues aux étrangers, qui attiraient en France un argent très considérable de toutes les contrées de l'Europe;

3. La ruine la plus considérable du commerce;

4. Il a grossi les flottes ennemies de 8 à 9 000 matelots des meilleurs du royaume;

5. Et leurs armées de 5 à 600 officiers et de 10 à 12 000 soldats beaucoup plus aguerris que les leurs [...].

À l'égard des restés dans le royaume, on ne saurait dire s'il y en a un seul de véritablement converti, puisque très souvent ceux qu'on a cru l'être le mieux ont déserté et s'en sont allés. [...]

Les rois sont bien maîtres des vies et des biens de leurs sujets, mais jamais de leurs opinions, parce que les sentiments intérieurs sont hors de leur puissance, et Dieu seul peut les diriger comme il lui plaît.»

? Exprimez dans vos propres mots les quatre éléments qui constituent la révocation de l'Édit de Nantes. Qui était Vauban?

Source du texte 1: Denise GALLOY et Franz HAYT, *Du XVIIe siècle à 1750*, Bruxelles, De Boeck Wesmael, 1993, p. 12. (Coll. «Du document à l'histoire»). Source du texte 2: Sébastien Le Prestre, marquis de VAUBAN, «Mémoire pour le rappel des Huguenots» (1686), dans Georges MICHEL, *Histoire de Vauban*, Paris, Plon, 1879, p. 437.

ou à l'exil ceux qui sont jugés trop «dangereux» pour son pouvoir. La construction de Versailles mobilise des centaines de sculpteurs, peintres, architectes, décorateurs, paysagistes; les fêtes réclament musiciens, danseurs, compositeurs, auteurs, comédiens; cette intense activité se répand de proche en proche dans toute la société, et une immense floraison artistique marque ce que l'on appellera le *siècle* de Louis XIV, apogée de l'art classique (*voir la page 214*).

Limites et faiblesses Derrière les apparences cependant, celui qu'on nomme Louis *le Grand* n'exerce en pratique qu'un pouvoir relativement limité. Même sur le plan de la théorie absolutiste, le roi doit respecter les «lois fondamentales du royaume», aux contours quelque peu flous: on prend soin de préciser que le roi n'est pas un «tyran». Par exemple, les ordonnances et édits royaux doivent être enregistrés par les parlements, sortes de cours de justice (et non d'institutions représentatives élues comme en Angleterre), qui doivent juger de la compatibilité de ces édits et ordonnances avec les lois et coutumes de leur région. Plus fortes encore sont les limites pratiques: l'indépendance des officiers propriétaires de leur charge rend difficile la mise en application des volontés royales; les innombrables privilèges accordés depuis le Moyen Âge à des catégories sociales, à des villes ou même à des provinces entières gênent la centralisation administrative; la superposition et l'enchevêtrement des responsabilités confinent parfois à l'anarchie; enfin, la lenteur des communications peut rendre inopérantes certaines décisions avant même qu'elles ne soient connues, et une décision peut rester inappliquée pendant des années avant que le roi n'en soit averti.

Et surtout, il y a un envers à cette façade fastueuse qui a ébloui l'Europe et qui nous éblouit encore après tant de générations. Cet envers, c'est d'abord le déficit chronique des finances, qui prendra des allures de banqueroute à la fin du règne. C'est la grande misère d'un peuple de paysans pressuré jusqu'à l'os pour financer la «gloire» d'un homme **12**. C'est la guerre continuelle, pour laquelle la plus formidable armée permanente de l'époque est mise sur pied (300 000 hommes), contre les pays voisins victimes d'un expansionnisme insatiable: Pays-Bas espagnols, Provinces-Unies, principautés allemandes, envahis à plusieurs reprises et parfois systématiquement dévastés (Palatinat).

En quittant le pouvoir en 1715, Louis XIV laisse une France épuisée. L'absolutisme va se perpétuer sous ses deux successeurs, Louis XV et Louis XVI, qui n'auront ni le talent ni l'énergie de leur ancêtre et qui négligeront de faire les ajustements nécessaires, jusqu'à ce qu'il soit trop tard (*voir la page 229*).

12 L'envers du décor

Dans une lettre courageuse et magnifique, adressée personnellement à Louis XIV, l'évêque Fénelon dresse un bilan impitoyable du règne.

«En voilà assez, Sire, pour reconnaître que vous avez passé votre vie entière hors du chemin de la vérité et de la justice et par conséquent hors de celui de l'Évangile. Tant de troubles affreux qui ont désolé toute l'Europe depuis plus de vingt ans, tant de sang répandu, tant de scandales commis, tant de provinces ravagées, tant de villes et de villages mis en cendres [...].

Cependant vos peuples que vous devriez aimer comme vos enfants, et qui ont été jusqu'ici si passionnés pour vous, meurent de faim. La culture des terres est presque abandonnée. Les villes et les campagnes se dépeuplent. Tous les métiers languissent et ne nourrissent plus les ouvriers. Tout commerce est anéanti. Par conséquent vous avez détruit la moitié des forces réelles du dedans de votre État, pour faire et pour défendre de vaines conquêtes au-dehors. Au lieu de tirer de l'argent de ce pauvre peuple, il faudrait lui faire l'aumône, et le nourrir. La France entière n'est plus qu'un grand hôpital désolé et sans provision [...].

Le peuple même (il faut tout dire) qui vous a tant aimé, qui a eu tant de confiance en vous commence à perdre l'amitié, la confiance, et même le respect. Vos victoires et vos conquêtes ne le réjouissent plus. Il est plein d'aigreur et de désespoir. La sédition s'allume de toutes parts. [...] Vous êtes rendu à la honteuse et déplorable extrémité, ou de laisser la sédition impunie, et de l'accroître par cette impunité, ou de faire massacrer avec inhumanité des peuples que vous mettez au désespoir, en leur arrachant par vos impôts [...] le pain qu'ils tâchent de gagner à la sueur de leurs visages.

[...] Vous craignez d'ouvrir les yeux. Vous craignez qu'on ne vous les ouvre. [...]»

? Quelles critiques majeures Fénelon adresse-t-il à Louis XIV?

Source: FÉNELON, «Lettre à Louis XIV» (décembre 1693?), dans *Œuvres*, éd. de Jacques Le Brun, t. I, Paris, © Éditions Gallimard, 1983, p. 545-547. (Coll. «Bibliothèque de la Pléiade»)

FAITES LE P◉INT

5. Sur quels principes théoriques de base l'absolutisme est-il fondé?

6. Quels sont les facteurs de l'ascension de la puissance espagnole et les causes de son déclin?

7. Quels facteurs favorisent la marche vers l'absolutisme en France?

8. Comment Louis XIV s'assure-t-il la mainmise sur l'administration de son royaume?

9. En quoi consiste la révocation de l'édit de Nantes?

10. Quels sont les facteurs qui limitent le pouvoir de Louis XIV?

5.3 La monarchie parlementaire en Angleterre

Pendant que se consolide l'absolutisme en Espagne et en France, l'Angleterre connaît une évolution qui va aboutir à l'échec de ce modèle et à l'instauration d'un régime qui annonce déjà l'ère des révolutions.

5.3.1 Les spécificités du cas anglais

Trois différences majeures démarquent l'Angleterre des pays continentaux.

Le Parlement D'abord, dès la fin du Moyen Âge, la tradition était fermement établie, en Angleterre, d'un **Parlement** capable de limiter le pouvoir du roi (*voir la page 113*). Il était entendu, entre autres, que le consentement de ce Parlement était nécessaire pour lever des taxes ou entretenir une armée. Ce Parlement était également, à la différence des « ordres » féodaux sur le continent (clergé, noblesse, tiers état), divisé en deux chambres : la Chambre des lords, représentant le haut clergé et la grande noblesse, et la Chambre des « communes » (de l'anglais *Commons*), élue par la petite noblesse rurale et la bourgeoisie des villes. Ainsi, en Angleterre, la bourgeoisie est déjà présente au cœur même des institutions politiques.

Une noblesse hors jeu Ce qui peut servir les intérêts de la monarchie anglaise, toutefois, c'est le fait que la vieille noblesse féodale s'est elle-même mise pratiquement hors jeu lors d'une longue et sanglante guerre civile, dite des Deux-Roses (1455-1485), au cours de laquelle les grandes familles se sont vaillamment entretuées (Shakespeare puisera maintes intrigues de ses pièces dans cette sombre période). Quand Henri VII monte sur le trône en 1485, inaugurant la dynastie des Tudors, les grands barons qui avaient mis en échec tant de ses prédécesseurs n'existent plus.

Un roi chef d'Église Une troisième spécificité du cas anglais, et elle est de taille, se rattache au facteur religieux. C'est le roi lui-même (Henri VIII, 1509-1547) qui lance en Angleterre la Réforme (*voir la page 139*), faisant d'une pierre plusieurs coups. Il renforce son pouvoir par l'élimination d'un concurrent dangereux, la papauté ; il fouette le nationalisme anglais en s'attaquant à un pouvoir étranger venu de Rome ; il garnit ses coffres par la confiscation des immenses propriétés des communautés religieuses supprimées, ce qui lui permet de se libérer quelque peu de la nécessité de faire voter des taxes par le Parlement et, par la même occasion, de se créer de toutes pièces une noblesse dévouée en redistribuant judicieusement les terres confisquées. Mais en même temps, Henri VIII a l'habileté de faire ratifier sa réforme par le Parlement, donnant à cette réforme une solidité plus grande et aux parlementaires une conscience accrue de leur rôle (et, bien sûr, une part dans le pillage des biens d'Église…).

L'apogée de la monarchie anglaise Élisabeth Ire  continue cette superbe stratégie pendant tout son long règne (1558-1603). Éduquée par les humanistes protestants de Cambridge, férue d'histoire antique, polyglotte et oratrice hors pair, cette érudite réussit en effet à imposer son pouvoir sur le royaume, « en dépit de son sexe ». Elle manœuvre habilement pour trouver des sources de financement autonomes par la vente de monopoles

Parlement

En Angleterre, organe législatif formé de deux chambres : la Chambre des communes, formée de députés élus, et la Chambre des Lords, formée de nobles nommés par le roi. Dans la France monarchique, les Parlements – il y en a plusieurs – sont des organes judiciaires formés par des officiers propriétaires de leur charge et généralement inamovibles.

13 *Élisabeth Ire*
(Marcus Gheeraerts le Jeune, v. 1592)

commerciaux ou même la simple piraterie sur les mers (Francis Drake), mais ne touche pas aux prérogatives traditionnelles du Parlement. Elle remet ainsi l'économie du royaume bien en selle et fait de l'Angleterre une puissance maritime qui dominera bientôt les mers. Prudente dans ses relations diplomatiques, elle pacifie par ailleurs le pays en imposant par les *Trente-neuf articles* (1563) un compromis religieux instaurant définitivement l'anglicanisme (*voir la page 140*). Comme bien d'autres monarques, elle soigne par ailleurs son image avec minutie : elle demeure obstinément célibataire, prétendant n'avoir d'autre passion que celle de son peuple mais, surtout, évitant ainsi de perdre le contrôle du pouvoir politique qu'un mariage aurait nécessairement entraîné. Malgré ses nombreuses aventures galantes, elle reste éternellement la « reine vierge » (la Virginie, aux États-Unis, a été nommée en son honneur). « *Good queen Besse* » est le chef d'État le plus populaire de son temps.

Grâce à l'habileté des Tudors, l'Angleterre semble bien engagée, au début du 17e siècle, dans une voie qui pourrait mener vers l'absolutisme. Tout va basculer avec l'arrivée des Stuarts.

5.3.2 La révolution puritaine

Les Stuarts contre le Parlement   En 1603, une nouvelle dynastie, d'origine écossaise, accède au trône. Étrangers aux traditions anglaises et profondément imbus de l'idéologie absolutiste, Jacques Ier Stuart (1603-1625) puis Charles Ier (1625-1649) vont tenter d'instaurer dans leur royaume un régime inspiré des modèles espagnol et français. Il leur manque toutefois deux des éléments essentiels sur lesquels se fondent ces modèles : une armée permanente et un pouvoir de taxation sans entraves.

Dès le départ, l'opposition entre le roi et le Parlement devient irrémédiable et en 1640, après 11 longues années pendant lesquelles il n'a pas été convoqué une seule fois, le Parlement entre en révolte ouverte.

La guerre civile   Une guerre civile politico-religieuse met d'abord aux prises les Cavaliers, partisans du roi (aristocratie, clergé anglican, catholiques), et les Têtes rondes (ils portent les cheveux courts, sans perruque), partisans du Parlement, défendant les intérêts de la petite noblesse terrienne et de la bourgeoisie. Ces Têtes rondes sont appuyés par des dissidents religieux d'obédience calviniste, les puritains, et par une large fraction des paysans et des artisans. Un puritain de petite noblesse, Oliver Cromwell (1599-1658) **14** , dote cet assemblage hétéroclite d'une force armée redoutable, les *Ironside* (« Côtes de fer »), qui viennent à bout des troupes royales en 1645.

14 Oliver Cromwell (1599-1658)

Fils d'un modeste seigneur campagnard protestant dont la famille avait bénéficié de la redistribution des biens d'Église par Henri VIII, Oliver Cromwell est éduqué dans un milieu de calvinistes convaincus et farouchement anti-catholiques. Ayant épousé en 1620 la fille d'un marchand de la City de Londres, il éprouve vers l'âge de 30 ans une sorte d'illumination qui le convainc d'être un élu de Dieu. Après avoir mené les troupes puritaines à la victoire et fait juger et exécuter le roi, Cromwell éprouve beaucoup de difficulté dans sa volonté de pacification. Incontestablement mû par de nobles desseins, ayant refusé la couronne que le Parlement lui offrait, foncièrement tolérant en matière religieuse (sauf envers la High Church anglicane et les catholiques), réformiste en matière sociale, il arrivait difficilement à faire des compromis et manquait de l'habileté politique nécessaire pour faire passer ses idéaux dans la réalité.

Vainqueur, le Parlement décide de dissoudre les Côtes de fer devenus plus inquiétants qu'utiles, mais Cromwell s'empare de Londres, purge la Chambre des communes de ses éléments modérés (les deux tiers des députés) et lui fait voter l'abolition pêle-mêle de la monarchie, de la Chambre des lords et de l'Église anglicane, ainsi que l'exécution du roi, décapité en février 1649 à la suite d'un grand procès public.

Le *Commonwealth* La république appelée *Commonwealth* (littéralement, « bien-être commun »), qui s'installe alors, la première et la dernière de l'histoire d'Angleterre, ne fera pas long feu. Cromwell est rapidement dépassé par les Levellers (Niveleurs), partisans radicaux de l'**égalitarisme**.

Égalitarisme
Doctrine prônant l'égalité absolue en matière politique, économique et sociale.

Fait intéressant, les femmes sont très présentes dans ce mouvement, tout comme elles le sont d'ailleurs plus largement sur la scène politique depuis le début de la guerre civile, réclamant notamment la fin du conflit dès 1643. C'est dans ce contexte d'effervescence qu'au printemps 1649, des *Leveller women* déposent au Parlement une pétition réclamant diverses mesures sociales et exigeant d'être entendues à l'égal des hommes : « Dieu n'écoute-t-il pas les prières de tous, sans distinction de personne ? Le Parlement doit en faire autant. » Ces femmes semblent donc transposer sur la scène politique l'égalité spirituelle dont plusieurs groupes religieux réformés font la promotion, posant de façon toute nouvelle la question des droits démocratiques.

Cette question reste cependant en suspens puisque Cromwell se brouille bientôt avec le Parlement et finit par le chasser, instaurant une sorte de dictature militaire où il se donne le titre de Lord Protecteur. C'est le triomphe du puritanisme : théâtre, danse, musique profane, jeu sont interdits ; les tavernes sont fermées. L'Irlande catholique, soulevée, est noyée dans un bain de sang, semant le germe de ce qui est toujours, plus de 300 ans plus tard, la « question irlandaise ».

Malgré le prestige que lui vaut le rétablissement économique du pays, Cromwell laisse, à sa mort en 1658, une Angleterre lasse et qui aspire à reprendre une vie normale. Le Parlement, n'ayant pas réussi à définir une solution de remplacement valable, ne voit d'autre issue que de restaurer la dynastie des Stuarts et d'appeler sur le trône l'héritier du monarque décapité.

5.3.3 La restauration et la Glorieuse Révolution

Une monarchie sous surveillance Charles II (1660-1685), désireux d'éviter le sort de son prédécesseur, gouverne prudemment, bien qu'une tentative d'instaurer la tolérance envers les catholiques se heurte au refus du Parlement, qui réplique en imposant à tous les fonctionnaires un serment qui a pour effet concret d'écarter les catholiques de toutes les fonctions publiques (serment du Test). Mais c'est l'entêtement de Jacques II (1685-1688) qui entraîne la chute définitive de la dynastie. Absolutiste et surtout catholique convaincu et intransigeant, il provoque un nouveau soulèvement du Parlement. Mais le souvenir de la révolution puritaine est trop vivace et, cette fois, il s'agit de ne pas perdre la maîtrise de la situation.

La Glorieuse Révolution Le Parlement fait donc appel à la fille du roi, protestante, et à son mari Guillaume d'Orange, chef des Provinces-Unies et champion du protestantisme sur le continent. Jacques II, abandonné de tous, s'enfuit chez Louis XIV et le Parlement offre la couronne à Marie II et Guillaume III conjointement, à la condition expresse qu'ils acceptent d'abord de signer une sorte de « contrat social », le *Bill of Rights* `15`. Cette notion de contrat social est le fondement du système démocratique : elle implique que les gouvernements sont créés par le peuple sur une base contractuelle pour assurer sa liberté et son bien-être, à défaut de quoi le peuple peut renverser les gouvernements qui ont ainsi brisé leur partie du contrat.

15 Le *Bill of Rights* (1689)

« Les Lords spirituels et temporels et les Communes, présentement assemblés, formant une représentation complète et libre de la Nation, [...] déclarent [...]:

1. Que le prétendu pouvoir de suspendre les lois ou l'exécution des lois par l'autorité royale, sans le consentement du Parlement, est illégal.

2. Que le prétendu pouvoir de dispenser des lois ou de l'exécution des lois par l'autorité royale [...] est illégal. [...]

4. Que toute levée d'argent pour l'usage de la Couronne, [...] sans le consentement du Parlement, est illégale. [...]

6. Que le fait de lever ou d'entretenir une armée dans le royaume en temps de paix, sans le consentement du Parlement, est contraire aux lois.

7. Que les sujets qui sont protestants peuvent avoir des armes pour leur défense, comme il convient à leurs conditions et comme les lois le permettent.

8. Que les élections des membres du Parlement doivent être libres.

9. Que les discours faits dans les débats du Parlement ne doivent être recherchés ou examinés dans aucune cour, ni dans aucun autre lieu que le Parlement lui-même. [...]

13. Que pour redresser tous les griefs, pour amender, fortifier et maintenir les lois, il est nécessaire de réunir fréquemment le Parlement. [...]

Les Lords spirituels et temporels et les Communes assemblés à Westminster décrètent que Guillaume et Marie, Prince et Princesse d'Orange, sont déclarés Roi et Reine d'Angleterre [...] et que le seul et entier exercice du pouvoir royal soit exécuté seulement par le prince d'Orange, aux noms desdits prince et princesse pendant leurs vies conjointement [...]. »

? Faites ressortir les principes généraux *du Bill of Rights*. Comparez ces principes avec ceux de l'absolutisme tels que vous les avez établis d'après le document **04** (*voir la page 173*).

Source : David HUME, *Histoire de la maison de Stuart sur le trône d'Angleterre*, t. III, Londres, [s.é.], 1740, p. 517-518, [adapté en français moderne].

Cette révolution sans effusion de sang, qualifiée depuis de *Glorieuse*, représente un tournant dans l'histoire de la civilisation occidentale. Voici un roi et une reine qui ont été véritablement choisis par leurs propres sujets : ils ne peuvent plus invoquer le « droit divin » cher à Louis XIV. Et pour accéder au trône, ils ont dû accepter d'avance de restreindre leurs pouvoirs et de reconnaître ceux du Parlement. C'est ce qu'on appellera la *monarchie parlementaire*.

À cette monarchie « limitée » s'ajoutent par ailleurs la règle judiciaire de l'*habeas corpus*, qui interdit les arrestations arbitraires et les condamnations sans procès **16**, l'institution déjà ancienne du procès devant **jury** et la tolérance religieuse étendue à tous les protestants (mais non aux catholiques). Aussi l'Angleterre va-t-elle devenir le nouveau modèle de référence des opposants à l'absolutisme et inspirer profondément la philosophie des Lumières (*voir la page 206*) et la « grande révolution atlantique » (*voir le chapitre 7*).

En 1701, le Parlement décide que le trône devra toujours être occupé par une ou un protestant. (C'est ce qui fait qu'encore aujourd'hui la reine ou le roi du Canada, qui accède automatiquement à cette fonction dès qu'elle ou il accède au trône de Grande-Bretagne, doit obligatoirement être de religion protestante d'après notre Constitution, alors que notre Charte des droits interdit toute discrimination en matière de religion.) En 1707, l'Angleterre et l'Écosse sont unies pour former un seul État, le Royaume-Uni, dont on sait à quel destin exceptionnel il est promis.

Jury
Groupe de citoyens « ordinaires » (généralement 12) appelés à prononcer le verdict (innocence ou culpabilité) dans un procès.

16 L'*habeas corpus* (1679)

« [...] Qu'il soit édicté par Sa Très Excellente Majesté le Roi, par et avec le conseil et le consentement des Lords spirituels et temporels ainsi que des Communes en ce présent Parlement assemblés, et par leur autorité que chaque fois qu'une personne [...] produira [...] une ordonnance d'*habeas corpus* adressée à un ou des shérifs, que lesdits officiers ou leurs subordonnés, dans les trois jours qui suivent la présentation de ladite ordonnance, [...] amènent [...] l'individu en cause, devant [...] [un juge] de ladite cour [...]; et alors certifient les vraies causes de sa détention ou de son emprisonnement; et sur quoi, dans les deux jours qui suivront la présentation de l'intéressé devant [lui], [le juge] devra libérer ledit prisonnier de son emprisonnement, après avoir pris son engagement assorti d'une ou de plusieurs cautions. »

? En quoi consiste précisément l'*habeas corpus* ?

Source : « Habeas Corpus », dans *Cliotexte*, [En ligne], http://clio-texte.clionautes.org/Revolutions-et-lutte-contre-l-Absolutisme-en-Angleterre-XVI-XVIIe-siecle.html (Page consultée le 18 décembre 2015).

11. De quoi est constitué le Parlement d'Angleterre au début du 16ᵉ siècle et quels sont ses pouvoirs clés?

12. Quels avantages le roi Henri VIII a-t-il gagnés en se proclamant chef de l'Église d'Angleterre?

13. Qui sont les puritains?

14. Quels changements majeurs la révolution puritaine a-t-elle amenés dans les institutions politiques anglaises?

15. Quelles sont les caractéristiques fondamentales du régime politique anglais à la fin du 17ᵉ siècle, sur les plans constitutionnel, judiciaire et religieux?

5.4 Une république: les Provinces-Unies

Dans le tableau général des États de l'époque, il faut réserver une place à part aux Provinces-Unies. Celles-ci ont en effet élaboré, au travers d'immenses vicissitudes (leur territoire lui-même doit être conquis mètre par mètre sur la mer), un régime à la fois républicain et fédéral qui en fait véritablement le premier État «bourgeois» de l'histoire.

5.4.1 Les Pays-Bas espagnols et la « révolte des Gueux »

Au début du 16ᵉ siècle, l'ensemble appelé *Pays-Bas* (correspondant à la Belgique et aux Pays-Bas actuels), formé de 17 provinces, constitue la partie la plus riche et la plus dynamique des possessions du roi d'Espagne, avec la ville d'Anvers qui est alors la capitale commerciale et financière de toute l'Europe. Les provinces du Nord étant cependant passées au calvinisme, le roi d'Espagne y expédie une immense armée qui ravage tout le pays et provoque un soulèvement général, la «révolte des Gueux» **17**. En 1609, les sept provinces calvinistes gagnent leur indépendance sous le nom de République des Provinces-Unies.

17 *Le massacre des Innocents* (P. Bruegel l'Ancien, v. 1565)

Sous l'apparence d'un épisode de l'Évangile, Bruegel illustre les massacres de l'armée espagnole dans les Pays-Bas.

Fédéral, ale
Se dit d'un système politique dans lequel les pouvoirs de l'État sont répartis entre deux niveaux de gouvernement, le gouvernement central ou fédéral et les gouvernements des provinces ou des États membres.

5.4.2 Une république fédérale, bourgeoise et tolérante

Le fédéralisme   Méfiantes envers le centralisme qui leur rappelle la domination espagnole, les Provinces-Unies mettent sur pied une république fédérale, où chacune des provinces conserve une complète autonomie, avec ses propres lois et ses «États» (sorte de Parlements) provinciaux, qui élisent ministres et gouverneurs. Des États généraux, composés de délégués des États provinciaux, s'occupent des questions communes : politique étrangère, colonies, Église calviniste officielle.

Un État bourgeois   Unique à l'époque par ces institutions fédérales, cet État l'est aussi par sa structure sociale : il est essentiellement dirigé par une oligarchie de marchands **18**, et la noblesse féodale y est à peu près inexistante. Malgré l'exiguïté de son territoire, il a institué des activités agricoles, industrielles et surtout commerciales et financières qui le placent en tête de l'Europe : la première Bourse, la première banque publique y ont été fondées.

18 *Les syndics des drapiers* (Rembrandt, 1662)

Austérité calviniste dans l'habillement, tranquille assurance dans le maintien, une pointe d'arrogance dans le regard : l'artiste a superbement résumé la bourgeoisie des Provinces-Unies au temps de sa splendeur.

La tolérance   Il est enfin le seul de l'époque à pratiquer une tolérance à peu près complète en matière de religion, de conscience et de pensée, et à ne pas connaître la censure. C'est cet élément qui va permettre aux Provinces-Unies de devenir le refuge des dissidents de toute provenance et d'un grand nombre d'écrivains, d'essayistes, de penseurs considérés comme menaçants pour l'ordre monarchique (Descartes, Spinoza, Locke). Cela favorise le développement de l'imprimerie, de l'édition et du commerce du livre, où les Hollandais deviendront les premiers en Europe jusqu'à la Révolution française.

5.4.3 Un éclat éphémère

L'âge d'or des Provinces-Unies   La République des Provinces-Unies atteint ainsi, au milieu du 17e siècle, à un éclat inégalé depuis. C'est l'État le plus riche d'Europe par tête d'habitant, maître d'un vaste empire en grande partie arraché aux Portugais, régnant sur les océans grâce à une puissante flotte de guerre et de commerce (sa flotte marchande représente les trois quarts de toute la flotte européenne), banquier de l'Europe, entrepôt et centre de redistribution de tous les produits du monde, lieu de rencontre des grands penseurs de l'époque et pépinière d'artistes qui vont donner à la peinture, surtout, quelques-uns de ses plus grands maîtres (Rembrandt, Vermeer, Hals).

Le déclin   À la fin du siècle, la concurrence anglaise sur les mers et dans les colonies ainsi que d'interminables guerres contre la France contribueront à l'affaiblissement du pays et entraîneront la fin de son « âge d'or ».

FAITES LE POINT

16. Qu'entend-on par la « révolte des Gueux » ?

17. Qu'est-ce qui caractérise un État de type fédéral ?

18. Quelles étaient les bases de la puissance des Provinces-Unies ?

19. Énumérez deux facteurs qui contribuent à l'affaiblissement des Provinces-Unies.

5.5 Le despotisme éclairé en Autriche, en Prusse et en Russie

Pendant qu'en Europe occidentale se consolident des États monarchiques centralisés déjà anciens, en Europe du Nord et de l'Est vont apparaître des États en devenir appelés à jouer un rôle de plus en plus grand et où le despotisme éclairé donne à l'absolutisme un nouveau visage.

5.5.1 Des États à bâtir

L'Autriche, la Prusse et la Russie présentent certaines caractéristiques communes qui marquent leur profonde différence d'avec les États de l'Europe de l'Ouest. En général, la bourgeoisie y est moins développée et la noblesse, plus puissante. La monarchie sera donc amenée à y faire alliance plutôt avec cette dernière pour asseoir son pouvoir.

En Autriche règnent les Habsbourg, qui sont régulièrement élus comme empereurs du Saint Empire (*voir la page 115*), mais dont la force provient d'abord et avant tout de leurs possessions personnelles, particulièrement l'Autriche et la Bohème, qui font partie de l'Empire, et la Hongrie, qui n'en fait pas partie. (Cette dernière a été arrachée à l'Empire ottoman, dont le dernier échec devant Vienne, en 1683, a marqué l'arrêt définitif de l'avance turque qui s'était déployée en Europe depuis la prise de Constantinople en 1453.)

En face des Habsbourg se dressent les Hohenzollern, qui détiennent en Allemagne du Nord un chapelet de petits territoires dont les plus importants sont la Prusse, qui ne fait pas partie du Saint Empire, et le Brandebourg, qui en fait partie (son chef a qualité de « Grand Électeur »). Ici, la noblesse des *Junkers* sera, à la différence du cas français, intégrée à la structure gouvernementale, particulièrement dans le domaine militaire. C'est d'ailleurs l'armée qui est la base de toute l'organisation politique, économique et sociale de la Prusse, ce qui va permettre à ce petit pays de jouer un rôle sans commune mesure avec l'étendue de son territoire ou l'importance de sa population (200 000 soldats pour une population de 2,5 millions d'habitants). On disait : « La Prusse n'est pas un pays qui possède une armée, c'est une armée qui possède un pays… »

En Russie également l'aristocratie des *boyards* est très puissante, appuyée sur une multitude de paysans réduits au servage. Mais tout en s'alliant avec elle, Pierre Ier le Grand (1689-1725), de la dynastie des Romanov, inaugure une politique d'occidentalisation forcée, parfois même cruelle, de ce pays à cheval sur l'Europe et l'Asie et longtemps dominé par les Mongols **19**. Pour bien marquer cette nouvelle orientation, il déménage sa capitale de Moscou à Saint-Pétersbourg, ville nouvelle surgie des marais sur le bord de la Baltique et bâtie par des urbanistes et architectes italiens et français.

19 L'occidentalisation

Le palais des tsars à Saint-Pétersbourg, nouvelle capitale de la Russie, créée par Pierre le Grand sur les bords de la Baltique et inspirée de villes françaises et italiennes.

20 Le despote et son image

Frédéric II décrit ce qu'on pourrait appeler sa stratégie publicitaire.

« Un prince ne doit jamais se montrer que du bon côté*. [...] Ma suite est peu nombreuse, mais bien choisie; ma voiture est tout unie; elle est, en revanche, bien suspendue, et j'y dors aussi bien que dans mon lit. [...] Quand j'arrive dans un endroit, j'ai toujours l'air fatigué, et je me montre au peuple avec un mauvais surtout et une perruque mal peignée. Ce sont des riens qui font souvent une impression singulière. [...] Dans tout ce que je dis, j'ai l'air de ne penser qu'au bonheur de mes sujets; je fais des questions aux nobles, aux bourgeois et aux artisans, et j'entre avec eux dans les plus petits détails. [...] Jusqu'à présent, tout le monde croit que l'amour seul que j'ai pour mes sujets m'engage à visiter mes États aussi souvent qu'il m'est possible. Je laisse tout le monde dans cette idée, mais dans le vrai ce motif y entre pour peu. Le fait est que je suis obligé de le faire, et voici pourquoi : mon royaume est despotique, par conséquent celui qui le possède en a seul la charge; si je ne parcourais pas mes États, mes gouverneurs se mettraient à ma place, et, peu à peu, [adopteraient] des principes d'indépendance [...]. Ajoutez à ces raisons celle de faire croire à mes sujets que je viens dans leurs foyers pour recevoir leurs plaintes et calmer leurs maux. »

*Dans le style de l'époque, cette phrase signifie que le prince doit toujours se montrer seulement du bon côté.

? Par quelles méthodes Frédéric II de Prusse soigne-t-il son image de despote éclairé?

Source : Jean-Pierre VIVET, dir., *Les mémoires de l'Europe*, t. III, *L'Europe classique : 1600-1763*, Paris, Laffont, 1971, p. 545.

5.5.2 Le despotisme éclairé

Un absolutisme au goût du jour Au 18e siècle, alors qu'en Europe occidentale l'absolutisme est de plus en plus contesté par l'exemple anglais relayé par la philosophie des Lumières (*voir la page 206*), les souverains d'Autriche, de Prusse et de Russie vont donner à leurs régimes un sursis durable en y introduisant quelques réformes dans le goût du jour, ou du moins en proclamant leur désir de le faire. C'est ce qu'on appelle le *despotisme éclairé*, qui n'est en fait que de l'absolutisme habillé du manteau des Lumières. Le despote éclairé est un monarque absolu, mais qui n'a que faire du droit divin. Il se donne plutôt lui-même la haute responsabilité d'implanter d'autorité les réformes nécessaires au bien-être du peuple : justice plus humaine, abolition du servage, développement de l'éducation, tolérance religieuse, liberté de pensée.

Le roi de Prusse Frédéric II le Grand (1740-1786) est la figure par excellence du despotisme éclairé **20**. Il abolit la torture et réforme le système judiciaire, instaure la liberté de presse et de religion, réorganise l'enseignement secondaire. Grand amateur de musique, ami des philosophes (Voltaire séjourne à sa cour), il maintient cependant le servage en dehors de ses domaines personnels et renforce le militarisme prussien en faisant de son armée le centre de ses préoccupations et la reine des champs de bataille d'Europe. À côté de lui, la tsarine Catherine II la Grande (1762-1796), qui jouit également d'une belle réputation auprès des philosophes, abandonne la russification forcée des territoires conquis et accorde la liberté religieuse aux musulmans, tout en élargissant le servage et en réprimant férocement les révoltes dans les campagnes.

Mais c'est Joseph II d'Autriche (1780-1790) qui est peut-être le despote éclairé le plus sincère. Abolition du servage, liberté des cultes et protection accordée aux Juifs, abandon du soutien de l'État aux ordres religieux purement **contemplatifs** et donc « socialement inutiles », réformes fiscales et diminution des dépenses fastueuses de la cour, voyages incognito du souverain pour prendre personnellement connaissance de l'état réel de son peuple : toutes ces activités seront malheureusement gâchées par une hâte, une rigueur et un manque d'habileté politique désastreux.

Après avoir fourni aux souverains de ces « pays à bâtir » une justification théorique pour développer la centralisation monarchique, le despotisme éclairé sera finalement balayé par la grande peur que la Révolution française va déclencher dans toutes les cours d'Europe. Il n'était pas question que le despotisme, tout éclairé qu'il fût, reconnût aux sujets la moindre parcelle de participation au pouvoir souverain des rois… **21**

Contemplatif
Se dit d'un ordre religieux voué exclusivement ou prioritairement à la prière et à la méditation dans un établissement appelé *monastère* fermé au monde extérieur (« cloîtré »).

21 **Peut-il y avoir un despotisme « éclairé » ?**

À la différence de ses collègues philosophes, Jean-Jacques Rousseau ne croit guère à l'absolutisme retapé.

« Les rois veulent être absolus, et de loin on leur crie que le meilleur moyen de l'être est de se faire aimer de leurs peuples. Cette maxime est très belle, et même très vraie à certains égards : malheureusement, on s'en moquera toujours dans les cours. La puissance qui vient de l'amour des peuples est sans doute la plus grande ; mais elle est précaire et conditionnelle : jamais les princes ne s'en contenteront. Les meilleurs rois veulent pouvoir être méchants s'il leur plaît, sans cesser d'être les maîtres. Un sermonneur politique aura beau leur dire que, la force du peuple étant la leur, leur plus grand intérêt est que le peuple soit florissant, nombreux, redoutable ; ils savent très bien que cela n'est pas vrai. Leur intérêt personnel est premièrement que le peuple soit faible, misérable, et qu'il ne puisse jamais leur résister. »

? Qu'est-ce qui rend le despotisme éclairé impossible, selon Rousseau ?

Source : Jean-Jacques ROUSSEAU, *Du contrat social*, III : 6, Amsterdam, Marc Michel Rey, 1762, p. 160-161.

FAITES LE POINT

20. Nommez et localisez sur une carte muette les principales possessions des Habsbourg d'Autriche, des Hohenzollern et des Romanov en Europe à la fin du 18ᵉ siècle.

21. De quoi, surtout, dépend le rôle important joué par ce petit pays qu'est la Prusse au 18ᵉ siècle ?

22. Qu'est-ce que le despotisme éclairé ? Quels sont les principaux souverains qui l'incarnent, et comment l'incarnent-ils ?

5.6 Les luttes pour l'hégémonie

La formation des États modernes en vient, en particulier après les traités de Westphalie (*voir la page 145*), à provoquer d'interminables conflits destinés à assurer, ou à combattre, l'hégémonie de l'un ou de l'autre de ces États au détriment de ses concurrents **22**. Dans cette mêlée souvent confuse, il faut distinguer deux théâtres qui ne présentent ni les mêmes enjeux, ni parfois les mêmes combattants, bien que ces deux théâtres soient intimement liés l'un à l'autre.

22 Les principaux États européens vers 1700

Limites du Saint Empire

/// Acquisitions entre le milieu du 17ᵉ et la fin du 18ᵉ siècle

Possessions des Habsbourg d'Autriche

0   285   570 km

Observez, entre autres, l'éloignement et le peu d'importance de la Russie, de même que l'inexistence de l'Italie et de l'Allemagne en tant qu'États. Les Pays-Bas passent de la domination espagnole à la domination autrichienne en 1713.

5.6.1 Sur le continent : de l'hégémonie à l'équilibre

La tentative de Charles Quint
Au début du 16ᵉ siècle, la puissance de Charles Quint constitue la première tentative d'hégémonie sur le continent. Par la magie des mariages et des héritages, cet homme va devenir, pendant 40 ans (1516-1556), le plus puissant du monde. Une simple liste partielle de ses titres laisse rêveur : archiduc d'Autriche, prince des Pays-Bas, comte de Flandre et de Bourgogne, duc de Luxembourg, roi d'Espagne (sous le nom de Charles Iᵉʳ et, à ce titre, maître de toute l'Amérique espagnole), roi de Naples et de Sicile (sous le nom de Charles IV), duc de Milan, roi de Bohême et de Germanie, empereur du Saint Empire (sous le nom de Charles V, « Quint »)…

La France, complètement encerclée, s'allie à l'Angleterre, aux protestants d'Allemagne et même aux Turcs de Constantinople pour mettre en échec cette menace. Mais, en fait, les possessions de Charles Quint sont tout simplement trop vastes et leur titulaire, après avoir passé le plus clair de son temps à guerroyer tous azimuts contre ses innombrables ennemis, désenchanté de la vanité d'un si grand pouvoir, renonce à tous ses titres en 1556 et se retire dans un monastère après avoir divisé son héritage en deux parties. L'Espagne, les Pays-Bas, les possessions bourguignonnes (en France) et italiennes et quelques autres échoient à son fils Philippe, qui sera Philippe II d'Espagne, tandis que les possessions autrichiennes et le Saint Empire reviennent à son frère Ferdinand, scindant définitivement les Habsbourg en deux branches, les Habsbourg d'Espagne et les Habsbourg d'Autriche.

La tentative française Délivrée des menaces des Habsbourg après la paix de Westphalie, la France devient à son tour expansionniste et Louis XIV pratique une politique d'agressions qui soulève contre lui à peu près toute l'Europe, derrière les Provinces-Unies et l'Autriche. Un temps victorieux, Louis XIV doit finalement s'incliner et signer, à la fin de son règne, les traités d'Utrecht et de Rastadt (1713-1714) qui marquent l'arrêt provisoire de la prépondérance française.

Vers l'équilibre Les belligérants ayant pris conscience que les tentatives d'hégémonie ne peuvent déboucher que sur d'incessants conflits, ces traités introduisent un principe nouveau dans les relations internationales, celui de l'équilibre européen, déjà présent en arrière-plan depuis la paix de Westphalie. Ce principe veut que les grandes puissances du continent soient maintenues dans une situation d'équilibre relatif entre elles, tandis que l'Angleterre, à l'écart sur son île, occupera en quelque sorte une position d'arbitrage (ce qui est toujours la meilleure position…).

5.6.2 Sur mer et aux colonies : de l'équilibre à l'hégémonie

Sur mer et aux colonies, une lutte de plus de 150 ans va jeter l'une contre l'autre les cinq puissances coloniales (Espagne, Portugal, France, Angleterre, Provinces-Unies) et s'achever par la victoire à peu près complète de l'Angleterre.

Cette dernière a d'abord dû résister à une menace espagnole d'invasion (Invincible Armada, 1588), puis s'en est prise aux Provinces-Unies pour détruire leur position dominante sur les routes de commerce avec l'Asie. C'est ainsi qu'au début du 18ᵉ siècle, l'Angleterre et la France sont devenues les deux grandes rivales sur les océans et dans les colonies d'Amérique et d'Asie. Dès le traité d'Utrecht de 1713, cependant, l'Angleterre commence à prendre les devants. Elle scelle pratiquement le sort de l'Empire français d'Amérique du Nord en s'appropriant l'Acadie (Nouvelle-Écosse d'aujourd'hui), Terre-Neuve et les rivages de la baie d'Hudson, ce qui met la Nouvelle-France en danger d'asphyxie. Elle s'installe également à Gibraltar, porte d'entrée de la Méditerranée, et obtient de l'Espagne le bénéfice de l'*asiento*, le droit exclusif et très lucratif de fournir les colonies espagnoles en esclaves africains.

5.6.3 Une première guerre « mondiale » : la guerre de Sept Ans

Au milieu du siècle, les luttes autour de l'équilibre sur le continent, d'une part, et l'affrontement entre l'Angleterre et la France sur mer et dans les colonies, d'autre part, fusionnent dans le conflit le plus important de cette époque, la guerre de Sept Ans. Ce conflit prend une dimension mondiale, car il se joue autant sur le continent européen que sur les mers et dans les colonies, en Amérique, en Afrique et en Asie. (Au Canada français, il porte le nom de *guerre de la Conquête* ; aux États-Unis, celui de *French and Indian War*, les deux datées plutôt de 1754 à 1760.)

En Europe Sur le continent européen, la montée fulgurante de la Prusse vient bouleverser l'équilibre. Pour la contrer, la France et l'Autriche, ennemies irréductibles depuis 200 ans, font alliance, bientôt suivies par la Russie. La Prusse isolée ne peut plus compter que sur l'Angleterre qui, ayant intérêt à maintenir l'équilibre, et donc la division, sur le continent, la soutient financièrement. Frédéric II, assailli de tous côtés, réussit à sauver son royaume, dont la capitale Berlin a été prise par les Russes, grâce à son génie militaire et au décès providentiel de la tsarine Élisabeth.

Sur mer et aux colonies L'Angleterre, quant à elle, conformément a la stratégie élaborée par son premier ministre William Pitt, lance toutes ses forces sur mer et dans les colonies : pour le seul théâtre nord-américain, plus de 300 vaisseaux de ligne transportant 40 000 marins expérimentés et 60 000 soldats réguliers, c'est-à-dire presque autant que la population entière de la Nouvelle-France. Et la victoire est totale. L'Angleterre inflige deux défaites cruciales à la marine française et s'empare de la Nouvelle-France lors de la capitulation de Montréal (1760) à la suite de la défaite franco-canadienne des plaines d'Abraham (1759) **23**. Elle prend également les riches îles sucrières de la Martinique et de la Guadeloupe (qui seront toutefois restituées à la France en 1763), le Sénégal en Afrique et tous les comptoirs français aux Indes.

1763 : une année charnière Deux traités sanctionnent tous ces résultats. Sur le continent européen, le traité d'Hubertusburg maintient l'équilibre entre les grandes puissances, au nombre desquelles il faudra maintenant compter la Prusse et la Russie. À l'échelle planétaire, par le traité de Paris, l'un des plus importants de l'histoire occidentale, l'Angleterre consolide sa maîtrise des mers, élimine pratiquement la France de l'Amérique du Nord et des Indes, et devient la première superpuissance mondiale **24**. Elle le demeurera pendant un siècle et demi.

23 Québec, le 13 septembre 1759

Débarquement anglais à l'anse au Foulon et bataille des Plaines d'Abraham. Sur les plaines, l'essentiel de la bataille, avec le sort de l'Empire français d'Amérique, se joue en 20 minutes.

24 L'Empire britannique en 1763

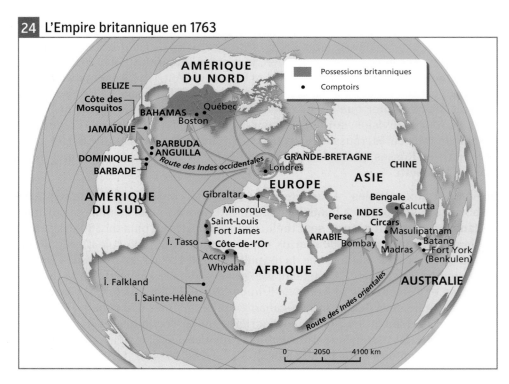

FAITES LE P◉INT

23. Localisez sur une carte les principales possessions de Charles Quint en Europe.

24. En quoi consiste le principe de l'équilibre européen?

25. Quels adversaires l'Angleterre a-t-elle dû affronter pour s'assurer d'une position dominante sur mer et aux colonies?

26. En quoi la guerre de Sept Ans peut-elle être qualifiée de *première guerre mondiale*?

27. En quoi le traité de Paris de 1763 est-il important?

❯ EN BREF

❯ Au cours de la période qui va de la fin du 15e siècle à la fin du 18e, la civilisation occidentale a vu naître et s'épanouir l'État centralisé, qui succède à l'État féodal et renoue, par-dessus ce dernier, avec la notion romaine de l'État souverain. Cet État «moderne» se caractérise essentiellement par son monopole de la force armée, par la centralisation de l'administration, de la fiscalité et de la justice et par l'instauration d'une religion d'État.

❯ En Espagne et en France, la monarchie absolue triomphe. L'Espagne connaît cependant un déclin rapide par suite de l'épuisement des ressources minières de son empire, tandis que Louis XIV donne à la France à la fois ses plus belles heures de gloire et des moments parmi les plus sombres de son histoire.

❯ En Angleterre, après deux révolutions, s'installe plutôt une monarchie limitée par la présence d'un Parlement élu et par la reconnaissance de droits fondamentaux comme l'*habeas corpus*.

❯ Les Pays-Bas instaurent quant à eux une République bourgeoise, fédérale et tolérante et connaissent l'apogée de leur puissance économique.

❯ En Autriche, en Prusse et en Russie, l'absolutisme permet l'émergence de nouvelles puissances tout en se mettant au goût du jour par le despotisme éclairé.

❯ Entre ces États souverains, d'interminables luttes pour l'hégémonie ont surgi, au terme desquelles on a finalement commencé à reconnaître que le principe de l'équilibre serait plus en mesure d'assurer la paix et la sécurité en Europe. L'Angleterre, quant à elle, a profité de ces luttes sur le continent pour se lancer dans l'édification d'un empire maritime et colonial qui deviendra l'un des plus vastes de l'histoire.

Renforcée par son alliance avec la monarchie, la bourgeoisie aspire toutefois d'abord et avant tout à la liberté individuelle et va donc bientôt remettre en cause les fondements mêmes du pouvoir monarchique. En centralisant leurs royaumes, les monarques ont par ailleurs fait naître un sentiment national peu compatible avec la société hiérarchique de l'Ancien Régime. De la conjonction entre cette aspiration démocratique et ce sentiment national va surgir, à travers le grand bouleversement révolutionnaire qui vient (*voir le chapitre 7*), la forme d'État qui domine aujourd'hui dans la civilisation occidentale et, à travers elle, dans une bonne partie du monde: l'État national démocratique.

❯ HÉRITAGE

Ce que nous devons a la formation des états modernes

- la notion d'État centralisé souverain
- la monarchie parlementaire et l'idée d'un contrat entre le gouvernement et le peuple
- une expérience révolutionnaire que les Anglais ne voudront jamais répéter
- en Europe de l'Ouest, les frontières à peu près définitives de la plupart des États actuels
- l'entrée de la Prusse et de la Russie dans le jeu des grandes puissances
- le principe de l'équilibre européen
- la fin de la colonisation française en Amérique du Nord
- le début de l'ascension de la Grande-Bretagne comme superpuissance mondiale

▶ **POUR ALLER PLUS LOIN**

 LIRE

BÉLY, *Lucien. La France moderne: 1498-1789*, Paris, PUF, 2013, 720 p. (Coll. «Quadrige. Manuels») – Une approche globale: politique intérieure et extérieure, économie, société, religion, art.

BENNASSAR, Bartolomé, et Bernard VINCENT. *Le temps de l'Espagne: XVIᵉ-XVIIᵉ siècles*, Paris, Fayard/Pluriel, 2011, 313 p. (Coll. «Pluriel») – L'«âge d'or» de l'Espagne: originalité, ingéniosité et force d'un double modèle, politique et culturel.

COTTRET, Bernard. *La révolution anglaise, 1603-1660, Paris*, Perrin, 2015, 488 p. (Coll. «Synthèses historiques») – Par un éminent spécialiste, la plus récente synthèse sur le sujet.

DZIEMBOWSKI, *Edmond. La guerre de Sept Ans (1756-1763), Paris*, Perrin, 2015, 700 p. (Coll. «Synthèses historiques») – Puissante synthèse abordant l'événement à l'échelle mondiale.

 NAVIGUER

La Révocation de l'Édit de Nantes et ses conséquences: www.museeprotestant.org

Versailles 3D: www.versailles3d.com/fr – Visite des bâtiments et des jardins, maquettes interactives, vidéos, évolution au cours des siècles.

 VISIONNER

Barry Lyndon, de Stanley Kubrick, avec R. O'Neil et M. Berenson, G.-B./É.-U., 1975, 184 min. – Difficultés et drames de l'ascension sociale dans l'Angleterre du 18ᵉ siècle. Longue, lente et somptueuse adaptation du roman éponyme de William Thackeray. Photographie inspirée des grands peintres de l'époque (Reynolds, Gainsborough, Hogarth), riche trame musicale. Un des chefs-d'œuvre de Kubrick.

Brother against Brother: The English Civil War, É.-U., Koch Entertainment/Kultur Video, 2001, 50 min. — Très bon documentaire sur le sujet, avec reconstitutions de batailles et animations 3D.

Elizabeth I, avec H. Mirren et H. Dancy, G.-B./É.-U., 2005, 123 min. – Minisérie télévisée en deux épisodes. Splendide production à tous points de vue, avec des comédiens formidables, surtout Helen Mirren vraiment royale dans le rôle-titre.

La prise de pouvoir par Louis XIV, de Roberto Rossellini, avec J.-M. Patte et R. Jourdan, Fr., 1966, 94 min. – À la mort de Mazarin, Louis XIV assume tous les pouvoirs et met la noblesse sous surveillance en lançant les travaux de Versailles. Le meilleur film sur le sujet, très fidèle à la réalité historique. Aux antipodes de la fresque hollywoodienne, un Louis XIV radicalement différent de l'image habituelle et un film presque intimiste.

Ridicule, de Patrice Leconte, avec C. Berling et J. Rochefort, Fr., 1996, 102 min. – Un petit noble de province monte à Versailles afin de soumettre au roi Louis XVI un projet d'assainissement des marais dans ses terres, et se trouve projeté dans les intrigues de la cour. Superbe film, dialogues pleins de finesse, excellente reconstitution d'époque, comédiens magnifiques.

 Allez plus loin encore, grâce à la médiagraphie enrichie disponible sur *i+ Interactif*!

EXERCICES ET ACTIVITÉS

 Exercez-vous davantage grâce à des ateliers interactifs captivants ! Consultez votre enseignant pour y accéder sur *i+ Interactif*.

La centralisation de l'État moderne

1. La caractéristique majeure de l'État moderne est la centralisation des pouvoirs. Pour visualiser ce contrôle qu'exerce l'État, reproduisez le schéma suivant, puis répondez aux questions qui figurent dans les cases. Aidez-vous de la section 5.1 (*p. 170-172*).

Contrôle des taxes
- Comment les rois contrôlent-ils la taxation ?

_____

- En quoi cela est-il un avantage ?

_____

Contrôle de l'armée
- Comment les rois contrôlent-ils l'armée ?

_____

- En quoi leur permet-elle de s'opposer aux féodaux ?

_____

Contrôle de la justice
- Comment les rois contrôlent-ils la justice ?

_____

- En quoi cela apporte-il au roi l'appui du peuple ?

_____

État : concentration des pouvoirs

Contrôle de la monnaie
- Comment les rois contrôlent-ils la monnaie ?

_____

- En quoi cela est-il un avantage ?

_____

Contrôle de la religion
- Comment les rois contrôlent-ils la religion ?

_____

- En quoi cela est-il un avantage ?

_____

Contrôle de la société
- Avec qui le roi fait-il alliance et pourquoi ?

_____

- De quel groupe le roi veut-il limiter le pouvoir ?

_____

Le rôle de la bourgeoisie

2. Aux 16ᵉ et 17ᵉ siècles, la bourgeoisie joue un rôle majeur dans l'implantation et le maintien des monarchies. Expliquez ce rôle en répondant aux questions suivantes.

a) En Espagne (*section 5.2.1, p. 173-175*), l'absence d'appui de la part de la bourgeoisie est l'un des facteurs du déclin de la monarchie absolue. Expliquez.

b) En France (*section 5.2.2, p. 175-180*), à l'inverse de l'Espagne, la bourgeoisie soutient la centralisation des pouvoirs par le roi. Expliquez.

c) En Angleterre (*section 5.3, p. 181-185*), c'est la bourgeoisie notamment qui, au sein du Parlement, fait obstacle à l'établissement d'une monarchie absolue. Expliquez.

d) Aux Provinces-Unis (*section 5.4, p. 185-187*), on parle carrément d'un État bourgeois. Expliquez.

Les historiens et l'histoire des idées

3. Le document 21 (*p. 189*) présente un texte de Jean-Jacques Rousseau où le philosophe réfléchit aux conditions de l'exercice du pouvoir des rois et critique le pouvoir absolu. D'où lui viennent donc ces idées?

Les historiens, à travers l'analyse des documents historiques, ne cherchent pas seulement à faire l'histoire des grands événements; ils souhaitent également y saisir les mouvements de société, la culture, l'évolution des mentalités, la vie quotidienne, etc. Tâchons donc, en analysant deux autres documents du chapitre 5, de déterminer l'évolution des idées qui a pu mener aux réflexions de Rousseau dans son texte de 1762.

a) Au sujet de l'amour des peuples pour leur roi et de l'amour des rois pour leur peuple

 • Identifiez d'abord les idées de Rousseau: que pense-t-il des relations entre les rois et leurs sujets?

 • Comparez ensuite le texte de Rousseau avec celui de Fénelon (*p. 180*): en quoi les idées contenues dans cette lettre, datant de près d'un siècle plus tôt, auraient-elles pu inspirer les réflexions de Rousseau?

b) Au sujet de l'exercice du pouvoir par les rois

 • Vérifiez d'abord les caractéristiques que Rousseau attribue au pouvoir absolu: que recherchent les rois? comment pensent-ils l'obtenir?

 • Puis, comparez ces caractéristiques avec celles qui sont présentées dans deux textes émanant de rois absolus (*document 4, p. 173, textes 2 et 3*). Démontrez en quoi ces deux textes ont pu être à l'origine des réflexions de Rousseau sur la nature du pouvoir des rois.

Hégémonie ou équilibre

4. La section 5.6 (*p. 189-193*) s'attarde aux notions d'hégémonie et d'équilibre européen.

a) En lisant cette section, produisez une définition des notions d'« hégémonie » et d'« équilibre européen ».

b) Vérifiez maintenant votre compréhension de ces deux concepts. Le tableau ci-dessous présente diverses situations politiques ou stratégies déployées par certains États européens au 16ᵉ, 17ᵉ ou 18ᵉ siècle. Pour chacun de ces éléments, précisez s'il s'agit d'une tentative d'hégémonie, d'une stratégie d'équilibre européen ou les deux, en cochant la bonne cellule. Justifiez vos réponses.

Situations politiques ou stratégies des États européens	Tentative d'hégémonie	Équilibre européen	Les deux
Au 16ᵉ siècle, Charles Quint est maître de l'Espagne, de l'Amérique espagnole, des Pays-Bas, du Saint Empire, de l'Autriche, de la Sicile, etc. (*p. 190*)			
Justifiez votre réponse:			
Pour contrer Charles Quint, la France (catholique) s'allie, au 16ᵉ siècle, avec l'Angleterre et l'Allemagne (protestantes), ainsi qu'avec les Turcs musulmans (*p. 190*).			
Justifiez votre réponse:			
Par le Traité d'Utrecht de 1713, l'Angleterre prend possession de l'Acadie (Nouvelle-Écosse), de Terre-Neuve et des rives de la Baie d'Hudson (*p. 190-191*).			
Justifiez votre réponse:			
Au 18ᵉ siècle, la Prusse gagne en puissance. La France et l'Autriche font alliance contre elle, alors que l'Angleterre s'allie avec elle (*p. 191*).			
Justifiez votre réponse:			
Le Traité de Paris de 1763 confirme la puissance de l'Angleterre qui supplante la France (en Amérique et en Asie) et fait contrepoids à la Prusse et à la Russie en Europe (*p. 191-192*).			
Justifiez votre réponse:			

POINTS DE VUE
SUR L'HISTOIRE

L'absolutisme a-t-il réellement existé ?

On définit habituellement la création de l'État moderne par une centralisation des pouvoirs politique, juridique, religieux, culturel, artistique et économique entre les mains du roi, de même que par la montée en puissance de la bourgeoisie et le début du déclin de la noblesse. Lorsque l'État moderne se crée, c'est généralement sous la forme d'une monarchie : parlementaire en Angleterre, despotique en Russie et en Prusse, et absolue en France.

S'il est simple de comprendre ce que signifient « monarchie parlementaire » et « despotisme », il est plus difficile de définir la monarchie absolue : que signifie « absolu » ? Longtemps, les historiens ont expliqué que le pouvoir de Louis XIV était immense puisque plusieurs auteurs et théories lui accordaient un pouvoir absolu, malgré l'existence de plusieurs limites réelles à son pouvoir. Or, cette définition est vague, si bien que l'absolutisme apparaît pour certains comme un terme flou qui n'a aucune valeur explicative. En d'autres termes, un concept qu'on ne réussit pas à définir adéquatement a-t-il lieu d'exister ? Les rois de France ont-ils joui d'un pouvoir justifiant l'utilisation du concept « absolutisme » ?

Depuis une trentaine d'années, les historiens délaissent les théories élaborées à l'époque de Louis XIV afin d'analyser l'étendue réelle de ce pouvoir. Ils cherchent donc à délimiter le pouvoir théorique et le pouvoir réel du roi.

D'abord, la théorie absolutiste de l'époque stipule effectivement que les nobles ne peuvent d'aucune façon s'opposer à une décision royale. Cependant, en réalité, il est clair que plusieurs nobles, surtout en province, ont contesté certaines décisions du roi, notamment au sujet de la fiscalité que Louis XIV tentait d'affirmer constamment, sans que cela entraîne de représailles.

En ce sens, les spécialistes remarquent de plus en plus que la turbulente noblesse française, qui ne se laissait pas marcher sur les pieds avant Louis XIV, comme en témoigne La Fronde, n'a pas été complètement domptée par le Roi-Soleil et qu'elle ne s'est pas autant adonnée au luxe et à la luxure à Versailles qu'on l'a longtemps dit. Au contraire, les nobles ont su tirer profit de la situation absolutiste, laissant une image de plein pouvoir au roi afin de mieux profiter économiquement et financièrement de la grande richesse et de la grande puissance du souverain.

Ainsi, certains historiens affirment que par leur participation aux affaires royales, les nobles se sont rendus indispensables au pouvoir royal ; le roi devait donc négocier avec eux. Ces spécialistes parlent de dépendance mutuelle entre la noblesse et le roi, alors que les nobles se sont astreints à une « servitude volontaire ».

Sur le plan économique et financier, les historiens font aussi remarquer que Louis XIV devait être pragmatique et apprécier adéquatement la ligne de tolérance et la capacité de ses sujets de payer les impôts. Il n'est pas rare que les intendants, qui connaissent bien chacune des régions de la France, proposent un autre arrangement au sujet de la taxation, plus en phase avec la spécificité de la région.

Louis XIV fixe donc les grandes lignes, mais laisse à ses fonctionnaires une large possibilité d'arrangements.

La vision habituelle prétend aussi que l'État absolutiste contrôle presque complètement l'économie, ce que l'on nomme le dirigisme. Par ses conseillers, tel Colbert, Louis XIV impose ses vues dans tous les domaines économiques, mais cette interprétation est toutefois remise en cause par les spécialistes. Par exemple, dans le secteur du textile, le roi a dicté de nombreuses lois. Pour assurer le respect de ces lois, des postes d'inspecteurs ont été créés. Or, les études récentes montrent que ces inspecteurs étaient, à l'apogée de son règne, environ 75 pour toute la France. Il était donc impossible de couvrir tout le territoire, à cette époque où les routes sont peu praticables et où le cheval est le moyen de transport le plus rapide. Là encore, il y a une distance importante entre la théorie et la pratique.

Le pouvoir absolu du roi se reflète aussi dans la conduite de la guerre et on présume généralement que Louis XIV décide des guerres et qu'il les impose à la population. Une fois de plus, cette vision est nuancée aujourd'hui. D'abord, on sait qu'une grande partie de la population vibrait à l'annonce de nouvelles des guerres et qu'elle était fière d'appartenir à un royaume aussi puissant. De plus, la population ne pouvait guère éviter d'être impliquée dans cette armée, ne serait-ce que par le service militaire. On considère qu'un homme sur quatre a participé aux guerres du Roi-Soleil.

On prétend finalement que, par le mécénat de la cour, Louis XIV imposait des thèmes et des formes aux artistes et aux littéraires, de sorte que le pouvoir royal contrôlait et censurait la vie intellectuelle. Plusieurs historiens argumentent plutôt aujourd'hui que les plus grands auteurs de l'époque ont échappé au pouvoir du mécénat versaillais. En littérature, par exemple, La Fontaine, La Rochefoucauld, Madame de La Fayette et Pascal se sont tenus à l'écart des « servilités de la cour », ou du moins se sont assuré la protection d'un puissant, afin de jouir d'une grande liberté. Ils sont aujourd'hui parmi les auteurs les plus réputés de l'époque.

Pour ces historiens, il n'y aurait donc qu'un absolutisme théorique, un idéal de pouvoir absolu qui ne s'est jamais vraiment appliqué.

CORNETTE, Joël. « L'histoire au travail. Le nouveau "Siècle de Louis XIV" : un bilan historiographique depuis vingt ans (1980-2000) », *Histoire, économie et société*, 2000, n°4, p. 561-605.

COSANDEY, Fanny, et Robert DESCIMON. *L'Absolutisme en France. Histoire et historiographie*, Paris, Seuil, 2002, 320 p.

SCHAPIRA, Nicolas. « Absolutisme », dans Christian DELACROIX, François DOSSE, Patrick GARCIA et Nicolas OFFENSTADT (dir.), *Historiographies, II. Concepts et débats*, Paris, Gallimard, 2010, p. 943-951.

6 Le mouvement de la science, de la pensée et de l'art aux 17ᵉ et 18ᵉ siècles

01 Le « Grand Siècle » (17e)

« Un siècle qui a vu s'affirmer le bourgeois en face du héros, du courtisan et de l'honnête homme, s'épanouir le capitalisme industriel, atteindre leur perfection propre le mercantilisme et la monarchie absolue, s'ébaucher un socialisme d'État et naître le régime parlementaire, un siècle qui a vu l'apogée du baroque et du classique, Shakespeare et Racine, Rubens et Poussin, qui a produit Galilée, Descartes et Newton, le rationalisme de la quantité et le mécanisme, un siècle où l'esprit humain a rompu décidément avec Aristote, a saisi l'Univers par la mathématique et l'expérience, où savants, philosophes et religieux ont ouvert l'infini à l'homme et lui ont proposé le progrès sans limites, […] un siècle qui a peut-être réalisé une mutation de l'espèce humaine, un tel siècle peut à bon droit être appelé : "Le Grand Siècle". »

? Comparez ce texte avec le document 01 de la page 301.

Source: Roland Émile MOUSNIER, *Les XVIe et XVIIe siècles : la grande mutation intellectuelle de l'humanité, l'avènement de la science moderne et l'expansion de l'Europe*, Paris, PUF, 1993, p. 367-368. (Coll. « Quadrige », n° 146)

Dans l'histoire de la pensée occidentale, les 17e et 18e siècles sont d'une importance capitale. C'est en effet à cette époque que naît véritablement la science moderne, fondée sur la méthode expérimentale et l'utilisation du langage mathématique. C'est aussi à cette époque que la philosophie des Lumières remet en question les fondements mêmes de l'Ancien Régime, préparant ainsi la venue des grandes révolutions politiques. Une extraordinaire floraison artistique reflète cette effervescence intellectuelle et spirituelle à travers laquelle se forge lentement l'Occident d'aujourd'hui. ◄

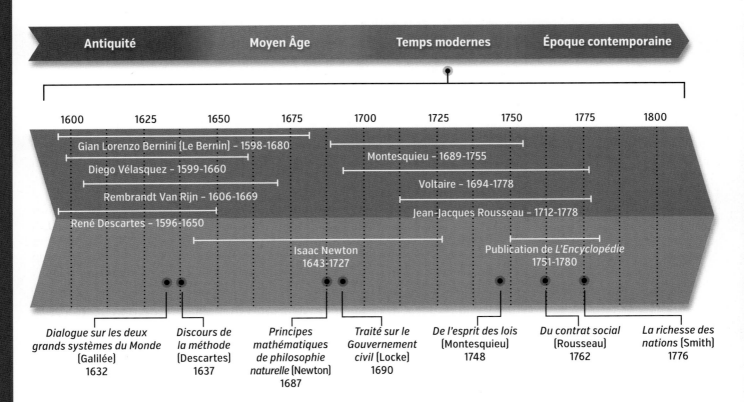

Antiquité | Moyen Âge | Temps modernes | Époque contemporaine

1600   1625   1650   1675   1700   1725   1750   1775   1800

Gian Lorenzo Bernini (Le Bernin) – 1598-1680
Diego Vélasquez – 1599-1660
Rembrandt Van Rijn – 1606-1669
René Descartes – 1596-1650
Montesquieu – 1689-1755
Voltaire – 1694-1778
Jean-Jacques Rousseau – 1712-1778
Isaac Newton 1643-1727
Publication de *L'Encyclopédie* 1751-1780

Dialogue sur les deux grands systèmes du Monde (Galilée) 1632

Discours de la méthode (Descartes) 1637

Principes mathématiques de philosophie naturelle (Newton) 1687

Traité sur le Gouvernement civil (Locke) 1690

De l'esprit des lois (Montesquieu) 1748

Du contrat social (Rousseau) 1762

La richesse des nations (Smith) 1776

< Une image qui résume toute une époque. Dans un décor baroque, au milieu de nuées cosmiques rappelant « l'Univers réinventé », un concert-spectacle public se donne dans une immense salle d'opéra. (*Fête du mariage du Dauphin*, G.P. Pannini, 15 juillet 1747)

6.1 La révolution scientifique

C'est au 17ᵉ siècle que naît la science moderne, par la conjonction d'une conception mécaniste de la nature, d'une méthode rigoureuse (observation, expérimentation et vérification) et de l'usage systématique du langage mathématique. Cette «révolution scientifique» constitue un élément capital dans la formation de la pensée moderne.

6.1.1 L'Univers réinventé

Nul domaine n'illustre mieux ce moment décisif que celui de l'astronomie où, à la suite du précurseur Copernic, Galilée, Kepler et surtout Newton vont transformer de façon radicale et définitive la vision du monde qui avait cours depuis l'Antiquité grecque.

02 L'Univers de Ptolémée

La Terre est au centre d'un ensemble de sphères concentriques portant chacune un corps céleste. La sphère du Soleil est la quatrième à partir du centre (*Sphera solis*).

Géocentrisme
(du grec *gê*, « terre ») Théorie selon laquelle la Terre est au centre de l'Univers (si c'est le Soleil qui est placé au centre, on parle d'*héliocentrisme*).

L'Univers d'Aristote et de Ptolémée Malgré quelques théories contraires, c'est en effet le système d'Aristote et de Ptolémée qui s'était imposé dans la pensée occidentale depuis deux millénaires. L'Univers était considéré comme un ensemble fini, formé de multiples sphères concentriques, cristallines (c'est-à-dire invisibles à l'œil), sur chacune desquelles était fixée une planète et, pour l'une d'entre elles, le Soleil **02**. Soleil et planètes n'avaient pas de mouvement propre : c'était plutôt la rotation des sphères invisibles tournant sur elles-mêmes qui entraînait les corps célestes dans un mouvement parfaitement circulaire autour d'un centre immobile, la Terre. Le monde terrestre et le monde céleste étaient complètement différents. Le premier, changeant et imparfait, était formé de quatre éléments, ou essences : terre, air, eau, feu. Le second, immuable et parfait, était composé d'une substance immatérielle, sans poids, incorruptible, appelée *éther* ou *quintessence* (cinquième essence). L'Univers était clos par la dernière sphère, celle des «fixes», le firmament, qui portait toutes les étoiles.

Copernic Au début de la Renaissance, Nicolas Copernic (1473-1543) apporte le premier démenti «préscientifique» de cette théorie. S'appuyant uniquement sur les mathématiques, et non sur l'observation, il rejette le géocentrisme et soutient que c'est le Soleil qui forme le centre de l'Univers et que la Terre est en mouvement, à la fois autour du Soleil et sur elle-même **03**. C'est ce qu'on appelle l'*héliocentrisme*. Cela dit, il conserve toute la théorie des sphères cristallines, qu'il ne fait que simplifier et rendre plus conforme aux lois mathématiques. Néanmoins, en enlevant la Terre du centre de l'Univers et en la dotant de mouvement, il fonde l'astronomie moderne.

Kepler Poursuivant sur cette lancée, Johannes Kepler (1571-1630) démontre que le mouvement des planètes ne peut être qu'elliptique, et non circulaire, et que leur vitesse varie en raison inverse de la distance qui les sépare du Soleil. À partir de là, la théorie des sphères cristallines n'est plus viable.

La révolution galiléenne C'est Galileo Galilei ou Galilée (1564-1642) qui lance l'astronomie dans la voie de la véritable observation scientifique. Ayant perfectionné la lunette astronomique (1609), il observe des taches sur le Soleil et du relief sur la Lune, détruisant ainsi le mythe de la perfection et de l'immuabilité des corps célestes et introduisant le principe de l'uniformité de la matière dans tout l'Univers, à l'encontre des cinq éléments de la vision traditionnelle. Ces découvertes ont donné à Galilée une immense notoriété. Les milieux universitaires, et surtout l'Église, réagissent vivement. C'est que ces thèses autorisent à mettre en doute la véracité de la Bible, laquelle affirme, par exemple, que Josué a arrêté le Soleil, ce qui est bien la preuve que c'est le Soleil qui tourne… Déféré devant le tribunal de l'Inquisition, Galilée est condamné (1633), assigné à résidence, et finalement forcé de désavouer officiellement le résultat de ses propres recherches .

La synthèse newtonienne La synthèse de toutes ces avancées préalables revient au génie d'Isaac Newton (1642-1723), à qui nous devons la formulation d'une vision globale de l'Univers appelée à durer jusqu'au début du 20e siècle et qui est encore partiellement valable aujourd'hui. Newton affirme que l'Univers n'est pas clos, qu'il ne contient que de la matière et que cette matière, dont la structure de base est l'atome, est partout la même. Tout mouvement de la matière peut s'expliquer par différentes lois fondamentales, qui s'appliquent dans tout le cosmos et qu'il est possible d'exprimer en formules mathématiques. L'une de ces lois est celle de la gravitation, ou de l'attraction universelle : tous les corps s'attirent, en raison directe du produit de leurs masses et en raison inverse du carré de la distance qui les sépare. Ces lois permettent d'expliquer, et mieux encore de prévoir avec certitude, par exemple, le retour périodique des comètes, le phénomène des marées, ou l'aplatissement de la Terre aux pôles.

Une nouvelle vision du monde Avec Newton, la révolution scientifique du 17e siècle atteint son apogée. Qu'un homme seul, confiné dans un petit cabinet de travail sur un point minuscule de la planète Terre, puisse en arriver à expliquer avec certitude le mouvement de tous les corps célestes et à énoncer des lois qui s'appliquent à l'Univers entier, voilà qui va profondément marquer l'imagination de tous les intellectuels d'Europe. Ce **cosmos** nouveau, où l'Homme sur sa Terre n'est plus qu'une poussière identique à des milliards d'autres, propulsée par une loi aveugle dans l'obscurité du vide intersidéral, va remplir d'angoisse même un mathématicien et scientifique aussi éminent que Blaise Pascal : « Le silence éternel de ces espaces infinis m'effraie », écrit-il dans ses *Pensées* (1670). Encore aujourd'hui, en plein 21e siècle, les astrologues font toujours leurs savantes « prédictions » à partir de la « sphère céleste » de Ptolémée,

03 L'Univers de Copernic

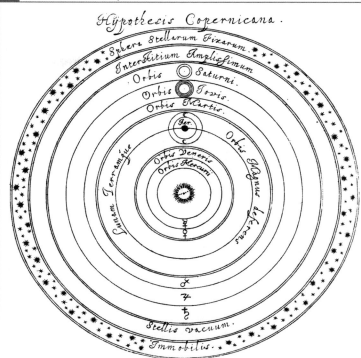

Dessin de Copernic. Les sphères sont encore là, mais le Soleil se trouve au centre. La Lune tourne autour de la Terre sur une sphère auxiliaire. L'Univers est clos par le firmament.

04 La condamnation de Galilée

« Nous […], par la miséricorde de Dieu, cardinaux de la Sainte Église Romaine, et spécialement députés pour être Inquisiteurs généraux de la Sainte Foi catholique :

Comme toi, Galilée, […] a été dénoncé dès l'an 1613 à ce Saint-Office, parce que tu tenais pour véritable la fausse doctrine enseignée par certains, que le Soleil est le centre du monde, et immobile, et que la Terre ne l'est pas, mais se remue d'un mouvement journalier ; […] les théologiens et docteurs ayant trouvé cette opinion non seulement absurde et fausse en philosophie, mais du moins erronée pour la Foi. […]

Nous disons, prononçons et déclarons que toi, Galilée, t'es rendu fort suspect d'hérésie, pour avoir tenu cette fausse doctrine du mouvement de la Terre et du repos du Soleil. […] Conséquemment, tu as encouru toutes les censures et les peines des sacrés canons, dont néanmoins nous te délions, pourvu que dès maintenant, avec un cœur sincère et une foi non feinte, tu abjures, maudisses et détestes devant nous ces erreurs et ces hérésies contraires à l'Église. »

? De quelle « hérésie » Galilée est-il accusé ? Sur quel plan les juges affirment-ils la « fausseté » de la « doctrine » galiléenne ?

Source : Jean-Pierre VIVET, dir., *Les mémoires de l'Europe*, t. III, *L'Europe classique : 1600-1763*, Paris, Laffont, 1971, p. 180.

Cosmos
L'Univers, considéré comme un ensemble ordonné. [CNRTL, 2011 : www.cnrtl.fr/lexicographie/cosmos]

des 12 «constellations» qui y seraient attachées et des «signes du Zodiaque»… Il est intéressant de noter, toutefois, que Newton et Pascal restent profondément croyants et publient plusieurs textes théologiques en plus de leurs ouvrages scientifiques.

6.1.2 À la recherche d'une méthode

Contre la méthode scolastique Cette immense percée scientifique s'accompagne d'une réflexion non moins radicale sur la méthode même qui permet d'accéder à la connaissance vraie et certaine du monde. Deux philosophes vont marquer à cet égard, et d'une façon durable, l'évolution de la pensée occidentale: Francis Bacon (1561-1626) et surtout René Descartes (1596-1650). Tous les deux rejettent la méthode scolastique, par laquelle, à partir d'un texte ancien qui fait autorité (la Bible, par exemple, ou Aristote), on déduit une connaissance nouvelle au moyen d'un raisonnement rigoureux. Tous les deux pensent au contraire qu'il existe une autre méthode, scientifique, pour parvenir à la connaissance du réel et que, cette méthode mise en pratique et cette connaissance acquise, il sera possible à l'humanité de maîtriser la nature et de la faire servir à l'amélioration des conditions de vie.

L'empirisme expérimental Toutefois, Bacon et Descartes diffèrent totalement quant au contenu de cette méthode qu'ils recherchent. Bacon prône l'**empirisme** expérimental: il faut d'abord colliger le plus grand nombre possible d'observations, expérimenter systématiquement et, de là, construire par **induction** les lois scientifiques à partir desquelles on pourra ensuite arriver à des principes plus généraux.

Le cartésianisme Pour Descartes, au contraire, nos sens peuvent nous tromper et ne sauraient par conséquent être la source essentielle de la connaissance. À l'empirisme de Bacon, Descartes oppose le rationalisme: il faut d'abord instaurer le doute systématique, remettre en question l'existence même du monde et sa propre existence individuelle, et n'accepter comme vrai que ce qui a le caractère d'une évidence absolue. Sur la base de ce doute systématique, il établit d'abord une certitude première, celle de sa propre existence («Je pense, donc je suis»), d'où il déduit l'existence de Dieu et celle de deux mondes radicalement différents, celui des idées et celui de la matière **05**. Le monde de la

---

Empirisme
Méthode de recherche et d'acquisition de connaissances fondée uniquement sur l'expérience; théorie philosophique d'après laquelle toutes nos connaissances viennent de nos sens.

Induction
Méthode qui consiste à remonter des faits particuliers, des cas singuliers, à la loi, à la proposition générale.

---

05 La pensée de René Descartes

Le doute systématique

«[…] parce qu'alors je désirais vaquer seulement à la recherche de la vérité, je pensai qu'il fallait […] que je rejetasse comme absolument faux, tout ce en quoi je pourrais imaginer le moindre doute, afin de voir s'il ne resterait point, après cela, quelque chose en ma créance qui fût entièrement indubitable. […] je me résolus de feindre que toutes les choses qui m'étaient jamais entrées en l'esprit, n'étaient non plus vraies que les illusions de mes songes. Mais, aussitôt après, je pris garde que, pendant que je voulais ainsi penser que tout était faux, il était nécessaire que moi, qui le pensais, fusse quelque chose. Et remarquant que cette vérité: je pense, donc je suis, était si ferme et si assurée, que toutes les plus extravagantes suppositions des sceptiques n'étaient pas capables de l'ébranler, je jugeai que je pouvais la recevoir sans scrupule pour le premier principe de la philosophie que je cherchais.»

Le dualisme esprit – matière

«[…] je connus de là que j'étais une substance dont toute l'essence ou la nature n'est que de penser, et qui, pour être, n'a besoin d'aucun lieu, ni ne dépend d'aucune chose matérielle. En sorte que ce moi, c'est-à-dire l'âme par laquelle je suis ce que je suis, est entièrement distincte du corps, et même qu'elle est plus aisée à connaître que lui, et qu'encore qu'il ne fût point*, elle ne laisserait pas d'être tout ce qu'elle est.»

---
*«encore qu'il ne fût point»: en langage moderne, «même s'il n'existait pas».

? 1. Explicitez le raisonnement par lequel Descartes établit la certitude de sa propre existence.

2. Exprimez dans vos propres mots le sens de la dernière phrase.

Source: René DESCARTES, *Discours de la méthode* (1637), Paris, Union générale d'éditions, 1962, p. 22-23, 35.

matière, dont le caractère fondamental est que tout objet y occupe une portion d'espace, est de ce fait entièrement soumis aux lois mathématiques et peut donc être connu avec certitude par la simple application rigoureuse de ces lois. Tout y est quantifiable, mesurable, réductible en formules et en équations. Cette «mécanisation» totale du monde matériel et sa radicale différenciation du monde spirituel vont marquer profondément la philosophie occidentale des siècles suivants.

6.1.3 Les progrès des sciences

La biologie   La révolution scientifique du 17ᵉ siècle ne se limite pas à la spectaculaire percée de la cosmologie. La biologie n'est pas en reste et prend aussi son essor, grâce aux méthodes d'observation qui vont lui permettre de s'affranchir des interdits et des certitudes philosophico-religieuses du passé. La dissection a déjà permis à Vésale, dès le 16ᵉ siècle, d'étudier le corps humain avec une précision inconnue jusqu'alors. Une découverte capitale dans ce domaine revient à William Harvey (1578-1657), qui décrit en 1628 la circulation du sang et la fonction du cœur comme pompe aspirante-foulante. Le microscope permet au Hollandais Antonie Van Leeuwenhoek (1632-1723) de découvrir notamment les spermatozoïdes et les bactéries.

Bien que Gabriel Fallopia (1523-1562) ait identifié au siècle précédent les principaux organes du système reproducteur féminin, ce n'est qu'au 17ᵉ siècle que les scientifiques en comprennent mieux le fonctionnement et cessent progressivement de les concevoir comme la copie inversée de ceux des hommes, rompant ainsi avec les conceptions erronées des Anciens (Galien, Hippocrate). L'anatomiste Jean Riolan (1580-1657) ouvrira la voie en ce sens.

Au 18ᵉ siècle, la classification des espèces fait des progrès importants grâce à Carl von Linné (1707-1778), et François Buffon (1707-1788), dans sa monumentale *Histoire naturelle*, entrevoit déjà la variabilité et l'évolution des espèces, considérées jusqu'alors comme immuables parce que toutes créées directement par Dieu selon l'enseignement biblique.

La physique   Parallèlement, la physique moderne est lancée, entre autres par des recherches et des démonstrations décisives sur le vide et la pression atmosphérique (Pascal), l'inertie et le mouvement (Galilée, Newton), la lumière (dès 1676, Olaüs Römer a calculé sa vitesse exacte, livrant ainsi sans le savoir la véritable dimension de l'Univers), puis, au 18ᵉ siècle, la chaleur (Celsius) et l'électricité (Franklin, Volta).

La chimie   Le 18ᵉ siècle voit également la chimie sortir des vieilles croyances et pratiques de l'alchimie et entrer dans le cadre de la science, grâce surtout à Antoine Lavoisier (1743-1794) qui, étroitement secondé par son épouse Marie-Anne, réussit l'analyse de l'air et la synthèse de l'eau, énonce la loi de la conservation de la matière et met au point la nomenclature chimique et l'écriture des réactions chimiques sous forme d'équations.

Les mathématiques   Toutes ces percées ont été rendues possibles grâce à des progrès décisifs dans les mathématiques: logarithmes (Neper, 1614), géométrie analytique (Descartes, 1637), calcul des probabilités (Pascal, 1654) et calcul différentiel et intégral (Leibniz et Newton, 1665-1680).

6.1.4 Les conditions nouvelles

L'appui des États   À partir du milieu du 17ᵉ siècle, le travail du savant, fait jusque-là plutôt en solitaire et financé par le mécénat, devient grandement facilité par l'apparition de nouvelles conditions, dont la plus déterminante peut-être est l'appui intéressé des autorités publiques. On s'aperçoit en effet, dans ces milieux, que la science peut être mise au service de la puissance politique, par exemple qu'une meilleure connaissance des lois de la mécanique permet de rendre plus efficace le tir des canons. Alors, tous les gouvernements vont contribuer, directement ou indirectement, à la mise sur pied d'académies scientifiques, de Londres à Saint-Pétersbourg en passant par Paris, Berlin, Stockholm, Copenhague. Ces académies, hors des voies traditionnelles du savoir qu'étaient alors les universités, servent de centres d'échanges et de publications, de forums de discussion, de pôles d'attraction pour les savants. La science étant maintenant considérée comme essentielle au pouvoir d'État, les gouvernements financent de grandes

EN TEMPS ET LIEUX

Lorsque les barbiers faisaient de la chirurgie

La révolution scientifique des 17e et 18e siècles est l'aboutissement d'un long processus. Les avancées scientifiques ont pu se produire grâce à de courageux précurseurs qui n'ont pas hésité à défier les conventions et les dogmes de leur époque pour repousser les limites de la connaissance. C'est notamment le cas dans le domaine de la médecine.

Avant la révolution scientifique, le fonctionnement de la machine qu'est le corps humain demeure mystérieux, tant pour le commun des mortels que pour les médecins! La conception du corps présentée dans les facultés de médecine de cette époque s'appuie entièrement sur les travaux de Galien, médecin grec du 2e siècle. Incontestés pendant plus d'un millénaire, ses travaux sont érigés en véritable dogme. Or, leur principale faiblesse est qu'ils ne sont basés que sur des dissections pratiquées sur des animaux et jamais sur des êtres humains. Il ne s'agit donc que d'extrapolations approximatives et souvent erronées.

Au Moyen Âge, il est interdit aux médecins de pratiquer la chirurgie. Ces derniers reçoivent une formation universitaire très théorique mais dépourvue de toute formation pratique. Ainsi, un cours d'anatomie prend souvent la forme d'une récitation des textes de Galien par un maître à laquelle les étudiants assistent passivement. Pour être un bon médecin, il suffit d'être fort en latin ou en grec plutôt qu'en anatomie.

Les actes relevant de la «petite chirurgie», jugés inférieurs par les docteurs en médecine, sont laissés aux barbiers chirurgiens (on assimile alors les deux professions). Ils se chargent donc de panser les plaies, d'arracher les dents, de réduire les luxations et les fractures, de pratiquer les saignées et, à l'occasion, d'amputer les membres.

La médecine souffre donc des rivalités professionnelles et du manque de connaissances expérimentales. Au 16e siècle, deux précurseurs vont faire entrer la médecine dans la modernité : André Vésale (1514-1564) et Ambroise Paré (1510-1590).

André Vésale est très tôt animé d'une grande fascination pour le corps humain. À 19, ans il vient à Paris pour étudier la médecine, mais les cours ne lui apprennent rien. Il s'aventure donc de nuit dans les cimetières et au gibet de Montfaucon où sont pendus les criminels condamnés à mort. Dans ces lieux lugubres, il récupère les os des défunts pour reconstituer un squelette humain. Ensuite, il commence à disséquer des cadavres. Il se rend compte que ce qu'il a sous les yeux ne correspond pas aux enseignements et aux observations de Galien qui s'appliquent au singe et non à l'homme. Dès lors, il s'efforce de présenter la structure du corps humain à ses contemporains dans les œuvres qu'il publie. Pour avoir le meilleur résultat possible, il engage des peintres pour illustrer minutieusement ses ouvrages. Il publie plusieurs ouvrages traitant de l'anatomie, dont le célèbre *De humani corporis fabrica libri septem* (De la structure du corps humain). Encore aujourd'hui, on le considère comme un des plus grands anatomistes de tous les temps.

Ambroise Paré est quant à lui considéré comme le père de la chirurgie moderne. Barbier autodidacte qui ne parle pas le latin, il se fait un nom en soignant notamment des soldats blessés sur les champs de bataille. À l'époque, l'utilisation d'armes à feu comme l'arquebuse provoque de nouveaux types de blessures. Pour arrêter les hémorragies inhérentes aux amputations très fréquentes, on appliquait sur la plaie une lame chauffée au rouge avant d'y appliquer de l'huile bouillante. Les douleurs étaient atroces et les victimes mouraient souvent de ce traitement radical. Soucieux d'éviter ces horribles souffrances, ce «chirurgien des champs de bataille» a l'idée de ligaturer les vaisseaux sectionnés à l'aide d'un fil et d'appliquer un onguent cicatrisant sur la plaie. Il élabore également de nombreuses techniques opératoires et conçoit bon nombre d'instruments chirurgicaux pour opérer les soldats blessés. Son intuition est confortée par les guérisons de ses patients.

Grâce à leur approche basée sur l'expérimentation, ces deux génies ont pavé la voie à la médecine moderne.

? 1. Quelles sont les différences entre le travail d'un barbier chirurgien et celui d'un médecin ?

2. En quoi André Vésale et Ambroise Paré ont-ils été innovateurs à leur époque ?

entreprises scientifiques. Par exemple, les missions françaises expédiées au Pérou et en Laponie pour comparer la mesure de deux degrés de méridien ramènent la preuve expérimentale de l'aplatissement de la Terre aux pôles, ainsi que le prévoyait la loi de la gravitation de Newton.

La faveur de l'opinion publique   Par ailleurs, les spectaculaires percées scientifiques frappent l'imagination des élites cultivées, et la science conquiert rapidement l'appui d'une opinion publique en voie de formation. On en discute avec enthousiasme dans les salons particuliers où se réunissent aristocrates et bourgeois passionnés de vie intellectuelle. Ces salons s'organisent parfois à l'initiative de la maîtresse de maison, qui en choisit les orientations en fonction de ses centres d'intérêt. Ainsi, c'est de sciences et de philosophie qu'on discute chez Madame de la Sablière, qui se passionne notamment pour l'astronomie, les mathématiques et la physique. On installe des cabinets de physique parfois remarquablement outillés dans les châteaux ou les maisons bourgeoises ; on commence même à enseigner les sciences dans les collèges. Les premières expériences de vol en ballon soulèveront ainsi une exaltation phénoménale `06` `07`.

La polyvalence des savants   L'activité scientifique est également marquée par une absence de spécialisation qui permet à tous les domaines de la recherche de s'interpénétrer. Les savants sont à la fois astronomes, physiciens, mathématiciens, voire médecins, et poursuivent leurs recherches dans plusieurs domaines en même temps. Ils bénéficient d'instruments de mesure et d'observation qui ont manqué à leurs prédécesseurs et qui restent encore, à l'époque, peu coûteux : lunette astronomique, microscope, baromètre et thermomètre, machine arithmétique. Cependant, les succès mêmes de la science conduiront, vers le milieu du 18e siècle, à une spécialisation de plus en plus poussée et à un outillage de plus en plus coûteux qui viendront modifier de nouveau les conditions de la recherche scientifique et contribuer à façonner son visage d'aujourd'hui.

La place des femmes   Quelques rares femmes participent à cette activité scientifique. En Allemagne, Maria Winkelmann (1670-1720) poursuit des travaux en astronomie. Comme beaucoup d'autres, elle doit cependant œuvrer dans l'ombre de son mari. En France, Émilie de Breteuil, marquise du Châtelet (1706-1749), récolte davantage de notoriété. Cette

07 L'envol d'une montgolfière

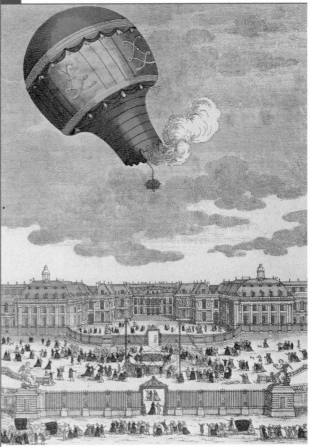

Une montgolfière s'élève au-dessus d'une foule enthousiaste à Versailles, le 19 septembre 1783.

06 Avertissement au peuple sur l'enlèvement [l'envol] des ballons ou globes en l'air

« On a fait une découverte dont le gouvernement a jugé convenable de donner connaissance, afin de prévenir les terreurs qu'elle pourrait occasionner parmi le peuple. [...] À Paris le 27 août à cinq heures du soir, en présence d'un nombre infini de personnes, un globe de taffetas enduit de gomme élastique, de trente-six pieds de tour, s'est élevé du Champ-de-Mars jusque dans les nues, où on l'a perdu de vue. Chacun de ceux qui découvriront dans le ciel de tels globes qui présentent l'aspect de la lune obscurcie, doit donc être prévenu que, loin d'être un phénomène effrayant, ce n'est qu'une machine toujours composée de taffetas ou de toile légère recouverte de papier, qui ne peut causer aucun mal, et dont il est à présumer qu'on fera quelque jour des applications utiles aux besoins de la société. »

Source : Affiche parisienne (septembre 1783), dans Fulgence MARION, *Les ballons et les voyages aériens*, Paris, Hachette, 1869, p. 65.

physicienne autodidacte prend part aux débats scientifiques de l'époque, multiplie les démonstrations expérimentales, rédige un traité de physique, avant d'établir la première traduction française des *Principes mathématiques de la philosophie naturelle* d'Isaac Newton. En Italie, une chaire de physique est par ailleurs attribuée en 1732 par l'Université de Bologne à Laura Bassi (1711-1778), première femme à occuper un poste universitaire en Occident.

Cette participation des femmes relance le débat sur leurs capacités intellectuelles : sont-elles aussi intelligentes que les hommes et peuvent-elles contribuer ainsi au progrès en participant aux débats philosophiques et aux travaux scientifiques ? Certaines répondent d'emblée par l'affirmative à ces questions, telles Marie de Gournay et Anne-Marie Schurman qui dénoncent les préjugés culturels dont les femmes sont victimes. La philosophe Gabrielle Suchon (1632-1703) soutient ainsi que si les femmes sont incapables d'autorité, de sciences ou de liberté, comme on l'affirme généralement, c'est qu'elles en sont tout simplement privées. Il faut donc comprendre pourquoi la société fonctionne ainsi, dit-elle, et éliminer les lois discriminatoires qu'elles subissent (*Traité de la morale et de la politique*, 1693). Il faudra cependant attendre le siècle suivant avant que ces idées n'émergent sur la scène politique.

L'idée du progrès La révolution scientifique du 17e siècle non seulement annonce le fossé qui va se creuser entre la science et la religion, mais elle amène aussi la civilisation occidentale à une confiance nouvelle dans les capacités de la raison humaine. Tout devient possible. La connaissance scientifique de l'Univers va permettre la maîtrise de la Nature par l'Homme. La société elle-même pourra être remodelée pour assurer le bonheur de chacun. L'idée du progrès devient une des dimensions fondamentales de la pensée occidentale **08**.

---

08 L'idée du progrès

«Nos espérances sur les destinées futures de l'espèce humaine peuvent se réduire à ces trois questions : la destruction de l'inégalité entre les nations ; les progrès de l'égalité dans un même peuple ; enfin le perfectionnement réel de l'homme. [...] En répondant à ces trois questions, nous trouverons, dans l'expérience du passé, dans l'observation que les progrès dans les sciences, que la civilisation ont faits jusqu'ici, dans l'analyse de la marche de l'esprit humain et du développement de ses facultés, les motifs les plus forts de croire que la nature n'a mis aucun terme à nos espérances.»

Source : CONDORCET, *Esquisse d'un tableau historique des progrès de l'esprit humain*, 4e éd., Paris, Agasse, 1798, p. 333, 336.

FAITES LE POINT

1. Décrivez l'Univers tel que conçu par Ptolémée et montrez les apports successifs de Copernic, Kepler, Galilée et Newton dans la définition d'un Univers «réinventé».

2. Quelle différence y a-t-il entre la méthode proposée par Bacon et celle que soutient Descartes ?

3. Nommez les découvertes scientifiques principales des 17e et 18e siècles dans différents domaines, à part l'astronomie.

4. Citez trois conditions nouvelles qui favorisent les progrès scientifiques.

6.2 La philosophie des Lumières

L'humanisme de la Renaissance avait placé l'Homme au centre de toutes choses, capable par lui-même de comprendre le monde (*voir la page 126*). Le mouvement philosophique du 18e siècle pousse plus loin dans cette voie, porté par la révolution scientifique. Car la conviction que le monde physique peut être étudié et connu avec certitude va s'étendre au domaine social et politique. Il apparaît bientôt que le monde des humains est lui aussi régi par des «lois naturelles», qu'il est possible de les découvrir par une étude rigoureuse et que, ces lois une fois découvertes, l'humanité pourra enfin entrer dans l'âge du progrès.

6.2.1 «Philosopher»...

Nature, raison, action La philosophie des Lumières est d'abord une philosophie de la Nature, désormais étudiée pour elle-même, sans référence à quelque principe religieux, et au moyen d'une observation minutieuse. À l'instar de Newton pour les planètes, le philosophe cherche les «lois naturelles» du comportement humain. La philosophie des Lumières est aussi une philosophie de la raison, rejetant toute vérité révélée par un Dieu, faisant de l'intelligence humaine libérée du tumulte des sentiments et des passions la seule faculté capable de découvrir les lois de la Nature. Elle est enfin une philosophie de l'action, poursuivant sans relâche la transformation concrète de l'Homme et de la société dans le sens du progrès.

Des philosophes propagandistes Le «philosophe» de l'époque n'est pas un métaphysicien, c'est d'abord un homme de lettres, un propagandiste. Les philosophes s'expriment dans tous les genres littéraires: Voltaire, le plus célèbre, aborde non seulement l'essai philosophique au sens strict (*Dictionnaire philosophique portatif*), mais aussi le roman (*Candide*), le théâtre (*Zaïre*), la poésie épique (*La Henriade*), l'histoire (*Le siècle de Louis XIV*), le reportage (*Lettres anglaises*), et entretient de plus une correspondance soutenue qui le met en communication constante avec toute l'Europe «éclairée».

Éclectisme et activisme Le philosophe s'intéresse à tout: la science évidemment, mais aussi les techniques, les métiers, la société, l'économie, la politique, l'art sous toutes ses formes. L'ici et l'ailleurs, l'hier et l'aujourd'hui, tout sollicite sa curiosité. Et il cherche partout l'enseignement pratique, celui qui sera utile, qui pourra déboucher sur une réforme concrète, qui amènera un progrès tangible, si modeste soit-il. Ces philosophes sont des activistes, qui n'hésiteront pas à aller vivre dans l'intimité d'un monarque pour le conseiller dans son action (Voltaire chez Frédéric II, Diderot chez Catherine II), même si, la plupart du temps, cette expérience se termine par une incompréhension réciproque.

Métaphysicien
Personne qui se consacre à la métaphysique, c'est-à-dire à la recherche des causes premières de l'univers, des principes premiers de la connaissance.

6.2.2 Les idées-force

Sur le plan politique Unanimes dans leur opposition à l'absolutisme de droit divin **09**, les philosophes divergent, parfois radicalement, quant aux solutions de remplacement à proposer. Voltaire (1694-1778), le plus conservateur, qui affirme

09 **Diderot: contre la monarchie absolue**

«Aucun homme n'a reçu de la nature le droit de commander aux autres. La liberté est un présent du ciel, et chaque individu de la même espèce a le droit d'en jouir aussitôt qu'il jouit de la raison. [...] Toute autre autorité [que la puissance paternelle] vient d'une autre origine que la nature. Qu'on examine bien, et on la fera toujours remonter à l'une de ces deux sources: ou la force et la violence de celui qui s'en est emparé; ou le consentement de ceux qui s'y sont soumis par un contrat fait ou supposé entre eux et celui à qui ils ont déféré l'autorité.

La puissance qui s'acquiert par la violence n'est qu'une usurpation et ne dure qu'autant que la force de celui qui commande l'emporte sur celle de ceux qui obéissent; en sorte que, si ces derniers deviennent à leur tour les plus forts, et qu'ils secouent le joug, ils le font avec autant de droit et de justice que l'autre qui le leur avait imposé. La même loi qui a fait l'autorité la défait alors: c'est la loi du plus fort. [...]

La puissance qui vient du consentement des peuples suppose nécessairement des conditions qui en rendent l'usage

légitime, [...] et qui la fixent et la restreignent entre des limites: car l'homme ne doit ni ne peut se donner entièrement et sans réserve à un autre homme [...]. [Dieu] permet pour le bien commun et pour le maintien de la société que les hommes établissent entre eux un ordre de subordination, qu'ils obéissent à l'un d'eux; mais il veut que ce soit par raison et avec mesure, et non pas aveuglément et sans réserve [...]. Toute autre soumission est le véritable crime de l'idolâtrie. [...]

Le prince tient de ses sujets mêmes l'autorité qu'il a sur eux, et cette autorité est bornée par les lois de la nature et de l'État. [...] n'ayant d'autorité sur eux que par leur choix et de leur consentement, il ne peut jamais employer cette autorité pour casser [...] le contrat par lequel elle lui a été déférée: il agirait dès lors contre lui-même [...].»

Note: Afin de déjouer la censure, les encyclopédistes avaient imaginé divers subterfuges. Cet article, par exemple, fait partie de l'article général «Autorité», présenté comme appartenant au domaine de la grammaire...

? Quelles sont les deux sources de l'autorité politique selon Diderot, et comment en arrive-t-il, sur cette base, à condamner l'absolutisme?

Source: DIDEROT, article «Autorité politique», dans *Encyclopédie ou Dictionnaire raisonné des sciences, des arts et des métiers*, t. I, Paris, [s.é.], 1751, p. 898.

qu'«au peuple sot et barbare, il faut un joug, un aiguillon et du foin», se satisfait de l'absolutisme, pourvu qu'il n'invoque plus quelque droit divin et qu'il soit d'abord soucieux de réformes élémentaires dans les domaines de la justice, de l'enseignement et de la tolérance religieuse – c'est le despotisme éclairé. Montesquieu (1689-1755), après John Locke (1632-1704), considère la séparation des trois pouvoirs de l'État comme la base de toute bonne organisation politique et penche vers une monarchie parlementaire aristocratique 10.

Jean-Jacques Rousseau (1712-1778) 11, inspiré par la Glorieuse Révolution de 1689 (*voir la page 183*), développe la théorie du *Contrat social* ébauchée par John Locke à cette occasion. Tout homme naît naturellement libre, mais il doit entrer en société avec ses semblables pour la satisfaction de ses besoins. Ce faisant, il ne pourrait cependant aliéner sa nature d'homme libre. La société naît donc d'un «contrat» librement consenti par lequel l'individu, reconnaissant que son bonheur personnel est inséparable du bien commun, accepte l'autorité de la «volonté générale» qui définit ce bien commun. Pour Rousseau, c'est un régime républicain égalitaire, dans lequel tous les citoyens participent à l'élaboration des lois, qui est le plus à même d'assurer le respect de ce contrat. Il s'agit donc de démocratie directe, mais dont Rousseau pense qu'elle ne peut s'implanter que sur un territoire relativement petit.

Dans le domaine social   Les philosophes réclament tous l'humanisation de la justice par l'abolition de la torture et des châtiments excessifs, la réforme des prisons, la réhabilitation des condamnés en vue de leur réinsertion dans la société. Ils exigent le développement de l'éducation par les pouvoirs publics afin de réduire l'analphabétisme et de favoriser, justement, le culte de la raison et de l'esprit scientifique. En ce qui concerne les filles, cependant, leurs propositions

10   Montesquieu : la séparation des pouvoirs

«Il y a dans chaque État trois sortes de pouvoirs : la puissance législative, la puissance exécutrice des choses qui dépendent du droit des gens, et la puissance exécutrice de celles qui dépendent du droit civil.

Par la première, le prince ou le magistrat fait des lois pour un temps ou pour toujours, corrige ou abroge celles qui sont faites. Par la seconde, il fait la paix ou la guerre, envoie ou reçoit des ambassades, établit la sûreté, prévient les invasions. Par la troisième, il punit les crimes ou juge les différends des particuliers. [...]

Lorsque dans la même personne ou dans le même corps de magistrature la puissance législative est réunie à la puissance exécutrice, il n'y a point de liberté, parce qu'on peut craindre que le même monarque ou le même sénat ne fasse des lois tyranniques pour les exécuter tyranniquement.

Il n'y a point encore de liberté si la puissance de juger n'est point séparée de la puissance législative ou de l'exécutrice. Si elle était jointe à la puissance législative, le pouvoir sur la vie et la liberté des citoyens serait arbitraire ; car le juge serait législateur. Si elle était jointe à la puissance exécutrice, le juge pourrait avoir la force d'un oppresseur.

Tout serait perdu si le même homme ou le même corps des principaux, ou des nobles, ou du peuple exerçaient ces trois pouvoirs : celui de faire des lois, celui d'exécuter des résolutions publiques, et celui de juger les crimes ou les différends des particuliers. [...]

Comme, dans un État libre, tout homme qui est censé avoir une âme libre doit être gouverné par lui-même, il faudrait que le peuple en corps eût la puissance législative ; mais comme cela est impossible dans les grands États, [...] il faut que le peuple fasse par ses représentants tout ce qu'il ne peut pas faire par lui-même.

[...] Il y a toujours dans un État des gens distingués par la naissance, les richesses ou les honneurs [...]. La part qu'ils ont dans la législation doit donc être proportionnelle aux autres avantages qu'ils ont dans l'État ; ce qui arrivera s'ils forment un corps qui ait droit d'arrêter les entreprises du peuple, comme le peuple a droit d'arrêter les leurs.

Ainsi la puissance législative sera confiée et au corps des nobles et au corps qui sera choisi pour représenter le peuple, qui auront chacun leurs assemblées et leurs délibérations à part, et des vues et des intérêts séparés.»

?   Quel est le rôle de chacun des trois pouvoirs essentiels de l'État, d'après Montesquieu, et pourquoi faut-il qu'ils soient séparés ? Comparez ce document avec le texte de Louis XV (*voir le document* 04, *(extrait 3), page 173*) : quel commentaire cette comparaison vous inspire-t-elle ?

Source : MONTESQUIEU, *De l'esprit des lois*, Genève, Barillot et Fils, 1749, p. 153-157.

11 Jean-Jacques Rousseau (1712-1778)

Né à Genève et élevé dans la tradition protestante, Rousseau devient très jeune orphelin de sa mère et connaît de dures années d'apprentissage suivies d'une période d'errance qui lui laisse, outre de magnifiques souvenirs, le goût des ouvrages romanesques et des études musicales. Déçu des mondanités parisiennes, brouillé avec les philosophes, condamné pour les idées religieuses préconisées dans son roman pédagogique *Émile ou De l'éducation*, il reprend ses errances et vit de plus en plus dans la hantise d'un complot dirigé contre lui, rédigeant ses *Confessions* pour se justifier devant la postérité. Cet ouvrage ainsi que *Les rêveries d'un promeneur solitaire* (1776) annoncent déjà le romantisme par leur sensibilité, leur lyrisme, leur amour de la nature, leur culte de l'imaginaire. Il a exercé une influence considérable sur la pensée politique moderne.

éducatives affirment que la finalité de leur formation est de les préparer essentiellement à assurer leur rôle « naturel ». Rousseau lui-même soutient, dans *Émile ou De l'éducation* (1762), que la femme demeure éternellement dans l'enfance; la nature l'a assignée à la domesticité et « sa seule gloire réside dans l'estime de son mari et le service de sa famille ». Quelques rares philosophes s'inscrivent en faux contre une telle perception mais s'attirent les foudres des autorités: Helvétius, qui proclame l'égalité des sexes en matière éducative, verra ainsi son livre *De l'esprit* (1758) brûlé sur la place publique.

Quant au problème des classes sociales et de l'inégalité, la plupart des philosophes s'en accommodent, comme de l'esclavage d'ailleurs, ne serait-ce que par « réalisme » économique. Mais Rousseau fait ici figure de trouble-fête en affirmant que l'état « de nature » est celui d'égalité et que c'est la propriété qui est la source de l'inégalité et par là de la plupart des maux de la société **12**.

12 Rousseau: la propriété, source de l'inégalité

« Le premier qui, ayant enclos un terrain, s'avisa de dire: "Ceci est à moi" et trouva des gens assez simples pour le croire, fut le vrai fondateur de la société civile. Que de crimes, de guerres, de meurtres, que de misères et d'horreurs n'eût point épargnés au genre humain celui qui, arrachant les pieux ou comblant le fossé, eût crié à ses semblables: "Gardez-vous d'écouter cet imposteur; vous êtes perdus si vous oubliez que les fruits sont à tous, et que la terre n'est à personne". [...]

Tant que les hommes se contentèrent de leurs cabanes rustiques, tant qu'ils se bornèrent à coudre leurs habits de peaux avec des épines ou avec des arêtes, à se parer de plumes et de coquillages, à se peindre le corps de diverses couleurs, à perfectionner ou embellir leurs arcs et leurs flèches, à tailler avec des pierres tranchantes quelques canots de pêcheurs ou quelques grossiers instruments de musique; en un mot, tant qu'ils ne s'appliquèrent qu'à des ouvrages qu'un seul pouvait faire, et qu'à des arts qui n'avaient pas besoin du concours de plusieurs mains, ils vécurent libres, sains, bons et heureux autant qu'ils pouvaient l'être par leur nature et continuèrent à jouir entre eux d'un commerce indépendant; mais dès l'instant qu'un homme eut besoin du secours d'un autre, dès qu'on s'est aperçu qu'il était utile à un seul d'avoir des provisions pour deux, l'égalité disparut, la propriété s'introduisit, le travail devint nécessaire, et les vastes forêts se changèrent en campagnes riantes qu'il fallut arroser de la sueur des hommes, et dans lesquelles on vit bientôt l'esclavage et la misère germer et croître avec les moissons.

La métallurgie et l'agriculture furent les deux arts dont l'invention produisit cette grande révolution. Pour le poète, c'est l'or et l'argent; mais pour le philosophe, ce sont le fer et le blé qui ont civilisé les hommes et perdu le genre humain. »

? Comment est née l'inégalité entre les hommes, selon Rousseau? La vision rousseauiste de l'état de nature vous paraît-elle crédible? Commentez la dernière phrase: quelle notion Rousseau se fait-il de la civilisation?

Source: Jean-Jacques ROUSSEAU, *Discours sur l'origine et les fondements de l'inégalité parmi les hommes*, Amsterdam, Marc Michel Rey, 1755, p. 95, 117-118.

Sur le plan économique   La pensée économique de la philosophie des Lumières est fondée sur la conviction qu'il existe des «lois naturelles» de l'économie. Et ici, à l'instar de l'attraction universelle dans le cosmos, c'est la recherche, par chaque individu, de son intérêt personnel qui est la loi fondamentale. De cette recherche individuelle découle nécessairement l'intérêt général de la société. Adam Smith (1723-1790) va, sur cette base, fonder l'économie politique moderne. Affirmant que la source de toute richesse n'est pas, comme le voulait le mercantilisme, dans l'accumulation des métaux précieux, mais bien dans le travail sous toutes ses formes, il considère que ce travail doit être soumis à la loi naturelle de l'offre et de la demande. Toute l'économie doit ainsi s'organiser avec le minimum d'intervention de l'État, lequel doit se limiter à prescrire et à protéger les règles permettant à cette «loi naturelle» de s'exercer. C'est ce qu'on appellera le **libéralisme**.

Dans le domaine religieux   Les philosophes sont en général déistes, c'est-à-dire qu'ils croient en un Dieu créateur de l'Univers, «grand horloger» de la mécanique cosmique, mais qui a si bien organisé sa création selon d'immuables lois mathématiques que cette dernière peut très bien fonctionner toute seule, sans rapport avec son Créateur. Quelques philosophes iront cependant jusqu'à l'athéisme, le rejet de l'existence de Dieu, ou au panthéisme, selon lequel Dieu et la Nature ne font qu'un. Mais qu'ils soient déistes ou non, les philosophes condamnent sans appel la religion révélée, l'Église institutionnelle, le clergé, les rites religieux, la religion d'État, qu'ils écrasent sous leurs attaques incessantes. Ils prônent la tolérance religieuse et réclament là aussi, comme en toute chose, la liberté de la raison individuelle 🔲13.

Libéralisme
En économie, doctrine selon laquelle les activités économiques doivent être régies par la seule loi de l'offre et de la demande, ou loi du marché, dont le mécanisme ne doit pas être perturbé par l'intervention de l'État.

---

13 | **Voltaire pour la tolérance**

«Ce n'est donc plus aux hommes que je m'adresse, c'est à toi, Dieu de tous les êtres, de tous les mondes et de tous les temps […]. Tu ne nous as point donné un cœur pour nous haïr, et des mains pour nous égorger; fais que nous nous aidions mutuellement à supporter le fardeau d'une vie pénible et passagère; que les petites différences entre les vêtements qui couvrent nos débiles corps, entre tous nos langages insuffisants, entre tous nos usages ridicules, entre toutes nos lois imparfaites, entre toutes nos opinions insensées, entre toutes nos conditions si disproportionnées à nos yeux, et si égales devant toi; que toutes ces petites nuances qui distinguent les atomes appelés hommes ne soient pas des signaux de haine et de persécution! que ceux qui allument des cierges en plein midi pour te célébrer supportent ceux qui se contentent de la lumière de ton soleil; que ceux qui couvrent leur robe d'une toile blanche pour dire qu'il faut t'aimer, ne détestent pas ceux qui disent la même chose sous un manteau de laine noire; qu'il soit égal de t'adorer dans un jargon formé d'une ancienne langue, ou dans un jargon plus nouveau; que ceux dont l'habit est teint en rouge ou en violet, qui dominent sur une petite parcelle d'un petit tas de la boue de ce monde, et qui possèdent quelques fragments arrondis d'un certain métal, jouissent sans orgueil de ce qu'ils appellent grandeur et richesse, et que les autres les voient sans envie; car tu sais qu'il n'y a dans ces vanités ni de quoi envier, ni de quoi s'enorgueillir.

Puissent tous les hommes se souvenir qu'ils sont frères! qu'ils aient en horreur la tyrannie exercée sur les âmes, comme ils ont en exécration le brigandage qui ravit par la force le fruit du travail et de l'industrie paisible! Si les fléaux de la guerre sont inévitables, ne nous haïssons pas, ne nous déchirons pas les uns les autres dans le sein de la paix, et employons l'instant de notre existence à bénir également en mille langages divers, depuis Siam jusqu'à la Californie, ta bonté qui nous a donné cet instant.»

❓ À quelle «ancienne langue» Voltaire fait-il allusion? De qui parle-t-il, «dont l'habit est teint en rouge ou en violet»? À quoi se réfère l'expression «fragments arrondis d'un certain métal»?

Source: VOLTAIRE, *Traité sur la tolérance*, [s.l.], [s.é.], 1763, p. 194-196.

6.2.3 La diffusion des Lumières

Les publications   C'est surtout par l'imprimé que les idées nouvelles vont se répandre. Une œuvre, de dimension colossale, va devenir le symbole de toute l'époque: l'*Encyclopédie ou Dictionnaire raisonné des sciences, des arts et des métiers*, qui constitue, toutes proportions gardées, l'une des plus grosses entreprises éditoriales de l'histoire de l'imprimerie. Il ne s'agissait de rien de moins que de réunir en une seule œuvre toutes les connaissances de l'époque, de faire le point sur celles-ci et d'exposer les développements prévisibles du fait des progrès scientifiques. Il s'agissait aussi, évidemment, de faire la critique des institutions, de pourfendre les idées reçues et de propager les idéaux des Lumières et la croyance dans le progrès. Financée par des souscriptions préalables, l'entreprise s'étendra finalement sur 30 ans (1751-1780), réunissant une centaine de collaborateurs, dont tous les plus prestigieux des philosophes, sous la direction de Denis Diderot (1713-1784), faisant travailler un millier d'ouvriers et comportant au total, avec les suppléments, 35 volumes grand format, dont 11 d'illustrations. Le succès fut à la mesure de l'effort : 20 000 séries complètes vendues, sans compter les éditions pirates, des profits de 120 % (dont Diderot ne touchera guère que 5 %) et surtout la diffusion dans toute l'Europe d'une véritable « somme philosophique » qui servira de référence à plusieurs générations d'Européens cultivés.

Presse, cafés, salons   Au-delà de ce monument, l'imprimerie joue aussi un rôle essentiel dans la diffusion des Lumières par le canal de la presse périodique, qui se multiplie à l'époque. On la lit et la commente avec fougue dans un nouveau type d'établissement, le café, où, autour de cette boisson nouvelle venue de Turquie, les discussions ont plus de chances qu'à la taverne de se maintenir à un certain niveau… À la différence du siècle précédent, les salons bourgeois ou même aristocratiques sont désormais tenus pour la plupart par des femmes. S'y rencontrent philosophes, érudits, lecteurs avides et « gens du monde ». Ces salons jouent donc également un rôle dans la diffusion des Lumières **14**.

14 *Une soirée chez Madame Geoffrin, en 1755* (A.C.G. Lemonnier, 1812)

Grande réunion d'écrivains, de philosophes et d'artistes dans l'un des salons les plus courus de l'époque. Au centre, le buste de Voltaire, dont on lit la tragédie *L'orphelin de la Chine*.

Le cosmopolitisme   Enfin, le **cosmopolitisme** du 18ᵉ siècle, grâce auquel toutes les classes éduquées d'Europe se sentent appartenir à une seule et même « république des lettres », favorise grandement la circulation des idées par-delà toutes les frontières. Tout jeune homme de bonne famille se doit alors de faire son « tour d'Europe », et c'est justement pour faciliter ces déplacements que naissent les premières agences de voyages. Véhicule privilégié de communication, la langue française atteint alors des sommets de perfection, de concision et d'élégance et devient la langue internationale de l'Occident, illustrée par quelques-uns de ses plus grands écrivains, dont la plupart, justement, sont « philosophes ».

Moment essentiel dans l'histoire intellectuelle de l'Occident, la philosophie des Lumières déborde largement du simple domaine des idées, ainsi que le souhaitaient les philosophes : elle va servir d'inspiration à la « Grande Révolution atlantique » qui fera l'objet du chapitre suivant.

Cosmopolitisme
Disposition à s'accommoder de cultures nationales variées, à vivre indifféremment dans tous les pays, à se considérer comme citoyen du monde (à cette époque, de l'Europe).

FAITES LE P◉INT

5. Énumérez trois caractéristiques générales de la philosophie des Lumières.

6. Décrivez les différents régimes politiques proposés par les philosophes en lieu et place de l'absolutisme de droit divin.

7. Quelles réformes les philosophes réclament-ils sur le plan social?

8. Quels sont les facteurs essentiels de la diffusion des Lumières?

6.3 L'art entre le baroque et le classicisme

L'art est toujours le reflet d'une époque. Nous avons vu que les 17e et 18e siècles sont particulièrement marqués par la Contre-Réforme catholique, l'avènement de la monarchie absolue et la «crise de la conscience européenne» provoquée par la révolution scientifique et la philosophie des Lumières. Les deux grandes tendances de l'art de l'époque, le baroque et le classicisme, sont intimement liées à ces phénomènes, qui vont amener un foisonnement artistique d'une richesse et d'une complexité qui ont peu d'égales dans l'histoire occidentale.

15 *La crucifixion de saint Pierre* (Le Caravage, 1601)

Remarquez la composition en diagonales et le contraste saisissant entre les zones d'ombre et les zones de lumière, cette dernière toute concentrée sur le torse et le visage du martyr alors que tous les autres visages sont dans l'ombre.

16 *L'enterrement du comte d'Orgaz* (El Greco, 1588)

Notez l'allongement des formes, les tons de plus en plus clairs à mesure que l'on passe du monde terrestre (enterrement) au monde céleste (réception du décédé au paradis). Magnifique travail sur la couleur.

6.3.1 L'art baroque

Le courant le plus puissant de l'époque, celui qui en est presque venu – abusivement – à s'identifier à elle, est celui qu'on appelle le *baroque*. Ce mot sert souvent de fourre-tout commode, ce qui en rend la définition d'autant plus malaisée.

Les caractères généraux   Le baroque est un art du mouvement ; c'est un art du spectacle ; c'est un art de l'extrême, de la vie et de la mort enchevêtrées ; c'est un art de la métamorphose, de la perpétuelle transformation. Ajoutons, aspect non moins fondamental, qu'il est l'art par excellence de la Contre-Réforme catholique (*voir la page 140*), à la fois outil de propagande pour ramener les fidèles vers les églises et affirmation orgueilleuse de victoire sur le protestantisme. Il n'est pas douteux non plus qu'il soit un art de la nouvelle cosmologie, celle de l'Univers infini et de la mécanique céleste, un art qui cherche toujours à éclater hors de son cadre, à projeter le « spectateur » dans l'immensité cosmique. C'est en Italie, en Espagne et dans les domaines des Habsbourg d'Autriche que le baroque trouve ses terres de prédilection.

La peinture   En peinture, le baroque est illustré, en Italie, par Caravaggio, dit le Caravage (Michelangelo Merisi, 1571-1610), avec ses éclairages heurtés, son sens dramatique, ses angles inhabituels 15. En Espagne, El Greco (1541-1614), peint des tableaux mystiques où les corps distendus deviennent comme des flammes, où les règles de la perspective sont bousculées, où la couleur accentue l'expression d'extase 16. Diego Vélasquez (1599-1660), quant à lui, propose avec *Les ménines*, chef-d'œuvre absolu et mystérieux, une réflexion sur le regard, thème baroque par excellence 17.

Quelques femmes s'illustrent également, brossant des portraits de femmes fortes inspirées des figures mythiques de l'Antiquité ou de l'Ancien Testament, comme *Judith décapitant Holopherne*, d'Artemisia Gentileschi (1593-v.1653), ou les tableaux tout aussi sanglants d'Elisabetta Sirani (1638-1665). Ces artistes dépeignant des femmes usant de violence dans des actes héroïques illustrent une féminité non traditionnelle, en marge de la tradition picturale de l'époque.

La sculpture   La sculpture baroque est tout entière dominée par le génie de l'Italien Gian Lorenzo Bernini, dit le Bernin (1598-1680), digne successeur de Michel-Ange à la fois comme sculpteur et comme architecte (on lui doit la célèbre colonnade de Saint-Pierre de Rome). Toute la virtuosité de son génie éclate particulièrement dans ses groupes sculptés dans le marbre et habités d'une palpitation vitale extraordinaire 18.

L'architecture   L'architecture baroque triomphe d'abord à Rome, y déployant ses lignes courbes, ses coupoles, ses façades incurvées, et couvrant les plafonds de fresques qui les font littéralement disparaître pour les ouvrir sur des ciels infinis. Au 18ᵉ siècle, c'est en Allemagne catholique et dans les territoires sous la domination des Habsbourg que le baroque s'affirme, tout en poussant une pointe vers la Pologne, l'Ukraine et la Russie. Ici, le baroque

17 *Les ménines* (D. Vélasquez, 1656)

Magistrale étude sur le regard : regard du peintre vers ses modèles, invisibles sauf par leur reflet sur le miroir du fond, et aussi vers l'observateur, c'est-à-dire vers nous ; regards, croisés, de tous les personnages. Éclatement complet du cadre, dans toutes les directions, et même vers l'avant, ce qui est le coup de génie de ce tableau.

architectural frappe par sa luminosité, dans des églises ou des palais aux murs blancs sur lesquels se déploient à foison les volutes d'or et les marbres de couleur, sous des plafonds peints de fresques radieuses, dans des constructions prodigieuses de dynamisme, de fraîcheur, de joie spirituelle autant que de bonheur de vivre **19** . Ce style jubilatoire qui prendra le nom de *rococo* est illustré entre autres par Johann Michael Fischer (1692-1766) et Johann Balthasar Neumann (1687-1753).

18 Appolon et Daphné (Le Bernin, 1622-1625)

Magnifique illustration du thème baroque de la métamorphose : le sculpteur fige dans le marbre l'instant où la nymphe Daphné, afin d'échapper à la poursuite d'Apollon, se transforme en laurier. Tandis que l'écorce commence à recouvrir ses jambes, son bras est déjà devenu une branche feuillue.

19 L'église de Zwiefalten, en Allemagne (J.M. Fischer, 1741-1753)

Un des chefs d'œuvre du baroque allemand.

6.3.2 Le classicisme

Les caractères généraux   Le courant baroque est cependant loin de résumer à lui seul toute cette période. Dans les pays protestants, et surtout calvinistes, il s'accorde mal avec l'austérité et l'intériorité introduites par la Réforme. En France catholique, par contre, le triomphe même de l'absolutisme amène un goût prononcé pour l'ordre et la suprématie de la règle, qui sont les bases du classicisme, indissolublement associé au règne de Louis XIV.

Le classicisme est un art de la clarté, de la rationalité, du «bon goût», de l'ordonnance stricte, de la soumission aux règles. Il fait prévaloir la puissance sur l'ostentation, la composition sur le mouvement, l'harmonie sur l'effet, la mesure sur le déploiement, la ligne droite sur la courbe.

En France L'ensemble gigantesque formé par le parc et le château de Versailles, conçus respectivement par André Le Nôtre et Louis Le Vau, est la référence obligée du classicisme français. Harmonie des proportions, symétrie des façades, stricte composition des jardins, puissance superbement contenue des fontaines, tout y concourt. Cette œuvre «totale» inspirera d'innombrables imitations dans toute l'Europe, depuis le Portugal jusqu'en Russie).

Dans les Provinces-Unies La peinture hollandaise atteint au 17e siècle sa plus grande époque, avec Johannes Vermeer (1632-1675) et surtout l'un des plus grands de tous les temps, Rembrandt Van Rijn (1606-1669), dont l'œuvre immense va de la chronique de la vie quotidienne (*La ronde de nuit*) à la peinture religieuse fortement imprégnée de mysticisme (*Les pèlerins d'Emmaüs*), en passant par une innombrable série de portraits et d'autoportraits qui sont autant d'études psychologiques d'une acuité inégalée **20**. Vermeer est, quant à lui, demeuré célèbre pour ses scènes d'intérieur tranquilles, doucement éclairées par la lumière d'un extérieur tout entier laissé à l'imagination de l'observateur **21**.

En Angleterre L'Angleterre elle aussi préfère le classicisme au baroque. En peinture, Thomas Gainsborough (1727-1788) excelle dans le portrait aristocratique, tandis que William Hogarth (1697-1764) se fait le caricaturiste féroce de la société de son temps, aussi bien bourgeoise que populaire **22**.

Il importe de souligner que les deux courants majeurs que sont le baroque et le classicisme ne sont pas étanches l'un par rapport à l'autre, ni même antagoniques. Ils sont deux aspects inséparables de la société européenne d'alors, en pleine effervescence intellectuelle, et ils s'interpénètrent d'ailleurs assez souvent : à l'intérieur même du château de Versailles «classique», la célèbre galerie des Glaces est une véritable apothéose baroque. De plus, ces catégories, commodes dans le domaine des arts plastiques, éclatent à peu près complètement quand on aborde le domaine musical.

6.3.3 La musique nouvelle

Dans le domaine musical, le baroque et le classicisme, plutôt que de se déployer en parallèle et en opposition, s'enchaînent l'un à l'autre, le second succédant au premier vers le milieu du 18e siècle. Toute cette période amène la musique occidentale à l'une de ses plus profondes transformations. D'abord elle sort du cadre restreint de la vie de château pour pénétrer dans un auditoire beaucoup plus vaste, recruté auprès d'une bourgeoisie incapable d'entretenir des musiciens sur une base permanente, mais assez riche pour louer une place dans une salle.

20 *Autoportrait* (Rembrandt, 1659)

Regard pénétrant du peintre sur lui-même. (*Voir aussi le document* **18**, *page 186.*)

21 *L'atelier du peintre* (Vermeer, v. 1666-1673)

? Comparez avec la toile de Vélasquez (*voir le document* **17**, *page 213*) : distinguez leurs caractéristiques.

L'artiste s'est peint en plein travail.

22 *Mariage à la mode, 2 : Le tête-à-tête* [W. Hogarth, v. 1743]

Petit matin chez le couple mal assorti d'un vicomte et d'une fille de commerçant : tandis que la femme bâille d'ennui devant son petit déjeuner, le mari vient de rentrer hébété d'une nuit bien arrosée et bien accompagnée (le chien renifle une coiffe féminine dans la poche de son maître). Sur la cheminée, un buste avec le nez brisé, symbole d'impuissance.

23 *Jean-Sébastien Bach* [E.G. Haussmann, 1748]

Le premier concert public payant a lieu à Paris, en 1656. Ensuite, des genres nouveaux apparaissent, particulièrement l'opéra, qui répond parfaitement au goût baroque du théâtre, de l'ostentation, du merveilleux aussi, avec ses décors compliqués et son impressionnante machinerie, et qui devient très vite un art « populaire » pour lequel on construit partout des édifices dédiés. De nouveaux instruments, également : violon, piano, clarinette, amènent de nouvelles sonorités et de plus grandes possibilités expressives.

Deux compositeurs parmi les plus grands de tous les temps marquent la période. L'immense figure de Jean-Sébastien Bach (1685-1750) **23** domine le baroque, traduisant admirablement, dans une œuvre immense, l'Univers réinventé de Descartes et Newton, dans sa suprême ordonnance débouchant sur une sorte de mouvement perpétuel aux dimensions cosmiques.

Wolfgang Amadeus Mozart (1756-1791) annonce quant à lui des temps nouveaux, par sa vie même d'abord, où il rompt définitivement avec le statut de domestique ou d'employé qui était celui de tous les compositeurs de l'époque, pour travailler « à son compte » et essayer, non sans difficulté, de vivre de son art, en vendant ses œuvres aux amateurs et en organisant ses propres concerts. Il meurt à 35 ans, dénué de tout, laissant une œuvre qui, par ses seules dimensions, constitue déjà une sorte de défi aux capacités humaines **24**. Ses œuvres, particulièrement ses opéras, n'ont jamais cessé de toucher un immense public : on dit qu'aujourd'hui encore, chaque jour, quelque part sur la planète, il y a au moins une représentation de ses *Noces de Figaro*.

24   Wolfgang Amadeus Mozart (1756-1791)

Il y a un «mystère» Mozart. Enfant prodige, exhibé dès l'âge de six ans par son père d'un bout à l'autre de l'Europe comme une sorte d'animal savant, il échappe malgré tout à la médiocrité qui suit souvent une enfance aussi exceptionnelle. Il compose son premier opéra à 12 ans, sa première messe à 13 ans, son premier grand quatuor à 14 ans. On reste incrédule devant l'ampleur d'une œuvre composée au cours d'une vie si courte, marquée en plus par d'incessants déplacements vers toutes les grandes villes d'Europe, de Naples jusqu'à Londres: 14 opéras, 8 messes, 41 symphonies, 65 divertimentos, 55 sonates, 24 quatuors, etc. Ce mystère a évidemment contribué à forger certains mythes, comme celui, sans aucun fondement, de son empoisonnement par son concurrent Salieri, qui forme l'intrigue centrale du néanmoins superbe film *Amadeus*.

FAITES LE POINT

9. Comparez les caractères généraux du baroque avec ceux du classicisme et identifiez quelques artistes marquants de chacun de ces courants dans les arts plastiques (peinture, sculpture, architecture).

10. Énumérez quelques innovations dans le domaine musical et citez quelques compositeurs marquants.

❯ EN BREF

❯ La révolution scientifique des 17e et 18e siècles constitue une étape fondamentale dans l'évolution de la civilisation occidentale et dans l'histoire générale de l'humanité. Cette évolution est particulièrement marquée dans le domaine de l'astronomie, où prend forme un «Univers réinventé», et dans celui de la méthode, où se développent à la fois l'empirisme expérimental et le cartésianisme. Des conditions nouvelles comme l'appui des États et la faveur de l'opinion publique favorisent plusieurs avancées scientifiques majeures.

❯ L'avènement de l'esprit scientifique rejaillit sur la pensée philosophique, ouvrant la voie à la philosophie des Lumières, à la fois réflexion et action concrète qui pose les bases politiques, sociales et économiques d'une société transformée.

❯ Ce bouillonnement intellectuel et spirituel suscite une immense floraison artistique et musicale à travers les deux grands courants du baroque et du classicisme.

En faisant éclater la conception du monde qui avait cours depuis l'Antiquité, la civilisation occidentale est entrée au 17e siècle, pour le meilleur et pour le pire, dans l'ère de la science moderne. Ce faisant, elle en est venue à remettre en cause de façon radicale des manières d'agir et de penser qui semblaient aussi immuables que les sphères cristallines de Ptolémée, et a élevé au rang d'absolu la croyance dans le progrès illimité de l'être humain. Cette croyance, de même que l'optimisme qui en découle, est indissociable des deux grandes révolutions qui viennent: la révolution atlantique et la révolution industrielle, à la fois dans leurs origines et dans leurs résultats.

❯ HÉRITAGE

Ce que nous devons aux 17ᵉ et 18ᵉ siècles

- des découvertes majeures (système solaire, calcul différentiel et intégral, vitesse de la lumière, circulation du sang, etc.)
- la méthode scientifique
- le rationalisme
- l'idée du progrès

- le concept de la séparation des pouvoirs de l'État
- la tolérance en matière de religion
- le libéralisme économique
- le concert public, l'opéra, la création de nouveaux instruments (piano, violon, clarinette)

❯ POUR ALLER PLUS LOIN

 LIRE

BOUTTIER, Catherine (dir.). *Les plus belles pages des Lumières*, Paris, Éditions Omnibus, 2015, 208 p. (Coll. «Bibliomnibus») – Anthologie de textes de toutes les grandes figures des Lumières.

MAZAURIC, Simone. *Histoire des sciences à l'époque moderne*, Paris, A. Colin, 2009, 344 p. (Coll. «U Histoire») – De la Renaissance aux Lumières, le mouvement des sciences étudié dans son contexte philosophique, religieux, social et politique.

NADLER, Steven. *Le philosophe, le prêtre et le peintre. Portrait de Descartes au Siècle d'or*, Paris, Alma, 2015, 327 p. – À la fois biographie et présentation des idées du philosophe, replacées dans le contexte du «Siècle d'or» des Pays-Bas au cœur de l'Europe.

TYBURCE, Bernard. *La science selon Galilée, Descartes et Newton*, Paris, Ellipses, 2015, 237 p. – Biographies des trois savants et illustration de leur pensée par de nombreuses citations.

 NAVIGUER

Bibliothèque nationale de France. *Lumières! Un héritage pour demain*: http://expositions.bnf.fr/lumieres/index.htm – Site très riche sur le sujet: principes, personnalités, Europe des Lumières, etc.

The Galileo Project: http://galileo.rice.edu/index.html – Site très complet sur Galilée et son temps (en anglais).

 VISIONNER

Amadeus, de Milos Forman, avec T. Hulce et F.M. Abraham, É.-U., 1984, 160 min. — D'après la pièce éponyme de Peter Shaffer, la vie de Mozart à Vienne et les intrigues du compositeur Antonio Salieri contre lui. Même si le nœud de l'intrigue, la responsabilité de Salieri dans la mort de Mozart, n'a pas de base historique, le film est une réussite totale. Bonne reconstitution d'époque. Gagnant de huit Oscar en 1985.

Girl with a Pearl Earring, de Peter Webber, avec S. Johansson et C. Firth, G.-B./Lux., 2003, 100 min. — Une jeune servante dans la maison du peintre Vermeer sert de modèle pour un de ses plus célèbres tableaux. Superbe film, très belle reconstitution d'époque. Images inspirées des toiles du maître.

Tous les matins du monde, de Alain Corneau, avec G. Depardieu et J.-P. Marielle, Fr., 1991, 115 min. — Un compositeur et musicien qui veut se consacrer à son art et à ses enfants en toute quiétude se voit invité par Louis XIV à Versailles pour se joindre au compositeur officiel Lully. Superbe film, au rythme retenu, porté par une musique magnifique. Réflexion sur l'art et la vie d'artiste.

 Allez plus loin encore, grâce à la médiagraphie enrichie disponible sur *i+ Interactif*!

EXERCICES ET ACTIVITÉS

Exercez-vous davantage grâce à des ateliers interactifs captivants ! Consultez votre enseignant pour y accéder sur *i+ Interactif*.

La Révolution scientifique

1. La Révolution scientifique modifie profondément le rapport au savoir, en ce qui concerne le mode d'acquisition des connaissances. Vérifions cette mutation en répondant aux questions suivantes.

   a) Selon les inquisiteurs qui ont condamné Galilée (*document 4, p. 201*) et les informations de l'encadré sur les barbiers-chirurgiens (*p. 204*), quelles étaient les sources de toute connaissance et de toute vérité avant la Révolution scientifique ?

   b) Selon Descartes (*document 5, p. 202*), l'un des penseurs de la Révolution scientifique, sur quoi doit plutôt se baser toute connaissance pour être considérée comme une vérité ?

2. On peut lire dans le manuel que la Révolution scientifique s'appuie sur une nouvelle « conception mécaniste de la nature » (*p. 200*) ou sur une « "mécanisation" totale du monde matériel » (*p. 203*).

   a) Définissez ce que signifie cette notion.

   b) Expliquez pourquoi les éléments suivants sont, ou ne sont pas, des exemples de cette conception mécaniste du monde.
   - La théorie des sphères cristallines (*p. 200*)
   - Le mouvement elliptique des planètes (*p. 200*)
   - La gravitation (*p. 201*)
   - La circulation sanguine (*p. 203*)
   - Les théories médicales de Galien (*encadré Lorsque les barbiers faisaient de la chirurgie, p. 204*)

La philosophie des Lumières

3. Complétez ce tableau des idées des philosophes des Lumières, en identifiant ce que chacun conteste de l'absolutisme et la solution qu'il préconise en remplacement.

	Philosophe des Lumières	Que conteste-t-il dans l'absolutisme ?	Que propose-t-il en remplacement ?
Aspect politique	Diderot (*document 9, p. 207*)		
	Montesquieu (*document 10, p. 208*)		
Aspect social	Rousseau (*section Dans le domaine social, p. 208-209*)		
Aspect économique	Smith (*section Sur le plan économique, p. 210*)		
Aspect religieux	Divers philosophes (*section Dans le domaine religieux, p. 210*)		

4. Le document 14 (*p. 211*) illustre le « salon » qui se tenait en 1755 chez Mme Geoffrin. Les « salons » ont existé dès le 17e siècle (*section 6.1.4, p. 203-206*) et se multiplient au 18e siècle (*section Presse, cafés, salons, p. 211*).

   a) Mais qu'est-ce qu'un « salon » (à part, bien sûr, une pièce d'une maison…) ?

   b) Selon le titre de cette toile, ce salon est organisé par une femme, Mme Geoffrin ; pourtant, très peu de femmes participent à cette réunion. Expliquez cette apparente contradiction en vérifiant la vision des femmes au 18e siècle (*section Dans le domaine social, p. 208-209*).

   c) La légende de la toile explique qu'on s'est réuni, ce soir-là, pour parler de Voltaire, dont le buste trône au milieu de la pièce. Quelle est alors l'influence de Voltaire pour que tant de personnes se soient déplacées pour débattre de son œuvre ?

Les arts

5. L'église allemande de Zwiefalten (*document 19, p. 214*) est typique de l'art baroque. Pour discuter de cette affirmation, consultez la section 6.3.1 (*p. 213-214*).

   a) Votre manuel explique que l'art baroque est un « art du mouvement » (*p. 213*) et qu'il produit des « constructions prodigieuses de dynamisme » (*p. 214*). Selon vous, en quoi l'église de Zwiefalten constitue-t-elle une illustration de ces caractéristiques du baroque ?

   b) On dit aussi que le baroque est un « art du spectacle » (*p. 213*). Imaginez-vous en train de marcher dans l'allée centrale de l'église de Zwiefalten, en regardant autour de vous. En quoi le baroque est-il donc un art du spectacle, selon vous ?

   c) Enfin, on indique que, pour l'Église catholique, l'art baroque est un « outil de propagande pour ramener les fidèles vers les églises » (*p. 213*). Expliquez comment l'art baroque peut être attirant pour les croyants, en appliquant vos explications à l'église de Zwiefalten.

6. En ce qui concerne le classicisme, le château de Versailles, en France (*voir photo ci-dessous et document 10, p. 177*), est « la référence obligée » (*p. 215*), en ce sens où il en est particulièrement représentatif. Répondez aux questions qui suivent pour comprendre pourquoi (*section 6.3.2, p. 214-215*).

   a) Le classicisme, vous indique le manuel, se caractérise par une recherche de rationalité et de composition harmonieuse (plutôt que par des effets de mouvements comme dans le baroque) et privilégie « la ligne droite sur la ligne courbe » (*p. 215*). En quoi le château de Versailles satisfait-il à ces caractéristiques ?

   b) Par ailleurs, le classicisme manifeste « un goût prononcé pour l'ordre et la suprématie de la règle » (*p. 214*) et Versailles, dit-on, constitue un « outil politique d'une grande efficacité [qui] est copié par la plupart des rois qui souhaitent imposer leur puissance » (*p. 221*). Expliquez ce lien entre le classicisme et la politique absolutiste.

Versailles : la fontaine d'Apollon

POINTS DE VUE
SUR L'HISTOIRE

L'Europe du 18e siècle est-elle française?

Il se trouve un lieu commun selon lequel le 18e siècle est français. Ce raccourci signifie que ce siècle a été fortement dominé par la France qui a su imposer aux autres pays sa puissance politique, économique et culturelle. La puissance de cette thèse vient du fait que les Européens du 18e siècle ont eux-mêmes inventé le terme « Europe française ». Mais qu'en est-il vraiment?

Plusieurs historiens affirment que, avec la montée en puissance de la monarchie française sous les Bourbon, les rois français sont les plus puissants du continent. La richesse de la monarchie française à l'époque de Louis XV et Louis XVI fait l'envie des autres monarchies. La France contrôle la politique européenne, impose sa vision de la diplomatie et donne le ton en matière de société de cour et de mœurs. Le château de Versailles, outil politique d'une grande efficacité, est copié par la plupart des rois qui souhaitent imposer leur puissance.

En outre, ce qui fait que l'Europe est « française » au 18e tient surtout aux idées des Lumières, qui resplendissent sur toute l'Europe au point où l'on parle de « l'Europe des Lumières ». C'est en effet de la France qu'émane la plupart des idées de lutte contre la censure, contre le pouvoir absolu de droit divin et les privilèges royaux, cléricaux et aristocratiques, de même que la promotion de la tolérance religieuse. Ces idées forcent les intellectuels de partout à revoir leurs catégories d'analyse afin de prendre en compte les théories françaises. Ainsi, plusieurs affirment que les idées des Lumières, par leur prétention universelle, ne sont en fait rien d'autre que l'imposition de la vision française des droits et libertés à l'ensemble des Européens et, par le fait même, aux colonies.

De la puissance politique et culturelle de la France découle le fait que le français est considéré, depuis la chute du latin et la perte de prestige de l'italien, comme la langue « européenne » de la culture et de la diplomatie. Ces historiens insistent sur le fait que plusieurs auteurs, dans des pays non francophones comme la Russie ou l'Autriche, écrivent directement en français. De plus, les salons, les cafés, la presse et l'opinion publique qui s'y forge sont essentiellement des créations françaises reprises partout en Europe.

Finalement, pour ces historiens, la dernière preuve de l'Europe « française » réside dans le fait que la France est l'endroit où la révolution scientifique se poursuit avec le plus de succès au 18e siècle. Ainsi, les Académies et les universités françaises sont les plus réputées d'Europe et les scientifiques viennent de partout en Europe pour les fréquenter.

D'autres historiens rejettent cette vision. Ils admettent qu'il faut sans aucun doute reconnaître que la France est la puissance dominante dans plusieurs domaines, ils concèdent que la France joue un rôle d'instigateur de plusieurs courants, que la langue française est la langue « européenne » et que la royauté française peut imposer son pouvoir de plusieurs façons. Ils refusent cependant d'y voir une domination complète de la France et encore moins de croire que l'Europe est homogène au point de parler « d'Europe française ».

Ces historiens insistent sur l'adaptation des idées venues de France par les autres Européens. Les idées ne s'imposent jamais, elles sont réorganisées par ceux qui les reçoivent. Par exemple, bien que le pouvoir de la royauté française et le château de Versailles soient des modèles pour plusieurs monarchies européennes, jamais ces dernières ne copieront exactement la France. Ces spécialistes expliquent aussi que le mot « Lumières » s'écrit toujours au pluriel et qu'il y a une bonne raison: les penseurs que l'on regroupe sous le terme « Lumières » ont quelques idées communes, mais ont aussi plusieurs idées divergentes, souvent inconciliables. De plus, les racines des idées des Lumières sont nombreuses, par exemple l'humanisme italien ou encore la philosophie anglo-saxonne de John Locke au siècle précédent.

Ces mêmes historiens avancent aussi que l'*Aufklärung* allemand et l'*Enlightenment* anglais sont des mouvements que l'on rapproche des idées des Lumières, mais qui ne sont pas identiques. Les idées de base sont similaires, mais lorsqu'elles traversent les cadres nationaux, ces idées sont nécessairement changées.

Les spécialistes insistent aussi sur le fait que plusieurs penseurs du 18e siècle sont des « anti-Lumières », c'est-à-dire qu'ils refusent les idées défendues par ces philosophes. En Angleterre et en Italie notamment, la résistance aux idées françaises a été forte.

Finalement, ces historiens expliquent que le nationalisme moderne est né au 18e siècle et que le 19e siècle a même été le « siècle des nationalismes ». Or, si l'Europe était française, les autres pays se seraient acculturés et auraient épousé parfaitement la culture de la France. Et puis, la guerre de Sept Ans montre la limite de la domination française: l'Angleterre devient la superpuissance qui commence à régner sur une bonne partie du monde à la fin du siècle.

En somme, « Europe française » ou « France: pôle d'influence »?

BEAUREPAIRE, Pierre-Yves. *Le mythe de l'Europe française au XVIIIe siècle*, Paris, Autrement, 2007, 304 p. [Coll. « Mémoires/Histoire »]

FERRONE, Vincenzo, et Daniel ROCHE (dir.). *Le monde des Lumières*, Paris, Fayard, 1999 (1997), 637 p.

GRETCHANAIA, Elena, Alexandre STROEV et Catherine VIOLLET (dir.). *La francophonie européenne aux XVIIIe-XIXe siècles*, Bruxelles, 2012, 275 p.

RÉAU, Louis. *L'Europe française au siècle des Lumières*, Paris, Albin Michel, 1951, 455 p.

01 Une révolution atlantique

«Toutes ces "révolutions en chaîne", qui ont frappé à peu près uniquement les pays de l'Occident, mieux encore les pays riverains de l'Atlantique, entre 1770 et 1848, [...] sont [...] des manifestations d'une seule et même révolution, la révolution "libérale" ou "bourgeoise" dont les causes profondes et générales furent les mêmes dans tous les pays, et varièrent seulement en fonction des conditions particulières rencontrées ici ou là. [...]

La réaction générale des années 1849-1850 met fin à ces troubles révolutionnaires [...]. Le régime capitaliste leur succède et, jusqu'en 1917, ne subira que de faibles assauts. Comment ne pas penser que ces révolutions font partie d'un même ensemble? Ne peut-on les caractériser par les expressions: "révolution occidentale", "révolution atlantique"? »

Source : Jacques GODECHOT, *Les révolutions (1770-1799)*, Paris, PUF, 1970, p. 6, 100.

Depuis le milieu du 18e siècle jusqu'au milieu du 19e, tout le monde occidental est secoué par une puissante vague révolutionnaire qui modifie profondément les bases politiques de l'Ancien Régime. Cette vague passe et repasse l'Atlantique, balayant l'Europe et l'Amérique depuis l'Oural jusqu'à la Terre de Feu. Il s'agit véritablement d'une grande révolution «atlantique».

Cette révolution est axée d'abord et avant tout sur le thème de la liberté : liberté des individus face aux multiples contraintes de l'Ancien Régime, mais aussi liberté des peuples, droit à l'autodétermination et à l'indépendance. Malgré la participation décisive des classes populaires au mouvement, c'est la bourgeoisie qui, comme classe sociale, en sera la première bénéficiaire. Les femmes, tout aussi présentes dans les soulèvements populaires, devront pour leur part attendre plusieurs décennies avant de pouvoir bénéficier à leur tour des retombées du mouvement.

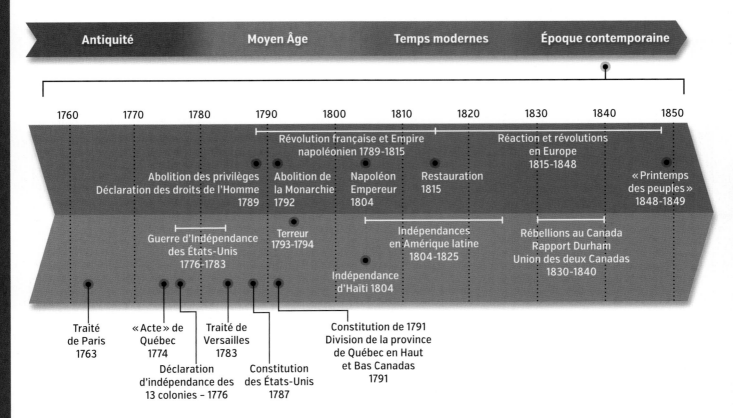

< Célèbre tableau peint pour exalter la révolution de 1830 à Paris, mais qui est devenu l'image emblématique de toute une époque.
[*La Liberté guidant le peuple*, E. Delacroix, 1831]

7.1 La naissance des États-Unis

Amorcé en Angleterre par la Glorieuse Révolution de 1688-1689, le mouvement révolutionnaire qui, passant et repassant l'Atlantique, va pénétrer jusqu'aux confins de l'Europe et des Amériques coloniales **02**, connaît sa première grande victoire en Amérique du Nord, avec la naissance des États-Unis d'Amérique.

02 Le mouvement de la vague révolutionnaire

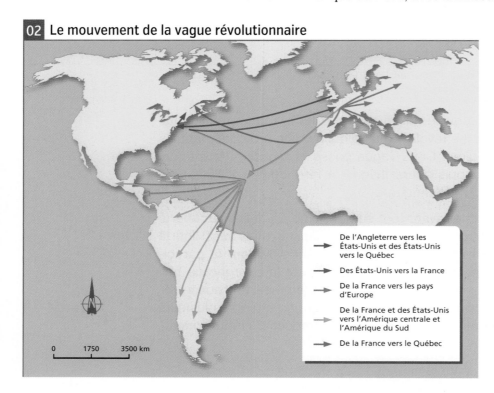

De l'Angleterre vers les États-Unis et des États-Unis vers le Québec

Des États-Unis vers la France

De la France vers les pays d'Europe

De la France et des États-Unis vers l'Amérique centrale et l'Amérique du Sud

De la France vers le Québec

0   1750   3500 km

7.1.1 Les origines

Le traité de Paris C'est le traité de Paris de 1763, mettant fin à la guerre de Sept Ans (*voir les pages 191-192*), qui constitue l'élément déclencheur de l'accession des États-Unis à l'indépendance. Ce traité, en éliminant la France du continent nord-américain, rend inutiles l'appui et la protection militaire britanniques dont les 13 colonies anglaises de la côte atlantique sentaient jusque-là le besoin. Peuplées, riches, avec désormais un continent entier où se répandre, ces colonies sont arrivées à ce point, naturel dans toute colonisation de peuplement, où elles étouffent sous la domination de la métropole et se sentent aptes à assumer la pleine maîtrise de leur vie collective.

03 Les colonies anglaises d'Amérique du Nord en 1763

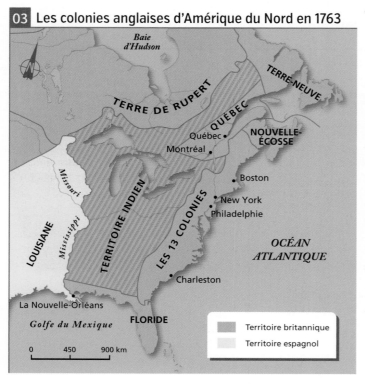

Baie d'Hudson

TERRE DE RUPERT

TERRE-NEUVE

QUÉBEC

Québec •
Montréal •

NOUVELLE-ÉCOSSE

Missouri

TERRITOIRE INDIEN

• Boston
• New York
Philadelphie

LES 13 COLONIES

LOUISIANE

Mississippi

OCÉAN ATLANTIQUE

• Charleston

La Nouvelle-Orléans

Golfe du Mexique

FLORIDE

0   450   900 km

Territoire britannique
Territoire espagnol

La politique de la Grande-Bretagne Or voilà que la Grande-Bretagne, dans une première mesure lourde de conséquences, prive les colonies du fruit de la récente victoire en déclarant «Territoire réservé aux Indiens» toute la région des Grands Lacs, de l'Ohio et du Mississippi **03**. Elle décide ensuite de soumettre celles-ci à toute une série de taxes nouvelles, par exemple sur le thé, afin de leur faire assumer une partie de l'énorme déficit financier occasionné par cette guerre de Sept Ans qui vient de se terminer de façon si bénéfique pour elles.

Agitation et escalade Invoquant justement le principe britannique du *no taxation without representation* (il n'y a pas de députés des colonies au parlement de Londres), les coloniaux refusent les nouvelles exigences de la métropole, et l'agitation commence à se répandre, culminant avec le *Boston Tea Party* (1773), au cours duquel des Bostoniens de bonne famille déguisés en Indiens jettent à la mer une cargaison de thé venue d'Angleterre. Londres réagit énergiquement: envoi de troupes, dissolution de l'Assemblée (sorte de parlement) du Massachusetts, blocus du port de Boston.

Dans la vallée du Saint-Laurent L'agitation des 13 colonies risquant de se propager chez les Canadiens de la vallée du Saint-Laurent, conquis depuis à peine 10 ans, la Grande-Bretagne va s'assurer leur loyauté en proclamant l'«Acte» de Québec (1774). Cette loi reconnaît le caractère «distinct» de la colonie, en y restaurant les lois civiles françaises (c'est-à-dire, entre autres, la propriété de type seigneurial, inconnue des lois anglaises) et en y reconnaissant la religion catholique – cas unique dans tout l'Empire britannique. La loi étend également le territoire du Québec à toute la région des Grands Lacs et à la côte du Labrador, lui redonnant presque les frontières de l'ancienne Nouvelle-France 04.

Malgré la fureur déclenchée dans les 13 colonies par cette loi qu'elles qualifient d'*intolérable*, la stratégie de Londres réussit parfaitement. Lorsque le «Premier Congrès continental», réuni à Philadelphie et composé de délégués des 13 colonies, lance un appel solennel aux Canadiens pour se joindre à la rébellion, ceux-ci demeurent plutôt réservés. Les colonies rebelles décident alors de s'emparer de la vallée par la force, mais leur expédition militaire échoue sous les murs de Québec (1775-1776).

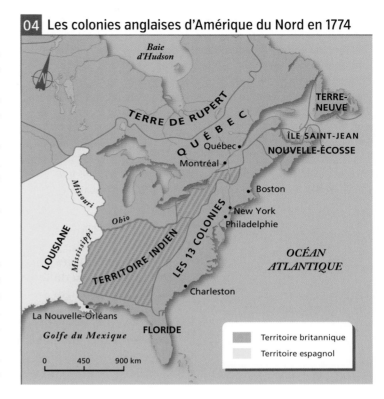

04 **Les colonies anglaises d'Amérique du Nord en 1774**

7.1.2 L'indépendance des États-Unis et le schisme de l'Amérique anglaise

La Déclaration La rupture est scellée le 4 juillet 1776, lorsque des délégués des 13 colonies réunis en congrès à Philadelphie adoptent une Déclaration d'indépendance qui constitue un texte fondamental dans l'histoire de la civilisation occidentale 05.

05 **Déclaration d'indépendance des États-Unis (4 juillet 1776)**

«Lorsque, dans le cours des événements humains, il devient nécessaire pour un peuple de dissoudre les liens politiques qui l'ont attaché à un autre et de prendre, parmi les puissances de la Terre, la place séparée et égale à laquelle les lois de la nature et du Dieu de la nature lui donnent droit, le respect dû à l'opinion de l'humanité l'oblige à déclarer les causes qui le déterminent à la séparation.

Nous tenons pour évidentes pour elles-mêmes les vérités suivantes : tous les hommes sont créés égaux ; ils sont dotés par le Créateur de certains droits inaliénables ; parmi ces droits se trouvent la vie, la liberté et la recherche du bonheur. Les gouvernements sont établis parmi les hommes pour garantir ces droits, et leur juste pouvoir émane du consentement des gouvernés. Toutes les fois qu'une forme de gouvernement devient destructrice de ce but, le peuple a le droit de la changer ou de l'abolir et d'établir un nouveau gouvernement, en le fondant sur les principes et en l'organisant en

la forme qui lui paraîtront les plus propres à lui donner la sûreté et le bonheur. La prudence enseigne, à la vérité, que les gouvernements établis depuis longtemps ne doivent pas être changés pour des causes légères et passagères […]. Mais lorsqu'une longue suite d'abus et d'usurpations, tendant invariablement au même but, marque le dessein de les soumettre au despotisme absolu, il est de leur droit, il est de leur devoir de rejeter un tel gouvernement et de pourvoir, par de nouvelles sauvegardes, à leur sécurité future. […]

En conséquence, nous, les représentants des États-Unis d'Amérique, assemblés en Congrès général, prenant à témoin le Juge suprême de l'univers de la droiture de nos intentions, publions et déclarons solennellement, au nom et par l'autorité du bon peuple de ces colonies, que ces colonies unies sont et ont le droit d'être des États libres et indépendants ; qu'elles sont dégagées de toute obéissance envers la couronne de la Grande-Bretagne ; que tout lien politique entre elles et l'État de Grande-Bretagne est et doit être entièrement dissous ; que, comme les États libres et indépendants, elles ont pleine autorité de faire la guerre, de conclure la paix, de contracter des alliances, de réglementer le commerce et de faire tous autres actes ou choses que des États indépendants ont droit de faire ; et pleins d'une ferme confiance dans la protection de la divine Providence, nous engageons mutuellement au soutien de cette Déclaration nos vies, nos fortunes et notre bien le plus sacré, l'honneur. »

Traduction de Thomas Jefferson, principal rédacteur du projet de déclaration.

? Mettez en parallèle, sur deux colonnes, des citations de ce document et des citations du document **09** (*voir la page 207*) qui peuvent s'en rapprocher.

Source : « Déclaration unanime des treize États unis d'Amérique », dans *Wikisource*, [En ligne], http://fr.wikisource.org/wiki/Déclaration_unanime_des_treize_États_unis_d'Amérique (Page consultée le 18 mars 2016).

La guerre L'Angleterre rejette catégoriquement les prétentions de ses colonies, ce qui déclenche la guerre de l'Indépendance. Se rendant compte de leur faiblesse, les insurgés, dirigés par George Washington (1732-1799), se tournent vers la France qui, séduite par l'envoyé spécial Benjamin Franklin **06** et voyant une occasion de venger sa défaite de 1763, se range de leur côté, bientôt suivie par l'Espagne et les Pays-Bas. Cette intervention française, tant financière que militaire, est décisive, et les généraux français La Fayette et Rochambeau deviennent des héros de l'indépendance américaine.

06 Benjamin Franklin (1706-1790)

Signataire de la Déclaration d'indépendance avec Jefferson, Washington et plusieurs autres, Benjamin Franklin est un autodidacte polyvalent. Journaliste, comptable, éditeur, homme politique, savant, philosophe, ambassadeur, il crée la première bibliothèque publique des futurs États-Unis, découvre le rôle des isolants en électricité, invente le calorifère et le paratonnerre, fonde une société philosophique qui deviendra l'Université de Pennsylvanie. Reçu triomphalement à Paris au moment de la guerre de l'Indépendance, il obtient l'intervention française en faveur des insurgés en jouant avec un immense succès son rôle de colonial un peu balourd et mal dégrossi. Il sera l'un des rédacteurs de la Constitution des États-Unis. Il a laissé de passionnants *Mémoires*.

Indépendance et schisme Battue à Yorktown (1781), l'Angleterre doit finalement s'incliner et reconnaître l'indépendance des États-Unis d'Amérique par le traité de Versailles (1783), qui consacre le schisme de l'Amérique anglaise. La partie désormais souveraine, qui prend le nom d'États-Unis d'Amérique, s'étend jusqu'au Mississippi, alors que la partie demeurée sous l'autorité de Londres, et qu'on désigne globalement sous le nom d'*Amérique du Nord britannique* (*British North America*), ne regroupe plus que six colonies, dont le Québec **07**.

Constitution
Loi ou ensemble de principes et de lois qui déterminent le mode de gouvernement d'un État et définissent les droits essentiels de ses citoyens.

7.1.3 Les Constitutions

Les armes s'étant tues, il va maintenant falloir créer des institutions nouvelles, de part et d'autre de la nouvelle frontière. Nous aurons ainsi, dans la partie souveraine, un régime républicain, démocratique et fédéral et, dans la partie coloniale, dite *britannique*, un régime monarchique, oligarchique et « séparatiste ».

Aux États-Unis La **Constitution** des États-Unis **08** est directement inspirée de la philosophie des Lumières, particulièrement de Locke et de Montesquieu. Les trois pouvoirs sont soigneusement séparés et équilibrés. Le **législatif** relève du Congrès, formé de deux chambres : la Chambre des représentants et le Sénat. L'**exécutif** relève du président et le **judiciaire**, de la Cour suprême. Entre les trois, tout un jeu de contrepoids (*checks and balances*) est prévu : le président peut bloquer une loi votée par le Congrès (droit de **veto**), mais le Congrès peut renverser ce veto en revotant la loi à la majorité des deux tiers. Le Congrès peut, quant à lui, destituer le président par une procédure tout de même fort complexe (*impeachment*). Les juges de la Cour suprême sont nommés par le président, mais avec l'assentiment du Sénat, et ils sont inamovibles. Le principe électif est généralisé : le Congrès en entier et le président sont élus au **suffrage** universel masculin blanc. Par ailleurs, le système est également de type fédéral : alors que la Chambre des représentants est élue sur la base de la population, les États membres sont représentés sur une base d'égalité absolue au Sénat (deux sénateurs par État). Instaurée en 1787, cette Constitution est complétée en 1791 par une série de 10 amendements formant un *Bill of Rights* qui garantit, entre autres, les libertés d'expression, de réunion, de presse et de religion.

07 Le schisme de l'Amérique anglaise et la formation des deux Canadas, 1783-1791

Au Québec Dans la vallée du Saint-Laurent, l'indépendance américaine provoque un afflux subit et imprévu de colons américains «loyalistes» qui ont tout sacrifié pour rester fidèles à l'Angleterre. Or, depuis l'«Acte» de Québec, cette colonie ne ressemble guère à une colonie anglaise : elle n'a pas d'Assemblée élue, elle a des lois civiles françaises, et l'Église catholique y est reconnue. De toute évidence, cette situation ne peut plus être maintenue. L'Angleterre va donc diviser le Québec en deux colonies séparées : le Haut-Canada, réservé aux Loyalistes, et le Bas-Canada, où les Canadiens seront largement majoritaires (mais non pas seuls) **07**. L'«Acte» constitutionnel de 1791 instaure dans chacune des deux colonies un Parlement local (appelé *Législature*) formé de deux chambres dont l'une est élue au suffrage restreint, mais le gouverneur nommé par Londres conserve de larges pouvoirs, en particulier un droit de veto absolu sur la Législature (*voir le document* **08**, *page 228*).

Épilogue : par un synchronisme saisissant, mais dans des contextes absolument différents et sans rapport les uns avec les autres, les Canadiens **09** connaîtront leur première expérience des institutions représentatives la même année (1791) où les Français eux-mêmes les instaureront (*voir la page 233*) dans l'ancienne métropole chassée d'Amérique 30 ans plus tôt…

7.1.4 Une révolution ?

On discute beaucoup sur le caractère «révolutionnaire» de ce qu'on appelle la *Révolution américaine*. Si l'on entend par *révolution* un renversement rapide, radical et violent de l'ordre établi politique, économique, social, voire culturel, nous avons bien affaire à une révolution *politique*. Elle a, en plus de créer un nouveau pays, proclamé solennellement les grandes idées politiques des Lumières et tenté une première application de ces idées dans une Constitution qui demeure aujourd'hui la plus ancienne encore en vigueur dans le monde.

Législatif (pouvoir)
Pouvoir d'État relatif à l'établissement, à la création, à la «fabrication» des lois.

Exécutif (pouvoir)
Pouvoir d'État relatif à la mise en œuvre des lois votées par le pouvoir législatif.

Judiciaire (pouvoir)
Pouvoir d'État relatif à l'interprétation des lois et à leur application dans les cas particuliers.

Veto (droit de)
Pouvoir constitutionnel d'empêcher l'entrée en vigueur d'une loi. On le qualifie d'*absolu* s'il n'a pas de limite dans le temps et ne peut être renversé, de *suspensif* dans le cas contraire.

Suffrage
Vote dans une élection ; on le qualifie d'*universel* si tous les citoyens ont le droit de vote ; on le qualifie de *restreint* si le droit de vote est réservé à certains citoyens. Dans ce cas, si le droit de vote dépend d'un certain niveau de richesse, on parle de suffrage *censitaire*.

08 Les Constitutions, 1787-1791

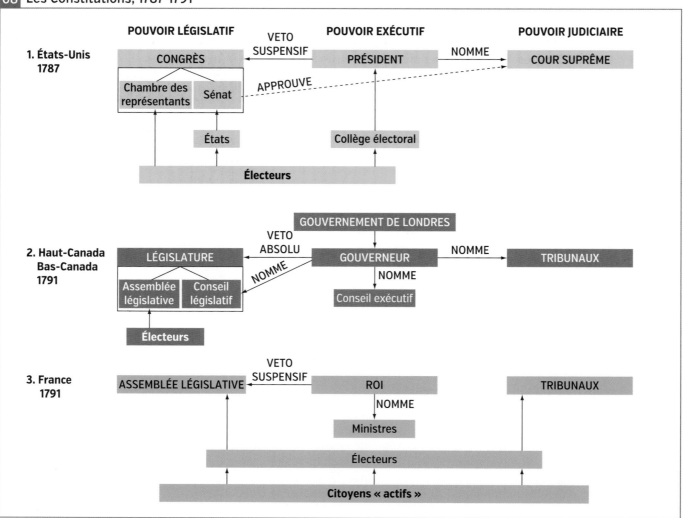

1. États-Unis 1787

POUVOIR LÉGISLATIF — POUVOIR EXÉCUTIF — POUVOIR JUDICIAIRE

CONGRÈS ← VETO SUSPENSIF ← PRÉSIDENT — NOMME → COUR SUPRÊME

Chambre des représentants | Sénat — APPROUVE

États

Collège électoral

Électeurs

2. Haut-Canada Bas-Canada 1791

GOUVERNEMENT DE LONDRES

LÉGISLATURE ← VETO ABSOLU ← GOUVERNEUR — NOMME → TRIBUNAUX

Assemblée législative | Conseil législatif ← NOMME

Conseil exécutif — NOMME

Électeurs

3. France 1791

ASSEMBLÉE LÉGISLATIVE ← VETO SUSPENSIF ← ROI — TRIBUNAUX

Ministres — NOMME

Électeurs

Citoyens « actifs »

09 *Le débat sur les langues : séance de l'Assemblée législative du Bas-Canada le 21 janvier 1793* (C. Huot, 1913)

Assemblée nationale, Québec.

Par contre, cette révolution a bien peu modifié les structures économiques et sociales de la société anglo-américaine: les premières demeurent à peu près inchangées, et quant aux secondes (l'esclavage par exemple), elles restent intouchées **10**, et le droit de vote est réservé aux mâles de race blanche. Bien que les femmes aient participé activement à la lutte pour l'indépendance, notamment au sein des Filles de la Liberté, aucune remise en question de l'infériorité juridique et sociale des femmes n'est envisagée. Le suffrage accordé aux femmes dans le New Jersey sera même abrogé dès 1807.

L'exemple américain va inspirer de façon plus ou moins immédiate les révolutions en chaîne qui bouleverseront maintenant tant l'Europe que l'Amérique.

10 L'esclavage aux États-Unis

Année	Nombre d'esclaves	Pourcentage de la population totale
1770	460 000	21,4
1790	697 000	17,8
1860	4 000 000	12,6

Source: Pourcentages tirés de Peter KOLCHIN, *Une institution très particulière: l'esclavage aux États-Unis, 1619-1877*, Paris, Belin, 1998, p. 294-296.

FAITES LE P⊙INT

1. En quoi le traité de Paris de 1763 peut-il constituer l'élément déclencheur de l'indépendance des États-Unis?

2. Comment la politique de la Grande-Bretagne a-t-elle contribué à la marche des 13 colonies vers l'indépendance?

3. Quelle est la stratégie de la Grande-Bretagne à l'égard des Canadiens, face à l'agitation qui se développe dans les 13 colonies, et quels sont les résultats de cette stratégie, à la fois pour les 13 colonies et pour le Québec?

4. Démontrez le caractère républicain, démocratique et fédéral de la Constitution des États-Unis.

5. Quel a été l'impact de l'arrivée des Loyalistes au Québec?

6. Démontrez le caractère monarchique, oligarchique et séparatiste de l'«Acte» constitutionnel de 1791.

7.2 La Révolution française

Tant par ses origines que par son déroulement, la Révolution française est devenue un événement emblématique, une sorte de «mère de toutes les révolutions». Origines multiples, déroulement dramatique d'une révolution type qui «dévore ses enfants», échec final (du moins en apparence) après l'apothéose napoléonienne: tout y concourt.

7.2.1 Les origines

L'origine prochaine: la guerre d'Amérique Le retentissement des événements d'Amérique est énorme en France, et à plus d'un titre. Sur le plan des idées, d'abord, la Révolution américaine sert d'exemple et d'inspiration à tous ceux qui souhaitent de profonds changements politiques. La participation directe de la France aux combats contribue également à faire de la question américaine un puissant foyer d'intérêt. Sur le plan financier, cette participation financière et militaire aggrave encore l'immense déficit de l'État français, le menaçant de paralysie générale à court terme **11**.

11 Un État en banqueroute

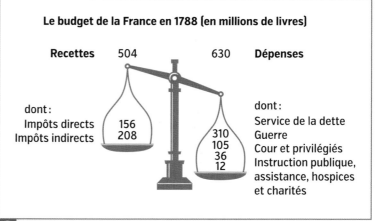

Le budget de la France en 1788 (en millions de livres)

Recettes 504 630 Dépenses

dont:
Impôts directs 156
Impôts indirects 208

310
105
36
12

dont:
Service de la dette
Guerre
Cour et privilégiés
Instruction publique, assistance, hospices et charités

? D'après ce graphique, quelles sont les causes majeures du déséquilibre budgétaire? Calculez ce que représente le service de la dette, ainsi que le déficit, en pourcentage des recettes. Comment ces pourcentages se comparent-ils avec ceux du Canada ou du Québec d'aujourd'hui?

Source: Adapté de Odette VOILLIARD et collab., *Documents d'Histoire*, t. I, *1776-1850*, Paris, A. Colin, 1964, p. 27-28.

L'origine lointaine : une société bloquée   L'onde de choc venue d'Amérique n'est toutefois qu'un accélérateur : même sans elle, la France des années 1780 est déjà dans le contexte prérévolutionnaire d'une « société bloquée », au bord de l'éclatement. Ces blocages s'observent dans tous les domaines, tant en politique qu'en économie, dans les structures sociales comme dans les mentalités.

Dans le domaine politique, le régime de l'absolutisme n'a à peu près pas évolué depuis 200 ans et sombre de plus en plus dans la confusion et l'inefficacité. Le découpage administratif du royaume frise l'anarchie, avec un empilement inextricable d'instances féodales, royales, ecclésiastiques, fiscales, juridiques, etc. Pour avoir une vue complète des divisions administratives, il faudrait une dizaine de cartes géographiques différentes, dont une seulement pour la taxe sur le sel, qui varie d'une région à l'autre.

Les impôts ne sont pas collectés directement par l'État, mais sont affermés, c'est-à-dire vendus à des particuliers contre une somme globale, à charge ensuite, pour le « fermier » choisi, de se dédommager à même la perception. On comprendra que les percepteurs d'impôts soient certainement les hommes les plus détestés de France. La plupart des charges publiques sont également vendues et s'échangent comme n'importe quelle marchandise, se lèguent même par testament. Les juges, par exemple, ont acheté leur charge et se dédommagent à même les amendes qu'ils imposent et les pots-de-vin qu'ils reçoivent de ceux dont ils instruisent le procès…

Le régime restreint sévèrement les possibilités d'action politique de ceux qui ne sont considérés que comme « sujets du roi » et non comme citoyens à part entière. Une censure tatillonne surveille étroitement toutes les publications, et pas seulement celles des philosophes des Lumières : les écrits scientifiques aussi y sont soumis, de même que la poésie, le théâtre, voire la musique. Le régime se prive ainsi d'idées nouvelles qui pourraient le faire évoluer.

L'activité économique souffre d'une réglementation excessive issue à la fois des vieilles traditions corporatives médiévales et du mercantilisme. Les corporations de métiers étouffent sous le poids de leurs propres règles (procédés de fabrication, prix, salaires, emplacement de l'atelier, accès à la maîtrise) et se sont morcelées à l'infini. Les douanes internes existent toujours, rendant difficile la circulation du blé, par exemple, entre une province connaissant un surplus et une autre en état de disette. L'État, dans le cadre du mercantilisme, réglemente de façon pointilleuse certains secteurs de production, surtout les produits d'exportation de luxe (tapisserie, porcelaine).

Mais l'aspect le plus explosif de ce régime qu'on appellera bientôt l'*Ancien Régime*, c'est certainement l'inégalité sociale, qui règne en maître dans tous les domaines.

Le clergé et la noblesse, qui rassemblent 3 % de la population, jouissent de privilèges officiellement reconnus. Devant la justice, leur témoignage vaut plus que celui d'une personne ordinaire, et certaines peines jugées infamantes leur sont épargnées (galère, pendaison), quel que soit leur crime.

Le clergé, qui est le plus gros propriétaire foncier du royaume, ne paie aucun impôt. Il accorde au roi, traditionnellement, un « don gratuit » de 10 millions de livres tous les cinq ans, sur des revenus qui dépassent le milliard pour la même période. Ces revenus sont d'ailleurs très inégalement répartis entre un haut clergé (évêques, chanoines, abbés) très riche et un bas clergé (curés de paroisses) qui vit misérablement, surtout à la campagne.

La noblesse est largement exempte d'impôts elle aussi. Jusqu'au milieu du 18e siècle, il était relativement facile à un bourgeois aisé d'accéder à la noblesse, mais, depuis cette date, la porte s'est refermée : à la veille de la Révolution, tous les évêques de France, tous les ministres de Louis XVI (sauf Necker, qui est suisse), tous les officiers de l'armée, sont des nobles « à quatre quartiers », c'est-à-dire avec quatre grands-parents nobles.

Hormis ces quelque 550 000 privilégiés, tous les autres sujets du roi (près de 26 millions) forment ce qu'on appelle le tiers état (*voir la page 94*), un immense amalgame extraordinairement diversifié où se retrouvent tout autant les bourgeois, qui sont les plus remuants, que les paysans, qui constituent la très grande majorité du peuple. Plus on descend dans l'échelle sociale, plus la taxation est lourde. Les paysans croulent sous les obligations : redevances seigneuriales, **dîmes** ecclésiastiques, tailles et **capitations**, **gabelle**, taxes sur les fenêtres (c'est pourquoi leurs masures en ont si peu), la liste s'allonge à l'infini. Outre qu'il est scandaleusement injuste, le système de taxation est tout bêtement improductif : on taxe ceux qui sont le moins en mesure de payer **12**.

Enfin, ce régime vermoulu a été profondément miné dans les esprits par la philosophie des Lumières, et a perdu toute crédibilité. Une aspiration générale au changement s'impatiente devant l'incapacité de la monarchie à mettre en branle la moindre réforme véritable, ne serait-ce que de supprimer les douanes internes ou de mieux répartir les impôts.

Les origines immédiates Tous ces blocages structurels sont aggravés par une série de difficultés circonstancielles. Louis XVI est un roi particulièrement faible marié à une reine étrangère à la réputation scandaleuse (Marie-Antoinette d'Autriche). Deux mauvaises récoltes successives suivies d'un hiver catastrophique accentuent la misère des masses (1787-1789). Enfin, les privilégiés refusent catégoriquement toute atteinte à leurs privilèges **13**, en particulier toute réforme fiscale qui les assujettirait à l'impôt, ce qui va rendre nécessaire la convocation des États généraux pour régler la crise des finances royales devenue insoluble.

12 **La répartition des impôts**

Caricature montrant le peuple supportant seul tout le poids des classes privilégiées exemptes d'impôts. La légende dit : « Â faut espérer qu'eu'jeu la finira ben tôt. » (1789)

Dîme
Impôt prélevé par l'Église, en principe 10 % (dîme = un dixième).

Capitation
Impôt « sur la tête », c'est-à-dire sur toute personne, du seul fait qu'elle existe.

Gabelle
Taxe sur le sel. Le sel étant un moyen essentiel de conservation des aliments, cette taxe est particulièrement honnie et donne lieu à une énorme activité de contrebande par les « faux-sauniers », malgré de très lourdes peines (galère ou mort). Plusieurs faux-sauniers seront déportés en Nouvelle-France.

13 **La « réaction nobiliaire »**

Au moment même de la convocation des États généraux, la noblesse maintient son refus obstiné des réformes et exige la perpétuation de ses privilèges.

« La conservation des exemptions personnelles et des distinctions dont la noblesse a joui dans tous les temps sont des attributs qui la distinguent essentiellement et qui ne pourraient être attaqués et détruits qu'en opérant la confusion des ordres. L'abus qui résulterait d'une telle innovation est trop évident pour qu'il soit nécessaire de le discuter.

La Noblesse du bailliage d'Amont demande donc que l'ordre dont elle fait partie soit maintenu dans toutes ses prérogatives personnelles [...].

La Noblesse n'entend en aucune manière se dépouiller des droits seigneuriaux honorifiques et utiles tels que la justice haute, moyenne et basse, chasse, pêche, mainmorte, tailles, corvées, lods, colombiers, cens, redevances, dîmes, commises, mainmise, droit de retrait, consentement, et autres quels qu'ils soient [...]. »

Cahier de doléances de la noblesse du bailliage d'Amont pour les États généraux de 1789.

? Quel motif la noblesse invoque-t-elle pour justifier le maintien de ses privilèges ?

Source : Jacques GODECHOT, dir., *La pensée révolutionnaire en France et en Europe, 1780-1799*, Paris, A. Colin, 1969, p. 96-97.

14 La composition des États généraux de 1789

Ordre	Nombre	Remarques
Clergé	331	Près de 200 curés de paroisses plus ou moins gagnés aux réformes
Noblesse	311	Quelques nobles «libéraux»
Tiers état	654	Presque tous bourgeois; près de 200 avocats; aucun paysan, aucun ouvrier

? Cette composition vous semble-t-elle refléter adéquatement celle de la population du royaume?

Source: «Les révélations d'un dictionnaire: du nouveau sur la composition de l'Assemblée nationale constituante (1789-1791)», dans *Annales historiques de la Révolution française*, n° 284 (1991), p. 163.

Les États généraux étaient une vieille structure héritée du Moyen Âge et qui n'avait pas été convoquée depuis 1614. Ils se divisaient en trois assemblées distinctes, selon la structure des ordres féodaux: clergé, noblesse et tiers état, dont les députés étaient élus, chacun dans son ordre, dans tout le pays **14**.

7.2.2 La révolution libérale et démocratique (1789-1792)

La première étape de la Révolution française est marquée par l'affranchissement des individus face aux contraintes diverses qui pesaient sur eux et par l'accession des «citoyens» (du moins d'une partie d'entre eux) à la vie politique. C'est une révolution axée sur la liberté et la démocratie.

La formation de l'Assemblée nationale Les États généraux étant dès le début de leurs travaux paralysés par l'obstination des ordres privilégiés, le tiers état pose rapidement le premier acte révolutionnaire: il se proclame seul représentant de la nation (17 juin) et jure solennellement de ne pas se séparer avant d'avoir doté la France d'une Constitution (Serment du Jeu de Paume, 20 juin) **15**. Louis XVI s'incline finalement et ordonne aux deux premiers ordres de se joindre au tiers état pour former l'Assemblée nationale constituante, chargée de rédiger une Constitution (9 juillet). L'absolutisme vient de s'effondrer, du moins sur papier.

15 *Le serment du Jeu de paume* (J.-L. David, 1791)

Dans un enthousiasme extraordinaire, que le peintre accentue par le vent qui soulève les rideaux et la grande tache de lumière sur le mur du fond, les députés du tiers état jurent solennellement de doter la France d'une Constitution (20 juin 1789).

La révolution populaire Mais cette révolution légale et pacifique va être tout de suite débordée par un acteur imprévu : le peuple. À Paris, le 14 juillet, une foule d'émeutiers composée d'hommes et de femmes cherchant des armes pour résister à une possible intervention militaire s'empare de la Bastille, vétuste prison à peu près vide, mais symbole séculaire de l'arbitraire royal. Dans les campagnes, des rumeurs incontrôlées de mouvements de troupes sèment la « Grand'Peur », et les paysans attaquent les châteaux afin de détruire les vieux registres seigneuriaux qui témoignent de leur servitude. Un grand nombre de nobles, affolés, s'enfuient vers l'étranger, où ils vont représenter une menace continuelle de contre-révolution qui jouera un rôle déterminant dans le développement de la Révolution. Partout l'autorité légale s'effondre, l'anarchie menace, l'armée est au bord de la mutinerie.

L'abolition des privilèges et la Déclaration des droits Pour tenter de reprendre la situation en main, l'Assemblée nationale, inquiète, abolit d'un seul coup tous les privilèges, lors de la fameuse nuit du 4 août. Au matin de cette « folle nuit », la France n'est soudain plus une société d'ordres, mais une société de citoyens égaux dotés de droits inaliénables que l'Assemblée définit dans une solennelle Déclaration des droits de l'homme et du citoyen (26 août) où figurent, en tête de liste, le droit à la liberté et le droit à la propriété **16**. Mais c'est là, en quelque sorte, « mettre la charrue avant les bœufs » : on vient d'abolir l'Ancien Régime, mais le nouveau n'est pas encore défini ; on reconnaît des droits, mais le cadre dans lequel ils devront s'exercer n'est pas encore délimité. Cette situation lourde de dangers va durer deux longues années.

La Constitution de 1791 L'Assemblée nationale constituante n'adoptera en effet qu'en 1791 la première Constitution française, qui instaure une monarchie constitutionnelle, avec une Assemblée législative élue au suffrage restreint (citoyens « actifs » et exclusivement mâles) et un roi héréditaire conservant de larges prérogatives, entre autres un droit de veto suspensif (*voir le document* **08**, *page 228*).

---

16 **Déclaration des droits de l'homme et du citoyen (26 août 1789)**

« Préambule : Les représentants du peuple français, constitués en Assemblée nationale, considérant que l'ignorance, l'oubli ou le mépris des droits de l'homme sont les seules causes des malheurs publics et de la corruption des gouvernements, ont résolu d'exposer, dans une Déclaration solennelle, les droits naturels, inaliénables et sacrés de l'homme [...].

Article premier : Les hommes naissent et demeurent libres et égaux en droits ; les distinctions sociales ne peuvent être fondées que sur l'utilité commune.

Article II : Le but de toute association politique est la conservation des droits naturels et imprescriptibles de l'homme. Ces droits sont la liberté, la propriété, la sûreté, et la résistance à l'oppression.

Article III : Le principe de toute souveraineté réside essentiellement dans la nation [...].

Article IV : La liberté consiste à pouvoir faire tout ce qui ne nuit pas à autrui. Ainsi, l'exercice des droits naturels de chaque homme n'a de bornes que celles qui assurent aux autres membres de la société la jouissance de ces mêmes droits ; ces bornes ne peuvent être déterminées que par la loi. [...]

Article VI : La loi est l'expression de la volonté générale ; tous les citoyens ont droit de concourir personnellement, ou par leurs représentants, à sa formation ; elle doit être la même pour tous, soit qu'elle protège, soit qu'elle punisse. Tous les citoyens, étant égaux à ses yeux, sont également admissibles à toutes dignités, places et emplois publics, selon leur capacité, et sans autre distinction que celle de leurs vertus et de leurs talents. »

? En quoi cette déclaration entend-elle rompre avec l'Ancien Régime ? Quelle conception de la liberté propage-t-elle ?

Source : Christine FAURÉ, dir., *Les déclarations des droits de l'homme de 1789*, Paris, Payot, 1988, p. 11-12.

Déjà amoindri par le suffrage censitaire, le principe de l'égalité entre les citoyens est carrément nié aux femmes. On retrouve pourtant trace de leurs revendications à ce sujet dès 1789 alors que deux brochures, la *Pétition des femmes du tiers état au roi* et le *Cahier de doléances et réclamations des femmes*, plaident notamment en faveur d'une meilleure éducation des filles, du droit de vote, de même que la possibilité, pour les veuves et les femmes célibataires propriétaires, de se faire élire aux États généraux tout comme leurs homologues masculins. Le philosophe Condorcet se prononcera également en faveur du suffrage féminin en 1790. La *Déclaration des droits de la femme et de la citoyenne*, rédigée par Olympe de Gouges en septembre 1791, pose pleinement la question de l'égalité citoyenne, le texte étant une réplique au féminin de la Déclaration de 1789.

Une situation qui se dégrade Mais avant même l'inauguration de ce nouveau régime (30 septembre 1791), le climat s'est déjà passablement dégradé. En nationalisant les biens du clergé pour tenter de résoudre la crise financière et en plaçant l'Église de France sous l'autorité de l'État, l'Assemblée a provoqué une profonde cassure religieuse dans le pays. Puis, en juin 1791, Louis XVI a tenté de s'enfuir à l'étranger, mais il a été rattrapé, ramené dans la capitale et suspendu provisoirement de ses fonctions, perdant définitivement toute autorité morale.

La guerre De fait, le nouveau régime ne durera pas un an. L'Assemblée législative s'étant heurtée à quelques reprises au veto royal et l'agitation populaire ne cessant pas, tout le monde va finir par souhaiter une solution miracle: la guerre extérieure. La noblesse et le roi, convaincus que l'armée française, désorganisée, sera facilement battue par les armées royales étrangères, souhaitent la guerre pour renverser la Révolution et faire restaurer leurs anciens privilèges par les vainqueurs. L'Assemblée, convaincue que le péril extérieur va galvaniser les énergies du peuple, voit dans la guerre le meilleur moyen de consolider la Révolution, voire de l'accélérer **17**. Le 20 avril 1792, malgré les réserves prophétiques d'un

---

17 La guerre

1. Une fuite en avant?

«Un peuple qui a conquis sa liberté après dix siècles d'esclavage a besoin de la guerre. Il faut la guerre pour consolider la liberté, et pour purger la Constitution des restes du despotisme; il faut la guerre pour faire disparaître d'au milieu de nous les hommes qui pourraient la corrompre.»

Discours du député Jacques Pierre Brissot à l'Assemblée législative, le 12 décembre 1791

2. Les réserves prophétiques de Robespierre

«C'est pendant la guerre que le pouvoir exécutif déploie la plus redoutable énergie, et qu'il exerce une espèce de dictature qui ne peut qu'effrayer la liberté naissante; c'est pendant la guerre que le peuple oublie les délibérations qui intéressent ses droits civils et politiques pour ne s'occuper que des événements extérieurs, qu'il détourne son attention de ses législateurs et de ses magistrats pour attacher tout son intérêt et

toutes ses espérances à ses généraux [...]. C'est pendant la guerre que l'habitude d'une obéissance passive, et l'enthousiasme trop naturel pour les chefs heureux, fait, des soldats de la patrie, les soldats du monarque ou de ses généraux. Dans les temps de troubles et de factions, les chefs des armées deviennent les arbitres du sort de leur pays, et font pencher la balance en faveur du parti qu'ils ont embrassé. Si ce sont des Césars ou des Cromwells, ils s'emparent eux-mêmes de l'autorité.»

Discours du 18 décembre 1791

«La plus extravagante idée qui puisse naître dans la tête d'un politique est de croire qu'il suffise à un peuple d'entrer à main armée chez un peuple étranger, pour lui faire adopter ses lois et sa constitution. Personne n'aime les missionnaires armés; et le premier conseil que donnent la nature et la prudence, c'est de les repousser comme des ennemis.»

Discours du 2 janvier 1792

? Qu'y a-t-il de «prophétique» dans les textes de Robespierre? Expliquez les allusions à César et à Cromwell (*voir les pages 54 et 182*).

Source de l'extrait 1: Laurent BOURQUIN, dir., *Histoire 2*[e], Paris, Belin, 2006, p. 140. Source de l'extrait 2 (discours du 18 décembre): Maximilien de ROBESPIERRE, *Œuvres*, t. VIII, Paris, PUF, 1954, p. 57-61. Source de l'extrait 3 (discours du 2 janvier): Maximilien de ROBESPIERRE, *Œuvres*, t. I, Paris, [s.é.], 1840, p. 237.

révolutionnaire encore peu connu, Maximilien de Robespierre, la France se précipite, et l'Europe avec elle, dans un immense conflit qui va durer 20 ans, bouleverser toute l'Europe et peser d'un poids décisif sur la Révolution elle-même, ce qui, dans l'immédiat, signifie la chute de la monarchie.

La chute de la monarchie Car l'armée française, totalement désorganisée, est facilement culbutée par les armées prussienne et autrichienne. Le général prussien qui marche sur Paris menace ouvertement la ville d'«exécution totale» si le moindre tort est fait au roi ou à sa famille (manifeste de Brunswick). Indignés, les Parisiens se soulèvent, s'emparent du palais des Tuileries et forcent l'Assemblée à proclamer la déchéance du roi, au cours de la «journée» la plus décisive de la Révolution (10 août 1792). La Constitution étant ainsi devenue caduque, une nouvelle Assemblée constituante sera élue, au suffrage universel cette fois: la Convention nationale.

7.2.3 La révolution égalitaire et dictatoriale (1792-1794)

Avec la réunion de la Convention, la Révolution s'accélère et se radicalise. Maintenant ce n'est plus tant la liberté qui est l'objectif central que l'égalité, et pas seulement l'égalité devant la loi, mais l'égalité réelle, l'égalité des conditions de vie, l'égalité «dans le bonheur». Il s'agit aussi d'en finir avec les ennemis de la Révolution, tant intérieurs qu'extérieurs (proclamation de «La patrie en danger»). Pour atteindre ces buts, on sera disposé à instaurer un régime qui supprime toute liberté: un régime dictatorial.

La Constitution de l'an I Dès sa première séance, la Convention abolit la monarchie et proclame la République (21 septembre 1792), puis défère Louis Capet, «ci-devant roi», devant un tribunal spécial qui le condamne à mort; il est guillotiné le 21 janvier 1793. Cette exécution crée un choc dans toute l'Europe et symbolise la rupture radicale que les révolutionnaires veulent opérer avec l'ordre ancien. Une Constitution républicaine est ensuite adoptée, accompagnée d'une nouvelle Déclaration des droits qui met cette fois en tête de liste le droit à l'égalité, y ajoutant les droits au travail, à l'assistance sociale, à l'instruction, au divorce par consentement mutuel et même à l'insurrection **18** . Cette Constitution de l'an I (nouveau calendrier révolutionnaire) sera soumise à la ratification populaire par référendum. La Convention ordonnera cependant de fermer les clubs politiques de femmes, forts nombreux depuis 1789.

18 **Déclaration des droits de l'homme et du citoyen (24 juin 1793)**

«Article premier: Le but de la société est le bonheur commun. Le gouvernement est institué pour garantir à l'homme la jouissance de ses droits naturels et imprescriptibles.

Article II: Ces droits sont l'égalité, la liberté, la sûreté, la propriété. […]

Article XXI: Les secours publics sont une dette sacrée. La société doit la subsistance aux citoyens malheureux, soit en leur procurant du travail, soit en assurant les moyens d'exister à ceux qui sont hors d'état de travailler.

Article XXII: L'instruction est le besoin de tous. La société doit favoriser de tout son pouvoir les progrès de la raison

publique et mettre l'instruction à portée de tous les citoyens. […]

Article XXXIII: La résistance à l'oppression est la conséquence des autres droits de l'homme.

Article XXXIV: Il y a oppression contre le corps social lorsqu'un seul de ses membres est opprimé. Il y a oppression contre chaque membre lorsque le corps social est opprimé.

Article XXXV: Quand le gouvernement viole les droits du peuple, l'insurrection est pour le peuple, et pour chaque portion du peuple, le plus sacré des droits et le plus sacré des devoirs.»

? Faites ressortir les différences entre cette déclaration et celle de 1789 (*voir le document* **16**, *page 233*).

Source: Christine FAURÉ, dir., *Les déclarations des droits de l'homme de 1789*, Paris, Payot, 1988, p. 373, 375-376.

19 « La patrie en danger »

Au début de 1793, la Révolution chancelle…

Le Gouvernement révolutionnaire Aussitôt votée, cette Constitution est cependant suspendue et remplacée par un «Gouvernement révolutionnaire», régime d'exception justifié, aux yeux de ses propagandistes, par les périls dramatiques qui menacent la République **19**.

D'une part, en effet, l'exécution de Louis XVI a provoqué une coalition générale des monarchies européennes, et la France est envahie sur toutes ses frontières. D'autre part, des soulèvements intérieurs contre la Convention surgissent dans de nombreuses provinces et villes: la Vendée, la Normandie, la Provence, Bordeaux, Lyon, Marseille échappent à l'autorité centrale. Et à Paris même, la Convention est constamment soumise à la pression de militants révolutionnaires bien organisés en sections locales et bien armés (ils ont même des canons) et qu'on appelle les *sans-culottes* parce qu'ils portent le pantalon de toile, vêtement du peuple, et non la culotte de soie des riches.

Ce gouvernement révolutionnaire est en fait une véritable dictature, dont les principes sont élaborés par Maximilien de Robespierre (1758-1794) **20** et qui servira de modèle de référence aux dictatures révolutionnaires du 20e siècle **21**. Tous les pouvoirs sont concentrés au Comité de salut public, dominé par Robespierre et ses partisans. Pour faire face au péril militaire, le Comité décrète d'abord la levée en masse, qui amène sous les drapeaux une formidable force d'un million d'hommes. Un dirigisme économique rigoureux est instauré (contrôle des prix et des salaires), de même qu'un programme de redistribution du revenu et de secours aux indigents. Une répression impitoyable s'abat sur toute manifestation de dissidence, et les droits les plus élémentaires des citoyens sont supprimés devant un tribunal révolutionnaire qui peut expédier à la guillotine à peu près n'importe qui sur une simple délation **22**. C'est ce qu'on appelle la *Terreur*, qui durera d'octobre 1793 à juillet 1794 et fera 40 000 victimes, dont l'immense majorité est d'humble condition sociale. À Paris, dans les 46 derniers jours seulement, 1 376 personnes passent à la guillotine, dont bon nombre de femmes ayant pris la tête de mouvements de protestation, telle Olympe de Gouges.

20 Maximilien de Robespierre (1758-1794)

Issu d'une famille bourgeoise, Robespierre se prend d'enthousiasme très jeune pour les philosophes des Lumières, surtout Rousseau, auquel il rend visite. Avocat, il est élu aux États généraux, où il fait des débuts politiques plutôt timides. La notoriété lui vient surtout de ses discours au Club des Jacobins, où il expose ses idées d'une démocratie intégrale fondée sur la «volonté générale». Il participe à la journée du 10 août 1792 comme membre de la Commune insurrectionnelle de Paris, se fait élire à la Convention et y vote l'exécution du roi. Devenu l'âme dirigeante du Comité de salut public, il multiplie les attaques contre ses adversaires, dénonçant sans cesse de nouveaux complots contre-révolutionnaires et laissant planer sur tous d'obscures suspicions. Arrêté le 27 juillet 1794, il tente sans succès de se suicider avant d'être traîné à demi mort jusqu'à la guillotine.

21 Le « Gouvernement révolutionnaire »

« La théorie du gouvernement révolutionnaire est aussi neuve que la révolution qui l'a amenée. Il ne faut pas la chercher dans les livres des écrivains politiques. [...]

Le but du gouvernement constitutionnel est de conserver la République ; celui du gouvernement révolutionnaire est de la fonder.

La révolution est la guerre de la liberté contre ses ennemis ; la constitution est le régime de la liberté victorieuse et paisible. [...]

Sous le régime constitutionnel, il suffit presque de protéger les individus contre les abus de la puissance publique ; sous le régime révolutionnaire, la puissance publique elle-même est obligée de se défendre contre toutes les factions qui l'attaquent.

Le gouvernement révolutionnaire doit aux bons citoyens toute la protection nationale ; il ne doit aux ennemis du peuple que la mort.

Ces notions suffisent pour expliquer l'origine et la nature des lois que nous appelons révolutionnaires. Ceux qui les nomment arbitraires ou tyranniques sont des sophistes stupides ou pervers qui cherchent à confondre les contraires ; ils veulent soumettre au même régime la paix et la guerre, la santé et la maladie. [...]

Si le gouvernement révolutionnaire doit être plus actif dans sa marche, et plus libre dans ses mouvements, que le gouvernement ordinaire, en est-il moins juste et moins légitime ? Non. Il est appuyé sur la plus saine de toutes les lois, le salut du peuple ; sur le plus irréfragable de tous les titres, la nécessité. [...] »

? D'après Robespierre, quelle est la justification ultime, essentielle, du gouvernement révolutionnaire ?

Source : Maximilien de ROBESPIERRE, dans *Gazette nationale ou le moniteur universel*, n° 91, primidi 1er nivôse, an 2 (samedi 21 décembre 1793), p. 51.

22 La « Terreur »

1. La loi des suspects

« Sont réputés suspects et, à ce titre, arrêtés et déférés au Tribunal révolutionnaire :

1. Ceux qui, dans les assemblées du peuple, arrêtent son énergie par des discours astucieux [...].

2. Ceux qui [...] parlent des malheurs de la République, s'apitoient sur le sort du peuple, et sont toujours prêts à répandre de mauvaises nouvelles avec une douleur affectée.

3. Ceux qui ont changé de conduite et de langage selon les événements [...] et affectent, pour paraître républicains, une austérité, une sévérité étudiées [...].

6. Ceux qui n'ont pris aucune part active dans tout ce qui intéresse la Révolution et qui, pour s'en disculper, font valoir le paiement des contributions, leurs dons patriotiques, leur service dans la garde nationale [...].

8. Ceux qui, n'ayant rien fait contre la liberté, n'ont aussi rien fait pour elle.

9. Ceux qui ne fréquentent pas leurs sections et qui donnent pour cause qu'ils ne savent pas parler et que leurs affaires les en empêchent. [...]

10. Ceux qui parlent avec mépris des autorités constituées, des signes de la loi, des autorités populaires, des défenseurs de la liberté [...]. »

Loi du 20 vendémiaire, an 2 (11 octobre 1793)

2. Le tribunal révolutionnaire

« Article 4 : Le tribunal révolutionnaire est institué pour punir les ennemis du peuple.

Article 5 : Les ennemis du peuple sont ceux qui cherchent à anéantir la liberté publique soit par la force, soit par la ruse. [...]

Article 7 : La peine portée contre tous les délits dont la connaissance appartient au tribunal révolutionnaire est la mort.

Article 8 : La preuve nécessaire pour condamner les ennemis du peuple est toute espèce de document, soit matérielle, soit morale, soit verbale, soit écrite, qui peut naturellement obtenir l'assentiment de tout esprit juste et raisonnable. La règle des jugements est la conscience des jurés éclairés par l'amour de la patrie ; leur but, le triomphe de la République et la ruine de ses ennemis ; la procédure, les moyens simples que le bon sens indique pour parvenir à la connaissance de la vérité, dans les formes que la loi détermine. [...]

Article 13 : S'il existe des preuves soit matérielles, soit morales, indépendamment de la preuve testimoniale, il ne sera point entendu de témoin [...].

Article 16 : La loi donne pour défenseurs aux patriotes calomniés des jurés patriotes ; elle n'en accorde point aux conspirateurs. »

Décret du 22 prairial, an 2 (10 juin 1794)

Source de l'extrait 1 : Ludovic SCIOUT, *Histoire de la constitution civile du clergé (1790-1801)*, Paris, Firmin-Didot, 1881, p. 581. Source de l'extrait 2 : Philippe-Joseph-Benjamin BUCHEZ et Pierre-Célestin ROUX-LAVERGNE, *Histoire parlementaire de la Révolution française*, t. XXXIII, Paris, Paulin, 1838, p. 194-195.

Mais, à travers tout ce sang et ces horreurs, la Terreur va effectivement «sauver» la République : dès le début de 1794, les envahisseurs étrangers sont refoulés, les insurrections intérieures, matées.

7.2.4 Le retour vers l'absolutisme (1794-1815)

L'instabilité C'est précisément le «succès» de cette terreur qui va amener sa perte : le sang n'arrêtant pas de couler malgré les victoires, la bourgeoisie modérée renverse Robespierre et tente de revenir à un régime **centriste** appelé le *Directoire* (nouvelle Constitution, 1795). Mais ce régime est instable, coincé entre des émeutes populaires, dues à la dégradation de la situation économique, et des complots et coups de main royalistes. Ainsi contraint de frapper tantôt à gauche, tantôt à droite, le Directoire fait donc de plus en plus appel à l'armée, jusqu'au jour où un général ambitieux que ses victoires ont rendu populaire, Napoléon Bonaparte (1769-1821), s'empare du pouvoir par un coup d'État (1799). Robespierre avait vu juste…

Du Consulat à l'Empire D'abord nommé premier consul dans un nouveau régime taillé exprès par et pour lui, Bonaparte prend toute une série de mesures d'apaisement et de réorganisation intérieure, dont la France ressent un immense besoin après 10 années de bouleversements : restauration des finances et création de la Banque de France, promulgation d'un Code civil unifié (qui inspirera plus tard celui du Québec), restauration de l'autorité centrale sur tout le territoire, signature de traités de paix avec les ennemis de l'extérieur. Il fait aussi des gestes de réconciliation nationale, entre autres un Concordat avec le pape mettant fin à la cassure religieuse qui dure depuis 1790. En 1804, sûr de son pouvoir et de son extraordinaire popularité, il se fait nommer «Empereur des Français» sous le titre de Napoléon Ier et même, à l'instar de Charlemagne, sacrer par le pape lui-même, amené jusqu'à Paris pour l'occasion (mais c'est Napoléon lui-même qui va se mettre la couronne sur la tête, pour bien montrer qui mène **23**).

Avec Napoléon Ier, la France retourne donc à l'absolutisme, mais à un absolutisme plus centralisé, plus autoritaire, plus arbitraire et plus policier que jamais **24** . Cet absolutisme est cependant soucieux, signe que les temps ont changé, des apparences de la **légitimité** démocratique : il utilisera fréquemment le recours au **plébiscite** et cette «dictature plébiscitaire» préfigure elle aussi de nombreux régimes de notre époque. Héritier direct de la Révolution, Napoléon en devient ainsi le fossoyeur dans plusieurs domaines : rétablissement d'une monarchie héréditaire, création d'une nouvelle noblesse, destruction des libertés civiles, censure sévère de la presse.

La guerre Mais Napoléon, parvenu au pouvoir par la vertu de ses éclatants succès militaires, ne peut s'y maintenir que par la continuation de ces victoires, d'autant plus que l'Europe des rois ne pourra jamais accepter cet «usurpateur» en son sein. Encore une fois, c'est la guerre qui va mener le jeu : après avoir conquis presque toute l'Europe, Napoléon devra faire face à la fois au soulèvement des peuples conquis et à une coalition générale des monarchies européennes qui mettront fin à l'Empire en 1815 et ramèneront sur le trône de France l'héritier des Bourbons, Louis XVIII.

7.2.5 Le bilan

Malgré cet apparent retour à l'Ancien Régime, la France sort de ces 25 années de tumulte profondément transformée. Sur le plan politique, la Nation, définie comme le rassemblement de tous les citoyens, est désormais détentrice de la souveraineté, qu'elle exerce à travers une Assemblée représentative ; l'égalité théorique des citoyens devant la loi a été proclamée ; l'État a été fortement centralisé au détriment des particularismes provinciaux, et toute l'administration se fait maintenant sur la base d'un seul découpage territorial, le département.

Centriste
Se dit d'une position politique ou idéologique modérée, qui se situe entre deux extrêmes.

Légitimité
État de ce qui est juridiquement fondé, reconnu par la loi, ou encore conforme à la justice, au droit naturel, à la raison ou à la morale. Un gouvernement est dit *légitime* s'il a obtenu le pouvoir dans les formes prévues par la loi ou s'il bénéficie d'un large appui populaire.

Plébiscite
Consultation directe du peuple sur une question qu'on lui soumet, avec une simple réponse par «oui» ou par «non» ; comme cette question implique souvent la confiance envers le chef de l'État ou du gouvernement, et que les dictateurs modernes ont souvent employé cette technique, on préfère aujourd'hui le mot *référendum*.

23 *Le Sacre de Napoléon* [J.-L. David, v. 1807]

Dans une cérémonie fastueuse, en présence du pape, Napoléon va déposer une couronne sur la tête de l'impératrice Joséphine après s'être lui-même ceint de la couronne impériale (2 décembre 1804). La toile elle-même est de dimensions « impériales » : près de 10 mètres sur plus de 6.

24 Le nouvel absolutisme

1. Le droit divin

« D. — Pourquoi sommes-nous tenus de tous ces devoirs envers notre Empereur ?

R. — C'est, premièrement, parce que Dieu, qui crée les empires et les distribue selon sa volonté, en comblant notre Empereur de dons, soit dans la paix, soit dans la guerre, l'a établi notre souverain, l'a rendu le ministre de sa puissance et son image sur la terre. Honorer et servir notre Empereur est donc honorer et servir Dieu même. […] Il est devenu l'oint du Seigneur par la consécration qu'il a reçue du Souverain Pontife, chef de l'Église universelle.

D. — Que doit-on penser de ceux qui manqueraient à leurs devoirs envers notre Empereur ?

R. — Selon l'apôtre saint Paul, ils résisteraient à l'ordre établi de Dieu même, et se rendraient dignes de la damnation éternelle. »

2. La surveillance de l'opinion

« Réprimez un peu plus les journaux, faites-y mettre de bons articles. Faites comprendre aux rédacteurs du *Journal des débats* et du *Publiciste* que le temps n'est pas éloigné où, m'apercevant qu'ils ne me sont pas utiles, je les supprimerai avec tous les autres et je n'en conserverai qu'un seul ; […] que le temps de la Révolution est fini, et qu'il n'y a plus en France qu'un parti ; que je ne souffrirai jamais que les journaux disent ni fassent rien contre mes intérêts ; qu'ils pourront faire quelques petits articles où ils pourront montrer un peu de venin, mais qu'un beau matin on leur fermera la bouche. »

? Faites ressortir les ressemblances entre le texte du *Catéchisme* et celui de Bossuet (*voir le document* **04** *, page 173*).

Source de l'extrait 1 : *Catéchisme à l'usage de toutes les Églises de l'Empire français*, Paris, [s.é.], 1806, p. 58-59. Source de l'extrait 2 : Lettre de Napoléon à Fouché, ministre de la police générale (22 avril 1805), dans Napoléon BONAPARTE, *Correspondance générale*, t. V, Paris, Fayard, 2008, p. 223.

Sur le plan social, les droits seigneuriaux ont été abolis, et la classe des petits paysans propriétaires s'est développée. Le Code civil a cependant renforcé l'autorité du père et du mari et fait de la femme une éternelle mineure en réinstaurant l'incapacité juridique des femmes pourtant abolie sous la République. De sévères restrictions sont également apportées au droit au divorce, qui sera finalement aboli en 1816. Sur le plan économique, les douanes intérieures ont été supprimées, les corporations de métiers, abolies, les « coalitions » (syndicats, par exemple), interdites, et le principe de la libre concurrence a été établi. Il sera pratiquement impossible de revenir sur plusieurs de ces changements, qui

EN TEMPS ET LIEUX

Divorcer avant, pendant et après la Révolution

La Révolution française apporte de nombreux changements dans la vie quotidienne des gens. C'est notamment le cas avec l'apparition du divorce.

Sous l'Ancien Régime, le mariage est sous le contrôle de l'Église. Le mariage catholique est à la fois un sacrement religieux et un contrat pour le partage des biens. Seule la mort peut dissoudre cette union entre les époux. L'Église autorise les annulations de mariage avec parcimonie et pour les nobles seulement. Dans les cas de mariage malheureux, il peut être exceptionnellement possible de vivre séparément, mais il est impossible de se remarier.

En septembre 1792, l'Assemblée nationale adopte une loi sur le mariage qui institue le divorce. À ce moment, le mariage devient une institution laïque et administrée par des officiers municipaux, représentant l'État, et non plus par l'Église désormais ennemie de la Révolution. Le mariage est donc devenu un simple contrat qu'on peut conclure… ou briser.

Dès qu'il est instauré, le divorce devient très populaire et des milliers de personnes s'en prévalent. La procédure est assez simple : les conjoints se présentent devant un juge, qui rend sa décision en quelques minutes. Il s'agit d'une petite révolution et plusieurs sont bien décidés à en profiter.

Les motifs justifiant un divorce sont multiples. D'abord, les époux peuvent mettre fin à leur union par consentement mutuel. Dans ce cas, tout le monde s'entend. Ensuite, le divorce peut s'appuyer sur l'incompatibilité d'humeur. Ici, on s'accorde pour reconnaître qu'on ne s'entend pas. Enfin, un divorce peut être motivé par toute sorte de raisons particulières : folie de l'un des époux, disparition, émigration, condamnation pour crimes, adultère, etc.

L'instauration du divorce en France pendant la Révolution constitue un immense progrès pour la condition des femmes. Premièrement, il donne aux femmes mal mariées la possibilité de se sortir d'une situation pénible ou dangereuse. Qu'elles soient battues, abandonnées ou malheureuses dans leur

couple, les femmes ne sont plus prisonnières des liens sacrés d'un mariage religieux indissoluble. Deuxièmement, le divorce instaure l'égalité entre l'homme et la femme. Les motifs de divorce sont les mêmes pour les deux sexes. On peut y voir l'influence de l'idéal égalitaire des révolutionnaires. Troisièmement, la femme mariée peut prendre l'initiative de la séparation. Et elle le fera ! Entre 1792 et 1795, les femmes seront plus nombreuses à demander le divorce que les hommes !

Avec le retour de l'absolutisme, des voix plus conservatrices souhaitent restreindre l'accès au divorce. On prétend alors qu'il est trop facile de se séparer et que la Révolution est allée trop loin dans ce domaine.

Le Code civil promulgué par Napoléon Bonaparte en 1804 aboutit à un compromis entre les tenants du divorce et ses opposants. Les motifs de séparation se limitent désormais à la condamnation en justice, aux sévices et à l'adultère. Pour ce dernier motif, le Code civil déclare que le mari peut demander le divorce si sa femme l'a trompé, mais la femme ne peut le faire « sauf présence de la concubine dans la maison commune » ! Théoriquement, le consentement mutuel existe toujours, mais les procédures pour divorcer de cette façon deviennent très compliquées. Ces mesures vont limiter grandement le nombre de divorces en France. En 1816, le divorce est carrément aboli au nom du catholicisme redevenu religion d'État sous la Restauration. Il faut attendre 1884 pour le voir réapparaître.

Ironiquement, Napoléon lui-même connaît des difficultés quand il veut divorcer. Il faut dire qu'il s'est marié deux fois à Joséphine de Beauharnais ! En effet, il s'est marié civilement en 1796 pendant la Révolution et religieusement la veille de son couronnement comme empereur en 1804. Ne pouvant avoir d'héritier avec Joséphine, il divorce civilement à la fin de l'année 1809 évoquant le consentement mutuel. Cependant, il faut trouver un motif d'annulation pour le mariage religieux. Par un tour de passe-passe, on invoque finalement l'absence de témoins lors du mariage religieux pour le faire invalider. Il faut bien qu'il y ait des avantages à être empereur des Français…

? 1. Quel impact sur la condition des femmes l'instauration du divorce aura-t-il pendant la Révolution française ?

2. Comment les motifs pour divorcer ont-ils évolué entre la Révolution française et le Code civil de 1804 ?

bénéficient d'abord à la bourgeoisie et, dans une moindre mesure, à la paysannerie, sans pour autant modifier en profondeur les conditions concrètes de vie des masses populaires.

Mais c'est aussi par son impact sur toute l'Europe que la Révolution française constitue un événement capital de l'histoire de la civilisation occidentale.

FAITES LE P⊙INT

7. Quel rôle la Révolution américaine a-t-elle joué dans les origines de la Révolution française ?

8. De quels blocages politiques la France souffre-t-elle à la veille de la Révolution ?

9. Quelles sont les entraves qui ralentissent l'économie française à la veille de la Révolution ?

10. Comment se traduit concrètement l'inégalité sociale en France à la veille de la Révolution ?

11. Définissez l'expression « révolution libérale et démocratique » et montrez, par des événements précis, en quoi cette expression peut s'appliquer à la première phase de la Révolution française.

12. Définissez l'expression « révolution égalitaire et dictatoriale » et montrez, par des événements précis, en quoi cette expression peut s'appliquer à la deuxième phase de la Révolution française.

13. Pourquoi peut-on affirmer que la création de l'Empire par Napoléon constitue un retour à l'absolutisme ?

14. Quels changements majeurs la Révolution a-t-elle amenés dans l'état politique, économique et social de la France ?

7.3 Les révolutions en Europe, 1792-1848

La Révolution française suscite dès ses débuts un vent d'enthousiasme dans les milieux « éclairés » de toute l'Europe, et quelques tentatives révolutionnaires se manifestent en Belgique, en Allemagne, en Italie et jusqu'en Pologne. Elles sont cependant vite réprimées, et ce sont plutôt les conquêtes militaires françaises qui permettront à la vague révolutionnaire de déferler sur tout le continent.

7.3.1 Le nouvel ordre international et les conquêtes françaises

Le 19 novembre 1792, la Convention nationale annonce que la France va « apporter fraternité et secours à tous les peuples qui voudront recouvrer leur liberté » **25**. C'est une provocation directe à l'endroit de toutes les monarchies, et la remise en cause de toutes les frontières de la vieille Europe. Dès lors, l'armée française, accueillie partout dans l'enthousiasme, instaure partout où elle entre les principes et les institutions révolutionnaires : souveraineté du peuple, assemblées élues, abolition des privilèges, liberté individuelle, égalité devant la loi. Ainsi se crée autour de la France tout un chapelet de « républiques sœurs », depuis les Pays-Bas jusqu'à Naples.

Mais cette guerre de libération tourne très vite en une classique guerre de conquête, accompagnée de l'exploitation systématique des territoires conquis et de la négation effective du droit des peuples à l'autodétermination **26**. Et la France étant le pays le plus peuplé d'Europe, rien ne semble pouvoir résister à la formidable poussée de ses armées révolutionnaires, dirigées par des officiers sortis du rang et promus sur le mérite de leurs faits d'armes, face aux armées mercenaires des vieilles monarchies, menées au feu par des aristocrates.

25 De la guerre de libération...

«La Convention nationale déclare, au nom de la nation française, qu'elle accordera fraternité et secours à tous les peuples qui voudraient recouvrer leur liberté, et charge le Pouvoir exécutif de donner aux généraux les ordres nécessaires pour porter secours à ces peuples [...].»

Procès-verbal de la Convention nationale, séance du 29 brumaire, an 1 (19 novembre 1792)

«Dans les pays qui sont ou seront occupés par les armées de la République, les généraux proclameront sur-le-champ, au nom de la nation française, la souveraineté du peuple, la suppression de toutes les autorités établies, des impôts ou contributions existants, l'abolition de la dîme, de la féodalité, des droits seigneuriaux, tant féodaux que censuels, fixes ou casuels, des banalités, de la servitude réelle et personnelle, des privilèges de chasse et de pêche, des corvées, de la noblesse, et généralement de tous les privilèges.»

Décret du 27 frimaire, an 1 (17 décembre 1792)

Source: Jacques GODECHOT, dir., *La pensée révolutionnaire en France et en Europe, 1780-1799*, Paris, A. Colin, 1969, p. 160-161.

26 ... à la guerre de conquête et de pillage

«Vous nous demandez toujours, chers collègues, la conduite à tenir dans la Belgique. Nous nous sommes cependant expliqués plusieurs fois bien positivement sur ce point.

Nous vous avons dit :

1. de traiter ces contrées en pays conquis, de ne point fraterniser [...];

2. de désarmer complètement les habitants, d'empêcher les rassemblements;

3. d'accabler les riches, de faire des otages, de respecter au contraire le peuple, ses chaumières et même ses préjugés;

4. de dépouiller la Belgique de subsistance, de chevaux, de cuir, de drap, de tout ce qui peut être utile à notre consommation [...];

5. [...] d'établir des contributions, d'enlever tout l'argent possible; [...]»

Lettre du Comité de salut public aux représentants en mission, 8 messidor, an 2 (26 juin 1794)

Source: *Recueil des actes du Comité de salut public*, vol. XV, Paris, Imprimerie nationale, 1903, p. 640.

27 L'Europe en 1810

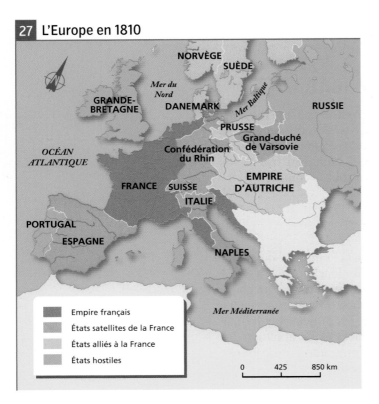

L'Europe napoléonienne Avec Napoléon Ier, la France devient ainsi pratiquement maîtresse de toute l'Europe occidentale, soit directement (ses frontières s'étendent maintenant de Hambourg jusqu'à Rome, avec 42 millions d'habitants), soit par des États satellites sur lesquels règnent des souverains mis en place par l'empereur (Espagne, Pologne, Italie, Naples) **27**. Ayant supprimé d'un trait de plume le millénaire Saint Empire romain germanique (1806), Napoléon Bonaparte a restauré presque intégralement l'Empire carolingien (*voir le document* **10**, *page 86*), voire l'Empire romain d'Occident (*voir le document* **09**, *page 56*)!

7.3.2 L'échec de la tentative impériale

Toutefois, cette puissance est plus apparente que réelle. Le rêve impérial est bien mort avec l'Empire romain : comme ceux de Charlemagne et de Charles Quint avant lui, comme plus tard celui d'Adolf Hitler, l'empire de Napoléon est destiné à ne pas durer. Trois forces vont se conjuguer pour l'abattre et restaurer l'ordre ancien.

Les résistances Premièrement, les principes mêmes de la Révolution, ceux de la liberté et du droit des peuples de choisir leurs gouvernements, vont soulever contre lui de véritables mouvements de libération nationale, en Espagne **28**, en Russie, en Prusse, voire en Italie.

Deuxièmement, les tenants de l'Ancien Régime préparent sans discontinuer un retour à l'ordre : aristocrates français réfugiés dans les pays voisins et qui

Extraordinaire tableau qui est presque devenu l'image universelle de la répression militaire. Il commémore le soulèvement de Madrid contre les troupes napoléoniennes les 2 et 3 mai 1808.

ne rêvent que de restauration et de vengeance, classes dirigeantes locales renversées par l'invasion française, et même monarchies absolues encore debout, mais dont le pouvoir pâlit face à la flambée révolutionnaire (Autriche, Prusse, Russie).

Troisièmement, l'Angleterre, poursuivant inlassablement sa politique d'équilibre européen (*voir les pages 190 et 191*), suscite quatre coalitions successives contre la France, débarque un corps expéditionnaire en Espagne pour y appuyer les insurgés et, après le désastre de la Grande Armée dans les plaines de Russie (1812), rassemble finalement toute l'Europe pour donner le coup de grâce, à Waterloo, en 1815. L'«épopée» napoléonienne est terminée, et son chef, exilé dans une île perdue au large de l'Afrique, entre vivant dans la légende.

La Restauration Le «cauchemar» révolutionnaire enfin terminé, la restauration de l'Ancien Régime va être lancée par le congrès de Vienne (1815) et poursuivie sous l'égide d'une «Sainte-Alliance» regroupant l'Autriche, la Prusse et la Russie. Il s'agit, d'une part, de restaurer l'équilibre européen mis à mal par la révolution et les conquêtes françaises et, d'autre part, de ramener partout au pouvoir les autorités «légitimes», c'est-à-dire celles d'avant la Révolution: souverains, aristocratie, clergé.

7.3.3 L'Europe entre réaction et révolution (1815-1848)

Mais le ferment révolutionnaire a été planté **29**, et cette «Europe de Vienne» ne sera qu'une suite ininterrompue d'interventions militaires pour éteindre les foyers d'incendie qui se déclarent partout: Allemagne, Espagne, Italie, Portugal, Russie, Belgique, Pologne **30**.

1848: le Printemps des peuples En 1848, l'Europe entière s'embrase, au nom de la liberté, de la démocratie et du droit des peuples à l'autodétermination. Une crise économique particulièrement grave, qui dure depuis deux ans et provoque famine et chômage, joue également un rôle déclencheur dans cette explosion.

29 L'impossible retour en arrière

« Les rois croient qu'en faisant sentinelle autour de leurs trônes, ils arrêteront les mouvements de l'intelligence ; ils s'imaginent qu'en donnant le signalement des principes, ils les feront saisir aux frontières ; ils se persuadent qu'en multipliant les douanes, les gendarmes, les espions de police, les commissions militaires, ils les empêcheront de circuler ; mais ces idées ne cheminent pas à pied, elles sont en l'air ; elles volent, on les respire. Les gouvernements absolus, qui établissent des télégraphes, des chemins de fer, des bateaux à vapeur, et qui veulent en même temps retenir les esprits au niveau des dogmes politiques du quatorzième siècle, sont inconséquents ; à la fois progressifs et rétrogrades, ils se perdent dans la confusion résultant d'une théorie et d'une pratique contradictoires. »

Source : René de CHATEAUBRIAND, *Mémoires d'outre-tombe*, t. II, New York, Arpin, 1849, p. 448-449.

30 Les principaux foyers révolutionnaires dans l'Europe de Vienne, 1815-1850

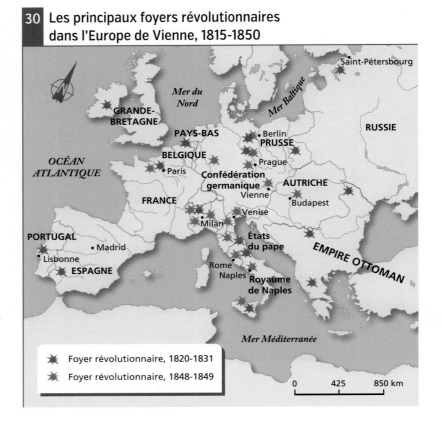

Foyer révolutionnaire, 1820-1831
Foyer révolutionnaire, 1848-1849

0   425   850 km

En France, la monarchie est abolie de nouveau et une Seconde République s'installe, très marquée par les préoccupations sociales (ateliers nationaux pour résorber le chômage). Partout la révolution éclate : à Berlin, Vienne, Prague, Budapest, Naples, Rome, Milan, Venise. C'est le « Printemps des peuples » (selon l'expression de François Fejtö). Les occupants étrangers sont chassés (Italie, Bohême, Hongrie, Pologne), des Assemblées, élues, des Constitutions, proclamées. La question des droits civiques et politiques des femmes resurgit également ici et là, préparant l'éclosion d'un mouvement féministe nettement plus organisé.

Le retour à l'ordre   La flambée sera de courte durée. Un moment submergées, les vieilles monarchies se reprennent et, se portant mutuellement secours, répriment brutalement les révoltes. L'Autriche surtout, aidée par la Russie, reprend la tête de son empire momentanément disloqué par les mouvements nationalistes tchèque et hongrois. En France, la Seconde République fait bientôt place à un Second Empire après le coup d'État de Louis Napoléon, neveu de Napoléon Bonaparte, qui devient Napoléon III (1852).

Les facteurs de l'échec   L'échec généralisé des révolutions de 1848 est dû à de nombreux facteurs. Le mouvement a un caractère trop exclusivement urbain, les masses paysannes demeurant relativement passives. Les débordements de violence engendrent rapidement la peur, même chez les classes moyennes instigatrices de la révolte. Des mouvements nationalistes parfois antagonistes n'arrivent pas à coordonner leur action, et des militants plus portés sur la parole que sur l'action font trop souvent preuve d'irréalisme. Enfin, l'énorme puissance militaire mise au service de la réaction écrase tout sur son passage.

Des traces tangibles   Mais l'événement laissera malgré tout quelques traces tangibles, comme l'affranchissement des paysans en Autriche, et surtout une somme d'exemples et de leçons dans laquelle la génération suivante va puiser de précieux enseignements à l'égard de ses luttes pour l'indépendance nationale. Et le mythe de 1848 est resté extrêmement vivant jusqu'à nos jours, à travers la littérature, l'art et la mémoire des peuples.

Les réformes en Grande-Bretagne Pendant ce temps-là, isolée dans son île, la Grande-Bretagne a échappé aux convulsions. C'est que la bourgeoisie dirigeante y a eu l'intelligence d'effectuer à temps les réformes minimales grâce auxquelles elle a pu maintenir son pouvoir intact. Sous la pression des Irlandais, les pleins droits civils ont été reconnus aux catholiques après trois siècles d'oppression. En 1832, une importante réforme électorale a élargi le droit de vote et aboli l'abus criant des «bourgs pourris», villages disparus qui continuaient à «élire» des députés aux Communes… La prépondérance des grands propriétaires terriens est détruite au profit de la bourgeoisie marchande et industrielle. D'autres réformes suivront, qui instaureront progressivement une véritable **démocratie parlementaire**, sans les révolutions successives que connaît la France.

Démocratie parlementaire
Système de gouvernement dans lequel le pouvoir législatif relève d'une assemblée élue qui doit accorder sa confiance aux détenteurs du pouvoir exécutif. C'est le système en vigueur actuellement au Québec et au Canada, entre autres.

FAITES LE P◉INT

15. Quels sont les facteurs de diffusion de la Révolution française dans toute l'Europe ?

16. Illustrez sur une carte muette l'extension maximale de l'Empire napoléonien, avec ses satellites et ses alliés.

17. Quelles sont les trois forces qui se conjuguent pour faire échouer la tentative impériale de Napoléon ?

18. Quels sont les facteurs qui expliquent l'échec généralisé des révolutions de 1848 ?

19. Pourquoi la Grande-Bretagne échappe-t-elle, chez elle, à la grande vague révolutionnaire ?

7.4 Les indépendances en Amérique latine

Les bouleversements que connaît l'Europe ne resteront pas sans écho dans les colonies d'Amérique. Plusieurs des futurs dirigeants du mouvement vers l'indépendance ont vécu ces événements sur place et, bien sûr, les idéaux révolutionnaires traversent rapidement même les plus grands océans…

7.4.1 L'Amérique latine au début du 19ᵉ siècle

Au début du 19ᵉ siècle, l'Espagne et le Portugal dominent et exploitent encore toute cette partie de l'Amérique qui s'étend de la Californie à la Terre de Feu. C'est l'Amérique dite *latine*: plus de 20 millions de kilomètres carrés peuplés de 20 millions d'habitants.

La diversité raciale Un des traits marquants de cet immense ensemble est sa grande diversité raciale **31**. Les Noirs, esclaves, surtout concentrés au nord-est (ils forment la moitié de la population du Brésil), se situent au bas de l'échelle **32**. Les Indiens, près de 9 millions, pour la plupart réduits aux travaux les plus harassants (mines

31 La composition de la population de l'Amérique espagnole au début du 19ᵉ siècle

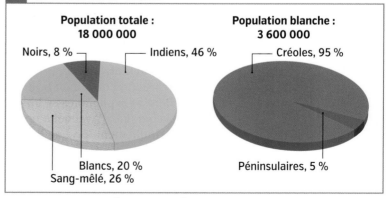

Population totale : 18 000 000
Noirs, 8 % — Indiens, 46 %
Blancs, 20 %
Sang-mêlé, 26 %

Population blanche : 3 600 000
Créoles, 95 %
Péninsulaires, 5 %

Source: José Antonio ÀLVAREZ OSÉS et collab., *Historia de las civilizaciones y del arte*, Madrid, Santillana, 1985, p. 266. Gracieuseté de Santillana Educación S.L.

32 Des esclaves noirs dans une plantation (v. 1860)

Créole
Personne d'ascendance européenne, née dans les colonies.

Métis, isse
Personne qui est issue de parents dont l'un est de race amérindienne et l'autre de race blanche.

des hauts plateaux) et décimés par les maladies épidémiques, explosent régulièrement en des révoltes cruellement réprimées. Quelques-uns ont pu échapper à la domination européenne et vivent encore comme aux premiers âges dans des régions inaccessibles (Amazonie). Les Blancs, près de 4 millions, sont dans leur immense majorité des Créoles, quelque peu méprisés par les Espagnols et Portugais (appelés *péninsulaires*) venus faire fortune dans les postes élevés de l'administration civile ou religieuse. Enfin, 5 millions de sang-mêlé évoluent entre les deux extrêmes dans des situations très variables. Le célèbre voyageur Humboldt remarque que «la peau plus ou moins blanche décide de la place qu'occupe l'homme dans la société».

7.4.2 L'émancipation

Les facteurs internes Le mercantilisme rigide imposé par les métropoles vide les colonies de leurs meilleures richesses et empêche la naissance d'une industrie et d'un commerce qui seraient profitables aux coloniaux. Le pouvoir politique échappe également à ces derniers et est exercé par des vice-rois, capitaines généraux et autres chefs administratifs exclusivement européens et souvent d'une rare médiocrité. Sur le plan idéologique, l'indépendance des États-Unis et la Révolution française ont provoqué une fermentation intellectuelle qui rend bientôt impossible la perpétuation du vieux système colonial.

Tous ces facteurs internes touchent d'abord les Créoles, et l'indépendance de l'Amérique latine sera, à l'instar de celle des États-Unis, une révolte de colons blancs contre leur pays d'origine. Mais il est indéniable que les tensions sociales entre Blancs, Métis, Indiens et Noirs ont fortement contribué à la remise en cause du vieil ordre colonial.

Les facteurs externes Ce sont les facteurs externes qui donnent l'impulsion décisive. D'une part, les conquêtes françaises en Europe affaiblissent les métropoles, particulièrement l'Espagne, occupée par Napoléon dont les émissaires poussent les colons à l'indépendance. D'autre part, la Grande-Bretagne, toujours à la recherche de nouveaux marchés, appuie ouvertement le mouvement, soutenue par les États-Unis, évidemment désireux de voir l'Europe chassée des trois Amériques. Le président Monroe va d'ailleurs bientôt proclamer sa célèbre doctrine, qui définit la zone d'influence étasunienne: toute tentative de reprise en main des colonies émancipées par les anciennes métropoles sera considérée comme un acte inamical à l'endroit des États-Unis.

Les indépendances L'indépendance sera conquise de haute lutte sous la direction de chefs exceptionnels. Dès 1804, soulevée contre la France derrière les anciens esclaves noirs Toussaint Louverture (1743-1803) et Jean-Jacques Dessaline (1758-1806), Haïti devient le premier État souverain de l'Amérique «latine» et le seul dont les habitants sont majoritairement d'ascendance africaine. À partir de 1811, sous la direction de Simón Bolívar (1783-1830) **33** et José de San Martín (1778-1850), les colonies espagnoles se libèrent une à une, et l'Espagne est définitivement vaincue à la bataille d'Ayacucho en 1824 **34**. Au Brésil, cependant, l'émancipation se réalise pacifiquement lorsque le propre fils du roi du Portugal, régent de la colonie, proclame l'indépendance de la colonie, puis s'en fait sacrer empereur en 1822.

7.4.3 Les difficultés

Dès le départ, les nouveaux États se heurtent à de grandes difficultés qui imprimeront à cette partie du monde des traits durables **35**.

33 Simón Bolívar (1783-1830)

Fils d'un aristocrate vénézuélien, Bolívar est envoyé en Europe dès l'âge de 16 ans pour parfaire son éducation. Il est à Paris à l'apogée de l'Empire napoléonien, s'initiant à la philosophie des Lumières, faisant le vœu de libérer son pays de la tutelle de l'Espagne. Réfugié en Jamaïque après un premier échec, il élabore sa vision d'une Amérique hispanique formée de républiques fédérées sous une Constitution inspirée de celle de la Grande-Bretagne, avec, étonnamment, un président élu à vie. Ayant libéré et réuni sous son autorité la Colombie (1810), le Venezuela (1822), l'Équateur (1822), le Pérou (1824) et la Bolivie (1825), il voit cette vision peu à peu détruite par les rivalités internes et décide d'assumer des pouvoirs dictatoriaux, ce qui lui vaut un attentat auquel il échappe de justesse. Désabusé, malade, profondément secoué par l'assassinat de son meilleur général, Sucre, il abandonne le pouvoir en 1830 et meurt de tuberculose quelques mois plus tard.

34 Les indépendances en Amérique latine

| 1825 | Année d'indépendance |

35 Les racines oubliées de l'Amérique dite *latine*

«C'est ainsi qu'est née l'Amérique "latine". Un concept ségrégationniste et réducteur qui occulte notre diversité raciale — nous sommes indiens, noirs, créoles, métis, mulâtres et de mille autres nuances intermédiaires — et culturelle : nous appartenons à la culture indienne des Amériques, à la culture noire de l'Afrique, et à une mouture occidentale qui ne se limite pas aux modèles "latins", mais qui, au contraire, dans sa vocation méditerranéenne, inclut les héritages arabe et juif de l'Espagne, [...] et la tension fertile entre l'autoritarisme des Habsbourg, dogmatique, [...] et un art et une littérature plurivoques, hétérodoxes [...]: ceux de Cervantès, [...] de Vélasquez, de Goya.

L'indépendance "latino" américaine a désavoué la culture afro-indo-ibéro-américaine, assimilée à l'archaïsme que dénonçaient les Lumières ; elle a adopté les lois d'une civilisation, mais elle a écarté celles de nos civilisations multiples ; elle a créé des institutions pour la liberté qui ont échoué parce qu'elles n'étaient pas assorties d'institutions pour l'égalité et la justice. Dans l'Amérique ibérique, Rousseau a été vaincu par Voltaire. [...] nous avons résolu la contradiction entre liberté et justice, entre Voltaire et Rousseau, en succombant à ce qui leur est antinomique par essence : l'anarchie et le despotisme. »

? Expliquez le sens de la phrase : «Dans l'Amérique ibérique, Rousseau a été vaincu par Voltaire. »

Source : Carlos FUENTES, «Révolution : Annonciation», dans *L'Amérique latine et la Révolution française*, Paris, La Découverte/ Le Monde, 1989, p. 19-20.

Les difficultés politiques   Sur le plan politique, c'est d'abord l'échec des divers essais de confédération plus ou moins inspirés de l'exemple des États-Unis (Grande-Colombie, États-Unis d'Amérique centrale, confédération Pérou-Bolivie). Ces essais échouent à cause de l'immense diversité géographique de ces pays, que séparent de redoutables barrières naturelles, et du nationalisme chatouilleux des Créoles et des Métis. Il n'est pas douteux, non plus, que des interventions plus ou moins occultes de l'Angleterre et des États-Unis, dont les intérêts exigent de «diviser pour régner», aient fortement contribué à cet échec.

Dès lors, ces États morcelés (l'Uruguay se sépare du Brésil, la Bolivie du Pérou, le Venezuela et l'Équateur de la Colombie) seront en proie à des désordres politiques

Caudillo
Mot espagnol désignant un chef politico-militaire à la tête d'un régime autoritaire.

Latifundium
Très grande propriété agricole sous-exploitée par des méthodes archaïques (agriculture extensive à faibles rendements, quasi-absence de mécanisation, main-d'œuvre de journaliers surexploités).

Monoculture
Culture intensive d'un unique produit agricole.

Décolonisation
Processus par lequel une colonie se libère de sa métropole et accède à la souveraineté.

incessants, le pouvoir passant d'un **caudillo** à un autre à la faveur de soulèvements et de coups d'État, les Constitutions promulguées aussitôt oubliées. Seul le Chili connaîtra une certaine stabilité après 1833.

Les difficultés économiques   Sur le plan économique, les structures héritées de la période coloniale ne sont guère modifiées : primauté à une agriculture archaïque marquée par le système du **latifundium** et par la **monoculture**, gaspillant tout autant la terre que les travailleurs ; poursuite de l'exploitation minière, étain, nitrate et cuivre remplaçant les métaux précieux ; insuffisance du développement industriel demeuré largement semi-artisanal ; commerce extérieur toujours marqué par l'exportation des matières premières et l'importation des produits finis. Sans compter, dans le cas spécifique d'Haïti, le versement d'une énorme indemnité exigée par la France pour reconnaître l'indépendance de son ancienne colonie. En fait, se met en place, au bénéfice surtout de l'Angleterre et plus tard des États-Unis, une véritable situation de néo-colonialisme telle qu'il s'en développera un peu partout dans le monde après la grande **décolonisation** de la seconde moitié du 20e siècle.

Les difficultés sociales   Sur le plan social, les inégalités demeurent. Les Créoles ont même accru leur pouvoir grâce à l'indépendance, et l'oppression des Indiens n'a pas diminué, bien au contraire. L'analphabétisme demeure plus élevé et les taux de scolarisation progressent plus lentement qu'en Europe, en particulier pour les femmes. Le territoire va cependant devenir un réservoir d'immigration, presque exclusivement européenne, et les nouveaux venus pousseront la pénétration blanche vers des régions jusque-là intouchées (Amazonie, Pampa).

FAITES LE POINT

20. Décrivez la diversité raciale de l'Amérique latine au début du 19e siècle.

21. Quels rôles jouent la France, la Grande-Bretagne et les États-Unis dans le mouvement d'émancipation des colonies espagnoles d'Amérique ?

22. Comment se manifestent les difficultés politiques qui suivent l'indépendance des pays de l'Amérique latine ?

23. L'indépendance des pays latino-américains a-t-elle modifié substantiellement leurs structures économiques et sociales ?

7.5   Les rébellions dans la vallée du Saint-Laurent

Les idéaux qui insufflent tant les mouvements d'indépendance d'Amérique latine que les révolutions européennes se répandent aussi dans les deux colonies britanniques que sont le Haut et le Bas Canada. Deux dimensions fondamentales caractérisent ici le mouvement qui mène aux rébellions de 1837-1838.

Deux dimensions   Il s'agit, dans le Haut-Canada, d'une tentative de colons européens – ici, britanniques – pour se séparer de leur mère patrie, comme aux États-Unis ou en Amérique latine. Dans le Bas-Canada, par contre, il s'agit du soulèvement d'un peuple conquis – les Canadiens – (du moins une partie d'entre eux) contre un conquérant venu de l'extérieur, un peu comme dans les futures décolonisations du 20e siècle. Les deux luttes se cristallisent autour du régime politique issu de l'«Acte» constitutionnel de 1791 (*voir la page 227*), considéré comme antidémocratique à cause de l'étendue des pouvoirs du gouverneur nommé par Londres.

La rupture   Après de longues années de luttes parlementaires infructueuses, les opposants au régime décident de recourir aux armes en 1837. Les insurgés du Haut-Canada sont rapidement matés, tandis que dans le Bas-Canada la situation se dégrade jusqu'à la rébellion ouverte et même à la proclamation, par ceux qu'on appelle les Patriotes, de l'indépendance du Bas-Canada `36`. Le gouverneur Gosford suspend alors la Constitution et confie à l'armée du général Colborne le soin de rétablir l'ordre. Colborne s'acquitte de sa mission avec une grande brutalité `37`, mais l'Angleterre a compris qu'il faut revoir de fond en comble la situation, et elle envoie sur place un enquêteur spécial, Lord Durham.

`36` Déclaration d'indépendance du Bas-Canada (1838)

«Nous, au nom du Peuple du Bas-Canada, adorant les décrets de la Divine Providence, qui nous permet de renverser un Gouvernement qui a méconnu l'objet et l'intention pour lequel il était créé, et de faire choix de la forme de gouvernement la plus propre à établir la justice, [...] promouvoir le bien général, et garantir à nous et à notre postérité les bienfaits de la Liberté civile et religieuse, DÉCLARONS SOLENNELLEMENT

1. Qu'à compter de ce jour, le Peuple de Bas-Canada est ABSOUS de toute allégeance à la Grande-Bretagne, et que toute connexion politique entre cette puissance et le Bas-Canada CESSE dès ce jour.

2. Que le Bas-Canada doit prendre la forme d'un gouvernement RÉPUBLICAIN et se déclare maintenant, de fait, RÉPUBLIQUE.

3. Que sous le gouvernement libre du Bas-Canada, tous les citoyens auront les mêmes droits; les Sauvages cesseront d'être sujets à aucune disqualification civile quelconque, et jouiront des mêmes droits que les autres citoyens de l'État du Bas-Canada.

4. Que toute union entre l'Église et l'État est déclarée abolie [...].

5. Que la tenure Féodale ou Seigneuriale est, de fait, abolie, comme si elle n'eût jamais existé dans ce pays. [...]

11. Qu'il y aura liberté pleine et entière de la Presse dans toutes les matières et affaires publiques. [...]

13. Que comme une nécessité et un devoir du gouvernement envers le Peuple, l'Éducation publique et générale sera mise en opération et encouragée d'une manière spéciale, aussitôt que les circonstances pourront le permettre. [...]

16. Que toute personne mâle au-dessus de l'âge de vingt et un ans aura le droit de voter ainsi que pourvu ci-dessus, pour l'élection des délégués sus-nommés [*sic*]. [...]

18. Qu'on se servira des langues Française et Anglaise dans toute matière publique.

ET pour le support de CETTE DÉCLARATION, et le succès de la cause patriotique que nous soutenons, NOUS, confiants en la protection du tout-puissant et la justice de notre ligne de conduite, engageons, par ces présentes, mutuellement et solennellement les uns envers les autres, notre vie, nos fortunes, et notre honneur le plus sacré. »

? Faites ressortir l'influence de la Déclaration d'indépendance des États-Unis sur ce texte.

Source: Guy FRÉGAULT et Marcel TRUDEL, *Histoire du Canada par les textes*, Montréal, Fides, 1963, p. 206-208.

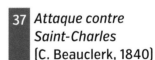

`37` *Attaque contre Saint-Charles (C. Beauclerk, 1840)*

La scène se passe le 25 novembre 1837, dans la vallée du Richelieu.

Responsabilité ministérielle
Mécanisme constitutionnel selon lequel les ministres (pouvoir exécutif) doivent bénéficier de la confiance des élus du peuple (pouvoir législatif) et rendre compte de leurs actes devant ces derniers, un vote de censure entraînant automatiquement la démission du cabinet (gouvernement).

Libre-échange
Système économique dans lequel les marchandises circulent librement entre les États, sans restriction ni droit de douane (s'oppose au *protectionnisme*).

Le Rapport Durham   Dans son célèbre Rapport, Lord Durham affirme d'abord que l'on est en face d'un double problème, politique mais aussi national, et qu'il faut en priorité régler le problème national. Entre les «deux peuples en guerre», Canadiens et Britanniques, il faut résolument prendre parti pour le second en mettant immédiatement les Canadiens en situation de minorité, ce qui devrait amener leur assimilation progressive et finalement leur disparition comme peuple, mais – et il est très clair sur ce point – sans contrainte, par le simple jeu des forces «naturelles». Une fois les Britanniques devenus majorité, il faut appliquer les règles de la démocratie parlementaire et instaurer la **responsabilité ministérielle**, donnant ainsi à la colonie toute l'autonomie interne qu'elle peut souhaiter, ce qui contribuerait à raffermir le lien impérial au lieu de provoquer une rupture comme avec les États-Unis au siècle précédent. La seule solution globale est donc d'unir les deux Canadas, puisque dans l'ensemble les Britanniques sont déjà majoritaires.

L'«Acte» d'Union   L'Angleterre adopte ainsi l'«Acte» d'Union de 1840, mais sans aller jusqu'où son enquêteur le proposait: elle n'accorde pas la responsabilité ministérielle. La lutte parlementaire va donc reprendre, mais c'est l'adoption du **libre-échange** par la Grande-Bretagne qui va finalement débloquer la situation. En effet, en ouvrant le marché britannique aux produits du monde entier, le libre-échange enlève au Canada une grande partie de son intérêt aux yeux de Londres, ce qui aboutit en 1848, l'année même où toute l'Europe s'embrase, à l'instauration au Canada-Uni d'un gouvernement responsable devant les élus du peuple.

Dès l'année suivante, par contre, la participation des femmes à la vie politique se détériore en raison de l'abrogation du suffrage féminin, un droit que possédaient une infime minorité de femmes pouvant se qualifier comme électrices aux termes de l'«Acte» constitutionnel de 1791: célibataires, veuves ou mariées en séparation de biens et possédant des propriétés immobilières.

Ainsi le Canada anglais fait-il le premier pas dans la longue marche de son émancipation, qui ne sera complétée qu'en 1982. Quant aux Canadiens, vaincus cette fois par le nombre, ils perdent l'exclusivité de leur nom (ils s'appelleront désormais *Canadiens-Français*) et, abandonnant pour longtemps l'idée d'indépendance, acceptent leur situation de minoritaires dans un pays redéfini.

FAITES LE POINT

24. Quelles sont les deux dimensions de la crise qui secoue les deux Canadas dans les années 1830-1840?

25. Comment l'union des deux Canadas permettrait-elle, selon Durham, de régler les deux dimensions de la crise sur une base démocratique et sans oppression de la minorité?

❯EN BREF

❯ La «grande révolution atlantique» débute avec l'indépendance des treize colonies britanniques de la côte américaine, ce qui amène la division de l'Amérique anglaise entre un pays souverain, les États-Unis, et les autres colonies restées dans le giron de la Grande-Bretagne.

❯ Précipitée en partie par le rôle joué par la France dans la guerre d'indépendance étasunienne, la Révolution française éclate à cause des nombreux blocages économiques, sociaux et politiques sur lesquels débouchait l'Ancien régime monarchique. Après une phase libérale et démocratique apparaît une phase égalitaire et dictatoriale, puis on assiste à un retour vers l'absolutisme, pour aboutir enfin à la Restauration de la monarchie après la défaite de Napoléon.

❯ Entre-temps, cette révolution a fait tache d'huile en Europe en créant un nouvel ordre international basé sur les aspirations des peuples et en favorisant les conquêtes françaises. Ces aspirations ayant finalement mis en échec l'empire napoléonien, la restauration de l'ordre ancien dans toute l'Europe se heurte partout à des soulèvements et débouche sur l'éphémère «printemps des peuples» de 1848.

❯ L'Amérique latine est aussi touchée par la grande vague révolutionnaire. Les empires espagnol et portugais d'Amérique disparaissent, faisant place à des pays souverains dans lesquels, toutefois, les structures économiques et sociales ne sont pas fondamentalement bouleversées.

❯ Dans la vallée du Saint-Laurent, la vague prend la forme de rébellions contre la tutelle britannique qui débouchent sur l'instauration du Canada-Uni et la mise en minorité définitive des descendants des colons français, qui avaient jusque-là porté seuls le nom de Canadiens.

La «grande révolution atlantique» a été l'un des creusets fondamentaux où s'est forgée la civilisation occidentale contemporaine. L'Occident «nouveau» se réclame de l'idéal démocratique, de l'indépendance nationale, du libéralisme économique, de l'égalité devant la loi, de la supériorité de la richesse sur la naissance, de la séparation de l'Église et de l'État. Malgré l'échec des révolutions de 1848, l'Ancien régime est, à terme, condamné, d'autant plus qu'une autre révolution est déjà en marche, qui va modifier en profondeur l'ensemble des modes et des rapports de production, des façons de vivre, des mentalités : la révolution industrielle. Elle sera l'autre creuset où se forgera l'Occident d'aujourd'hui.

❯HÉRITAGE

Ce que nous devons à la grande révolution atlantique

- l'émancipation de la plupart des colonies européennes et la naissance de la plupart des États et des frontières d'aujourd'hui dans les trois Amériques
- la Constitution des États-Unis, la plus ancienne encore en vigueur dans le monde
- la première Déclaration des droits de l'homme et du citoyen
- la disparition des ordres féodaux et des privilèges au profit du principe de l'égalité entre les citoyens
- la fin du mercantilisme au profit du libéralisme économique

- l'affirmation de la neutralité de l'État en matière religieuse
- la proclamation du droit au travail, à l'éducation et à l'assistance sociale
- la notion de *Gouvernement révolutionnaire*
- la diffusion des idées révolutionnaires dans toute l'Europe
- la disparition du Saint Empire romain germanique
- l'affirmation du nationalisme

❯ POUR ALLER PLUS LOIN

LIRE

BIARD, Michel. *Révolution, Consulat, Empire: 1789-1815*, Paris, Belin, 2014, 720 p. (Coll. «Histoire de France», n° 9) – Récit des événements et approche thématique complétés par l'analyse de sources variées et un survol de l'historiographie.

KAUFFMANN, Grégoire (dir.). *1848, le printemps des peuples: une anthologie*, Paris, Le Monde, 2012, 219 p. (Coll. «Les rebelles» n° 10) – Collection de textes d'époque de Proudhon, Marx, George Sand et nombreux autres.

VERJUS, Anne. *Le bon mari. Une histoire politique des hommes et des femmes à l'époque révolutionnaire*, Paris, Fayard, 2010, 390 p. – Comment la promotion de l'individu-citoyen place l'union conjugale au fondement de la société politique moderne.

VOVELLE, Michel. *La Révolution française: 1789-1799*, 3e éd., Paris, A. Colin, 2015, 220 p. (Coll. «Cursus. Histoire») – En plus du récit des grands événements, une étude des mentalités, des aspirations et de la vie quotidienne.

COLLECTIF. «La Révolution française», *Les collections de L'Histoire*, n° 60, juillet 2013. – Numéro spécial de la meilleure revue grand public d'histoire générale.

NAVIGUER

Cliotexte: http://clio-texte.clionautes.org – Nombreux documents sur la période, incluant l'Indépendance des États-Unis.

L'histoire par l'image, hors-série sur la Révolution française: www.histoire-image.org – Images et documents d'archives très nombreux: événements, personnages, thèmes.

VISIONNER

Jefferson in Paris, de James Ivory, avec N. Nolte et G. Paltrow, É.-U./Fr., 1995, 139 min. – Thomas Jefferson, un des chefs de l'Indépendance et futur président des États-Unis, est ambassadeur de son pays à Paris à la fin du règne de Louis XVI, au moment où la révolution gronde. Esprit éminemment éclairé, auteur principal de la déclaration d'Indépendance, il est néanmoins accompagné de ses esclaves, dont l'une est sa maîtresse…

La Marseillaise, de Jean Renoir, avec P. Renoir et L. Delamare, Fr., 1938, 135 min., n/b. – La Révolution telle que vécue par le peuple, filmée de façon presque documentaire par un très grand réalisateur. Centré sur les années 1789-1792, le film s'achève sur la chute de la monarchie. Excellente reconstitution d'époque.

La nuit de Varennes, de Ettore Scola, avec J.-L. Barrault et M. Mastroianni, Fr./It., 1982, 131 min. – Dans une diligence sur le chemin de Varennes derrière Louis XVI qui fuit Paris, divers personnages discutent de la révolution qui se développe. Dialogues brillants, comédiens formidables, images superbes.

La Révolution française, 1: *Les années lumière*, de Robert Enrico; 2: *Les années terribles*, de Richard T. Heffron; avec F. Cluzet et J.-F. Balmer, Fr./It./All./Can./G.-B., 1989, 360 min. – Fresque historique de grande ampleur. Très bonne reconstitution d'époque. Mise en images étonnamment fidèle aux documents visuels contemporains des événements.

Le souper, d'Édouard Molinaro, avec C. Rich et C. Brasseur, Fr., 1992, 90 min. – Dans la nuit qui précède l'entrée de Louis XVIII à Paris après l'abdication de Napoléon, formidable face-à-face entre Talleyrand l'aristocrate et Fouché le policier, deux anciens ministres de Napoléon: qui tirera les ficelles de la Restauration qui s'annonce? Dialogues brillants, comédiens au sommet de leur art. À déguster!

 Allez plus loin encore, grâce à la médiagraphie enrichie disponible sur *i+ Interactif*!

EXERCICES ET ACTIVITÉS

Exercez-vous davantage grâce à des ateliers interactifs captivants ! Consultez votre enseignant pour y accéder sur *i+ Interactif*.

La vague révolutionnaire

Les mouvements révolutionnaires des 18ᵉ et 19ᵉ siècles sont des «révolutions en chaîne» (*p. 223*) appartenant à une «vague révolutionnaire» (*p. 223*). Ces révolutions semblent donc interreliées : répondez aux deux questions suivantes pour comprendre la nature de ces interactions.

1. Ces révolutions partagent certaines idées de la philosophie des Lumières. Pour le constater, comparez les trois documents suivants, en identifiant les passages qui traitent des mêmes thèmes et en indiquant les idées communes qui en ressortent : la *Déclaration d'indépendance des États-Unis* de 1776 (*document 5, p. 225-226*), la *Déclaration des droits de l'homme et du citoyen* promulguée en France en 1789 (*document 16, p. 233*) et la *Déclaration d'indépendance du Bas-Canada* de 1838 (*document 36, p. 249*).

2. Ces «révolutions en chaîne» se sont influencées mutuellement. La carte de la «vague révolutionnaire» (*document 2, p. 224*) reproduite ci-dessous, illustre comment ces influences ont voyagé de part et d'autre de l'Atlantique (*voir la légende de la carte*). Expliquez la signification des flèches de la carte (identifiées par une lettre et une couleur différente) en répondant aux questions qui suivent.

Ⓐ Quel événement important survenu en Angleterre a pu inspirer les futurs États-Unis et de quelle façon (*section 7.1, p. 224-229*) ?

Ⓑ En quoi la Révolution américaine peut-elle être considérée comme une cause de la Révolution française (*section 7.2.1, p. 229-232*) ?

Ⓒ Comment le mouvement révolutionnaire français se répand-il en Europe (*section 7.3.1, p. 241-242*) ?

Ⓓ Quels facteurs permettent aux Révolutions américaine et française d'influer sur les indépendances d'Amérique latine (*section 7.4.2, p. 246*) ?

Ⓔ et **Ⓕ** En quoi les révolutions des États-Unis et de la France ont-elles des répercussions sur les rébellions du Haut et du Bas-Canada (*section 7.5, p. 248-250*) ?

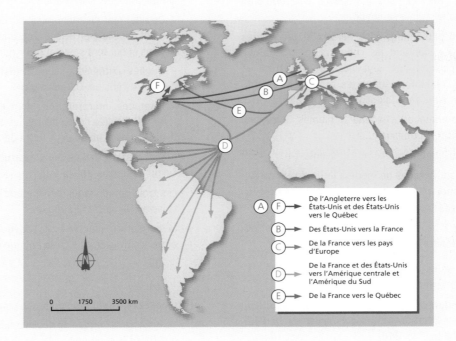

La naissance des États-Unis

3. Une carte conceptuelle est un schéma qui opère une synthèse visuelle d'informations complexes, en mettant en évidence les liens qui les unissent. Consultez en ligne la fiche 6 du Coffre à outils méthodologique (*Lire, interpréter et construire une carte conceptuelle*), qui explique la procédure pour élaborer une telle carte. Puis allez lire la section 7.1.1, qui porte sur les causes de l'indépendance des États-Unis, aux pages 224 et 225, et dessinez-en la carte conceptuelle, en respectant les diverses règles expliquées dans la fiche. Dans votre carte, tâchez de faire ressortir en quoi les intérêts des treize colonies britanniques d'Amérique entrent en conflit avec les intérêts de leur métropole, la Grande-Bretagne.

La Révolution française

4. Le document 12 (*p. 231*) reproduit ci-contre est une caricature anonyme de 1789 qui, selon certains historiens, reflète bien la société de l'époque. Procédez à l'analyse du contenu de ce document visuel (*voir la fiche 3 Lire et interpréter un document visuel, p. 368*), pour vérifier s'il constitue une représentation fidèle des trois états de la France d'Ancien régime. Pour vous y préparer, allez lire sur la société française de cette époque, aux pages 230 et 231.

a) Analyse du titre: la caricature est intitulée « Â faut espérer qu'eu'jeu la finira ben tôt » (il faut espérer que ce jeu-là finira bientôt). Selon vous, lequel des trois personnages prononce ce souhait? De quel « jeu » est-il question?

b) Identification et analyse des personnages: répondez aux questions suivantes.

• Au sujet du personnage penché qui tient une houe.

– Quel est cet objet? Quel est alors le métier de l'homme? À quel état appartient-il?

– Sur la houe, figurent les mots « mouillée de larmes »; que veut-on laisser entendre?

– Un papier sort de la poche arrière du personnage sur lequel apparaît la liste suivante: « Sel et tabac, Tailles, corvées, Dîmes, Milices ». À quoi fait référence chacun de ces éléments? Référez-vous au besoin à la section 3.2.1 (*p. 90-92*), sur le régime seigneurial.

– Aux pieds du personnage, des perdrix et des lièvres « seigneuriaux » mangent les choux et les grains que l'homme a récoltés. Que veut illustrer cette mise en scène? Pour répondre, vérifiez les privilèges revendiqués par les nobles dans le document 13 (*p. 231*).

• Au sujet de l'homme au chapeau à plumes, avec une « fraise » (col plissé) et une épée.

– Selon son habillement, quel état représente-t-il?

– Les fraises sont passées de mode à la fin du 18e siècle; selon vous, quel message le caricaturiste cherche-t-il à véhiculer en dessinant un personnage ainsi vêtu?

– Sur son épée, il est écrit « rougie de sang »; que laisse-t-on sous-entendre?

• Au sujet du personnage en veste bleue dont la poche laisse sortir un papier avec les mots « Évêques, Abbé, Duc et pair, comte, Pension, Ostentation ».

– De quel état l'homme fait-il partie? Dans cet état, comment appelle-t-on ceux qui occupent les plus hautes fonctions et qui sont souvent des « ducs, pairs et comtes »?

– Quelles critiques le caricaturiste formule-t-il par les mots « Pension, Ostentation »?

c) Proposer une interprétation: pour évaluer si la caricature est un reflet fidèle de la société des trois états en France au 18e siècle, posez un bilan de votre démarche. Selon vous:

• à quel état appartenait le caricaturiste anonyme? Cela a-t-il pu influer sur son dessin?

• ces trois personnages dépeignent-ils bien la société française au 18e siècle? Expliquez.

• la caricature illustre-t-elle adéquatement les relations entre les trois états à cette époque?

Les indépendances d'Amérique latine

5. Après leur indépendance, les nouveaux États d'Amérique « latine » vivent une « situation de néo-colonialisme » (*p. 248*). Relisez la section 7.4.3 (*p. 246–248*).

a) Proposez une définition du terme « néo-colonialisme ».

b) Fournissez un exemple de néocolonialisme sur les plans politique (*p. 247*), économique (*p. 248*), social (*p. 248*) et culturel (en utilisant le texte du document 35, *p. 247*).

POINTS DE VUE
SUR L'HISTOIRE

La Révolution américaine et la Révolution française, phénomènes semblables ou différents?

À la fin du 18e siècle, l'Occident connaît une vague révolutionnaire marquée par la fin de la domination anglaise sur les 13 colonies, qui deviennent les États-Unis, ainsi que par le renversement de l'Ancien régime par le peuple français. Les historiens regroupent communément ces deux événements sous le terme «révolution». Mais, quelles ressemblances y a-t-il entre ces deux épisodes au-delà d'un changement rapide de l'ordre établi?

Certes, la situation politique est différente: les Américains luttent contre leur statut colonial, alors que les Français se battent contre le système absolutiste. Il ne fait pas de doute non plus que la situation sociale est plus complexe en Europe: l'absolutisme, les privilèges de la noblesse et du clergé et le poids des traditions sont des réalités pratiquement inexistantes en Amérique. La situation économique est aussi différente: les États-Unis revendiquent une plus grande liberté économique et l'assouplissement du mercantilisme, alors que la France se soulève contre les corporations de métiers, les frontières internes et les privilèges économiques.

Malgré toutes ces différences, plusieurs historiens évaluent que les deux phénomènes méritent la même dénomination. D'abord, les deux mouvements s'inspirent de la philosophie des Lumières et sont diffusés dans toutes les couches de la société, bien qu'imparfaitement. Ensuite, les révolutionnaires s'en prennent dans les deux cas à un pouvoir jugé inattaquable, la monarchie absolue en France et le pouvoir colonial aux États-Unis. Par ailleurs, si le résultat des deux soulèvements est différent puisque les États-Unis réussissent à chasser le pouvoir colonial anglais alors que la France reviendra à la monarchie après l'époque révolutionnaire, les deux sociétés sortent de ces épisodes radicalement transformées. La France met fin à l'absolutisme et à plusieurs des privilèges de la noblesse, alors que les États-Unis deviennent un nouveau pays en étant la première colonie à vaincre le colonisateur.

De plus, les deux événements ont un impact similaire: l'Europe suivra l'exemple français au 19e siècle, alors que le cas étasunien servira de référence à tous les mouvements d'émancipation américains. En somme, bien qu'elles soient différentes dans leur exécution et dans leur réussite, les révolutions en France et aux États-Unis sont deux événements aux causes et aux répercussions similaires.

Aujourd'hui, un nombre grandissant d'historiens affirme cependant que les différences entre les deux événements sont beaucoup plus nombreuses que les ressemblances. Il ne faut d'abord pas minimiser les détails et l'exécution de chacun des mouvements. Alors que la phase militaire active de la Révolution américaine se joue sur moins d'une décennie, la Révolution française va de 1789 à 1815, soit un quart de siècle. Il ne faut pas non plus écarter du revers de la main la différence de statut. Les jeunes colonies étaient pratiquement naissantes alors que la France accumulait des traditions et des pratiques depuis plusieurs siècles. Cette situation rendait tout changement beaucoup plus susceptible d'être révocable en France qu'aux États-Unis.

De plus, si les deux épisodes ont un retentissement important, les conséquences de l'une et de l'autre «révolution» ne sont pas comparables. La révolution américaine a servi de modèle aux autres révolutions en Amérique. Cependant, les révolutions d'Amérique latine sont survenues dans un contexte différent à cause de la culture hispanique, mais aussi à cause de l'important métissage culturel et de la possibilité d'alliances entre les pays de même langue et de même culture. Il n'en est pas de même des révolutions d'Europe qui se sont beaucoup plus ouvertement inspirées de la Révolution française, étant donné que tous les pays européens étaient soumis à une monarchie et à des privilégiés. Néanmoins, chaque révolution européenne s'explique en partie par un cadre historique national fort, notamment à cause des longues traditions propres à chaque royaume, mais aussi par les guerres révolutionnaires et napoléoniennes qui ont éveillé un nationalisme anti-français, alors que la Révolution américaine n'a pratiquement pas débordé ses frontières et n'a suscité aucun sentiment antiaméricain.

Finalement, selon ces spécialistes, les conséquences des révolutions américaine et française ne sont pas comparables. Les Américains ont réussi complètement leur mission: l'Angleterre n'a pas repris sa colonie. En ce sens, les États-Unis vivent encore aujourd'hui sous le régime issu de leur révolution et les relations sociales et l'économie intérieure sont demeurées pratiquement inchangées au lendemain des événements. Par contre, lorsque la révolution se termine en France, les Français n'ont que partiellement atteint leur but: bien que les changements soient nombreux, le roi reprend son trône, même s'il ne s'agit plus de l'absolutisme. La révolution resurgira d'ailleurs à plusieurs reprises au 19e siècle et la France d'aujourd'hui ne vit plus du tout sous le même régime politique.

Certains historiens font aujourd'hui un pont entre les deux visions. Ils reconnaissent que les révolutions française et américaine participent d'un même mouvement de démocratisation des pays occidentaux, même si elles ne sont pas parfaitement similaires. En ce sens, le concept de «révolution» est à conserver, mais peut-être vaudrait-il mieux parler de «révolutions» aux visages multiples.

BAECHLER, Jean. *Les phénomènes révolutionnaires*, Paris, La table-ronde, 2006 (1970), 280 p.

GUSDORF, Georges. *Les révolutions de France et d'Amérique, la violence et la sagesse*, Paris, Perrin, 1988, 225 p.

LEMARCHAND, Guy. «À propos des révoltes et révolutions de la fin du XVIIIe siècle», *Annales historiques de la Révolution française*, n° 340, 2005, p. 145-174.

01 Le concept de *révolution industrielle*

«À partir du dernier tiers du 18e siècle, un certain nombre de pays ont connu la plus profonde mutation qui ait jamais affecté les hommes depuis le néolithique: la révolution industrielle. Pour la première fois dans l'histoire, le pouvoir humain de production y est libéré; les économies peuvent désormais fournir, en les multipliant sans cesse jusqu'à nos jours, des biens et des services mis à disposition d'hommes toujours plus nombreux. On passe, parfois brutalement, le plus souvent par des transitions lentes et difficilement perçues, du vieux monde rural à celui des villes "tentaculaires", du travail manuel à la machine-outil, de l'atelier ou la manufacture à l'usine. Des paysans s'exilent vers les centres industriels nouveaux, l'artisan s'inquiète ou disparaît, des professionnels surgissent, promoteurs, ingénieurs, techniciens; une élite bourgeoise supplante les notables traditionnels de la terre, un prolétariat naît et combat. Peu à peu, tous les domaines de la vie sont atteints et transformés: travail quotidien, mentalités, cultures. [...]

Nous considérerons la révolution industrielle comme le démarrage d'une croissance d'un type nouveau, auquel correspondent des nouveautés techniques. [...] Elle marque une étape décisive de transition à partir d'un stade incomplet, précapitaliste vers un stade où les caractéristiques fondamentales du capitalisme s'imposent: progrès technique continu, capitaux mobilisés en vue d'un profit, séparation plus nette entre une bourgeoisie possédant les moyens de production et les salariés. [...]

La révolution industrielle, c'est l'acte de naissance de notre monde.»

Source: Jean-Pierre RIOUX, *La révolution industrielle, 1780-1880*, Paris, © Éditions du Seuil, 1971, p. 1, 16. (Coll. «Points Histoire»)

Au même moment où se déploie la «grande révolution atlantique», commence la mutation la plus importante de l'histoire humaine depuis l'invention de l'agriculture au néolithique: la révolution industrielle. Lancée en Angleterre dans la seconde moitié du 18e siècle, elle atteint l'Europe de l'Ouest au début du 19e, se répand de proche en proche dans tout le monde occidental, atteint même le Japon à la fin du siècle et s'est aujourd'hui pratiquement étendue à l'ensemble du monde.

Accompagnée d'une révolution démographique unique dans l'histoire, cette révolution touche tous les secteurs de l'économie, depuis l'agriculture jusqu'aux transports, et donne naissance à une économie nouvelle: l'économie industrielle.

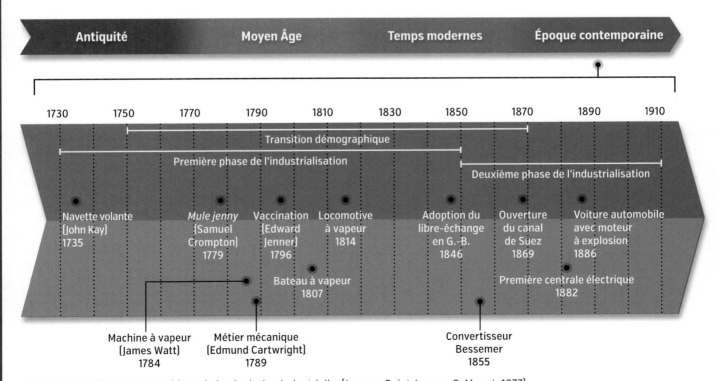

< Le chemin de fer, image mythique de la révolution industrielle. (*La gare Saint-Lazare*, C. Monet, 1877)

8.1 L'« ancien régime » économique

Comme on a parlé d'un Ancien Régime politique et social, on pourrait tout aussi bien évoquer un «ancien régime» économique, celui qui a réglé la production et l'échange des biens de toutes sortes pendant des siècles, voire des millénaires. Tel qu'il apparaît a la veille de la révolution industrielle, ce régime se caractérise surtout, à nos yeux d'aujourd'hui, par sa lenteur et sa faible **productivité**.

8.1.1 L'agriculture et la production d'énergie

L'agriculture   L'activité agricole domine largement le paysage économique: de 80 à 90% de la population vit d'agriculture, qui représente de 70 à 80% du revenu national. Les rendements sont faibles: l'élevage étant peu développé, on manque d'engrais naturels. Pour régénérer les sols, on laisse donc la terre en friche un an sur trois, ou même sur deux: c'est la «jachère». L'outillage est médiocre (charrue à bœufs, faux et faucille). Le mode d'exploitation souffre de l'extrême parcellisation du sol et des contraintes communautaires qui en découlent, héritages de l'époque médiévale (*voir la page 90*).

L'énergie   La production énergétique est très limitée. La force animale constitue la première source d'énergie: bœufs, mules et mulets, ânes et surtout chevaux fournissent une puissance ne dépassant guère les 10 millions de **chevaux-vapeur** pour toute l'Europe. Le bois fournit 10 autres millions de chevaux-vapeur, outre qu'il sert à mille autres usages (habitation, meubles et ustensiles, outils, véhicules). L'eau et le vent actionnent les moulins, utilisés dans la meunerie, le textile, la métallurgie. La voile, le moteur le plus puissant de l'époque, est l'outil essentiel du commerce, qui se fait surtout par voies navigables (fleuves et rivières, eaux côtières, mers et océans). Le charbon est connu, mais peu utilisé, car le soufre qu'il contient le rend impropre à la métallurgie.

8.1.2 L'industrie de transformation

La production artisanale   L'industrie est dominée par la production de biens de consommation, surtout de textiles, qui représentent 60% de ce secteur. La production artisanale domine: le maître artisan travaille dans son atelier, avec ses outils, entouré de quelques «apprentis» ou «compagnons» peu nombreux. Dans plusieurs secteurs, la famille de l'artisan participe pleinement au cycle de production. Dans la fabrication des tissus, par exemple, l'épouse – bientôt secondée par ses filles – se charge de la fabrication du fil à l'aide du traditionnel rouet, alors que l'époux initiera ses fils à l'art du tissage afin qu'ils deviennent à leur tour maîtres tisserands. L'atelier exécute toutes les opérations nécessaires au produit fini, en suivant des règles plus ou moins rigides et immuables fixées par une corporation de métier.

L'industrie à domicile   À côté de cette production artisanale encore dominante, certains secteurs sont organisés sur la base de l'**industrie à domicile**, disséminée dans les campagnes et non mécanisée. Ce système, qui permet de contourner les règlements sévères des corporations urbaines, est particulièrement répandu dans le textile. Celui qu'on appelle le *marchand-fabricant* achète les matières premières (laine ou coton brut), les livre à des familles ouvrières-paysannes qui produisent le fil à domicile, puis à d'autres pour le tissage, à d'autres encore pour la teinture, et ainsi de suite. La confection de vêtements, où prédomine une main-d'œuvre largement féminine, relève également de l'industrie à domicile, bien qu'une certaine partie de la production se fasse aussi en atelier. Le marchand-fabricant dirige tout le processus, demeure propriétaire du produit, fournit même parfois les instruments de travail (métier à tisser) et assure la coordination, la gestion et le financement de l'ensemble **02**.

La métallurgie   La **métallurgie** utilise surtout le bois comme combustible, pour un rendement limité fournissant une fonte de mauvaise qualité et provoquant le déboisement. Elle est essentielle, entre autres, pour la fabrication des armes,

---

Productivité
Rapport entre une quantité donnée de production et un ou plusieurs facteurs qui ont permis de l'obtenir, comme le travail, l'énergie, la machinerie ou la surface de terre mise en culture.

Cheval-vapeur
Unité de puissance équivalant à 75 kilogrammètres par seconde, c'est-à-dire 736 watts environ. (À titre de comparaison, le barrage Daniel-Johnson, au Québec, a une puissance de 2 660 mégawatts, soit environ 3,6 millions de chevaux-vapeur.)

Industrie à domicile
Système de production de type industriel (division du travail et concentration du capital) dans lequel les ouvriers travaillent à leur domicile au profit d'un entrepreneur.

Métallurgie
Ensemble des procédés de fabrication des métaux. (CNRTL, 2011: www.cnrtl.fr/definition/metallurgie)

particulièrement des canons. Vers 1720, la production annuelle totale de l'Angleterre ne dépasse pas 17 000 tonnes de fonte (elle dépassera les 10 millions en 1900).

8.1.3 Transports, commerce, finance

Les transports Ce sont les transports qui constituent le principal «goulot d'étranglement» de cet ancien régime. Le réseau routier, peu développé et de piètre qualité, ne permet pas de dépasser les 20 kilomètres à l'heure de moyenne dans le meilleur des cas (courrier). Vers 1740, on met quatre jours pour aller de Montréal à Québec par la route, en traversant les rivières en bac. En fait, les armées napoléoniennes, dans leur conquête de l'Europe, ne se déplacent guère plus vite que celles d'Alexandre le Grand 2 000 ans plus tôt. La navigation fluviale est lente et difficile, les lourdes péniches devant parfois être tirées, depuis la rive, par des chevaux ou des bœufs. Les vaisseaux océaniques jaugent au maximum 100 tonnes et sont totalement dépendants du vent, force aléatoire et imprévisible.

Le commerce et la finance En plus de ces limitations techniques, le commerce est partout entravé par d'innombrables barrières internes (péages, douanes intérieures) et internationales (mercantilisme) qui ralentissent les échanges. Les moyens de paiement sont encombrants et peu sécuritaires: la monnaie est très diversifiée, émise par de nombreuses autorités à la fiabilité parfois douteuse (nobles féodaux, villes, provinces, États) et presque exclusivement sous forme métallique. Le crédit est peu développé, les banques se cantonnant principalement dans les prêts aux gouvernements.

C'est donc l'ensemble de cet ancien régime de production et d'échange que la **révolution industrielle** va jeter bas **03**.

02 **L'industrie à domicile**

Le métier à tisser occupe presque tout l'espace de l'humble logis de l'ouvrier. (*Le tisserand*, P. Sérusier, 1888)

Révolution industrielle
Dans son sens le plus général, cette expression désigne l'ensemble des phénomènes qui bouleversent tous les modes traditionnels de production et d'échange des biens et des services dans les pays occidentaux à partir de la fin du 18e siècle, incluant des phénomènes qui s'y rattachent comme la révolution agricole et la révolution démographique.

03 **Le développement de la révolution industrielle**

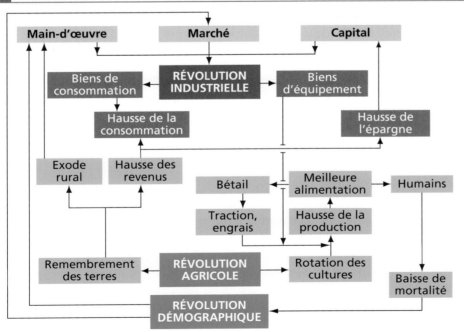

FAITES LE P◎INT

1. Quelles sont les limitations qui pèsent sur la production agricole dans l'ancien régime économique ?

2. Quelles sont les sources premières d'énergie dans l'ancien régime économique ?

3. Comment fonctionne l'industrie à domicile ? En quoi diffère-t-elle de la production artisanale ?

4. En quoi les transports constituent-ils un « goulot d'étranglement » ?

5. Quelles sont les principales entraves au commerce ?

8.2 L'explosion démographique : un facteur décisif ?

La priorité qu'il faudrait accorder soit à la révolution agricole que nous verrons plus loin, soit à l'explosion démographique dans le déclenchement de la révolution industrielle divise les historiens de façon assez vive. Il n'en demeure pas moins que l'explosion démographique, qui fera de l'Europe le continent le plus densément peuplé du monde à la fin du 19e siècle, constitue indéniablement un des facteurs essentiels de l'avènement de l'ère industrielle.

8.2.1 L'« ancien régime » démographique

La croissance naturelle Jusque vers 1750, la **démographie** humaine est caractérisée par une **croissance naturelle** relativement faible, ponctuée de reculs dramatiques. Cette situation est due à la conjonction d'une forte natalité, de l'ordre de 40 ‰ (avec une pointe de 65 ‰ chez les Canadiens-Français), et d'une mortalité forte elle aussi, de l'ordre de 35 ‰ en temps « normal », c'est-à-dire sans cataclysme majeur. C'est ce qu'on peut appeler un *ancien régime* démographique. L'**espérance de vie** est de 30 ans, l'**âge moyen à la mort**, autour de 45 ans. Dans ces conditions, la croissance naturelle ne peut guère dépasser 5 ‰ par année, et peut même devenir négative en cas de guerres meurtrières ou de grands fléaux naturels comme la famine et les épidémies.

Les grands fléaux La famine est provoquée par la faiblesse des rendements agricoles, par l'impossibilité de stocker des denrées périssables pour de longues périodes, par la lenteur des transports et par les innombrables entraves au commerce qui rendent difficile la circulation des denrées, même à l'intérieur d'un pays relativement centralisé comme la France, par exemple. En moyenne, l'Européen de l'époque connaît une disette tous les trois ans, une famine tous les sept ans. Au cours du 18e siècle, la France affronte 16 famines générales. La famine entraîne les épidémies, contre lesquelles il n'y a guère d'autre remède que la fuite. La lèpre, le choléra, le typhus et surtout la peste font des ravages épouvantables. À Amsterdam, une peste qui dure six ans fait 35 000 morts en 1622-1628. Entre 1593 et 1665, Londres subit cinq fois la peste pour un total de 150 000 morts.

8.2.2 La transition

Le passage de cet ancien régime démographique, déterminé surtout par l'instinct de reproduction et les fléaux naturels, à une démographie nouvelle, plus régulée, constitue ce qu'on appelle la *transition démographique*.

La chute de la mortalité C'est d'abord le **taux de mortalité** qui décroche, et qui se met à chuter. Sur une période plus ou moins longue, à des dates qui varient d'un pays à l'autre, ce taux passe de 35 ‰ à 10 ‰ **04**. Cette descente vertigineuse est d'abord le fruit d'une meilleure alimentation, grâce entre autres à des produits nouveaux, comme le maïs et la pomme de terre, et à l'accroissement de la consommation

---

Démographie
État d'une population considérée sous l'angle quantitatif ; science qui étudie cet état et ses fluctuations.

Croissance naturelle
Accroissement de la population dû aux seuls facteurs de la natalité et de la mortalité, sans égard aux mouvements externes (émigration, immigration).

Espérance de vie
Estimation statistique du nombre d'années qu'un individu, dans une société donnée, peut espérer vivre, établie sur la base du taux de mortalité.

Âge moyen à la mort
Âge moyen des gens qui décèdent dans une période et une société données.

Taux de mortalité, taux de natalité
Rapport entre le nombre des décès, ou des naissances, et la population totale dans une période donnée, généralement exprimé en *n* pour 1 000 (‰).

de viande. Dès lors, les famines se font plus rares, la mortalité recule. Puis viendront les progrès de la médecine, entre autres la vaccination, qui commence à se pratiquer à la fin du 18e siècle, et l'amélioration des conditions d'hygiène dans les villes.

L'explosion démographique Cependant, alors que diminue brusquement le taux de mortalité, le taux de natalité se maintient pendant plusieurs années autour du 40 ‰ traditionnel. Le résultat, c'est l'explosion démographique, avec des taux de croissance naturelle quatre fois plus élevés qu'auparavant. La population de l'Europe va ainsi tripler entre 1750 et 1900, passant de 136 à 410 millions d'habitants, auxquels il faudrait ajouter 140 millions d'émigrés vers des terres lointaines, avec leur descendance. À la fin du 19e siècle, l'Europe atteint la plus forte densité de population de la planète (40 habitants au kilomètre carré), et près d'un humain sur trois est de souche européenne **05**.

04 La révolution démographique

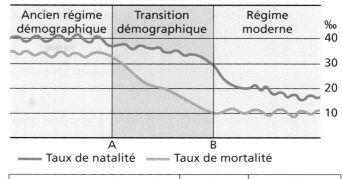

Taux de natalité ——— Taux de mortalité

	A	B
Grande-Bretagne	1740	1870
France	1770	1850
Québec	1850	1960
Russie	1890	1950

Note : A et B représentent des dates variables selon les pays.

05 La population européenne dans le monde

	Population en Europe*	Émigration européenne et descendance*	Total des populations de souche européenne*	Pourcentage de la population mondiale
1750	136	14	150	21
1800	200	30	230	24
1850	265	65	330	26,5
1900	410	140	550	32,8

? Calculez le taux de croissance de la population de souche européenne pour l'ensemble de la période.

* En millions.
Source : Jacques MARSEILLE (dir.), *Histoire 2e*, Paris, Nathan, 1987, p. 188.

8.2.3 Les conséquences

Hausse de la demande et afflux de main-d'œuvre Cette « révolution démographique » peut être considérée comme un facteur décisif du déclenchement de la révolution industrielle. D'une part, elle multiplie brusquement la demande de biens de toutes sortes, que l'appareil de production devra satisfaire. D'autre part, elle provoque un afflux important de main-d'œuvre disponible, prête à quitter la terre pour s'embaucher dans les industries nouvelles.

Le cataclysme évité Certains observateurs, dont le plus célèbre est Thomas Robert Malthus (1766-1834), prédisaient un immense cataclysme, une hécatombe due à l'insuffisance des moyens de subsistance, incapables de suivre le rythme de l'explosion démographique. Trois facteurs vont contribuer à démentir ces sombres prévisions. Tout d'abord, le taux de natalité va bientôt diminuer. Les familles, en effet, faisaient autant d'enfants parce que, entre autres raisons, l'on savait pertinemment que plusieurs d'entre eux ne se rendraient pas jusqu'à l'âge adulte. La mortalité infantile ayant reculé, le taux de natalité va s'ajuster naturellement à la baisse. Ensuite, les progrès techniques vont assurer un développement de la production beaucoup plus rapide que prévu. L'émigration, enfin, qui va pousser des Européens à s'installer sur tous les continents, particulièrement en Amérique, servira de soupape à cette pression démographique.

FAITES LE P⊙INT

6. Quelles sont les caractéristiques de la croissance naturelle de la population dans l'ancien régime démographique?

7. En quoi consiste la transition démographique et pourquoi cette

transition provoque-t-elle une explosion démographique?

8. Quelles sont les conséquences de l'explosion démographique?

8.3 L'essor de l'industrialisation

À partir du 18ᵉ siècle, une longue série d'innovations techniques, qui s'est poursuivie jusqu'à nos jours, vient bouleverser tous les modes traditionnels de production et d'échange et faire entrer l'Occident d'abord, et plus tard l'humanité tout entière, dans l'ère du machinisme 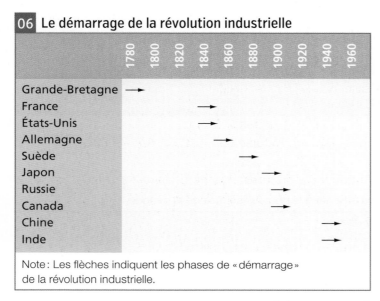. Malgré des différences parfois assez importantes entre les pays et les époques, le phénomène présente partout des traits fondamentaux qui ressortent de l'étude de ses origines, dans l'Angleterre de la fin du 18ᵉ et du début du 19ᵉ siècle.

06 Le démarrage de la révolution industrielle

	1780	1800	1820	1840	1860	1880	1900	1920	1940	1960
Grande-Bretagne	→									
France				→						
États-Unis				→						
Allemagne					→					
Suède						→				
Japon							→			
Russie							→			
Canada							→			
Chine									→	
Inde									→	

Note: Les flèches indiquent les phases de «démarrage» de la révolution industrielle.

8.3.1 L'Angleterre initiatrice

De nombreux facteurs permettent de comprendre pourquoi l'Angleterre est entrée la première, un bon demi-siècle avant tous les autres, dans l'âge de la machine.

Les avantages naturels Elle jouit tout d'abord d'avantages naturels incontestables. Son sous-sol regorge de gisements de charbon, un immense potentiel énergétique. Ses côtes maritimes, profondément découpées, et son réseau de voies navigables internes favorisent le transport à moindres frais des matières premières vers les lieux de transformation, et des produits finis vers les consommateurs.

L'importance des marchés Mais l'avantage le plus crucial de l'Angleterre est probablement l'importance de ses marchés. Le marché intérieur, d'une part, est unifié, au contraire de ceux de tous les pays du continent, et sévèrement protégé par des Lois de navigation inaugurées par Cromwell. Le marché extérieur, quant à lui, couvre pratiquement le monde entier. Le Pacte colonial réserve en exclusivité à l'Angleterre tous les échanges avec ses colonies, tandis qu'elle domine, par sa marine marchande, les routes maritimes de l'Afrique, de l'Asie et même de l'Amérique non britannique. Cette prépondérance commerciale à l'échelle mondiale permet à son tour aux armateurs et aux négociants britanniques de s'imposer sur les marchés européens, avides de produits exotiques. La production nationale peut donc se multiplier au rythme le plus endiablé: les commerçants anglais savent qu'ils pourront toujours écouler cette production.

L'abondance des capitaux Cette intense activité commerciale génère également d'abondants capitaux, et le réseau bancaire est très développé. Au début, les innovations techniques seront la plupart du temps autofinancées par les entreprises elles-mêmes, mais dès qu'on voudra étendre et généraliser ces innovations, les capitaux disponibles ne manqueront pas.

La structure sociale Sur le plan social, la classe des grands propriétaires terriens, la *gentry*, n'est pas formée par une vieille noblesse féodale, comme sur le continent. C'est une classe plus dynamique, ouverte à l'innovation, qui ne dédaigne pas les activités commerciales et industrielles, et – cela n'est pas négligeable – qui est la véritable détentrice du pouvoir depuis la Glorieuse Révolution de 1689 (*voir la page 183*).

La mentalité? Enfin, faudrait-il ajouter un phénomène de **mentalité**? Ici encore, les historiens diffèrent d'opinions. Les mentalités sont toujours le résultat de l'évolution historique et ne pourraient, à elles seules, provoquer cette évolution. Mais quand une série d'autres facteurs sont réunis, les mentalités peuvent exercer une influence, dans un sens ou dans un autre, sur la direction définitive que prendra un changement qui s'amorce. Ainsi, on peut quand même noter que l'esprit du protestantisme a pu favoriser la recherche du profit par l'innovation technique, la réussite matérielle étant considérée comme l'un des indices de la prédestination au salut éternel (*voir les pages 138 et 139*). Le climat de liberté consécutif à la Glorieuse Révolution de 1689 a aussi pu contribuer à favoriser l'éclosion des initiatives individuelles.

Quoi qu'il en soit, c'est bien en Angleterre que la révolution industrielle a commencé et, si l'on envisage les innovations en agriculture comme le point de départ, c'est dès le 17e siècle, avec le début de la rotation des cultures, que le mouvement a été lancé.

8.3.2 Une première phase (de la fin du 18e au milieu du 19e siècle)

On peut distinguer deux phases dans le mouvement d'industrialisation. La première, qui va de la fin du 18e au milieu du 19e siècle, est marquée par des innovations cruciales en agriculture, dans le textile et en métallurgie, et surtout par l'apparition du machinisme, événement capital de l'histoire humaine.

L'agriculture L'innovation miracle, c'est la **rotation des cultures**, qui remplace l'antique jachère. Afin d'éviter d'épuiser le sol tout en le faisant produire, on fera alterner les cultures sur une même parcelle de terre: céréales (blé, orge, avoine), puis plantes légumineuses (trèfle, luzerne), puis betterave, navet ou pomme de terre **07**. Cette pratique permet un accroissement énorme de la production, laquelle favorise l'amélioration de l'élevage, ce qui entraîne une augmentation de la production de fumier, qui provoque à son tour une amélioration du rendement des terres. En découle une meilleure alimentation des humains, facteur essentiel de la baisse de la mortalité.

Mais cette révolution dans la production agricole ne saurait se réaliser dans le cadre de la propriété de type seigneurial, parcellisée, où les champs ne sont pas clôturés, où l'exploitation est soumise à de lourdes contraintes communautaires, et dont certains secteurs appartiennent à l'ensemble de la communauté (biens communaux: pâturages, forêt). Le mouvement des *enclosures* (remembrement et clôture des terres), déjà commencé depuis le 16e siècle, vise à combattre tous ces obstacles. Le Parlement de Londres, dominé par les grands propriétaires, vote des lois qui répartissent les biens communaux entre tous les ayants droit d'une commune. Les petits

Mentalité
Ensemble des manières habituelles de penser et de croire et des dispositions psychiques et morales caractéristiques d'une collectivité. (CNRTL, 2011: www.cnrtl.fr/definition/mentalite)

Rotation des cultures
Succession périodique sur une même parcelle de terre de plantes ayant des besoins différents, afin de ne pas épuiser le sol. (CNRTL, 2011: www.cnrtl.fr/definition/rotation)

Enclosure
Grande exploitation agricole clôturée, formée du regroupement de multiples parcelles paysannes et de biens communaux.

07 Rotation des cultures et jachère: comparaison des deux pratiques sur une période de 11 ans, à la fin du 18e siècle

Années	Rotation des cultures (Grande-Bretagne)	Jachère (France)
1	Navets	Jachère
2	Orge	Blé (18 boisseaux)
3	Trèfle	Orge, avoine
4	Blé (25 boisseaux)	Jachère
5	Navets	Blé (18 boisseaux)
6	Orge	Orge, avoine
7	Trèfle	Jachère
8	Blé (25 boisseaux)	Blé (18 boisseaux)
9	Vesces, fèves	Orge, avoine
10	Blé (25 boisseaux)	Jachère
11	Navets	Blé (18 boisseaux)
	Résultats: 75 boisseaux de blé, une terre toujours améliorée et de nombreux produits pour l'élevage.	Résultats: 72 boisseaux de blé, un sol stationnaire.

Source: D'après Arthur YOUNG, *Voyages en France, pendant les années 1787-88-89 et 90*, Paris, Buisson, 1793, *passim*.

Navette volante
Mécanisme à ressort par lequel le tisserand peut faire « voler » l'instrument en forme d'embarcation (*navette* signifie « petite nef ») qui permet de faire passer le fil de la trame entre les fils de la chaîne pour fabriquer du tissu. Dès lors, la largeur du tissu n'est plus limitée par l'envergure des bras du tisserand.

paysans, qui ne reçoivent que des miettes dans la répartition des communaux, n'ont alors guère d'autre choix que de vendre à vil prix leurs parcelles au gros propriétaire voisin. Celui-ci peut ainsi regrouper toutes ses propriétés en un seul tenant, les clôturer et se lancer dans l'innovation sans être paralysé par les vieilles traditions communautaires. Et les petits paysans, ainsi dépouillés, quittent en grand nombre le travail de la terre pour se mettre au service des industries en pleine transformation.

Ainsi, on peut déjà dire que l'agriculture s'« industrialise ». Elle se raccroche de plus en plus étroitement au marché, délaissant la production autarcique ; elle se spécialise selon les régions et les sols pour accroître la rentabilité ; elle se concentre en unités plus vastes, instituant le travail agricole salarié ; elle se mécanise enfin, augmentant la productivité du travail et permettant à un pourcentage de plus en plus faible de producteurs de nourrir des bouches de plus en plus nombreuses.

Le textile C'est cependant dans l'industrie textile qu'est née la révolution industrielle au sens le plus strict. Ce secteur présente à l'époque des caractéristiques favorables à cette évolution. À cause de sa relative nouveauté, du moins en ce qui concerne le tissu de coton, il n'est pas soumis aux règles contraignantes des vieilles corporations de métiers. Il doit également faire face à une demande qui s'accroît de façon vertigineuse avec la véritable « folie des cotonnades » qui s'empare de toute l'Europe devant l'extraordinaire finesse et les merveilleux coloris des nouveaux tissus de coton importés des Indes. Le textile anglais ne peut concurrencer ces « indiennes » sans modifier radicalement ses modes de production.

Tout au long du 18ᵉ siècle, les innovations vont donc s'y succéder : **navette volante** (John Kay, 1735), *mule jenny* (Samuel Crompton, 1779) **08**, et finalement le métier à tisser mécanique, actionné par une machine à vapeur (Edmund Cartwright, 1789). Un jeune de 15 ans peut désormais produire autant de tissu que trois adultes auparavant. L'intégration des femmes et des enfants dans la production mécanisée du filage et du tissage permet d'ailleurs à l'employeur de maximiser ses profits, les femmes, par exemple, ne gagnant que 40 à 50 % du salaire des hommes, proportion encore plus faible pour les très jeunes filles.

La machine à vapeur Cette machine qu'on vient d'adjoindre au métier à tisser est au cœur de la révolution industrielle, du moins dans sa première phase **09**. Ce qui fait de cette révolution un des événements majeurs de l'histoire humaine, en effet, c'est la conjonction d'une nouvelle source d'énergie, le charbon, avec une nouvelle forme de production, le **machinisme**. L'emblème de cette conjonction, c'est la machine à vapeur, mise au point par l'Anglais James Watt en 1784 **10** **11**. « Souple, régulière, économique, indépendante des conditions ambiantes, applicable à tous les travaux industriels, c'est une des inventions les plus importantes de l'histoire de l'humanité[1]. »

08 De l'artisanat à la machine

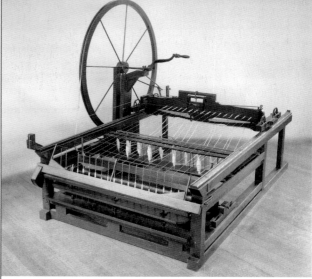

En haut, méthode traditionnelle de filage au rouet (*La femme au rouet*, J.-F. Millet, 1855-60). En bas, *mule jenny* qui permet à un seul ouvrier d'actionner 10 broches simultanément. Accouplée à une machine à vapeur, elle peut en actionner plus de 1000.

1. François LEBRUN et Valéry ZANGHELLINI, *Histoire et civilisations*, Paris, Belin, 1981, p. 147.

09 La machine à vapeur, au cœur de la révolution industrielle

```
Constructions                    Sidérurgie
mécaniques                      (fonte, fer, acier)
(machines-outils)

Transports                  MACHINE        Charbon
(chemin de fer,             À VAPEUR       (coke)
bateaux à vapeur)

              Industries légères
              (dont textile)
```

→ Mouvement   → Machines
→ Énergie   → Produits finis

? Expliquez chacune des flèches de ce schéma.

Machinisme
Système technique de production reposant sur la généralisation de l'emploi des machines.

Coke
Variété de charbon résultant de la distillation de la houille, utilisée dans le chauffage domestique et surtout dans l'industrie métallurgique.
(CNRTL, 2011 : www.cnrtl.fr/definition/coke)

10 James Watt (1736-1819)

Fils d'un constructeur de maisons et de bateaux, James Watt se passionne très tôt pour le travail manuel et la recherche technique, et devient concepteur et fabricant d'instruments scientifiques de précision. En 1765, en réparant un modèle réduit de la pompe à vapeur de Newcomen, il se lance à corps perdu dans l'amélioration de cette invention, qui l'occupera pendant 25 ans. Condenseur, mouvement rotatif, piston à double action, tringles parallèles, contrôle automatique de la vitesse, jauge de pression font finalement de sa machine la reine de l'industrie et, de son inventeur, un homme célèbre et passablement riche. Il s'intéresse aussi à la résistance des matériaux, participe aux activités de diverses sociétés savantes et invente même, à 70 ans, une machine à sculpter capable de reproduire des œuvres originales.

11 La machine à vapeur de James Watt : l'invention centrale de la révolution industrielle

Le mouvement linéaire alternatif du piston actionné par la vapeur (à gauche) se transforme en mouvement circulaire continu (à droite) par l'intermédiaire d'une bielle (en haut), ce qui permet à la machine d'actionner une variété d'appareils.

Charbon et métallurgie   Cette machine et les machines-outils qu'elle actionne, fonctionnant à haute vitesse et à haute température, doivent être usinées avec précision et requièrent désormais une fabrication de fonte de grande qualité. Or, jusque-là, la fabrication de la fonte se faisait avec du charbon de bois, parce que la combustion de la houille (le charbon fossile) dégageait du soufre qui, se mêlant au minerai de fer, donnait une fonte de piètre qualité. La mise au point, au début du 18e siècle, d'un procédé de purification de la houille pour en faire du coke marque le début de la sidérurgie industrielle. En 1855, le procédé Bessemer ouvrira la deuxième phase de l'industrialisation, celle de l'acier et des alliages.

La révolution des transports   La machine à vapeur, en conjonction avec la nouvelle métallurgie du fer, va révolutionner les transports. C'est l'apparition de ce

Sidérurgie
Métallurgie de la fonte, de l'acier et des alliages ferreux.

Bessemer (procédé)
Procédé consistant à injecter, dans un convertisseur, de l'oxygène dans la fonte liquide afin d'en brûler le carbone pour obtenir de l'acier.

12 Les joies du chemin de fer

«Figure-toi une sorte de gros tonneau deux fois plus long que ceux de nos porteurs d'eau filtrée, monté sur quatre roues, le tout en fer et jetant de la fumée par un tuyau de quelques pieds de hauteur et tu auras une idée de l'extérieur de la machine qui va être attelée à une vingtaine de voitures couvertes ou découvertes. [...] Avant le départ, il règne dans cette foule une agitation extrême, chacun ayant reçu un numéro de voiture cherche cette voiture et quand il l'a trouvée, il se place sur un banc également numéroté. J'occupais le n° 22 et la voiture, où j'étais placé, contenait 28 voyageurs. [...]

Un seul homme est placé sur la machine et la gouverne; [...] on entend le bruit de la cloche, puis, aussitôt après, on sent sur toute la ligne une très petite secousse; elle vous avertit que vous venez d'être fixés à la machine. [...] Il est curieux de voir avec quelle rapidité tous les objets environnants semblent filer à côté de vous. [...] Un cheval qui était lancé au grand galop faisait l'idée d'un individu qui dans une course de chevaux voudrait lutter à pied avec le meilleur coursier.

[...] Indépendamment qu'on ne sent aucun cahotement et qu'il semble qu'on glisse sur une surface unie, on n'éprouve aucune difficulté de respiration; j'avais comme beaucoup de personnes peine à le croire.»

Source: Récit d'un voyageur (1835), dans Denise GALLOY et Franz HAYT, *De 1750 à 1848*, Bruxelles, De Boeck, 1993, p. 82.

qui deviendra le symbole central de toute la révolution industrielle: le chemin de fer, où une «locomotive», qui n'est au fond qu'une machine à vapeur actionnant ses propres roues motrices, traîne des wagons sur des rails d'acier 12. Apparu en Angleterre en 1814, le procédé se transmet comme une traînée de poudre à travers l'Europe et l'Amérique, et une «rage» de chemins de fer s'empare de tous les pays, avec des mégaprojets qui n'échapperont pas toujours à une certaine folie des grandeurs: transcontinentaux en Amérique du Nord, transsibérien, Berlin-Bagdad, Le Cap-Le Caire, etc.

La navigation ne tarde pas à être touchée elle aussi. On construit d'abord des bateaux en fer, au profil effilé, avec une voilure extrêmement développée: les clippers, grâce auxquels vont briller les derniers feux, magnifiques, de la navigation à voile. Puis, l'énergie de la vapeur va remplacer celle du vent, trop inconstante, et alors apparaîtront les steamers, d'abord propulsés par d'immenses roues à aubes, encombrantes et fragiles, puis par une hélice à spirale beaucoup plus efficace 13. En quelques années, la traversée de l'Atlantique se réduit de plusieurs semaines à une dizaine de jours, sur des bateaux qui atteindront 60 000 tonneaux de jauge et 250 mètres de long à la fin du 19e siècle.

13 Un steamer à Montréal

Devant le port de Montréal, un steamer navigue au milieu d'embarcations traditionnelles: barque, bateau et radeau à voile. (*Montréal depuis l'île Sainte-Hélène*, R.A. Sproule, 1830)

Taylorisme
Méthode d'organisation scientifique du travail industriel fondée sur une répartition du procédé de production en éléments partiels et chronométrés éliminant les mouvements improductifs. [Adapté de CNRTL, 2011: www.cnrtl.fr/definition/taylorisme]

8.3.3 Une deuxième phase (du milieu du 19e au milieu du 20e siècle)

Vers le milieu du 19e siècle, la révolution industrielle entre dans une deuxième phase, marquée par la «fée électricité», l'industrie chimique, la métallurgie de l'acier et des alliages, le moteur à combustion interne, tandis que de nouveaux pays sont touchés par le phénomène 14 15.

Le taylorisme L'organisation scientifique du travail apparaît également comme un élément majeur de cette phase. Le taylorisme (du nom de l'ingénieur américain Frederick Winslow Taylor, 1856-1915) consiste à décortiquer minutieusement chaque opération de production en une série de mouvements élémentaires que l'on peut facilement chronométrer, à isoler ces mouvements les uns des autres et à les répartir entre plusieurs ouvriers différents. Chaque ouvrier, n'ayant ainsi à accomplir qu'une tâche simple, indéfiniment répétée, peut accélérer la cadence de son geste et accroître sa productivité. Ainsi naissent les premières « chaînes de montage », chez Ford.

La concentration des entreprises La concentration des entreprises est l'un des aspects les plus caractéristiques de cette nouvelle étape de l'industrialisation. La relative libre concurrence des débuts fait place à la volonté des producteurs de contrôler l'ensemble d'une production ou d'un marché. Ainsi se créent, par achat, regroupement, fusion, volontaires ou forcés de diverses manières, les immenses conglomérats, trusts, cartels, *konzern*, dont l'Allemagne, surtout, et les États-Unis se font une spécialité : Krupp, Siemens, BASF en Allemagne, Standard Oil (Rockefeller), General Electric (Edison), U.S. Steel (Carnegie) aux États-Unis, voire Dominion Textile au Québec.

Le rôle croissant des banques Cette concentration, qui exige d'énormes capitaux, est à la fois cause et conséquence du rôle croissant des banques dans la vie économique. À côté des banques d'affaires, en effet, se créent des banques de

14 La deuxième phase de l'industrialisation

" WHAT WILL HE GROW TO?"

Devant le bébé Électricité, le roi Vapeur demande au roi Charbon : « Que fera-t-il quand il sera grand ? » (Paru dans le *Punch*, 1881)

15 Les deux phases de la révolution industrielle

	Phase I	Phase II
Période du démarrage	1730-1810	1880-1900
Pays initiateurs	Angleterre, Belgique	Allemagne, États-Unis
Agents d'innovation	« Praticiens », inventeurs	Recherche scientifique
Sources d'énergie	Charbon	Électricité, pétrole
Systèmes de propulsion	Machine à vapeur	Moteur électrique, moteur à explosion
Matières premières	Coton, fer	Acier, métaux non ferreux (cuivre, nickel, aluminium)
Industries-pilotes	Textile, métallurgie du fer et de la fonte	Métallurgie de l'acier et des alliages, chimie (engrais, textiles synthétiques), construction navale, armements, automobile et avionnerie
Transports et communications	Chemin de fer, grands voiliers	Bateaux à vapeur, télégraphie sans fil, automobiles, téléphone
Marchés	National, européen, nord-atlantique	Mondial
Structure économique	Taille modérée, très grand nombre et autonomie des entreprises	Concentration des entreprises, rôle croissant des banques
Organisation du travail	Assez peu concentré, peu spécialisé, pas de syndicalisation	Grande concentration, rationalisation (« taylorisme »), progrès de la syndicalisation, augmentation du secteur tertiaire
Aspects sociaux	Appauvrissement des travailleurs, conditions de travail souvent inhumaines	Amélioration relative des conditions de travail, hausse du niveau de vie, essor des classes moyennes

dépôt, auxquelles des millions de petits épargnants confient leurs avoirs, ce qui a pour effet de mobiliser de grandes masses de capitaux au service des entreprises. Les banques se constituent ainsi des portefeuilles d'actions qui leur donnent un contrôle direct ou indirect sur une foule d'industries et une puissance économique d'autant plus grande qu'elle reste assez voilée. Par ailleurs, les banques elles-mêmes sont soumises au mouvement de concentration, et la tendance au monopole n'y est pas moins forte qu'ailleurs. Au Canada par exemple, la Banque de Montréal, fondée en 1817, va absorber sept autres banques entre 1868 et 1925.

EN TEMPS ET LIEUX

Comment construire une voiture en 93 minutes ?

Cette question a trouvé réponse sur la chaîne de montage de l'usine Ford Piquette de Détroit en 1913 quand les ouvriers ont assemblé une Ford T en 1 heure 33 minutes précisément. Il s'agit d'un exploit considérable si l'on pense qu'il a fallu 728 minutes de travail pour assembler le premier exemplaire du modèle lancé en 1908 ! Le secret de ce succès qui va faire d'Henry Ford un industriel riche et renommé est l'aboutissement d'un long processus pour organiser le travail scientifiquement.

L'idée de diviser un travail complexe en une série de tâches simples remonte loin dans le temps. Déjà au 18e siècle, le philosophe et économiste Adam Smith prône la division des étapes de production afin d'en augmenter l'efficacité. Pour appuyer son idée, il donne l'exemple d'une manufacture d'épingles comptant 10 employés qui produisent plus de 48 000 épingles dans une journée en se spécialisant sur certaines opérations de leur confection. Smith affirme que si chaque employé avait eu à confectionner ses épingles du début à la fin, il n'en aurait pas produit 20 dans sa journée de travail.

Déjà au milieu du 19e siècle, les abattoirs étasuniens laissent présager la future chaîne de production des usines Ford. À Cincinnati, en attribuant à chaque ouvrier une tâche précise, on dépèce un porc en 7 minutes au lieu de 15 minutes. Avec l'arrivée d'une grande roue puis de rails suspendus où pendent les carcasses, on diminue encore le temps de production. Dans ses mémoires, Ford confessera que c'est la visite d'un abattoir de Chicago qui l'inspira pour l'organisation de son usine.

Dans son livre *Les Principes de la direction scientifique*, publié en 1911, Frederick Winslow Taylor propose de grands principes qui révolutionnent le travail en entreprise. Se basant sur ses expériences comme contremaître et ingénieur, Taylor cherche à changer les mentalités de l'époque. Pour y arriver, patrons et employés doivent obéir à la lettre aux principes du taylorisme.

Tout d'abord, il faut une division horizontale du travail où chaque tâche est simplifiée, spécialisée et chronométrée afin de déterminer la meilleure façon de faire. Ensuite, il doit y avoir une division verticale du travail dans laquelle on sépare les concepteurs des exécutants. Il faut donc s'assurer d'avoir la bonne personne au bon endroit.

La chaîne de montage des usines Ford répond parfaitement aux principes de division des tâches du taylorisme. Aussi, Ford fait de sa voiture un modèle standardisé avec le même moteur, la même carrosserie, les mêmes pièces interchangeables d'un véhicule à l'autre. À la blague, on disait qu'un client pouvait demander la voiture dans la couleur de son choix, du moment où cette couleur était le noir.

Cependant, l'industriel américain mettra en œuvre ses propres idées, auxquelles on donne le nom de fordisme. En ce qui concerne les salaires, Ford s'écarte des idées de Taylor, qui affirme qu'il faut payer les ouvriers selon leur rendement. Ford croit que c'est plutôt la chaîne de montage qui fournit le rendement et que, conséquemment, il doit augmenter les revenus de l'ensemble de ses ouvriers. Produisant massivement, Ford veut payer suffisamment ses employés pour qu'ils achètent ses voitures. Progressivement, le prix de la Ford T passe de 825 $ en 1908 (pratiquement le salaire annuel d'un enseignant) à 290 $ en 1924.

Quant aux employés des chaînes de montage Ford, ils sont à la fois les gagnants et les perdants de cette nouvelle façon de travailler. Payés 5 $ par jour, ils gagnent un très bon salaire. Cependant, leur travail devient répétitif et abrutissant. Ne pouvant faire preuve d'initiative, ils se sentent dépossédés de leur travail.

Lorsqu'on cesse de produire la Ford T en 1927, 15 millions d'exemplaires de cette voiture ont été vendus dans le monde. Des idées d'Adam Smith à celles de Taylor en passant par les abattoirs des États-Unis, le fordisme semble être lui aussi le produit d'un travail à la chaîne.

? **1.** Quelles sont les différences et les similitudes entre le taylorisme et le fordisme ?

2. Quelles ont été les principales sources d'inspiration d'Henry Ford ?

La mondialisation des échanges Cette nouvelle industrialisation, cette nouvelle concentration des entreprises, cette productivité encore accrue exigent la mondialisation des marchés. L'expansionnisme colonial occidental reprend de plus belle: c'est la planète entière qui fournit tant les matières premières que les débouchés, et l'ouverture des grands canaux de Suez (1869) et de Panamá (1914) réduit considérablement les distances et les temps de transit entre l'Europe et le reste du monde, comme si la planète elle-même s'était rapetissée. Les capitaux aussi sont exportés, à la recherche de rendements plus avantageux dans les «pays neufs», et au début du 20e siècle la finance est déjà devenue multinationale, la *City* de Londres en étant le cœur et la livre sterling, le principal flux vital.

Concurrence planétaire et protectionnisme La mondialisation des échanges renforce la concurrence, à l'échelle planétaire cette fois, et concerne inévitablement les États. Après une brève période dominée par le libre-échange (1860-1880), on assiste à un retour généralisé du protectionnisme, sauf en Grande-Bretagne, dont l'avance technologique lui permet de se passer de protection puisqu'elle ne craint pas la concurrence. Ce retour massif au protectionnisme amplifie la féroce lutte économique que se livrent les pays sur les marchés mondiaux, et le tournant du siècle voit poindre une aggravation des tensions internationales.

La montée de nouvelles puissances

La seconde phase de l'industrialisation amène un réaménagement dans la hiérarchie des grandes puissances économiques. Si l'Angleterre avait largement dominé la première phase, elle va maintenant être rattrapée, puis dépassée à la fin du siècle, par deux nouvelles venues bénéficiant sur elle d'avantages marqués 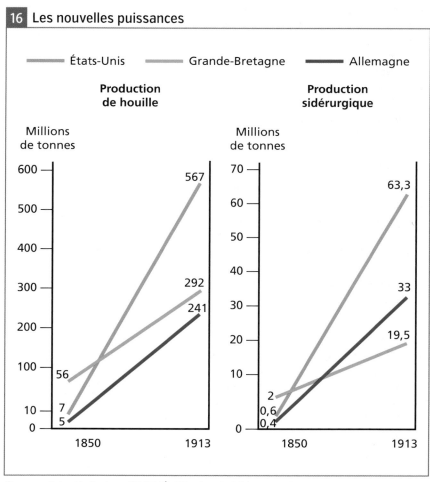.

En Europe, l'Allemagne, en même temps qu'elle s'unifie politiquement (*voir la page 288*), connaît une prodigieuse croissance économique due tout d'abord à l'abondance de ses ressources naturelles, en particulier dans le fameux bassin houiller de la Ruhr. Hors d'Europe, ce sont les États-Unis qui bousculent le leadership britannique. Favorisée par la guerre de Sécession (1861-1865) pour la production d'armements, la production industrielle monte en flèche, tandis que le «mirage américain» attire vers un paradis mythique des millions d'immigrants (jusqu'à 1 million en une seule année!) qui mettent en exploitation cet immense territoire aux ressources naturelles exceptionnelles, sans commune mesure avec celui des pays européens, à l'étroit sur leur continent en forme d'entonnoir.

16 Les nouvelles puissances

États-Unis — Grande-Bretagne — Allemagne

Production de houille

Millions de tonnes

600 — 567
500 —
400 —
300 — 292
241
200 —
100 — 56
10 — 7
0 — 5
1850 1913

Production sidérurgique

Millions de tonnes

70 — 63,3
60 —
50 —
40 —
30 — 33
20 — 19,5
10 — 2
0,6
0,4
0 —
1850 1913

Source: Adapté de Jean DUCHÉ, *Histoire de l'Occident*, Paris, Laffont, 1998, p. 474.

FAITES LE POINT

9. Quels facteurs permettent d'expliquer que l'Angleterre a été l'initiatrice de la révolution industrielle ?

10. Quelles sont les principales innovations qui marquent la révolution industrielle dans les domaines de l'agriculture et du textile ?

11. En quoi la machine à vapeur est-elle au cœur de la révolution industrielle ?

12. Comment le secteur des transports est-il touché par la révolution industrielle ?

13. Quelles sont les innovations majeures de la deuxième phase de l'industrialisation dans les domaines de l'énergie, des produits de base, des industries de pointe, et quels en sont les pays initiateurs ?

14. Quelles sont les caractéristiques nouvelles de la deuxième phase de l'industrialisation dans les domaines de l'organisation de la production, de la concurrence entre producteurs, et du rôle des banques ?

15. Pourquoi la mondialisation des échanges entraîne-t-elle une aggravation des tensions internationales ?

---

17 Le « miracle » britannique

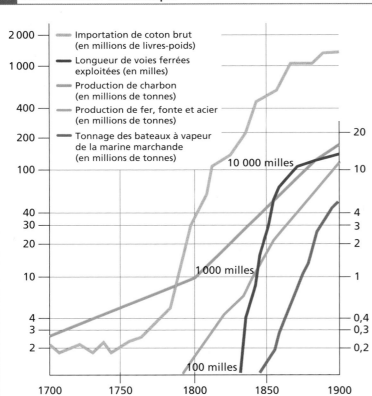

Note: Les courbes «Importation de coton brut» et «Production de charbon» sont établies d'après l'échelle de gauche, «Production de fer, fonte et acier» et «Tonnage des bateaux à vapeur», d'après l'échelle de droite. La longueur des voies ferrées possède sa propre échelle.

Source : Données tirées de Brian R. MITCHELL, *British Historical Statistics*, New York, Cambridge University Press, 1988, et id., *International Historical Statistics : Europe, 1750-2005*, 6ᵉ éd., New York, Palgrave Macmillan, 2007.

8.4 Une économie nouvelle

La révolution industrielle modifie de fond en comble les bases de l'économie. Une croissance jusque-là impensable, une nouvelle répartition sectorielle, un nouveau capitalisme et le renforcement de la prépondérance mondiale de l'Europe en sont les aspects les plus frappants.

8.4.1 Croissance, fluctuations et crises

La croissance La première conséquence de cette révolution technique, c'est une croissance phénoménale de la production et de l'économie dans son ensemble **17**. Cette croissance s'accompagne d'une hausse énorme de la productivité du travail, laquelle va entraîner une baisse des prix d'une ampleur qu'on a peine à imaginer. Ainsi, en France, l'**indice** du prix du blé passe de 100 à 3 entre 1830 et 1900, celui de la fonte de 100 à 6 entre 1785 et 1910, et celui des miroirs, entre 1702 et 1902, de 400 à 2 !

Fluctuations et crises Cette croissance ne va toutefois pas sans heurts ni soubresauts. Les fluctuations économiques suivent désormais des cycles, liés au développement de la production, qui se répètent de façon assez régulière. Ces fluctuations débouchent sur des crises d'un type nouveau. Alors que sous l'ancien régime économique la plupart des crises étaient déclenchées par une sous-production agricole due à des phénomènes naturels imprévisibles, les crises de l'ère industrielle sont d'abord des crises de surproduction industrielle attribuable à de mauvaises prévisions des investisseurs. Cette surproduction fait rapidement baisser les prix et amène une mise au chômage massive pour diminuer la production. La perte de revenu occasionnée par le chômage provoque un affaissement de la consommation et accélère encore la baisse de la production. On a pu calculer que les crises de ce type se répètent, avec une gravité très variable, à peu près tous les 10 ans. L'exemple le plus dramatique en sera évidemment fourni par la grande dépression des années 1930 (*voir la page 327*).

Indice
Rapport entre des quantités ou des prix, illustrant leur évolution dans le temps (par exemple, indice de la production industrielle).

8.4.2 La structure économique générale

L'importance relative des grands secteurs Une autre conséquence de la révolution industrielle est la modification profonde de l'importance relative de différents secteurs dans la structure économique globale. L'agriculture perd définitivement l'absolue primauté qu'elle avait toujours eue depuis des millénaires. La production d'énergie devient par contre un secteur clé. Dans le domaine de l'industrie de transformation, la production de biens d'équipement (machines) prend de plus en plus d'importance par rapport à la production de biens de consommation (textile, par exemple). En général, le **secteur primaire** diminue en importance, d'abord au profit du **secteur secondaire**, puis les deux premiers secteurs diminuent au profit du **secteur tertiaire**, ce qui modifie profondément les métiers humains **18**.

Secteur primaire
Secteur d'activité économique relatif aux matières premières (agriculture, pêche, forêt, mines, pétrole, etc.).

Secteur secondaire
Secteur d'activité économique relatif à la transformation des matières premières en produits finis ou semi-finis (acier, textile et vêtement, automobile, emballage, etc.).

Secteur tertiaire
Secteur d'activité économique relatif à toutes les activités autres que celles des secteurs primaire et secondaire (commerce, transport, banque, services professionnels, etc.).

18 L'évolution des secteurs de l'économie

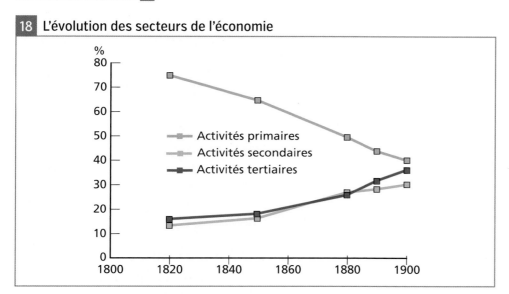

L'usine et la division du travail La révolution technique amène également l'effacement relatif de l'industrie à domicile au profit du travail à l'usine, où se concentre la main-d'œuvre autour de machines désormais trop énormes et trop coûteuses pour le travail à la maison ou dans l'atelier artisanal. Cette concentration de la main-d'œuvre et des machines dans un même lieu favorise la division du travail et amène un exode massif des campagnes vers les villes industrielles, où les conditions de vie sont déplorables (*voir la page 281*). L'industrie à domicile va cependant se poursuivre jusqu'au 20e siècle dans certains secteurs comme les métiers du vêtement, où les femmes des villes et des campagnes, payées à la pièce, travaillent toujours de longues heures en dehors de toute réglementation.

La nouvelle organisation du travail suscite par ailleurs l'émergence du « problème du travail féminin ». C'est en effet avec la révolution industrielle que se manifeste un discours alarmiste sur le travail salarié des femmes. Ce discours valorise leur appartenance exclusive à la sphère privée, donc à l'univers domestique en raison de leur «nature», justifiant ainsi leur exclusion de la sphère publique à laquelle appartient le travail salarié. Pourtant, on l'a vu, la contribution des femmes à l'économie est loin d'être un phénomène nouveau. La valorisation de l'idéal bourgeois de la mère au foyer vient cependant disqualifier le travail féminin : en raison de leurs fonctions maternelles, les femmes ne travailleraient que temporairement, dira-t-on, ce qui justifie un simple salaire d'appoint. De plus, les tâches pour lesquelles on les embauche seraient une extension de leur rôle domestique, prétendent les employeurs, ce qui constitue un argument supplémentaire pour leur offrir de bas salaires puisque leur travail reposerait sur des qualités «innées». Ainsi, le système capitaliste peut maximiser ses profits en embauchant des femmes à de très bas salaires dans des secteurs à faible rendement, et les licencier au besoin. Cette division du travail va structurer de façon durable le marché de l'emploi en Occident, jusqu'à la toute fin du 20e siècle.

La société par actions En ce qui concerne l'entreprise, la société anonyme, ou société par actions, qui existait déjà, mais de façon très marginale, va devenir la forme fondamentale du capitalisme industriel. À la différence de l'entreprise familiale, la société anonyme est composée d'actionnaires dont la responsabilité est limitée à la proportion d'actions qu'ils détiennent dans l'entreprise. L'action elle-même devient une marchandise, que l'on échange à la Bourse des valeurs.

8.4.3 Le capitalisme industriel et financier

Le capitalisme industriel Le capitalisme lui-même évolue. On parlera désormais de capitalisme industriel, par opposition au capitalisme commercial, qui avait connu sa grande période avec l'expansion coloniale des siècles précédents. Dans le capitalisme commercial, avant la révolution industrielle, le capital était généré essentiellement par les activités d'échange. Dans le capitalisme industriel, le capital est engendré avant tout par les activités de production et appliqué à la production, c'est-à-dire réinvesti.

Le capitalisme financier La révolution technique va aussi provoquer le développement du crédit, dont les nouvelles entreprises, plus coûteuses que jamais, ont un énorme besoin. Les établissements de crédit se multiplient, l'usage du papier-monnaie se généralise, les formes de crédit se diversifient. On voit poindre un capitalisme financier, engendré par les opérations de crédit, qui va favoriser à son tour la concentration des entreprises.

8.4.4 Développement et sous-développement

Un monde nouveau Enfin, la révolution industrielle va donner naissance à un concept nouveau – le développement – et à un monde nouveau – le monde développé. L'immense masse des humains avait en effet, jusque-là, connu des niveaux de vie fort comparables, sur quelque continent qu'ils aient vécu. Un niveau de vie, il faut le préciser, qui s'éloignait fort peu, et pas toujours, de la simple subsistance. Avec la révolution industrielle, l'immémoriale contrainte de la faim, entre autres, pourra enfin être brisée, le niveau de vie pourra s'accroître de façon décisive pour les personnes qui en seront touchées. L'idée du Progrès chère aux Lumières pourra s'ancrer dans le réel et prendre la forme d'un développement économique continu. Et c'est ce développement qui permettra à l'Europe d'assurer sa domination mondiale, comme nous le verrons dans le chapitre suivant.

Le sous-développement Mais au développement de quelques-uns répond le sous-développement du plus grand nombre. La révolution industrielle a eu pour effet de creuser, entre nations riches et nations pauvres, un fossé comme jamais l'humanité n'en a connu **19**. Il n'y a jamais eu une distance aussi grande

---

Société anonyme, ou par actions
Association dont la propriété est représentée par des actions dont les détenteurs n'engagent que leur mise de fonds. La société anonyme (S.A.) est une personne morale dont le nom est sa raison sociale.

Capital
Ensemble des moyens de production matériels et financiers (bâtiments, machines, argent, force de travail, etc.) mis en œuvre dans la production ou l'échange de biens ou de services, incluant les services financiers eux-mêmes.

qu'aujourd'hui entre les sociétés les plus «avancées» technologiquement et les sociétés qui le sont le moins, sur une Terre où se retrouvent, en même temps, des humains qui vivent presque à l'âge de pierre et d'autres qui sont entrés dans la société postindustrielle, celle de l'informatisation. Il ne semble malheureusement pas que l'humanité ait encore pris vraiment conscience de ce fait, ou du moins qu'elle ait entrevu quelque solution «civilisée» aux problèmes qui en découlent…

19 Développement et sous-développement

	Production manufacturière				Produit national brut (PNB) réel par habitant (pays développés par rapport au Tiers-monde)
	Niveau par habitant (Grande-Bretagne de 1900 = 100)		Part relative du total dans la production mondiale [%]		
	Pays développés	Tiers-monde	Pays développés	Tiers-monde	
1750*	8	7	27	73	–
1800	–	–	–	–	1,1
1860	16	4	63	37	1,9
1900	35	2	89	11	3,2
1913	55	2	93	8	3,4

* Chiffres très approximatifs.

Source: Adapté de Paul BAIROCH, *Victoires et déboires. Histoire économique et sociale du monde du XVIe siècle à nos jours*, t. III, Paris, © Éditions Gallimard, 1997, p. 860, 1037. (Coll. «Folio Histoire», n° 80)

FAITES LE POINT

16. Comment se développent les crises économiques de l'ère industrielle? En quoi diffèrent-elles de celles de l'ancien régime économique?

17. Quelles modifications la révolution industrielle apporte-t-elle dans l'importance relative des grands secteurs de l'économie?

18. Quel est l'impact de la révolution industrielle sur les rapports entre l'Occident et le reste du monde?

❯ EN BREF

❯ L'«ancien régime» économique était caractérisé par sa faible productivité agricole et industrielle et par la lenteur des communications.

❯ L'explosion démographique constitue un facteur probablement décisif dans la genèse de la révolution industrielle.

❯ Initiée en Angleterre, la révolution industrielle des 18e et 19e siècles se déploie en deux phases, la première axée entre autres sur le charbon et la machine à vapeur, la seconde sur le pétrole et le moteur à combustion interne.

❯ L'économie nouvelle se caractérise par une très forte croissance, une augmentation relative des secteurs secondaire et tertiaire, la montée du capitalisme financier et l'écart grandissant entre un petit nombre de pays développés et la masse des sous-développés.

Cet exposé plutôt schématique de la révolution industrielle ne devrait toutefois pas faire illusion sur la grande complexité du phénomène, sur les larges disparités entre les différents pays touchés et sur la relative lenteur de sa diffusion. Au tournant du 20e siècle, il n'y a que quelques pays ou régions du nord-ouest de l'Europe et du nord-est de l'Amérique qui soient carrément entrés dans l'ère industrielle. Néanmoins, le mouvement est en marche, irrésistible, et bientôt, à cause même de la supériorité relative qu'il a apportée à l'Europe, il se répandra par elle jusqu'aux confins du monde (au Japon dès la fin du 19e siècle), et l'humanité entière entrera dans une sorte de mutation comme elle en a très rarement expérimenté depuis la nuit des temps.

❯ HÉRITAGE

Ce que nous devons à la révolution industrielle

- le machinisme et l'usine
- le chemin de fer, la navigation à vapeur, l'automobile
- l'économie industrielle, le capitalisme industriel et financier
- la hausse générale du niveau de vie
- le taylorisme

- une nouvelle classe sociale : les ouvriers industriels
- la démographie moderne, mieux régulée
- l'accélération de la vitesse des communications et le rétrécissement de « l'espace-Terre »
- l'accentuation des inégalités entre les pays, les peuples et les nations développés et sous-développés

❯ POUR ALLER PLUS LOIN

 ## LIRE

CARON, François. *La dynamique de l'innovation. Changement technique et changement social, XVIe-XXe siècle*, Paris, Gallimard, 2010, 469 p. (Coll. « Bibliothèque des histoires ») – Étude des rapports entre dynamique sociale et dynamique technique par un spécialiste de l'histoire des techniques.

MAGNUSSON, Lars. *Nation, State and the Industrial Revolution: The Visible Hand*, Londres, Routledge, 2009, 208 p. (Coll. « Routledge Explorations in Economic History ») – L'auteur décrit comment la révolution industrielle est intimement liée à l'émergence des États-nations.

POMERANZ, Kenneth. *La force de l'Empire : révolution industrielle et écologie, ou pourquoi l'Angleterre a fait mieux que la Chine*, Alfortville (France), Ère, 2009, 157 p. (Coll. « Chercheurs d'Ère ») – L'auteur soutient que ce sont les plantations tropicales, en plus du charbon, qui ont permis à l'Angleterre de prendre la tête de la révolution industrielle.

RIOUX, Jean-Pierre. *La révolution industrielle : 1780-1880*, Paris, Éditions Points, 2015, 273 p. (Coll. « Points. Histoire » no H6) – Réédition d'une étude classique sur le sujet. Définitions, origines, conséquences, historiographie.

 ## NAVIGUER

History Chanel : www.history.com – Nombreuses séquences vidéo (en anglais) sur le thème de la révolution industrielle.

The Open Door Web Site : www.saburchill.com/history – Courts textes synthèse (en anglais) sur la révolution industrielle (rechercher « The Industrial Revolution ») accompagnés d'illustrations. Approche par thèmes, index détaillé avec bon moteur de recherche, lignes de temps.

 ## VISIONNER

Edison, the Father of Invention. Documentaire de la série "The American Experience" sur le réseau PBS, É.-U., 2015, 113 min. – Centré sur la période 1872-1882 et les inventions du phonographe, du dictaphone et de l'ampoule électrique.

The National Dream: Building the Impossible Railway, Can., CBC, 1974. – Minisérie télévisée sur la construction du premier chemin de fer transcontinental au Canada dans les années 1870-1880. Série très bien documentée.

 Allez plus loin encore, grâce à la médiagraphie enrichie disponible sur *i+ Interactif* !

EXERCICES ET ACTIVITÉS

Exercez-vous davantage grâce à des ateliers interactifs captivants ! Consultez votre enseignant pour y accéder sur *i+ Interactif*.

Les débuts de l'industrialisation

1. Complétez ce tableau, pour montrer la transition qui s'opère en Occident entre l'ancien régime économique et démographique et les débuts de l'industrialisation.

Éléments	Ancien régime économique et démographique (*sections 8.1 et 8.2.1*)	Transition vers l'industrialisation (*sections 8.1.3, 8.2.2 et 8.3.2*)
Sources d'énergie	On passe de _____	à _____
Modes de production agricole	On passe de _____	à _____
Moyens de transport	On passe de _____	à _____
Démographie : • taux de natalité • taux de mortalité • croissance naturelle	On passe de ____‰ On passe de ____‰ On passe de ____ ‰	à ____‰. à ____‰. à ____‰.

L'Angleterre et la mondialisation des marchés

2. Dans un discours de 1846 à la Chambre des communes, le premier ministre Robert Peel vante la supériorité du Royaume-Uni dans le processus d'industrialisation.

   a) Phrase par phrase, expliquez et vérifiez la véracité de chacune des affirmations de Robert Peel quant aux avancées et aux mérites du Royaume-Uni en 1846. Pour répondre à la question, aidez-vous des sections 8.3.1 (*p. 262-263*) et 8.3.2 (*p. 263-266*).

   b) Consultez la section 8.3.2 (*p. 263-266*), puis précisez pourquoi, comme le démontre le discours de Robert Peel, l'industrialisation amplifie la concurrence entre les pays et génère des inégalités entre les régions du globe.

« Les découvertes de la science, les progrès de la navigation, nous ont rapproché à 10 jours de St-Pétersbourg, et nous amèneront bientôt à 10 jours de New York. Nous possédons des côtes plus longues [...] que celles de toute autre grande nation, nous procurant une force et une supériorité maritime. Le [...] charbon, essentiel aux manufactures, nous confère des avantages sur tous nos rivaux dans la compétition de l'industrie. Notre capital excède largement le leur. [...] Notre caractère national, les libres institutions qui nous gouvernent, [...] se combinent à nos avantages naturels pour nous placer à la tête de ces nations qui profitent des échanges sur les marchés mondiaux. »

Source: Robert PEEL, *The Speeches of the Late Right Honourable Sir Robert Peel Delivered in the House of Commons*, volume 4, Londres, George Routledge and Co., 1853, p. 625, dans Google Books, https://books.google.ca/books?id=hfY9AAAAcAAJ. Traduction libre.

Les conséquences de l'industrialisation

3. Les pétitions suivantes ont été déposées devant la Chambre des communes de Londres en 1794. La première, soumise par les artisans, demande l'interdiction des usines textiles au Royaume-Uni, alors que dans la seconde, les industriels se portent à leur défense.

a) En comparant ces textes, expliquez comment l'industrialisation a causé les changements survenus dans les modes de production et dans l'organisation du travail. Consultez les sections 8.1.2 (*p. 258-259*), 8.3.2 (*p. 263-266*) et 8.3.3 (*p. 266-269*).

b) Démontrez en quoi ces deux documents illustrent la montée du capitalisme industriel et financier (*section 8.3.3, p. 266-269*).

Pétition des artisans du Yorkshire, 4 mars 1794

« Le système [artisanal] [...] est en danger d'être détruit par l'introduction de modes [de production] qui [...] s'appuient sur le monopole développé grâce à d'abondants capitaux et mis sur pied par [...] des marchands devenus fabricants de textiles [...]; d'autres ont manifesté l'intention [d'établir] de grandes fabriques de lainages. Et la conséquence de cette manœuvre serait hautement préjudiciable aux pétitionnaires qui, avec un capital insignifiant et grâce à leur labeur incessant et celui de leurs femmes et leurs enfants, unis sous un même toit, ont réussi à subvenir décemment à leurs besoins, [...] sans idée [....] de monopole [...] qui irait à l'encontre de la bonne foi et au-delà d'un profit nécessaire et équitable tiré de leur labeur. Si de telles innovations s'imposaient, les pétitionnaires devraient quitter leur situation confortable et indépendante, se séparer de leurs familles et être réduits à un état de servitude pour gagner leur pain. »

Source: *The Journals of the House of Commons*, volume 49: *From January the 21st 1794 to November the 25th 1794*, Londres: House of Commons, 1803, p. 275-276, dans Google Books, https://books.google.ca/books?id=fUEzAQAAMAAJ. Traduction libre.

Pétition des industriels de la laine, 2 mai 1794

« Il relève du droit de chaque sujet [...] d'exercer sa profession de la façon la plus propice à son intérêt [...] et [dont] il résultera le plus grand bénéfice pour la nation. [...] De grandes améliorations ont été apportées [...] par le peignage mécanique de la laine [...] qui génère de grandes économies dans la production du fil. [...] Les manufactures de laine du Royaume qui, depuis quelques années, sont en croissance considérable, recevraient un coup sévère et fatal, [...] si elles ne pouvaient produire dans les conditions les moins chères. [...] La loi a appliqué une politique très judicieuse en laissant les usines de coton suivre leur cours [...] car, par ce progrès, les artisans ont trouvé des emplois et [...] la richesse nationale a été multipliée, au-delà de tout exemple connu. Selon toute probabilité, les manufactures de laine atteindront les mêmes sommets de prospérité et d'excellence, si elles ne sont pas entravées par des lois prohibitives. »

Source: *The Journals of the House of Commons*, volume 49: *From January the 21st 1794 to November the 25th 1794*, Londres: House of Commons, 1803, p. 545-546, dans Google Books, https://books.google.ca/books?id=fUEzAQAAMAAJ. Traduction libre.

POINTS DE VUE
SUR L'HISTOIRE

La « révolution industrielle », une révolution sociale ou une révolution économique ?

Les historiens s'entendent généralement sur le fait que la révolution industrielle représente un événement capital dans l'édification de la civilisation occidentale. Les différences entre l'Occident d'avant cette révolution et celui qui lui succède sautent aux yeux, tout autant que celles qui se creusent entre l'Occident industrialisé et le reste de la planète préindustrielle. L'écart de richesse et de capacité technologique est tel que l'Occident domine bientôt le monde.

Phénomène difficile à définir et à circonscrire dans le temps, la portée et l'impact de la révolution industrielle sont cependant sujets à débat. Est-elle une mutation qui change d'abord en profondeur la société ou un changement de mode de production qui touche surtout l'économie ? Quel est donc le moteur de cette révolution ? Des changements sociaux ou des changements économiques ?

Mentionnons d'entrée de jeu que la plupart des spécialistes des deux tendances minimisent l'impact de la première phase industrielle de la fin du 18e et du début du 19e siècle. Ce n'est que sur la deuxième phase que porte le débat.

Les historiens qui expliquent la révolution industrielle comme une révolution sociale insistent d'abord sur le fait que ce qui rend possible cette révolution est le boom démographique lié à la chute de la mortalité et à l'amélioration de l'agriculture. Ce surplus de population rend nécessaire la révolution industrielle : la demande augmente fortement, tant pour le travail que pour les biens.

Ces spécialistes affirment que cette révolution change les sociétés européennes. Ils observent d'abord des changements rapides et profonds jusque dans la physionomie des Européens. Les premières générations qui travaillent en usine voient leur ossature diminuer étant donné que la mécanisation rend le travail moins exigeant physiquement que celui de leurs ancêtres. Ces mêmes générations changent aussi leur vision du bien-être en ayant maintenant une préférence marquée pour la consommation de biens plutôt que pour les périodes de loisir libre.

Le rapport au travail change aussi. C'est la machine qui contrôle maintenant le rythme de travail, force la répétition de gestes simples et abrutissants. Par ailleurs, la plupart des travailleurs sont confinés dans des tâches précises et n'ont plus de vision d'ensemble de l'objet qu'ils fabriquent. Il s'agit, dans les deux cas, d'une déshumanisation du travail qui mène à la perte de sens et d'utilité sociale pour le travailleur.

L'industrialisation a aussi un impact fondamental sur le travail des femmes, qui change radicalement puisque la machine leur permet de faire des tâches qu'avant seuls les hommes pouvaient effectuer.

Finalement, la révolution industrielle a des conséquences majeures sur notre rapport à la vie. Non seulement le fruit du travail ne revient plus directement à celui qui l'a fait, mais le rapport au temps et à l'espace change. Avec les chemins de fer et les bateaux à vapeur, les distances raccourcissent et la vie semble s'accélérer. Le travail n'est plus régulé par le jour et la nuit. C'est maintenant une horloge qui décide de l'heure du début et de la fin du travail.

En somme, la révolution industrielle est surtout un phénomène social, de par ses causes et ses impacts. Les changements économiques sont moins importants et semblent être du ressort de cette vaste mutation sociale plutôt que le moteur des changements.

D'autres historiens voient les choses à l'inverse. Ils ne nient pas l'importance des changements sociaux, mais ils croient que ces changements sont secondaires par rapport aux mutations économiques et que le moteur de la révolution se situe dans une rupture économique avec l'époque moderne. Ces spécialistes affirment que la révolution industrielle est surtout un phénomène économique lié à un changement de mode de production. Alors que les révolutions politiques délivrent le tiers état de ses obligations envers la noblesse et suppriment les interdictions et les freins économiques liés à l'Ancien régime, la révolution industrielle effectue un changement de mode de production. L'artisan dans son atelier devient un prolétaire dans une usine, puisque son travail spécialisé est rendu désuet par la concentration des capitaux de la bourgeoisie : le coût de production moindre découlant du travail en usine fait en sorte que le travail artisanal est moins recherché. Désormais, les propriétaires d'usines visent avant tout l'augmentation de leurs profits et de la productivité aux dépends de l'utilité sociale du travail, qui devient secondaire.

Par ailleurs, la révolution industrielle a surtout des conséquences sur l'économie. La spécialisation régionale de l'économie se dessine à grande vitesse. Fini le temps de la production autosuffisante par région : le monde industriel compte maintenant sur l'échange entre régions spécialisées.

Ce dernier trait ne fait qu'accentuer le phénomène de la mondialisation des échanges qui s'amorce avec la phase des Grandes découvertes. Grâce à leurs nombreuses colonies, les Européens disposent dorénavant de nouveaux débouchés et de nouvelles ressources à exploiter. C'est donc dans ce nouveau rapport économique au reste du monde que se joue le second changement fondamental de la révolution industrielle.

L'autre mutation importante réside, selon ces spécialistes, dans le lien qui lie employés et employeurs. C'est le droit qui régit maintenant les relations de travail. Les anciennes coutumes qui encadraient les relations entre un travailleur et son employeur relevaient surtout des rapports privés entre les deux parties. Avec l'industrialisation, des lois établies par l'État se substituent à cette entente privée, ce qui tend à homogénéiser les rapports entre employés et employeurs.

Si l'industrialisation est un phénomène de la plus haute importance selon tous les spécialistes, l'ordre d'importance à accorder aux facteurs sociaux ou aux facteurs économiques fait encore couler beaucoup d'encre.

LEMERCIER, Claire. « Révolution industrielle », dans Christian DELACROIX, François DOSSE, Patrick GARCIA et Nicolas OFFENSTADT (dir.), *Historiographies, II. Concepts et débats*, Paris, Gallimard, 2010, p. 1214-1222.

VERLEY, Patrick. *La révolution industrielle*, Paris, Gallimard, 1997, 544 p.

L'apogée mondial de l'Europe, 1850-1914

01 Une civilisation supérieure?

« Les puissances occidentales ont conquis le monde sans jamais être très assurées d'en avoir envie. Des bases commerciales, oui, elles en voulaient, et des matières premières : fabriquer et vendre, voilà tout ce qu'il leur fallait. Avec cette idée simple, quelques hommes de grand format ont bâti des empires. […]

Il n'en était que plus urgent d'avoir raison de le faire. Qu'est-ce qu'il avait apporté aux Aztèques, Cortès ? La domination espagnole ? Non : c'était la Bonne Nouvelle du Christ. Nous, c'était la civilisation. […] "Tout ce que nous avons à faire dans les colonies, nous races supérieures vis-à-vis des inférieures, c'est de les élever jusqu'à nous, c'est d'essayer de les améliorer, de les fortifier, de les instruire, de les ennoblir", disait Proudhon. On eût aimé voir la tête d'un mandarin chinois lisant ces choses-là. Marx proclamait comme les autres, bien que d'un autre point de vue, la supériorité des Blancs : c'est le prolétariat le plus éclairé, celui des pays industrialisés, qui guidera les peuples vers la société sans classes. Un point de vue […] qui n'était pas celui de l'Américain A.T. Mahan : l'Occident, "oasis de civilisation dans un désert de barbarie", doit s'atteler, disait-il, à "l'expropriation des races incompétentes". Par les capitalistes ou par les prolétaires, ce sera toujours pour leur bien. »

Source : Jean DUCHÉ, *Histoire de l'Occident*, Paris, Laffont, 1998, p. 473.

C'est vers le milieu du 19e siècle, au sortir des grands bouleversements politiques et économiques étudiés dans les chapitres précédents, que l'Europe atteint l'apogée de sa puissance et de sa domination mondiale. Sur le plan social, la bourgeoisie s'installe solidement en position dominante, tandis qu'apparaît une nouvelle classe issue de la révolution industrielle : les ouvriers d'usine. Sur le plan politique, des États aux systèmes politiques fort divers évoluent pour la plupart dans le sens d'un élargissement des libertés publiques et de la vie démocratique. À l'échelle mondiale, l'avance technologique de l'Europe lui fournit les moyens de se rendre maître d'une bonne partie du monde, tandis que ses implantations outre-mer se poursuivent jusqu'aux confins de l'Asie australe. La civilisation occidentale devient ainsi la première civilisation à dimension mondiale de l'histoire. ◄

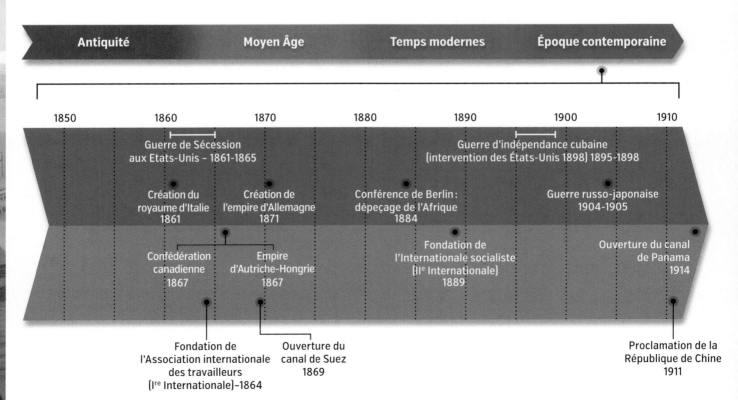

| Antiquité | Moyen Âge | Temps modernes | Époque contemporaine |

1850 — 1860 — 1870 — 1880 — 1890 — 1900 — 1910

Guerre de Sécession aux États-Unis – 1861-1865

Guerre d'indépendance cubaine (intervention des États-Unis 1898) 1895-1898

Création du royaume d'Italie 1861

Création de l'empire d'Allemagne 1871

Conférence de Berlin : dépeçage de l'Afrique 1884

Guerre russo-japonaise 1904-1905

Confédération canadienne 1867

Empire d'Autriche-Hongrie 1867

Fondation de l'Internationale socialiste (IIe Internationale) 1889

Ouverture du canal de Panama 1914

Fondation de l'Association internationale des travailleurs (Ire Internationale)–1864

Ouverture du canal de Suez 1869

Proclamation de la République de Chine 1911

◄ Allégorie de la « mission civilisatrice » que l'Occident se plaît à se donner. (*American Progress*, J. Gast, 1872)

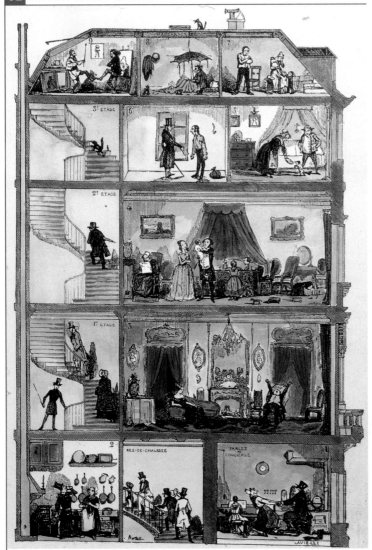

Coupe d'un immeuble parisien. (Gravure de Bertall, dans Jean-Jacques CHAMPIN et collab., *Le diable à Paris*, Paris, Hetzel, 1846, p. 30)

Xénophobie
(du grec *xenos*, « étranger », et *phobos*, « crainte ») Méfiance, haine envers les étrangers.

Antisémitisme
Hostilité de type raciste dirigée contre les Juifs ; idéologie qui considère les Juifs comme une race inférieure et dangereuse à la fois ; mouvement visant à l'infériorisation des Juifs ou même à leur élimination physique.

9.1 La société industrielle

Les changements sociaux provoqués à la fois par les révolutions politiques et par la révolution industrielle s'accélèrent dans la deuxième moitié du 19e siècle, toujours dans le sens d'un renouvellement des classes dirigeantes au profit de la bourgeoisie, et du développement de la classe ouvrière. À quoi il faudra maintenant ajouter un phénomène nouveau : l'émergence des classes moyennes 02.

9.1.1 Les classes dominantes

Le triomphe de la bourgeoisie Déjà dépouillée d'une bonne partie de ses pouvoirs par l'avènement de l'État moderne, marginalisée par l'ascension de la bourgeoisie commerçante lors des Grandes Découvertes, secouée par les révolutions politiques et sociales, l'aristocratie de l'Ancien Régime, largement tributaire de sa richesse foncière (grande propriété agricole), perd définitivement, dans les pays industrialisés, le rôle dirigeant qui avait été le sien depuis la féodalité. Loin de disparaître complètement, elle est néanmoins supplantée par la bourgeoisie, qui rassemble, en gros, ceux que l'on pourrait caractériser comme les détenteurs de capitaux, participant aux investissements et aux profits et soumis aux risques que cela implique. Au sommet de ce groupe vient la haute bourgeoisie, qui occupe les postes de commande dans toute la société : chefs d'entreprise, hommes d'affaires, banquiers, qui disposent des capitaux requis par l'économie nouvelle. Son pouvoir économique lui vient à la fois de ses entreprises industrielles et financières, des rentes qu'elle reçoit de ses investissements, et de ses propriétés foncières, surtout à la ville, sur lesquelles s'exercent de fructueuses spéculations. Aux échelons inférieurs, la petite bourgeoisie regroupe les petits patrons, les commerçants, les membres des professions libérales, les retraités rentiers, les paysans aisés.

Malgré leur diversité, les bourgeois peuvent se reconnaître à quelques idées-force qui prédominent parmi eux. D'abord une éthique commune gravitant autour des valeurs du progrès matériel, du travail et de la libre concurrence, conditions pour parvenir à la réussite individuelle. Ensuite, un dédain presque viscéral, d'autant plus prononcé lorsqu'on en est issu depuis peu, à l'égard du peuple, c'est-à-dire de tout ce qui est considéré comme d'un rang inférieur. Leur idéal serait une nation constituée de propriétaires indépendants aptes à se constituer un patrimoine grâce auquel on pourra s'assurer une vieillesse décente et laisser un héritage à des enfants peu nombreux auxquels l'épouse aura consacré tout son temps, loin de l'usine et du marché du travail en général. Ils expriment enfin un nationalisme agressif teinté de **xénophobie**, et l'**antisémitisme**, qui connaît un nouveau sursaut à la fin du 19e siècle, trouvera chez eux (et aussi dans bien d'autres groupes sociaux) un très grand nombre de sympathisants.

9.1.2 Les classes moyennes

Un ensemble hétérogène   L'aspect peut-être le plus décisif de l'évolution de la société occidentale, à cette époque, est l'émergence de ce qu'on appellera les *classes moyennes*. Elles forment un ensemble très hétérogène, regroupant à la fois d'anciens métiers peu touchés par l'industrialisation (artisans, boutiquiers) et de nouvelles couches issues de cette dernière ou favorisées par elle : fonctionnaires, salariés « cols blancs » dans le secteur des services (comptables, secrétaires), contremaîtres, ingénieurs et techniciens dans les grandes entreprises. L'éventail des revenus y est très large, les styles de vie y sont très diversifiés. Les classes moyennes constituent cependant un pourcentage élevé de l'électorat et fournissent le plus gros contingent d'élus, de même que la foule des petits employés indispensables à la bonne marche quotidienne des rouages de l'État, de l'économie et de la société. On trouve chez eux un certain sentiment de supériorité à l'égard des masses populaires, mais aussi une sorte de méfiance hargneuse envers les privilégiés en tout genre.

9.1.3 La classe ouvrière

Une classe nouvelle   Au bas de l'échelle sociale apparaît maintenant une nouvelle classe, celle des ouvriers d'usine, qui n'ont plus rien en commun avec leurs ancêtres compagnons ou artisans des corporations de métiers. Ayant perdu toute emprise sur les outils et les procédés de production, dépositaires d'un savoir séculaire devenu inutile, ils ne sont plus qu'une force brute de travail, marchandise soumise comme toute autre au jeu de l'offre et de la demande, alors que l'explosion démographique et la mécanisation de l'industrie accroissent la masse des bras disponibles. Aussi n'est-il pas étonnant que les premières manifestations ouvrières soient dirigées contre les machines, que l'on brise rageusement `03`.

Une dégradation brutale   La révolution industrielle provoque ainsi, dans sa première phase, une dégradation brutale des conditions de travail. On travaille de 15 à 16 heures par jour, 6 ou même 7 jours par semaine. Très peu de repos : les fêtes religieuses, traditionnellement chômées, ont largement disparu. Pas de limitation d'âge non plus : les enfants commencent à travailler à cinq ans, parfois

---

`03` **Les ouvriers brisent les machines**

« En nous rendant ici, à Bolton [...], nous rencontrâmes, sur la route, une troupe de plusieurs centaines d'hommes. Je crois qu'ils étaient bien cinq cents ; et comme nous demandions à l'un d'entre eux à quelle occasion ils se trouvaient rassemblés en si grand nombre, ils me dirent qu'ils venaient de détruire quelques machines, et qu'ils entendaient en faire autant dans tout le pays. En conséquence, on est prévenu ici qu'on doit s'attendre à leur visite pour demain : les ouvriers du voisinage ont déjà réuni toutes les armes qu'ils ont pu trouver, et sont en train de fondre des balles et de faire provision de poudre pour attaquer demain matin.

[...] Le même jour, dans l'après-midi, une grande fabrique [...] fut attaquée par eux. La position du bâtiment ne leur permettait d'en approcher que par un passage étroit ; grâce à quoi le chef de la fabrique put avec quelques voisins repousser l'attaque et sauver la fabrique pour cette fois. Deux des assaillants furent tués sur place, un noyé et plusieurs blessés. La foule n'avait pas d'armes à feu et ne s'attendait pas à une aussi chaude réception. Ces gens furent exaspérés et jurèrent de se venger. Ils passèrent donc la journée de dimanche et la matinée de lundi à rassembler des fusils et des munitions. [...] Les mineurs du duc de Bridgewater se joignirent alors à eux, et d'autres ouvriers encore, si bien que leur nombre atteignit, nous a-t-on dit, huit mille hommes. Ces huit mille hommes marchèrent au son du tambour et enseignes déployées sur la fabrique d'où ils avaient été repoussés samedi. Ils trouvèrent là sir Richard Clayton, à la tête d'une garde de cinquante invalides. Que pouvait faire une poignée d'hommes en face de ces milliers de forcenés ? Ils durent se retirer et jouer le rôle de spectateurs, pendant que la foule détruisait de fond en comble un outillage évalué à plus de dix mille livres sterling. »

Source : Lettre de Josiah WEDGWOOD (1779), dans Paul MANTOUX, *La révolution industrielle au XVIIIe siècle*, Paris, Génin, 1959, p. 422-423.

moins, dans les mines ou le textile, dans des conditions épouvantables. Mis à l'amende ou emprisonnés sur les lieux de travail pour la moindre défaillance, fouettés pour qu'ils restent éveillés, vendus et achetés s'ils sont orphelins, ils sont les nouveaux esclaves de la société industrielle **04** **05**.

04 **Des enfants dans les mines (1842)**

L'irrémissible scandale de la révolution industrielle.

05 **Le travail des enfants dans les mines en Angleterre**

« Il apparaît dans le rapport qu'aujourd'hui prédomine largement la pratique lamentable de faire tirer des charges par des jeunes gens et des enfants en bas âge avec une ceinture et une chaîne. [...]

L'enfant a une ceinture attachée autour de la taille, à laquelle est fixée une chaîne qui passe entre ses jambes et est reliée à la voiture. L'enfant est obligé de se mettre à quatre pattes [...] et dans cette position il est obligé d'emprunter des passages pires que des égouts, presque aussi humides et souvent plus étroits. Il doit faire ce travail pendant plusieurs heures de suite dans une température décrite comme parfaitement insoutenable. D'après les témoignages des ouvriers eux-mêmes, il paraît que ce travail est excessivement pénible ; la ceinture le blesse et lui fait très mal.

"Sir, dit un vieux mineur, je ne peux que répéter ce que les mères disent, c'est de la barbarie." Robert North dit : "Je suis descendu dans la mine à sept ans. Quand j'ai tiré avec la ceinture et la chaîne, ma peau s'est ouverte et j'ai saigné. [...] Si on disait quelque chose, ils nous battaient. J'en ai vu beaucoup tirer à six ans. Ils devaient le faire ou être battus. Ils ne peuvent pas se redresser quand ils remontent à la surface. J'ai quelque [sic] fois tiré jusqu'à ce que mes hanches me fassent si mal que je ne savais plus quoi faire." [...] »

Source : Discours du comte de SHAFTESBURY, dans Jean-Pierre VIVET, dir., *Les mémoires de l'Europe*, t. V, *L'Europe bourgeoise, 1830-1914*, Paris, Laffont, 1972, p. 160-161.

Paupérisation
Appauvrissement absolu ou relatif d'une classe sociale, et généralement d'une classe disposant déjà de peu de richesse.

L'urbanisation consécutive à la révolution industrielle, qui modifie profondément la répartition géographique de la population, ne fait qu'empirer la situation. Les populations des régions rurales sont drainées vers les régions industrialisées autour des sources d'énergie ou de matière première, où se concentrent maintenant de grandes masses d'humains. Les conditions d'habitation, d'hygiène, de salubrité de ces quartiers ouvriers des grandes villes sont épouvantables et rappellent les pires « bidonvilles » de notre époque. Dans les quartiers ouvriers de Montréal, dans les années 1870, plus d'un enfant sur trois meurt avant l'âge d'un an.

Une amélioration progressive Il y a donc, au départ de l'industrialisation, une **paupérisation** des classes populaires, qui a frappé l'imagination des contemporains et trouvé son écho dans la littérature à travers un Victor Hugo (*Les misérables*) ou un Charles Dickens (*Oliver Twist*), dans la peinture avec un Daumier. Mais le progrès technique va finalement renverser cette tendance et amener une nette amélioration du niveau de vie général, même chez les plus pauvres. On estime qu'au cours du 19e siècle le pouvoir d'achat du salaire de l'ouvrier a doublé, pendant que son horaire de travail se réduisait de moitié.

Cette évolution n'est d'ailleurs pas le fruit du seul progrès technique. C'est que, d'une part, la misère ouvrière a suscité un mouvement philanthropique chez quantité de gens nantis, qui parfois ont organisé des usines modèles (Robert Owen

EN TEMPS ⏱ ET LIEUX

L'enfance à l'usine

Il est faux de croire que les enfants ne travaillaient pas avant la Révolution industrielle. Que ce soit en participant aux travaux agricoles de la famille à la campagne ou en assistant un artisan dans une boutique en ville, il était usuel de voir des enfants à l'ouvrage.

Cependant, le travail des enfants (filles ou garçons) en usine est indissociable de l'industrialisation. En effet, les enfants apportent un complément de revenu essentiel pour les familles pauvres. Plutôt qu'être saisonnier comme à la campagne, ce travail se fait à longueur d'année. Pour les propriétaires d'usine, les enfants constituent une main-d'œuvre docile et bon marché très prisée, si bien que dans les années 1840, les enfants de 14 ans et moins représentent entre 15 et 20 % de la main-d'œuvre des usines de France et d'Angleterre.

Les enfants se situent au cœur des stratégies économiques familiales. Dans ce contexte, le choix est facile entre le travail ou l'éducation. Ainsi, les plus jeunes enfants prennent de petits boulots, faisant office de livreurs, de camelots ou de cireurs de chaussures, ce qui leur permet d'apporter un peu d'argent à la maison avant de rentrer à l'usine vers l'âge de sept ans. Les enfants employés dans les usines sont pratiquement tous analphabètes.

À l'usine, les enfants connaissent les difficiles conditions de travail comme les adultes. Ils se lèvent vers 6 heures du matin pour être à l'usine à 7 heures et ils y restent jusqu'au soir. Parfois, la journée de travail d'un enfant atteint les 14 heures. Dans les usines de textile, leur petite taille et leur agilité leur valent des tâches que les adultes auraient de la difficulté à accomplir : certains d'entre eux doivent passer leur journée couchés sous les machines à rattacher les fils brisés. S'ils ne travaillent pas assez vite ou assez bien, le contremaître peut leur infliger une amende qui sera soustraite de leur salaire. Souvent, ils sont battus par les contremaîtres. Plusieurs écrivains tels Victor Hugo ou Charles Dickens présentent dans leurs œuvres le travail des enfants comme un nouvel esclavage.

À ces conditions de travail pénibles s'ajoutent des conditions de vie misérables dans les quartiers ouvriers. Habitant des logements d'une ou deux pièces humides, mal aérés, mal chauffés, insalubres et généralement surpeuplés, les enfants des grands centres miniers, sidérurgiques ou textiles n'ont qu'une chance sur deux d'atteindre l'âge de 10 ans tant la mortalité infantile y est importante.

Ce sont les problèmes de santé publique dans les quartiers ouvriers qui mèneront aux premières lois encadrant le travail des enfants. En Angleterre, une loi de 1833 fixe des règles dans le domaine du textile. En France, la publication en 1840 du *Tableau de l'état physique et moral des ouvriers employés dans les manufactures de coton, de laine et de soie* du médecin Louis-René Villermé illustre l'urgence de légiférer sur la question. L'année suivante, une loi interdit le travail des enfants de moins de 8 ans dans les manufactures de 20 employés et plus. Aussi, elle fixe la journée de travail à un maximum de 8 heures par jour pour les 8 à 12 ans et à un maximum de 12 heures par jour pour les 12 à 16 ans.

Une fois ces lois votées, il ne restera plus qu'à s'assurer de leur application. En France, il n'y aura pas vraiment d'inspection avant 1874 ! À cet égard, les lois rendant l'école obligatoire contribueront plus efficacement à tenir les enfants loin des usines.

? 1. Quel rôle le travail des enfants joue-t-il :
   a) pour les familles ?
   b) pour les propriétaires d'usines ?

   2. Quelles sont les forces et les faiblesses des lois portant sur le travail des enfants ?

en Angleterre), ou encore conçu les premières législations touchant les conditions de travail, et d'abord le travail des enfants, scandale absolu de l'époque. Mais c'est aussi, d'autre part, que les ouvriers eux-mêmes se sont organisés pour défendre collectivement leurs intérêts par le syndicalisme.

9.1.4 Le mouvement syndical et la législation sociale

Des débuts difficiles C'est dans les grandes usines mécanisées que les premiers syndicats ont pu s'implanter, à la fois reflet et occasion d'une prise de conscience chez leurs membres. Au départ partout interdit par la loi, pourchassé sans relâche et sans ménagement par les pouvoirs publics, le mouvement syndical doit d'abord se camoufler sous les apparences bénignes de sociétés d'entraide ou de secours charitables et vivre dans la clandestinité. Il gagnera de haute

Réformiste
Qui cherche l'amélioration des conditions économiques, sociales ou politiques par la voie légale.

Révolutionnaire
Qui cherche l'amélioration des conditions économiques, sociales ou politiques par des moyens illégaux.

Trade union
Appellation utilisée dans les pays anglo-saxons pour désigner un syndicat qui regroupe les ouvriers sur la base de leur spécialité.

Syndicalisme d'affaires
Syndicalisme qui se consacre exclusivement à la défense des intérêts immédiats de ses membres dans leur lieu de travail par des négociations avec l'employeur.

lutte, dans la seconde moitié du 19e siècle (en 1872 au Canada), son simple droit d'exister. Le mouvement se trouve alors devant ces dilemmes incontournables qui n'ont jamais cessé d'être les siens : action syndicale ou action politique ? Action légale, **réformiste**, ou action **révolutionnaire** ? Les variantes nationales du mouvement découlent en bonne part des réponses apportées à ces questions.

Des formes variées   En Grande-Bretagne, les *trade unions*, pionniers de l'action syndicale proprement dite (amélioration des conditions de travail et des salaires par la négociation collective), vont se lancer dans l'action politique légale par la fondation d'un parti, le *Labour Party* (1906), qui jouera le jeu électoral pour accéder au pouvoir et – espère-t-on – y réaliser les réformes souhaitables. En Allemagne, c'est plutôt le Parti socialiste (SPD), fondé en 1875, qui crée lui-même le mouvement syndical, particulièrement bien organisé, tandis qu'en France le syndicalisme opte résolument pour l'action révolutionnaire, de type grève générale, et tient à se distancer de tout parti politique. En Amérique du Nord, le syndicalisme va s'orienter progressivement vers le seul **syndicalisme d'affaires**, refusant à la fois la solution travailliste anglaise et les approches allemande ou française.

En dépit de cette grande diversité au sein du mouvement syndical la plupart des syndicats sont très hostiles au travail salarié des femmes, affirmant qu'il impose une concurrence déloyale sur le marché du travail en raison des bas salaires que leur offre l'industrie. Loin de revendiquer l'égalité salariale, plusieurs syndicats plaident plutôt en faveur de l'instauration d'un salaire familial (masculin). Ils reprennent donc à leur compte le discours sur la séparation des deux sphères qui cantonne les femmes à l'univers domestique (sphère privée) et réserve aux hommes le travail salarié (sphère publique), ces derniers étant considérés comme les seuls pourvoyeurs de la famille.

La législation sociale   Toute cette activité du mouvement ouvrier, les conflits extrêmement durs, sanglants même, de cette époque (massacre de Chicago, le 1er mai 1886, dont l'anniversaire deviendra la grande fête internationale des travailleurs), n'auront pas été vains. Ne serait-ce que pour sauver son existence, le capitalisme doit s'adapter. Alors, dans les pays les plus avancés, l'Allemagne surtout, la Grande-Bretagne, les pays scandinaves, beaucoup plus tard la France et l'Amérique du Nord, sont adoptées des lois réduisant le temps de travail (de 16 à 10 heures par jour, 8 pour les femmes et les enfants), élevant l'âge minimum pour travailler (de 5 à 13 ans), indemnisant les victimes d'accidents de travail, imposant une journée de repos obligatoire par semaine, instaurant enfin un véritable régime d'assurances sociales contre la maladie, le chômage et la vieillesse (Angleterre, 1911). Lois partielles, lois imparfaites et surtout imparfaitement appliquées, certes, mais l'essentiel, à l'époque, c'était d'ouvrir une brèche, d'affirmer, en face du libéralisme pur et dur, la responsabilité sociale et le droit, le devoir d'intervention de l'État dans le jeu du marché.

9.1.5 Les femmes

La situation juridique   Dans cette société des années 1850-1914, encore très inégalitaire malgré son discours officiel et ses progrès réels mais limités en faveur des démunis, une inégalité demeure, foncière, institutionnalisée, et d'autant plus forte qu'elle est justifiée par une idéologie qui lui confère un caractère naturel et nécessaire ; elle frappe la moitié de la population et traverse toutes les strates sociales : c'est celle qui fait des femmes, de toutes les femmes, des êtres de seconde zone **06**. Elles sont, aux yeux de la loi, des mineures, soumises à l'autorité masculine (paternelle ou maritale), elles ne peuvent généralement pas gérer leurs affaires et leur vie sans l'autorisation d'un « tuteur ». Dépourvues de tout droit politique (droit de vote, droit d'être élues), elles n'ont qu'un accès réduit à l'éducation supérieure, sont souvent mariées selon l'intérêt de la famille et sans égard pour leurs sentiments, n'ont pas droit au divorce.

06 La situation juridique de la femme mariée au Québec entre 1866 et 1915

A – Sur le plan individuel :

1. incapacité générale (comme les mineurs et les interdits) :

    a) ne peut contracter ;

    b) ne peut se défendre en justice ou intenter une action ;

2. ne peut être tutrice ou curatrice ;

3. peut cependant faire un testament.

B – Relations personnelles avec le mari :

1. soumission au mari, en échange de la protection de ce dernier ;

2. nationalité et lieu du domicile imposés par le mari ;

3. exercice des droits civils sous le nom du mari ;

4. le mari peut toujours exiger la séparation pour cause d'adultère, mais la femme ne peut l'exiger que si le mari entretient sa concubine dans la maison commune.

C – Relations financières avec le mari :

1. ne peut exercer une profession différente de celle du mari ;

2. ne peut être marchande publique sans autorisation du mari ;

3. en régime de communauté de biens :

    a) le mari, seul administrateur des biens de la communauté ;

    b) responsabilité de la femme face aux dettes du mari, mais non l'inverse ;

4. en régime de séparation de biens :

    a) ne peut disposer de ses biens et doit avoir l'autorisation du mari pour les administrer, autorisation particulière exigée pour chaque acte ;

    b) ne peut disposer de son salaire professionnel ;

5. ne peut accepter seule une succession ou une exécution testamentaire ;

6. ne peut faire ni accepter une donation entre vifs ;

7. ne peut hériter de son mari mort sans testament qu'après douze degrés successoraux.

D – Situation dans la famille :

1. ne peut consentir seule au mariage d'un enfant mineur ;

2. a le droit de surveillance sur ses enfants, mais ne peut les corriger ;

3. ne peut être seule tutrice de ses enfants mineurs.

Source : Adapté de COLLECTIF CLIO, *L'histoire des femmes au Québec depuis quatre siècles*, Montréal, Le Jour, 1992, p. 355-356.

Les conditions concrètes À l'intérieur de cette discrimination légale qui frappe toutes les femmes, les conditions réelles de vie sont évidemment très diversifiées. Dans les classes qui jouissent d'un minimum d'aisance, la femme mariée est exclusivement chargée des tâches domestiques et de l'éducation des enfants. Le travail rémunéré à l'extérieur du foyer est extrêmement rare et se limite aux domaines étroitement liés au rôle maternel : enseignement, travail social, soins infirmiers. Les femmes de la bourgeoisie sont cependant particulièrement actives dans les œuvres de philanthropie, amassant des fonds pour mettre sur pied des orphelinats, des hôpitaux, voire des lieux de loisirs et d'hébergements pour les jeunes ouvrières. Elles sont toutefois rapidement confrontées aux limites que leur impose leur statut juridique : n'ayant aucune capacité juridique, elles doivent sans cesse en référer à leur mari pour tous les aspects légaux des œuvres qu'elles mettent sur pied. De leur côté, les femmes des classes laborieuses travaillent à l'usine, dans l'industrie à domicile qui s'intensifie notamment dans les campagnes ou, encore, comme domestiques chez les riches, à des salaires toujours inférieurs à ceux des hommes.

Le mouvement féministe C'est dans le sillage des révolutions politiques qui se succèdent depuis la Révolution française que se développe le mouvement féministe dans la deuxième moitié du 19ᵉ siècle. Alimentées par les notions de droits naturels, d'égalité et de démocratie, les revendications des militantes se structurent autour de trois pôles majeurs, soit l'accès à l'éducation supérieure (qui touche surtout les filles de la bourgeoisie), la réforme du statut juridique et le droit de vote. Si cette dernière revendication est perçue par certaines militantes comme une question de démocratie – le suffrage devant être vraiment universel – d'autres considèrent le droit de vote comme un simple moyen qui les aidera à faire adopter les réformes sociales pour lesquelles elles s'investissent en pouvant élire directement les candidats favorables à leur cause.

Aux États-Unis, les militantes reprennent la stratégie adoptée par Olympe de Gouges lors de la Révolution française en publiant, à Seneca Falls en 1848, la *Déclaration des sentiments* (*voir la page 234*) qui reprend, en l'appliquant aux femmes, la *Déclaration d'indépendance* de 1776. Issues du mouvement abolitionniste, ces militantes vont recentrer leurs luttes autour de la revendication du droit de vote après la guerre de Sécession, et une première femme, Victoria Woodhull, se porte même candidate à la présidence américaine en 1872 sous la bannière du *Equal Rights Party*. En Angleterre, les premières luttes s'organisent autour de l'accès des femmes à l'enseignement supérieur avant de converger vers l'obtention du droit de vote. Une première pétition est déposée au parlement à cet effet en 1866 par John Stuart Mill. Les suffragettes anglaises réussissent à créer un véritable mouvement de masse en multipliant les pétitions et les manifestations publiques. Elles déploient également des initiatives spectaculaires (manifestations violentes, incendies criminels, grèves de la faim, voire suicide public) qui leur apportent plus de quolibets et d'hostilité que de résultats concrets **07 08**. À part quelques cas isolés (Nouvelle-Zélande, Australie, Scandinavie), il faut attendre la Première

---

07 Une manifestation de suffragettes décrite par son organisatrice

«Quelles que fussent les dispositions prises par la police pour empêcher nos manifestations, elles n'aboutissaient à rien, parce que, chaque fois, nous savions exactement ce que la police allait faire, alors qu'elle était incapable de prévoir ce que nous allions faire. [...] Il était exactement cinq heures et demie lorsque [...] nous avons jeté des pierres, quatre, à travers les vitres des fenêtres de la résidence du Premier ministre. Comme nous nous y attendions, on nous arrêta rapidement. [...] L'heure qui suivit restera longtemps gravée dans la mémoire des Londoniens. Toutes les quinze minutes, des femmes qui s'étaient portées volontaires pour la manifestation firent ce qu'elles devaient. D'abord, les vitres volèrent en éclats à Haymarket et à Piccadilly, ce qui alarma et effraya beaucoup de piétons et la police. Un grand nombre de femmes furent arrêtées, et tout le monde pensa que l'affaire en resterait là. Mais [...] le sinistre bruit de vitres recommença, cette fois, des deux côtés de Regent Street et du Strand. Il s'ensuivit une course furieuse de la police et de la foule vers la deuxième scène d'action. Pendant que leur attention était retenue par ce qui se passait dans ce quartier, un troisième commando de femmes se mirent à briser les vitres dans Oxford Circus et Bond Street. La manifestation se termina pour ce jour à six heures et demie avec l'éclatement de nombreuses vitres dans le Strand.»

Source: Emmeline PANKHURST, *Ma propre histoire*, dans Jean-Pierre VIVET, dir., *Les mémoires de l'Europe*, t. V, *L'Europe bourgeoise, 1830-1914*, Paris, Laffont, 1972, p. 518.

---

08 Emmeline Pankhurst (1858-1928)

Épouse d'un avocat féministe, Emmeline Pankhurst fonde d'abord la Ligue pour le droit de vote des femmes, qui gagne une première bataille dans le champ municipal en 1893. L'Union féminine sociale et politique, fondée en 1903, se fait rapidement remarquer par son radicalisme: en 1905, deux de ses membres sont jetées en prison pour assaut sur des policiers. Pankhurst elle-même est emprisonnée trois fois en 1908-1909, après avoir appelé le peuple à envahir la Chambre des communes. Acharnée, indomptable, elle utilise à fond une loi dite *du chat et de la souris*: emprisonnée, elle fait la grève de la faim, est relâchée temporairement pour qu'elle puisse refaire sa santé, puis réincarcérée, et ainsi de suite, jusqu'à 12 fois dans l'année 1913. Ayant suspendu ses activités lors de la Première Guerre mondiale et séjourné ensuite pendant plusieurs années à l'étranger, elle rentre en Angleterre en 1926, à temps pour voir les efforts de toute une vie couronnés de succès par une loi sur la représentation populaire votée au Parlement quelques semaines avant sa mort.

Guerre mondiale pour voir enfin l'amorce de certains changements dans la situation des femmes : obtention du droit de vote et d'éligibilité et plus large accès aux études supérieures et aux diverses professions (médecine, droit, etc.). La réforme du statut juridique des femmes mariées est cependant plus longue à venir (1964 au Québec), de même que l'accès à la pleine égalité.

FAITES LE P◎INT

1. Qui sont les bourgeois à l'époque ? Quelles sont leurs idées-force ?

2. Quelles sont les différentes facettes du pouvoir dominant de la bourgeoisie.

3. De quels groupes socioprofessionnels les classes moyennes sont-elles formées ? Qu'ont-ils en commun ?

4. En quoi les ouvriers d'usine diffèrent-ils radicalement d'avec les artisans des corporations de métiers traditionnelles ?

5. Le développement de la révolution industrielle a-t-il amené une amélioration de la condition ouvrière ? Justifiez votre réponse.

6. Quelles sont les grandes tendances du mouvement syndical, respectivement en Grande-Bretagne, en Allemagne, en France et en Amérique du Nord ?

7. Précisez la situation juridique des femmes au milieu du 19e siècle, particulièrement au Québec, et indiquez l'objectif essentiel du mouvement féministe de l'époque.

9.2 Les États : libéralisme, démocratie, nationalisme

Depuis la « grande révolution atlantique » (*voir le chapitre 7*), la civilisation occidentale est travaillée, dans le domaine politique, par trois grands courants qui parfois se conjuguent, parfois s'affrontent : le libéralisme, la démocratie et le nationalisme.

9.2.1 La démocratie libérale : progrès et limites

La démocratie libérale, difficilement mise en œuvre après les soubresauts révolutionnaires **09**, s'est installée pour de bon dans quelques pays de l'Europe de l'Ouest et en Amérique du Nord.

Les rouages principaux Les rouages de la démocratie libérale sont à peu près partout les mêmes, sous différentes appellations. Des parlements élus détiennent le pouvoir législatif et sont en mesure de faire contrepoids au pouvoir exécutif, qui doit leur rendre compte de ses actes. Le pouvoir judiciaire s'exerce dans une relative indépendance face à l'exécutif. Le suffrage universel masculin se généralise, de même que le vote secret derrière l'isoloir. On commence à verser une indemnité aux députés, afin de permettre aux moins fortunés d'être élus. La liberté de presse assure en principe l'accès des citoyens à une information contradictoire. Avec le développement de l'instruction, un corps électoral de plus en plus éduqué est en mesure de mieux comprendre les enjeux du débat politique.

09 Le vote ou le fusil

Un ouvrier remise son fusil pour déposer son bulletin de vote dans l'urne du suffrage universel. (Caricature de Bosredon, 1848)

Les limites   Mais la démocratie libérale est encore assez loin de ses idéaux proclamés et connaît d'importantes lacunes qui en font, aux yeux de plusieurs, un objet de dérision ou même de rejet. La plus grande, peut-être, de ces lacunes a trait au droit de vote lui-même. Le suffrage dit *universel* exclut en fait la moitié de la population : les femmes. Leur situation s'est même dégradée, à cet égard, au cours du 19e siècle : par exemple, elles ont perdu le droit de vote dans le Canada-Uni en 1849. Même chez les hommes, les domestiques en sont généralement privés, de même que les enfants majeurs vivant chez leurs parents. Aux États-Unis, malgré l'émancipation légale des Noirs (1868), plusieurs États s'ingénient à leur refuser l'exercice du droit de vote par toutes sortes d'entraves. Les ouvriers et les paysans, souvent encore illettrés, astreints à des conditions de vie et de travail rigoureuses, ayant peu de loisirs, demeurent soumis à l'influence des notables instruits, ou alors carrément en marge de toute vie politique. La démocratie reste donc incomplète, l'égalité devant la loi étant trop souvent niée par l'inégalité sociale.

9.2.2 Le mouvement des nationalités

Sans être un phénomène nouveau, le nationalisme s'épanouit au 19e siècle, et pas seulement en Occident : la Chine et le Japon, entre autres, en connaîtront de puissantes manifestations. En Occident, ce nationalisme puise à trois sources distinctes, parfois même contradictoires, ce qui en fait un mélange particulièrement explosif.

Trois sources   La première source du nationalisme est à rechercher du côté de la Révolution française. D'une part, les idéaux de cette révolution (souveraineté du peuple, liberté et égalité) enthousiasment les esprits et, d'autre part, les conquêtes françaises, qui démentent ces idéaux de façon si absolue, galvanisent dans les pays conquis les aspirations à l'autodétermination. Deuxième source du nationalisme, le mouvement romantique remet à l'honneur les particularismes nationaux que la Renaissance du 16e siècle avait voulu occulter par un retour à l'Antiquité gréco-romaine. Enfin, les impératifs économiques, dans le contexte de la révolution industrielle, poussent à l'unification de certains territoires depuis longtemps morcelés (Italie, Allemagne), et le nationalisme sert de levier irremplaçable dans cette marche vers la création de nouveaux États.

Un phénomène complexe   Ainsi donc, par la conjugaison de l'idéologie révolutionnaire, du sentiment romantique du retour aux origines et des intérêts de la bourgeoisie, jaillit un phénomène touffu, contradictoire, tantôt révolutionnaire tantôt conservateur, tantôt ouvert sur l'avenir tantôt tourné vers le passé, tantôt démocratique tantôt autoritaire, tantôt à tendance aristocratique tantôt à tendance populaire. Le nationalisme échappe à toute explication réductrice et constitue, emmêlé avec la révolution politique et la révolution industrielle, un facteur décisif dans l'histoire de l'Europe du 19e siècle, et pas seulement dans celle-là : les convulsions qui ont accompagné l'effondrement de l'Union soviétique à la fin du 20e siècle (*voir la page 343*) nous rappellent à quel point le phénomène est profond et durable.

Deux réalisations : l'Italie et l'Allemagne   Les réalisations de l'unité allemande et de l'unité italienne représentent alors les deux grandes réussites du mouvement des nationalités **10**.

L'Allemagne et l'Italie, simples « expressions géographiques », avaient depuis des siècles été morcelées politiquement en une poussière de petits États parfois réduits à une simple ville. En Allemagne comme en Italie, l'unification est menée à bien par un État, le plus dynamique de l'ensemble, et par un dirigeant particulièrement habile: pour l'Italie, le royaume de Piémont-Sardaigne, avec son premier ministre le comte de Cavour (1810-1861); pour l'Allemagne, le royaume de Prusse avec son premier ministre Otto von Bismarck (1815-1898).

C'est ainsi que naissent le Royaume d'Italie (1861) et l'empire d'Allemagne (1871), de forme fédérale sous suprématie prussienne (IIᵉ Reich). Cette nouvelle Allemagne, née dans le sillage d'une victoire militaire de la Prusse contre la France en 1870, devient, d'entrée de jeu, l'État le plus riche, le plus peuplé (hors de la Russie), le plus industrialisé et le plus puissant militairement d'Europe continentale. L'équilibre européen, patiemment construit depuis 1713 et réaffirmé lors du congrès de Vienne en 1815, s'en trouve radicalement modifié, situation lourde de dangers…

9.2.3 Les empires autoritaires multinationaux

Facteur de rassemblement en Italie ou en Allemagne, le nationalisme apparaît au contraire, et par la même dynamique, facteur de dislocation des États multinationaux. Ces derniers étant par ailleurs de structure politique autoritaire, la lutte pour la démocratie et la lutte pour la souveraineté nationale s'y conjuguent avec fougue.

L'Autriche-Hongrie Les conséquences les plus graves, à cet égard, guettent l'empire d'Autriche-Hongrie, qui regroupe, sous l'autorité combinée des Autrichiens et des Hongrois, un grand nombre de nationalités, particulièrement de la grande famille slave, parlant une dizaine de langues, pratiquant trois ou quatre religions différentes et vivant sur un immense territoire couvrant tout le centre-sud de l'Europe.

L'Empire ottoman dans les Balkans L'Empire ottoman, quant à lui, a déjà perdu le plus clair de ses possessions européennes, sous la pression des mouvements nationalistes slaves appuyés par la Russie. Mais les États ainsi créés (Serbie, Bulgarie, Roumanie, Monténégro) se mettent tout de suite à s'entredéchirer pour d'infimes parcelles de territoire où les nationalités se trouvent inextricablement mêlées **11** . Ainsi naît la « poudrière balkanique », d'où l'étincelle de 1914 mettra le feu à toute l'Europe.

L'Empire russe en Europe L'Empire russe fait face, dans sa partie européenne, à des difficultés de même ordre avec des minorités remuantes, particulièrement les Polonais, qui entrent régulièrement en insurrection et sont tout aussi régulièrement massacrés. L'Europe « libérale » crie au scandale mais n'agit pas.

10 La formation de l'Italie et de l'Allemagne unifiées

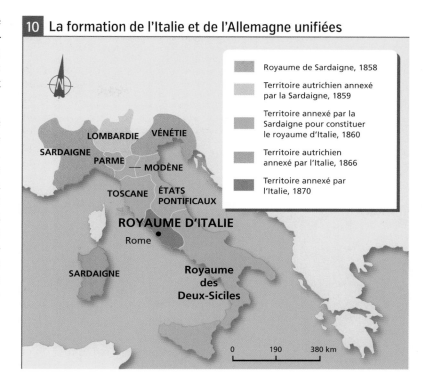

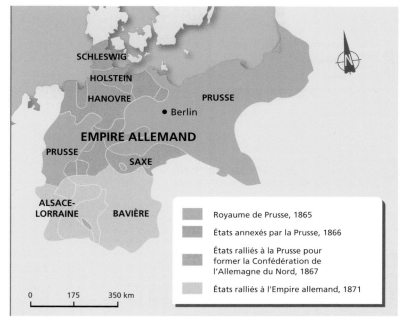

11 Les Balkans en 1913

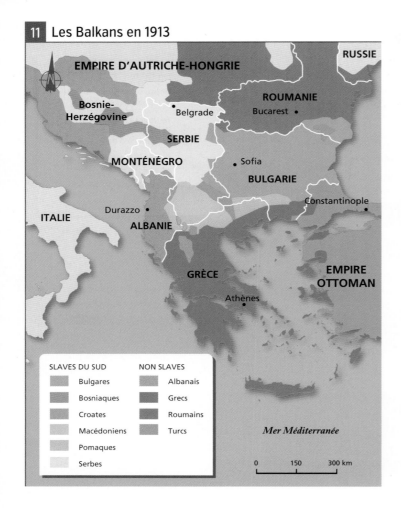

SLAVES DU SUD

Bulgares
Bosniaques
Croates
Macédoniens
Pomaques
Serbes

NON SLAVES

Albanais
Grecs
Roumains
Turcs

Mer Méditerranée

0   150   300 km

Une évolution inquiétante À la fin du 19ᵉ siècle, le nationalisme connaît une évolution marquée. Victorieux en Allemagne, en Italie, dans les Balkans, bafoué en France par la défaite de 1871, il glisse vers le conservatisme, le repli sur soi, le militarisme, la xénophobie, voire l'antisémitisme. Au départ allié au libéralisme et à la démocratie, il s'en détourne et même les combat à l'occasion. Enfin, les mouvements nationaux tendent à se regrouper par grandes familles, et l'on voit apparaître, autour de la Russie, un **panslavisme** et, autour de l'Allemagne, un **pangermanisme**, farouchement ennemis, qui accroissent les tensions internationales et les risques de dérapage.

9.2.4 Destins du fédéralisme en Amérique du Nord

Au moment où la géographie politique de l'Europe se transforme, celle de l'Amérique du Nord est aussi redéfinie, d'un côté par une guerre civile aux États-Unis et, de l'autre, par la formation de la Confédération canadienne.

La guerre de Sécession Aux États-Unis, constitués en une fédération dont l'unité intérieure est mal assurée, les occasions de conflit ne manquent pas. Le Nord-est, plus industrialisé, favorise un protectionnisme douanier dont le Sud ne veut pas, craignant pour ses exportations. L'esclavage, aboli et d'ailleurs économiquement inutile dans le Nord-est, est considéré comme indispensable à l'économie du Sud, qui réagit fort mal aux grandes campagnes abolitionnistes menées par le Nord.

Aussi, en 1860, après l'élection à la présidence d'un antiesclavagiste modéré, Abraham Lincoln (1809-1865), les États du Sud font sécession et créent un nouveau pays, les États confédérés d'Amérique. Immédiatement, le gouvernement fédéral et les États du Nord décident de reprendre par la force les États rebelles. Cette guerre de Sécession va durer quatre ans.

Première guerre de l'ère industrielle, elle met en présence de grandes masses de combattants, une énorme puissance de feu et des moyens logistiques d'une efficacité jamais vue: chemin de fer, télégraphe. De nombreux experts européens, allemands notamment, viennent observer sur place ces données nouvelles de la guerre moderne. En 1865, épuisé, ravagé par la stratégie de la «terre brûlée» pratiquée par le général nordiste Sherman 12, la moitié de son

12 « Terre brûlée » dans la guerre de Sécession

La stratégie de la terre brûlée, utilisée par le général nordiste Sherman lors de la guerre de Sécession, consiste à ravager entièrement les ressources, infrastructures et bâtiments d'un territoire de manière à les rendre inutilisables pour l'ennemi. Ruines de Richmond, en Virginie, après sa prise par les nordistes en 1865.

armée tuée par les armes et la maladie, le Sud capitule devant l'écrasante supériorité de son adversaire. La guerre laisse 600 000 morts, soit 20 % des troupes engagées, proportion bien supérieure à celle que donnera la Première Guerre mondiale, et une profonde cicatrice entre le Nord et le Sud des États-Unis, dont on ne peut pas dire qu'elle soit entièrement disparue encore aujourd'hui. Le fédéralisme américain sort de cette terrible expérience avec un pouvoir central sensiblement renforcé.

La Confédération canadienne Fondé à l'origine par des colons loyalistes opposés à l'indépendance des 13 colonies (*voir la page 227*), le Canada anglais s'est toujours senti menacé par la puissance de son voisin d'Amérique du Nord. Cette menace s'est trouvée amplifiée par la guerre de Sécession, qui a révélé l'énorme capacité militaire des États-Unis, et par la pression que leur expansion exerce sur les territoires de l'Ouest. Par ailleurs, faute de débouchés sur l'Atlantique, le Canada-Uni ne peut rentabiliser les énormes investissements engloutis dans la construction d'un chemin de fer qui, pour l'heure, n'ouvre pas sur un grand port de mer.

En conséquence, le Canada cherche à se rapprocher des colonies britanniques voisines, afin de s'ouvrir un débouché permanent sur l'Atlantique par Halifax, de rentabiliser ainsi son chemin de fer fortement déficitaire, d'assurer sa suprématie sur les terres de l'Ouest convoitées par les États-Unis et d'attirer vers lui les capitaux dont il a grand besoin pour son développement. Mais, devant l'échec sanglant du modèle américain, parfois attribué à la trop grande autonomie des États, le fédéralisme canadien s'oriente d'emblée vers une centralisation poussée où on ne parle plus d'États membres, mais de simples provinces, ni de fédération, mais de simple « union fédérale ».

Ainsi, le 1er juillet 1867, par l'« Acte » de l'Amérique du Nord britannique, naît le Canada, « union fédérale » réunissant trois colonies : le Canada-Uni, le Nouveau-Brunswick et la Nouvelle-Écosse. Le Canada-Uni de 1840 (*voir la page 250*) disparaît pour donner naissance à deux provinces, l'Ontario et le Québec, et le terme *Canada* s'appliquera désormais à l'ensemble de la fédération, qui demeure une colonie britannique dotée toutefois d'une large autonomie interne **13**.

Pour les Canadiens-Français, concentrés au Québec, l'établissement de cette province apparaît plutôt comme un retour partiel à la situation d'avant 1840, à l'époque du Bas-Canada (*voir la page 227*). La compétence provinciale en matière d'éducation et de droit civil leur semble garantir suffisamment leur survivance comme peuple et, pour le reste, ils se convainquent d'avoir été reconnus comme l'un des « deux peuples fondateurs » de ce Canada nouveau.

En quelques années, tout le territoire de Halifax à Vancouver sera consolidé en un seul pays, qui prendra ainsi la forme géographique que

Panslavisme
Doctrine et mouvement politique prônant la réunion de tous les peuples slaves sous l'autorité de la Russie.

Pangermanisme
Doctrine et mouvement politique prônant la réunion de tous les peuples germaniques sous l'autorité de l'Allemagne.

13 **La formation du Canada, 1867-1912**

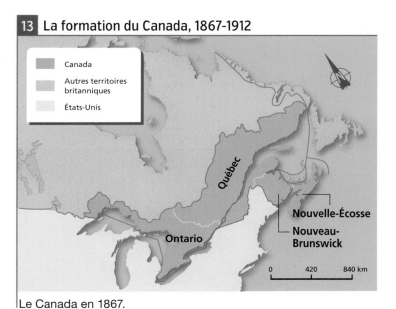

Le Canada en 1867.

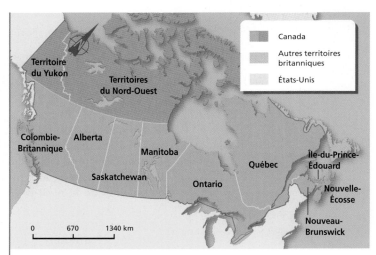

Le Canada en 1912.

nous lui connaissons, sauf Terre-Neuve, qui ne s'y intégrera qu'en 1949. À travers cette immensité presque vide, un chemin de fer sera lancé, des milliers d'immigrants s'installeront et le Canada prendra peu à peu ses traits d'aujourd'hui.

FAITES LE POINT

8. Quels sont les principaux rouages de la démocratie libérale et les lacunes qu'elle présente à cette époque ?

9. Quelles sont les trois sources du nationalisme ?

10. Quels sont les traits communs qui marquent la naissance de l'Italie et de l'Allemagne ?

11. Comment le nationalisme évolue-t-il à la fin du siècle ?

12. Quels sont les enjeux et les résultats de la guerre de Sécession aux États-Unis ?

13. Quels sont les objectifs que le Canada-Uni poursuit dans la mise en place de la Confédération canadienne.

9.3 La domination mondiale

Les années 1850-1914 voient l'Europe atteindre l'apogée de sa domination mondiale 14 . Résultat d'un ensemble de facteurs, cette domination prend le plus souvent la forme du colonialisme et marque de façon indélébile les rapports de la civilisation occidentale avec le reste du monde.

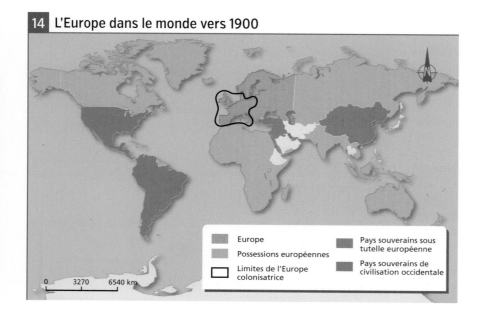

14 L'Europe dans le monde vers 1900

Europe
Possessions européennes
Limites de l'Europe colonisatrice
Pays souverains sous tutelle européenne
Pays souverains de civilisation occidentale

0   3270   6540 km

9.3.1 Les facteurs de domination

Comment l'Europe, ce continent régulièrement envahi pendant un millénaire (400-1400) par des peuples venus parfois de fort loin (Huns, Arabes, Turcs), a-t-elle pu, quelque part autour du 16e siècle, renverser cette situation et devenir en trois siècles maître du monde ? La réponse à cette question doit prendre en considération des facteurs nombreux, complexes et le plus souvent liés entre eux.

L'émigration   Un de ces facteurs, et l'un des plus importants, est constitué par l'émigration. Lentement amorcée avec les Grandes Découvertes, elle prend de l'ampleur avec l'explosion démographique, et le 19e siècle sera témoin de la plus grande migration de l'histoire humaine 15 . On estime qu'entre 1850 et 1914 plus de 50 millions d'Européens ont quitté définitivement le Vieux Continent pour aller s'installer dans de «nouveaux mondes»: au premier chef, l'Amérique du Nord, qui en reçoit plus de la moitié, essentiellement aux États-Unis, puis l'Amérique latine, l'Afrique, l'Australasie, à quoi il conviendrait d'ajouter la Sibérie, où 5 millions de Russes se déversent à la même époque. (D'autres déplacements, hors d'Europe, amènent 20 millions d'Indiens et de Chinois vers l'Afrique ou l'Amérique.) Or, partout où les Européens s'installent, souvent en détruisant sans ménagement

15 La plus grande migration de l'histoire humaine

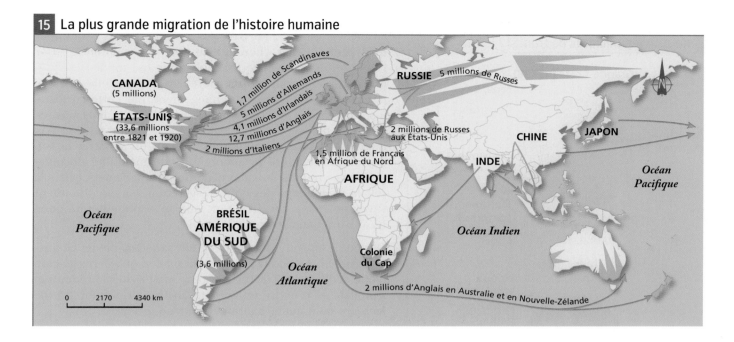

et sans remords des cultures, des peuples et des civilisations anciennes, ils apportent avec eux leurs techniques, leurs méthodes, leurs institutions et leurs valeurs, créant ainsi jusqu'aux antipodes de leur continent d'origine de nouvelles Europes dont l'une réussira même, au 20ᵉ siècle, à imposer sa suprématie à celle d'où elle est issue.

La supériorité technique   Mais l'émigration seule ne suffit pas à assurer la domination sur un territoire quelconque. Cette domination vient surtout de la supériorité technique que l'Europe a pu acquérir grâce à la révolution industrielle. À la fin du 19ᵉ siècle, sa production représente près de la moitié de toute la production mondiale, plus des deux tiers pour le fer brut. Cette production est transportée dans tous les azimuts grâce à des bateaux, à des chemins de fer, qu'elle a inventés et qui sont sans comparaison aucune avec les moyens de transport traditionnellement utilisés partout ailleurs. Cette supériorité technique permet à l'Europe, surtout par ses navires, de prendre le contrôle de réseaux commerciaux déjà existants, par exemple entre le Moyen Orient, l'Inde et l'Asie du Sud-Est. Elle se traduit aussi, évidemment, par une écrasante supériorité militaire, grâce à laquelle elle peut faire d'effroyables ravages matériels et humains dans les populations qui tentent de résister, avec des moyens souvent dérisoires (face aux sagaies des Zoulous, la mitrailleuse tire 350 coups à la minute…).

La domination des marchés   L'Europe domine ainsi le marché mondial, dont elle assure près des deux tiers des exportations totales, et instaure une véritable division internationale du travail, le reste du monde lui fournissant les matières premières à des prix fixés dans une large mesure par elle, en retour de produits manufacturés chez elle.

L'importance des capitaux   L'Europe est aussi devenue le banquier de la planète : 90 % de tous les capitaux exportés dans le monde viennent d'Europe, dont près de la moitié de la seule Grande-Bretagne **16** . Ces investissements représentent 110 % du produit national brut (PNB) des pays d'origine et rapportent d'immenses dividendes. À la suite de ces investissements et pour en assurer la stabilité, la domination politique souvent s'installe : l'Égypte et l'Empire ottoman passent ainsi sous l'étroite surveillance de leurs généreux prêteurs.

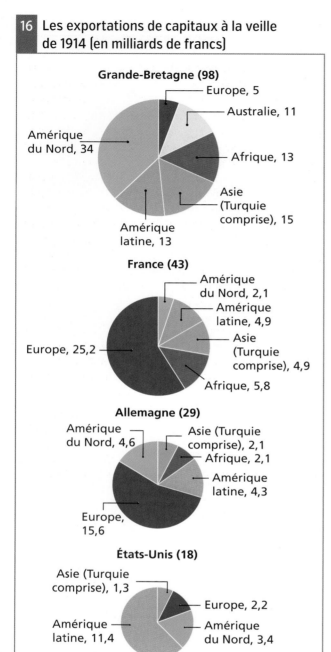

16 Les exportations de capitaux à la veille de 1914 (en milliards de francs)

Grande-Bretagne (98)
- Europe, 5
- Australie, 11
- Afrique, 13
- Asie (Turquie comprise), 15
- Amérique latine, 13
- Amérique du Nord, 34

France (43)
- Amérique du Nord, 2,1
- Amérique latine, 4,9
- Asie (Turquie comprise), 4,9
- Afrique, 5,8
- Europe, 25,2

Allemagne (29)
- Amérique du Nord, 4,6
- Asie (Turquie comprise), 2,1
- Afrique, 2,1
- Amérique latine, 4,3
- Europe, 15,6

États-Unis (18)
- Asie (Turquie comprise), 1,3
- Europe, 2,2
- Amérique du Nord, 3,4
- Amérique latine, 11,4

Source : Chiffres tirés de GREHG, *Histoire de 1890 à 1945*, Paris, Hachette, 1988, p. 9. (Coll. « GREHG »)

Colonialisme
Système d'occupation et d'exploitation, par un État et à son profit, de territoires en dehors de son territoire national ; doctrine politique ou idéologie qui préconise un tel système.

Les mentalités ? Mais tous ces facteurs ne pourraient-ils pas être le résultat d'un facteur initial, plus profond et qu'il faudrait aller chercher du côté des mentalités ? Car l'émigration et l'avance technologique qui fonde la suprématie commerciale et financière s'expliquent elles-mêmes par ce perpétuel désir de changement, par cette curiosité insatiable, par cette passion de savoir héritée de la science grecque, par cette conviction que les choses ne sont pas immuables, tous éléments qui forment un substrat essentiel de la mentalité occidentale. Cette mentalité découle-t-elle à son tour de données géographiques : climats, saisons, reliefs, découpage des côtes, végétation, qui conditionnent l'évolution des sociétés tant sur le continent européen qu'ailleurs dans le monde ?

Quoi qu'il en soit, toute explication satisfaisante de ce phénomène, unique dans l'histoire humaine, qu'est l'extension d'une civilisation à la Terre entière, doit éviter la réduction simpliste et prendre en compte un très grand nombre de facteurs dont nul ne saurait être invoqué seul.

9.3.2 Mobiles et formes du colonialisme

Ainsi donc, après des années de suspension dues aux soubresauts de la période révolutionnaire, le **colonialisme** européen connaît une seconde vigueur après 1850, touchant cette fois tous les coins de la planète et mettant en jeu un nombre de plus en plus grand de pays impérialistes et un nombre de plus en plus réduit de territoires « disponibles ».

Les mobiles La demande toujours croissante de matières premières pour son industrie, la recherche fébrile de débouchés pour ses produits et le besoin de meilleurs rendements de ses capitaux sont les mobiles économiques qui poussent l'Europe à ces nouvelles conquêtes, mobiles ravivés par la grande dépression économique des années 1870-1890. Les intérêts stratégiques s'y ajoutent : la nécessité de protéger les voies de communication et les escales le long des routes maritimes. La volonté de puissance des États joue aussi un rôle clé, les colonies apportant à leurs métropoles d'immenses ressources matérielles et humaines. Il n'est pas jusqu'à la question sociale dont on estime qu'elle pourrait trouver une solution à moindres frais dans l'installation des démunis sur les terres nouvelles. Enfin, les mobiles idéologiques et religieux viennent ennoblir l'entreprise, en la présentant comme une mission destinée à apporter le salut éternel aux païens, ou comme une prise en charge, par l'homme blanc, du « fardeau » dont il a plu à la divine Providence de le charger pour civiliser le genre humain **17**.

Les formes La domination européenne peut prendre plusieurs formes. Le colonialisme « pur », pratiqué dans des territoires militairement conquis et directement administrés par les métropoles, n'est pas la seule. Il existe aussi des **protectorats**, où les métropoles maintiennent les autorités en place tout en les domestiquant (la France au Maroc, par exemple), ou encore, et c'est la Chine surtout qui connaît ce régime, le système dit *des traités inégaux*, par lequel les puissances impérialistes, derrière la fiction de traités en bonne et due forme entre États souverains, se font concéder des privilèges territoriaux ou économiques.

Au début du 20e siècle, la raréfaction des territoires non encore colonisés, combinée avec l'augmentation du nombre des pays impérialistes (Allemagne, Italie, États-Unis, Japon), commence à provoquer de vives tensions entre ces derniers, et cette course exacerbée à l'expansion coloniale sera une autre des causes de la Première Guerre mondiale.

9.3.3 Les remises en question

Le défi étasunien   Le reflux, pourtant, s'amorce déjà dès la fin du 19e siècle. Ce sont d'abord les États-Unis qui, connaissant une fulgurante ascension démographique et économique, deviennent la première puissance industrielle du monde ; en 1913, ils produisent presque autant que toute l'Europe occidentale réunie. Ils se lancent aussi dans un impérialisme d'un style quelque peu original, sous forme d'interventions militaires, parfois suivies d'occupations assez courtes, pour s'assurer la docilité des dirigeants locaux ou renverser ceux qui menacent leurs intérêts **18** .

Le défi japonais   Une autre défaite militaire européenne, au caractère symbolique beaucoup plus marqué, est celle de la Russie face au Japon en 1905. C'est la première fois depuis trois siècles qu'une puissance européenne est battue, et de façon humiliante, par un peuple « de couleur », et qu'elle doit même céder des territoires à son vainqueur. C'est aussi la première manifestation de la montée en puissance du Japon, qui a réussi à assimiler la technologie européenne sans perdre le pouvoir de décision sur son propre développement et en conservant à peu près intacte la richesse de sa civilisation.

17 Racisme, colonialisme et « fardeau de l'homme blanc »

Texte 1

« Une nation qui ne colonise pas est irrémédiablement vouée au socialisme, à la guerre du riche et du pauvre. La conquête d'un pays de race inférieure par une race supérieure, qui s'y établit pour le gouverner, n'a rien de choquant. […] Autant les conquêtes entre races égales doivent être blâmées, autant la régénération des races inférieures ou abâtardies par les races supérieures est dans l'ordre providentiel de l'humanité. […] La nature a fait une race d'ouvriers. C'est la race chinoise d'une dextérité de main merveilleuse, sans presque aucun sentiment d'honneur ; gouvernez-la avec justice en prélevant d'elle pour le bienfait d'un tel gouvernement un ample douaire [contribution] au profit de la race conquérante, elle sera satisfaite ; une race de travailleurs de la terre, c'est le nègre ; soyez pour lui bon et humain, et tout sera dans l'ordre ; une race de maîtres et de soldats, c'est la race européenne. […] Que chacun fasse ce pour quoi il est fait et tout ira bien. »

Texte 2

« La colonisation est moins une occasion de bénéficier qu'une source de devoirs. Elle apparaît ainsi dans le plan providentiel comme un acte collectif de charité qu'à un moment donné, une nation supérieure doit aux races déshéritées et qui est comme une obligation corollaire de la supériorité de sa culture. »

Source du texte 1 : Ernest RENAN, *La réforme intellectuelle et morale*, Paris, Michel Lévy et frères, 1874, p. 92-94. Source du texte 2 : Cardinal MERCIER, « Lettre pastorale à l'occasion de l'annexion du Congo à la Belgique » (30 octobre 1908), dans Denise GALLOY et Franz HAYT, *De 1848 à 1918*, Bruxelles, De Boeck, 1994, p. 14. (Coll. « Du document à l'histoire »)

Protectorat

Forme de domination dans laquelle un État plus puissant exerce son contrôle sur un autre sans détruire les structures politiques de ce dernier, lequel conserve officiellement sa personnalité juridique internationale.

18 Les débuts de l'impérialisme étasunien

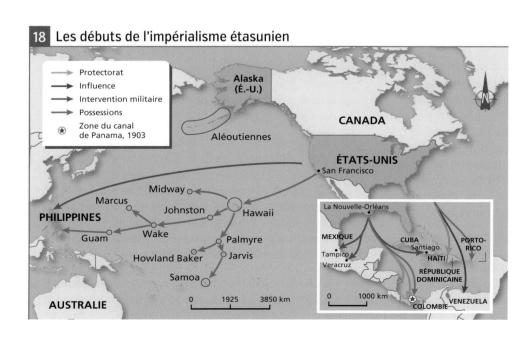

19 L'anticolonialisme en Europe

« Races supérieures ! Races inférieures ! C'est bientôt dit. Pour ma part, j'en rabats singulièrement depuis que j'ai vu des savants allemands démontrer que le Français est d'une race inférieure à l'Allemand. Depuis ce temps, je l'avoue, j'y regarde à deux fois avant de me retourner vers un homme et vers une civilisation, et de prononcer : homme ou civilisation inférieurs. […] Non, il n'y a pas de droit des nations dites supérieures contre les nations dites inférieures. Il y a lutte pour la vie qui est une nécessité fatale, qu'à mesure que nous nous élevons dans la civilisation nous devons contenir dans les limites de la justice et du droit. Mais n'essayons pas de revêtir la violence du nom hypocrite de civilisation ; ne parlons pas de droit, de devoir ! La conquête que vous préconisez, c'est l'abus pur et simple de la force que donne la civilisation scientifique sur les civilisations rudimentaires, pour s'approprier l'homme, le torturer, en extraire toute la force qui est en lui au profit du prétendu civilisateur. Ce n'est pas le droit : c'en est la négation. Parler à ce propos de civilisation, c'est joindre à la violence l'hypocrisie. »

Source : Georges CLEMENCEAU, « Discours à la Chambre » (30 juillet 1885), dans Gérard MINART, *Clemenceau journaliste (1841-1929) : les combats d'un républicain pour la liberté et la justice*, Paris, L'Harmattan, 2005, p. 72-73.

La montée des nationalismes La domination mondiale de l'Europe est aussi mise à mal par l'éveil des mouvements nationalistes, particulièrement en Asie. En Chine, après la Révolte des Boxers (1900) difficilement matée par un corps expéditionnaire formé par une douzaine de pays d'Europe, le dernier empereur est détrôné et la République de Chine, proclamée en 1911. Dans l'Empire ottoman, les jeunes Turcs s'insurgent contre la décadence du sultanat et sa mise en tutelle par l'Occident, tandis qu'on peut percevoir les prémisses d'une renaissance de l'Islam en Afrique du Nord.

L'anti-impérialisme en Europe En Europe même, particulièrement sous l'influence des mouvements socialistes, l'impérialisme est radicalement remis en question dans certains milieux 19. Timorés, divisés, hésitants, ces milieux ne parviendront pas tout de suite à ébranler la bonne conscience de leurs concitoyens, mais ils annoncent malgré tout des temps nouveaux.

FAITES LE P◉INT

14. Sur une carte du monde, situez les grandes aires de colonisation européenne.

15. Quels sont les différents facteurs de la domination mondiale de l'Europe ?

16. Quels sont les mobiles de l'impérialisme européen ?

17. Quelles formes le colonialisme prend-il ?

18. Comment les États-Unis et le Japon amènent-ils une remise en question de la domination européenne sur le monde ?

➤ EN BREF

➤ La société occidentale de la seconde moitié du 19ᵉ siècle est structurée par une bourgeoisie dominante et des classes moyennes en pleine progression, tandis que les ouvriers d'usine sont durement frappés par la dégradation brutale de leurs conditions de travail et de vie. Leur sort s'améliore toutefois lentement par l'effet du mouvement syndical et de la législation sociale. Les femmes, quant à elles, sont dans une situation d'inégalité de plus en plus contestée.

➤ La démocratie libérale progresse lentement au sein des États mais présente de fortes lacunes, particulièrement en matière de droit de vote dont les femmes, entre autres, sont exclues. Le phénomène complexe du nationalisme s'épanouit, facteur de cohésion dans certains États mais aussi de désintégration dans d'autres.

➤ Entre 1850 et 1914, l'Europe atteint l'apogée de sa puissance. Elle introduit partout, voire impose, ses hommes et ses femmes, ses techniques, ses capitaux, ses façons de faire et de penser. Ce faisant, elle bouscule, détruit parfois, de toute façon transforme profondément les civilisations, les cultures et les peuples avec lesquels elle entre en contact. Les relations de l'Occident avec le reste du monde sont ainsi durablement marquées par une inégalité radicale qui constitue encore aujourd'hui l'un des problèmes les plus lancinants que l'humanité doit résoudre.

Mais en semant ainsi ses méthodes, ses institutions et ses valeurs aux quatre coins du monde, l'Europe a préparé la remise en cause de sa propre domination. C'est au nom de la démocratie, du nationalisme, de l'égalité foncière entre les humains, éléments essentiels de la pensée occidentale moderne, que les peuples asservis commencent dès le début du 20ᵉ siècle à s'attaquer à la suprématie européenne. Et l'Europe connaîtra bientôt les 30 années les plus atroces de son histoire (1914-1945), au terme desquelles sa suprématie aura vécu, et sa civilisation elle-même aura été presque anéantie (*voir le chapitre 11*).

❯HÉRITAGE

Ce que nous devons à l'apogée de l'Europe

- l'essor des classes moyennes
- la création des grandes fédérations syndicales
- les débuts de la législation sociale
- les luttes pour le droit de vote des femmes
- la démocratie libérale
- l'affirmation du nationalisme
- l'Italie et l'Allemagne unifiées
- l'émigration massive des Européens vers tous les continents, l'impérialisme et le colonialisme

❯POUR ALLER PLUS LOIN

LIRE

HOBSBAWM, Eric John. *L'ère des empires : 1875-1914*, Paris, Pluriel, 2012, 495 p. (Coll. «Pluriel») et *L'ère du capital : 1848-1875*, Paris, Fayard, 2010, 463 p. (Coll. «Pluriel») – Deux ouvrages classiques d'un grand historien. Forment un ensemble sur le «long 19ᵉ siècle» (1789-1914) avec *L'ère des révolutions : 1789-1848*, cité au chapitre 7.

MARNOT, Bruno. *La mondialisation au XIXᵉ siècle : 1850-1914*, Paris, A. Colin, 2012, 286 p. (Coll. «U. Histoire») – Très bon survol d'histoire économique : révolution industrielle, libre-échange, finance globalisée, marché international du travail, réseaux de communication.

NAVIGUER

Cliotexte : http://clio-texte.clionautes.org – Très nombreux documents sur la période, classés par thèmes (nationalisme, colonialisme, États, etc.)

«The British Empire» : www.britishempire.co.uk – Immense site en anglais sur l'Empire britannique, avec moteur de recherche.

VISIONNER

Daens, de Stijn Coninx, avec J. Decleir et G. Desarthe, Bel./Fr./P.-B., 1992, 138 min. – L'histoire vécue d'un prêtre catholique belge, Adolf Daens, qui prend la défense des ouvriers du textile durement exploités par les patrons dans les années 1890. Très bonne reconstitution d'époque.

Germinal, de Claude Berri, avec Renaud et G. Depardieu, Fr./Bel./It., 1993, 170 min. – Agitation et grève chez les mineurs du nord de la France sous le Second Empire (1852-1870). D'après le roman d'Émile Zola. Très grande valeur documentaire sur la condition ouvrière à l'époque de l'industrialisation. Excellents comédiens.

Le guépard, de Luchino Visconti, avec B. Lancaster et A. Delon, It./Fr., 1963, 187 min. – Un prince sicilien est témoin de la décadence de l'aristocratie et de la montée de la bourgeoisie dans son pays. Immense fresque à la Visconti : rythme lent, images superbes, psychologie fouillée des personnages. La séquence finale du grand bal, qui dure 40 minutes, est une pièce d'anthologie.

Le juge et l'assassin, de Bertrand Tavernier, avec P. Noiret et M. Galabru, Fr., 1976, 128 min. – En France, dans les années 1890, un juge tente de faire condamner un pauvre bougre devenu tueur en série. Superbe reconstitution d'époque, comédiens exceptionnels. Un très grand film.

 Allez plus loin encore, grâce à la médiagraphie enrichie disponible sur *i+ Interactif* !

EXERCICES ET ACTIVITÉS

(i+) **Exercez-vous davantage grâce à des ateliers interactifs captivants!** Consultez votre enseignant pour y accéder sur *i+ Interactif*.

La société

1. Expliquez en quoi les révolutions politiques et industrielle provoquent, au 19e siècle, «un renouvellement des classes dirigeantes au profit de la bourgeoisie» (*p. 280*).

2. Le document 3 (*p. 281*) relate le saccage de machines par des ouvriers. Reportez-vous à la section 9.1.3 (*p. 281-283*) et expliquez-en les raisons quant à:
   a) l'évolution du marché de l'emploi;
   b) les conditions de travail;
   c) l'urbanisation.

3. À la page 286, le manuel présente brièvement la féministe américaine Victoria Woodhull. Ci-dessous, voici le texte du *New York Herald* dans lequel elle annonce sa candidature à la présidence des États-Unis aux élections de 1872 et fait connaître certaines idées de son programme. Démontrez en quoi ce texte est influencé par:
   a) le mouvement féministe (*section 9.1.5, p. 284-287*);
   b) les mouvements en faveur des ouvriers (*section 9.1.4, p. 283-284*).

Je suis la plus éminente représentante du seul groupe non représenté dans la république et un exemple concret des principes de l'égalité [des sexes]. [...] [Étant donné] qu'il n'existe aucune raison valable de traiter la femme, socialement et politiquement, comme un être inférieur à l'homme, j'ai foncé dans l'arène de la politique et des affaires et j'ai exercé les droits que je possède déjà. Je revendique donc le droit de parler au nom des femmes non émancipées du pays et [...] j'annonce dès à présent ma candidature pour la Présidence. Je suis consciente que je soulèverai plus de ridicule que d'enthousiasme. Mais notre époque en est une de changements soudains [...]. Encore en 1863, le suffrage des Noirs était mal vu au pays; maintenant, [il] est reconnu par une majorité d'États [...]. Laissez donc ceux qui ont ridiculisé la revendication des Noirs [...], ridiculiser autant qu'ils le veulent les aspirations des femmes du pays à être traitées à l'égal des Noirs: ils ne peuvent refouler la vague montante des réformes. [...] L'élection de Lincoln a démontré la force du sentiment antiesclavagiste; ma candidature à la présidence prouvera, j'en suis certaine, que les principes des droits égaux pour tous sont maintenant fortement enracinés. [...]

Outre la question de l'égalité, d'autres [enjeux] importants doivent être abordés [tels que] défendre les principes d'une justice et d'une économie éclairées. [...] L'adoption de mesures pour aider les faibles et les indigents; [...] l'amélioration des conditions de la classe productive et la reconnaissance de cette classe comme la vraie richesse de notre nation, [...] ces changements importants ne pourront se réaliser qu'en sortant des sentiers battus [...]; et c'est, je le crois, ce que fera mon programme de 1872.

Source: Victoria C. WOODHULL, «The Coming Woman», *New York Herald*, vol. XXXV, no 92, 2 avril 1870, p. 8, dans *Fulton History: Archives of the New York Herald,* http://fultonhistory.com/my%20photo%20albums/All%20Newspapers/New%20York%20NY%20Herald/New%20York%20NY%20Herald%201870/index4.html (document PDF: New York NY Herald 1870 – 1106.pdf).

Les États

4. Expliquez l'affirmation suivante: «La démocratie reste donc incomplète, l'égalité devant la loi étant trop souvent niée par l'inégalité sociale.» (*p. 288*)

5. La montée du nationalisme au 19e siècle est à l'origine d'un mouvement d'unification dans certains pays (Italie, Allemagne), mais constitue un facteur de dislocation dans d'autres (comme en Autriche-Hongrie ou dans les Balkans).
   a) Expliquez cette apparente contradiction.
   b) Utilisez les cartes 10 et 11 (*p. 289-290*) pour illustrer ces deux phénomènes (unification et dislocation) liés au nationalisme.

6. Dans le texte de Victoria Woodhull (*encadré de la question 3*), repérez les passages qui font référence à la Guerre de Sécession aux États-Unis et expliquez-les (*section 9.2.4, p. 290-292*).

La domination mondiale

7. Pour mieux saisir les facteurs de domination de l'Europe, procédez à l'analyse des graphiques du document 16 (*p. 294*) qui présentent les données sur les exportations de capitaux à la veille de 1914. Pour ce faire, lisez la fiche 4 intitulée Lire et interpréter un tableau, un graphique ou une carte (*p. 370*), puis répondez aux questions 1 et 2 portant sur l'interprétation d'un graphique (*p. 371-372*).

8. À la page 294, le manuel explique la notion de «fardeau de l'homme blanc». Vérifions si vous saisissez bien cette notion.
   a) Repérez au moins un passage qui reflète la mentalité du fardeau de l'homme blanc dans les textes de Renan et du cardinal Mercier (*document 17, p. 295*), ainsi que dans le texte de Jean Duché (*document 1, p. 279*).
   b) Démontrez en quoi le texte anticolonialiste de Clémenceau (*document 19, p. 296*) contredit cette notion de fardeau de l'homme blanc.

POINTS DE VUE SUR L'HISTOIRE

La nation, réalité objective ou invention subjective ?

Le 18e siècle est généralement perçu comme le siècle de la naissance du nationalisme moderne, notamment par la guerre de Sept Ans. Ce nationalisme a été renforcé par la révolution atlantique. Si les différences culturelles, linguistiques, religieuses et identitaires entre les différentes régions de l'Europe ont toujours existé, c'est à cette époque de révolution que les peuples revendiquent pleinement leur identité nationale. Mais qu'est-ce qu'une conscience et une culture nationales ?

Terme flou, réalité volatile, la définition même d'une nation est problématique. Les spécialistes s'entendent habituellement pour affirmer que le sentiment d'appartenance à une nation relève de l'identification à un groupe ayant une histoire, des traditions, une langue et une culture communes. L'appartenance à une nation permet donc à ses membres de se définir culturellement et se situer géographiquement. Au-delà de cette définition sommaire, les historiens sont divisés tant sur la définition à accoler au terme nation que sur l'existence réelle de celle-ci.

La conception longtemps la plus répandue veut que la nation soit une réalité historique objective, c'est-à-dire que la nation existe réellement. Cette nation est fondée sur des distinctions culturelles et linguistiques réelles et sur des traditions qui se transmettent de génération en génération. Ces historiens affirment que les bases ethniques de ces nations remontent parfois aussi loin qu'à l'époque romaine et aux invasions barbares, voire au-delà. Les Francs, par exemple, représenteraient déjà le germe de la France actuelle.

Ces spécialistes argumentent ensuite qu'à ces traits culturels et linguistiques s'ajoutent, depuis les 17e et 18e siècles, des divisions juridiques. Les traités internationaux, les lois, les coutumes et autres sont autant de manifestations d'une volonté de vivre ensemble. Pour eux, il est donc essentiel de prendre en compte que la nation repose aussi sur une volonté collective de maintenir et de défendre son identité.

En ce sens, ces historiens affirment que la nation est un des facteurs importants qui peuvent unir un groupe d'êtres humains relativement grand et assurer sa continuité. Au-delà des divisions internes, des périodes de tension et de désaccord qui existent à chaque époque, la nation donne une cohésion à un groupe humain. Ils en veulent pour preuve que lorsqu'un groupe se reconnaît comme nation, il souhaite généralement contrôler un État afin de se donner toutes les chances de faire prospérer sa culture au sens large du terme. Ainsi, la survie des petites nations qui vivent au sein d'un État plurinational est menacée puisque « l'intérêt national » est pris en charge par une autre nation.

Pour d'autres historiens, par contre, la nation est un concept construit par les intellectuels et les élites de toutes sortes, au premier rang desquels se trouvent les historiens et les politiciens. À compter des 17e et 18e siècles, ces élites ont créé de toutes pièces l'idée de former une nation. Comme l'humain a de multiples identités, l'identité nationale ne saurait donc être un référent « naturel ». Selon eux, l'identité régionale, familiale et personnelle est, de tout temps, beaucoup plus importante que le sentiment d'appartenance à un groupe large dont on ne connaît qu'une infime partie des membres et fort peu de sa géographie. Or, la représentation géographique et symbolique est fondamentale dans la création d'une identité de groupe.

Selon ces spécialistes, ce terme de nation a été inventé par les élites politiques bourgeoises afin de justifier leur prise du pouvoir, qui appartenait jusqu'alors au roi et aux nobles. La bourgeoisie s'est alors empressée d'inculquer cette identité nationale par l'instauration d'écoles d'État, par la création de la presse nationale, etc. Ainsi, dans ce monde de la révolution atlantique, les bourgeois réussissent à justifier *a posteriori* leur révolution au nom de l'idéal national.

Le concept de nation devient ainsi un outil politique. Il sert alors à gommer les différences géographiques et culturelles (il y avait des dizaines de langues en France, par exemple), de classes sociales, de sexes, etc. Il est aussi utile afin de justifier la montée en puissance de l'État qui accentue alors sa mainmise sur la vie de ses citoyens, notamment par l'armée, la taxation, l'éducation nationale obligatoire et la création d'universités servant à écrire « l'histoire nationale » de chaque pays.

Alors que les tenants de la première catégorie voient une preuve de l'existence de la nation dans la volonté toujours tenace de plusieurs nations (Catalogne, Écosse, Québec, etc.) de faire de leur groupe un État-nation en ce début de 21e siècle et dans la remise en cause de grands ensembles internationaux comme la zone Euro, les historiens du deuxième groupe y voient plutôt le chant du cygne de « l'époque nationale ». Ils affirment que l'identité est de plus en plus complexe et ne saurait se restreindre à une identité nationale. Le processus de mondialisation des marchés et des cultures de même que la création d'ensembles géographiques toujours plus grands reflètent selon eux un processus historique qui dépasse peu à peu l'ère des nationalismes.

En somme, si la nation est toujours un cadre de référence et que l'identité individuelle passe en partie par cette vision nationale, la pertinence et la permanence de ce concept de nation ne font pas l'unanimité. Le nationalisme, sentiment réel ou imaginé ?

———————

ANDERSON, Benedict. *L'imaginaire national, Réflexions sur l'origine et l'essor du nationalisme*, Paris, La Découverte, 2002 [1983], 212 p.

HOBSBAWM, Éric. *Nation et nationalisme depuis 1780 : programme, mythe et réalité*, Paris, Gallimard, 2001 [1992], 247 p.

WILFERT-PORTAL, Blaise. « Nation et nationalisme », dans Christian DELACROIX, François DOSSE, Patrick GARCIA et Nicolas OFFENSTADT (dir.), *Historiographies, II. Concepts et débats*, Paris, Gallimard, 2010, p. 1090-1102.

01 Le Grand Siècle?

«Formidable XIXe siècle! Après avoir passé pour le sommet de l'aventure humaine, il a pourtant subi une longue et dure éclipse. [...] [Son] éloignement définitif, avec aussi l'effacement des idéologies à travers lesquelles on le déchiffrait, lui rend au contraire aujourd'hui un intérêt tout neuf. Intérêt fait d'abord d'une curiosité presque ethnographique pour une époque d'une richesse exceptionnelle, puisqu'elle représente à la fois le conservatoire ultime des formes de vie les plus anciennes, la réalisation des promesses du XVIIe siècle et le laboratoire du XXe siècle. Mais intérêt fait aussi de la redécouverte que les hommes du XIXe siècle se sont vu poser les grandes questions, dont beaucoup sont encore les nôtres, et qu'ils leur ont apporté, dans tous les domaines, des réponses dont l'audace et le génie nous laissent pétris d'admiration. Le "grand siècle", c'est lui.»

? Comparez ce texte avec celui de Roland Emile Mousnier (*voir le document* 01, *page 199*).

Source: Pierre NORA, «Préface», dans Dominique RINCÉ et Bernard LECHERBONNIER, dir., *Littérature, textes et documents: XIXe*, Paris, Nathan, 1996, p. 6.

La révolution scientifique lancée au 17e siècle continue sa trajectoire et s'amplifie tout au long du 19e siècle. Tandis que la théorie de l'évolution bouleverse les sciences biologiques et que celle de la relativité ébranle les assises de la physique, les sciences humaines prennent leur essor avec, entre autres, l'anthropologie et la sociologie. L'avènement de l'ère industrielle suscite par ailleurs l'élaboration de nouvelles idéologies qui marquent encore aujourd'hui la pensée d'inspiration occidentale. L'art, quant à lui, reflète l'évolution de la société, d'abord à travers le mouvement romantique, puis par un foisonnement d'écoles et de styles qui mène finalement à l'éclosion de ce qu'on appelle l'*art moderne*. ◀

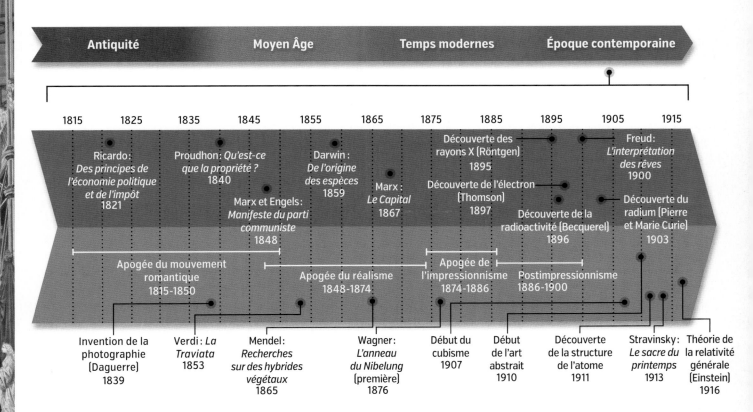

< La première Exposition universelle, tenue à Londres en 1851, se veut le reflet d'une ère nouvelle.
(*Great Exhibition, Crystal Palace*, Dickinson's brothers, 1851)

10.1 Les avancées scientifiques

Comme le 17ᵉ siècle a été le siècle de la cosmologie, on peut dire que le 19ᵉ est celui des sciences de la vie et celui où apparaissent les sciences de l'homme en société. À la fin du siècle, les sciences physiques connaissent à leur tour une nouvelle effervescence.

10.1.1 Les sciences biologiques

La théorie de l'évolution L'un des temps forts de toute l'histoire des sciences est sans contredit la formulation de la théorie de l'évolution par le naturaliste anglais Charles Darwin (1809-1882) au milieu du 19ᵉ siècle. Alors que Newton, au 17ᵉ, avait bouleversé la conception que les Occidentaux se faisaient de l'espace, Darwin bouleverse maintenant leur conception du temps. Largement inspirée de la Bible, cette conception du temps postulait la création instantanée de tout l'Univers, tel qu'il existe sous nos yeux, directement par Dieu lui-même, dans un passé relativement proche (de l'ordre de 6 000 ans).

Darwin n'est pas le premier à remettre en cause cette conception, mais il est le premier à le faire de façon scientifique, et dans une perspective vraiment planétaire du phénomène. Cette vision, il a pu l'acquérir grâce à un long voyage de cinq ans autour du monde, au cours duquel il collige des dizaines de milliers de spécimens d'espèces vivantes et fossiles. Ses observations l'amènent à conclure que certaines espèces sont disparues, d'autres apparues, au cours d'un long processus étendu sur des millions d'années, qu'il existe des liens de descendance entre certaines espèces et que le processus d'évolution est toujours à l'œuvre aujourd'hui.

Sélection naturelle
Processus par lequel les individus les mieux adaptés à leur environnement vivent plus longtemps que ceux qui le sont moins et transmettent leurs caractéristiques à une descendance plus nombreuse, contribuant ainsi à l'évolution de l'espèce.

Pour expliquer ce phénomène, Darwin élabore la loi de la **sélection naturelle**. Dans un monde où règne la lutte pour la survie (recherche de nourriture, défense contre les prédateurs), seuls survivent les organismes les mieux adaptés, lesquels transmettent à leur descendance ces caractères qui assurent leur survie. Peu à peu, les espèces s'ajustent ainsi aux conditions de leur milieu en évoluant constamment, celles qui n'arrivent pas à le faire s'étiolant lentement jusqu'à disparaître **02**.

---

02 Charles Darwin : la sélection naturelle

« Il est intéressant de contempler une berge enchevêtrée, tapissée de plantes de nombreuses sortes, hébergeant des oiseaux qui chantent dans les buissons, avec divers insectes voltigeant çà et là, des vers rampant dans la terre humide, en réfléchissant que ces formes élaborées, si différemment conformées, et dépendant d'une manière si complexe les unes des autres, ont toutes été produites par les lois qui agissent autour de nous. Ces lois [...] sont [entre autres] la variabilité résultant de l'action directe et indirecte des conditions d'existence [...]; un taux d'accroissement assez élevé pour entraîner à une lutte pour l'existence, qui a pour conséquence la sélection naturelle, laquelle détermine la divergence des caractères, et l'extinction des formes moins perfectionnées. Le résultat direct de cette guerre de la nature, qui se traduit par la famine et par la mort, est donc le fait le plus admirable que nous puissions concevoir, à savoir, la production des animaux supérieurs.

N'y a-t-il pas une véritable grandeur dans cette manière d'envisager la vie, avec ses puissances diverses attribuées primitivement par le Créateur à un petit nombre de formes, ou même à une seule ? Or, tandis que notre planète, obéissant à la loi fixe de la gravitation, continue à tourner dans son orbite, une quantité infinie de belles et admirables formes, sorties d'un commencement si simple, n'ont pas cessé de se développer et se développent encore ! »

? Comment, dans ce texte, Darwin intègre-t-il le dogme chrétien de la Création à la théorie de la sélection naturelle ?

Source : Charles DARWIN, *De l'origine des espèces au moyen de la sélection naturelle* (1859), trad. par Jean-Jacques Moulinié, Paris, Reinwald et Cⁱᵉ, 1873, p. 513-514.

La publication de cette théorie, en 1859, engendre l'une des controverses les plus vives et les plus durables de l'époque **03**. C'est que, en plus de la description d'un monde impitoyable où la seule morale est celle « de la griffe et de la dent », elle réduit à néant l'autorité de la Bible, donnée jusquelà comme scientifique, et conteste l'idée même de la création de l'Homme. Voilà sans doute pourquoi la controverse dure encore de nos jours, alors que certaines autorités scolaires, aux États-Unis, obligent les professeurs de sciences à exposer sur un même pied, comme équivalentes sur le plan scientifique, la théorie évolutionniste et ce qu'on appelle la *théorie créationniste,* qui n'est que la transcription du récit biblique pris au pied de la lettre et auquel on accorde une valeur scientifique.

Une dérive : le darwinisme social   Invoquant cette théorie, tout un courant se développe, qui tente de couvrir d'un vernis scientifique l'existence des inégalités sociales et les prétentions de l'Occident à la supériorité raciale. On a qualifié ce courant de *darwinisme social.* Il consiste à appliquer à la vie des sociétés humaines les principes de la sélection naturelle et de la survivance des mieux adaptés, ce que Darwin n'a jamais fait. Cette démarche mène évidemment à l'exaltation de l'individualisme et du « succès » économique comme résultat de quelque loi naturelle, et au rejet des pauvres et des faibles comme incapables de naissance. Appliquée aux rapports entre les peuples, les races ou les cultures, cette conception mène aussi à la justification de l'impérialisme, du militarisme et du racisme (*voir le document* **17***, page 295*). Combiné avec la philosophie du surhomme de Nietzsche (du moins à une lecture primaire de cette philosophie), le darwinisme social inspirera fortement le fascisme des années 1920-1930 *(voir la page 327).*

Génétique, microbiologie, médecine   D'autres savants encore illustrent ce vaste domaine des sciences de la vie au 19e siècle : Gregor Mendel (1822-1884) formule les lois de l'hérédité, jetant les bases de la génétique ; Louis Pasteur (1822-1895) et Robert Koch (1843-1910) fondent la microbiologie, grâce à laquelle les maladies infectieuses pourront enfin être mises en échec par la vaccination ; Claude Bernard (1813-1878) oriente la médecine dans la voie d'une science expérimentale rigoureuse qui s'appuie sur une démarche systématique (observation, hypothèse, expérimentation, interprétation) qui doit être constamment soumise au doute scientifique.

10.1.2 Les sciences humaines

Le 19e siècle voit se constituer sur une base autonome des sciences qui jusqu'alors étaient plus ou moins rattachées à l'histoire ou à la philosophie et qui prendront le nom de *sciences sociales.* Les adeptes du **scientisme** affirment même que l'on peut appliquer à l'étude de la société la méthode scientifique la plus rigoureuse, ce qui permettra, pensent-ils, de connaître la réalité sociale avec autant de certitude que le physicien peut en avoir sur la réalité matérielle, et de résoudre les problèmes humains et sociaux de façon définitive.

L'anthropologie   L'anthropologie se situe à la jonction des sciences de la vie et des sciences humaines. Elle étudie l'Homme en tant qu'espèce, tant dans sa variété que dans son évolution, mais aussi dans l'infinie variété des coutumes, des façons de vivre et de penser, des morales et des religions que les humains ont élaborées au cours des millénaires. Ces découvertes aident à relativiser les valeurs occidentales et à accroître le scepticisme quant à la portée universelle de ces valeurs. L'anthropologue britannique Edward Burnett Tylor (1832-1917),

03 **Charles Darwin**

Darwin fut probablement l'homme le plus caricaturé de son époque. (Tiré du magazine *The Hornet*, 1871)

Scientisme
Attitude consistant à considérer que toute connaissance ne peut être atteinte que par les sciences, particulièrement les sciences physicochimiques, et qui attend d'elles la solution des problèmes humains. (CNRTL, 2016 : http://cnrtl.fr/definition/scientisme)

par exemple, étend le concept de *civilisation* même aux cultures primitives, alors largement considérées comme non civilisées (*La civilisation primitive*, 1873-1874).

D'autres anthropologues se consacrent à la craniométrie, une technique qui cherche à faire ressortir des affinités physiques entre des groupes d'individus par l'étude des mensurations des os de leur crâne. Certains d'entre eux, cependant, mettront à profit les données biométriques pour mieux justifier les inégalités entre les populations (darwinisme social), voire entre les hommes et les femmes. Ainsi, Paul Broca (1824-1880), fondateur de l'anthropologie française, affirme que c'est parce que le cerveau des femmes est plus léger que celui des hommes qu'elles sont «en moyenne un peu moins intelligentes». Prétendument objective, cette «preuve anthropométrique» de l'infériorité des femmes, qui repose sur des préjugés qui orientent l'analyse, ne sera formellement démentie qu'avec la mise au point des techniques de l'imagerie médicale dans la deuxième moitié du 20ᵉ siècle.

La sociologie C'est avec Émile Durkheim (1858-1917) et Max Weber (1864-1920) que naît la sociologie. Pour Durkheim, la désintégration des liens sociaux traditionnels opérée par l'industrialisation, le rationalisme et l'individualisme constitue le fondement de la crise qui secoue la société moderne. Cette société souffre d'anomie, c'est-à-dire d'une absence de normes, de valeurs, ce qui expliquerait, entre autres, le taux élevé de suicide.

Max Weber étudie la rationalisation croissante de tous les aspects de la vie sociale, à l'encontre des mythes et des conceptions teintées de magie qui se perpétuent dans les sociétés non occidentales. Il en trouve l'explication dans le capitalisme, dont le trait fondamental est l'organisation rationnelle de toutes les ressources économiques, y compris la force de travail, en vue de générer un profit continu et mesurable. Et ce capitalisme a triomphé en Occident grâce à l'esprit du protestantisme, qui considère le travail comme un devoir religieux et la réussite matérielle comme le signe de la prédestination au salut éternel (*voir la page 138*).

La psychanalyse Bien qu'elle ne soit pas une science, mais une méthode d'investigation des processus psychiques, la psychanalyse, inventée par Sigmund Freud (1856-1939), ouvre des avenues jusqu'alors insoupçonnées sur la vie intérieure de l'être humain.

Freud affirme que les comportements humains sont régis le plus souvent par de puissantes forces intérieures qui échappent à la conscience du sujet **04**. Bien sûr, les artistes, par exemple les grands tragiques grecs, ont souvent exploré dans leurs œuvres les dimensions de l'inconscient, mais Freud est le premier à le faire de façon méthodique et systématique en s'inspirant de la méthode scientifique.

Cette exploration des terribles forces de l'inconscient amènera Freud à étudier le phénomène de la civilisation (*Malaise dans la civilisation*, 1930) et à en percevoir la fragilité. La civilisation, en effet, demande la maîtrise des pulsions instinctuelles de l'homme et engendre ainsi des frustrations et un sentiment de culpabilité, «double contrainte» d'où naissent les désordres psychiques. Pourtant, selon Freud, si la civilisation peut être génératrice

---

04 Sigmund Freud : l'inconscient

«[...] l'hypothèse de l'inconscient est *nécessaire* et *légitime*, et [...] nous possédons de multiples *preuves* de l'existence de l'inconscient. Elle est nécessaire, parce que les données de la conscience sont extrêmement lacunaires; aussi bien chez l'homme sain que chez le malade, il se produit fréquemment des actes psychiques qui, pour être expliqués, présupposent d'autres actes qui, eux, ne bénéficient pas du témoignage de la conscience. Ces actes ne sont pas seulement les actes manqués et les rêves, chez l'homme sain, et tout ce qu'on appelle symptômes psychiques et phénomènes compulsionnels chez le malade; notre expérience quotidienne la plus personnelle nous met en présence d'idées qui nous viennent sans que nous en connaissions l'origine, et de résultats de pensée dont l'élaboration nous est demeurée cachée. Tous ces actes conscients demeurent incohérents et incompréhensibles si nous nous obstinons à prétendre qu'il faut bien percevoir par la conscience tout ce qui se passe en nous en fait d'actes psychiques; mais ils s'ordonnent dans un ensemble dont on peut montrer la cohérence, si nous interpolons les actes inconscients inférés.»

Source : Sigmund FREUD, *Métapsychologie* (1915), trad. par Jean Laplanche et Jean-Bertrand Pontalis, Paris, © Éditions Gallimard, 1972, p. 66-67. (Coll. «Idées»)

de névrose, il n'y a pas de solution de rechange à la civilisation, hors le chaos. Pour guérir l'individu de ses dysfonctionnements, Freud met au point la méthode psychanalytique, fondée sur la recherche par le sujet lui-même des origines de ses difficultés jusque dans sa plus tendre enfance.

10.1.3 Les sciences physiques

Jusqu'à la fin du 19e siècle, la vision occidentale de l'Univers est restée celle de Newton (*voir la page 201*). Elle repose sur quelques certitudes de base, par exemple que le temps, l'espace et la matière sont des réalités indépendantes de l'observateur, que l'Univers obéit à des lois de causalité stricte, ou que l'atome, indivisible, solide «comme une bille de billard», est l'unité la plus petite de la matière.

La seconde révolution scientifique À partir des années 1880, cette vision est profondément modifiée par ce qu'on a pu caractériser comme une «seconde révolution scientifique». Elle touche d'abord l'atome, dont la vision newtonienne est remise en question par plusieurs autres découvertes: celle des rayons X par Wilhelm Conrad Röntgen en 1895, celle de la radioactivité par Henri Becquerel en 1896, celle de l'électron par Joseph John Thomson en 1897, et enfin celle du radium par Pierre et Marie Curie `05` en 1903. En 1911, Rutherford peut décrire la structure interne de l'atome: loin d'être indivisible et de constituer l'unité la plus petite de la matière, il se révèle être lui-même un Univers en miniature, avec son noyau de charge positive autour duquel gravitent des électrons de charge négative. Entre-temps, en 1905, Albert Einstein a découvert les photons, établissant que la lumière elle-même est formée de particules subatomiques.

`05` Marie Curie (1867-1934)

D'origine polonaise, Marie Sklodowska épouse en 1895 Pierre Curie, avec lequel elle se lance sur la piste du phénomène tout juste découvert par Henri Becquerel et qu'elle appellera *radioactivité*. Travaillant en étroite collaboration, les époux Curie découvrent le polonium et le radium et se voient attribuer, conjointement avec Becquerel, le prix Nobel de physique en 1903. Après la mort de son mari, Marie poursuit seule les recherches amorcées, devient la première femme nommée professeure à la Sorbonne et obtient le prix Nobel de chimie en 1911 pour avoir isolé le radium métallique pur. Elle s'intéresse ensuite aux applications médicales de la radioactivité, organisant le premier service radiologique mobile pendant la guerre. Sa fille Irène obtiendra, conjointement avec son mari Frédéric Joliot-Curie, le prix Nobel de chimie en 1935 pour la découverte de la radioactivité artificielle. Fait unique dans les annales scientifiques: trois prix Nobel entre une mère et sa fille! Autre fait inusité: le laboratoire de Marie Curie compte de 25 à 30 % de femmes entre 1906 et 1934.

La théorie de la relativité C'est justement à Albert Einstein (1879-1955) que revient le mérite d'élaborer une nouvelle synthèse théorique capable d'expliquer tous ces phénomènes nouveaux: il s'agit de la théorie de la relativité, qui fonde la physique du 20e siècle. Le temps, l'espace et le mouvement ne sont pas absolus, mais relatifs à la position de l'observateur et à son propre mouvement dans l'espace. Les dimensions d'un corps changent avec sa vitesse. La matière et l'énergie ne sont pas des catégories distinctes, mais deux expressions d'une même réalité physique (c'est la célèbre formule $E = mc^2$). Le temps est la quatrième dimension de l'espace. L'espace lui-même se courbe au voisinage des corps de grande masse.

À la veille de 1914, il ne reste pas grand-chose de la physique et de la géométrie classiques. Le 20e siècle sera celui de l'atome et de la conquête spatiale, de l'infiniment petit et de l'immensément grand.

Tout ce monde de la science, on le voit, demeure cependant, à l'époque, un univers masculin. La professionnalisation de la science rend en effet désuète la pratique des salons et des cabinets scientifiques privés qui constituaient pour plusieurs femmes des lieux d'apprentissage et d'expérimentation depuis le 17e siècle. Ce n'est qu'à partir de la fin du 19e siècle que certaines femmes pourront contribuer plus activement à la construction du savoir académique à la suite de leur admission au sein des facultés universitaires, une revendication maintes fois réitérées par les premières féministes.

FAITES LE P⊙INT

1. Décrivez l'essentiel de la théorie de l'évolution selon Darwin.

2. Comment Freud explique-t-il que la civilisation puisse être génératrice de névrose?

3. En quoi consiste le «darwinisme social»?

4. Nommez quelques découvertes majeures qui marquent la seconde révolution scientifique.

5. Quels sont les éléments clés de la théorie de la relativité?

10.2 Les grandes idéologies

L'avènement de l'industrialisation, en bouleversant de fond en comble toutes les conditions de l'économie et tous les rapports sociaux, donne naissance à de nouvelles idéologies. Ces idéologies, issues de la philosophie des Lumières, ont en commun une foi totale dans le progrès humain, individuel et social, et affirment que la connaissance scientifique de l'univers et l'innovation technique qui en découle vont rendre désormais ce progrès non seulement possible, mais inévitable. Deux de ces systèmes de pensée sont appelés à dominer, au moins jusqu'à la fin du 20e siècle, le paysage idéologique de l'Occident, se livrant un combat de tous les instants : le libéralisme et le socialisme.

10.2.1 Le libéralisme

Une théorie économique Le libéralisme économique, préconisé entre autres, après Adam Smith (*voir la page 210*), par les Anglais David Ricardo (1772-1823) et John Stuart Mill (1806-1873) et par le Français Jean-Baptiste Say (1767-1832), part du postulat que l'individu, libre de produire, d'acheter et de vendre, est l'acteur fondamental de la vie économique. C'est donc la loi souveraine du marché, celle du jeu de l'offre et de la demande, qui régit l'économie de la même façon que les lois physiques (la gravitation, par exemple) régissent l'Univers. L'État ne doit pas s'ingérer dans ce mécanisme, qu'il n'arriverait qu'à détraquer, même sous la forme d'une simple législation sociale 06. Il doit se contenter d'interdire tout ce qui peut entraver la liberté individuelle, et en premier lieu toute forme d'association ouvrière ou professionnelle, entre autres les syndicats et les corporations. La libre concurrence entre les agents individuels amènera nécessairement le progrès économique général, le marché se chargeant d'éliminer les entreprises les moins rentables au profit des plus solides, pour le plus grand bien de tous.

Une philosophie globale Par-delà cet aspect économique, le libéralisme est aussi une philosophie globale, touchant à la politique, à la société, à l'histoire, à la connaissance. Dans tous les domaines, la valeur fondamentale est la liberté individuelle. Ainsi, le seul système politique viable est celui qui ordonne toute la société en fonction de cette valeur. Le libéralisme s'oppose au joug de l'autorité et croit que l'individu doit pouvoir chercher lui-même la vérité et confronter librement ses points de vue avec d'autres dans le cadre d'institutions représentatives (Parlements, Assemblées nationales). Le pouvoir de l'État doit être le plus faible possible, son champ d'action, étroitement circonscrit, et son exercice, limité par

06 Une vision « libérale » du travail

« Le travail, ainsi que toutes choses que l'on peut acheter ou vendre, et dont la quantité peut augmenter ou diminuer, a un prix naturel et un prix courant. Le prix naturel du travail est celui qui fournit aux ouvriers, en général, les moyens de subsister et de perpétuer leur espèce sans accroissement ni diminution. [...] Le prix naturel du travail dépend donc du prix des subsistances et de celui des choses nécessaires ou utiles à l'entretien de l'ouvrier et de sa famille. Une hausse dans les prix de ces objets fera hausser le prix naturel du travail, lequel baissera par la baisse des prix. [...]

Le prix courant du travail est le prix que reçoit réellement l'ouvrier, d'après les rapports de l'offre et la demande, le travail étant cher quand les bras sont rares, et à bon marché lorsqu'ils abondent. Quelque grande que puisse être la déviation du prix courant relativement au prix naturel du travail, il tend, ainsi que toutes les denrées, à s'en rapprocher. C'est lorsque le prix courant du travail s'élève au-dessus de son prix naturel que le sort de l'ouvrier est réellement prospère et heureux, qu'il peut se procurer en plus grande quantité tout ce qui est utile ou agréable à la vie, et par conséquent élever

et maintenir une famille robuste et nombreuse. Quand, au contraire, le nombre des ouvriers s'accroît par le haut prix du travail, les salaires descendent de nouveau à leur prix naturel, et quelquefois même l'effet de la réaction est tel, qu'ils tombent encore plus bas.

Quand le prix courant du travail est au-dessous de son prix naturel, le sort des ouvriers est déplorable, la pauvreté ne leur permettant plus de se procurer les objets que l'habitude leur a rendu absolument nécessaires. Ce n'est que lorsqu'à force de privations le nombre des ouvriers se trouve réduit, ou que la demande de bras s'accroît, que le prix courant du travail remonte de nouveau à son prix naturel. L'ouvrier peut alors se procurer encore une fois les jouissances modérées qui faisaient son bonheur. [...]

Voilà donc les lois qui règlent les salaires et qui régissent le bonheur de l'immense majorité de toute société. Ainsi que tout autre contrat, les salaires doivent être livrés à la concurrence franche et libre du marché, et n'être jamais entravés par l'intervention du Gouverneur. »

? Qu'entend Ricardo par le « prix naturel » et le « prix courant » du travail ? Que se passe-t-il lorsque le salaire descend en dessous du niveau de subsistance et comment, dès lors, pourra-t-il remonter à ce niveau ?

Source : David RICARDO, *Des principes de l'économie politique et de l'impôt* (1817), dans *Œuvres complètes de David Ricardo*, trad. par Alcide Fonteyraud, Paris, Guillaumin, 1847, p. 67-68, 80.

la séparation et l'équilibre des pouvoirs (législatif, exécutif, judiciaire) et par des règles précises consignées dans un texte (Constitution).

Un nouveau conservatisme Philosophie globale, donc, et au départ, face à l'Ancien Régime politique, philosophie **subversive** qui a insufflé la « grande révolution atlantique » (*voir le chapitre 7*). Toutefois, cette idéologie véhicule évidemment les intérêts d'une classe sociale, la bourgeoisie, et, une fois devenue dominante, elle va se muer en un nouveau conservatisme. Car le libéralisme s'accommode plutôt bien de l'inégalité, considérant même que « la liberté ne convient qu'à ceux qui sont faits pour la liberté » (Francis Parkman). Le droit de vote sera donc étroitement limité sur la base de la fortune (cens électoral), et la liberté effective restera lettre morte pour la grande masse du peuple. L'idéologie libérale et l'idéal démocratique, d'abord convergents, vont devenir antagonistes, sauf chez les libéraux dits radicaux, et les esprits assoiffés de justice sociale et d'égalité devront se tourner vers d'autres idéologies.

10.2.2 Les socialismes

Un principe général Le mouvement socialiste, dans ses différentes composantes, se présente justement comme la réponse aux problèmes nés de la révolution industrielle, surtout l'extrême dureté de la condition ouvrière, mais aussi la fréquence et la gravité des crises cycliques de l'économie. Ces problèmes étant perçus comme liés à l'individualisme libéral, le mot **socialisme** marque une réaction contre cet individualisme et une volonté de subordonner l'intérêt personnel aux besoins du groupe social. Il s'attaque ainsi d'abord et avant tout à la propriété privée des moyens de production 07.

Subversif, ive
Caractère de ce qui menace de détruire l'ordre établi, de renverser les idées reçues ou les valeurs généralement acceptées.

Socialisme
Doctrine économique, sociale et politique rejetant le libéralisme et préconisant la primauté de l'intérêt général de la société sur les intérêts particuliers des individus, cette primauté devant être assurée par la propriété collective des moyens de production, du moins les plus importants, et la redistribution par l'État, sur une base égalitaire, de la richesse collective.

07 Proudhon : « La propriété, c'est le vol »

« L'ouvrier tient son travail du bon plaisir et des besoins du maître et du propriétaire : c'est ce qu'on nomme posséder à titre précaire. Mais cette condition précaire est une injustice, car elle implique inégalité dans le marché. Le salaire du travailleur ne dépasse guère sa consommation courante et ne lui assure pas le salaire du lendemain ; tandis que le capitaliste trouve dans l'instrument produit par le travailleur un gage d'indépendance et de sécurité pour l'avenir.

Or, ce ferment reproducteur, ce germe éternel de vie, cette préparation d'un fonds et d'instruments de production, est ce que le capitaliste doit au producteur et qu'il ne lui rend jamais ; et c'est cette dénégation frauduleuse, qui fait l'indigence du travailleur, le luxe de l'oisif, et l'inégalité des conditions. C'est en cela surtout que consiste ce qu'on a si bien nommé exploitation de l'homme par l'homme. »

> ? En quoi consiste exactement, d'après Proudhon, le vol effectué par le capitaliste au détriment de l'ouvrier ? Comparez les éléments d'explication avancés par Ricardo (*voir le document* 06) et par Proudhon quant à ce qui régit le marché du travail.

Source : Pierre Joseph PROUDHON, *Qu'est-ce que la propriété ?*, Paris, Librairie de Prévôt, 1841, p. 123.

Prolétariat
Classe sociale formée des ouvriers industriels, qui n'ont aucune emprise sur les outils et les procédés de production, qui n'ont d'autre revenu que leur salaire et qui sont réduits au statut de simple force brute de travail soumise au jeu de l'offre et de la demande.

Messianisme
Attitude qui accorde à une idée, à un mouvement, voire à une personne, une mission libératrice exceptionnelle.

Les socialismes « utopiques » Le socialisme prend au début de très nombreuses formes, mises au point par une pléthore de penseurs qui tentent d'imaginer divers systèmes d'organisation sociale sur la base de la propriété collective (Pierre Joseph Proudhon, Charles Fourier, Robert Owen, Louis Blanc).

Un socialisme « scientifique » : le marxisme Dénonçant toutes ces tentatives comme utopiques, Karl Marx (1818-1883) 08 et Friedrich Engels (1820-1895) vont proposer un socialisme dit *scientifique,* qui prétend se baser sur une analyse objective de la réalité et non sur des conceptions idéalistes, morales ou religieuses. C'est ce qu'on appellera le marxisme.

Comme le libéralisme, le marxisme est à la fois une doctrine économique et une philosophie globale. Son postulat essentiel est la lutte des classes. Toute l'histoire de l'humanité est une longue suite de luttes entre classes antagonistes, et l'ère industrielle met aux prises la bourgeoisie et le **prolétariat**. Les prolétaires de tous les pays, unis dans une commune misère, sont appelés par l'Histoire à renverser la bourgeoisie par une révolution inévitable, après laquelle pourra commencer à s'édifier une société sans classes où l'égalité entre les hommes ne sera plus un vain mot 09.

Ce « **messianisme** scientifique », mais surtout la volonté de ses fondateurs de quitter la pure réflexion « utopique » pour plonger dans l'action politique directe (*Manifeste du parti communiste,* 1848), amènera le marxisme à devenir le plus important des mouvements socialistes, antithèse globale du capitalisme libéral et ferment révolutionnaire qui affirmera sa force au début du 20e siècle.

À l'abolition des classes se juxtaposera également pour certains socialistes celle de l'oppression des femmes. Auguste Bébel dénonce, dans *Les femmes et le socialisme* (1879), les conditions spécifiques auxquelles les femmes sont assujetties. Friedrich Engels poursuit la réflexion dans *L'origine de la famille, de la propriété privée et de l'État* (1884). Des femmes telles Clara Zetkin et Alexandra Kollontaï s'efforcent de concilier socialisme et féminisme, ce qui conduit notamment à la création, en 1907, de l'Internationale socialiste des femmes. Réunies à nouveau en 1910 à Copenhague, l'Internationale fait du 8 mars la Journée internationale des femmes.

08 Karl Marx (1818-1883)

Philosophe, économiste, journaliste et activiste politique allemand, Karl Marx est l'un des penseurs les plus influents de l'époque contemporaine. Ayant participé au mouvement révolutionnaire de 1848 en Rhénanie, il s'installe définitivement en Angleterre en 1849. Suivent 15 années marquées par un gigantesque travail, aussi bien d'analyse que de réflexion, d'où sortira son oeuvre majeure, *Le capital,* et par une grande misère matérielle. En 1864, il est l'inspirateur de la première Association internationale des travailleurs, qui, après avoir rassemblé jusqu'à 800 000 adhérents, disparaîtra en 1876 dans des querelles intestines. Il se retire par la suite de toute activité politique mais continue d'être régulièrement consulté par de nombreux dirigeants de mouvements et de partis d'inspiration socialiste.

09 Le marxisme

« L'histoire de toute société jusqu'à nos jours est l'histoire de luttes de classes. [...]

La société bourgeoise moderne, élevée sur les ruines de la société féodale, n'a pas aboli les antagonismes de classe. Elle n'a fait que substituer à celles d'autrefois de nouvelles classes, de nouvelles conditions d'oppression, de nouvelles formes de lutte. [...]

Voici donc ce que nous avons vu : les moyens de production et d'échange sur la base desquels s'est édifiée la bourgeoisie furent créés à l'intérieur de la société féodale. À un certain degré du développement de ces moyens de production et d'échange, les conditions dans lesquelles la société féodale produisait et échangeait [...] cessèrent de correspondre aux forces productives en plein développement. [...]

À la place s'éleva la libre concurrence, avec une constitution sociale et politique appropriée, avec la suprématie économique et politique de la classe bourgeoise.

Nous voyons se dérouler actuellement sous nos yeux un processus analogue. [...] Depuis des dizaines d'années, l'histoire de l'industrie et du commerce n'est autre chose que l'histoire de la révolte des forces productives modernes contre les rapports modernes de production, contre le régime de la propriété qui conditionnent l'existence de la bourgeoisie et sa domination. [...]

Mais la bourgeoisie n'a pas seulement forgé les armes qui la tueront : elle a produit aussi les hommes qui les manieront, les ouvriers modernes, les prolétaires [...], qui ne vivent qu'en trouvant du travail et qui n'en trouvent que si leur travail accroît le capital. Ces ouvriers, contraints de se vendre au jour le jour, sont une marchandise, un article de commerce comme un autre, et se trouvent ainsi exposés à toutes les vicissitudes de la concurrence, à toutes les fluctuations du marché. [...]

De toutes les classes qui s'opposent actuellement à la bourgeoisie, le prolétariat seul est une classe vraiment révolutionnaire. Les autres classes déclinent et périssent ; le prolétariat, au contraire, en est le produit le plus authentique. »

? La présentation que font Marx et Engels de la naissance de la bourgeoisie à l'intérieur de la société féodale vous semble-t-elle refléter celle du chapitre 3 du présent manuel ?

Source : Karl MARX et Friedrich ENGELS, *Manifeste du parti communiste* (1847), Paris, Union générale d'éditions, 1962, p. 20, 26-28, 32-33. (Coll. « Le monde en 10/18 »)

FAITES LE P◉INT

6. Exposez les idées-force de l'idéologie libérale et montrez comment, de révolutionnaire à son début, cette idéologie devient conservatrice.

7. Que signifie le mot *socialisme* à l'origine ?

8. Quelles sont les idées essentielles du marxisme ?

10.3 Les arts

L'art occidental évolue, au cours du 19e siècle, de façon de plus en plus accélérée, à l'instar de la société de l'époque. Les styles et les écoles y prolifèrent, depuis la révolution romantique jusqu'à la naissance de l'art abstrait.

10.3.1 La révolution romantique

Les bouleversements politiques et sociaux de la grande révolution atlantique (*voir le chapitre 7*) et de la révolution industrielle (*voir le chapitre 8*) ne sont pas sans entraîner un bouleversement des sensibilités. Le mouvement romantique constitue, dans l'art, l'équivalent des autres révolutions de l'époque ; en quelque sorte, tout l'art moderne en découle.

Les origines Le romantisme est un mouvement immense, confus, aux origines quelque peu contradictoires. Il s'élève contre le rationalisme des Lumières pour exalter le sentiment, le retour à la nature vue non plus comme une mécanique mathématisée, mais comme source de beauté et d'inspiration poétique. Fasciné par le Moyen Âge et ses preux chevaliers, il se réclame pourtant de l'aspiration à la liberté et à l'égalité qu'ont propagée les Lumières, et chante les gloires révolutionnaires. Par contre, les débordements de la révolution provoquent désabusement et pessimisme, tandis que les conquêtes napoléoniennes réveillent le sens de l'épopée et de la tragédie 10.

Les caractères   Le romantisme se situe donc au confluent de toutes ces tendances. Son caractère premier, vraiment «révolutionnaire», c'est qu'il fait de la sensibilité individuelle la seule norme de la création artistique. C'est en cela qu'il prépare le terrain à toutes les écoles qui vont lui succéder et à tout l'art moderne. Seule compte désormais la voix intérieure de l'artiste. Le romantique exprime son insatisfaction à l'égard du présent et sa quête sans fin d'un monde autre, sa lassitude des convenances sociales, son scepticisme face à la recherche du bonheur chère au 18e siècle et son attirance envers le lugubre, la démence, voire la laideur. Il se rebelle contre les formes héritées de l'Antiquité grécoromaine, redécouvre celles du Moyen Âge et, à travers elles, le sens du mystère et du religieux si méprisé par les Lumières.

Quelques grandes figures   Parmi les innombrables représentants du mouvement romantique, quelques grandes figures attirent particulièrement l'attention, et ce, dans trois domaines artistiques différents.

10 *Le radeau de la Méduse* (T. Géricault, 1819)

Une des œuvres phares du romantisme : tragédie, héroïsme, macabre, unis dans une composition magistrale et tourmentée. Le tableau illustre un naufrage survenu en 1816, à la suite duquel 147 personnes dérivèrent sur un radeau de fortune pendant deux semaines marquées par la faim, la déshydratation, la folie et le cannibalisme.

EN TEMPS ET LIEUX

Mourir d'aimer

Pour les contemporains que nous sommes, l'idée que l'on se fait du romantisme n'a pas grand-chose à voir avec le romantisme du 19ᵉ siècle. En effet, être romantique de nos jours se résume trop souvent à quelques clichés, soit de sortir en amoureux, de souper aux chandelles ou encore d'offrir des chocolats à l'être aimé lors de la Saint-Valentin. À l'époque romantique, l'expression de sentiments jusque-là refoulés amène une vision nouvelle de la vie et… de la mort.

En effet, dans une certaine mesure, la mort est vue comme le geste romantique ultime. Dans ce contexte, on se dit qu'il vaut mieux mourir qu'être privé de l'être aimé. L'amour est la valeur suprême. Cet amour est dirigé vers un petit nombre de personnes : l'être aimé, la famille nucléaire, certains amis.

Ainsi, la vision de la mort change à l'époque romantique : plus que la mort, c'est la séparation maintenant qui est douloureuse, violente. Elle inspire la mélancolie et le mal de vivre qu'on retrouve dans la plupart des œuvres romantiques. «Un seul être vous manque, et tout est dépeuplé!» écrivait le poète Lamartine.

Ainsi, on peut en venir à désirer la mort. À la souffrance d'un amour malheureux ou impossible, on préfère le trépas. Certains personnages de la littérature romantique feront donc le choix de mettre fin à leurs jours. On peut penser au bossu Quasimodo, dans *Notre-Dame-de-Paris* de Victor Hugo, qui se laisse mourir aux côtés du cadavre de la belle Esméralda, son amour impossible, au gibet de Montfaucon.

Le roman *Les souffrances du jeune Werther*, de Johann Wolfgang von Goethe, est une œuvre qui mérite notre attention. Publié en 1774, ce roman précurseur du romantisme raconte l'histoire d'un jeune allemand nommé Werther qui tombe éperdument amoureux de Charlotte, une femme promise à un autre homme nommé Albert. Incapable d'oublier sa flamme et submergé par son amour, Werther finit par se confesser à Charlotte, qui le repousse par sens du devoir. Werther se procure alors une arme et se suicide en laissant un dernier mot d'amour à sa bien-aimée.

La parution du roman a l'effet d'une bombe dans cette Europe des Lumières où la raison prime la passion. Partout en Europe, l'histoire de Werther, traduite en plusieurs langues, se fait l'écho des sentiments de la jeunesse : on s'arrache le livre, certains jeunes hommes s'habillent à la manière de Werther et on assiste à une vague de suicides par arme à feu. De fait, les autorités interdiront pour un temps le livre parce qu'il ferait l'apologie du suicide.

En 1974, le sociologue américain David Phillips utilisait l'expression «effet Werther» dans une étude sur le suicide. Selon son étude, le fait de médiatiser, de traiter abondamment d'un cas de suicide dans les journaux ou à la télévision aurait pour effet d'entraîner une vague de suicides dans la population. Certains ont ensuite critiqué cette affirmation en indiquant que l'effet Werther se mesure surtout lorsque la personne qui s'est suicidée est une personnalité connue, comme l'actrice Marilyn Monroe.

Si le suicide d'amour est omniprésent dans les œuvres romantiques, il demeure qu'il appartient davantage à la fiction qu'à la réalité. Les principaux auteurs romantiques comme Hugo ou Goethe mourront de vieillesse plutôt que des passions qui animent les personnages qu'ils ont créés.

? **1.** Comment les romantiques du 19ᵉ siècle voient-ils la mort?

2. Quel impact le roman *Les Souffrances du jeune Werther* a-t-il eu sur sa société?

3. En quoi consiste «l'effet Werther»?

En littérature, le génie d'un Victor Hugo (1802-1885), poète, romancier, dramaturge et homme politique français, traverse tout le siècle. Outre son œuvre multiforme, son opposition farouche et incessante envers Napoléon III et son Second Empire, depuis son exil volontaire sur l'île anglo-normande de Guernesey, lui valent une immense popularité. Son ouvrage peut-être le plus universellement connu, le roman *Les misérables,* n'a pas cessé jusqu'à nos jours de susciter d'innombrables adaptations pour le théâtre, la comédie musicale, le cinéma et la télévision.

Le romantisme suscite par ailleurs l'éclosion de nombreuses plumes féminines. En Angleterre, par exemple, s'illustre notamment Mary Wollstonecraft Godwin Shelly (1797-1851) qui publie en 1818 *Frankenstein ou le Prométhée moderne.* S'illustrent également comme grands noms de la littérature anglaise les sœurs Brontë, de même que Jane Austen (1775-1817) qui, en dénonçant le poids des convenances sociales qui maintiennent notamment les femmes dans la dépendance du mariage, annonce la transition vers la littérature réaliste.

La peinture L'un des plus célèbres peintres romantiques est sans contredit Eugène Delacroix (1798-1863), qui jette sur la toile des scènes dramatiques, violentes ou sensuelles avec un sens aigu du mouvement et de la couleur **11**. En Allemagne, la peinture romantique s'exprime dans les paysages rêvés d'un Caspar David Friedrich (1774-1840) **12**, pleins de mélancolie et comme habités par une intense présence spirituelle, tandis qu'en Angleterre Joseph Mallord William Turner (1775-1851) transcende toutes les écoles dans une œuvre monumentale qui compte pas moins de 20 000 peintures, dessins et aquarelles **13**.

11 *Scène des massacres de Scio* (E. Delacroix, 1824)

Ce tableau illustre un épisode de la lutte pour l'indépendance menée par les Grecs contre la domination ottomane.

12 *Le Voyageur contemplant une mer de nuages* (C.D. Friedrich, 1822)

13 *Santa Maria della Salute*, Venise (J.M.W. Turner, 1843)

La musique   C'est peut-être en musique que le romantisme trouve son expression la plus puissante, lancée dès le début du siècle par la figure de Ludwig van Beethoven (1770-1827). Sa vie marquée par le tragique (il devient progressivement sourd à 26 ans) de même que le génie qu'il met à traduire une sensibilité puissante dans un discours musical accessible au plus grand nombre expliquent l'immense popularité dont il a joui jusqu'à nos jours. À sa suite, presque toute la musique du 19ᵉ siècle peut être qualifiée de *romantique*, et l'on y trouve une extraordinaire concentration de grands compositeurs : Schubert, Berlioz, Chopin, Schumann, Mendelssohn, Brahms, Verdi, Wagner, Tchaïkovski, Dvorak, la liste semble inépuisable...

14 *Giuseppe Verdi* (G. Boldini, 1885)

Du strict point de vue de son attraction sur le grand nombre, c'est l'opéra qui constitue le genre par excellence du romantisme musical, dominé par les immenses figures de l'Italien Giuseppe Verdi (1813-1901) **14** et de l'Allemand Richard Wagner (1813-1883).

Au cours d'une carrière exceptionnellement longue et fructueuse, Verdi écrit une œuvre immense qui traduit les grandes passions humaines d'une façon simple et forte touchant directement l'émotion de l'auditeur le plus réticent.

Richard Wagner (1813-1883) constitue à lui seul la plaque tournante de toute l'histoire de l'opéra. Esprit tumultueux et polyvalent, il se veut à la fois poète, dramaturge, musicien, architecte et philosophe. Il réussit pleinement ce que plusieurs avant lui avaient tenté : créer le véritable « drame musical », fusion de toutes les ressources de l'opéra dans un spectacle total et nouveau, avec un orchestre étendu à plus de 100 musiciens qu'il dissimule même sous la scène, hors de la vue de l'auditoire, dans le théâtre révolutionnaire qu'il fait construire à Bayreuth.

10.3.2 Du réalisme à l'impressionnisme

Le réalisme   Vers 1850 apparait une réaction antiromantique marquée par un souci nouveau de traduire fidèlement la réalité, même la plus triviale, telle qu'elle est. Cette réaction n'est pas sans relation avec le grand échec des révolutions de 1848 et de leurs généreuses illusions (*voir la page 244*), ou encore avec la poussée de la pensée scientifique. Ce souci de réalisme touche particulièrement la littérature et la peinture.

En littérature, c'est le roman qui s'accorde le mieux avec la nouvelle sensibilité et, dès les années 1830, Honoré de Balzac (1799-1850) lui a déjà donné ses lettres de noblesse dans sa *Comédie humaine,* grande fresque de plus d'une centaine de titres où sont dépeints les milieux sociaux les plus divers avec une impitoyable acuité dans l'observation. À la suite de Balzac, le milieu du siècle voit apparaître tous ceux qui sont considérés encore aujourd'hui comme les maîtres du genre romanesque : Fedor Dostoïevski (1821-1881) et Léon Tolstoï (1828-1910) en Russie, Charles Dickens (1812-1870) en Angleterre et Gustave Flaubert (1821-1880) en France.

En 1850, le peintre Gustave Courbet (1819-1877) crée toute une commotion en présentant un tableau illustrant des cantonniers cassant des pierres sur une route, sujet considéré comme indigne de l'art pictural **15**. L'événement marque l'entrée du réalisme dans la peinture. Edouard Manet (1832-1883) va pousser l'audace jusqu'à représenter une prostituée nue sur un lit et regardant directement l'observateur sans aucune « pudeur » **16**, scène que tant de respectables bourgeois connaissent parfaitement mais qu'il ne faut surtout pas montrer en public et dont il faut encore moins prétendre en faire une œuvre d'art !

15 *Les casseurs de pierres* (G. Courbet, 1849)

La toile fondatrice du réalisme pictural. L'œuvre est disparue dans le bombardement de Dresde en 1944.

16 *Olympia* (É. Manet, 1863)

Le réalisme pictural est cependant vite condamné par la mise au point d'une technique, puis d'un art, absolument nouveau: la photographie, inventée en 1839 par Jacques Daguerre (1787-1851) et capable de reproduire la réalité encore plus fidèlement que la main du peintre grâce à – justement – l'«objectif». Dix ans après l'invention de Daguerre, la photographie est déjà devenue un art, illustré par quelques grands noms comme celui du Montréalais William Notman (1826-1891) 17.

L'impressionnisme La concurrence que la photographie fait à la peinture sur le plan du réalisme de même que la préoccupation première des photographes pour la lumière ne sont pas étrangères à l'apparition d'une école qui, par son incroyable fécondité et par sa popularité jamais démentie, domine toute la deuxième moitié du siècle: l'impressionnisme. Elle regroupe un nombre plutôt restreint d'artistes, mais elle introduit de telles innovations qu'elle est considérée comme le point de départ de l'art «moderne».

Les impressionnistes abandonnent résolument les règles formelles héritées de la Renaissance: lois de la perspective et de la composition, modelé des formes, imitation de la réalité dans la couleur et la lumière. Ils tentent de traduire sur la toile l'impression personnelle et immédiate qu'ils reçoivent d'un objet ou d'un paysage. Abandonnant le travail en atelier, ils se lancent sur les routes de campagne ou sur les trottoirs de Paris avec leurs chevalets portatifs et leurs tubes de couleurs, peignant directement, sur place, ce qu'ils voient, essayant même de fixer sur la toile la luminosité éphémère de l'instant qui passe.

17 *Le fort Chambly, près de Montréal, 1863* (William Notman)

Les œuvres de Claude Monet (1840-1926), peut-être le plus célèbre des impressionnistes, transmettent à l'observateur une palpitation presque physique de la lumière, de ses reflets dans l'eau et de ses jeux d'ombre, palpitation qui donne, justement, une « impression » de réalité saisissante (*voir la page 256*).

10.3.3 Fin de siècle : l'art en mutation

Les impressionnistes ayant ouvert la voie à un art affranchi de contraintes séculaires, le tournant du siècle voit s'engouffrer dans cette brèche un formidable torrent qui porte en son sein tout l'art du 20ᵉ siècle.

La peinture Deux peintres qu'on a l'habitude de regrouper commodément sous l'étiquette de *postimpressionnistes* franchissent le pas décisif vers l'art « moderne » en abandonnant délibérément l'imitation de la nature comme souci essentiel de l'art de peindre. Paul Gauguin (1848-1903) **18** et Vincent Van Gogh (1853-1890) **19** **20**, coloristes exceptionnels, libèrent la couleur et la forme des servitudes de la réalité et annoncent déjà la grande rupture du cubisme et de l'art abstrait.

18 *D'où venons-nous ? Que sommes-nous ? Où allons-nous ?* (P. Gauguin, 1897)

Gauguin abandonne résolument le réalisme, tant dans les formes que dans la couleur.

19 Vincent Van Gogh (1853-1890)

Fils d'un pasteur calviniste belge, Van Gogh ne décide de se consacrer à la peinture qu'en 1880, après l'échec douloureux d'une mission évangéliste auprès des mineurs de charbon. Installé à Arles, sous la lumière radieuse de la Provence, et poussé par un irrépressible besoin de peindre, il réalise le plus clair de son œuvre dans les deux dernières années de sa vie, au milieu de difficultés matérielles et de grandes souffrances psychiques qui le mènent à l'automutilation et à l'internement pendant plusieurs mois. Il meurt des suites d'une tentative de suicide, démuni, pratiquement inconnu, n'ayant vendu pendant toute sa vie qu'une seule de ses 800 toiles, lui dont les œuvres les plus célèbres valent aujourd'hui des dizaines de millions de dollars et dont le seul nom sur une affiche d'exposition fait accourir les foules.

20 *Nuit étoilée à Saint-Rémy* (V. Van Gogh, 1889)

Le cubisme rompt de façon radicale avec toute la tradition occidentale. Avec Pablo Picasso (1881-1973), l'abandon complet de la perspective et la multiplication d'angles de vision différents et simultanés d'un même objet marquent le renouvellement de l'art pictural 21. Au même moment (années 1910), l'apparition de l'art abstrait, formes et couleurs sans aucune référence au réel, ouvre la porte sur de nouveaux univers visuels.

La musique Pendant que la peinture se détache de ses liens formels avec la Renaissance, la musique connaît une évolution analogue. Richard Strauss (1864-1949), entre autres, renouvelle le langage symphonique par ses «poèmes symphoniques»

21 *Les demoiselles d'Avignon* (P. Picasso, 1907)

Première œuvre «cubiste», particulièrement dans les deux figures de droite.

22 *Saint Jean-Baptiste* (A. Rodin, 1879)

Comparez cette œuvre avec le Guerrier de Riace (*voir le document* 30, *page 42*) et avec le David de Michel-Ange (*voir le document* 09, *page 132*).

aux orchestrations luxuriantes comme *Ainsi parlait Zarathoustra*, dont le thème principal ouvre et ferme d'inoubliable façon le célèbre film *2001, l'Odyssée de l'espace* de Stanley Kubrick.

Mais il semble de plus en plus que les règles de composition adoptées en Occident depuis l'apparition de la polyphonie, il y a près de huit siècles (*voir la page 111*), aient donné tout ce qu'on peut en attendre. Les compositeurs explorent maintenant des voies inédites, et Igor Stravinski (1882-1971) annonce avec fracas la musique nouvelle lors de la tumultueuse présentation du ballet *Le sacre du printemps* en 1913. La musique populaire, quant à elle, voit naître, dans la communauté afro-étasunienne, ce qui deviendra l'un de ses courants majeurs au 20e siècle : le jazz et le blues.

La sculpture Le bouillonnement artistique du tournant du siècle touche aussi la sculpture, demeurée jusque-là fidèle aux canons de l'Antiquité gréco-romaine. Ici, c'est Auguste Rodin (1840-1917) qui fait figure de pionnier, dans des œuvres au contenu souvent héroïque où des formes humaines tourmentées surgissent de la pierre avec une force vitale irrépressible 22. Bientôt, la sculpture abandonnera elle aussi la représentation trop servile de la nature pour aborder l'abstraction, la forme pure dans l'espace.

On ne peut parler d'Auguste Rodin sans évoquer l'œuvre de Camille Claudel (1864-1943), qui travaille dès 1882 auprès du sculpteur dont elle deviendra bientôt la muse. Camille Claudel s'illustre rapidement, notamment en gagnant un prix pour *Sakountala,* une œuvre évoquant de manière nouvelle le désir amoureux. Le destin tragique de cette artiste, internée contre son gré pour troubles mentaux en 1913 (un diagnostic vraisemblablement non fondé) et empêchée de poursuivre

23 Voûtes de l'église de la Sagrada Familia à Barcelone (A. Gaudi)

Toute l'exubérance baroque de Gaudi.

son œuvre si prometteuse, symbolise de façon exemplaire la difficulté pour les femmes de l'époque de dévier des rôles qui leur sont alors dévolus.

L'architecture Après s'être complu, tout au long du siècle, dans la reproduction étroite des styles anciens (néogothique, néo-Renaissance, néoclassicisme, etc.), l'architecture est touchée elle aussi par le souffle du renouveau.

C'est d'abord l'«art nouveau», ou *modern style,* qui éclate à la fin du siècle, multipliant les courbes, les arabesques, les motifs végétaux, dans une grande liberté inventive illustrée par le génie fulgurant du Catalan Antoni Gaudi (1852-1926) **23**. Mais les besoins grandissants des agglomérations urbaines, où le coût des terrains exige la construction en hauteur, de même que les techniques nouvelles de la structure en acier et du béton armé donnent naissance à la véritable architecture «moderne», dépouillée, fonctionnelle, lancée à Chicago par Louis Henry Sullivan (1856-1924). L'ère des «gratte-ciel» est née, et le béton armé devient le matériau plastique architectural de l'avenir.

FAITES LE P⊙INT

9. Nommez différentes sources d'inspiration du romantisme.

10. En quoi consiste le caractère révolutionnaire du romantisme?

11. Quelles ruptures le réalisme, d'une part, et l'impressionnisme, d'autre part, apportent-ils dans l'évolution de l'art pictural?

12. Comment évolue l'art pictural après l'impressionnisme?

❯ EN BREF

❯ Le 19e siècle a poursuivi la grande aventure de la science moderne amorcée deux siècles plus tôt. Deux grandes théories marquent de façon décisive cette période : celle de l'évolution, de Charles Darwin, et celle de la relativité, d'Albert Einstein. Par ailleurs, Freud invente une méthode d'investigation des processus psychiques, la psychanalyse, promise à une grande postérité.

❯ Dans le domaine de la pensée, on voit apparaître au cours de ce siècle le grand affrontement entre deux idéologies, tout à la fois économiques, sociales, politiques et philosophiques, qui va perdurer jusqu'à nos jours : le libéralisme et le socialisme, ce dernier durablement marqué par sa variante marxiste.

❯ La vie des arts est d'abord profondément transformée par la révolution romantique, qui fait de la sensibilité individuelle la seule norme de la création artistique. Sur cette lancée se succèdent différentes écoles, du réalisme à l'impressionnisme, au cubisme et à l'art abstrait.

Toutes ces découvertes, ces réflexions, ces innovations artistiques contiennent en germe une bonne partie de ce que sera le 20e siècle. Et cela inclut les abîmes insondables d'horreur, de souffrance et de malheur qui marqueront sa première moitié.

❯HÉRITAGE

Ce que nous devons au 19e siècle culturel

- les conceptions et expériences socialistes, particulièrement le marxisme
- la théorie de l'évolution et la théorie de la relativité
- des découvertes scientifiques majeures (lois de la génétique, rayons X, radioactivité, structure de l'atome)
- la méthode psychanalytique
- de nouvelles sciences sociales (anthropologie, sociologie)

- la sensibilité individuelle comme seule norme de la création artistique
- les grands mouvements artistiques que sont le romantisme, le réalisme, l'impressionnisme et l'art abstrait
- la photographie
- la plus grande partie du répertoire des orchestres symphoniques et des maisons d'opéra d'aujourd'hui

❯POUR ALLER PLUS LOIN

LIRE

BONAFOUX, Pascal. *Les 100 tableaux qui ont fait l'impressionnisme et qui en racontent l'histoire*, Paris, Chêne, 2014, 269 p. – Étude solide appuyée sur les témoignages des peintres eux-mêmes et sur les réactions suscitées par leurs oeuvres.

EISENSTAEDT, Jean. *Einstein et la relativité générale : les chemins de l'espace-temps*, Paris, CNRS, 2013. (Coll.

« Biblis. Histoire des sciences » n° 41). – Très bel effort de vulgarisation d'une théorie difficile.

HIMBERT, Marie-Noëlle. *Marie Curie : portrait d'une femme engagée, 1914-1918 : récit*, Arles, Actes Sud, 2014, 221 p. – L'engagement courageux d'une grande scientifique au secours des blessés, tout près de la ligne de front.

NAVIGUER

L'Histoire par l'image, *Album Romantisme* : www.histoire-image.org

VISIONNER

Camille Claudel, de Bruno Nuytten, avec I. Adjani et G. Depardieu, Fr., 1988, 175 min. – L'histoire de Camille Claudel, compagne du sculpteur Auguste Rodin et elle-même excellente sculpteure, écrasée toutefois par la notoriété de celui qu'elle inspire sans cesse. Film magnifique servi par des comédiens exceptionnels.

Freud, de John Huston, avec M. Clift et S. York, É.-U., 1962, 120 min., n/b. – Le film condense cinq années de la vie de Freud, alors que ce dernier élabore sa théorie de l'inconscient en traitant une patiente (fictive) passablement perturbée.

Lust for Life, de Vincente Minnelli, avec K. Douglas et A. Quinn, É.-U., 1956, 122 min. – La vie de Vincent Van Gogh magistralement recréée pour le cinéma. Images splendides. Douglas habite totalement son personnage. Très beau film.

Les palmes de M. Schutz, de Claude Pinoteau, avec I. Huppert et P. Noiret, Fr., 1997, 106 min. – Présentée sur un ton assez léger, voire comique par endroits, l'histoire de la découverte de la radioactivité par Marie et Pierre Curie. Bonne reconstitution des conditions de la recherche scientifique au début du 20e siècle. Excellents comédiens.

 Allez plus loin encore, grâce à la médiagraphie enrichie disponible sur *i+ Interactif* !

EXERCICES ET ACTIVITÉS

Exercez-vous davantage grâce à des ateliers interactifs captivants! Consultez votre enseignant pour y accéder sur *i+ Interactif*.

Les avancées scientifiques

1. Sur le plan scientifique, le 19ᵉ siècle est marqué par une grande effervescence et par de multiples avancées. Pour chacun des domaines suivants, décrivez la découverte la plus importante ou la théorie la plus marquante en précisant en quoi elle innove par rapport aux connaissances antérieures.

   a) Dans les sciences biologiques [*section 10.1.1, p. 302-303*].

   b) En psychanalyse [*section 10.1.2, p. 303-305*].

   c) Dans les sciences physiques [*section 10.1.3, p. 305-306*].

Libéralisme et socialisme

2. L'encadré ci-dessous présente deux textes du milieu du 19ᵉ siècle: l'un émane d'un penseur libéral [*section 10.2.1, p. 306-307*], l'autre, d'un penseur socialiste [*section 10.2.2, p. 307-309*]. Saurez-vous distinguer lequel est lequel? Expliquez aussi tous les éléments qui rattachent l'auteur à l'idéologie qu'il préconise.

Texte 1

« C'est la Communauté ou la Société qui est propriétaire du sol, des manufactures, des instruments, des machines et des produits, soit naturels, soit fabriqués, qu'elle distribue à tous les ouvriers, ou à tous les citoyens. [...] Elle dispose, organise, divise ou concentre son agriculture et son industrie de manière à recueillir les productions les plus abondantes et les meilleures. [...]

Mais ce n'est pas pour elle et au préjudice de ses ouvriers qu'elle les emploie; au contraire, c'est pour eux exclusivement, dans leur intérêt, pour leur procurer tout ce dont ils ont besoin, pour les rendre tous aussi heureux qu'il est possible. [...] .

Ainsi, la Communauté [...] n'exploite pas ses ouvriers pour s'enrichir, puisqu'elle ne pense qu'à les enrichir eux-mêmes en leur donnant tout en abondance; [...] elle n'est pas inhumaine envers les femmes, puisque c'est pour elles surtout qu'elle a le plus de tendresse et de ménagements [...].

Alors [...] plus de Prolétariat ni d'Aristocratie privilégiée, plus de pauvres ni d'exploiteurs ni de maîtres, mais des citoyens, tous associés, tous égaux en droits. »

Texte 2

« Il résulte de l'exercice des facultés humaines [...] que ces facultés étant inégales chez chaque homme, l'un produira beaucoup, l'autre peu, que l'un sera riche, l'autre pauvre, qu'en un mot l'égalité cessera dans le monde. [...].

Cet homme qui travaille activement et accumule, fait-il du mal à quelqu'un? [...] Quel tort en s'enrichissant lui-même a-t-il fait autour de lui? Aucun assurément. Quel intérêt la société aurait-elle à l'empêcher? Aucun; elle serait insensée, car elle aurait, sans nul profit, diminué sur le sol la masse des choses utiles ou nécessaires à l'homme. Il n'y a donc point de mal, ni pour vous, ni pour elle, et elle doit laisser l'homme exercer ses facultés tant qu'il lui plaira. [...]

Quand il y a plus de grains, par exemple, ou plus de tissus, les uns et les autres sont à meilleur marché. [...] Celui donc qui [s'est livré] à son goût, à son habileté pour le travail [...] a contribué à la prospérité commune [...] et la société lui permet de grandir, en résultât-il une inégalité par rapport à d'autres qui travaillent moins bien, elle le lui permet parce que la prospérité générale grandit avec sa prospérité à lui. »

Source du texte 1 : Étienne CABET, *L'ouvrier: ses misères actuelles, leur cause et leur remède; son bonheur futur dans la communauté; moyen de l'établir*, Paris, Au Bureau du Populaire, 1844, p. 30-35. Dans Gallica, http://gallica.bnf.fr/ark:/12148/bpt6k86035q/f1.image.
Source du texte 2 : Adolphe Thiers, *De la propriété*, Paris, Paulin, Lheureux et Cie Éditeurs, 1848, p. 43, 46-48. Dans Google Books, https://books. google.ca/booksid=Dzo7AAAAMAAJ&printsec=frontcover&hl=fr&source=gbs_ge_summary_r&cad=0#v=onepage&q&f=false

Les arts

3. Selon votre manuel, dans le romantisme [*section 10.3.1, p. 309-313*], « la sensibilité individuelle [est] la seule norme de la création artistique » [*p. 310*]. Fournissez un exemple de cette affirmation dans...

   a) la peinture romantique;

   b) la musique romantique.

4. Les arts de la fin du 19ᵉ siècle, dit-on, laissent de côté « les règles formelles héritées de la Renaissance » [*p. 314*] et renouvellent leurs modes d'expression en se détachant des « contraintes séculaires » [*p. 315*]. Expliquez cette rupture que l'on observe dans...

   a) l'impressionnisme [*section 10.3.2, p. 314-315*];

   b) le cubisme [*section 10.3.3, p. 316*];

   c) la sculpture [*section 10.3.3, p. 317-318*].

POINTS DE VUE
SUR L'HISTOIRE

L'évolution de la science au 19e siècle : deuxième révolution ou suite de la Révolution scientifique des 17e et 18e siècles ?

Le progrès rapide de la science au 19e siècle est un phénomène facilement remarquable. Alors que l'on se déplace, par exemple, presque exclusivement à cheval et en bateau à voile en 1800, le train est d'usage courant en 1900. Ces progrès exceptionnels peuvent-il pour autant être qualifié de deuxième révolution scientifique ou s'agit-il simplement de la poursuite de la révolution scientifique des 17e et 18e siècles ?

Certains historiens affirment qu'il s'agit bel et bien d'une seconde révolution. Ils argumentent d'abord que l'essor de la science au 19e siècle est lié à des domaines différents de ceux développés lors de la première révolution. Alors que la physique était au cœur de la première, la chimie est le moteur de la seconde. Puis, la théorie de la sélection naturelle des espèces de Darwin a un impact aussi important que la démonstration de l'héliocentrisme. En montrant que l'Homme et le singe ont des ancêtres communs, et que les espèces animales changent au gré de l'évolution, il ouvre la voie à une remise en cause frontale de la religion, ce que les scientifiques de la première révolution ne faisaient pas.

Ce qui est le plus important, selon ces historiens, est le fait que les deux révolutions se jouent à des niveaux différents. La première élabore fondamentalement une nouvelle vision du monde, alors que la deuxième bouscule notre rapport à la technique par l'application quasi immédiate des découvertes permettant d'améliorer la vie des gens. Ainsi, la première change notre rapport à notre condition spirituelle et la seconde, notre rapport à notre condition matérielle. Couplée à l'industrialisation, cette seconde révolution améliore concrètement la vie des Européens.

Alors que la révolution du 17e siècle touchait surtout les élites, celle du 19e a des répercussions considérables sur la civilisation occidentale. La création des sciences humaines en est un bon exemple. Pour comprendre l'Homme, l'Occident applique maintenant la même méthode scientifique que pour connaître la nature. La multiplication des académies des sciences et des universités est un autre exemple : la pensée rationnelle est matière à enseignement et les États favorisent constamment la recherche scientifique. C'est donc au cours de ce siècle que la recherche vient s'ajouter à la tâche du professeur d'université, jusque-là perçu comme un passeur de connaissances, c'est-à-dire un pédagogue. En somme, l'esprit scientifique se transmet au plus grand nombre.

Cette thèse ne fait toutefois pas l'unanimité chez les historiens. Plusieurs d'entre eux affirment en effet que l'on ne peut pas utiliser le terme de seconde révolution scientifique pour décrire l'extraordinaire transformation de la science au 19e siècle sous l'effet de l'accroissement considérable des connaissances et de la naissance de nouvelles théories scientifiques. Pour ces historiens, les révolutions scientifiques sont très rares et ils jugent impensable que deux révolutions puissent se produire en l'espace de deux siècles. Ils expliquent que le progrès de la science au 19e siècle, bien que réel, n'est pas comparable aux deux véritables révolutions scientifiques que sont celle des Grecs de l'Antiquité et celle des 17e et 18e siècles.

Pour eux, les Grecs de l'Antiquité ont été les premiers à faire une révolution en séparant clairement la pensée scientifique rationnelle de la pensée religieuse. Il a ensuite fallu attendre presque deux millénaires avant que Copernic amorce la révolution scientifique en critiquant fortement le géocentrisme, révolution qui sera surtout le fait des penseurs des 17e et 18e siècles lorsqu'ils démontreront la justesse de la théorie de l'héliocentrisme et sépareront effectivement la science et la religion. Cette révolution a donc été le fruit de deux siècles de remise en cause qui a culminé en une nouvelle vision du monde. Le monde est alors passé d'un espace fini à un espace infini dans lequel l'Homme n'occupe plus le centre.

Or, le 19e siècle n'est pas le théâtre d'un changement de perception aussi radical. Les scientifiques de 1900 pensent sensiblement de la même façon que les scientifiques de 1800. Les théories coperniciennes et newtoniennes sont toujours au centre de la conception du monde. Pour ces historiens, le 19e siècle est le moment où l'Europe prend pleine conscience de la révolution scientifique amorcée par Copernic. En ce sens, le progrès rapide de la science au 19e siècle peut davantage être vu comme une deuxième phase de la révolution scientifique.

Ces chercheurs réfutent aussi l'idée que les sciences humaines deviennent des sciences au début du 19e siècle. Pour eux, les humanités deviennent les sciences humaines seulement au début du 20e siècle puisque des penseurs comme Auguste Comte ont une vision tronquée de l'objectivité scientifique. Certains spécialistes vont encore plus loin en affirmant que les « sciences humaines » ne sont toujours pas des sciences.

D'autres historiens, finalement, remettent en cause l'idée même de révolution et de changement de paradigme. Pour eux, il n'existe pas de changement de paradigme puisque la cohabitation de plusieurs visions de la science peut s'étendre sur une longue durée. Par exemple, il est courant de voir se côtoyer la physique d'Aristote, celle de Newton et celle d'Einstein encore au milieu du 20e siècle. Selon eux, il n'y a donc pas de deuxième révolution scientifique puisque la première n'a même pas eu lieu !

En filigrane de ce débat, il y a aussi deux visions de l'évolution de la science. Les historiens qui sont contre l'utilisation du terme « deuxième révolution » prennent surtout en compte les changements internes à la science alors que les historiens qui sont en faveur de ce point de vue prennent aussi en considération le caractère social du développement de la science.

JORLAND, Gérard. « La notion de révolution scientifique aujourd'hui », *Revue européenne des sciences sociales*, 40, 2002, p. 131-146.

KUHN, Thomas S. *La structure des révolutions scientifiques*, Paris, Flammarion, 2008 (1962).

SHAPIN, Steven. *La révolution scientifique*, Paris, Flammarion, 1998 (1996), 260 p.

01 Un retour aux normes de la barbarie ?

« [...] pourquoi le XXᵉ siècle ne s'est-il pas achevé sur une célébration de cet extraordinaire progrès sans précédent, plutôt que dans un climat de malaise ? Pourquoi [...] tant d'esprits pénétrants se sont-ils retournés sur lui sans satisfaction, et surtout sans confiance dans l'avenir ? Pas seulement parce qu'il fut sans doute le siècle le plus meurtrier dont nous ayons gardé la trace, tant par l'échelle, la fréquence et la longueur des guerres qui l'ont occupé [...] mais aussi par l'ampleur incomparable des catastrophes humaines qu'il a produites — des plus grandes famines de l'histoire aux génocides systématiques. À la différence du "long XIXᵉ siècle" [1789-1914], qui semblait et fut en effet une période de progrès matériel, intellectuel et moral presque ininterrompu, c'est-à-dire de progression des valeurs de la civilisation, on a assisté, depuis 1914, à une régression marquée de ces valeurs jusqu'alors considérées comme normales dans les pays développés et dans le milieu bourgeois, et dont on était convaincu qu'elles se propageraient aux régions plus retardataires et aux couches moins éclairées de la population.

Puisque ce siècle nous a enseigné, et continue à nous enseigner, que des êtres humains peuvent apprendre à vivre dans les conditions les plus abrutissantes et théoriquement insupportables, il n'est pas facile de saisir l'ampleur du retour, qui va malheureusement en s'accélérant, à ce que nos ancêtres du XIXᵉ siècle eussent appelé les normes de la barbarie. »

Source : Éric HOBSBAWM, *L'Âge des extrêmes : Histoire du court XXᵉ siècle*, Bruxelles / Paris, Éd. Complexe / *Le Monde diplomatique*, 1999, p. 33-34.

Le 20ᵉ siècle voit se développer l'une des plus grandes crises que la civilisation occidentale ait connues tout au long de son histoire. Aussi profonde que généralisée, la crise touche tous les éléments constitutifs de cette civilisation et se manifeste par deux des guerres les plus atroces de l'histoire humaine, par une crise économique, sociale et politique d'une ampleur inégalée, par une très profonde division en deux blocs irréconciliables et par la fin d'empires coloniaux édifiés depuis des siècles, favorisant l'ascension d'une hyperpuissance vers l'hégémonie mondiale. On perçoit enfin dans cette crise des mutations économiques et sociales qui donnent des traits nouveaux au visage de l'Occident. ◄

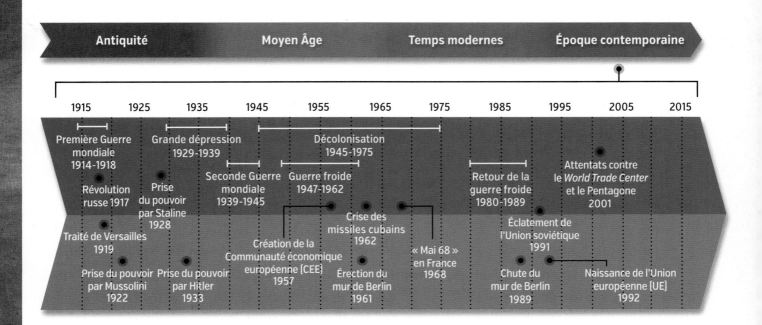

< La plus terrible bataille de la Grande Guerrre (Verdun, 1917) illustre bien la tourmente dans laquelle l'Occident s'engouffre au début du 20ᵉ siècle. (*Verdun*, F. Vallotton, 1917)

11.1 Trente années de bouleversements (1914-1945)

De 1914 à 1945, la civilisation occidentale va vivre ce qui constitue peut-être les trente années les plus catastrophiques de son histoire. Un premier conflit laisse l'Europe exsangue après quatre ans de carnage et incapable de se stabiliser après 1919. Ce conflit ayant entraîné une grave crise économique et la montée du fascisme, un second affrontement laisse une Europe dévastée sous la tutelle plus ou moins autoritaire de deux superpuissances largement extraeuropéennes, les États-Unis et l'Union soviétique **02**.

02 Trente années de bouleversements

11.1.1 La « Grande Guerre » (1914-1918)

La guerre qui a pris le qualificatif de *Grande* découle de la conjonction de nombreux facteurs déjà à l'œuvre depuis plusieurs décennies, dure quatre longues années et s'achève sur une « paix manquée » qui n'est en fait qu'une trêve portant en elle-même les germes d'un nouveau conflit.

Les origines On peut rattacher les origines de la Première Guerre mondiale aux problèmes issus de l'équilibre européen, des aspirations nationales, de l'expansion coloniale et de la maîtrise des mers.

L'ascension fulgurante de l'Empire allemand depuis sa formation en 1871 (*voir la page 288*) menace de plus en plus l'équilibre européen. Inquiètes de cette puissance montante, la France, la Russie et la Grande-Bretagne se sont alliées, à quoi l'Allemagne a répliqué en se rapprochant de l'Autriche-Hongrie et de l'Empire ottoman, deux États toutefois relativement faibles.

L'Autriche-Hongrie, en effet, est menacée d'éclatement devant les aspirations nationales des nombreux peuples qui y vivent, particulièrement les peuples slaves (Serbes, Croates, Slovènes, Tchèques et Slovaques), qui sont soutenus de l'extérieur plus ou moins ouvertement par les pays balkaniques voisins, surtout la Serbie, et par la Russie au nom du panslavisme (*voir les pages 290 et 291*).

Par ailleurs, la position de la Grande-Bretagne comme première puissance mondiale dépend essentiellement de son expansion coloniale, et c'est la maîtrise des mers qui constitue la clé de cette expansion et du maintien de cet immense empire. Or l'Allemagne s'est lancée, à la fin du 19e siècle, dans la construction accélérée d'une marine de guerre qui risque, à terme, de mettre en échec la maîtrise de la *Royal Navy* sur les océans.

Ainsi se sont créés deux grands groupes d'ennemis **03**, armés jusqu'aux dents, qui ont développé une sorte de psychose de la guerre dans laquelle la moindre étincelle peut provoquer un incendie.

Le conflit Déclenchée en juillet-août 1914, la guerre va durer plus de quatre longues années, une guerre de tranchées où des millions d'hommes se terrent sous les obus avant de se lancer sur des mitrailleuses qui crachent la mort 400 fois par minute. L'ampleur du carnage dépasse les prévisions les plus pessimistes. L'Europe doit rameuter la chair à canon de ses colonies à travers le monde entier. C'est en ce sens que cette guerre est « mondiale », car il n'y a pour ainsi dire pas de théâtre d'opérations en dehors de l'Europe et du Proche-Orient.

Toutes les ressources des belligérants sont mobilisées pour l'effort de guerre: service militaire obligatoire, embauche des femmes dans les usines, impôt sur le revenu, censure de la presse, propagande, tout doit servir en vue de la victoire. De nouveaux armements apparaissent, de plus en plus terrifiants: gaz de combat, lance-flammes, chars d'assaut, aviation de bombardement.

En 1917, après plus de deux années de tueries insensées, l'équilibre des forces est tel qu'aucune issue ne semble se dessiner. La lassitude et le dégoût se répandent dans les pays en guerre, les grèves se multiplient, des mutineries éclatent au sein des armées. Alors, subitement, la situation se débloque: la Russie s'effondre dans la révolution et se retire du conflit, tandis que les États-Unis, demeurés neutres jusque-là, interviennent du côté franco-britannique. L'Allemagne, encore invaincue mais sentant dès lors la victoire lui échapper, demande l'armistice, et les combats s'arrêtent enfin à 11 heures du matin, le 11ᵉ jour du 11ᵉ mois de 1918, tandis que la fumée des derniers obus retombe lentement sur des champs de bataille qui ont l'apparence du sol lunaire et sur une Europe qui ne sera plus jamais la même.

1919: la Paix? Après de longs mois de négociations à la conférence de Paris, une série de traités sont signés, le plus important étant celui de Versailles avec l'Allemagne (1919). Ces traités transforment radicalement la géographie politique d'une partie de l'Europe. Tous les empires d'avant 1914 disparaissent (l'Empire russe a déjà éclaté en 1917) et sur leurs décombres naissent de nouveaux États dont la viabilité n'est pas toujours assurée **04**. À l'instigation du président étasunien Woodrow Wilson (1856-1924), la Société des Nations est créée, dans laquelle les États souverains pourront désormais, espèret-on, régler leurs différends à l'amiable.

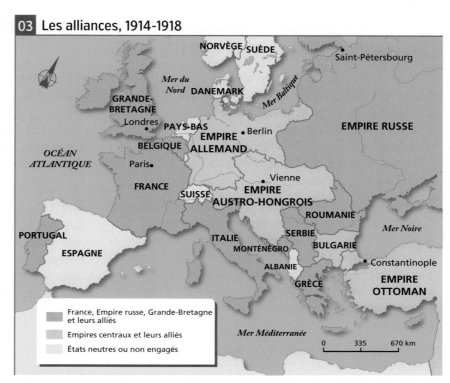

03 Les alliances, 1914-1918

France, Empire russe, Grande-Bretagne et leurs alliés

Empires centraux et leurs alliés

États neutres ou non engagés

04 L'Europe en 1922

Ex-Empire austro-hongrois

Que valent ces traités? Dans 20 ans, le carnage reprendra, plus démentiel encore. C'est, tout d'abord, que la crédibilité morale de ces traités est minée par des contradictions internes. Les plus graves de ces contradictions touchent le **droit des peuples à l'autodétermination**, solennellement proclamé comme devant servir de base aux solutions de paix et régulièrement bafoué. Plusieurs millions d'Allemands, par exemple, se retrouvent en dehors de l'Allemagne, surtout en Pologne et en Tchécoslovaquie.

Droit des peuples à l'autodétermination
Principe moral et de droit international selon lequel un peuple peut librement disposer de lui-même et choisir les institutions dans lesquelles il veut vivre, incluant un État souverain.

EN TEMPS ET LIEUX

L'enfer des tranchées

Pour les millions d'hommes mobilisés durant la Première Guerre mondiale, l'expérience des tranchées est un terrible traumatisme. Les témoignages de ces hommes, qu'ils soient fermiers, ouvriers ou instituteurs, Français comme Allemands, convergent unanimement sur un point : la guerre a ramené l'homme à un état primitif, à une barbarie qui ignore tout de la civilisation.

Les tranchées sont le théâtre de cette horreur dans laquelle plusieurs millions d'hommes périront. Creusées à même le sol afin de se protéger des tirs ennemis, les tranchées apparaissent sur le front dès l'automne 1914, transformant la guerre de mouvement en guerre de position. Ces ouvrages défensifs longs de plusieurs kilomètres, dessinés en zigzag et couronnés de barbelés deviennent rapidement permanents.

Le premier danger auquel l'on pense dans les tranchées, c'est à l'ennemi qui se trouve de l'autre côté du *no man's land,* l'espace qui sépare les deux lignes de front. Les mitrailleuses peuvent tirer sans interruption pendant plusieurs minutes, voire des heures. Les bombardements sont d'une violence inouïe et le bruit est terrifiant. Les obus pilonnent le terrain et projettent de la terre et parfois des corps broyés dans les airs. Lors du déclenchement des assauts contre les lignes ennemies, les soldats sont tenaillés par la peur. Même si on leur fournit de l'alcool pour donner du courage, nombre d'entre eux vomissent et sanglotent convulsivement.

Aussi, les soldats des tranchées sont particulièrement exposés aux intempéries. Ils doivent affronter le froid de l'hiver ou les grandes chaleurs de l'été, et pire encore, la boue occasionnée par le dégel et la pluie, et dans laquelle s'enfoncent lamentablement les hommes et le matériel. Omniprésente, cette boue empoisonne la vie des soldats. Elle cause des démangeaisons. Vu l'absence de toilettes, on construit des latrines communes de fortune, où la gêne n'a pas sa place : on fait ses besoins devant les autres. De plus, les hommes au front portent les mêmes vêtements pendant plusieurs semaines. Tout cela contribue au manque d'hygiène et favorise la propagation des maladies, sans compter la vermine omniprésente. Dans le *no man's land,* qui sépare

les belligérants, les cadavres en putréfaction attirent les mouches, les asticots et les rats. Porteurs de puces et de poux, ces gros rats nourris à la chair humaine proliférant sur les lignes de front sont les principaux compagnons des soldats. Il arrive souvent que ces bestioles à la recherche de nourriture grimpent sur les soldats et les mordent.

Enfin, les hommes sur la ligne de front souffrent de la faim et de la soif. Le ravitaillement est périlleux en raison des obstacles sur le terrain et de la présence de tireurs ennemis. Quand la soupe parvient enfin aux soldats, elle est généralement froide. On mange du «singe», de la viande de bœuf en conserve. Quand la soif est trop tenace, les hommes n'hésitent pas à boire de l'eau à même les trous d'obus, voire leur urine.

Que reste-t-il d'humanité dans un tel enfer ? D'abord, la solidarité entre les hommes du front est forte. En France, on donne aux soldats le nom de «poilus» en raison du grand nombre de jours qu'ils passent sans se raser. Ce surnom deviendra une source de fierté. Entre eux, les soldats font des blagues, se taquinent, se surnomment les «PCDF»: les «pauvres cons du front». Comme il y a d'interminables périodes d'attente, ils en profitent pour jouer aux cartes, pour tisser des liens avec leurs partenaires d'infortune.

Ensuite, il arrive que les hommes en première ligne fraternisent avec l'ennemi. À certains points du front, ils sont séparés d'à peine quelques mètres. Durant l'hiver de 1914, une trêve de Noël fut observée à plusieurs endroits sur le front ouest. Cette trêve donna lieu à des scènes surprenantes en temps de guerre : des soldats allemands, français et anglais boivent et mangent ensemble dans le *no man's land,* échangent du tabac, se montrent les photos de leur famille et chantent en chœur des cantiques de Noël.

Vers la fin de la Grande Guerre, écœurés par l'absurdité de cette boucherie, des soldats des deux côtés des tranchées s'avertissaient des moments où ils bombarderaient ou feraient exploser des mines. Ayant oublié pourquoi ils se battaient, ils ne souhaitent plus qu'une chose : rentrer chez eux. Vivants.

? **1.** Quelles étaient les conditions de vie des soldats dans les tranchées ?

2. Comment les soldats réussissaient-ils à tenir malgré l'horreur de la guerre ?

Mais c'est aussi et surtout que les traités sont en contradiction avec les résultats effectifs de la guerre. Car, bien qu'elle soit traitée sévèrement en vaincue, forcée même de reconnaître sa responsabilité première dans le déclenchement des hostilités, l'Allemagne, en fait, n'a pas été vraiment battue. Pour les Allemands, le traité de Versailles n'en est pas un : c'est un *diktat* (« chose imposée »), et jamais ils ne pourront accepter cette humiliation. Or, malgré toutes ses pertes, leur pays demeure, en 1919, le plus peuplé, le plus vaste et l'un des plus riches d'Europe. Le traité stimule la volonté de revanche de l'Allemagne sans lui enlever les moyens de cette revanche. La Seconde Guerre mondiale est inscrite en filigrane dans les traités de 1919-1920.

Bilan et perspectives   Au-delà des profonds remaniements de la carte de l'Europe, au-delà de ces traités qui ne sont qu'une trêve, la Première Guerre mondiale marque l'approfondissement d'une crise de civilisation déjà amorcée au 19ᵉ siècle. Depuis la Renaissance, l'Occident a affirmé sa foi dans la science, dans la raison, dans le progrès humain, dans la liberté individuelle, dans la démocratie. Le caractère totalement irrationnel de cette boucherie de 10 millions de morts et de 20 millions de blessés, l'utilisation de moyens barbares de destruction, l'exaltation d'un militarisme aveugle, la réquisition par l'État de toutes les ressources nationales y compris la chair à canon, la censure de la presse, les parlements impuissants et muselés, l'endoctrinement des masses par la propagande (le « bourrage de crâne ») : tout cela vient battre en brèche l'héritage des quatre derniers siècles. Le pessimisme s'empare des esprits (*relire le document* 04, *page 6*) et le sentiment de supériorité que l'Europe avait acquis se lézarde comme les murs de ses cathédrales éventrées. De cet éclatement des certitudes et des espoirs de progrès naîtra le monstre fasciste.

11.1.2 La grande dépression et la montée du fascisme

La Grande Guerre a laissé dans son sillage des facteurs d'instabilité économique et politique qui favorisent l'éclatement d'une longue et profonde dépression de l'économie et la mise en place des régimes fascistes en Italie et en Allemagne.

La grande dépression   L'immédiat après-guerre s'accompagne, surtout aux États-Unis, d'une apparente prospérité qui donne à ces « années folles », ou *roaring twenties*, leur apparence de clinquant et de soif éperdue de plaisirs. Mais cette prospérité est factice. Elle vient des énormes besoins des pays européens frappés par la guerre, lesquels diminuent leurs achats aux États-Unis à mesure qu'ils se relèvent. Dès lors, la prospérité étasunienne ne peut plus se fonder que sur l'extension indéfinie du crédit et sur une spéculation boursière effrénée. La bulle se dégonfle brusquement avec le krach de la Bourse de New York en octobre 1929. De proche en proche, le choc se répercute sur l'ensemble de l'économie étasunienne : effondrement du système bancaire, ralentissement de la production, faillites en cascade d'entreprises industrielles et commerciales, hausse vertigineuse du chômage, qui frappe 12 millions de personnes en 1932, soit le quart de la population active 05.

L'économie étasunienne étant devenue la première du monde et plusieurs pays d'Europe étant portés à bout de bras par des crédits de l'Oncle Sam, la crise s'étend rapidement à l'ensemble du monde en dehors de l'Union soviétique, qui y échappe largement grâce à la planification de son économie. Tous les États essaient de se protéger en adoptant de sévères mesures protectionnistes, ce qui ne fait qu'aggraver le mal en provoquant un effondrement des deux tiers du commerce international.

05 **Une file de chômeurs à Montréal en 1932**

Seule une solution internationale pourrait briser le cercle infernal. Mais la conférence de Londres (1933) échoue lamentablement et chacun rentre chez soi bien décidé à régler sa crise tout seul, ce qui est bien le plus sûr moyen de n'y jamais parvenir. En fait, il faut faire un vaste constat d'échec : malgré toutes les ressources de son génie, la civilisation occidentale n'a pas réussi à se sortir complètement de la plus grave crise économique de son histoire. Seule la Seconde Guerre mondiale remettra la machine en marche. Fallait-il donc tuer 50 millions d'êtres humains et ravager la moitié de la planète pour y parvenir ?

L'échec patent du capitalisme libéral aura tout de même forcé les États à intervenir de façon plus marquée dans le domaine économique et social, à l'image du *New Deal* lancé aux États-Unis par le président Franklin Delano Roosevelt (1882-1945) et qui servira d'inspiration à l'État providence d'après 1945 : assurance chômage, salaire minimum, régime de retraite.

La montée du fascisme Déjà instauré en Italie dès 1922 par Benito Mussolini (1883-1945), le **fascisme** arrive au pouvoir avec Adolf Hitler (1889-1945) en Allemagne en 1933, porté par la crise économique. Le fascisme tire toutefois ses origines de bien plus loin que de la seule volonté de répondre à cette crise. Il plonge ses racines dans une crise de civilisation issue de deux facteurs principaux. D'une part, la révolution industrielle a disloqué les liens sociaux traditionnels et engendré la société de masse, une société formée d'individus isolés et déracinés qui cherchent de nouvelles formes d'intégration dans le tissu social. D'autre part, la remise en question de l'héritage rationaliste des Lumières, entre autres par le mouvement romantique (*voir la page 309*), favorise une réhabilitation des pulsions instinctuelles, des valeurs de la foi, voire du recours à l'irrationnel. La Grande Guerre est venue renforcer cette attitude. La menace communiste enfin, issue de la révolution bolchevique russe, achève de cimenter l'alliance entre les classes moyennes sévèrement touchées par la crise et l'oligarchie dirigeante inquiète pour ses privilèges, alliance qui ouvre aux fascistes le chemin du pouvoir.

L'idéologie fasciste voit dans l'histoire une lutte incessante et universelle pour la survie et exalte le militarisme, « seule hygiène du monde », et le mépris des faibles, des malades, des « races inférieures », voire des femmes, reléguées au rôle de génitrices. Mussolini condamne d'ailleurs le féminisme, vu comme un dérivé de l'individualisme tout aussi contraire que ce dernier aux intérêts supérieurs d'une nation en déficit démographique. Spécifiquement dans sa variante allemande, appelée **nazisme** ou *hitlérisme*, le fascisme postule l'inégalité des races humaines et la supériorité biologique de la race aryenne 06. Pour se réaliser pleinement, cette race doit conquérir l'espace vital dont elle a besoin, réduire en esclavage les peuples qui y habitent et annihiler tous les sous-hommes qui forment la lie du genre humain : Juifs d'abord, mais aussi Gitans, homosexuels, malades mentaux, communistes, etc. Dans cette lutte, l'individu doit être entièrement subordonné à l'État. Seule compte la masse, exaltée par sa foi aveugle dans un chef omniscient et galvanisée par d'innombrables, incessantes et spectaculaires manifestations, parades, retraites aux flambeaux mettant en scène d'immenses quantités de participants et dont le cinéma de l'époque nous fournit des témoignages hallucinants (*Le triomphe de la volonté*, de Leni Riefenstahl) 07.

New Deal
(littéralement : nouvelle donne) Nom donné à l'ensemble des politiques mises en œuvre par le président Franklin D. Roosevelt pour faire face à la crise économique et sociale des années 1930 aux États-Unis.

Fascisme
Idéologie, mouvement et régime politique caractérisés, entre autres, par la dictature personnelle du chef d'État, le système du parti unique, la négation des droits humains fondamentaux, l'exaltation d'un nationalisme outrancier, le maintien des structures capitalistes et une adhésion relativement large des masses populaires.

Nazisme
Régime politique de type fasciste instauré par Adolf Hitler en Allemagne de 1933 à 1945 ; idéologie inspirant ce régime et mouvement prônant cette idéologie. Le mot nazi vient de la contraction de national-socialisme (en allemand *Nationalsozialismus*).

06 Races supérieures, races inférieures

«La loi la plus générale et la plus impitoyable en ce monde est la lutte pour la vie et son épanouissement, la lutte des races pour leur espace vital [...]. La manière dont races et peuples mènent cette lutte pour l'espace vital est déterminante pour l'idéal national, culturel et pédagogique.

Les uns choisissent la voie de la frugalité, de la discipline, de la ténacité, du travail, et d'une pénétration presque insensible dans des régions déjà peuplées. Ceux-là [...] évitent autant que possible la lutte ouverte pour assurer à leur descendance un espace vital. [...]

Une fraction restreinte, mais puissante, de la population mondiale a choisi le parasitisme. Feignant intelligemment de s'assimiler, elle cherche à s'établir parmi les peuples sédentaires, à priver ceux-ci du fruit de leur travail par des ruses mercantiles et, en minant perfidement leur esprit, à prendre elle-même le pouvoir. L'espèce la plus connue et la plus dangereuse de cette race est la juiverie.

Le troisième groupe, enfin, mène la lutte avec franchise, audace, et conscience de sa supériorité raciale. C'est le groupe des races de Seigneurs et de Guerriers. Elles affrontent la nature pour lui arracher nourriture et trésors du sol, d'abord comme chasseurs, ensuite comme bergers et paysans. Mais elles savent aussi prendre le glaive en main si l'on menace leur liberté ou si d'autres races, notamment des races inférieures, refusent à leur descendance un espace vital insuffisamment exploité. Seules ces races se sont avérées créatrices sur le plan culturel et capables de former des États. La plus importante d'entre elles est la race nordique qui a conquis plus de la moitié du globe grâce à sa puissance de travail et sa combativité, et le domine pratiquement en son entier par sa technique et sa science. De ces races, la plus grande de toutes est la race allemande.»

? Remarquez l'espèce de nostalgie d'un paradis préindustriel, dans le fait de caractériser les races dites supérieures comme formées de bergers et de paysans. Combien restait-il de bergers et de paysans dans l'Allemagne de 1930 ?

Source : Extrait d'un texte idéologique du Parti nazi, dans Pierre MILZA, *Fascisme et idéologies réactionnaires en Europe (1919-1945)*, Paris, A. Colin, 1969, p. 37.

07 La propagande par le spectacle

Congrès du parti nazi à Nuremberg en 1934. Les grandes liturgies nazies visaient à faire abandonner tout sens de la responsabilité individuelle.

Là est peut-être la clé de la compréhension de ce phénomène à première vue inimaginable. Comment des millions d'hommes et de femmes, héritiers de hautes cultures ayant fourni à l'Occident plusieurs de ses plus grands artistes, musiciens et philosophes, ont-ils pu avec tant de fierté et d'enthousiasme se lancer dans cette aventure inhumaine et insensée? C'est qu'on leur demandait d'abandonner toute responsabilité individuelle, d'arrêter même de penser, et d'adhérer par la foi, aveuglément, de façon inconditionnelle et absolue, à un chef (*Führer*, *Duce*) inspiré d'En Haut, à ce surhomme qui allait les libérer de toutes leurs angoisses et les mener vers le bonheur. Là réside, encore aujourd'hui, la tentation totalitaire: le fascisme est, fondamentalement, une démission de l'esprit.

Il ne faudrait toutefois pas imaginer que l'adhésion au fascisme était unanime et totale, bien au contraire. Mais dès la prise de pouvoir, les régimes fascistes se sont attaqués aux oppositions de la façon la plus brutale, enfermant les dissidents dans des camps, les exilant, les terrorisant. Et pourtant, malgré toutes les pressions, on trouve des groupes de résistants en Allemagne jusqu'en plein apogée de l'Empire hitlérien, où la résistance constituait un acte de courage inouï.

L'Europe des dictatures   À côté des deux régimes tout à fait singuliers qui s'installent en Italie et en Allemagne, des dictatures plus traditionnelles se répandent d'un bout à l'autre de l'Europe dans l'entre-deux-guerres (Portugal, Espagne, Pologne, Hongrie, Grèce). En ajoutant à tous ces régimes celui de Staline en Union soviétique, dont nous traiterons plus loin, on se rend compte que l'apparente victoire de démocraties en 1918 était un leurre: 20 ans plus tard, il faut plutôt parler d'une Europe des dictatures, dont le modèle s'étend même sur l'Amérique latine (Mexique, Brésil). Pendant que l'Europe démocratique, ou ce qu'il en reste, frileuse, ne veut pas percevoir le danger, une formidable puissance d'anéantissement se prépare, qui va bientôt l'engloutir.

11.1.3 La Seconde Guerre mondiale (1939-1945)

Dans sa dimension européenne, la Seconde Guerre mondiale constitue en quelque sorte une reprise de ce qu'on a pu appeler la «guerre civile de l'Europe» commencée en 1914 et seulement suspendue par la «trêve de 1919». Mais si les origines en sont cette fois plus simples, l'aire des combats et des destructions est beaucoup plus étendue et de nouvelles caractéristiques viennent s'y ajouter et en accentuer la barbarie, jusqu'à donner à la civilisation occidentale un visage d'horreur qui n'a pas cessé de la hanter depuis.

Les origines   Alors que les responsabilités dans le déclenchement de la Grande Guerre étaient multiples, cette fois c'est un homme, c'est le gouvernement d'un pays qui mène l'Europe à l'abîme, en poursuivant systématiquement son objectif d'expansion territoriale par la force au nom d'un «espace vital» supposé nécessaire à l'épanouissement de la «race aryenne». Mais cette volonté n'aurait pas prévalu sans au moins trois facteurs décisifs. D'abord la pusillanimité et l'aveuglement de la France et de la Grande-Bretagne, aux yeux desquelles la menace communiste est plus à craindre que la menace nazie. Ensuite la neutralité des États-Unis, prestement retournés à leur **isolationnisme** traditionnel après 1919. Enfin le revirement *in extremis* de l'Union soviétique, qui signe un pacte de non-agression avec l'Allemagne et se partage la Pologne avec elle une semaine avant le déclenchement du conflit.

La guerre   Dès le départ, les conquêtes hitlériennes sont foudroyantes. La Pologne vaincue en un mois en 1939, l'offensive reprend en 1940 vers l'ouest, où la France est mise à genoux en six semaines de combats confus et désordonnés,

Isolationnisme
Politique extérieure marquée par la volonté de ne pas se mêler des rapports et des conflits entre pays étrangers.

puis vers le Sud-est à travers les Balkans jusqu'en Grèce. Débarrassé de son front ouest, Hitler envahit l'Union soviétique en 1941 malgré le pacte de non-agression, et les troupes allemandes sont en vue de Moscou dès la fin de l'année. À ce moment-là, l'Empire hitlérien s'étend pratiquement sur toute l'Europe continentale à l'exception de la péninsule ibérique, soit directement, soit par des pays satellites ou alliés **08**. Seule la Grande-Bretagne, malgré de terribles bombardements aériens, résiste encore, comme jadis devant Philippe II d'Espagne ou Napoléon Ier, relativement à l'abri sur son île et soutenue officieusement par les États-Unis.

08 **L'Europe à l'apogée de l'Empire hitlérien (1942)**

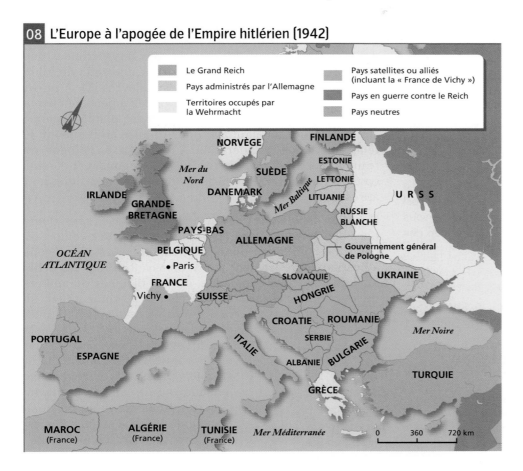

Dans cette Europe nazie s'organise l'«Ordre nouveau». Partout s'applique la règle du pillage systématique : toutes les ressources agricoles, industrielles et humaines du continent sont transférées vers l'Allemagne ou mises à sa disposition. Partout, les Allemands trouvent un grand nombre de «collaborateurs» parmi les populations soumises, ou bien pour des raisons de vieux antagonismes nationaux (Croates contre Serbes, Ukrainiens contre Russes), ou bien pour des raisons idéologiques, en France spécialement. Car à la différence de la Première Guerre mondiale, la Seconde possède un vernis de croisade idéologique qui entraîne, au sein même des nations vaincues, des affrontements qui vont jusqu'à la guerre civile et qui laissent encore aujourd'hui des marques indélébiles. En face de l'occupant et de ses collaborateurs locaux se dressent les mouvements de résistance qui, même quand leurs actions n'ont pas la moindre chance de réussir (insurrection du ghetto de Varsovie, 1943), préservent, à travers la grande nuit nazie, la lueur du courage et de la dignité humaine.

Le génocide des Juifs   Le génocide des Juifs appose sur cet enfer une sorte de sceau d'ignominie absolue. Issue en droite ligne des conceptions hitlériennes, la «solution finale» de la question juive est officiellement lancée au

09 Après les gaz, l'ouverture de la chambre...

L'auteur de ce rapport, le SS Kurt Gerstein, se suicide en 1945 après avoir vainement tenté d'alerter l'opinion mondiale.

«Comme des colonnes de basalte, les hommes sont encore debout, n'ayant pas la moindre place pour tomber ou pour s'incliner. Même dans la mort, on reconnaît encore les familles, se serrant les mains. On a peine à les séparer, en vidant les chambres pour le prochain chargement. On jette les corps bleus, humides de sueur et d'urine, les jambes pleines de crotte et de sang périodique. Deux douzaines de travailleurs s'occupent de contrôler les bouches, qu'ils ouvrent au moyen des crochets de fer. "Or à gauche, pas d'or à droite!" D'autres contrôlent anus et organes génitaux en cherchant monnaie, diamants, or, etc. Des dentistes arrachent au moyen de martels les dents d'or, ponts, couronnes. Au milieu d'eux le capitaine Wirth. Il est dans son élément, et me montrant une grande boîte de conserve, remplie de dents, il me dit: "Voyez vous-même le poids de l'or! C'est seulement d'hier et d'avant-hier! Vous ne vous imaginez pas ce que nous trouvons chaque jour, des dollars, des diamants, de l'or!" »

Source: Rapport GERSTEIN (1945), dans Léon POLIAKOV, *Bréviaire de la haine. Le IIIᵉ Reich et les Juifs*, Paris, Calmann-Lévy, 1951, p. 223.

10 Naufrage de la civilisation

Le camp de Bergen-Belsen, en 1945.

début de janvier 1942, à la conférence de Wannsee. Sous un langage à peine codé, il s'agit, tout simplement, d'exterminer tous les Juifs d'Europe. Gigantesque entreprise: ils sont 11 millions. Toutes les ressources du «génie» humain le plus abject seront donc mises à contribution: après les exécutions en masse à la mitrailleuse, trop coûteuses et trop visibles, après les camions à gaz au «rendement» trop faible, viennent enfin les camps d'extermination, méthodiquement organisés autour d'immenses crématoriums comprenant chacun une salle de déshabillage (récupération systématique de tous les vêtements, souliers, bijoux, dents en or, lunettes et même cheveux des victimes), une chambre à gaz pour la mise à mort et une salle de fours crématoires pour l'élimination des cadavres 09. À partir du quai de débarquement où le train les amène, le cheminement des victimes est soigneusement planifié comme sur une chaîne de montage pour réduire au minimum le temps et le coût de l'opération. À Treblinka, en Pologne, un train entier de voyageurs (de 30 à 50 wagons) est éliminé en trois heures: de 12 000 à 15 000 victimes par jour, jour après jour...

Question lancinante: savait-on? La réponse, sans doute possible, est: oui. Dans les villages autour des camps, où des trains passaient bondés d'humains dans des wagons à bestiaux et revenaient vides, on savait. À tous les échelons de la société allemande, où des dizaines de milliers de fonctionnaires faisaient marcher la machine à tuer, on savait, mais on avait renoncé à toute responsabilité individuelle. Aux plus hauts sommets des dirigeants alliés, on savait, car des évadés de l'enfer avaient décrit ce qui s'y passait. Ils avaient même demandé que le camp d'Auschwitz soit rasé sous un tapis de bombes, seul moyen d'arrêter l'incessant carnage. Ils ne furent pas entendus. La civilisation avait sombré 10.

Une guerre mondiale En 1941, alors que l'attaque allemande a entraîné l'Union soviétique dans la guerre, l'attaque japonaise sur Pearl Harbor précipite l'entrée en guerre des États-Unis, qui sortent ainsi de leur isolationnisme pour ne plus y revenir. Avec les États-Unis, la «Grande Alliance» antifasciste (États-Unis – Grande-Bretagne – Union soviétique) bénéficie de ressources pratiquement illimitées et, dès lors, le vent tourne. En 1942 commence le reflux des puissances de l'Axe (Allemagne – Italie – Japon) et, avec le reflux, l'accroissement des destructions et des massacres. La folie guerrière dépasse les limites de l'entendement. Populations entières mises à mort, villes entières rasées : les crimes de guerre se multiplient dans le sillage des armées en déroute. Même les vainqueurs perdent parfois toute humanité : du 13 au 15 février 1945, l'aviation anglo-étasunienne bombarde la ville de Dresde pendant des heures, y faisant 35 000 morts (mais les évaluations varient considérablement). Cette ville, l'une des plus riches d'histoire et des plus belles d'Europe, n'avait que peu d'importance stratégique. L'objectif, ici, était clairement de terroriser la population pour briser son moral.

L'Allemagne capitule finalement sans condition le 7 mai 1945. Le Japon fait de même le 15 août, après l'éclatement au-dessus d'Hiroshima et de Nagasaki des deux premières bombes atomiques devant une humanité stupéfiée .

11 Une seule bombe...

À Hiroshima, le 6 août 1945, une seule bombe fait près de 80,000 morts et ravage une surface de près de 14 km².

Bilan Le bilan humain et matériel est insoutenable. Plus de 50 millions de morts, dont 20 millions pour la seule Union soviétique ; aspect nouveau de la guerre : la moitié de ces victimes sont des civils. Des milliers de villes, des dizaines de milliers de ponts et d'infrastructures sont détruits. Le coût des dommages matériels dépasse les 2 000 milliards de dollars de l'époque, et pour opérer ces destructions, les belligérants ont dépensé plus de 1 100 milliards de dollars, eux qui, juste auparavant, avaient tant hésité avant d'intervenir, et de façon si mesquine, pour secourir les dizaines de millions de victimes de la grande dépression.

Plus lancinant encore est le bilan moral du conflit. Les bombardements systématiques de villes, les camps d'extermination, la sauvagerie quotidienne de la répression ont fait reculer les limites de la dégradation de la conscience humaine. Quelque chose semble s'être brisé ; à quoi donc l'Occident si fier de son génie peut-il désormais prétendre ? À Auschwitz, l'histoire humaine vient-elle de pivoter ? Peut-elle seulement se remettre en marche ?

FAITES LE P◉INT

1. Quels sont les trois grands facteurs qui sont à l'origine de la Première Guerre mondiale ?

2. En quoi les traités de 1919-1920 portent-ils en germe les origines de la Seconde Guerre mondiale ?

3. Quels sont les principaux aspects de la grande crise économique des années 1930 ?

4. Retracez les facteurs de la montée du fascisme et dégagez les aspects fondamentaux de son idéologie.

5. En quoi la Seconde Guerre mondiale diffère-t-elle fondamentalement de la Première Guerre mondiale, en dehors de ses aspects proprement militaires ?

6. Par quels moyens l'Allemagne nazie espérait-elle apporter ce qu'elle appelait une «solution finale au problème juif» ?

11.2   Un nouveau grand schisme

Au 11e siècle, la chrétienté médiévale s'était scindée en deux grands ensembles rivaux, l'un sous l'autorité du pape de Rome, l'autre sous celle du patriarche de Constantinople. On a appelé cette rupture le *Grand Schisme*. Un autre grand schisme va, à partir de 1917, diviser la civilisation occidentale en deux grands systèmes rivaux, le capitalisme et le communisme.

11.2.1   La naissance de la Russie soviétique

Un colosse affaibli   Immense puissance territoriale à cheval sur l'Europe et l'Asie, la Russie était entrée en guerre en 1914 sans préparation adéquate et alors qu'elle était au bord de l'effondrement intérieur. Un développement industriel accéléré avait créé à la fois une bourgeoisie capitaliste assoiffée de liberté et un prolétariat surexploité, tandis que la vieille aristocratie régnait toujours sur des paysans misérables à peine libérés du servage et représentant encore 85 % de la population. Une première révolution, en 1905, avait lézardé l'édifice de l'autocratie tsariste, mais c'est l'entrée en guerre en 1914 qui amène l'implosion du régime : pendant que les nécessités de l'effort de guerre provoquent des disettes dans les villes, la gigantesque armée russe, désorganisée, mal équipée et mal commandée, se dissout peu à peu dans les défaites, les désertions et les mutineries.

Les révolutions de 1917   Le 8 mars 1917, des ouvrières du textile et des ménagères défilent dans les rues de Petrograd (aujourd'hui Saint-Pétersbourg) à l'occasion de la Journée internationale des femmes, réclamant du pain, la fin de la guerre et l'instauration d'une république. Elles sont rapidement rejointes par les ouvriers de la ville, amorçant cinq jours d'émeutes qui débouchent sur l'abdication du tsar. Alors, l'immense Empire russe bascule dans l'anarchie. Pendant que paysans et ouvriers chassent leurs maîtres et s'emparent des terres et des usines, un gouvernement provisoire de tendance libérale à l'occidentale se heurte à des *soviets*, de tendance socialiste plus ou moins radicale, rassemblant des délégués ouvriers, soldats et paysans. En novembre, le *soviet* de Petrograd, dirigé par Lénine, chasse le gouvernement provisoire et s'empare du pouvoir facilement, proclamant sur-le-champ l'abolition de la grande propriété foncière et l'émancipation des peuples de l'Empire russe 12 .

Soviet
Lors des révolutions russes de 1905 et 1917, conseil de délégués élus représentant les ouvriers, les paysans et les soldats. Après 1917, parlement de l'Union soviétique.

12   Le décret sur la terre (26 octobre – 8 novembre 1917)

« 1. La propriété des propriétaires fonciers sur la terre est abolie immédiatement sans aucune indemnité.

2. Les domaines des propriétaires fonciers, ainsi que les terres des apanages, des monastères et de l'Église, avec tout leur cheptel mort et vif, toutes leurs constructions et dépendances, sont mis à la disposition des comités agraires de canton et des soviets des députés paysans de district, jusqu'à l'Assemblée constituante.

3. Tout dommage causé à la propriété confisquée, qui appartient dorénavant au peuple tout entier, est déclaré crime grave passible du tribunal révolutionnaire. [...]

5. Les terres des simples paysans et des simples cosaques ne sont pas confisquées. »

Source : Robert FRANK, dir., *Histoire 1re A, B, S*, Paris, Belin, 1988, p. 121.

Mais les soviets victorieux s'étant eux-mêmes déchirés entre modérés et radicaux, ces derniers, appelés *bolcheviks* (« majoritaires ») et qui se réclament du marxisme (*voir la page 308*), prennent rapidement la direction des affaires. Ils créent immédiatement une redoutable police politique, la Tchéka, chargée d'éliminer les opposants, et font du Parti bolchevique, appelé désormais Parti communiste, le seul parti autorisé, dont le « rôle dirigeant » est confirmé par une nouvelle Constitution.

La guerre civile   Mais ce rôle dirigeant, affirmé sur papier, ne deviendra pas réalité sans une guerre civile et des interventions étrangères. Lénine doit d'abord sortir son pays de la guerre, ce qui est fait en 1918 par un traité désastreux (Brest-Litovsk) dans lequel l'Empire russe perd le quart de son territoire et le tiers de sa population. Le traité à peine signé, éclate une guerre civile confuse : le nouveau pouvoir soviétique doit affronter pêle-mêle des révolutionnaires antibolcheviques, des armées «blanches» fidèles au tsar, des minorités nationales insurgées et même des interventions étrangères (France, Grande-Bretagne, Pologne) **13**.

Attaqués de tous côtés, les bolcheviks réussissent finalement, grâce à l'Armée rouge et aux divisions entre leurs adversaires, à reprendre possession de l'ensemble du territoire en 1921. L'année suivante, l'Empire russe reconstitué (sauf les régions perdues en 1918) devient l'Union des républiques socialistes soviétiques (URSS) **14**, organisée sur des bases qui marquent une rupture fondamentale avec le capitalisme et la démocratie libérale dont se réclame la civilisation occidentale depuis la grande révolution atlantique.

L'impact   L'impact de la Révolution russe est énorme. D'ailleurs, ses dirigeants eux-mêmes ne la considèrent au départ que comme une simple étincelle devant servir à déclencher la véritable révolution prolétarienne dans toute l'Europe. Dès 1918, des révolutions s'organisent en effet en Europe occidentale sur le modèle soviétique, à Berlin, à Munich, à Budapest, en même temps que se multiplient d'immenses grèves accompagnées d'occupations d'usines en France et en Italie. Mais tous ces mouvements sont finalement vaincus, et l'URSS reste, à ce moment-là, la seule incarnation vivante d'une tentative de réorganisation radicale de l'économie, de la société et de l'État sur la base des besoins et des aspirations des masses. Du moins est-ce ainsi que le proclament ses dirigeants et ses admirateurs.

13 **La révolution en danger**

14 **La formation de l'URSS**

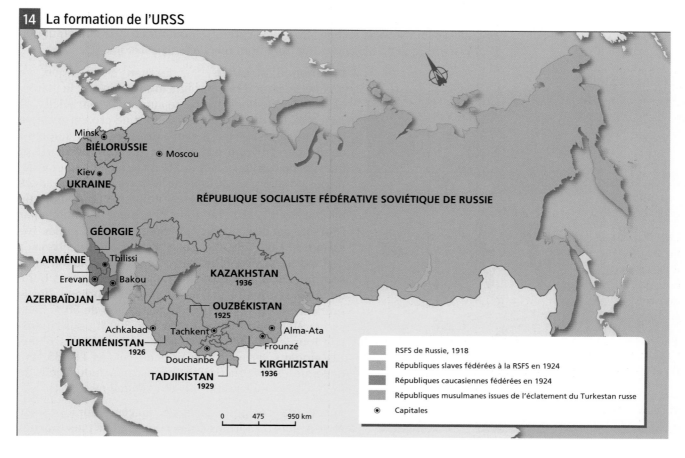

15 Alexandra Kollontaï (1872-1952)

Fille d'un général et femme d'un officier de l'armée du tsar, Alexandra Kollontaï se lance dans la propagande révolutionnaire auprès des travailleuses dès 1898. Après la révolution d'Octobre, elle est la première femme à entrer dans le gouvernement bolchevique, où elle tente de transcrire dans la réalité ses idées révolutionnaires sur le statut des femmes, le mariage et le divorce, l'amour libre et les enfants illégitimes. Elle devient l'une des âmes dirigeantes d'un groupe de dissidents à l'intérieur du Parti communiste, l'Opposition ouvrière, qui réclame des syndicats libres, dénonce l'autoritarisme de la direction centrale du parti et exige la démocratisation de ses structures. Le groupe ayant été condamné et requis de se disperser, Kollontaï échappe de justesse à l'exécution sur l'intervention personnelle de Lénine. Elle deviendra par la suite la première femme ambassadrice de l'histoire moderne et négociera l'armistice de 1944 entre l'URSS et la Finlande. Elle a publié de nombreux écrits.

Et c'est un pays où l'émancipation des femmes ne se contente pas de vœux pieux. La série de réformes mises en place par le nouveau régime fait en effet des femmes russes les plus émancipées d'Occident: droit de vote et d'éligibilité, avortement thérapeutique gratuit, divorce par consentement mutuel. Le code de la famille reconnaît dès 1918 l'égalité des conjoints dans la famille et abolit la distinction entre enfants légitimes et illégitimes. Des sections féminines appelées *Jednotel* sont formées au sein du Comité central afin de faire appliquer les nouvelles lois à travers le pays. Alexandra Kollontaï en assurera la coordination avant de devenir la première femme ambassadrice 15.

Le triomphe du communisme dans l'un des plus grands États du monde va servir à la fois de repoussoir aux régimes capitalistes inquiets et de puissant foyer d'attraction aux révolutionnaires du monde entier, qui seront prêts à fermer les yeux sur les monstruosités du régime bolchevique parce qu'il porte, croit-on, tous les espoirs de l'humanité.

Industrie lourde
Secteur industriel axé sur la production de matières premières (acier, par exemple) et de machinerie lourde (locomotives ou machines-outils, par exemple).

11.2.2 Le stalinisme

Après quelques années de flottement consécutives à la mort de Lénine (1924), son successeur Joseph Staline (1879-1953) prend le pouvoir en 1928 et instaure en Union soviétique un régime auquel son nom reste à jamais associé 16.

16 Lénine et Staline

L'économie planifiée Sur le plan économique, ce régime se caractérise par une innovation clé: la planification. Par idéologie marxiste autant que par nécessité concrète, les dirigeants soviétiques ne croient pas que le capitalisme soit en mesure de relever un empire à demi ruiné par tant d'années de guerres extérieure et interne, de famine, d'instabilité générale. Il s'agit de rattraper un retard de 50 ans sur les pays les plus avancés et de faire de l'URSS l'une des premières puissances du monde. Pour cela, l'État doit s'imposer à l'économie par l'étatisation des moyens de production, la collectivisation de l'agriculture et une planification centralisée donnant la priorité absolue à l'**industrie lourde**. Ainsi sont lancés, à partir de 1928, une série de plans quinquennaux (sur cinq ans) aux objectifs ambitieux: dès le premier plan, on vise une augmentation de 50 % de la production industrielle et même de 300 % pour l'industrie lourde. Malgré d'immenses difficultés, les objectifs globaux seront à peu près atteints et l'URSS sera devenue, en 1939, la troisième puissance industrielle du monde, après les États-Unis et l'Allemagne.

Les coûts sociaux Mais ce succès n'aura pas été atteint sans d'énormes coûts sociaux. Les plus touchés sont les paysans, auxquels on impose la collectivisation obligatoire des terres et du cheptel, considérée comme le moyen essentiel d'augmenter la productivité agricole afin de libérer des bras pour l'industrie. Les paysans s'opposent farouchement à l'opération, préférant abattre le bétail plutôt que de le remettre aux autorités. Celles-ci réagissent brutalement, aggravant encore la situation, ce qui entraîne une immense famine en 1932-1933, particulièrement en Ukraine où certains historiens voient une tentative consciente de génocide. Les ouvriers sont légalement attachés à leur usine, comme jadis les serfs aux terres de leurs seigneurs. Le sacrifice conscient de l'industrie légère prive la population dans ses besoins essentiels de logement, de vêtements, de chauffage, dans des villes surpeuplées par l'afflux des paysans quittant les campagnes.

Plusieurs réformes de la première heure touchant les femmes sont par ailleurs abolies. La révolution a non seulement besoin de la main-d'œuvre féminine pour atteindre les objectifs des plans quinquennaux, mais elle a aussi besoin des femmes comme mères, d'où leur glorification et un resserrement des lois : désormais, l'avortement ne peut être obtenu que pour des raisons médicales, l'autorité paternelle est rétablie au sein de la famille et le divorce est dorénavant plus difficile à obtenir.

La terreur   Les tensions sociales et politiques engendrées par ces efforts et ces souffrances contribuent par ailleurs à l'instauration d'un régime de terreur policière et de dictature personnelle qui devient la marque indélébile du stalinisme **17**. Maître à la fois du Parti communiste, seul autorisé, et de l'État soviétique, Staline se débarrasse brutalement de tous ses opposants, particulièrement les vieux compagnons de Lénine, par d'immenses purges qui frappent de tous côtés. Il règne par la terreur grâce à une police secrète (le NKVD) tentaculaire, qui devient même un rouage important de l'économie en rassemblant des millions de détenus dans ses camps de concentration (le goulag) où ils sont astreints aux travaux forcés dans des conditions épouvantables. Femmes et enfants ne sont pas épargnés. Les épouses de « traîtres » sont obligatoirement internées dans les camps à compter de 1937 et leurs enfants remis à l'État ou internés loin de leurs parents. Sans ces milliers de détenus, les objectifs des plans quinquennaux n'auraient probablement pas pu être atteints. Cette terreur s'accompagne d'un culte de plus en plus délirant de la personnalité, Staline renouant ainsi avec l'image traditionnelle du tsar « père de son peuple ».

11.2.3 La guerre froide

De l'isolement de l'Union soviétique à la Grande Alliance antifasciste   La guerre froide entre les pays capitalistes et l'Empire soviéto-communiste est aussi vieille que la révolution bolchevique elle-même. Dès 1918, les grandes puissances occidentales tentent sans succès d'intervenir contre le nouveau régime. Jusqu'au milieu des années 1930, le gouvernement soviétique demeure isolé sur le plan international, d'une part parce que ses dirigeants eux-mêmes se méfient des pays capitalistes et d'autre part parce que ces derniers, apeurés, veulent dresser un « cordon sanitaire » contre la contagion révolutionnaire.

17 Des « éléments antisoviétiques »

Télégramme de Staline envoyé le 2 juillet 1937 aux responsables du Parti au niveau des régions et des républiques

« Un grand nombre d'anciens koulaks* et de criminels, déportés dans les régions éloignées de la Sibérie et du Grand Nord, puis revenus chez eux, sont impliqués aujourd'hui dans toute une série d'actions de diversion terroriste et d'activités antisoviétiques, aussi bien dans les kolkhozes* et les sovkhozes* que dans les transports et les entreprises. Le Comité central propose à tous les secrétaires des organisations régionales du Parti et à tous les représentants régionaux du NKVD* de recenser tous ces éléments antisoviétiques. Les plus actifs seront immédiatement arrêtés et fusillés [...]. Les autres, moins actifs, mais néanmoins antisoviétiques, seront internés et déportés. Le Comité central proposera dans un délai de cinq jours [...] la quantité de personnes à fusiller et à déporter. »

---

* Koulak : paysan aisé ayant des ouvriers agricoles salariés.
Kolkhoze : exploitation agricole coopérative.
Sovkhoze : exploitation agricole d'État.
NKVD : Commissariat du peuple aux affaires intérieures (police politique).

Source : Revue *L'histoire*, n° 169 (septembre 1993), p. 44.

18 L'Europe des blocs, 1955

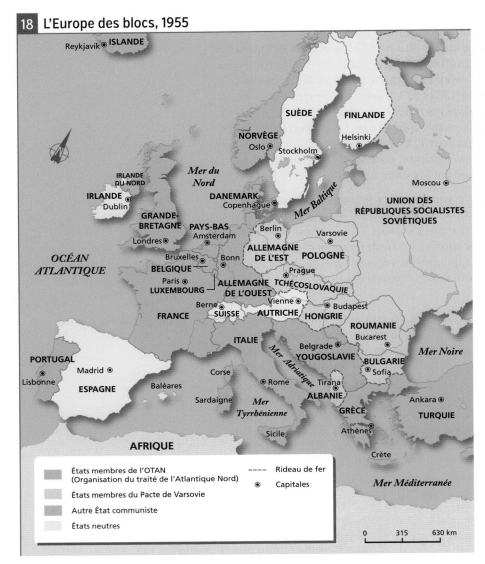

Légende :
- États membres de l'OTAN (Organisation du traité de l'Atlantique Nord)
- États membres du Pacte de Varsovie
- Autre État communiste
- États neutres
- ---- Rideau de fer
- ⊙ Capitales

0   315   630 km

La prise de pouvoir par Hitler provoque un certain rapprochement entre l'Union soviétique et les puissances occidentales, mais ce rapprochement, plein de réticences, s'écroule avec la signature du pacte germano-soviétique de 1939. C'est finalement l'invasion de l'URSS en 1941 qui va forcer les adversaires de l'Allemagne, par-delà leurs divergences idéologiques et leurs appétits territoriaux, à créer la Grande Alliance antifasciste qui va triompher en 1945.

De la Grande Alliance à la guerre froide Mais l'alliance ne survivra pas à la victoire, malgré la création en 1945 de l'Organisation des Nations Unies (ONU), rassemblant dès sa fondation plus de 50 pays (193 aujourd'hui) afin d'assurer la paix du monde. Pendant qu'un bloc communiste s'organise autour de l'URSS avec les pays de l'Europe de l'Est libérés du nazisme par l'Armée rouge et, en 1949, l'immense Chine qui passe au communisme, un bloc capitaliste rassemble les pays occidentaux autour des États-Unis 18. L'Union soviétique ayant rattrapé son retard en armement nucléaire, ce qui promet à tous une «destruction mutuelle assurée» (*mutual assured destruction* ou MAD), les deux blocs vont

Guerre froide
Nom donné à l'affrontement entre les États-Unis et leurs alliés, d'une part, et l'Union soviétique et ses alliés, d'autre part, au cours duquel les deux blocs ennemis ont évité de se retrouver face à face directement sur un champ de bataille (1947-1989).

toutefois éviter de se retrouver directement face à face sur un champ de bataille, et se contenter de conflits périphériques (Corée, Indochine) ou de crises diplomatiques (Berlin, Cuba). Parfois aiguës, ces crises tiennent le monde entier en haleine et l'amènent dangereusement près d'une troisième guerre mondiale avec la crise des missiles cubains en 1962. C'est ce qu'on appelle la **guerre froide**, dont le symbole douloureux et détesté demeure l'érection du mur de Berlin en 1961 19.

De la détente à la nouvelle guerre froide La crise cubaine ayant mis en évidence les risques réels d'holocauste nucléaire rappelant, en pire, l'engrenage de 1914, les deux superpuissances vont s'efforcer d'instaurer un nouveau climat de «paix tiède». Un grand traité de non-prolifération nucléaire est signé en 1968, la Chine populaire entre à l'Organisation des Nations unies (ONU) en 1971 après sa reconnaissance officielle par les États-Unis, et les deux grands s'engagent, par l'accord SALT I de 1972, à limiter leurs armements stratégiques.

Rideau de fer
Expression lancée par Winston Churchill en 1946 pour désigner, sur le plan tant physique que symbolique, la frontière étanche séparant le monde soviéto-communiste du monde capitaliste en Europe à l'époque de la guerre froide.

Mais dès la fin des années 1970, une nouvelle poussée soviétique en Asie centrale (Afghanistan) et l'élection de Ronald Reagan à la présidence des États-Unis ravivent la guerre froide. La course aux armements reprend de plus belle et l'Europe se couvre de missiles, de part et d'autre de ce «**rideau de fer**» qui la divise obstinément depuis plus de 30 ans. Mais l'Union soviétique, cette fois, n'a plus les reins assez solides pour soutenir ce gigantesque effort de surarmement, en plus d'être minée de l'intérieur par d'innombrables difficultés économiques et sociales. Elle va donc déclarer forfait en 1989, entre autres par un geste d'éclat : le démantèlement du mur de Berlin, et abandonner aux États-Unis le rôle de première hyperpuissance mondiale avant de disparaître elle-même, mettant ainsi un point final à la guerre froide.

11.2.4 Le monde capitaliste pendant la guerre froide

L'économie : de prospérité en crise
Dans le monde capitaliste, la Seconde Guerre mondiale ne sera pas suivie, comme la Première, par une profonde crise économique. C'est que les dirigeants ont mis en place des institutions capables d'éviter les dysfonctionnements de l'entre-deux-guerres. Les accords de Bretton Woods (1944) créent un nouveau système monétaire international, axé sur la primauté du dollar étasunien, qui devient la seule monnaie convertible en or. Le Fonds monétaire international (FMI) assurera la stabilité du système, tandis que la Banque internationale pour la reconstruction et le développement (BIRD), future Banque mondiale, verra à aider à la reconstruction des régions dévastées. Un accord général sur les tarifs douaniers et le commerce (GATT, selon l'acronyme anglais *General Agreement on Tariffs and Trade*), signé en 1947, vise à abaisser les barrières commerciales entre les pays.

Ainsi réorganisée, l'économie capitaliste va connaître l'une des plus longues périodes de prospérité de son histoire. Ce sont les « Trente Glorieuses », nom donné aux années 1945 à 1972. Elles prennent toutefois brusquement fin lorsque les États-Unis suppriment la convertibilité en or de leur dollar (1971), tandis que les pays arabes quadruplent le prix du pétrole (1973). Alors commence une crise inhabituelle, marquée à la fois par l'inflation et le chômage, phénomène nouveau auquel on donne le nom de *stagflation*. Les pays capitalistes réagissent par une déréglementation généralisée et d'énormes compressions dans les dépenses publiques, particulièrement dans les services sociaux, ce qui ne fait qu'accentuer les difficultés tant économiques que sociales.

L'État providence Ces compressions font d'autant plus mal que, dans tous les pays capitalistes bien qu'à des niveaux très différents, on a élaboré des politiques et des programmes destinés à redistribuer une partie de la richesse collective vers les moins nantis : assurance chômage, soins de santé, éducation publique, impôt progressif et assistance sociale. C'est ce qu'on appelle l'**État providence**. Plusieurs de ces mesures ont permis d'alléger le travail des femmes dans la sphère privée, en particulier en ce qui a trait à la prise en charge des parents âgés ou malades, favorisant ainsi leur insertion sur le marché du travail au lendemain de la Seconde Guerre mondiale.

Les attaques contre ce système, et sa mise en pièces partielle, marquent les années 1980, alors que des gouvernements de droite prennent le pouvoir, entre autres en Grande-Bretagne (avec Margaret Thatcher) et aux États-Unis (avec Ronald Reagan).

19 Le mur de Berlin en 1966

État providence
État qui se donne un rôle et des responsabilités de régulation économique et sociale afin d'assurer la protection des personnes contre les risques dus à la maladie, au chômage, à la pauvreté, à la vieillesse, au manque d'instruction, etc.

La construction de l'Europe occidentale   Ravagée par la guerre, séparée des pays de l'Est par la politique des blocs et la guerre froide, l'Europe occidentale se lance néanmoins dès 1949 dans une reconstruction à marche forcée largement financée par les États-Unis, inquiets d'une répétition possible de la crise économique qui a suivi la Première Guerre mondiale et soucieux de prouver au monde la supériorité du capitalisme. C'est ainsi que le plan Marshall déverse sur l'Europe occidentale plus de 10 milliards de dollars – la plupart sous forme de dons –, les grandes bénéficiaires en étant la Grande-Bretagne, la France, l'Allemagne de l'Ouest et l'Italie. C'est pour répartir ces dons qu'est créée l'Organisation européenne de coopération économique, première institution européenne, qui deviendra en 1960 l'Organisation de coopération et de développement économiques (OCDE). Le 1er janvier 1959 s'ouvre le Marché commun avec six partenaires: la France, la République fédérale d'Allemagne (RFA), l'Italie et les pays du Benelux (Belgique, Pays-Bas, Luxembourg). La construction de l'Europe est lancée: en 1986, cette « Europe des Six » sera devenue «l'Europe des Douze», avec un Parlement européen élu pour la première fois en 1979. En 1992, par le traité de Maastricht, la Communauté européenne devient l'Union européenne, créant une citoyenneté européenne qui donne à son détenteur les droits de résider, de voter et d'être élu, et de circuler librement dans les 12 pays membres [20]. En 2002, dans une opération que d'aucuns estiment trop hâtive, l'euro devient la monnaie unique dans 12 pays, redonnant à l'Europe occidentale une sorte d'unité comme elle n'en avait pas connu depuis la chute de l'Empire romain...

20 La construction de l'Europe occidentale jusqu'à 1992

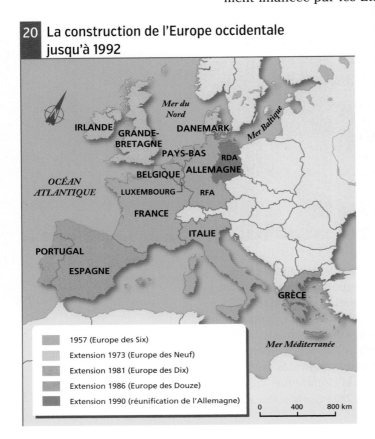

1957 (Europe des Six)

Extension 1973 (Europe des Neuf)

Extension 1981 (Europe des Dix)

Extension 1986 (Europe des Douze)

Extension 1990 (réunification de l'Allemagne)

0   400   800 km

11.2.5   Le monde soviéto-communiste pendant la guerre froide

L'Union soviétique, de Staline à Khrouchtchev   Sortie victorieuse de la guerre, l'Union soviétique est néanmoins terriblement dévastée. Les plans quinquennaux s'attellent à la tâche de reconstruction sans l'aide de l'Occident, les dirigeants soviétiques ayant rejeté le plan Marshall afin d'assurer leur liberté de manœuvre et de prouver au monde la supériorité de leur système. Les derniers excès du stalinisme, de plus en plus paranoïaque, s'achèvent avec la mort de son fondateur en 1953. Nikita Khrouchtchev lui succède et amorce un véritable dégel, condamnant solennellement le stalinisme dans un «rapport secret» qui fait l'effet d'une bombe dans le monde entier. Il amorce des réformes dans toutes les directions: appareil du parti et de l'État, économie, code pénal, vie culturelle, relations internationales. Mais l'ampleur de ces réformes, de même que leur échec relatif, lui crée beaucoup d'ennemis, de sorte qu'il est écarté par la «vieille garde» en 1964. Dès lors, le régime soviétique retourne dans ses ornières, y compris un retour partiel au stalinisme, où il s'embourbera progressivement.

L'Europe de l'Est entre satellisation et résistance   Très rapidement après la fin de la guerre, les pays d'Europe de l'Est libérés de l'Allemagne nazie par l'Armée rouge deviennent des **satellites** de l'URSS. En Allemagne de l'Est, en Pologne, en Tchécoslovaquie, en Hongrie, en Bulgarie, en Yougoslavie et jusqu'en Albanie s'installent des gouvernements prosoviétiques et des régimes inspirés plus ou moins du modèle stalinien. Mais cela ne se fait pas sans résistances. Les uns après

Satellite
Situation d'un pays plus faible placé sous l'étroite dépendance économique, politique, sociale et culturelle d'un pays plus fort, par analogie avec un satellite gravitant autour d'un corps céleste. La satellisation est le processus qui aboutit à cette situation.

les autres, les peuples se soulèvent contre le « grand frère » communiste, qui réagit le plus souvent en envoyant ses chars réprimer les dissidents, comme en Hongrie en 1956 ou en Tchécoslovaquie en 1968. Le mouvement de contestation s'amplifie en 1980, lorsque les Polonais réussissent par leur ténacité à organiser le premier syndicat libre du monde communiste, et devient irrésistible après l'arrivée de Mikhaïl Gorbatchev aux commandes de l'Union soviétique en 1985. L'Empire soviétique en Europe de l'Est s'écroulera bientôt comme un château de cartes.

FAITES LE P⊙INT

7. Quelles sont les origines de la Révolution russe et comment le régime bolchevique en ressort–il vainqueur?

8. Quels sont les aspects essentiels du stalinisme sur les plans économique, social et politique?

9. Comment évoluent les rapports entre le monde capitaliste et le monde communiste, à partir de l'isolement du début jusqu'à la Grande Alliance, à la guerre froide, à la détente puis à la nouvelle guerre froide?

10. Comment l'économie du monde capitaliste évolue-t-elle entre 1945 et 1990?

11. Comment l'Union soviétique évolue-t-elle après la mort de Staline?

11.3 De l'impérialisme européen à l'hégémonisme étasunien

Au moment où s'est ouvert le 20ᵉ siècle, l'Europe dominait le monde. Un siècle plus tard, il ne reste pratiquement rien des empires coloniaux européens, l'Empire russe s'est désagrégé et les États-Unis sont le seul pays en mesure de s'assurer une hégémonie planétaire.

11.3.1 La fin des empires coloniaux

L'écroulement des empires coloniaux européens, érigés pièce à pièce depuis près d'un demi-millénaire et qui vont disparaître en une génération, constitue l'un des événements majeurs de la seconde moitié du 20ᵉ siècle.

Les causes Les origines lointaines de cette décolonisation sont à chercher dans le colonialisme lui-même, qui, en raison de son impact sur les sociétés colonisées, portait dès ses débuts les germes de sa propre destruction. Car en ruinant les **cultures vivrières** au profit de la monoculture axée sur les besoins des métropoles, en brisant l'artisanat local par l'invasion des produits industriels européens, en distendant les liens familiaux et tribaux traditionnels, le colonialisme a favorisé chez les colonisés l'émergence de forces sociales nouvelles qui vont finalement retourner contre l'Europe les idéaux mêmes dont elle se réclamait avec tant d'assurance. Rien n'est plus contradictoire, en effet, avec ces idéaux de liberté, d'égalité, de justice sociale et de droit des peuples que la relation coloniale, fondée sur l'exploitation, l'oppression et la dépendance. Les nouvelles élites qui lentement surgissent chez les colonisés vont lancer à la face de l'Europe les principes qu'elle-même leur a transmis dans ses écoles et ses universités.

Les deux guerres mondiales viennent accélérer cette évolution, surtout la seconde. D'abord, l'Europe y perd ses forces vives et en sort si affaiblie, et avec un prestige si meurtri, que sa domination ne peut tout simplement plus se maintenir. En Asie particulièrement, les Japonais se présentent non comme des conquérants, mais comme des libérateurs venus secouer le joug de l'homme

Culture vivrière
Culture de produits alimentaires principalement destinés à la population locale.

blanc. Par ailleurs, les colonisés sont appelés à participer à ces conflits et ils exigent que ce sacrifice de leur sang soit reconnu de façon tangible, tout en ayant expérimenté sur le terrain l'égalité de tous devant la mort guerrière. Ils peuvent également invoquer, après les principes des traités de 1919-1920, les buts de guerre alliés énoncés en 1941 par la charte de l'Atlantique, qui affirme le droit de chaque peuple de choisir librement son gouvernement et la forme de son avenir. Après la guerre, la proclamation par l'ONU du droit des peuples à l'autodétermination **21** galvanise le mouvement anticolonial, tandis que les deux superpuissances, dans le cadre de la guerre froide, se proclament championnes des peuples opprimés.

21 L'ONU et le droit des peuples

Déclaration sur l'octroi de l'indépendance aux pays et aux peuples coloniaux (1960)

« 1. La sujétion des peuples à une subjugation, à une domination et à une exploitation étrangères constitue un déni des droits fondamentaux de l'homme, est contraire à la charte des Nations Unies et compromet la cause de la paix et de la coopération mondiales.

2. Tous les peuples ont le droit de libre détermination ; en vertu de ce droit, ils déterminent librement leur statut politique et poursuivent librement leur développement économique, social et culturel.

3. Le manque de préparation dans les domaines politique, économique ou social ou dans celui de l'enseignement ne doit jamais être pris comme prétexte pour retarder l'indépendance.

4. Il sera mis fin à toute action armée et à toutes mesures de répression, de quelque sorte qu'elles soient, dirigées contre les peuples dépendants, pour permettre à ces peuples d'exercer pacifiquement et librement leur droit à l'indépendance complète, et l'intégrité de leur territoire national sera respectée.

5. Des mesures immédiates seront prises, dans les territoires sous tutelle, les territoires non autonomes et tous les autres territoires qui n'ont pas encore accédé à l'indépendance, pour transférer tous pouvoirs aux peuples de ces territoires, sans aucune condition ni réserve, conformément à leur volonté et à leurs vœux librement exprimés, sans aucune distinction de race, de croyance ou de couleur, afin de leur permettre de jouir d'une indépendance et d'une liberté complètes.

6. Toute tentative visant à détruire partiellement ou totalement l'unité nationale et l'intégrité territoriale d'un pays est incompatible avec les buts et les principes de la Charte des Nations Unies. »

Résolution 1514 de l'Assemblée générale de l'ONU, adoptée le 14 décembre 1960 (XVe session).

? Peut-on déceler quelque incohérence dans ce texte ? Cette résolution de l'Assemblée générale de l'ONU pourrait-elle s'appliquer au Québec ?

Source : « Les Nations unies et la décolonisation », dans *Nations unies*, [En ligne], www.un.org/fr/decolonization/ga_resolutions.shtml (Page consultée le 1er mars 2016).

Les étapes La décolonisation commence en Asie, avec l'accession à l'indépendance de l'Union indienne et du Pakistan, détachés de l'Empire britannique des Indes (1947), et de l'Indonésie, qui ferme la grande aventure coloniale des Pays-Bas (1949). En Indochine française, la situation dégénère jusqu'à une longue guerre qui prend des dimensions internationales dans le contexte de la guerre froide, la Chine communiste appuyant les insurgés et les États-Unis fournissant à la France le plus clair du financement. Le 7 mai 1954, véritable coup de tonnerre dans l'histoire des relations de l'Occident avec le reste du monde : à Dien Bien Phu, une armée de colonisés remporte, pour la première fois, une victoire décisive sur une armée européenne au terme d'une longue bataille en rase campagne. Cette défaite sonne le glas de l'impérialisme colonial.

À partir du milieu des années 1950, c'est surtout vers le continent africain que le mouvement de décolonisation se déploie, avec une quinzaine de colonies, principalement françaises, qui accèdent à l'indépendance dans la seule année 1960. Ici aussi, un cas de dérapage devient emblématique : l'Algérie, où les colons français, particulièrement nombreux, refusent obstinément de couper le lien avec la mère patrie. Déclenchée en 1954, la guerre d'Algérie dure sept longues années et suscite une profonde crise morale et politique en France, qui frôle même la guerre civile en 1958. L'Algérie devient enfin souveraine en 1962.

La naissance du tiers-monde La seule accession à la souveraineté n'est toutefois pas la véritable décolonisation, ainsi que la plupart de ces États nouveaux vont en faire l'amère expérience. Car même après l'indépendance, les rapports économiques restent marqués du sceau de l'inégalité : les anciennes colonies demeurent productrices de matières premières exportées vers les pays industriels et consommatrices de produits finis importés de ces pays. Et les termes de cet échange inégal se détériorant constamment **22**, les nouveaux pays ne peuvent survivre que par une aide de plus en plus massive des pays riches. Même cette aide, la plupart du temps liée à des achats dans le pays d'où elle provient, sert davantage à développer ce pays que celui auquel elle est destinée. Il y a donc un transfert net de ressources des pays pauvres vers les pays riches, et non l'inverse comme on le prétend trop souvent.

Sur le plan politique, ces nouveaux États ont tous adopté les frontières tracées jadis par les conquérants européens au hasard de leurs conquêtes et qui correspondent le plus souvent fort mal aux réalités géographiques, historiques ou ethniques des régions concernées. Le départ subit des colonisateurs crée par ailleurs un vide politique et institutionnel difficile à combler à cause de la faiblesse même des élites, que la métropole a formées au compte-gouttes. D'ailleurs, imbues des principes et des valeurs de l'ancien colonisateur, ces élites indigènes vont, dans la plupart des cas, tenter d'instaurer dans leurs pays des modèles importés de l'Occident (parlementarisme, libéralisme, socialisme) qui collent mal aux réalités sociologiques locales.

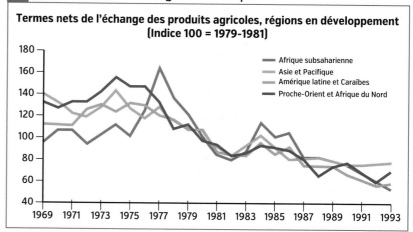

22 **Les termes de l'échange : un exemple**

Termes nets de l'échange des produits agricoles, régions en développement (Indice 100 = 1979-1981)

- Afrique subsaharienne
- Asie et Pacifique
- Amérique latine et Caraïbes
- Proche-Orient et Afrique du Nord

Termes de l'échange : rapport de l'indice des prix à l'exportation sur l'indice des prix à l'importation. Quand les termes de l'échange se détériorent pour un pays, cela signifie concrètement qu'il doit exporter une quantité de plus en plus grande de ses produits pour se procurer une quantité constante de produits importés. Sur ce graphique, par exemple, on peut établir que, en 1992, les exportations agricoles des pays du Proche-Orient et de l'Afrique du Nord ne leur permettaient plus, à quantité égale, d'importer que 45 % (60/135) de ce qu'ils importaient en 1969.
Source : «La situation mondiale de l'alimentation et de l'agriculture 1995. Le commerce des produits agricoles – nouvelles tendances et évolution des structures», dans *FAO*, [En ligne], www.fao.org/docrep/v6800f/V6800F0i.htm#I (Page consultée le 1er mars 2016).

Ainsi donc, sur les ruines des empires européens, naît le **tiers-monde**, dont le sous-développement et l'approfondissement de ce sous-développement comptent assurément parmi les facteurs qui ont rendu possible, depuis 1945, la fantastique croissance des économies développées, tout en creusant, et non en réduisant, l'écart entre nations riches et nations pauvres.

Tiers-monde
Expression forgée par l'économiste Alfred Sauvy en 1952 pour désigner l'ensemble du monde sous-développé, en référence au tiers-état de la société féodale. Les deux «premiers mondes» seraient ici les mondes développés capitaliste et communiste.

11.3.2 L'effondrement de l'Empire soviéto-communiste

Il n'y a pas que les derniers empires coloniaux d'outre-mer qui disparaissent en cette fin de 20e siècle. Le vieil Empire russe, devenu soviétique, va lui aussi connaître une secousse sismique de grande ampleur qui va l'ébranler sur ses fondations et le laisser partiellement détruit.

L'implosion de l'URSS Les réformes khrouchtchéviennes ayant été mises de côté par la chute de leur instigateur en 1964, il faudra attendre l'arrivée au pouvoir de Mikhaïl Gorbatchev en 1985 pour redresser une situation qui n'a fait que se dégrader entre-temps. Au nom de la *perestroïka* (restructuration) et de la *glasnost* (transparence), les réformes de Gorbatchev touchent jusqu'au cœur même du système soviétique, soit la propriété collective et la planification centralisée de l'économie, sans compter la doctrine du parti unique. Le bouleversement est tellement profond qu'il va finalement déboucher sur l'effondrement du communisme soviétique, la disparition de l'URSS et le démantèlement partiel de l'Empire russe.

La plupart des républiques de l'Union ayant proclamé leur indépendance entre 1989 et 1991, on replâtre en catastrophe la maison disloquée en créant une Communauté des États indépendants (CEI) où se déchaînent de très anciennes rivalités nationales occultées depuis plus d'un demi-siècle. Gorbatchev lui-même est emporté par le grand tourbillon qu'il a déclenché, et doit quitter le pouvoir après une tentative de coup d'État des nostalgiques du stalinisme (1991). Finalement, dans l'un des revirements les plus stupéfiants de notre époque, l'Union des républiques socialistes soviétiques cesse d'exister le 31 décembre 1991 **23**, tandis que le Parti communiste, celui de Lénine et de Staline, après 75 ans de pouvoir absolu, est déclaré hors-la-loi et ses biens sont saisis par l'État…

Après l'éclatement de l'Union, la Fédération de Russie, qui est encore le plus vaste pays du monde, est elle-même au bord du chaos. Le passage brutal à l'économie de marché désorganise les circuits de production et de distribution et la misère se répand jusqu'à faire reculer de trois ans l'espérance de vie. Pendant que Petrograd, devenue entre-temps Leningrad, reprend son nom historique de Saint-Pétersbourg, une droite nationaliste, nostalgique de la grandeur passée, monte en force et porte au pouvoir un nouvel homme fort, Vladimir Poutine, qui réussit, de façon souvent brutale, à remettre le pays sur ses rails.

Le recul de l'Empire Pendant ce temps, les anciens satellites ont tous été entraînés dans un tourbillon de réformes. Le mur de Berlin, symbole concret et honni de la guerre froide, a croulé sous les pressions, principalement, des

23 L'éclatement de l'URSS

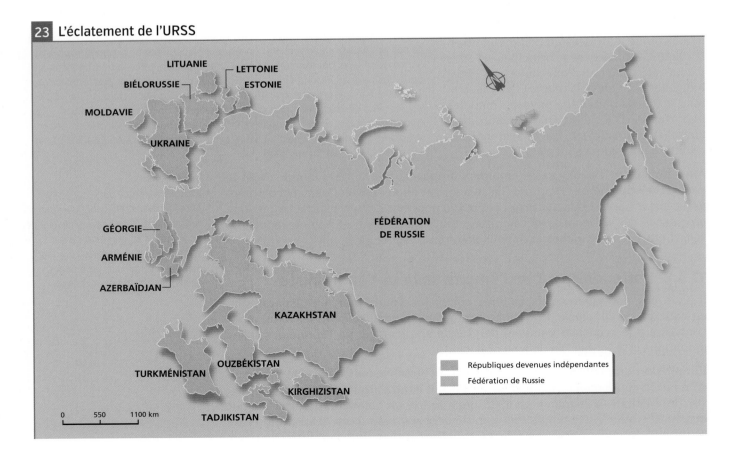

LITUANIE
LETTONIE
BIÉLORUSSIE
ESTONIE
MOLDAVIE
UKRAINE
GÉORGIE
ARMÉNIE
AZERBAÏDJAN
FÉDÉRATION DE RUSSIE
KAZAKHSTAN
OUZBÉKISTAN
TURKMÉNISTAN
KIRGHIZISTAN
TADJIKISTAN

Républiques devenues indépendantes
Fédération de Russie

0   550   1100 km

Allemands de l'Est eux-mêmes , ouvrant la voie à la réunification de l'Allemagne (1990). En Pologne, en Hongrie, en Bulgarie, en Roumanie, les régimes communistes sont renversés, parfois violemment, tandis que la Tchécoslovaquie, après une « révolution de velours », se scinde en deux nouveaux États : la République tchèque et la Slovaquie (1993). Le pays n'aura pas duré 75 ans. Autre création des traités de 1919-1920, la Yougoslavie explose à son tour : la Serbie, la Slovénie, la Croatie, la Bosnie et la Macédoine naissent dans l'amertume et la tragédie (1992). Une terrible guerre ethnicoreligieuse jette les uns contre les autres Serbes orthodoxes, Croates catholiques, Bosniaques et Albanais musulmans, pendant que les organisations internationales cafouillent. Les Balkans redeviennent, au début du 21e siècle, la grande région d'instabilité qu'ils étaient au tournant du 20e en Europe.

L'élargissement de l'Union européenne Le recul de l'Empire soviéto-communiste va offrir à l'Europe des perspectives inattendues dans sa marche vers l'unité. Dès qu'ils ont recouvré leur liberté d'agir des mains du « grand frère soviétique », les ex-satellites d'Europe de l'Est se rapprochent de l'Europe occidentale et demandent leur adhésion à l'Union européenne, qui s'élargit progressivement jusqu'à 28 membres en 2013 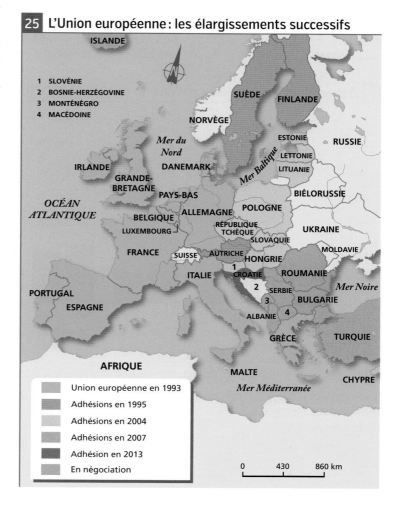. La porte est entrouverte également vers plusieurs autres pays, surtout dans les Balkans, et même vers la Turquie, avec laquelle des négociations difficiles sont déjà amorcées. Cette marche vers l'unité constitue peut-être la dernière chance de l'Europe de contrebalancer l'hyperpuissance étasunienne.

11.3.3 Le monde sous l'hégémonie étasunienne

L'hyperpuissance La fin de la guerre froide et l'effondrement du bloc soviéto-communiste font d'une part ressurgir des conflits régionaux ou locaux longtemps occultés et d'autre part placent les États-Unis comme première et seule hyperpuissance mondiale. Cela engendre un déséquilibre planétaire qui crée une certaine inquiétude pour la paix dans le monde. Car depuis 1945, c'était l'équilibre entre les grandes puissances, fût-ce « l'équilibre de la terreur », qui garantissait la paix. L'arrivée de George W. Bush à la Maison-Blanche en 2001 signale au contraire la montée en force d'un unilatéralisme qui est peut-être la forme nouvelle du très ancien isolationnisme dont les États-Unis n'étaient sortis, à vrai dire, que depuis à peine plus de 50 ans. Les

24 La chute du mur de Berlin (novembre 1989)

25 L'Union européenne : les élargissements successifs

1 SLOVÉNIE
2 BOSNIE-HERZÉGOVINE
3 MONTÉNÉGRO
4 MACÉDOINE

Union européenne en 1993
Adhésions en 1995
Adhésions en 2004
Adhésions en 2007
Adhésion en 2013
En négociation

0   430   860 km

États-Unis refusent ainsi d'adhérer à plusieurs ententes internationales, entre autres au protocole de Kyoto (sur la réduction des gaz à effet de serre), au Tribunal pénal international (pour juger des crimes de guerre et des crimes contre l'humanité) et à la Convention sur l'interdiction des mines antipersonnel, désireux de poursuivre leurs intérêts nationaux en dehors de toute contrainte.

La « guerre au terrorisme » Le traumatisme infligé au géant étasunien par l'attaque de terroristes islamistes portée contre le World Trade Center et le Pentagone le 11 septembre 2001 renforce cet unilatéralisme. Le président George W. Bush, exigeant l'adhésion inconditionnelle de tous les pays à sa politique de « guerre au terrorisme » (« vous êtes pour nous, ou pour le terrorisme », discours au Congrès, 20 septembre 2001) et mettant à l'écart le Conseil de sécurité de l'ONU au profit d'une « coalition de volontaires », déclenche une guerre préventive contre l'Irak, faussement accusé de produire et de cacher des armes de destruction massive.

Au nom de la guerre au terrorisme, la plupart des pays occidentaux vont adopter des législations restreignant, à des degrés divers, les droits et libertés individuelles. Pour mener cette lutte, les États-Unis vont également réhabiliter la détention illimitée sans jugement, les prisons secrètes et la torture, rejetant trois siècles de progrès en matière de justice pénale. La théorie d'une « guerre de civilisations » succédant à la guerre froide et mettant essentiellement aux prises l'Occident et l'Islam donne un vernis idéologique tout aussi manichéen que le précédent à ce nouvel affrontement entre le Bien et le Mal. Et pourtant, le terrorisme islamique est d'abord et avant tout une crise interne à l'Islam et ses victimes les plus nombreuses, et de très loin, sont des musulmans.

Néolibéralisme et montée des inégalités La fin du communisme soviétique ouvre également la porte toute grande au « néolibéralisme » qui, depuis le début des années 1980, a déjà commencé à s'installer dans le monde capitaliste et à entamer sérieusement l'édifice de l'État providence. La déréglementation généralisée, la réduction des protections sociales comme l'assurance emploi, la diminution de l'impôt sur le revenu au profit des taxes à la consommation et de la tarification des services publics, la tolérance des gouvernements envers l'évasion massive des plus hautes fortunes vers les paradis fiscaux : tout cela entraîne une montée en force des inégalités, qui retrouvent à peu près leur niveau du début du 20e siècle après cinquante années de recul **26**.

La « Grande Récession » Incapable d'éviter la dégradation relative des revenus de l'immense majorité de la population, le néolibéralisme se révèle également incapable d'assurer la stabilité économique dans un environnement déréglementé qui permet toutes les aventures. L'éclatement d'une bulle spéculative sans précédent en 2008

Néolibéralisme
Théorie et pratique de l'économie politique caractérisées, entre autres, par une limitation stricte du rôle de l'État en matière économique et sociale, la recherche incessante de l'équilibre budgétaire (lutte aux déficits), la généralisation de la « loi du marché » et son extension à tous les domaines d'activité, l'autorégulation des entreprises et la libéralisation des échanges internationaux. (Malgré son nom, ce néolibéralisme n'est guère « nouveau » : c'est plutôt un retour au vieux libéralisme d'avant les années 1930, qui avait été remis en question lors de la grande dépression et s'était transformé en État providence, libéralisme véritablement nouveau, lui, après 1945.)

26 Répartition des revenus aux États-Unis, 1979 et 2007 (pourcentage)

? Dans quel(s) groupe(s) les participants ont-ils amélioré leur position ?

Source : Congressional Budget Office, *Trends in the Distribution of Household Income Between 1979 and 2007*, octobre 2011, p. XI, [En ligne], www.cbo.gov/sites/default/files/112th-congress-2011-2012/reports/10-25-HouseholdIncome_0.pdf (Page consultée le 14 septembre 2015).

provoque la faillite de centaines de banques, dont l'une des plus grandes du monde (Lehman Brothers). Le crédit se raréfie subitement pour les entreprises et les ménages, même la vénérable General Motors est acculée à la faillite ; des dizaines de milliers de familles perdent leur maison, reprise par le créancier hypothécaire. Devant l'imminence d'une catastrophe, les gouvernements volent d'abord au secours des institutions de crédit, pourtant premières responsables de la débandade, en leur versant des milliers de milliards de dollars d'argent public sans imposer les réformes de leurs structures et les réglementations qui auraient été nécessaires. Ces prêts ayant contribué à creuser d'énormes déficits budgétaires, les gouvernements ne voient bientôt d'autre solution que d'ordonner des mesures d'austérité draconiennes qui frappent de plein fouet les moins bien nantis sans même réussir à relancer l'économie sur des bases mieux assurées.

FAITES LE P⊙INT

12. Quelles sont les causes, tant lointaines qu'immédiates, de la décolonisation ?

13. Pourquoi l'accession à la souveraineté des anciennes colonies ne s'est-elle pas traduite pour elles par une réelle indépendance ?

14. Dans quelles circonstances l'Empire soviéto-communiste a-t-il été disloqué, entre l'implosion de l'URSS et le détachement de ses satellites européens ?

15. Comment se manifeste l'unilatéralisme des États-Unis après la guerre froide ?

16. Comment le néolibéralisme favorise-t-il la montée des inégalités ?

11.4 Société et culture en mutation

Une crise de civilisation, c'est aussi, et nécessairement, une crise de la culture prise dans son sens le plus large. Il ne saurait être question dans le cadre du présent ouvrage d'appréhender l'ensemble de l'immense foisonnement culturel et artistique du 20ᵉ siècle, dont il faut se limiter plutôt à donner quelques aperçus fragmentaires.

11.4.1 Médias et culture de masse

L'avènement d'une culture de masse est l'un des aspects les plus importants de la mutation culturelle de la civilisation occidentale au 20ᵉ siècle. Plusieurs facteurs y contribuent, et notamment l'essor des moyens de communication de masse (*mass media*).

Le cinéma Inventé à la fin du 19ᵉ siècle, le cinéma connaît dès ses débuts une ascension foudroyante. Lancé en 1895 comme simple « divertissement de foire » avec quelques images silencieuses d'une locomotive entrant en gare, ce qui va devenir le septième art développe bientôt toutes les facettes, techniques autant qu'esthétiques, de ses possibilités, explorant tous les genres, ajoutant le son, puis la couleur, puis le relief, attirant dans ses salles obscures des foules fascinées, voire subjuguées, par ce puissant effet de réalité qui lui est propre. Jean-Luc Godard dira : « Le cinéma, c'est la réalité 24 fois par seconde. »

Radio et télévision Après la Première Guerre mondiale, la merveille, c'est la radio qui amène jusque dans l'intimité du foyer tout autant la voix des plus hauts dirigeants que la musique des plus grands orchestres, sans compter les nouvelles de dernière heure et les reportages en direct, parfois directement du champ de bataille. À partir des années 1950, la télévision prend la première place, sans toutefois tuer la radio malgré ce que certains prédisaient, accentuant la massification et l'homogénéisation de la culture.

Médias et propagande   Ces puissants moyens de diffusion vont évidemment être utilisés par les régimes totalitaires à des fins de propagande, poussée à des sommets de sinistre mémoire par le ministre de l'Information et de la Propagande de l'Allemagne nazie, Joseph Goebbels. Dans l'Allemagne des années 1930, toutes les villes sont quadrillées par des haut-parleurs qui diffusent à répétition le venin du régime sans qu'on puisse y échapper.

Informatique et internet   À la fin du 20ᵉ siècle, de nouvelles technologies de l'information et de la communication (NTIC) entrent en scène, avec l'explosion de l'informatique grand public et de l'Internet, qui mettent à portée de doigts de fabuleuses quantités d'informations et de non moins fabuleuses possibilités de diffusion, auxquelles nul humain n'avait jamais eu accès. La mobilisation instantanée de millions d'internautes, par-dessus les frontières, autour d'enjeux communs devient possible, favorisant le brassage des cultures. La révolution du «printemps arabe» de 2011 a incontestablement été favorisée par l'utilisation massive des réseaux sociaux comme Facebook et Twitter.

11.4.2 L'émancipation des femmes

L'impact de la Première Guerre mondiale   L'émancipation – toute relative – des femmes occidentales, du moins de certaines d'entre elles, est indissociable de la Première Guerre mondiale. La participation féminine à l'effort de guerre constitue en effet un tournant dans la longue marche vers l'égalité des sexes. Le départ des hommes pour le front amène les femmes à assumer un grand nombre de tâches nouvelles : soutiens de famille, ouvrières en usine d'armements, auxiliaires aux armées, conductrices de tramways… **27** L'effort de guerre a donc fragilisé la ligne de partage des stéréotypes sexuels. Ne serait-ce que pour des raisons électoralistes, les dirigeants politiques doivent reconnaître cette réalité en étendant le droit de vote aux femmes de façon plus ou moins large.

La fin du conflit, avec le retour des combattants dans leurs emplois, de même que l'avènement du fascisme, qui considère les femmes comme destinées exclusivement à servir leur mari, à donner des soldats à la nation, voire à assurer le repos du guerrier, entraîne toutefois une certaine régression dans le mouvement d'émancipation. En France, invoquant l'importance de repeupler le pays, le gouvernement fait adopter une loi qui réprime plus durement l'avortement tout en interdisant la publicité et la vente de produits anti-conceptionnels. Des politiques natalistes sont mises en place un peu partout en Europe, mais plusieurs femmes demeurent néanmoins sur le marché du travail, occupant notamment les nouveaux postes qui se développent dans le secteur des services.

27 La guerre et le travail des femmes

Des femmes au travail dans une usine de munitions à Verdun, au Québec, vers 1916-1918.

Après 1945 L'émancipation reprend de la vigueur après la Seconde Guerre, où, cette fois, le retour des femmes à leurs tâches traditionnelles est moins bien accepté. En 1949 paraît l'ouvrage fondateur du féminisme contemporain, *Le deuxième sexe*, de Simone de Beauvoir. L'auteure affirme avec force que les rôles sexuels traditionnels ne sont pas prescrits par la nature, mais par les lois, les coutumes et les préjugés d'une société patriarcale. La voie de l'émancipation des femmes passe à la fois par leur émancipation économique et par leur émancipation sexuelle. Cette émancipation sexuelle est puissamment aidée, à la fin des années 1950, par l'apparition de la pilule contraceptive, qui permet aux femmes une meilleure emprise sur leur fécondité et une libération de leur rôle exclusif de génitrices. C'est en 1969 que son usage est ainsi décriminalisé au Canada puisque toute vente, publicité ou offre de contraception était interdite par le Code criminel depuis 1892.

De nombreux mouvements **féministes** voient le jour dans tous les pays occidentaux et font pression sur les pouvoirs publics afin que soit inscrit dans la loi, mais aussi dans la réalité, le droit des femmes à l'égalité dans l'emploi, le salaire, le mariage et le divorce, leur droit aux moyens contraceptifs et à l'avortement, voire, dans certaines Églises, leur droit à la prêtrise et même à l'épiscopat. Malgré d'importantes avancées, le poids de l'histoire marque encore les mentalités du sceau des stéréotypes sexuels et l'objectif de l'égalité est encore loin d'être atteint, chaque pas en avant demeurant sans cesse menacé d'être annulé, ainsi qu'en témoignent les aléas du droit à l'avortement, souvent remis en cause après avoir été reconnu.

Féminisme
Mouvement qui préconise l'accession des femmes à la pleine égalité avec les hommes dans tous les domaines : économique, politique, juridique, social, ecclésiastique, etc.

11.4.3 Contestation et contre-culture

Une société jeune Les années 1960 et 1970 sont par excellence, en Occident, celles de la contestation de la jeunesse, fruit de nombreux facteurs. Le **baby-boom** accroît considérablement le poids relatif des jeunes dans la société. Cette jeunesse est élevée dans un climat de permissivité nouvelle issue, entre autres, des recherches en psychologie de l'enfance, qui bénéficie alors d'un véritable engouement. Le développement spectaculaire des médias, particulièrement la télévision, lui ouvre les portes du monde, tandis que s'allonge la durée de la scolarisation sans responsabilité familiale ni grand souci d'avenir en période de plein emploi. Les jeunes disposent à la fois des connaissances, de la liberté et du temps nécessaires pour remettre en question le monde qui les entoure – tout en en bénéficiant.

Baby-boom
Augmentation importante du taux de natalité dans la plupart des pays occidentaux dès la fin de la Seconde Guerre mondiale et jusque vers 1975 (la date varie selon les pays).

Né aux États-Unis, le mouvement hippie dénonce les valeurs chères à la société d'abondance : hyperconsommation, « succès » économique individuel, mariage monogamique et famille nucléaire, conformisme généralisé. Dénué de visées politiques à l'origine, le mouvement de contestation se politise en se diversifiant et organise, à côté d'immenses rassemblements au caractère plutôt festif (Woodstock, 1969), de grandes manifestations politiques parfois violentes dont l'année 1968 marque l'apogée.

1968 Cette année-là, d'un bout à l'autre de l'Occident et même au-dehors, toute la jeunesse se mobilise contre un système politique et économique parfois qualifié – trop hâtivement faut-il le préciser – de fasciste 28. Les universités sont occupées, les cours suspendus, les professeurs houspillés, des batailles rangées mettent aux prises pendant plusieurs jours étudiants contestataires et forces de l'ordre. En France, où le mouvement étudiant entraîne une partie du mouvement ouvrier, même le gouvernement de Charles de Gaulle, ancien leader de la résistance contre l'Allemagne nazie, chancelle. Mai 68 restera longtemps

28 | 1968 : la révolte étudiante

« Les étudiants de Prague et de Varsovie veulent les libertés démocratiques et une économie de l'abondance dont le stalinisme et la bureaucratie collectiviste ont privé leur pays, et qui sont réalisées dans les régimes occidentaux. Les étudiants de Madrid, d'Istanbul, de Dakar prennent la relève d'une opposition, parlementaire ou clandestine, qu'ils jugent molle et inefficace, pour animer une opposition politique, active et directe, à un gouvernement conservateur ou à une dictature. Ceux de Tokyo, de New York (Columbia), de Los Angeles (Berkeley) protestent d'abord contre la politique extérieure des États-Unis, principalement contre l'intervention armée au Viêt-nam. [...] Les étudiants de Belgrade exigent une véritable révolution socialiste dans un État où le socialisme se sclérose. Les étudiants allemands se révoltent non pas tant contre l'absence d'une contestation politique [...] que contre la morgue méprisante, l'autoritarisme hautain, l'exigence de respect, d'ordre et d'obéissance inconditionnelle qui furent jadis l'apanage de l'officier prussien et qui restent les caractéristiques des grands patrons de l'Université (et souvent aussi de l'industrie). En Italie, la visée est analogue : l'influence que l'Église catholique, religion d'État, exerce sur les pensées et les mœurs de la jeunesse intellectuelle, la discipline imposée par les professeurs, sont éprouvées comme des chapes de plomb sous lesquelles l'étudiant se sent étouffé et coupé de la vie. »

Source : EPISTEMON (pseudonyme de Didier ANZIEU), *Ces idées qui ont ébranlé la France : Nanterre, novembre 1967-juin 1968*, Paris, Fayard, 1968, p. 61-62. (Coll. « Le monde sans frontières »)

la référence, vénérée par les uns, honnie par les autres, des aspirations et des rêves d'une jeunesse en quête de nouvelles valeurs et de nouvelles façons de vivre.

La bataille de l'environnement S'il est un domaine où se concentre la contestation de l'ordre existant, c'est bien celui de l'environnement. À la fin du 20e siècle, on se rend compte que le développement sans frein prôné comme remède fondamental aux besoins de l'humanité risque de détruire les conditions mêmes de son existence, en particulier le climat, dont le réchauffement dû à l'activité humaine s'accélère au-delà des prévisions les plus pessimistes. Mais cette prise de conscience n'arrive guère à déboucher sur une remise en cause radicale de nos façons de vivre et, encore moins, sur des décisions politiques concrètes, malgré toutes les négociations internationales qui y ont été consacrées. L'avenir de l'humanité dépend pourtant, dans une large part, de l'issue de cette bataille, qui sera celle du 21e siècle.

FAITES LE POINT

17. Comment se concrétise l'émancipation des femmes à l'occasion et à la suite de la Grande Guerre ?

18. Comment ce mouvement se développe-t-il après 1945 ?

19. Pourquoi les années 1960 et 1970 sont-elles par excellence celles de la contestation politique et sociale, et comment cette contestation se manifeste-t-elle ?

❯ EN BREF

❯ De 1914 à 1945, la civilisation occidentale connaît trente années de bouleversements parmi les plus dramatiques de son histoire, une terrible descente aux enfers marquée par deux guerres générales à dimension mondiale entraînant des destructions inouïes de vies humaines et de biens matériels, séparées par une crise économique et sociale à nulle autre pareille.

❯ La révolution russe provoque par ailleurs une profonde division entre deux blocs qui s'affrontent dans

une guerre froide où « l'équilibre de la terreur » incite chaque camp à éviter l'affrontement militaire direct. Pendant que le monde capitaliste connaît trente « glorieuses » années de croissance suivies de difficultés qui remettent en cause l'État providence, le monde soviéto-communiste ne parvient pas à stimuler suffisamment sa croissance et reporte les réformes nécessaires jusqu'à finalement imploser et disparaître.

❯ La décolonisation des empires européens et l'effondrement du monde soviéto-communiste laissent le champ libre, après 1990, à l'instauration de l'hyperpuissance étasunienne, marquée par l'unilatéralisme en politique étrangère, la «guerre au terrorisme», le triomphe du néolibéralisme, la montée des inégalités et une récession majeure que l'on tente sans grand succès de juguler par de sévères mesures d'austérité.

❯ La mutation de la société et de la culture se manifeste par le développement des médias, l'émancipation des femmes, la contestation des normes sociales par une jeunesse consciente de sa force et par la grande bataille à propos de l'environnement.

Au sortir de ce «siècle de fureur», alors que d'aucuns évoquent trop rapidement une «guerre des civilisations», il resterait à tenter un bilan de cette civilisation qui a pesé comme aucune autre sur le destin de l'humanité.

❯POUR ALLER PLUS LOIN

LIRE

BECKER, Annette. *Voir la Grande Guerre. Un autre récit*, Paris, Armand Colin, 2014, 256 p. – Étude basée sur des documents visuels : dessins, films, peintures, photographies.

BERGER, Françoise, et Gilles FERRAGU. *Le XXᵉ siècle : 1914-2001*, 2ᵉ éd., Paris, Hachette supérieur, 2013, 414 p. (Coll. «HU Histoire») – Vaste synthèse à caractère pédagogique avec illustrations, atlas et bibliographie.

HARMAN, Chris. *Un siècle d'espoir et d'horreur : une histoire populaire du XXᵉ siècle*, Paris, La Découverte, 2013, 280 p. (Coll. «La Découverte Poche. Essais» nº 384) – Une histoire faite du point de vue des délaissés de l'histoire «officielle».

JAEGER, Gérard A. *Les poilus : survivre à l'enfer des tranchées de 14-18*, Paris, l'Archipel, 2014, 367 p. – Basé sur la correspondance et les journaux intimes des poilus.

JEANNESSON, Stanislas. *La guerre froide*, Paris, La Découverte, 2014, 125 p. (Coll. «Repères. Histoire» nº 351) – Courte synthèse présentant les événements essentiels, les enjeux et les dimensions du conflit.

NAVIGUER

1914-1918 on line. *International Encyclopedia of the First World War* : www.1914-1918-online.net – Immense site auquel collaborent des dizaines de spécialistes internationaux. Puissant moteur de recherche, index, bibliographie, ligne du temps.

VISIONNER

L'aveu, de Costa-Gavras, avec Y. Montand et S. Signoret, Fr./It., 1970, 139 min. – L'histoire vécue du ministre tchécoslovaque Artur London, victime des purges staliniennes au début des années 1950. Très bonne reconstitution historique.

Paths of Glory, de Stanley Kubrick, avec K. Douglas et A. Menjou, É.-U., 1957, 88 min. – En 1917, un officier avocat tente de défendre devant la cour martiale ses propres soldats qui se sont mutinés. Magnifique photographie en noir et blanc. Du grand Kubrick.

Reds, de Warren Beatty, avec W. Beatty et D. Keaton, É.-U., 1981, 194 min. – La Révolution russe vue par le journaliste et militant communiste étasunien John Reed. Très bonne reconstitution d'époque, avec la participation de témoins directs encore vivants. Comédiens charismatiques.

Schindler's List, de Steven Spielberg, avec L. Neeson et B. Kingsley, É.-U., 1993, 195 min. – L'histoire vécue de l'industriel allemand Oskar Schindler, qui a sauvé des Juifs de la chambre à gaz en les embauchant dans ses entreprises.

 Allez plus loin encore, grâce à la médiagraphie enrichie disponible sur *i+ Interactif* !

EXERCICES ET ACTIVITÉS

Trente années de bouleversements (1914-1945)

1. La Première Guerre mondiale a « entraîné une grave crise économique et la montée du fascisme » (*p. 324*) et elle « s'achève sur une "paix manquée" [...] portant en elle-même les germes d'un nouveau conflit » (*p. 324*). Approfondissez ces affirmations sur les impacts de la Grande Guerre, en lisant les sections 11.1.1 à 11.1.3 (*p. 324-333*) et en répondant aux questions qui suivent.

   a) La « crise économique ». À quelle crise se réfère-t-on ? En quoi la Grande Guerre serait-elle responsable de son déclenchement ?

   b) La « montée du fascisme ». Qu'est-ce que le fascisme ? En quoi sa montée serait-elle liée à la Première Guerre mondiale ?

   c) La « paix manquée » et un « nouveau conflit ». De quel autre conflit s'agit-il ? En quoi les conditions de paix de 1919 seraient-elles à l'origine de ce conflit ?

2. L'analyse d'un corpus de sources variées ne permet pas toujours aux historiens d'arriver à une interprétation consensuelle des événements. De nombreux moments de l'histoire sont l'objet de controverses historiques. La Première Guerre mondiale, qui marque le 20e siècle par un déferlement de violence sans précédent donnant le ton à l'ensemble du siècle, illustre cette difficulté. Comment expliquer que des millions de soldats et de civils participent à cette guerre fratricide, et ce, pendant plus de quatre ans ? Deux explications opposent les historiens. Lisez les deux extraits ci-après, puis répondez aux questions suivantes.

   a) Quelle est l'idée principale de chacun de ces extraits ? Sur quel argument repose chacune de ces idées ?

   b) D'après vous, comment expliquer que les historiens arrivent à des thèses opposées ?

Extrait 1

« Les refus – il serait absurde de le nier – ont été nombreux et variés [...]. Mais leur poids ne l'emporte pas, dans la balance, sur celui des consentements, des consentements maintenus. La Grande Guerre est bien restée, jusqu'à la fin, la guerre de ce consentement. [...]

Pendant la Grande Guerre on a défendu – ou cru défendre – de grandes valeurs : celles de son pays, de sa région, de sa famille. [...]

La signification du combat résidait décidément dans une lutte entre civilisation et barbarie. »

Extrait 2

« De très nombreux témoignages du temps de guerre contredisent la thèse du consentement. Ce n'est donc pas la thèse du consentement de millions d'Européens et d'Occidentaux entre 1914 et 1918 qu'il faut poser ; c'est celle de leur obéissance. [...] L'éducation et l'instruction [...] fondent aussi des patriotes obéissants. [...] Car si les hommes ont tenu [...] c'est avant tout parce que le plus souvent ils n'eurent pas le choix. »

Source de l'extrait 1 : Stéphane AUDOIN-ROUZEAU et Annette BECKER, *14-18, retrouver la Guerre*, Paris, Gallimard, 2000, p. 141, 160, 145. Source de l'extrait 2 : Rémi CAZALS et Frédéric ROUSSEAU, *14-18, le cri d'une génération*, Toulouse, Privat, 2001, p. 143, 146.

La Russie soviétique

3. En 1929, Staline affirme : « Nous avançons à toute vapeur sur la route de l'industrialisation, vers le socialisme, laissant derrière nous l'arriération séculaire de la Russie[1]. » Pour éclairer la signification de cette citation de Staline, lisez les sections 11.2.1 et 11.2.2 (*p. 334-337*), puis répondez aux questions suivantes.

   a) Comment se fait l'industrialisation de l'URSS ?

   b) En quoi ce processus d'industrialisation applique-t-il les principes du socialisme ? (*Au besoin, référez-vous à la section 10.2.2, p. 307-309*.)

   c) En quoi la société russe était-elle arriérée ?

La guerre froide et l'effondrement de l'Empire soviéto-communiste

4. Le chapitre 11 présente deux photos du mur de Berlin : la première montre la double enceinte du mur à proximité de la porte de Brandebourg en 1966, peu après sa construction (*document 19, p. 339*). La seconde illustre la chute de ce même mur en 1989 (*document 24, p. 345*). Comment passe-t-on de l'un à l'autre de ces moments illustrés par ces photos ?

Pour répondre à cette question, consultez les sections 11.2.3 (*p. 337-339*), 11.2.5 (*p. 340-341*) et 11.3.2 (*p. 343-345*) et retracez l'évolution du contexte dans lequel s'inscrit le mur de Berlin, de sa construction jusqu'à son démantèlement.

---

1. STALINE, 7 novembre 1929, cité dans Martin MALIA, *La tragédie soviétique. Histoire du socialisme en Russie, 1917-1991*, Paris, Seuil, 1995, p. 247. (Collection « Points Histoire ») (*Nous soulignons*.)

La fin des empires coloniaux

5. Lisez la section 11.3.1 [*p. 341-343*] et complétez la carte conceptuelle ci-dessous qui présente les causes et les étapes de la décolonisation, ainsi que les difficultés rencontrées par les anciennes colonies devenues souveraines.

(i+) Pour en savoir plus sur les cartes conceptuelles, consultez la fiche 6 en ligne Lire, interpréter et construire une carte conceptuelle.

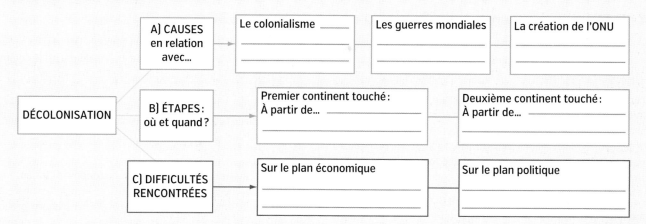

L'hégémonie étasunienne

6. Comment, au 20ᵉ siècle, les États-Unis en sont-ils venus à exercer une hégémonie mondiale sur le plan économique ? Pour le comprendre, replacez en ordre chronologique et expliquez ces diverses étapes de la montée en puissance des États-Unis.

1. Les États-Unis connaissent une forte prospérité lors des Trente Glorieuses.

2. La chute du bloc communiste fait des États-Unis l'unique superpuissance mondiale.

3. Avec le Plan Marshall, les États-Unis financent la reconstruction de l'Europe.

4. L'attaque de Pearl Harbor fait sortir les États-Unis de leur isolationnisme.

5. Par les Accords de Bretton Woods, le système financier international s'organise autour du dollar étasunien.

6. Dans les Années folles, les États-Unis sont la première économie mondiale.

Art et culture en mutation

7. En 1916, la féministe Hélène Brion dépose le texte ci-contre auprès du *Comité pour la reprise des relations internationales*, un regroupement ouvrier œuvrant pour la paix.

a) À quelle guerre et quelle crise sociale Hélène Brion fait-elle référence ?

b) Ce texte démontre la volonté des femmes de s'impliquer activement dans la réforme de la société. En 1916, d'où pourrait venir cet élan d'émancipation féminine ?

c) Hélène Brion en appelle à l'égalité hommes femmes, « d'un point de vue économique, civil et politique ». Jusqu'à quel point et comment ses vœux seront-ils exaucés ?

> Nous qui n'avons rien pu pour empêcher la guerre, puisque nous ne possédons aucun droit civil ni politique, nous sommes de cœur avec vous pour en vouloir la fin [...] [et] essayer d'instaurer en Europe un système social plus juste et plus équitable [...].
>
> Travailleurs, une crise sociale plus grave que toutes celles du XIXᵉ siècle se prépare en ce moment. Les femmes, comme toujours, viennent à vous d'instinct, prêtes à donner sans compter leur dévouement [...]. Mais elles tiennent à vous dire : « Si, cette fois encore, vous acceptez le concours des femmes [...] sans songer à leur faire place au jour des réparations sociales, si vous les conservez serves au lieu d'en faire vos égales d'un point de vue économique, civil et politique, votre œuvre sera entièrement manquée ! » [...] Travailleurs, les féministes d'avant-garde attendent votre réponse.

Source : Hélène BRION, « Adresse féministe au Comité pour la reprise des relations internationales », 23 octobre 1916, cité dans www.jaures.eu/ressources/guerre_paix/adresse-feministe-au-comite-pour-la-reprise-des-relations-internationales-h-brion-1916.

POINTS DE VUE
SUR L'HISTOIRE

1914-1945 : deux guerres mondiales ou une « Guerre de 30 ans » ?

Une question attise la curiosité des historiens depuis quelques décennies : assiste-t-on à deux guerres mondiales distinctes ou s'agit-il d'une seule et même guerre qui s'est étendue sur 30 ans ?

Pour certains spécialistes, on ne peut nier que les deux guerres mondiales sont en fait une seule guerre. Ils affirment d'abord que les deux conflits opposent les mêmes belligérants : le monde germanophone (Autriche et Allemagne) tente de se faire une place aux dépens des Anglo-saxons, des Français et des Russes. En ce sens, la guerre était perçue par tous les peuples comme une guerre de « races » et de nations.

Autrement dit, la révision de l'équilibre des puissances, le problème fondamental qui se posait avant le premier conflit, est encore au centre du second. Alors que, depuis le Congrès de Vienne de 1815, la France, l'Angleterre, l'Autriche et la Russie prétendaient que quelques grands pays devaient imposer leur politique aux autres pays européens, l'unification de l'Allemagne et de l'Italie était venue malmener cette entente. Ce n'est qu'avec la défaite de ces deux pays en 1945 que la question sera résolue.

Ces spécialistes insistent ensuite sur le fait qu'il n'y a que très peu de différences entre la politique extérieure allemande de la fin du 19ᵉ siècle et la politique hitlérienne. Guillaume II réclamait pour l'Allemagne une « place au soleil » en Europe et plusieurs colonies, alors qu'Hitler revendiquait « l'espace vital » nécessaire au peuple allemand en Europe et voulait s'emparer des Empires français et anglais. Si le ton et les actes d'Hitler sont plus agressifs que ceux de Guillaume II, c'est que la retenue n'est plus de mise après le traité de Versailles.

Aux yeux de ces spécialistes, les radicalisations allemande et italienne valident également ce concept de « Guerre de 30 ans », alors que certains la perçoivent comme une preuve de la séparation en deux conflits distincts. Tentant de vaincre définitivement ces deux nouvelles nations, les puissances traditionnelles ont imposé des traités de paix humiliants après la Grande Guerre. C'est en bonne partie au nom de l'abrogation de ces traités que s'engageront dans un second conflit par millions les Allemands et les Italiens.

Ces historiens expliquent que les tentatives d'entente qui marquent la période de l'entre-deux-guerres sont en fait des leurres. Les problèmes internes propres à chaque pays et les tensions entre les pays se poursuivent au moins jusqu'en 1924 et la crise économique qui débute en 1929 rend impossible tout dénouement heureux. Ces cinq années sont donc davantage une pause pour refaire ses forces qu'une réelle tentative de paix.

De plus, ces spécialistes insistent sur le fait que les deux guerres sont en réalité l'aboutissement de la remise en cause des idées des Lumières et de la démocratie qui a vu le jour au milieu du 19ᵉ siècle. Certains parlent même d'une longue guerre civile européenne où trois tendances opposées se livrent un combat : 1) le fascisme niant l'égalité des peuples, la bonne entente et le dialogue ; 2) le communisme niant la liberté et la démocratie ; et 3) les pays démocratiques qui tentent de trouver leur place entre ces deux extrêmes. Cette lutte, amorcée en 1914, ne prend fin qu'en 1945, alors que le fascisme est exclu de la course. Ne resteront que la démocratie libérale et le communisme soviétique durant un demi-siècle, soit jusqu'à l'éclatement de l'URSS en 1991.

Contre cette interprétation, plusieurs historiens affirment qu'il s'agit en fait de deux guerres différentes, bien qu'elles ne soient pas étrangères l'une à l'autre. Selon eux, il faut d'abord prendre en compte que la Première Guerre mondiale est en fait la dernière guerre entre rois. À l'exception de la France, les principaux pays belligérants ont tous à leur tête un monarque : le tsar russe, le kaiser allemand, l'empereur austro-hongrois et le roi britannique. En 1918, seul le roi britannique est toujours sur son trône. La Seconde Guerre mondiale sera d'un autre genre et impliquera surtout des dictateurs au culte de la personnalité développé.

En d'autres termes, la Grande Guerre est une guerre impériale et politique causée en partie par la course aux colonies, alors que la Seconde Guerre mondiale met surtout en opposition des idéologies. Quel système politique sortira vainqueur : le fascisme, le communisme ou la démocratie libérale ? Et, par extension, quel visage prendra l'Europe ? Ainsi, les crimes contre l'humanité seront infiniment plus nombreux et horribles durant le deuxième conflit puisqu'il s'agit d'une lutte entre trois visions diamétralement opposées sur le sort de l'humanité.

La dernière raison qui explique, selon cette interprétation, que nous ayons affaire à deux conflits différents réside dans la dimension mondiale : le deuxième conflit est réellement mondial, alors que le premier ne l'était devenu qu'à cause de sa durée. Si la Grande Guerre a bien terni la puissance européenne, ce n'est pourtant qu'à la fin de la Seconde Guerre mondiale que l'Europe comprend son nouveau statut de puissance moyenne, brisant ainsi avec son hégémonie mondiale du 19ᵉ siècle.

En somme, le lien entre les deux événements demeure toujours sujet à débat. Le recul historique permettra peut-être aux prochains historiens de trancher la question plus sûrement dans la mesure où s'estomperont les conséquences de ces 30 années.

AUDOIN-ROUZEAU, Stéphane et collab. *La violence de guerre, 1914-1945 : approches comparées des deux conflits mondiaux*, Bruxelles, Éditions Complexe, 2002, 346 p.

TRAVERSO, Enzo. *À feu et à sang. De la guerre civile européenne (1914-1945)*, Paris, Stock, 2007, 370 p.

En conclusion

Il peut être risqué, voire présomptueux, de tenter de faire un bilan d'une civilisation toujours bien vivante. C'est pourquoi nous nous contenterons, en conclusion de ce manuel, d'entrouvrir quelques avenues qui devraient faire partie d'un tel bilan.

Mille ans d'histoire

On peut affirmer que, telle que nous la connaissons aujourd'hui, la civilisation occidentale est née autour de l'an 1000, au moment où sont enfin fusionnés les principaux héritages que les millénaires précédents lui ont transmis : héritage gréco-romain, héritage judéo-chrétien, héritage germanique, héritage arabe.

Dans ce monde de l'an 1000, pourtant, l'Occident apparaît comme bien peu « civilisé » en comparaison de ces grands foyers de civilisation que sont la Chine des Song ou l'Islam des Abbassides. L'Occident sort à peine de 500 longues années de turbulences marquées par le déferlement de peuples que l'on qualifiait de *barbares* et la chute de l'Empire romain, par l'installation de royaumes germaniques plus ou moins stables et, après une éphémère renaissance carolingienne, par de nouvelles vagues d'envahisseurs venus du Nord et de l'Est. Au moment où s'achève le premier millénaire de notre ère, l'Europe ravagée, pillée, apeurée, ne semble guère promise à un brillant avenir…

Mais le vent, subitement, va tourner. Le deuxième millénaire sera celui de l'Europe. On peut y déceler, entre autres, deux grandes lames de fond : à l'intérieur, la montée d'une toute nouvelle classe sociale, la bourgeoisie, jusqu'au statut de classe dominante ; à l'extérieur, la montée de l'Europe, puis de sa « fille » d'Amérique, comme puissance mondiale dominante.

Les deux mouvements prennent naissance dès le début du millénaire. Soumis aux invasions extérieures depuis cinq siècles, l'Occident, soudain, renverse la situation : il part à la reconquête de l'Espagne sur les Arabes, à celle des confins germano-slaves sur les Mongols, et même à celle de la lointaine Palestine sur les musulmans. À la même époque apparaît la bourgeoisie, classe nouvelle issue du renouveau commercial et qui s'en prend d'entrée de jeu à l'ordre féodal et à sa classe dirigeante, la noblesse 01.

Monarchie et bourgeoisie s'étant appuyées mutuellement dans cette lutte, l'époque dite des *Temps modernes* (du 16e au 18e siècle) voit l'instauration des grandes monarchies centralisées qui brisent le morcellement féodal. Au même moment, les voyages d'exploration et les Grandes Découvertes permettent, d'une part, à la bourgeoisie de devenir la classe dominante sur le plan économique et financier et, d'autre part, à l'Europe de s'installer solidement à l'extérieur de

01 Commerce et bourgeoisie

Le Prêteur et sa femme, Q. Metsys, 1514.

son continent, particulièrement dans un «Nouveau Monde» qui lui offre un espace et des ressources presque illimités pour son développement.

La bourgeoisie, toutefois, ne se contentant pas de ses seuls succès économiques, aspire au pouvoir politique et y accède dans une «grande révolution atlantique», fondatrice de ces libertés démocratiques que l'Occident revendique comme un des traits fondamentaux de sa civilisation. Parallèlement à cette révolution sociale et politique, la révolution industrielle, tout en contribuant à parfaire la suprématie de la bourgeoisie comme classe sociale, donne à l'Occident une supériorité économique et technique écrasante sur toutes les autres civilisations du monde, lui permettant d'imposer sa domination, directe ou indirecte, sur l'ensemble du globe.

Malgré les apparences, entre autres la décolonisation, on peut considérer que le 20e siècle et le début du 21e n'ont pas modifié de façon radicale cet état de choses. En dépit d'inévitables ajustements, la bourgeoisie n'a rien perdu de sa place dominante dans les sociétés occidentales et l'Occident n'a guère perdu de son ascendant sur le monde. L'Europe, bien sûr, a dû céder sa place hégémonique à deux superpuissances largement extraeuropéennes et finalement aux seuls États-Unis, mais ces derniers sont eux-mêmes fils de l'Europe, de sorte que la civilisation occidentale, elle, continue de laisser sa marque sur tous les continents, première civilisation de l'histoire à vocation – ou à prétention – universelle.

Mais quelle est cette marque, au juste? Non pas dans l'idéal, ni dans l'image que l'Occident s'en fait et qu'il affiche aux yeux du monde, mais dans la réalité des choses, là où les principes et les valeurs proclamés subissent chaque jour l'épreuve du réel?

■ Démocratie et liberté

S'il est une valeur à laquelle l'Occident proclame son attachement profond et dont il se fait le héraut, c'est bien, et tout d'abord, celle de la démocratie, fondée sur la liberté et la dignité du citoyen. Et il est indéniable qu'il y a là un trait distinctif de la civilisation occidentale, plongeant ses racines dans ses héritages tant gréco-romain que judéo-chrétien.

La Grèce antique, qui a mis l'être humain au centre de l'Univers et donné naissance à la démocratie athénienne, et la Rome antique, particulièrement à l'époque de la République, ont reconnu aux citoyens, définis il est vrai de façon très restrictive, une égalité de droits dans la Cité et même de devoirs envers celle-ci, et fait de ces citoyens les dépositaires ultimes de l'autorité politique. La religion chrétienne, poussant plus loin, fait de tous les hommes et de toutes les femmes des êtres égaux et libres, tous créés par Dieu, tous sauvés par le Christ et promis à la vie éternelle, mais aussi tous responsables de leur propre salut.

Cet héritage de liberté et d'égalité se manifeste déjà dans le mouvement communal des 12e et 13e siècles, bien que les communes libérées du joug féodal se soient donné, la plupart du temps, des institutions plus proches d'une oligarchie de marchands que d'une véritable démocratie. La Grande Charte d'Angleterre, quant à elle, n'est guère plus qu'une entente entre les barons féodaux et le roi, mais elle contient des potentialités qui se révéleront fondamentales pour la suite des choses. C'est avec la grande révolution atlantique que le mouvement démocratique sera puissamment relancé. Peu à peu, à travers bien des vicissitudes, les États occidentaux se dotent de constitutions proclamant la souveraineté du peuple, la liberté individuelle et l'égalité entre les citoyens (toutefois encore exclusivement mâles presque partout), et assurant à ces derniers, par des élections régulières, un rôle dans le choix des dirigeants et une représentation dans les organes du pouvoir politique **02**.

Au début du 20e siècle, toutefois, ces avancées sont encore bien imparfaites et leur aire de diffusion plutôt restreinte, limitée à quelques États du Nord-Ouest européen et de l'Amérique anglo-saxonne. Dans l'entre-deux-guerres, on assiste même à un recul massif des institutions démocratiques sous les coups de boutoir du fascisme, du communisme soviétique et de dictatures plus traditionnelles, qui couvrent presque toute l'Europe de leur chape de plomb. Il faudra attendre la défaite de l'Allemagne nazie pour voir l'Europe de l'Ouest renouer avec la démocratie, tandis qu'à l'Est s'installe ce qu'on appelle des *démocraties populaires* qui, derrière quelques rites électoraux auxquels personne ne croit, présentent toutes les caractéristiques du totalitarisme. Ce n'est pas avant la fin du 20e siècle, avec l'effondrement de l'Union soviétique, que les idéaux démocratiques vont connaître un début d'application sur les marches orientales de la civilisation occidentale.

02 La démocratie représentative

Une séance de l'Assemblé nationale du Québec.

Le bilan, donc, est historiquement plutôt mince. La grande période de la démocratie athénienne n'a pas duré deux siècles. Celle de la République romaine démocratique, guère plus. Les plus anciennes démocraties occidentales modernes (Grande-Bretagne, France, États-Unis) n'ont pas encore dépassé de beaucoup cette durée, tandis que les plus récentes sont nées il y a moins de 30 ans. Quelles que soient la grandeur et la noblesse de l'idéal démocratique, ou peut-être justement à cause d'elles, quelle que soit même la nécessité de cet idéal pour l'avenir de l'humanité, la civilisation occidentale n'a été porteuse de démocratie, dans la réalité des choses, que de façon exceptionnelle tout au long de son histoire. Cela ne veut pas dire que cet idéal ne mérite pas d'être poursuivi, bien au contraire.

■ Les droits de la personne

Inspirée par la civilisation grecque antique, la civilisation occidentale s'affirme comme foncièrement humaniste et fondée sur le respect des droits fondamentaux de la personne. Là encore, cette valeur noble entre toutes n'est pas advenue sans des siècles d'évolution et de luttes parfois violentes. Après l'esclavage antique – Aristote lui-même ne considérait-il pas l'esclave comme un instrument animé ? –, le servage médiéval constituait presque en sous-humains une portion non négligeable de la population. Le servage s'est perpétué, dans certaines régions de l'Europe, jusqu'au milieu du 19e siècle. À l'époque des grandes découvertes, l'Occident très chrétien ira même jusqu'à rétablir, dans ses colonies, l'esclavage à l'antique, qui ne commencera à être lui aussi aboli qu'au milieu du 19e siècle. Quant aux droits des femmes, nous verrons plus loin à quel point ils sont récents et fragiles.

Pendant ce temps toutefois, la reconnaissance des droits fondamentaux de la personne et de la nécessité de les respecter progressait peu à peu : loi d'*habeas corpus* et *Bill of Rights* en Angleterre, Déclaration d'indépendance des États-Unis, Déclaration des droits de l'homme et du citoyen en France. Les droits de la personne se précisaient, depuis la célèbre trilogie « vie, liberté et poursuite du bonheur » de la Déclaration d'indépendance étasunienne jusqu'à la liste assez exhaustive de la Déclaration universelle des droits de l'homme proclamée par l'ONU en 1948. En matière de justice criminelle, où ces droits sont peut-être les plus cruciaux, étaient proclamés la présomption d'innocence, le caractère public des procès, le jugement par les pairs, l'interdiction de la torture et des châtiments inhumains ou dégradants, la non-rétroactivité de la loi (on ne peut être condamné pour un acte qui n'était pas illégal au moment où il a été accompli), principes considérés aujourd'hui comme formant la base essentielle de la reconnaissance et de la sauvegarde de la dignité humaine.

Mais ces avancées, récentes et parcellaires (la peine de mort est toujours en vigueur dans plusieurs pays occidentaux, notamment dans plusieurs États des États-Unis), sont fragiles et toujours menacées. Est-il besoin de rappeler ici que c'est bien l'Occident qui a perpétré les deux plus grands génocides de l'histoire, celui des Amérindiens et celui des Juifs européens ? Le nazisme, à coup sûr, a été un phénomène unique dans l'histoire universelle, mais peut-on en faire simplement une monstruosité détachée de toute espèce de lien avec la civilisation au sein de laquelle il a pris forme, et le rejeter comme un élément non pertinent dans un bilan de cette civilisation ?

Hors même ce cas heureusement isolé, on assiste régulièrement à l'érosion de droits fondamentaux en cas de situations considérées, à tort ou à raison, comme des menaces à l'ordre public. En particulier depuis les attentats du 11 septembre 2001 contre New York et Washington, on a vu une régression certaine dans le respect des droits de la personne en Occident, tant aux États-Unis et au Canada qu'en Europe, avec des lois d'exception qui instaurent les arrestations arbitraires, la détention indéfinie sans jugement, les procès secrets devant des tribunaux spéciaux, et même la torture, parfois présentée comme un mal nécessaire, voire comme une procédure normale. La grandeur – et l'immense difficulté – de l'idéal des droits de la personne, c'est qu'on ne peut pas, sous peine de les détruire, les refuser même à ceux et celles qui précisément veulent les abolir, comme les fascistes dans l'entre-deux-guerres ou certains mouvements extrémistes aujourd'hui. L'Occident saura-t-il maintenir, contre toutes les dérives sécuritaires actuelles, ces droits pour lesquels tant de héros anonymes ont accepté de si lourds sacrifices, versé tant de leur sang, sur tellement de barricades, dans d'aussi nombreux pays, pendant de si longues années ?

L'égalité entre les femmes et les hommes

Une autre valeur à laquelle la civilisation occidentale actuelle proclame son attachement est constituée par l'égalité entre les hommes et les femmes, ou plutôt par la quête de cette égalité ou sa revendication, puisque, là-dessus encore, la réalité n'est pas toujours conforme au discours.

Ici aussi, la marque est récente, plutôt mince et assez fragile. Dans l'Antiquité gréco-romaine, les femmes sont carrément exclues de la citoyenneté. Au Moyen Âge, malgré l'enseignement des Évangiles, certains théologiens se posent doctement la question de l'existence d'une âme chez les femmes, pour conclure positivement tout de même.

Au 16e siècle, le protestantisme, en prônant le libre examen des Écritures, reconnaît sur ce point aux chrétiennes la pleine égalité avec les chrétiens. Ce n'est pas un hasard si le mouvement féministe apparaît, au 19e siècle, dans des pays protestants. La grande révolution atlantique amène évidemment la remise en cause de la société patriarcale traditionnelle, et l'aspiration à la liberté et à l'égalité spécifiquement pour les femmes, « tiers état du tiers état », s'exprime haut et fort, bien que de façon très minoritaire, pendant la Révolution française. Mais dès 1804, le Code Napoléon (qui servira d'inspiration au Code civil du Québec) réduit de nouveau les femmes au statut de mineures.

Le mouvement féministe prend vraiment naissance au milieu du 19e siècle, d'abord aux États-Unis lorsqu'un groupe de femmes et d'hommes proclament la Déclaration de Seneca Falls `03` dans laquelle on a vu l'équivalent féministe du *Manifeste du parti communiste*, paru la même année (1848). Les deux grandes idéologies, libéralisme et socialisme, proclamaient d'ailleurs le droit des femmes à l'égalité. Dans la pratique, toutefois, ce droit n'est à peu près pas appliqué, le simple droit de vote demeurant inaccessible, malgré la ténacité et les spectaculaires manifestations des suffragettes, dans la presque totalité des États dits *démocratiques*, jusqu'à la Première Guerre mondiale.

Grâce à leur participation à l'effort de guerre, les femmes obtiennent enfin le droit de vote dans plusieurs pays à l'occasion ou au sortir du conflit, première victoire décisive dans le long chemin de leur émancipation. Courte victoire, cependant : la montée du fascisme va marquer, dans certains pays, un recul des femmes vers leurs rôles traditionnels de génitrices, de femmes au foyer, voire de repos du guerrier. Ce n'est qu'en Union soviétique que peut alors se poursuivre la marche vers l'égalité des sexes, bien que certains reculs surviennent sous le stalinisme.

Il faut donc attendre jusqu'au milieu du 20e siècle, après la Seconde Guerre mondiale, pour voir rebondir le mouvement d'émancipation, puissamment aidé par l'apparition de la pilule contraceptive à la fin des années 1950. Cette percée scientifique donne aux femmes une possibilité réelle de contrôle sur leur corps, et donc sur leur rôle de génitrices, modifiant de façon décisive leur place dans la société humaine et une remise en question de la division sexuelle des rôles sociaux.

Aujourd'hui, après tant de luttes, certains principes fondamentaux de l'égalité entre les sexes sont généralement acquis ou en voie de l'être en Occident : égalité économique (à travail égal, salaire égal), égalité sociale (accès à l'éducation, au marché du travail, au divorce), contrôle des femmes sur leur corps (accès aux moyens anticonceptionnels et à l'avortement), bien que l'on perçoive toujours, çà et là, des tentatives plus ou moins ouvertes de retour en arrière.

`03` Déclaration de Seneca Falls (1848)

« [...] L'homme n'a jamais permis à la femme d'exercer son droit inaliénable au vote.

Il l'a contrainte à se soumettre aux lois, à la rédaction desquelles elle n'a pas pu participer [...].

Il lui a refusé ses droits, alors qu'ils ont été accordés aux hommes les plus ignorants et les plus misérables. [...]

Il l'a rendue, lorsqu'elle est mariée, civilement morte aux yeux de la loi.

Il l'a privée de tous droits en matière de propriété. [...]

Il lui a refusé les moyens d'obtenir une éducation correcte, toutes les facultés lui étant fermées.

Il l'autorise à l'Église aussi bien que dans l'administration, mais à des postes subalternes, fondant son exclusion du ministère sur l'autorité apostolique. [...]

Il s'est efforcé, par tous les moyens possibles, de détruire la confiance de la femme en ses propres pouvoirs, d'amoindrir son amour-propre et de diminuer sa volonté de manière à ce qu'elle veuille mener une vie abjecte et dépendante. [...]

Résolutions

Il a été décidé que toutes les lois, qui empêchent la femme d'occuper une place dans la société — comme sa conscience le lui dicte — ou qui la placent dans une position inférieure à celle de l'homme, sont contraires au grand précepte de la Nature et par conséquent n'ont aucune force ou autorité. [...]

Source : Renaud BELLAIS et collab., dir., *La femme et l'industriel : travailleuses et ménagères en colère dans la révolution industrielle*, Paris, L'Harmattan, 2000, p. 77-80. (Coll. « Économie et innovation »)

S'il est un apport de la civilisation occidentale à l'évolution de l'humanité qui doit se poursuivre, c'est bien celui qui reconnaît à une moitié de l'humanité, avec l'égalité, la totale dignité de sa condition humaine.

■ Progrès et développement

La civilisation occidentale se caractérise aussi par sa foi dans le progrès humain. C'est l'héritage judéo-chrétien qui entre ici en ligne de compte. Les anciens Grecs avaient une conception cyclique du Temps, fait d'éternels recommencements comme en témoignent plusieurs mythes et récits majeurs : Sisyphe, condamné à rouler perpétuellement un rocher jusqu'au haut d'une colline pour le voir chaque fois dégringoler vers le bas ; Prométhée enchaîné, dont un aigle vient chaque jour dévorer le foie qui se reconstitue sans cesse ; Pénélope, qui défait chaque nuit le morceau de tapisserie qu'elle a tissé pendant le jour…

La tradition judéo-chrétienne est tout autre : le Temps y est linéaire. L'Univers, créé par Dieu, a donc un début. Dès lors se déroule, à partir du péché originel et de l'expulsion du Paradis terrestre, la grande histoire du Salut, dans laquelle Dieu guide d'abord son peuple élu vers la Terre promise, puis envoie le Christ, son Fils, qui meurt pour racheter le péché originel et ressuscite avant de revenir, triomphant, sceller la fin du monde par le Jugement dernier. L'histoire humaine a donc un sens, c'est-à-dire à la fois une signification et une direction.

Au 18e siècle, la philosophie des Lumières transforme cette vision spirituelle pour en faire l'idée du Progrès, c'est-à-dire de l'amélioration continuelle des conditions concrètes d'existence de l'humanité grâce aux lumières de la Raison appuyée sur la science. Cette idée du Progrès est rapidement confortée par l'éclosion de la révolution industrielle, qui semble donner enfin à l'humanité les moyens concrets de la transcrire dans le réel. S'ensuit une phénoménale transformation, d'abord en Occident, puis, par l'Occident, dans l'ensemble du monde, de conditions de vie qui ne s'étaient guère améliorées depuis des millénaires. Le marxisme va tabler sur cette transformation pour proposer une nouvelle vision du Progrès, porté désormais par la classe ouvrière.

Avec la décolonisation et l'émergence du tiers-monde dans la seconde moitié du 20e siècle, l'idée de Progrès s'est muée en une idée peut-être plus concrète : le développement. Au vu des inégalités criantes que le colonialisme avait laissées dans son sillage, il s'agissait de lancer le tiers-monde sur la voie que l'Occident avait suivie. Il s'agissait aussi, pour l'Occident industrialisé où les besoins de base étaient comblés, d'assurer la croissance continue de ses capacités productives.

À l'heure des bilans, il faut bien voir le coût global et les limites de cette course au développement, et d'abord son inégalité. Car au développement accéléré d'une minorité correspond le sous-développement de l'immense majorité des humains. Grâce à sa supériorité technique, l'Occident a pu faire main basse sur la plupart des ressources de la planète et les faire servir d'abord à son propre développement, réduisant du même coup les régions périphériques à de maigres retombées.

Mais, surtout, l'Occident et le monde ont pris peu à peu conscience du fait que le seul développement matériel, en plus de n'être pas une panacée à tous les problèmes, entraîne des coûts sociaux et environnementaux qui pourraient en dépasser les bénéfices **04**. Ainsi est né le concept de « développement durable », qui vise à répondre aux besoins du présent, tout en laissant aux générations futures un environnement au moins aussi riche que celui que nous ont transmis les générations précédentes. De là découle, par exemple, la lutte aux changements climatiques, qui, après plus de 25 années de tergiversations, a débouché à la fin de 2015 sur un accord international entre 195 pays visant à réduire les émissions de gaz à effet de serre. Tout historique qu'il soit, cet accord est pourtant assez peu contraignant, puisqu'il est fondé sur la bonne volonté des signataires et ne comporte pas de mécanisme de vérification. Et pour peu que le passé soit garant de l'avenir, il risque d'être saboté par la mauvaise volonté des gouvernements et la passivité de l'opinion publique, peu encline à sacrifier quelque peu son bien-être immédiat pour des avantages qui semblent assez lointains.

Encore ici, la civilisation occidentale, pour laquelle progrès et développement, couple indissociable, semblent une sorte d'absolu, est placée devant des choix fondamentaux qui conditionnent son avenir et même, dans un monde de plus en plus interdépendant, celui de l'humanité tout entière.

04 La pollution atmosphérique

Impulsée par l'Occident, la course au développement dégrade l'environnement dans l'ensemble du monde (ici, Shanghai).

Cette grande civilisation saura-t-elle assurer, à la fois, que développement rime avec progrès réel, que les bénéfices de ce développement seront répartis plus équitablement entre les humains et que le coin de planète dont elle est la dépositaire ne sera pas transmis aux générations futures dans un état tel que leur développement en serait irrémédiablement compromis?

■ Laïcité et religion

La civilisation occidentale d'aujourd'hui est bâtie sur un idéal et des principes de laïcité, c'est-à-dire de distinction rigoureuse entre Église et État, entre religion et politique, entre sphère publique et sphère privée, la religion relevant essentiellement de cette dernière.

Cela, bien sûr, est encore plus récent que l'avènement de la démocratie et n'a pas été atteint sans des siècles de déchirements parfois sanglants : persécutions, bûchers, pogroms, croisades, guerres de religion qui n'ont rien à envier à d'autres djihads. Au Moyen Âge, la suprématie de l'Église sur l'État permettait au pape d'excommunier rois et empereurs, ce qui avait pour effet de délier leurs sujets de leur devoir d'allégeance. Avec l'éclatement de l'unité chrétienne par le protestantisme et l'émergence des États modernes, la suprématie de l'État sur l'Église permit aux rois d'imposer leur religion à leurs sujets, ce qui fit de la dissidence religieuse un crime politique. Les armées royales avaient remplacé les chevaliers croisés, mais religion et politique restaient toujours inextricablement mêlées.

Après de longs siècles d'intolérance et de sang versé, l'Occident s'oriente lentement vers la laïcisation à partir du 18e siècle, sous l'influence de la philosophie des Lumières. Les religions d'État peu à peu perdent leur statut, la liberté des cultes est reconnue et les minorités religieuses échappent à la discrimination (l'émancipation des Juifs en France date de 1791). Mais cela ne va pas sans résistance : après la loi de séparation des Églises et de l'État de 1905, ce n'est qu'en 1946 que la République française se qualifiera officiellement de *laïque* dans sa Constitution. Au Québec, l'Église catholique s'est longtemps opposée au suffrage féminin, qui ne fut accordé aux Québécoises qu'en 1940, et le système public d'éducation n'a été laïcisé complètement qu'au début du présent siècle. Les positions des églises chrétiennes sur la contraception et l'avortement influencent encore aujourd'hui les législations de nombreux pays.

Quelle que soit l'opinion, favorable ou défavorable, qu'on peut avoir face à cette réalité, on voit donc que la laïcité est, comme plusieurs autres aspects jugés fondamentaux de la civilisation occidentale, extrêmement récente dans son histoire, la règle ayant plutôt été «crois ou meurs» pendant de longs siècles. Et l'on ne peut s'empêcher de noter que cette laïcité est aujourd'hui remise en question par la montée en force du **fondamentalisme** religieux, qu'il soit d'inspiration chrétienne déjà ancienne ou d'inspiration musulmane plus récente. Ainsi, aux États-Unis, on voit les fondamentalistes chrétiens refuser que l'on enseigne la théorie darwinienne de l'évolution dans les écoles, ou encore exiger que le créationnisme biblique y soit présenté comme aussi «scientifique» que l'évolutionnisme. De même a-t-on vu des tentatives de fondamentalistes musulmans pour faire prévaloir la charia (loi islamique) sur le droit civil en plein Québec de 2011.

La civilisation occidentale saura-t-elle retenir les leçons de sa propre histoire, si souvent ensanglantée par les luttes et les haines religieuses, et maintenir contre vents et marées les libertés de conscience et de religion que seules la laïcité de l'État et la relégation du religieux à la sphère privée, bêtes noires de tous les intégrismes, sont en mesure d'assurer?

Fondamentalisme
Idéologie et mouvement sociopolitique prônant le retour aux principes originels d'une religion ou d'une doctrine. Dans le domaine religieux, cela signifie, entre autres, une interprétation littérale des «textes sacrés» (Bible, Coran) et la volonté de soumettre l'ensemble de la société aux normes et prescriptions de vie considérées comme fondamentales aux yeux d'une communauté religieuse.

▇ Science et technologie

Héritière de la science grecque, qui lui a d'ailleurs été transmise au départ par les Arabes, la civilisation occidentale a lancé le monde dans l'ère de la science moderne avec la révolution galiléenne du 17e siècle, fruit de l'application des mathématiques à l'observation rigoureuse des phénomènes de la nature, considérés comme compréhensibles en eux-mêmes hors de tout recours à la divinité ou aux magies. Il y a là, à coup sûr, un apport décisif de l'Occident à l'évolution de l'humanité tout entière.

De la science est née la technologie. L'application de la science à toute espèce de procédé de production, qu'il s'agisse du montage automobile ou de la transmission de l'information, a provoqué, en deux ou trois siècles, plus de transformations dans la vie des humains que ceux-ci n'en avaient connu depuis leur apparition sur terre.

Jusqu'au début du 20e siècle, le bilan de cette entreprise s'est révélé largement positif, donnant somme toute raison à l'optimisme qu'avait déclenché la révolution scientifique. Le 20e siècle, avec ses deux guerres mondiales, ses camps d'extermination et ses bombes atomiques, devait toutefois assombrir tragiquement cet avenir radieux que la science et la technologie semblaient promettre. On s'est aperçu que, en se dotant des moyens de contrôler la nature, l'Occident s'était aussi doté des moyens de la détruire – espèce humaine comprise. Après la physique débouchant sur Hiroshima et la chimie sur le Zyklon B (le gaz d'Auschwitz), la biologie allait déboucher sur le clonage humain, le savant bienfaiteur de l'humanité se muant en un savant démiurge désireux de la «recréer» après l'avoir détruite.

Nous savons maintenant que, à terme, aucun problème technique n'est insoluble, aucune connaissance scientifique n'est hors de portée **05**. L'immense problème qu'affronte désormais cette humanité qui peut tout faire, c'est de trouver un sens à ce qu'elle fait, c'est-à-dire une éthique. Toute percée scientifique ou technologique est-elle bonne et souhaitable, uniquement parce qu'elle est possible? De la réponse à cette question dépend pour une bonne part l'avenir de notre civilisation – de toute civilisation.

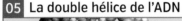
05 La double hélice de l'ADN

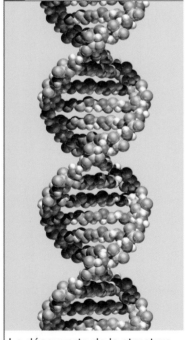

La découverte de la structure de l'ADN (James Watson et Francis Crick, 1953) est l'une des plus importantes de l'histoire, car elle ouvre la voie à des transformations radicales de tout être vivant, voire à la «fabrication» de la vie elle-même.

▪ L'Occident et le monde

Nulle tentative de bilan de la civilisation occidentale ne saurait passer sous silence ce qui, dans la perspective d'une histoire générale de l'humanité, constitue l'un de ses aspects les plus remarquables : le fait qu'elle ait imprégné, de façon plus ou moins marquée, toutes les autres civilisations qui lui étaient contemporaines.

Cela, évidemment, s'est surtout fait sur le mode conquérant : c'est d'abord par les armes que l'Occident s'est imposé aux civilisations de tous les continents. On peut certes déplorer cette réalité, mais on ne saurait la négliger sans occulter un pan essentiel à la compréhension du monde actuel. À la conquête a succédé l'exploitation, non seulement des ressources matérielles, mais aussi du capital humain. Conquête et exploitation ont parfois, comme en Amérique, donné naissance à des sociétés nouvelles, mais en détruisant des civilisations entières.

Sûr de son bon droit, stimulé par son prosélytisme religieux, confiant dans sa supériorité technique, l'Occident a brandi bien haut ce qu'il considérait comme ses valeurs civilisatrices, se donnant à lui-même une mission que, chaque jour, ses actions niaient largement. Pour bien des peuples, et des peuples souvent de hautes civilisations, l'Occident des libertés a plutôt été celui de l'oppression ; l'Occident de l'égalité, celui de l'esclavage ; l'Occident du progrès, celui de la stagnation ; l'Occident du développement, celui de l'appauvrissement. En les niant concrètement aux peuples asservis, l'Occident a lui-même dénaturé les propres valeurs qu'il proclamait et perdu beaucoup de sa crédibilité et de son ascendant moral – si tant est qu'ils aient jamais existé.

Il est indéniable que la civilisation occidentale a beaucoup apporté au monde, pour le meilleur et pour le pire. Afin d'assurer que cet apport pourra se poursuivre, cette fois dans le respect de l'infinie diversité des peuples, des cultures, des civilisations qui constituent toute la richesse de l'expérience humaine, l'Occident saura-t-il, plutôt que de prétendre donner des leçons, voire de se présenter parfois comme l'aboutissement de l'humanité, s'attacher, avec autant de modestie que de confiance en soi, à témoigner, par ses paroles mais surtout par ses actes, des valeurs les plus nobles de son héritage, les seules pour lesquelles il mériterait de durer : contre l'intolérance et le repli sur soi, l'ouverture au grand large ; contre l'ignorance satisfaite et le recours aux magies, la passion de savoir et l'inébranlable confiance dans notre aptitude à savoir ; contre la résignation et la désespérance, la conviction qu'il est possible de changer la vie ?

COFFRE À OUTILS MÉTHODOLOGIQUE

Fiche 1 • Savoir lire votre manuel

Quand un professeur vous demande de faire des lectures dans un manuel, ne vous précipitez pas immédiatement sur la première page ! En effet, lire efficacement un texte nécessite d'abord de savoir en exploiter les ressources. Il faut aussi déterminer au préalable l'objectif de ces lectures afin de pouvoir appliquer une méthode active appropriée à cet objectif.

1.1 Exploiter les ressources de votre manuel

Ce manuel met à votre disposition plusieurs outils qu'il est important de maîtriser efficacement.

- Pour chercher la définition d'un mot ou d'un concept :
  - repérez les mots mis en évidence dans le texte (en gras et en bleu). Ils sont définis dans la marge de la page ;
  - utilisez l'index alphabétique (*p. 376-380*) au besoin pour retrouver ces mots et la page où on les définit.
- Pour chercher une information :
  - consultez la table des matières (*p. VIII-XI*) pour repérer la section traitant du sujet recherché ;
  - vérifiez l'index pour savoir si d'autres passages du manuel abordent ce sujet (*Voir l'exemple 1.1*) ;
- Pour chercher un personnage :
  - utilisez l'index, car les noms des personnages historiques présentés dans le manuel y sont répertoriés.

1.2 Déterminer l'objectif de la lecture et appliquer une méthode appropriée

1.2.1 Lire pour répondre à des questions

Pour être efficace dans votre quête de réponses, utilisez la méthode suivante.

Lire les questions Lisez bien les questions auxquelles vous devez répondre ; vous saurez ainsi ce que vous devez chercher au cours de votre lecture.

Survoler les pages à lire Associez chaque question aux sections qui pourraient contenir l'information nécessaire. Votre lecture ciblera ainsi les éléments importants.

Chercher les mots inconnus Munissez-vous d'un dictionnaire pour comprendre, pendant la lecture, le sens des mots peu familiers et ainsi mieux saisir le texte.

Souligner ou surligner les passages importants Mettez en évidence les passages fournissant des éléments de réponse. Attention : trop de surlignage peut noyer l'information.

Annoter le texte Notez dans la marge l'idée centrale de chaque passage surligné, sous forme télégraphique. Vous obtiendrez ainsi une synthèse des éléments de réponse (*voir l'exemple 1.2*).

Exemple 1.1 La recherche efficace d'information dans votre manuel

Imaginons qu'un professeur vous demande de répondre à la question suivante, en utilisant le manuel : Quel est l'apport de Copernic, Kepler et Galilée à la révolution scientifique du 17e siècle ?

- Dans la table des matières, vous constatez que le chapitre 6 consacre la section 6.1 à la révolution scientifique (*p. 200-206*).

- Dans l'index, l'entrée « Copernic » vous indique qu'il est question de ce savant dans la section sur la révolution scientifique, mais aussi dans d'autres sections du manuel.

- Une recherche thématique dans l'index, au mot « science », vous permet de repérer toutes les sections concernant l'histoire des sciences et de mettre en perspective l'apport de Copernic, Kepler et Galilée.

De cette façon, vous aurez récolté toutes les informations pertinentes pour répondre à la question.

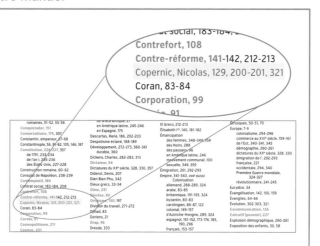

Exemple 1.2 Le surlignement et l'annotation de texte pour répondre à une question

Supposons que vous devez répondre à la question : Pourquoi dit-on que les femmes sont exclues de la cité dans la Grèce antique ? Voici ce à quoi pourrait ressembler un extrait du texte surligné et annoté de la section 1.2.3 portant sur les femmes (*p. 28-29*).

Cette façon de lire activement le texte met en évidence les facteurs qui expliquent l'exclusion des femmes. Il y en a cinq : pouvez-vous les nommer ?

Les femmes La condition faite à la femme dans la cité grecque traduit une réalité brutale : la vie publique, qu'elle soit démocratique ou de toute autre forme, y est rigoureusement masculine, comme d'ailleurs dans toutes les sociétés antiques. Non seulement la femme ne choisit pas, comme dans la société primitive, l'homme qu'elle épouse, mais son rôle est désormais fixé : assurer la garde du foyer et, surtout, donner à son mari des fils légitimes qui jouiront de la qualité de citoyen et qui hériteront du patrimoine familial. Les filles, quant à elles, n'ont aucunement le droit d'hériter de ce patrimoine. Elles font plutôt partie de l'héritage, au même titre que les biens meubles et les esclaves dont il faut disposer. Celle qui reste seule héritière (*épiclère*) n'a d'autre choix que d'épouser son plus proche parent dans la lignée paternelle afin d'éviter la dispersion du patrimoine. Juridiquement incapable de conclure un marché, d'hériter et de faire un testament, l'Athénienne est entièrement soumise à son mari, qui peut la répudier sans aucune formalité. Elle n'est, pour lui, qu'une ménagère reproductrice.

Confinée dans son gynécée, elle y vit entourée de ses filles à qui elle apprend les travaux féminins traditionnels : coudre, filer, tisser **12**. Celles-ci passeront

Annotations en marge :
- vie publique = hommes
- droits limités
- rôle = ménagère + reproductrice
- incapacité juridique
- soumission au mari
- ne sort pas du gynécée

1.2.2 Lire pour produire un résumé

Pour résumer un texte, il importe d'abord d'en déterminer l'idée principale, puis de démontrer comment les sections du texte s'articulent autour de cette idée.

Déterminer l'idée principale L'idée principale est ce que l'auteur cherche à expliquer. Elle se trouve habituellement dans l'introduction : soulignez-la.

Construire un résumé schématique Ne vous lancez pas, dès votre première lecture, dans la rédaction du résumé. Il vaut mieux réaliser un résumé schématique du texte, sous forme de plan, qui mettra en évidence la structure du texte. Procédez selon les deux étapes expliquées ci-après : survolez d'abord le texte, puis approfondissez vos lectures.

Survoler le texte Produire le résumé exigera à coup sûr de lire le texte à plusieurs reprises. Lors de la première lecture, repérez les diverses sections du texte. Donnez-leur un titre sous forme télégraphique et faites-en le plan, en utilisant un système alphanumérique. Respectez scrupuleusement la structure adoptée par l'auteur.

Approfondir la lecture Relisez le texte, en vous attardant cette fois à chaque soussection ou paragraphe. Cernez-en l'idée essentielle : elle est en général énoncée dès les premières phrases, le reste du paragraphe constituant la démonstration de cette idée. Soulignez ou surlignez les passages importants en relation avec cette idée, puis faites-en un résumé dans la marge. Reportez les informations ainsi recueillies dans votre résumé schématique, en vous assurant toujours de respecter l'ordre déterminé par l'auteur. De combien de lectures aurez-vous besoin pour y parvenir ? Impossible de le dire mais, chose certaine, quand

vous aurez terminé votre résumé schématique, vous serez fin prêt à rédiger le résumé du texte en étant assuré de n'avoir rien omis. Regardez l'exemple 1.3 ci-dessous pour vous en convaincre.

Exercices

1. En utilisant les informations apparaissant dans le résumé schématique de l'exemple 1.3, rédigez un résumé de la section 1.2.3, Les exclus de la cité, sur l'exclusion des femmes de la vie publique.

2. Complétez le résumé schématique de la section 1.2.3 mais, cette fois, sur l'exclusion des étrangers et des esclaves.

Exemple 1.3 Le surlignement et l'annotation de texte pour produire un résumé, avec le résumé schématique correspondant

Un professeur vous demande de résumer la section 1.2.3, Les exclus de la cité (*p. 27-30*). Veuillez noter que, dans cet exemple, nous traitons uniquement des questions portant sur les femmes.

1.2.3 Les exclus de la cité

La cité athénienne, comme la plupart des cités grecques, est cependant un milieu relativement fermé, qui exclut de la vie publique la grande majorité de ses habitants. Ces exclus de la cité comprennent surtout les femmes, quelles que soient leur condition et leur origine, mais aussi les étrangers et, bien sûr, les esclaves.

Les femmes La condition faite à la femme dans la cité grecque traduit une réalité brutale : la vie publique, qu'elle soit démocratique ou de toute autre forme, y est rigoureusement masculine, comme d'ailleurs dans toutes les sociétés antiques. Non seulement la femme ne choisit pas, comme dans la société primitive, l'homme qu'elle épouse, mais son rôle est désormais fixé : assurer la garde du foyer et, surtout, donner à son mari des fils légitimes qui jouiront de la qualité de citoyen et qui hériteront du patrimoine familial. Les filles, quant à elles, n'ont aucunement le droit d'hériter de ce patrimoine. Elles font plutôt partie de l'héritage, au même titre que les biens meubles et les esclaves dont il faut disposer. Celle qui reste seule héritière (épiclère) n'a d'autre choix que d'épouser son plus proche parent dans la lignée paternelle afin d'éviter la dispersion du patrimoine. Juridiquement incapable de conclure un marché, d'hériter et de faire un testament, l'Athénienne est entièrement soumise à son mari, qui peut la répudier sans aucune formalité. Elle n'est, pour lui, qu'une ménagère reproductrice.

Confinée dans son gynécée, elle y vit entourée de ses filles à qui elle apprend les travaux féminins traditionnels : coudre, filer, tisser. Celles-ci passeront du gynécée maternel à celui de la demeure de leur mari. Ce dernier aura sa femme pour procréer, des concubines pour « être bien soigné » et des courtisanes « pour le plaisir ».

Les concubines sont souvent issues de familles pauvres, cédées par un père incapable de payer la dot, ou des étrangères qui ne peuvent, légalement, prendre mari parmi les citoyens athéniens. Fait à noter, un Athénien commettrait l'adultère seulement s'il a une liaison avec une Athénienne mariée, car il lèse alors un autre citoyen dans ses aspirations à concevoir une descendance légitime. La femme adultère risque pour sa part d'être exclue de la cité et son amant peut être tué sur le champ par le mari s'il vient à surprendre le couple illégitime. Le rôle des femmes, dans la cité athénienne, est donc essentiellement de transmettre la citoyenneté du père au fils en procurant au premier une descendance légitime, masculine, de préférence.

Quelques figures féminines émergent malgré tout de cette société trop exclusivement masculine, figures dont le petit nombre confirme la marginalisation générale des femmes. On pense, entre autres, à la femme de Périclès, Aspasie, qui passe pour avoir eu une certaine influence sur la politique athénienne, ou à la poétesse Sappho, de Lesbos, qui a laissé une oeuvre littéraire remarquable. De nombreuses femmes jouaient un rôle religieux important, comme prêtresses ou oracles.

Annotations en marge : idée principale — condition des femmes — rôle — aspect juridique — gynécée — sexualité — exceptions

Résumé schématique

Idée principale :
femmes, étrangers et esclaves = exclus de la vie publique

1. Les femmes
1.1 Conditions
1.1.1 Rôle : ménagère et mère (ménagère reproductrice)
1.1.2 Aspect juridique : incapacité et soumission au mari

1.2 Gynécée
1.2.1 Impossibilité d'en sortir
1.2.2 Travaux féminins traditionnels

1.3 Sexualité
1.3.1 Mari = concubines
1.3.2 Adultère : plus grave pour la femme (exclusion de la cité)

1.4 Exceptions
1.4.1 Aspasie en politique
1.4.2 Sappho en littérature
1.4.3 Prêtresses en religion

Le résumé se poursuivrait avec les sections sur les étrangers et sur les esclaves.

Fiche 2 • Lire et interpréter une source historique

Pour connaître le passé, les historiens se servent de toutes les traces parvenues jusqu'à eux : documents écrits, visuels, matériels, sonores, etc. Les sources écrites sont les plus nombreuses et les plus largement utilisées. Exploiter de telles sources exige d'abord d'en faire la critique (externe et interne) pour s'assurer de leur validité. En réponse à un questionnement, on procède ensuite à l'analyse du texte.

Observons cette démarche (dans la colonne de gauche des tableaux suivants), illustrée à travers l'exemple (dans la colonne de droite) du texte de Jean Froissart sur « la révolte des paysans en Angleterre » en 1381 (*document 48, p. 118*).

2.1 La critique externe

Cette première étape vise à déterminer si la source à l'étude est bien ce qu'elle paraît être.

Démarche	Exemple : « La révolte des paysans en Angleterre » de Froissart
a) L'authenticité de la source historique	
De préférence, l'historien recourt au texte original. Sinon, il s'assure que la transcription, la copie ou la traduction utilisée sont fidèles à l'original. Une telle vérification, qui exige de travailler dans les archives, n'est toutefois pas possible pour des étudiants du collégial.	Ici, nous tiendrons pour acquis que le texte de Froissart, sur la révolte anglaise de 1381, est conforme à l'original et que sa transcription en français moderne est exacte.
b) La provenance du document	
Il faut s'attarder à la nature du document, pour en déterminer la fiabilité, l'intérêt et la portée (par ex. : un écrit polémique ou un texte de loi n'ont pas la même fiabilité ; une lettre intime n'a pas la même portée qu'un traité de paix). Il importe aussi de dater avec précision le document et de situer les circonstances de sa rédaction, ces informations déterminant la crédibilité qu'on peut attribuer à son contenu (*voir l'exemple 2.1, p. 367*).	Le texte de la révolte de 1381 est tiré d'une chronique, un récit chronologique d'événements. L'intérêt historique d'un tel récit est évident. Froissart (1337-vers 1400) rédige le second livre de ses chroniques, dont est extrait le texte à l'étude, entre 1370 et 1389. Il est à ce moment sous le patronage du comte Guy II de Blois.
c) La crédibilité de l'auteur	
Pour établir la crédibilité de l'auteur (collectif ou individuel), il faut vérifier l'influence de : • son milieu social et sa nationalité ; • sa formation et sa profession ; • ses valeurs et le but qu'il vise ; • son degré d'objectivité. Il est aussi nécessaire d'élucider comment l'auteur a obtenu ses informations et s'il était… • témoin direct (il était présent) ; • témoin indirect (il a recueilli les propos d'informateurs).	Froissart est né en France pendant la Guerre de Cent Ans. Secrétaire, marchand puis chanoine, il est entretenu par des mécènes dont il adopte les visions partisanes. Il fréquente des milieux nobles et, très admiratif de la chevalerie, veut en exalter les prouesses et la vie de luxe. Ses voyages en font un témoin direct, mais il obtient aussi une description des faits auprès des participants nobles.
d) Faire un bilan	
À l'issue de sa collecte d'informations, l'historien pose des conclusions quant à la capacité du document à rendre compte des faits et à refléter la période dont il provient.	Froissart illustre le point de vue noble et livre une histoire événementielle de la Guerre de Cent Ans, dont il met en évidence les exploits chevaleresques.

Exemple 2.1 Une critique externe bâclée

En 1998, François Bluche, historien français spécialiste des 17ᵉ et 18ᵉ siècles, s'amuse à imaginer un journal intime fictif de Louis XIV et le publie sous forme de roman. Mais voilà qu'en 2008, l'historienne néo-zélandaise Veronica Buckley utilise ce journal fictif du Roi Soleil pour documenter sa biographie de Mme de Maintenon, dernière épouse du roi. L'erreur, découverte quelques jours avant la publication de la biographie, coûte une fortune à la maison d'édition qui doit la corriger et la réimprimer. Pourtant, une simple vérification de l'authenticité et de la provenance du «journal de Louis XIV» aurait permis d'éviter cet imbroglio...

2.2 La critique interne

Le but de la deuxième étape est de dégager le sens exact du document à l'étude.

Démarche	Exemple : «La révolte des paysans en Angleterre» de Froissart
Pour parvenir à saisir pleinement le sens du texte, il faut : • clarifier la signification des mots et des expressions moins familiers ; • s'informer sur les personnes ; • situer les lieux géographiques évoqués ; • reconstituer la trame des événements et en dégager les causes et les effets ; • distinguer les faits (ce qui s'est passé) des opinions (ce qu'en pense l'auteur).	Froissart parle des serfs et des «vilains» en termes péjoratifs. John Ball est un prédicateur errant de Canterbury (au sud de Londres) que Froissart voit comme l'instigateur des émeutes par sa contestation de l'ordre social. Selon l'auteur, la révolte est illégitime, car les «méchantes gens» se dressent contre les «gentilshommes» (nobles), en exigeant l'égalité.

2.3 Analyse et interprétation du document

La démarche se clôt par l'analyse du document (à partir d'un questionnement) et par l'interprétation du texte en rapport avec ce questionnement.

Démarche	Exemple : «La révolte des paysans en Angleterre» de Froissart
a) L'élaboration d'un questionnement	
Une bonne question permet un long développement. Évitez les questions à réponse trop brève : «Quand eut lieu...?», «Où s'est tenu...?», «Qui a fait...?», «Combien de...?». Les questions relatives aux motivations des acteurs, au déroulement des faits ou à leurs impacts produisent une analyse plus riche.	Pour le texte de Froissart, les questions suivantes seraient pertinentes. • Quelles sont les causes de la colère des travailleurs anglais en 1381? • Comment s'est déroulée la révolte de 1381? • Quel fut le résultat de cette révolte?
b) L'interprétation	
Pour produire une interprétation juste, il ne suffit pas de résumer le texte ou d'en énumérer les grandes idées. Il faut mettre en perspective les propos de l'auteur et les confronter avec des informations glanées chez les historiens spécialistes du sujet tout en gardant à l'esprit la question d'analyse qui a été formulée.	Pour Froissart, les causes des émeutes sont les demandes des travailleurs touchant la question de l'égalité sociale. Mais, selon les historiens, c'est l'imposition de la *Poll Tax* en 1377 suivie, en mai 1381, de l'enquête du fisc royal (pour contrer les fraudes) qui déclenche la révolte.

Exercices

1. Répondez à la question 4 à la fin du chapitre 1 (*p. 46*) qui reprend en partie la démarche expliquée ici et l'applique à un texte de l'historien grec Thucydide.

2. Exercez-vous à appliquer la démarche à un texte d'un auteur collectif (c'est-à-dire une institution, un organisme, un gouvernement, un parti politique, etc.) en analysant le texte du Parti nazi (*document 6, p. 329*).

a) Faites-en une critique externe : analysez la provenance du texte et la crédibilité (valeurs, buts et degré d'objectivité) de l'auteur collectif (Parti nazi), puis faites un bilan.

b) Faites la critique interne du texte.

c) Proposez deux questions d'analyse qu'il serait possible de traiter.

Fiche 3 • Lire et interpréter un document visuel

Dans sa quête du passé, l'historien utilise, outre des sources écrites, des documents visuels (peintures, sculptures, affiches, photographies, fresques, caricatures, etc.) qui sont figuratifs, c'est-à-dire dont le contenu est immédiatement reconnaissable. Pour analyser ces documents, il fait preuve de la même rigueur que pour une source écrite et respecte une démarche critique similaire (*p. 366-367*). Explorons cette démarche ensemble (dans la colonne de gauche des tableaux qui suivent), en l'appliquant à un exemple (dans la colonne de droite). L'exemple utilisé est le document *American Progress* de John Gast (*p. 278*).

3.1 Conditions de création du document

Il importe d'abord de connaître l'œuvre et son contexte de création.

Démarche	Exemple : *American Progress* de John Gast
a) La vérification de l'état du document visuel	
Il est préférable de recourir à l'original. Sinon, dans le cas d'une reproduction, il faut évaluer sa fidélité (œuvre complète ? qualité des couleurs ? etc.).	Pour les besoins de cet exemple, nous tenons pour acquis que la peinture de John Gast est l'œuvre complète et qu'elle est conforme à l'original.
En outre, il faut identifier les altérations subies par le document (causées par des détériorations, par la censure, par de mauvaises restaurations, etc.) car l'interprétation pourrait alors différer (*voir l'exemple 3.1, p. 369*).	De même, nous considérons qu'elle n'a subi aucune altération.
b) La provenance du document	
Définissez la nature du document (peinture, publicité, poterie, etc.) et sa date de réalisation. Concernant les conditions de création, indiquez s'il s'agit d'une commande (et de qui) et si l'auteur a dû se plier à certaines normes artistiques. Enfin, faites ressortir la visée du document.	Cette toile de 1872 a été peinte par John Gast, à la demande de George Crofutt, un éditeur new-yorkais, pour illustrer le *Trans-Continental Tourist Guide* publié en 1875. Le document a donc une visée propagandiste.
c) L'auteur ou l'artiste	
Informez-vous sur ses dates, sa nationalité, sa formation et sa carrière. Si le document évoque un épisode historique, établissez si l'artiste est contemporain des événements et s'il en est un témoin direct (oculaire) ou indirect.	John Gast (1842-1896), peintre et lithographe, est né en Prusse, mais il a fait carrière à New York. Il est témoin indirect, mais contemporain de l'expansion américaine vers l'Ouest.

Exemple 3.1 L'importance de la vérification de l'état du document

Le document 17 (*p. 185*) présente une peinture de Pieter Bruegel l'Ancien. Datée de 1565 environ, elle s'intitule *Le massacre des Innocents* et décrit la scène biblique au cours de laquelle le roi Hérode de Judée fait tuer tous les enfants mâles de moins de deux ans. Or, observez minutieusement la peinture : vous n'y trouvez aucune dépouille d'enfant. Étrange… En fait, l'acheteur de la peinture, l'empereur Rodolphe II, n'appréciait pas la vue de cadavres enfantins :

on peignit donc par-dessus des animaux, des ballots et des cruches. Mais nous connaissons l'état original de la peinture grâce aux copies réalisées par le fils du peintre, Pieter Bruegel le Jeune. Cette censure a donc modifié la nature de l'œuvre : d'ailleurs, un inventaire de 1621 la présente sous le nom de « Pillage d'un village »[1]. Ainsi, l'historien qui négligerait de vérifier l'état de l'œuvre risquerait d'en proposer une fausse interprétation.

3.2 Contenu du document visuel

Une fois connu le contexte dans lequel le document a été réalisé, il faut se pencher sur son contenu, pour cerner précisément ce qui y est représenté. Voici comment procéder.

Démarche	Exemple : *American Progress* de John Gast
• Analysez le titre, qui devrait refléter l'idée majeure derrière l'œuvre. • Présentez les personnages, les lieux et, au besoin, les objets. • Pour une scène fictive ou symbolique, précisez-en l'origine (roman, légende, récit biblique, etc.) puis résumez-la. • Pour une scène historique, indiquez l'épisode illustré, sa date et son déroulement. • Informez-vous sur les courants de pensée sous-jacents qui auraient pu influer sur le message véhiculé par l'œuvre.	Le titre indique le thème : le progrès lié à l'avancée de la civilisation américaine vers l'Ouest. La femme vêtue à l'antique pourrait être *Columbia*, personnification des États-Unis au 19e siècle, qui propage le savoir (livre) et la technologie (télégraphe). Elle repousse les ténèbres du monde sauvage : les indigènes et leurs chevaux laissent ainsi place aux colons blancs et à leurs trains. Il s'agit d'une allégorie de la *Destinée manifeste*, une idée de l'époque selon laquelle l'expansion des Blancs vers l'Ouest est une mission divine et civilisatrice.

3.3 Construction technique du document visuel

La « construction technique » désigne les procédés utilisés pour composer l'œuvre. Cette analyse est facultative, mais elle peut aider à identifier ce que l'auteur a voulu mettre en évidence. Observez donc la disposition des éléments, en tâchant de répondre aux questions suivantes.

Démarche	Exemple : *American Progress* de John Gast
• Quels éléments sont en position dominante (par leur emplacement dans l'image ou par leurs proportions plus imposantes) ? • L'intensité variable de la lumière attire-t-elle le regard sur certains éléments ? • Les couleurs, par leurs contrastes, mettent-elles en relief certains aspects de l'œuvre ?	Par ses dimensions et sa centralité, *Columbia*, qui incarne l'idée de progrès, est l'élément majeur du tableau. Les teintes sombres à gauche évoquent le monde sauvage, alors que *Columbia* apporte avec elle les lumières de la civilisation, dont ses vêtements blancs se font l'écho.

---

1. Royal Collection Trust, www.royalcollection.org.uk/collection/405787/massacre-of-the-innocents.

3.4 Analyse et interprétation du document

Démarche	Exemple : *American Progress* de John Gast
a) L'élaboration d'un questionnement	
Quand on est peu entraîné à l'analyse de documents visuels, il est préférable d'opter pour un questionnement de base sur la représentativité de l'image par rapport à la réalité historique. Par exemple : • Les faits sont-ils historiquement fidèles ? • Les personnages sont-ils réalistes ? • Quelles mentalités y sont reflétées ? • Les coutumes sont-elles bien reproduites ?	Comme l'exemple à l'étude ne renvoie pas à un épisode historique précis, il est préférable de s'interroger sur les idéologies révélées par cette allégorie.
b) L'interprétation	
« Interpréter le document » ne consiste pas à décrire l'image, mais à en dégager la signification, en fonction du questionnement choisi. Il importe donc d'établir des liens entre les visées du document visuel, son contenu et le contexte de l'époque. Pour ce faire, utilisez les informations colligées et, au besoin, complétez-les par des lectures d'historiens spécialistes de l'époque.	Publiée dans un guide touristique, l'œuvre rend hommage à l'élan civilisateur américain, d'est en ouest, considéré comme une mission providentielle, en relation avec l'idée de *Destinée manifeste*. Elle illustre aussi la *Doctrine de Monroe*, politique étrangère américaine du 19ᵉ siècle qui stipule que seuls les États-Unis peuvent intervenir sur le continent américain, notamment dans la colonisation.

Exercices

Testez vos aptitudes à l'analyse d'un document visuel en prenant le document 14 de la page 267. Ce dessin de John Tenniel, intitulé *What Will He Grow To ?*, fut publié le 25 juin 1881 dans le magazine *Punch* de Londres. La reproduction est en tout point fidèle à l'original. Remarquez bien que le document 14 vous fournit la traduction du titre de l'œuvre et indique qu'elle a un lien avec la deuxième phase de l'industrialisation. Procédez maintenant à l'analyse de ce document visuel, en vous aidant des questions suivantes.

1. Quel est ce type de document ? Quelle est habituellement la visée d'un tel document ? En quoi consiste le magazine *Punch* dans lequel ce document fut publié ?

2. Informez-vous sur John Tenniel : quand et où a-t-il vécu ? Que faisait-il ? Est-il contemporain et témoin de la deuxième phase d'industrialisation ?

3. En ce qui a trait au contenu du document visuel :

a) Analysez le titre *What Will He Grow To ?* : qui semble poser cette question ? À qui fait référence le pronom *He* ?

b) Que symbolisent les trois personnages représentés dans l'image ?

c) Pour comprendre le contexte, lisez sur les innovations de la seconde phase de l'industrialisation [*tableau 15, p. 267*]. L'édition de juin 1881, dans laquelle fut publié le dessin, traitait de l'invention de l'accumulateur Faure (qui permet de stocker une plus grande quantité d'électricité) et de l'Exposition internationale d'électricité qui allait débuter à Paris en août 1881 ; en quoi ces deux éléments de contexte sont-ils significatifs dans votre analyse de ce document ?

4. Faites l'interprétation du document visuel : en quoi reflète-t-il les changements qui se produisent au 19ᵉ siècle en relation avec la deuxième phase d'industrialisation ?

Fiche 4 • Lire et interpréter un tableau, un graphique ou une carte

Votre manuel contient un grand nombre de tableaux, de graphiques et de cartes pour éclairer votre compréhension de l'histoire. Il est donc important de savoir en tirer profit.

4.1 Comment lire et interpréter un tableau ou un graphique ?

Afin d'éviter une interprétation erronée des chiffres, suivez la procédure présentée dans le tableau suivant (dans la colonne de gauche), dont un exemple est donné (dans la colonne de droite) avec le graphique *La révolution démographique* [*document 4, p. 261*].

Démarche	Exemple : graphique *La révolution démographique*
a) Le titre et les notes sous le document	
Attardez-vous d'abord au titre, qui révèle la nature des données, la zone géographique visée et la période concernée (bien que les dates soient parfois indiquées dans le document même ou dans le texte environnant). Prenez aussi connaissance des notes qui figurent parfois sous le document.	Le titre *Révolution démographique* renvoie à une transition démographique importante. Les zones visées sont précisées dans le document. Le texte environnant situe cette transition, en Europe, entre 1750 et 1900 (*section 8.2, p. 260-262.*). Une note sous le graphique précise que les lignes A et B font référence à des dates variables.
b) Lire le contenu du tableau ou du graphique	
Si vous connaissez peu les phénomènes en relation avec les données, lisez votre manuel (pour vous documenter sur le contexte) et cherchez les définitions des concepts. Puis, observez minutieusement l'organisation du document. Par exemple : • les titres des colonnes et des rangées dans un tableau ou les données de l'abscisse et de l'ordonnée dans un graphique, ou encore les liens entre les éléments (en fonction du sens des flèches) dans un organigramme ; • la légende, qui précise la signification des couleurs ou des symboles utilisés ; • les intervalles entre les données (fourchettes, échelles, classes, etc.) ; • les unités de mesures et leur forme (moyennes, pourcentages, **indices**, etc.).	La révolution industrielle trouve notamment sa source dans une augmentation de la population liée à la transition démographique, soit le passage graduel à des taux plus faibles et mieux régulés de natalité et de mortalité. Les données en abscisse sont les années et l'ordonnée fournit les taux (en pour mille, par sauts de 10 ‰) de natalité (en violet) et de mortalité (en orange). La ligne verticale A marque le début de la transition démographique (plus précoce pour la Grande-Bretagne et la France, plus tardive pour le Québec et la Russie). La ligne verticale B indique la date de fin de la transition. L'espace entre les courbes des taux de natalité et de mortalité, coloré en jaune, met en évidence le fort écart entre les deux.
c) L'interprétation	
Selon les types de données du document, il est possible d'effectuer diverses opérations pour formuler une interprétation valable. Ainsi, vous pouvez : • comparer les données, pour détecter les hausses, les baisses ou les constantes ; • relever les données les plus significatives, qui sortent du lot ; • dégager les évolutions des phénomènes ; • prendre en compte les données absentes pour nuancer votre interprétation. Évitez de présumer des causes des phénomènes observés (et de faire dire aux chiffres ce qu'ils ne disent pas). Par exemple : le tableau 10 (*p. 229*) présente l'évolution du nombre d'esclaves aux États-Unis (1770-1860). Supposer que la hausse des effectifs d'esclaves est uniquement liée à l'intensification de la traite des Noirs serait ici abusif : cette hausse pourrait aussi être le résultat de l'accroissement naturel de la population en esclavage.	Avant la transition démographique, l'écart entre les taux de natalité et de mortalité est de 5 à 7 ‰. Pendant la transition, la mortalité diminue plus vite (d'au moins 20 ‰) que la natalité : l'écart se creuse donc, expliquant l'explosion démographique de la période. Comme la Grande-Bretagne et la France amorcent plus tôt leur transition, l'Europe paraît être l'initiatrice de la révolution industrielle (mais il faudrait valider ces données pour tous les pays européens). **Indice** Un indice est une valeur de référence (habituellement, 100) qui permet de mesurer les variations dans le temps par rapport à cette valeur. Ainsi, dans le tableau 19 (*p. 273*), on a attribué un indice de 100 au niveau de production manufacturière par habitant de la Grande-Bretagne en 1900 (1900 = 100) ; la valeur de 4 indiquée pour l'ensemble des pays du tiers-monde en 1860 signifie que leur niveau de production représente seulement 4 % de celui de la Grande-Bretagne, et qu'en 1900 (valeur de 2), il a encore diminué de moitié pour s'établir à 2 % de la production manufacturière britannique.

Exercices

Testez vos habiletés en procédant à l'interprétation du document 16 de la page 294, qui présente des diagrammes circulaires.

1. En fonction du titre, quelles sont la nature des données présentées et la période visée ?

2. Lisez le contenu du graphique.

   a) Que veulent dire les mentions Grande-Bretagne (98) ou France (43) au-dessus des diagrammes ? Pourquoi la grandeur des cercles diminue-t-elle ?

b) Analysez maintenant la signification des chiffres associés aux secteurs des cercles. Dans le graphique de l'Allemagne, il est indiqué Afrique, 2,1. Est-ce vrai ou faux: cela signifie-t-il que l'Afrique a exporté pour 2,1 milliards de dollars en Allemagne? Expliquez.

c) Analysez le code de couleurs des secteurs. Ainsi, quel pays exporte le plus de capitaux vers l'Amérique latine (secteur orange): les États-Unis ou la Grande-Bretagne? Expliquez.

d) Le texte affirme que la Grande-Bretagne exporte à elle seule environ la moitié des capitaux (*p. 293*); calculez alors approximativement le pourcentage d'exportations effectuées conjointement par la France et l'Allemagne.

3. Proposez une interprétation.

a) À l'aide de votre analyse précédente, évaluez le pourcentage d'exportations de capitaux que se partagent tous les autres pays ne figurant pas dans le document.

b) Le manuel affirme qu'au 19e siècle, l'Europe est «devenue le banquier de la planète» (*p. 293*). Expliquez cette affirmation.

4.2 Comment lire et interpréter une carte historique?

Faire parler une carte exige une procédure aussi systématique que celle que nous avons appliquée aux tableaux et aux graphiques. Pour bien la saisir, consultez le tableau suivant (dans la colonne de gauche), en vous aidant de l'exemple (dans la colonne de droite) développé à partir de la carte *Les nouvelles invasions* (*document 13, page 88*).

Démarche	Exemple: carte *Les nouvelles invasions*
a) Le titre et la localisation spatiale de la carte	
À partir du titre (et en vous aidant du texte environnant), déterminez: • le phénomène dont traite la carte; • la zone géographique visée; • la période concernée.	Les «nouvelles» invasions sont celles des Normands, des Sarrasins et des Magyars, en Europe, aux 9e et 10e siècles.
b) Lire le contenu de la carte	
Lisez sur le contexte de l'époque dans votre manuel, puis décodez la légende en considérant: • les symboles (pour localiser des éléments); • les couleurs (pour délimiter les zones); • les dégradés (pour exprimer l'intensité); • les flèches (pour indiquer les flux); • les lignes (pour marquer les frontières ou les voies de communication).	Les invasions normandes, parties de Scandinavie (Norvège, Suède, Danemark), s'étendent vers la Mer du Nord, la Mer Caspienne et la Mer Noire, et descendent jusqu'en Méditerranée. Les invasions sarrasines déferlent sur le sud de l'Europe, à partir de l'Afrique et de l'Espagne. Les Magyars traversent l'Europe, d'est en ouest.
c) L'interprétation	
Il faut ici indiquer ce que la carte cherche à démontrer au sujet du phénomène traité: • sa répartition spatiale: zones plus importantes ou plus touchées; • son évolution: changements (de régime, de peuplement, de frontière, etc.), circulation des flux (migratoires, d'idées, etc.).	Les invasions des Normands semblent les plus importantes, car elles s'étendent sur de plus vastes territoires. Mais, en Europe de l'Ouest, les Normands attaquent principalement les côtes, tout comme les Sarrasins dans le sud. Les invasions des Magyars, à l'inverse, s'en prennent au cœur même de l'Europe.

Exercices

Pour cet exercice, utilisez la carte 18 (*p. 138*) *L'Europe religieuse à la fin du 16e siècle*.

1. Selon le titre et la légende, à quel phénomène religieux du 16e siècle fait-on référence?

2. Lisez le contenu de la carte.

a) D'où part la réforme luthérienne et dans quelle(s) zone(s) se diffuse-t-elle principalement? Qu'en est-il de la réforme calviniste? De la réforme anglicane?

b) À l'inverse, quelles zones ne semblent pas touchées par les mouvements de réforme religieuse?

3. Interprétez la carte: la section 4.3.6 (*p. 142-145*) précise que l'Allemagne (ou Saint Empire) et la France sont les pays les plus affectés par les guerres de religion. En quoi la carte à l'étude explique-t-elle l'ampleur atteinte par les guerres religieuses dans ces pays?

Fiche 5 • Faire une recherche documentaire

Il est possible que, dans votre cours d'histoire, vous deviez effectuer un travail nécessitant de réaliser une recherche documentaire. Explorons la procédure à suivre.

5.1 Les divers types de ressources documentaires

Les divers types de documents, sur papier ou en ligne, répondent à des besoins différents. Il est donc essentiel de bien les connaître pour les utiliser efficacement. On distingue généralement :

- **les ouvrages généraux** : on parle ici de dictionnaires et d'encyclopédies, mais aussi de manuels (comme votre manuel d'histoire), qui fournissent des définitions et des informations de base pour vous aider à cerner votre sujet.

- **les ouvrages scientifiques** : on désigne ainsi les ouvrages rédigés par des spécialistes, dont le texte a été validé par un comité d'experts. Pour des études supérieures, c'est le type d'ouvrages à privilégier.

- **les ouvrages de vulgarisation scientifique** : ces documents offrent à des lecteurs non spécialisés des résumés ou des synthèses de recherches, dans un langage accessible. Ces ouvrages constituent une documentation fiable, mais moins approfondie.

- **les ouvrages de vulgarisation** : destinés au grand public, ils sont écrits par des journalistes qui ne sont pas des experts. N'y recourez pas pour un travail de niveau collégial.

Comment reconnaître les divers types de ressources documentaires

	Ouvrages scientifiques	Ouvrages de vulgarisation scientifique	Ouvrages de vulgarisation
Auteur(s)	Expert du domaine	Expert ou journaliste spécialisé	Journaliste généraliste
Qualifications	Toujours précisées	Souvent précisées	Non précisées
Contenu	Recherches scientifiques dans un domaine précis	Synthèse simplifiée de recherches scientifiques	Superficiel et peu critique
Rigueur	Provenance des informations et des images toujours précisée	Provenance des informations et des images généralement précisée	Provenance des informations et des images rarement précisée
Bibliographie	Complète	De base	Très rarement présente
Mise en page	Texte dense, parfois avec des figures, en relation avec le contenu	Texte aéré, souvent avec des encadrés (définitions, exemples, etc.)	Texte très aéré et illustré
Présence de publicité	Jamais	Parfois, mais en relation avec le contenu	Très présente et sans rapport avec le contenu
Exemples	Publications de chercheurs universitaires	Revues *L'Histoire* ou *Historia*	Magazines *La semaine* ou *Paris Match*

Les sites Internet : comment en évaluer la fiabilité ?

On peut trouver, sur Internet, des sites de grande qualité mais, par ailleurs, plusieurs sites peu scientifiques ne méritent guère qu'on s'y attarde. Comment faire la distinction ?

- **À éviter : les blogues, les pages personnelles et les sites d'écoles secondaires** Si l'adresse URL comporte les mots « blog » ou « perso », il s'agit d'un site dont le contenu n'est pas validé. Ne vous y fiez pas. De même, les écoles et les lycées (dont l'adresse URL contient l'abréviation « ac » pour « académie ») mettent souvent en ligne des travaux d'élèves. Ne les utilisez pas, car vous n'avez aucune idée de leur valeur scientifique.

- **Évaluer les qualifications de l'auteur** Trouvez le nom de l'auteur (à la fin de l'article, sur la page d'accueil du site ou dans les sections Qui sommes-nous ?, Aide ou Crédits) et vérifiez ses compétences par une recherche sur Internet. S'il

s'agit d'un chercheur universitaire ou s'il a plusieurs publications sérieuses à son actif, vous pouvez lui faire confiance. À l'inverse, les sites anonymes sont à proscrire.

- **Évaluer le contenu** Examinez le professionnalisme du site, en vérifiant s'il n'y a pas de fautes, s'il indique avec rigueur les références des citations ou des images et si une bibliographie est fournie. Assurez-vous aussi que l'information reste neutre et sans préjugé.

- **Et Wikipédia ?** Un « wiki » est un partagiciel ouvert à tous, dont on ne peut identifier les auteurs. La valeur scientifique du contenu n'est donc jamais assurée, même si le site insère parfois des mises en garde. Demandez à votre enseignant s'il vous autorise à y recourir comme point de départ de votre recherche. Mais, chose certaine, Wikipédia ne devrait pas constituer votre principale source d'information.

5.2 Trouver sa documentation

L'ouvrage magique contenant l'ensemble des informations nécessaires pour faire un travail n'existe pas ! Il convient plutôt de diversifier les sources d'information en procédant comme suit.

Cerner le sujet Avant de vous lancer, déterminez les paramètres de votre recherche : les notions centrales, la période chronologique, la zone géographique, les personnalités importantes. Pour ce faire, recourez à des ouvrages généraux (*voir la définition à la page précédente*).

Dresser une liste de mots-clés Préparez une liste des termes que vous entrerez dans les moteurs de recherche d'Internet ou dans des bases de données (catalogues de bibliothèques, banques d'articles scientifiques telles *Érudit* ou *Cairn*, etc.). En plus des mots mêmes de l'énoncé de votre sujet, trouvez-leur des synonymes. Sachez aussi que, dans la plupart des moteurs de recherche, vous pouvez également entrer des expressions entre guillemets.

5.3 Évaluer la documentation trouvée

Avant d'entreprendre la lecture d'un document qui semble intéressant, vous devez évaluer sa pertinence et cibler les chapitres ou sections à lire.

Évaluer sa pertinence Le document traite-t-il adéquatement des notions centrales de votre sujet ? Correspond-il aux paramètres déterminés (période, région, personnalités) ? Pour le savoir, lisez la présentation à l'endos de l'ouvrage ou le résumé de l'article. À défaut de l'un et de l'autre, faites une lecture en diagonale de l'introduction.

Cibler les chapitres ou sections à lire Pour ce faire, analysez la table des matières du document ou les menus du site Internet. Si vous avez bien cerné votre sujet, comme il vous est recommandé ci-haut, cette démarche ne devrait pas poser de problème.

5.4 Prendre des notes de lecture

Annotations du texte Vous ne devez jamais écrire dans un document qui ne vous appartient pas. Il vous faut donc photocopier ou photographier puis imprimer les pages ou les sections que vous avez ciblées dans les documents consultés. Vous pourrez ensuite souligner et annoter votre texte, en recourant à la méthode présentée dans la fiche 1 (*p. 364-365*).

Fiches et feuilles de notes Classez vos notes de lecture au fur et à mesure : au haut de votre feuille ou de votre fiche, indiquez le thème traité et la référence de l'ouvrage dont proviennent les informations. Ne faites qu'une feuille ou fiche par thème et par ouvrage. Identifiez scrupuleusement les citations, textuelles ou d'idées, avec leur numéro de page exact.

Exercices

Imaginons que le sujet de votre recherche documentaire soit le couronnement impérial de Charlemagne.

1. Cernez votre sujet. Consultez la section 3.1.4, (*p. 85-87*) et des ouvrages généraux, puis répondez aux questions suivantes.

   a) Définissez les notions de base : qu'est-ce qu'un couronnement impérial ?

   b) Informez-vous sur les personnages : qui était Charlemagne (dates, nom, dynastie à laquelle il a appartenu, ce qu'il a fait) ? À quel(s) autre(s) personnage(s) devriez-vous porter attention ?

   c) Quelles sont alors la période chronologique et la zone géographique pertinentes ?

2. Dressez une liste de mots clés ou expressions qui seraient utiles pour la recherche sur Internet ou dans les banques de données. Identifiez-en un minimum de cinq.

3. Lors de vos recherches, vous tombez sur le livre *Histoire de la France : origines et premier essor, 480-1180* par Régine Le Jan, aux éditions Hachette.

   La quatrième de couverture fournit plusieurs indications intéressantes :

   - on y précise que l'ouvrage prend en considération les recherches les plus récentes sur la période du Haut Moyen âge, mais qu'il se veut d'une lecture facile par un langage accessible à tous ;

   - une présentation de l'auteure nous apprend que Régine Le Jan enseigne à Paris, à l'Université de la Sorbonne, et qu'elle est une spécialiste de l'histoire médiévale ;

   - on y indique sommairement les principales sections de la table des matières, dont :

     Chapitre 3 : Royauté et aristocratie aux VIe et VIIe siècles

     Chapitre 4 : Économie, société et culture à l'époque mérovingienne

     Chapitre 5 : Dans l'Empire carolingien (714-888)

     Chapitre 6 : La mise en ordre carolingienne

     Chapitre 7 : Les puissants et les faibles

     Chapitre 8 : Entre 888 et 1066 : le pouvoir, la violence et la paix

   a) À partir de ces informations, de quel type de document s'agit-il : un ouvrage général, scientifique, de vulgarisation scientifique ou de vulgarisation ?

   b) En vous référant aux paramètres que vous avez déterminés à la question 1, quel(s) est(sont) le(s) chapitre(s) pertinents pour le travail demandé ?

Des compléments à votre coffre à outils sont disponibles sur (*i+*). Consultez votre enseignant pour y accéder.

SOURCES ICONOGRAPHIQUES

Introduction

p. 7 : Dbyjuhfl | Dreamstime.com ; p. 8 (de haut en bas) : simplytheyu/iStockpho ; CristinaMuraca/Shutterstock.com ; p. 9 : Ramessos/WikipediaCommons ; p. 11 (de haut en bas) : © Ginasanders/Dreamstime.com ; WitR/Shutterstock.com ; p. 12 : Gianni Dagli Orti/CORBIS

Chapitre 1

p. 18 : Eric Nathan/LOOP IMAGES/Corbis ; p. 21 : © Voloshky/Dreamstime.com ; p. 23 (de haut en bas) : Hoberman Collection/Corbis ; Abxyz | Dreamstime.com ; p. 24 : Araldo de Luca/Corbis ; p. 29 : Fletcher Fund/The Metropolitan Museum of Art ; p. 34 : Vanni Archive/Art Resource, NY ; p. 35 : Rogers Fund/The Metropolitan Museum of Art ; p. 36 : Alfredo Dagli Orti/The Art Archive/Corbis ; p. 39 : © The Trustees of the British Museum ; p. 40 (de haut en bas) : Alinari Archives/The Image Works ; ivan bastien/Shutterstock.com ; p. 41 : Sean Pavone/Shutterstock.com ; p. 42 (de haut en bas) : © The Trustees of the British Museum ; Marka/Superstock

Chapitre 2

p. 48 : WDG Photo/Shutterstock.com ; p. 54 : BeBa/Iberfoto/The Image Works ; p. 55 : Musée du Vatican/Wikimedia Commons ; p. 57 : BeBo86/Wikimedia Commons ; p. 61 : Croato/Shutterstock.com ; p. 62 : Sergey Kelin/Shutterstock.com ; p. 63 : Peter Radacsi/Shutterstock.com ; p. 70 : STEVE WHYTE/Alamy Stock Photo ; p. 71 (en haut et en bas de gauche à droite) : StevanZZ/Shutterstock.com ; Merlin1812 | Dreamstime.com ; Marc Tellier ; p. 72 : (de gauche à droite) : Museo Archeologico Nazionale (Naples)/Wikimedia Commons ; Araldo de Luca/Corbis ; p. 76 : George Steinmetz/National Geographic Creative

Chapitre 3

p. 78 : JLImages/Alamy Stock Photo ; p. 82 (de haut en bas) : Filip Fuxa | Dreamstime.com ; Newagen Archive/The Image Works ; p. 85 (de haut en bas) : Triumph of St Thomas Aquinas, detail of figure below the throne, from the Spanish Chapel, c.1365 (fresco), Andrea di Bonaiuto (Andrea da Firenze) (fl.1343-77) Santa Maria Novella, Florence, Italy/Bridgeman Images ; Zoom-zoom | Dreamstime.com ; p. 88 : Universal History Archive/UIG/Bridgeman Images ; p. 90 : Marc Tellier ; p. 91 : Bibliothèque nationale de France ; p. 92 : Bibliothèque nationale de France ; p. 94 (de haut en bas) : Markus Gann | Dreamstime.com ; Bibliothèque nationale de France ; p. 95 : Marc Tellier ; p. 99 : Snark/Art Resource, NY ; p. 101 : S.Borisov/Shutterstock.com ; p. 104 : The Art Archive/British Library via Art resource ; p. 108 : Marc Tellier ; p. 109 (de gauche à droite et de bas en haut) : Titanet/Wikimedia Commons ; Vassil/Wikimedia Commons ; Marc Tellier ; p. 110 (de gauche à droite) : Robert Zehetmayer/Wikimedia Commons ; Marc Tellier ; p. 112 : Typhoonski | Dreamstime.com ; p. 113 : akg-images/Bruno Barbier ; p. 118 : Poulpy/Wikimedia Commons

Chapitre 4

p. 124 : Planet art ; p. 128 : Palazzo Barberini, Rome, Italy/Bridgeman Images ; p. 130 : Pixachi/Shutterstock.com ; p. 131 (de haut en bas) : Galleria degli Uffizi, Florence, Italy/Bridgeman Images ; Musée du Louvre/Wikimedia Commons ; p. 132 (de haut en bas) : Leud2k | Dreamstime.com ; Massimo Pizzotti/Photographer's choice/Getty Images ; p. 133 (de haut en bas) : S.Borisov/Shutterstock.com ; Jean-Christophe BENOIST/Wikimedia Commons ; p. 134 : Kunsthistorisches Museum, Vienne (Autriche)/Wikimedia Commons ; p. 136 : Cranach Digital Archive/Wikimedia Commons ; p. 140 : Louvre, Paris, France/Bridgeman Images ; p. 144 : Musée Cantonal des Beaux-Arts de Lausanne, Switzerland/De Agostini Picture Library/G. Dagli Orti/Bridgeman Images ; p. 147 : Service Historique de la Marine, Vincennes, France/Bridgeman Images ; p. 148 : Private Collection/Bridgeman Images ; p. 154 : Cranach Digital Archive/Wikimedia Commons ; p. 160 : Scala/White Images/Art Resource, NY

Chapitre 5

p. 168 : Sborisov | Dreamstime.com ; p. 170 : Topham/The Image Works ; p. 171 : akg-images ; p. 174 : Museo del Prado via Wikimedia Commons ; p. 176 : Château de Versailles, France/Bridgeman Images ; p. 177 : SF/Shutterstock.com ; p. 181 : National Portrait Gallery via Wikimedia Commons ; p. 182 : National Portrait Gallery via Wiki-media Commons ; p. 185 : Royal Collection via Wikimedia Commons ; p. 186 : Rijks-museum Amsterdam via Wikimedia Commons ; p. 188 : Viacheslav Lopatin/Shutterstock.com ; p. 192 : Bibliothèque et Archives Canada : e000943111

Chapitre 6

p. 198 : Louvre, Paris, France/Bridgeman Images ; p. 200 : Private Collection/Bridgeman Images ; p. 201 ; Oxford Science Archive/Hip/The Image Works ; p. 205 : Musée d'Art et d'Histoire, Meudon, France/Bridgeman Images ; p. 209 : Musée Antoine Lécuyer/Wikimedia Commons ; p. 211 : Musée National du Château de Malmaison, Rueil-Malmaison, France/Bridgeman Images ; p. 212 (de gauche à droite) : Wikimedia Commons ; Toledo, S.Tome, Spain/Bridgeman Images ; p. 213 : Wikimedia Commons ; p. 214 (de gauche à droite) : Alinari/Art Resource, NY ; Markus Lange/Robert Harding/maxx images ; p. 215 (de bas en haut) National Gallery of Art/Kunsthistorisches Museum, Vienna, Austria/Wikimedia Commons ; Bridgeman Images ; p. 216 (de bas en haut) : National Gallery, UK/Wikimedia Commons ; Hulton Archive/Getty images ; p. 217 : Wikimedia Commons ; p. 220 : Kiev.Victor/Shutterstock.com

Chapitre 7

p. 222 : Musée du Louvre/Wikimedia Commons ; p. 226 : National Portrait Gallery, Washington/Wikimedia Commons ; p. 228 : Collection Assemblée nationale ; photographie Francesco Bellomo ; p. 231 : Musée de la Ville de Paris, Musée Carnavalet, Paris, France/Bridgeman Images ; p. 232 : Musée de la Ville de Paris, Musée Carnavalet, Paris, France/Bridgeman Images ; p. 236 : Carnavalet Museum/Wikimedia Commons ; p. 239 : Louvre, Paris, France/Bridgeman Images ; p. 243 : Museo del Prado/Wikimedia Commons ; p. 246 : Private Collection/Peter Newark American Pictures/Bridgeman Images ; p. 247 : Bridgeman Images ; p. 249 : Bibliothèque et Archives Canada : C-000393 ; p 254 : Musée de la Ville de Paris, Musée Carnavalet, Paris, France Bridgeman Images

Chapitre 8

p. 256 : Corbis ; p. 259 : DEA PICTURE LIBRARY/maxx images ; p. 264 (de haut en bas) : Sterling and Francine Clark Art Institute, Williamstown, Massachusetts, USA/Bridgeman Images ; SSPL/375Science Museum/The Image Works ; p. 265 (de gauche à droite) : Stock Montage/Stock Montage/Getty Images ; Bettmann/CORBIS ; p. 266 : Musée McCord ; p. 267 : Heritage Images/The Image Works

Chapitre 9

p. 278 : IAM/akg-images ; p. 280 : Coll. Gr + Ma/Kharbine-Tapabor ; p. 282 : British Library ; p. 286 : Copyright by Matzene, Chicago/Library of Congress via Wikimedia Commons ; p. 287 : Bibliothèque nationale de France ; p. 290 : Library of Congress via Wikimedia Commons

Chapitre 10

p. 300 : Photo by Guildhall Library & Art Gallery/Heritage Images/Getty Images ; p. 303 : Private Collection/Bridgeman Images ; p. 305 : Everett Historical/Shutterstock.com ; p. 308 : Everett Historical/Shutterstock.com ; p. 310 : Le radeau de la méduse, 1819 (huile sur canevas), Gericault, Theodore (1791-1824)/Louvre, Paris, France/Bridgeman Images ; p. 312 (de gauche à droite et de bas en haut) : Musée du Louvre via Wikimedia Commons ; Hamburg Kunsthalle via Wikimedia Commons ; National Gallery of Art, Washington, D.C. via Wikimedia Commons ; p. 313 : Wikimedia Commons ; p. 314 : (de haut en bas) : Wikimedia Commons ; Musée d'Orsay via Wikimedia Commons ; p. 315 (de haut en bas) : Musée McCord ; Museum of Fine Arts, Boston, Massachusetts, USA/Tompkins Collection/Bridgeman Images ; p. 316 (de haut en bas) : Metropolitan Museum of Art via Wikimedia Commons ; Museum of Modern Art, New York via Wikimedia Commons ; p. 317 (gauche à droite) : Museum of Modern Art, New York via Wikimedia Commons ; Philadelphia Museum of Art, Pennsylvania, PA, USA/Bridgeman Images ; p. 318 : (c) Rafael Vargas

Chapitre 11

p. 322 : Paris, Musée de l'armée ; p. 328 : Archives de la Ville de Montréal, VM94-Z35 ; p. 329 : ullstein bild/ullstein bild via Getty Images ; p. 332 : akg-images ; p. 333 : Universal History Archive/UIG via Getty Images ; p. 336 (de haut en bas) : akg-images/Sputnik ; akg-images ; p. 339 : Bettmann/CORBIS ; p. 345 : © INTERFOTO/Alamy Stock Photo ; p. 348 : Bibliothèque et Archives Canada, PA-024436

Conclusion

p. 356 : The Yorck Project/Wikimedia Commons ; p. 357 : THE CANADIAN PRESS/Jacques Boissinot ; p. 361 : jayshantz/Shutterstock.com ; p. 362 : Digital Art/Corbis

INDEX